Madame de Murat
et la « défense des dames »

Geneviève Clermidy-Patard

Madame de Murat et la « défense des dames »

Un discours au féminin
à la fin du règne de Louis XIV

PARIS
CLASSIQUES GARNIER
2023

Geneviève Clermidy-Patard est spécialiste de la littérature française du XVIIᵉ siècle. Elle dédie ses travaux de recherche à l'écriture féminine dans les contes et récits du Grand Siècle et plus particulièrement dans l'œuvre de Henriette-Julie de Castelnau, comtesse de Murat. Elle a par ailleurs édité les *Contes* et le *Journal pour mademoiselle de Menou* de Madame de Murat.

Couverture : Titre : L'écriture au féminin au XVIIIᵉ siècle. Artiste : Inconnu. Date : 2015. Source : femmes-de-lettres.com.

ISBN 978-2-406-14397-0
ISSN 2417-6400

À mon père.

ABRÉVIATIONS

BGF   *Bibliothèque des Génies et des Fées*
J   *Journal pour Mlle de Menou*
L   *Les Lutins du château de Kernosy*
MdeM   *Mémoires*
Ms   *Manuscrit 3471*
V   *Voyage de campagne*

INTRODUCTION

Mme DE MURAT, UNE FEMME AUTEUR MÉCONNUE

Cet ouvrage constitue la première monographie consacrée à la comtesse de Murat, auteur encore méconnue dont le nom figure le plus souvent à côté de ceux d'autres conteuses du XVIIᵉ siècle finissant, Mme d'Aulnoy, Mlle Lhéritier, Mlle Bernard ou encore Mlle de La Force. Jusqu'à ce jour, son œuvre a été principalement analysée dans les perspectives mises en place par la recherche sur le conte qui, depuis l'étude fondatrice de Mary-Elisabeth Storer, *Un Épisode littéraire de la fin du XVIIᵉ siècle. La mode des contes de fées (1685-1700)*, parue en 1928[1], travaille à mettre en lumière un ensemble de convergences permettant d'identifier l'écriture féerique dans la dernière décennie du Grand Siècle comme un phénomène socio-littéraire émanant d'un groupe de mondains. La synthèse de Raymonde Robert, *Le Conte de fées littéraire en France de la fin du XVIIᵉ à la fin du XVIIIᵉ siècle*, s'est révélée fondamentale sur ce sujet. Publiée en 1982, cette somme a été augmentée en 2002 d'un *Supplément bibliographique*[2]. D'autres travaux ont suivi, telle la thèse de Sophie Raynard publiée sous le titre *La Seconde Préciosité ? Floraison des conteuses de 1690 à 1756*[3]. Plus récemment, la critique, étudiant toujours ce milieu mondain d'élaboration du conte littéraire, a multiplié les angles d'approche, qu'il s'agisse d'explorer les marques de l'oralité dans le conte, le dialogue intertextuel dont

---

1   M.-E. Storer, *Un Épisode littéraire de la fin du XVIIᵉ siècle. La mode des contes de fées (1685-1700)*, Genève, Droz, [1928] 1972.

2   R. Robert, *Le Conte de fées littéraire en France de la fin du XVIIᵉ à la fin du XVIIIᵉ siècle*, Paris, H. Champion, [1981] 2002.

3   S. Raynard, *La Seconde Préciosité. Floraison des conteuses de 1690 à 1756*, Tübingen, G. Narr, 2002.

il résulte, ses modalités d'articulation avec les savoirs ou encore ses frontières avec le théâtre[1].

Au fur et à mesure que cette approche globale, sociale et littéraire se précise, se développe également l'intérêt pour la spécificité de chacun de ces auteurs, afin de mieux les faire connaître, et surtout d'aborder leur œuvre dans leur singularité stylistique. Mme d'Aulnoy a été l'une des premières conteuses à bénéficier de cette attention particulière grâce aux recherches d'Anne Defrance, de Marie-Agnès Thirard et de Nadine Jasmin[2]. Par ailleurs, cette tendance de la recherche a été confortée par la dynamique éditoriale de grande envergure que constitue la création par Honoré Champion de la collection spéciale «La Bibliothèque des Génies et des Fées», reproduisant la totalité des contes parus dans *Le Cabinet des fées* édité au XVIIIe siècle. Il s'agit de mettre à la disposition des lecteurs des éditions critiques, annotées, et établies à partir des textes originaux. Dans ce cadre éditorial, les contes de Mme de Murat sont parus dans un volume dont nous avons été chargée. Au cours de la réalisation de ce travail, nous avons pu constater l'absence d'étude spécifique sur cette auteur et sur son œuvre, lacune d'autant plus pré-occupante que la recherche sur les contes est en plein essor des deux côtés de l'Atlantique[3], et qu'elle ne saurait ignorer celles des conteuses dont les œuvres moins publiées constituent cependant autant de regards spécifiques. Le présent travail, entièrement consacré à cette auteur, entend donc contribuer à combler ce manque.

On l'aura compris, ce sont les contes qui constituent le plus connu de l'œuvre de Mme de Murat, qu'ils s'intitulent justement *Contes de fées* et *Les Nouveaux Contes des Fées,* ou qu'ils se dissimulent derrière des titres

---

1   Voir notamment : J.-F. Perrin, A. Defrance (dir.), *Le Conte en ses paroles. La figuration de l'oralité dans le conte merveilleux du Classicisme aux Lumières*, Paris, Desjonquères, 2007 ; U. Heidmann, J.-M. Adam, *Textualité et intertextualité des contes*, Paris, Classiques Garnier, 2010 ; «Le conte, les savoirs», *Fééries* 6, 2009 ; M. Poirson, J.-F. Perrin, *Les Scènes de l'enchantement. Arts du spectacle, théâtralité et conte merveilleux* (XVIIe-XIXe siècles), Paris, Desjonquères, 2011.

2   M.-A. Thirard, *Les Contes de fées de Mme d'Aulnoy : une écriture de subversion*, Villeneuve d'Ascq, Presses universitaires du Septentrion, 1998 ; «Le féminisme dans les contes de Mme d'Aulnoy», *XVIIe siècle*, n° 208, 3-2000, p. 501-514. A. Defrance, *Les Contes de fées et les nouvelles de Mme d'Aulnoy, 1690-1698 : l'imaginaire féminin à rebours de la tradition*, Genève, Droz, 1998. N. Jasmin, *Naissance du conte féminin. Mots et merveilles : Les Contes de fées de Madame d'Aulnoy (1690-1698)*, Paris, H. Champion, 2002.

3   Voir notamment R. Bottigheimer, *Fairy Tales. A new History*, New York, State University of New York Press, 2009.

moins explicites comme *Histoires sublimes et allégoriques*. Mais, ce que l'on sait moins, c'est que la plume de la comtesse de Murat s'est exercée à d'autres genres littéraires : on trouve une manière d'autobiographie romancée qui s'assimile à des mémoires (*Mémoires de Madame la Comtesse de M****), une « nouvelle historique » intitulée *Les Lutins du château de Kernosy*, et un récit relatant les échanges d'un groupe d'aristocrates en séjour dans un cadre champêtre, le *Voyage de campagne*. Enfin, des textes en prose et en vers, en majorité inédits, se trouvent dans le *Manuscrit 3471* de la Bibliothèque de l'Arsenal, intitulé *Ouvrages de Mme la Comtesse de Murat*. La pièce principale, et dont il n'existe qu'une édition dactylographiée, en est un « Journal » adressé quotidiennement par la comtesse, alors exilée dans la ville de Loches, à sa cousine Mlle de Menou[1]. Les œuvres de Mme de Murat, après avoir été longtemps dédaignées par les études sur le XVIIᵉ siècle[2], sont à présent plus fréquemment évoquées par la critique, notamment dans les travaux de Jean-Paul Sermain[3]. Mais tout compte fait, la recherche sur ces textes moins connus que les contes reste très partielle. C'est pourquoi il nous a semblé indispensable d'intégrer dans le corpus de notre étude ces œuvres peu étudiées afin de pouvoir mener notre recherche sur l'ensemble de l'œuvre de l'auteur.

UNE ARISTOCRATE À LA VIE SCANDALEUSE,
EN DÉLICATESSE AVEC LE POUVOIR ROYAL

Mme de Murat a vécu à la charnière de deux siècles, le XVIIᵉ et le XVIIIᵉ, durant le règne personnel de Louis XIV. Sa vie scandaleuse, hors du commun, mêlant romanesque et provocation à l'image de celle de Mme d'Aulnoy, demeure mal connue, mais révèle les aspirations d'une femme aux prises avec une société patriarcale très jalouse de son pouvoir.

---

1   *Édition du Journal pour Mademoiselle de Menou, d'après le Manuscrit 3471 de la Bibliothèque de l'Arsenal : Ouvrages de Mme la Comtesse de Murat* ; avec une introduction et des notes par S. Cromer, Thèse 3ᵉ cycle, Lettres, Paris, Paris IV, 1984, 342 p.

2   A. Adam écrivait au sujet des *Mémoires* : « on ne songerait plus à les lire » (*Histoire de la littérature française au XVIIᵉ siècle*, Paris, Domat, 1962, t. V, p. 317).

3   Voir notamment J.-P. Sermain, *Métafictions. La réflexivité dans la littérature d'imagination (1670-1730)*, Paris, H. Champion, 2002.

Nous présentons ici les principaux éléments biographiques pouvant être confirmés par des sources identifiées.

Le *Nouveau Mercure Galant* annonce la mort de la comtesse en 1716 : « Dame Henriette-Julie de Castelnau [...] mourut d'hydropisie le 29 septembre dernier dans son château de La Buzardière au Maine[1]. » Cette information est corroborée par l'acte de décès qui mentionne la date du 1er octobre 1716 pour son inhumation. Sa date de naissance est plus problématique. C'est en 1668 qu'elle serait née, d'après les recherches menées par Frédéric Lemeunier s'appuyant sur des documents originaux des archives de La Buzardière. Il ajoute qu'il « rectifie ou précise bien des points avancés par les différents auteurs[2] ». Presque tous les dictionnaires indiquent en effet l'année de 1670, date de naissance de Marie-Césarie, sœur d'Henriette-Julie, ou recourent à des expressions approximatives, du type « âgée d'environ quarante-cinq ans[3] ». Sylvie Cromer connaît les travaux de Lemeunier, et est la première à les mentionner dans l'introduction de son édition dactylographiée du *Journal* de Mme de Murat. La notice biographique rédigée par Lewis C. Seifert en 1999 propose également la date de 1668 comme année de naissance[4].

Henriette-Julie est issue d'illustres familles. La généalogie de la maison de Castelnau a été établie par Jacques Le Laboureur, dans la présentation qu'il fait des *Mémoires* de Michel de Castelnau, seigneur de Mauvissière, ambassadeur du roi en Angleterre et bisaïeul du père de la comtesse de Murat :

> La maison de Castelnau a toutes les marques et toutes les qualités des plus illustres de ce royaume, et principalement de celles du comté de Bigorre d'où elle est issue. Elle a emprunté son nom de la forteresse de Castelnau en Azun au baillage de Lavedan, située sur les Monts Pyrénées, laquelle de temps immémorial appartenait aux aînés de cette famille, qui la possèdent encore[5].

---

1   *Nouveau Mercure Galant*, Paris, D. Jollet, P. Ribou, G. Lamesle, octobre 1716, p. 228. Pourtant, la plupart des auteurs de notices biographiques indiquent la date du 24 septembre.

2   F. Lemeunier, *La Buzardière et ses seigneurs*, Le Mans, éd. de « la Province du Maine », 1967, p. 17.

3   E. Titon du Tillet, *Le Parnasse François...* [1732], Genève, Slatkine, 1971, p. 562.

4   L. C. Seifert, article « Murat, Henriette-Julie de Castelnau », dans *The Feminist Encyclopedia of French Literature*, éd. par E. M. Sartori, Westport, London, Greenwood, 1999, p. 153. L'auteur de la notice ajoute malgré tout un point d'interrogation à côté de cette date.

5   M. de Castelnau, *Les Mémoires de Messire Michel de Castelnau, seigneur de Mauvissière, illustrés et augmentés de plusieurs commentaires...* [1621], par J. Le Laboureur, Nvlle édition, Bruxelles, J. Léonard, 1731, t. III, p. 61-137. La généalogie proposée s'arrête à celui qui sera le père d'Henriette-Julie, Michel de Castelnau, âgé alors de 13 ans (lors de la parution de l'ouvrage).

Par la suite, « la branche des puînés [...] qui s'est établie dans la Touraine, s'appelle encore Castelnau Mauvissière par différence, à cause de la seigneurie de la Mauvissière en Touraine, qui fut la première terre qu'ils y possédèrent[1] ». L'auteur de cette généalogie tente même de justifier que le grand-père paternel de la comtesse, Jacques marquis de Castelnau, fait maréchal de France en 1658 après de nombreuses campagnes militaires, « est descendu par femmes de Louis VIII, roi de France, père de Saint Louis[2] ». Quoi qu'il en soit, Henriette-Julie de Castelnau appartient, du côté paternel, à une noblesse de haut rang que l'on retrouve du côté maternel, puisque sa mère, Louise-Marie Foucault, était fille de Louis Foucault de Saint-Germain, comte de Daugnon, également maréchal de France, et de Marie Fourré de Dampierre[3]. Enfin, l'alliance avec Nicolas, comte de Murat, ne dément pas ces nobles origines. Le *Nouveau Mercure Galant* précise en effet :

> À l'égard de la maison de Murat, comme elle est assez connue, je me contenterai de dire pour marquer son ancienneté et son illustration, qu'elle a pris son nom du vicomté de Murat en Auvergne, vers l'an 1000[4].

Après l'évocation des différentes branches de la famille, l'auteur de la notice ajoute que la maison de Murat est alliée notamment à celles de la Tour d'Auvergne et de Caumont.

L'enfance d'Henriette-Julie est marquée par la mort de son père, Michel de Castelnau, gouverneur de Brest comme l'avait été son propre père. Il est tué le 2 décembre 1672, à la tête de son régiment, suite à une blessure reçue près d'Utrecht en Hollande. Mais l'on peut suivre la trace de la famille à Paris, grâce aux témoignages de Mme de Sévigné. Dès le mois de mai 1672, la marquise, en écrivant des nouvelles à sa fille, évoque la mère et la grand-mère d'Henriette-Julie : « [...] la Castelnau est chez la Louvigny ; la maréchale est seule, comme une tourterelle[5]. »

---

1   *Ibid.*, p. 65.
2   *Ibid.*, p. 136-137.
3   « Les domaines des Saint-Germain se trouvaient dans la Marche et le Limousin, ceux des Fourré de Dampierre en Limousin et en Saintonge », d'après les recherches d'A.-P. Ségalen, évoquées par É. Guitton, « Mme de Murat ou la fausse ingénue », *Études creusoises*, VIII, 1987, p. 203-206.
4   *Nouveau Mercure Galant*, éd. cit., p. 232.
5   Mme de Sévigné, *Correspondance*, éd. R. Duchêne, Paris, Gallimard (« La Pléiade »), 1972-1978, 3 vol. Lettre du 16 mai 1672 (t. I, p. 513).

En 1674, elle note la bonne mine de la jeune veuve : « Pour la marquise de Castelnau, elle est blanche, fraîche et consolée[1]. » La maréchale est à nouveau citée en 1675 : « Mme de Verneuil et la maréchale de Castelnau viennent d'admirer votre portrait ; on l'aime tendrement, et il n'est pas si beau que vous[2]. » Enfin, les jeunes filles Castelnau elles-mêmes sont mentionnées en 1689 :

> Votre enfant était chez Mlles de Castelnau. Il y a une cadette qui est toute jolie, toute charmante ; votre fils l'a trouvée à son gré et laisse l'aînée à Sanzei. Il avait mené un hautbois, et dansèrent jusqu'à minuit[3].

Comment expliquer alors l'insistance des notices biographiques à évoquer la jeunesse bretonne de Mme de Murat ? Cette donnée n'apparaît en réalité qu'en 1818, avec la notice du biographe breton Miorcec de Kerdanet, racontant qu'Henriette-Julie aurait passé son enfance en Bretagne avant d'arriver à Paris à l'âge de seize ans, et d'être présentée à la reine en 1686 dans un costume breton qui aurait suscité l'admiration de tous :

> [...] elle y fut présentée au comte de Murat, qui la demandait en mariage, dans le costume des villageoises bretonnes, dont elle parlait passablement la langue. La reine, curieuse de connaître cette mise, dont on lui avait beaucoup vanté l'originalité, voulût qu'elle parût de même à la cour ; ce qui, joint à la beauté et au mérite d'Henriette, lui valut quelque célébrité parmi les poètes du temps[4].

L'auteur de ces lignes, avocat de profession, déclare lui-même, dans l'avertissement de son recueil de notices, avoir réuni sur un même écrivain « tout ce qui pouvait piquer la curiosité ». Ce tableau remporte un vif succès, non seulement auprès de biographes bretons, comme Rudel[5] un siècle plus tard, mais aussi sous la plume de Michaud[6],

---

1   Lettre du 5 janvier 1674 (t. I, p. 656).
2   Lettre du 12 août 1675 (t. II, p. 52).
3   Lettre du 10 janvier 1689 (t. III, p. 467). Louis-Provence de Grignan, né en novembre 1671, a donc sensiblement le même âge que les demoiselles de Castelnau. L'aînée est Henriette-Julie.
4   D.-L. Miorcec de Kerdanet, *Notices chronologiques sur les théologiens, jurisconsultes, philosophes, artistes, littérateurs... de la Bretagne, depuis le commencement de l'ère chrétienne jusqu'à nos jours*, Brest, Michel, 1818, p. 205-206.
5   Y.-M. Rudel, « Henriette de Castelnau, comtesse de Murat, romancière et mémorialiste bretonne », *Nouvelle revue de Bretagne*, 1948, p. 287-288.
6   L.-G. Michaud, *Biographie universelle ancienne et moderne...*, nvlle éd., Paris, C. Delagrave, 1856, t. XXIX, p. 587.

Levot[1] ou Hoefer[2], et même de Marie-Elisabeth Storer[3], dont les travaux sont très précieux par ailleurs.

Il faut attendre 1976 et les recherches d'Auguste-Pierre Ségalen pour que la légende soit démentie. Dans un article intitulé « Madame de Murat et le Limousin[4] », l'une des études les plus précises à ce jour, l'auteur fait remarquer qu'en 1686 la reine Marie-Thérèse d'Autriche était décédée depuis trois ans. D'autre part, Brest n'a été que la ville dont son père, mestre de camp de cavalerie, fut le gouverneur, et il est établi que les origines familiales n'avaient rien de breton. Enfin, la présence de la mère et de la grand-mère paternelle d'Henriette-Julie à Paris, attestée par Mme de Sévigné dès 1672, infirme cette version. Dernière erreur : Henriette-Julie ne se marie pas en 1686 (elle est encore demoiselle de Castelnau en 1689 d'après les lettres de la marquise), mais en 1691 avec Nicolas de Murat, comte de Gilbertez et colonel d'un régiment d'infanterie[5], devenu veuf après un premier mariage en 1686 avec l'une de ses cousines, Marie de La Tour d'Auvergne. Afin d'expliquer la fortune de la légende bretonne courant sur Mme de Murat, Édouard Guitton émet une hypothèse à l'occasion d'une communication sur *L'Ingénu* et la Bretagne au XVIIᵉ siècle. Le conte de Voltaire, écrit en 1767 et auréolé d'un succès certain (plus de dix éditions l'année de sa parution), évoque en réalité des faits qui se déroulent entre 1689 et 1691. L'arrivée de la jeune Saint-Yves à Versailles ne serait-il pas le modèle dont s'est inspiré Miorcec de Kerdanet dans sa notice ?

> Le « roman breton » de Mme de Murat tel que l'a forgé Miorcec de Kerdanet en 1818 prendrait-il sa source dans les aventures fictives de la belle Saint-Yves ? Visait-il à dissimuler une réalité moins édifiante[6] ?

Les rumeurs scandaleuses au sujet de Mme de Murat ne cessent en effet de croître avec les années, jusqu'à son exil au château de Loches.

---

1 P. Levot, *Biographie bretonne, recueil de notices sur tous les Bretons qui se sont fait un nom...*, Vannes, Cauderan, 1852-1857, t. II, p. 99.

2 F. Hoefer, *Nouvelle biographie générale...*, Paris, Firmin Didot frères, 1861, t. XXXVI.

3 M.-E. Storer, *op. cit.*, p. 140-159.

4 A.-P. Ségalen, « Mme de Murat et le Limousin », *Le Limousin au XVIIᵉ siècle*, Limoges, « Trames », 1976, p. 77-94.

5 Voir l'acte de décès dans S. Cromer, *op. cit.*, n. p. Mme de Murat aura un fils de cette union.

6 É. Guitton, « La Bretagne du XVIIᵉ siècle à partir de *L'Ingénu* de Voltaire », dans *La Bretagne au XVIIᵉ siècle*, actes du colloque de Rennes (1986), textes réunis par D. Aris, Vannes, Conseil général du Morbihan, 1991, p. 434.

Encore une fois, les biographes ont des avis divergents sur les raisons exactes de cette sanction, ainsi que sur la chronologie des faits. Titon du Tillet, dont la notice n'est rédigée que seize ans après la mort de la comtesse, reste prudent : « La vivacité de son esprit et son goût pour le plaisir donnèrent occasion à quelques mauvais bruits qui se répandirent d'elle, qui peut-être étaient mal fondés[1]. » Est-ce une allusion à l'entreprise des *Mémoires* de Mme de Murat, rédigés pour prendre « la défense des Dames » trop souvent accusées à tort ? Une autre version évoquée par la notice du *Cabinet des Fées*, et maintes fois reprise par la suite, affirme que la comtesse aurait été accusée par Mme de Maintenon d'avoir participé à la rédaction d'un libelle injurieux pour le roi et son entourage, et qu'elle aurait été exilée dès 1694[2]. Si cette hypothèse semble difficilement vérifiable, la date de 1694 peut être remise en cause. La présence de Mme de Murat durant la dernière décennie du siècle dans les cercles littéraires, et donc à Paris, est en effet attestée par plusieurs témoignages, directs ou indirects. C'est tout d'abord celui de Mlle Lhéritier, qui, en 1696, lui dédie le conte de « L'Adroite Princesse » :

> Vous faites les plus jolies nouvelles du monde en vers ; mais en vers aussi doux que naturels : je voudrais bien, charmante Comtesse, vous en dire une à mon tour[3].

De son côté, Vertron rédige en 1698 un madrigal en son honneur, l'intégrant de fait aux « femmes illustres du siècle de Louis-le-Grand[4] ». Enfin, il est avéré que Mme de Murat fréquentait le salon de Mme de Lambert, situé rue de Richelieu. Roger Marchal rappelle les débuts de ce salon, de 1688 à 1698 :

> Dans sa première période, le salon de Mme de Lambert a réservé le meilleur accueil au roman féminin et à ses auteurs : Mme d'Aulnoy [...], Catherine Bernard, la comtesse de Murat, Mlle de La Force, et sans doute la présidente Ferrand ornèrent le salon, qui avait vu fleurir les chefs-d'œuvre de la nouvelle[5].

---

1   E. Titon du Tillet, *op. cit.*, p. 562.
2   On sait que Mlle de La Force sera également accusée d'avoir écrit des couplets irrespectueux. Elle sera exilée une dizaine d'années pour cette raison. Voir C. Dauphiné, *Charlotte-Rose Caumont de La Force, une romancière du XVIIᵉ siècle*, Périgueux, P. Fanlac, 1980.
3   Mlle Lhéritier, *Œuvres mêlées*, Paris, J. Guignard, 1696, p. 297-298.
4   C.-C. de Vertron, *La Nouvelle Pandore ou les femmes illustres du siècle de Louis le Grand*, Paris, Vve C. Mazuel, 1698, t. I, p. 452.
5   R. Marchal, *Madame de Lambert et son milieu*, Oxford, The Voltaire Foundation, [1987] 1991, p. 226.

C'est donc à Paris, et non depuis une retraite forcée, que la plus grande partie des œuvres imprimées de la comtesse ont été écrites, ce que laisse aussi penser la dimension sociale de la mode des contes de fées littéraires. Deux recueils de la comtesse paraissent ainsi en 1698, les *Contes de fées* et *Les Nouveaux Contes des Fées*, suivis en 1699 des *Histoires sublimes et allégoriques* et du *Voyage de campagne*.

Deux documents historiques fondamentaux confirment cette analyse en apportant des informations précises sur la date et les raisons de l'exil. Il s'agit de la correspondance administrative du comte de Pontchartrain et des rapports de police de René d'Argenson. Ces pièces sont exploitées pour la première fois par des biographes comme le comte Boulay de La Meurthe en 1910[1], mais aussi Félix Gaiffe en 1924, qui en rapporte plusieurs passages dans un ouvrage au titre significatif[2]. Ségalen les mentionne précisément dans sa mise au point biographique déjà évoquée, et Sylvie Cromer, en 1984, joint quelques extraits de ces documents à son travail d'édition du *Journal*. On apprend alors par une lettre datée seulement du 19 avril 1702, adressée par Pontchartrain au maréchal de Boufflers, également le parrain de la comtesse, que

> Mme de Murat a été enfin arrêtée avec beaucoup de circonspection et de ménagement, et sera de même conduite au château de Loches[3].

Une série de rapports de police, rédigés dès 1698, explicitent les « désordres de Madame de Murat[4] ». Elle reçoit d'abord des avertissements en raison des « assemblées qui se font chez elle, presque toutes les nuits, avec beaucoup de dérèglement et de scandale[5] ». La comtesse semble épiée par d'Argenson, qui déclare avoir « pris des mesures pour en être informé[6] ». En envoyant à Pontchartrain un « mémoire » sur Mme de Murat, il exprime la difficulté du sujet : « [...] il n'est pas facile d'exprimer en détail tous les désordres de sa conduite, sans blesser les

1 A. Boulay de La Meurthe, *Les Prisonniers du roi à Loches sous Louis XIV*, Tours, J. Allard, 1911, p. 115-118.
2 F. Gaiffe, *L'Envers du Grand Siècle*, Paris, Michel, 1924, p. 221-224.
3 *Correspondance administrative sous le règne de Louis XIV*, recueillie et mise en ordre par G. B. Depping, Paris, Imprimerie nationale, 1850-1855, t. II, p. 775-776.
4 Voir Annexes p. 432-436.
5 M.-R. de Voyer, marquis d'Argenson, *Rapports inédits du lieutenant de police René d'Argenson (1697-1715)...*, introduction par P. Cottin, Paris, Plon, 1891, p. 3.
6 *Ibid.*, p. 3.

règles de l'honnêteté[1]. » Le vocabulaire se fait plus précis quelques mois plus tard au sujet des « crimes » imputés à la comtesse : « [...] il s'agit d'impiétés domestiques et d'un attachement monstrueux pour des personnes de son sexe[2]. » Le nom de Mme de Nantiat, « autre femme du dernier dérèglement », est mentionné. Cependant, en l'absence de preuves « par la voie des informations », les griefs restent anecdotiques : « un portrait percé de plusieurs coups de couteaux », des « jurements exécrables proférés au jeu », des « chansons dissolues », ou encore « l'insolence de pisser par la fenêtre, après une longue débauche[3] ». C'est dans la lettre du 20 avril 1700 que sont évoquées les « intentions du roi », et l'éventualité pour Mme de Murat de « se retirer dans une province éloignée chez quelqu'une de ses amies, et d'y oublier tout à fait Paris[4] ». D'Argenson semble prêt à lui faire confiance et, devant l'indigence de la comtesse, demande à Pontchartrain de solliciter « la libéralité du roi[5] », par égard pour sa naissance. Mais le ton se durcit en 1701, quand d'Argenson se rend compte

qu'elle est revenue à Paris après une absence de huit jours, qu'elle s'est réconciliée avec madame de Nantiat, et que les horreurs et les abominations de leur amitié réciproque font une juste horreur à tous leurs voisins[6].

Il espère ainsi « que le roi voudra bien employer son autorité pour les chasser de Paris ou même pour les renfermer, si l'on ne peut faire autrement[7]. » Si Mme de Nantiat échappe de justesse à une arrestation, s'étant déjà retirée en province, Mme de Murat, qui « continue à se distinguer par ses emportements et par le désordre de ses mœurs[8] », est arrêtée quelques mois plus tard et conduite au château de Loches, après accord du maréchal de Boufflers.

La correspondance administrative de Pontchartrain nous permet de suivre la comtesse de 1702 à 1706. Deux lettres au lieutenant du roi à Loches précisent les conditions de sa détention : la pension payée par le

---

1   *Ibid.*, p. 10.
2   *Ibid.*, p. 11.
3   *Ibid.*, p. 11.
4   *Ibid.*, p. 17.
5   *Ibid.*, p. 18.
6   *Ibid.*, p. 87-88.
7   *Ibid.*, p. 89.
8   *Ibid.*, p. 94.

roi, certaines libertés afin de « prendre l'air et se désennuyer[1] », la vigilance concernant les hommes mais aussi « les femmes et les filles » qu'elle
pourrait voir, et enfin, la surveillance du courrier. Les documents de 1703
et 1704 révèlent les tractations de la comtesse pour obtenir sa liberté. Elle
adresse notamment à Pontchartrain, le 28 avril 1703, une fausse lettre de
son mari réclamant sa sortie du château de Loches, mais le comte, retiré
à Saint-Flour, avait déjà fait savoir son refus[2]. Elle tente alors vainement
l'évasion. Boulay de La Meurthe rapporte le procès-verbal du 14 mars 1706 :

> Pour quoi ledit sieur de Baraudin, en notre présence, accompagné de sept
> ou huit particuliers tant du dit château que de la ville, a fait faire amples
> perquisitions et recherches dans toutes les maisons du dit château ; et ne
> l'ayant pas trouvée, serions entrés avec lui et lesdits particuliers dans l'église
> du dit château ; et là, ayant eu avis qu'il y avait une cave sous le lieu où repose
> la ceinture de la Vierge, près le cœur de l'église, ledit sieur de Baraudin y
> serait descendu accompagné de […] et là, y auraient trouvé ladite dame de
> Murat, seule, revêtue d'un habit d'homme, savoir bas, souliers, culotte, veste
> et justaucorps brun, chemise aussi d'homme, chapeau et perruque, avec une
> épée en sa main. Et la voulant arrêter, la Force, ci-dessus dénommé, l'ayant
> approchée et prise par le bras, ladite dame lui aurait donné un coup d'épée
> qui n'aurait pas porté, et en même temps l'aurait mordu au pouce. Et ensuite
> ledit sieur de Baraudin l'aurait fait sortir de ladite cave et église […][3].

Elle est ensuite transférée au château de Saumur, afin d'y être gardée
« avec soin » : « […] ses ennuis et son esprit incompatible ont obligé
M. Baraudin à demander qu'elle soit transférée ailleurs[4]. » Après un
séjour plutôt bref, elle passe par le château d'Angers en 1707, avant
d'être ramenée à Loches la même année. Il s'agit cette fois d'un simple
exil dans la ville, dont elle fréquente la bonne société. Cette période de
sa vie est la mieux connue, grâce au journal quotidien qu'elle écrit sous
forme de lettres adressées à sa cousine, Mlle de Menou, entre le 14 avril
1708 et le 8 juin 1709. Elle parvient finalement à attirer l'attention
du duc d'Orléans sur son sort, par l'intermédiaire de sa maîtresse, la
comtesse d'Argenton, pour qui elle écrit un poème[5]. Elle obtient alors
une semi-liberté. L'ordre est signé de Pontchartrain lui-même :

---

1   *Correspondance administrative, op. cit.*, p. 796.
2   *Ibid.*, p. 804.
3   A. Boulay de La Meurthe, *op. cit.*, p. 115-117.
4   *Correspondance administrative, op. cit.*, p. 852.
5   *J*, p. 291-292.

> À M. Baraudin, le 15 mai 1709. Je vous envoie l'ordre pour la liberté de Mme de Murat à condition qu'elle se retirera en Limousin chez Mlle de Dampierre sa tante, et qu'elle ne sortira point d'auprès d'elle[1].

Les dernières années de sa vie sont mal connues. Souffrante, elle se fait oublier. Le duc d'Orléans, devenu régent à la mort de Louis XIV en 1715, lui rend son entière liberté. Mais elle s'éteint peu après, au château de La Buzardière, propriété familiale. La notice nécrologique du *Nouveau Mercure galant* est entièrement consacrée aux origines illustres de la famille de Mme de Murat, et mentionne sa piété :

> Madame la comtesse de Murat qui vient de mourir joignait à sa naissance beau- coup de délicatesse d'esprit et l'élévation de son génie a paru particulièrement au moment de sa mort, par ses pieux sentiments et sa résignation parfaite[2].

Ainsi est effacé le scandale, que « sa naissance contribua à augmenter », comme le rapportent beaucoup de biographes.

UNE FEMME DE HAUTE CULTURE

Si la comtesse est inquiétée puis mise à l'écart à partir de 1702 par les autorités royales, son œuvre publiée (*Mémoires, Contes, Voyage, Lutins*) témoigne, par le biais du contexte historique, social et culturel qu'elle convoque, des multiples liens qu'elle entretient avec son époque et plus largement avec le monde des lettres. En effet, Mme de Murat fait allusion, au fil des pages, à plusieurs auteurs, contemporains ou non, ainsi qu'à leurs œuvres qu'elle cite à différentes occasions, qu'il s'agisse d'indiquer ses sources d'inspiration ou d'établir une connivence avec ses lecteurs. Mais c'est surtout le *Journal*, témoignage inédit sur les activités littéraires de la comtesse et ses réseaux de relations, qui constitue la pièce la plus intéressante de ce point de vue. Même s'il est rédigé durant l'exil, entre 1708 et 1709, soit une dizaine d'années après la publication de l'essentiel de l'œuvre de Mme de Murat, il fait référence à de nombreuses lectures

1   A.-P. Ségalen, *op. cit.*, p. 80-81.
2   *Nouveau Mercure Galant*, éd. cit., p. 231-232.

qui ont pu nourrir l'écriture, et surtout, laisse apparaître une curiosité qu'on peut raisonnablement supposer une constante de son état d'esprit.

Mme d'Aulnoy est celle, parmi les conteuses, que Mme de Murat semble avoir le plus fréquentée, comme le révèle le *Journal* : « J'ai fort connu Mme d'Aulnoy ; on ne s'ennuyait jamais avec elle, et sa conversation vive et enjouée était bien au-dessus de ses livres[1]. » Plusieurs contes des deux femmes constituent d'ailleurs des doublets, ainsi que le suggèrent quelques titres (« Le Roi Porc » et « Le Prince Marcassin » ou encore « Le Turbot » et « Le Dauphin »), au point que Mme de Murat éprouve le besoin, au seuil de ses *Histoires sublimes et allégoriques*, de rejeter d'avance l'accusation de plagiat, et de renvoyer le lecteur à l'hypotexte que constituent *Les Nuits facétieuses* de Straparole[2] :

> mes Contes sont composés dès le mois d'avril dernier, et que si je me suis rencontrée avec une de ces Dames en traitant quelques-uns des mêmes sujets, je n'ai point pris d'autre modèle que l'original, ce qui serait aisé à justifier par les routes différentes que nous avons prises[3].

C'est déjà Mme d'Aulnoy que la comtesse évoquait dans son premier recueil de *Contes de fées*, mais pour lui rendre hommage et revendiquer cette fois une certaine proximité avec elle par le biais de la généalogie imaginaire de leurs personnages :

> Le prince qui alors régnait descendait en droite ligne de la célèbre princesse Carpillon et de son charmant époux, dont une fée moderne, plus savante et plus polie que celles de l'Antiquité, nous a si galamment conté les merveilles[4].

Une dizaine d'années plus tard, dans le *Journal*, Mme de Murat recommande à sa cousine le roman *Hippolyte, comte de Douglas*, et plus particulièrement le conte que Mme d'Aulnoy y a inséré : « Il y a un conte de fées dans ce petit livre qui sera fort de votre goût, et je suis sûre que vous aimerez la princesse Félicité qui en est l'héroïne[5]. » Cette familiarité de la comtesse avec sa contemporaine est également perceptible

---

1   *J*, p. 173.
2   Straparole, *Les Nuits facétieuses* [1550-1553], trad. de l'italien par J. Gayraud, Paris, J. Corti, 1999.
3   *BGF* vol. 3, p. 200.
4   « Anguillette », *BGF* vol. 3, p. 102. « La Princesse Carpillon » est le titre d'un conte de Mme d'Aulnoy (*BGF* vol. 1, p. 617-662).
5   *J*, p. 135.

dans les allusions qu'elle fait aux récits de cette dernière, lorsqu'il s'agit
par exemple de rapporter à Mlle de Menou l'effondrement du plancher
d'une maison de Loches, nécessitant l'intervention de quelque pouvoir
surnaturel pour débrouiller le chaos qui en résulte :

> je trouve qu'ils auraient grand besoin de la baguette de Parcinet avec laquelle
> il démêlait si promptement pour sa maîtresse les plumes de toutes sortes
> d'oiseaux que la fée Grognon avait mêlées ensemble pour la faire enrager[1].

D'autres femmes de lettres, conteuses et ou romancières, sont mentionnées dans le *Journal* au cours des digressions que la diariste s'autorise :

> Mme d'Aulnoy [...] écrivait d'un air naturel et quoiqu'elle n'eût pas dans son
> style autant d'élévation que Mlle de La Force, ni de pureté que Mlle Bernard,
> elle écrivait en femme du monde, et dans les choses où elle ne parle que sur
> ce ton-là, elle est inimitable, comme son *Voyage d'Espagne* qui est ce qu'elle a
> fait de mieux ; mais elle ne s'embarrassait point de s'écarter de la vérité et de
> la vraisemblance. Je trouve qu'elle a beaucoup de rapport avec feu Mme de
> Villedieu. Toutes deux ont écrit agréablement, toutes deux faisaient de fort
> bonne prose et de fort mauvais vers. Toutes deux ont eu plus de soin d'amuser
> l'imagination du lecteur, que de contenter son jugement[2].

Les principales œuvres de Mme de Villedieu sont d'ailleurs expédiées
par Mme de Murat à sa cousine qui semble les apprécier, à qui elle
envoie également un petit texte empruntant la forme, alors en vogue,
des dialogues des morts, pour donner la parole à sa devancière :

> Que voulez-vous, j'écrivais dans un siècle où l'on aimait la vraisemblance ; les
> esprits s'étaient lassés de l'ennuyeuse fidélité de Cyrus et de Polexandre, pas un
> ne voulait retourner aux bords du Lignon admirer constamment Astrée. Pour les
> ramener à des lectures qui eussent le pouvoir de les délasser de ces longs romans
> et en même temps celui de leur plaire, je m'avisai de donner aux hommes et
> aux femmes de mon siècle leurs véritables portraits plutôt que de leur tracer des
> modèles, bien plus parfaits à la vérité mais qu'ils n'avaient nul dessein de suivre[3].

C'est alors une véritable analyse de l'évolution du genre romanesque,
en lien avec celle de la conception de l'amour, que propose ici Mme

---

1 Mme de Murat fait ici allusion au conte « Gracieuse et Percinet » de Mme d'Aulnoy (*BGF*
   vol. 1, p. 151).
2 *J*, p. 170-171.
3 *Ibid.*, p. 258.

de Murat, et qui fait écho, de façon étonnante, à l'expérience que fait l'héroïne au début des *Mémoires*, s'inspirant des grands romans pour parler le langage de l'amour avant de renoncer à s'exprimer fièrement, « comme Astrée parle à Céladon[1] ».

Plus généralement, le lecteur relève de nombreux liens avec la fiction narrative de la période, comme le révèlent quelques allusions à Perrault au sein de ses propres contes[2], ou les références à l'abbé de Villiers et à son *Comte de Gabalis*, qu'elle évoque au seuil du *Sylphe amoureux*, véritable avant-texte des *Lutins du château de Kernosy*, et dont on retrouve des traces également dans certains contes exploitant le merveilleux élémentaire[3]. La comtesse de Murat lit par ailleurs les traductions d'œuvres étrangères, puisqu'elle connaît les *Deipnosophistes*, dialogues auxquels elle emprunte une intrigue qu'elle insère dans le *Voyage*, annonçant une histoire d'« Athénée, auteur grec dont il y a une traduction française[4] ». Plus tard, alors qu'elle est exilée à Loches, elle trompe sa solitude en s'adonnant à la lecture du roman picaresque espagnol de Guzman d'Alfarache[5].

Son goût pour le théâtre est également très marqué. Elle avoue en cela ressembler au peuple romain, avide de pains et de jeux[6]. Elle ne manque pas un spectacle donné à Loches, même s'il s'agit d'une pièce en latin jouée dans le couvent des Barnabites. Elle cite facilement Molière, Racine ou Corneille, évoquant Monsieur Jourdain ou la comtesse d'Escarbagnas, ou rapportant à sa cousine de quelle manière elle a déclamé deux scènes d'*Andromaque*. Elle connaît l'*Art poétique* de Boileau et son analyse du pouvoir spécifique de la tragédie, qui arrache des larmes au spectateur pour mieux le divertir. Par ailleurs, sa dernière œuvre publiée, *Les Lutins*

---

1 *MdeM*, I, p. 29.
2 Emploi de locutions telles que « barbe bleue » (« Le Roi Porc », *BGF* vol. 3, p. 214) ou « bottes de sept lieues » (« L'Île de la Magnificence », *Ibid.*, p. 226).
3 Voir notamment « Le Parfait Amour » et « Le Roi Porc » (*Ibid.*, p. 57 ; 201).
4 *V*, p. 144. Cet ensemble de dialogues (IIᵉ-IIIᵉ siècle ap. J.-C.), tenus à l'occasion d'un banquet de lettrés, a été traduit en français, quoique partiellement, pour la première fois en 1680 par l'abbé Michel de Marolles. L'histoire rapportée par Mme de Murat s'inspire de l'épisode intitulé « Personnes aimées de ceux qui ne les avaient jamais vues qu'en songe : sur quoi l'histoire d'Otadis et de Zariadre est singulière » (*Les Quinze livres des deipnosophistes d'Athénée...*, par l'abbé Michel de Marolles, Paris, Imp. de J. Langlois, 1680, Livre XIII, chap. 5, p. 856-857).
5 *J*, p. 139.
6 *Ibid.*, p. 195.

du château de Kernosy, fait le récit de l'arrivée d'une troupe de comédiens dans le château où sont recluses deux sœurs orphelines. Des spectacles sont donnés désormais tous les jours[1], transformant le château de la vicomtesse, bien loin de la ville et de la cour, en lieu de divertissements, aussi longtemps que dure l'intrigue menée par les deux chevaliers qui tentent de séduire les deux jeunes filles.

L'histoire fait aussi partie des centres d'intérêt de Mme de Murat, qu'il s'agisse de connaître la vie des grands hommes, ou du moins leurs passions, comme le suggèrent ses lectures de Suétone (*Vies*) ou de Mme de Villedieu (*Les Amours des grands hommes*), mais aussi l'écriture de couplets sur le roi Jean et la comtesse de Salisbury[2]. De la même façon, le genre des mémoires, non sans lien avec l'histoire, lui est visiblement familier, comme le révèlent sans doute les anecdotes qu'elle rapporte dans son *Journal* sur la comtesse de Fiesque ou le maréchal de Villeroy, mais aussi plus sûrement l'évocation d'écrits qu'elle considère nuisibles à l'image des femmes, comme les mémoires de l'abbé de Villiers attribués à Saint-Évremond, auxquels elle entend réagir par le récit de sa vie.

Enfin, comme tout son siècle, Mme de Murat connaît par cœur les *Essais* de Montaigne, dont elle convoque régulièrement le souvenir dans le *Journal*, employant volontiers l'expression « mon ami Montaigne[3] ». À l'inverse, les aphorismes de Sénèque sur la souffrance sont balayés d'un revers de main, sous prétexte que le philosophe stoïcien n'a jamais eu à subir, comme elle, de « colique néphrétique[4] ». De manière générale, elle se montre plus intéressée par une sagesse de vie que par des systèmes, se moquant de ceux et celles qui, à Loches, en sont « aux propositions de Jansénius[5] », et faisant l'éloge, dans le *Voyage de campagne*, d'une femme qui ne s'attarde pas aux disputes philosophiques :

---

1   En voici la liste : *L'Esprit follet*, p. 22 ; *Andromaque* (Racine, 1667) et *Monsieur de Pourceaugnac* (Molière, 1669), p. 55 ; *Horace* (Corneille, 1640) et *Le Médecin malgré lui* (Molière, 1666), p. 65 ; *Mithridate* (Racine, 1673) et *La Coupe enchantée* (La Fontaine, *Contes*, 1671), p. 78 ; *Cinna* (Corneille, 1643) et *Le Grondeur* (Palaprat, 1691), p. 82 ; *Bérénice* (Racine, 1670) et *La Foire de Bezons* (Dancourt, 1695), p. 88 ; *Pénélope* (Abbé Genest, 1684) et *Le Florentin* (La Fontaine, 1683), p. 134.
2   *J*, p. 281-283.
3   *Ibid.*, p. 53. Voir aussi les variantes p. 53, 186, 193, 195, 210, 251.
4   *Ibid.*, p. 46-47.
5   *Ibid.*, p. 216.

j'aime mieux apprendre, dans mes lectures, des faits qui m'amusent, que de m'ennuyer avec des livres abstraits, qui ne me rendraient pas plus sage ni de meilleure compagnie, et dont la science est fort incertaine[1].

C'est pourquoi, comme elle l'écrit à sa cousine dans le *Journal*, elle apprécie plus volontiers *Le Dialogue des Morts* de Fontenelle, *La Manière de bien penser* du père Bouhours ou encore *Le Diable boiteux* de Lesage.

Cet aperçu de l'univers culturel de Mme de Murat serait incomplet si l'on ne mentionnait la place qu'occupe la musique dans son œuvre comme dans sa vie, qu'il s'agisse de ballets ou d'opéras à thèmes mythologiques, mais aussi de chansons populaires. Les personnages de ses contes assistent, comme à la cour de Versailles, véritable « royaume d'Euterpe[2] », à la représentation d'*Issé*, ou entendent un épisode du *Triomphe de l'Amour*, dont la musique accompagne également l'intrigue des *Lutins du château de Kernosy*. Mais c'est surtout au fil des cahiers du *Journal* que l'on voit la comtesse écrire des couplets sur des airs de chansons, ou composer des pièces poétiques en vue de leur mise en musique. Elle cite Quinault et correspond notamment avec Dangeville qui se rend d'ailleurs à Loches à plusieurs reprises pour répondre à ses commandes[3]. Elle apprécie aussi les violons qui jouent pour les noces et les danses à l'occasion des fêtes diverses des « compagnies » dont elle fait partie.

Par ailleurs, Mme de Murat se montre, dans le *Journal*, curieuse de toutes les nouveautés. En 1709, c'est du succès des pièces de Regnard qu'elle fait part à sa cousine :

---

1   *V*, p. 150. Voir aussi : « sa raison et ses réflexions lui tenaient lieu de philosophie ; elle se moquait souvent de nos vaines disputes ; et quand Mme de Fercy voulait l'engager à lire Descartes et à se mêler dans nos contestations : "lorsque je vous aurai vu convenir de quelque chose, lui disait-elle, non seulement je lirai Descartes, mais je ne lirai plus autre chose ; mais comme je vois que vous ne convenez point de vos opinions après vous être presque querellés, et que chacun donne le sens qu'il veut à des choses qui devraient être sûres, vous me permettrez de m'en tenir à ma philosophie naturelle. » (*Ibid.*, p. 149).

2   J.-F. Solnon, *La Cour de France*, Paris, Fayard, 1987, p. 456.

3   Issu d'une importante famille de comédiens et danseurs des XVIIᵉ et XVIIIᵉ siècles, Antoine-François Botot Dangeville (1689-1767), frère de l'acteur Charles Botot Dangeville, débuta à l'Académie royale de musique en 1701 et prit sa retraite en 1748, mais resta membre de l'Académie royale de danse jusqu'à sa mort. Campardon a donné la liste impression-nante de ses rôles pendant 47 ans. Durant plusieurs années, il composa les ballets de la Comédie-Française. Voir É. Campardon, *L'Académie royale de musique au XVIIIᵉ siècle : documents inédits*, Paris, Berger-Levrault, 1884, vol. I, p. 162-168.

> J'ai *Le Légataire*, cette jolie comédie que M. le duc d'Orléans me dit qui avait si bien réussi l'hiver dernier. Vous dire que je l'ai, c'est vous dire que vous l'aurez puisque rien ne m'est si doux que de contribuer à vous amuser. J'ai aussi *Le Faux Instinct*, petite comédie de M. Rivière, qui a eu du succès à Paris l'année dernière ; vous l'aurez aussi[1].

ou du jeu du papillon qu'elle ne connaît pas :

> Il y a ici un jeu nouveau établi : c'est le papillon ; il était fort à la mode à Paris cet hiver et à présent cela se joue à Loches. Je n'y ai encore rien compris sinon qu'on appelle « papillon » l'argent qu'on y gagne, comme quand on tire des bêtes à d'autres jeux[2].

On peut supposer aisément que cet état d'esprit impatient de découvrir ce qui se dit, se fait et se joue, fut toujours le sien. C'est ce dont témoignent notamment les contes, rédigés entre 1698 et 1699. Le récit du « Sauvage », comme plusieurs contes de la période, fait par exemple allusion au mariage de la princesse Adélaïde de Savoie, et permet au lecteur, par l'intermédiaire de la fée, de visiter plusieurs cours du monde, non sans quelques allusions aux conquêtes de Louis XIV, dont le *Journal* se fait également l'écho. Par ailleurs, des noms d'acteurs, de peintres ou de musiciens de l'époque apparaissent régulièrement dans les contes, qu'ils servent de point de comparaison pour le portrait de personnages (« Jamais Baron n'a paru sur le théâtre pour y jouer un rôle d'empereur et d'amant avec plus de grâces et d'ajustement, avec une perruque plus belle et des mouches mieux placées[3]. »), ou qu'ils interviennent directement dans l'intrigue (« Après le repas, l'on joua, puis l'on représenta *Les Amours de Psyché*, et ce fut la troupe de Guénégaud[4]. ») De la même façon, sont cités le compositeur Du Boulay et les acteurs La Rochois et Du Mesnil, le peintre Largillière et le dessinateur Jacques Callot[5], ou encore, dans le *Voyage de campagne* rédigé également en 1699, La Thorillière et la Beauval[6].

---

1   *J*, p. 187.
2   *Ibid.*, p. 240.
3   « Le Turbot » (*BGF* vol. 3, p. 311).
4   *Ibid.*, p. 318.
5   *Ibid.*, p. 193, 267, 240, 336.
6   *V*, p. 135. Il s'agit de François Le Noir, sieur de La Thorillière (1626-1680) et de Jeanne Beauval, mariée à Jean Pitel (1635-1709).

La splendeur versaillaise se retrouve également diffractée dans plus d'un conte. L'évocation du « royaume des Richesses perdues », dans « L'Île de la Magnificence », est l'une des plus intéressantes. Se référant sans aucun doute au développement du commerce maritime, aux voyages lointains mais aussi aux pillages des bateaux, Mme de Murat décrit les richesses récupérées lors des différents naufrages par les ondins. Se déploie alors sous les yeux du lecteur un univers ostentatoire, microcosme où se concentrent les plus belles choses du monde. Les descriptions de la conteuse constituent un véritable inventaire de la Couronne, que beaucoup d'indications d'origine contribuent à rendre vraisemblable, qu'il s'agisse du mobilier des appartements royaux (« tapis de Perse et de Turquie », « damas de Gênes », « cabarets de la Chine et du Japon »), ou de la table du roi (« vin d'Espagne, des Canaries », « jambons de Mayence et de Bayonne », « vin de Champagne »). Le vocabulaire de la cour est bien employé par la comtesse : « La cour de la belle fée était des plus charmantes et des plus nombreuses. Ce n'était que fêtes et parties de divertissements, repas somptueux, bals, opéras, comédies et *appartements*[2]. » Un peu plus loin :

La reine Plaisir donna aux trois frères les trois principales charges de sa maison. Esprit eut la conduite de ses jardins enchantés, et il en fut le grand postangi ; Mémoire prit le soin des pierreries de la couronne et de la magnifique garde-robe de la fée, et fut garde du trésor royal ; pour Entendement, il eut la direction des meubles, de la vaisselle et des vases d'or, et ordonna de tous les festins et des divertissements, avec la qualité de *trésorier des menus plaisirs*[3].

C'est alors une véritable fascination que le lecteur ressent, même si l'œuvre de la comtesse, ainsi que celle des conteuses de cette époque, est loin d'être une entreprise de glorification du règne du roi Soleil[4].

Enfin, la lecture de l'œuvre de Mme de Murat dénote aussi une bonne connaissance de Paris, qu'il s'agisse de l'évocation de lieux de prédilection comme les Tuileries ou l'Opéra[5], du cérémonial de la messe des Grands Augustins, des dates des différentes foires[6], des agréments de

---

1   « L'Île de la Magnificence », *BGF* vol. 3, p. 183-194.
2   *Ibid.*, p. 225.
3   *Ibid.*, p. 229.
4   Voir *infra* p. 126 et 229.
5   Voir par exemple *J*, p. 118, 139, 164, 196 ou *V*, p. 183-184.
6   Dans le *Journal*, Mme de Murat évoque à plusieurs reprises sa bonne connaissance des foires. Voir notamment *J*, p. 33, 41, 106, 107, 111, 114, 116, 119, 288.

la capitale lors du carnaval[1], ou encore du nom des « deux plus habiles apothicaires de Paris », Geoffroy et Bourdelin[2].

On l'aura compris, tant par ses fréquentations que par ses affinités littéraires qui permettent de la rattacher aux Modernes même si ses lectures sont en réalité très variées, Mme de Murat est une « femme du monde », expression que la comtesse emploie elle-même pour qualifier sa contemporaine Mme d'Aulnoy[3]. Et l'exil ne semble pas avoir affecté sa capacité à échanger[4], ni amoindri son goût pour ce qui est nouveau et touche le cœur aussi bien que l'esprit, la comtesse aimant réfléchir sur la condition humaine tout en ayant un goût marqué pour l'imagination. Si elle n'a vécu qu'une quarantaine d'années, elle appartient en réalité à deux siècles, se référant volontiers à *L'Astrée* ou encore à la *Clélie*, tout en apparaissant déjà une femme de la Régence, tant par son mode de vie que par les liens qu'elle entretient avec le duc d'Orléans, fin connaisseur des arts et des lettres, mais tenu à l'écart par le roi.

L'INTÉRÊT POUR LA DÉFENSE DES FEMMES, FIL DIRECTEUR DE L'ŒUVRE ?

La confrontation avec le pouvoir, dont témoignent plusieurs épisodes de la vie de la comtesse, n'est pas étrangère à son œuvre qui, si elle reflète une vaste culture mondaine, révèle incontestablement un intérêt pour la défense des femmes : n'en annonce-t-elle pas clairement le projet dans l'« Avertissement » de ses *Mémoires*, consacrés à la dénonciation de l'image négative qui serait trop souvent véhiculée sur les femmes ? Quant à l'épître adressée « aux Fées modernes », au seuil de l'un de ses recueils de contes, n'est-elle pas une façon de proposer de nouvelles perspectives aux femmes ? Cette préoccupation pour ce que l'on peut

---

1 L, p. 169.
2 J, p. 95.
3 *Ibid.*, p. 170.
4 Au total, lors des deux années 1708 et 1709 passées à Loches, Mme de Murat échange avec une cinquantaine de personnes, des notables pour la plupart, des environs de Loches, de Tours ou de Paris. Elle mentionne également plusieurs lettres d'affaire qu'elle écrit, sans préciser leurs destinataires.

appeler la question féminine semble en réalité parcourir l'ensemble de l'œuvre, jusqu'au *Journal* adressé à Mlle de Menou, évoquant sa situation de femme exilée.

L'intérêt de Mme de Murat pour la destinée des femmes est d'autant plus remarquable qu'elle publie son œuvre entre 1697 et 1710, durant la dernière partie du règne de Louis XIV – celle décrite par Saint-Simon[1] – marquée par la multiplication des guerres et un durcissement religieux très net. Plus précisément, la majeure partie des écrits de la comtesse (*Mémoires*, *Contes* et *Voyage de campagne*) paraissent entre 1697 et 1699, au cours de cette parenthèse entre la guerre de la Ligue d'Augsbourg et la guerre de Succession d'Espagne, qui signent toutes deux la fin de l'hégémonie française en Europe au profit de puissances comme l'Angleterre ou l'Autriche. Entraînée par un monarque ayant pour devise « *nec pluribus impar* », mais aussi par son ministre Louvois au caractère tout aussi belliqueux, la France est en guerre depuis 1688 contre l'Europe coalisée, et connaît de grandes difficultés économiques et financières. À Versailles, où les travaux sont incessants, Mme de Maintenon, mariée secrètement au roi depuis 1683, exerce désormais son influence sur une cour réglée par l'étiquette et de plus en plus incitée à la dévotion, tandis que le roi reste intransigeant sur la question protestante et se montre hostile aux jansénistes. La signature, en 1697, des traités de Ryswick, et surtout le mariage de la toute jeune princesse Marie-Adélaïde avec le duc de Bourgogne, devant sceller la réconciliation du royaume avec la Savoie, apportent pourtant un moment de gaieté à la cour. Les fastes de la cérémonie de mariage rappellent en effet les fêtes prestigieuses de la première partie du règne personnel de Louis XIV. Représentations théâtrales, bals et opéras se succèdent même encore plusieurs années. Mais la comtesse de Murat, arrêtée en 1702, est exilée à partir de cette date à Loches. Son *Journal*, rédigé en 1708 et 1709, fait écho aux mauvaises nouvelles des armées et à la rigueur de l'hiver. Sa dernière œuvre, *Les Lutins du château de Kernosy* (1710), est publiée quelques mois avant les deuils qui frappent la famille royale et qui assombrissent définitivement la cour.

Si la critique moderne s'accorde à reconnaître, chez plusieurs femmes de lettres de la fin du XVIIe siècle, principalement en ce qui concerne les conteuses, un intérêt manifeste pour la question féminine, c'est cependant

avec beaucoup de prudence qu'elle aborde le féminisme de la production de l'Ancien Régime, ce terme invitant à de sérieuses réserves épistémologiques dans un siècle où les problématiques sont bien éloignées de celles d'aujourd'hui. Déplorant le manque d'étude globale sur le sujet pour la seconde moitié du XVIIe siècle, Linda Timmermans emploie les termes de « féminisme » et « féministe » « dans leur acception la plus large » en se référant à Ian Maclean[1], tout en se concentrant essentiellement sur les préoccupations intellectuelles des femmes[2]. D'autres critiques usent d'adjectifs minorant la portée du mot « féminisme », comme Colette H. Winn parlant de « conscience féministe naissante[3] ». La plupart insiste sur l'importance de resituer le phénomène dans un contexte socio-historique, qu'il s'agisse de Colette Cazenobe à l'occasion de son étude sur le roman[4], ou de Suzan van Dijk qui reconnaît le caractère anachronique des *genders studies* pour l'Ancien Régime : « L'on aura constaté que le contexte dans lequel nous en venons à parler du *gender* n'est pas celui de la théorisation autour de la différence sexuelle[5]. » Les intellectuelles féministes, telle Elsa Dorlin, soulignent elles aussi la nécessité de « penser l'historicité d'un rapport de pouvoir réputé anhistorique[6] ». C'est pourquoi certains préfèrent recourir à d'autres termes. Ainsi Michèle Riot-Sarcey se contente de parler d'une « succession de paroles critiques » pour cette époque[7]. Scarlett Beauvalet rappelle que le terme de « féminisme » n'est apparu qu'en 1837, et que la querelle des femmes ne doit

1 « a reassessment in women's favour of the relative capacities of the sexes » (I. Maclean, *Woman Triumphant : Feminism in French Literature, 1610-1652*, Oxford, Clarendon Press, 1977, p. viii).

2 L. Timmermans, *L'Accès des femmes à la culture sous l'Ancien Régime*, Paris, H. Champion, [1993] 2005.

3 C. H. Winn, *Protestations et revendications féminines. Textes oubliés et inédits sur l'éducation féminine (XVIe-XVIIe siècles)*, Paris, H. Champion, 2002, p. 28.

4 C. Cazenobe, *Au malheur des dames. Le roman féminin au XVIIIe siècle*, Paris, H. Champion, 2006.

5 S. Van Dijk, M. Van Strien-Chardonneau (dir), *Féminités et masculinités dans le texte narratif avant 1800 : la question du « gender »*, Louvain, Paris, Peeters, 2002, p. VIII-IX. Inspirée de la phrase de Simone de Beauvoir, « On ne naît pas femme, on le devient » (*Le Deuxième Sexe*, 1949), la notion de « rapports sociaux de sexe », traduisant le concept anglophone de « *gender* », est de construction récente : « Au genre purement grammatical (le féminin et le masculin), elle ajoute l'idée d'une « identité sexuée », fondée sur des différences (réelles ou perçues) entre les sexes, constitutive des rapports sociaux et inscrite dans des rapports de pouvoir » (P. Aron, D. Saint-Jacques, A. Viala (dir.), *Le Dictionnaire du littéraire*, Paris, PUF, 2002, p. 507).

6 E. Dorlin, *Sexe, genre et sexualités : introduction à la théorie féministe*, Paris, PUF, 2008, p. 10.

7 M. Riot-Sarcey, *Histoire du féminisme*, Paris, La Découverte, 2002, p. 5.

pas faire illusion[1]. De façon plus radicale, Paul Hoffmann affirme que « féminisme et antiféminisme sont des catégories […] arbitraires et simplifiantes[2] ». De son côté, Christian Biet s'interroge : « Comment imaginer la différence des sexes lorsque le sexe n'est pas une catégorie stable et ne fonctionne pas de manière binaire et différenciée[3] ? »

Ces précautions oratoires sont d'autant plus fortes que le féminisme de la fin du XVIIe siècle est souvent comparé à celui des heures glorieuses de la Fronde, au regard duquel il semble subir une certaine éclipse tant du point de vue historique que dans le discours littéraire. Maïté Albistur évoque en effet les conséquences sur l'émancipation des femmes de cette période de « grand renfermement[4] », durant laquelle le féminisme reste très élitaire face à une autorité patriarcale grandissante :

Le féminisme, on s'en doute, ne marque pas de grands progrès, en cette période difficile où l'idéologie semble s'arrêter dans la contemplation du mythe du père, reproduit dans chaque classe et dans chaque famille[5].

Plus récemment, l'historien Maurice Daumas, analysant les pesanteurs conservatrices fortes qui immobilisent la société du Grand Siècle en dépit de quelques évolutions, rappelle le rôle et l'influence d'un moraliste comme Antoine de Courtin[6] :

Ceux qui pensent comme lui forment, avec les dévots et les jansénistes, ce courant rigoriste dont les thèses sur les femmes, la sexualité, l'amour et le mariage connaissent un regain de vigueur dans le dernier tiers du XVIIe siècle. Ce courant met l'accent sur les devoirs des femmes et raisonne comme au siècle précédent : si les femmes se conduisaient bien, la paix régnerait dans le mariage[7].

1   S. Beauvalet-Boutouyrie, Les Femmes à l'époque moderne (XVIe-XVIIIe siècles), Paris, Belin, 2003. Sur la « querelle des femmes », voir M. Angenot, Les Champions des femmes. Examen du discours de la supériorité des femmes (1400-1800), Montréal, P.U. du Québec, 1977.
2   P. Hoffmann, La Femme dans la pensée des Lumières, Genève, Slatkine, [1977] 1995, p. 293.
3   C. Biet, « À quoi rêvent les jeunes filles ? Homosexualité féminine, travestissement et comédie : le cas d'Iphis et Iante d'Isaac Benserade (1634) », dans R. G. Hodgson (dir.), La Femme au XVIIe siècle, Tübingen, G. Narr, 2002, p. 53.
4   Expression empruntée à M. Foucault, Histoire de la folie à l'âge classique, Paris, Plon, 1961.
5   M. Albistur, D. Armogathe, Histoire du féminisme français du Moyen Âge à nos jours, Paris, des Femmes, 1977, p. 134.
6   Diplomate et moraliste, auteur du Traité de la jalousie et moyens d'entretenir la paix en mariage (1674).
7   M. Daumas, Le Mariage amoureux : histoire du lien conjugal sous l'Ancien Régime, Paris, A. Colin, 2004, p. 200. Sur le renforcement de l'autorité paternelle sous Louis XIV, voir

De son côté, Linda Timmermans évoque la force du conformisme, même si, rappelle-t-elle, le projet politique de Louis XIV suppose par ailleurs une forme de féminisme mondain[1] :

Avec le retour à l'ordre et la prise du pouvoir par Louis XIV s'instaure un plus grand conformisme social qui, dans la belle société, se traduit par l'insistance sur les qualités et le comportement spécifique de chaque sexe et, dans les milieux plus traditionalistes, par une rigoureuse hiérarchisation des fonctions (et des connaissances) attribuées aux hommes et aux femmes[2].

Pourtant, l'époque du règne personnel de Louis XIV est aussi celle de l'émergence d'un esprit critique, annonciateur des Lumières. L'influence croissante du cartésianisme – et du rationalisme auquel il est assimilé – les progrès de la science, les récits de voyages, ou encore le libertinage des mœurs et de la pensée illustré tout au long du XVIIe siècle, sont autant d'éléments qui ébranlent les consciences et induisent une remise en cause de l'ordre établi, comme en témoignent aussi bien l'exaspération d'aristocrates supportant difficilement l'autorité du monarque absolu qui les écarte du pouvoir, que la première querelle des Anciens et des Modernes dans le domaine esthétique.

L'intérêt pour la question féminine a pu profiter de cet esprit de révolte aristocratique encouragé par le durcissement de la fin du règne de Louis XIV, période qui voit renaître par ailleurs les salons littéraires que la cour du roi avait un temps éclipsés. La duchesse du Maine dans son château de Sceaux (1699) ou Mme de Lambert, rue de Richelieu, et, après 1698 à l'hôtel de Nevers, reçoivent en effet gens de cour et gens de lettres, mettant à l'honneur la femme cultivée, dont les Modernes s'emploient à s'attirer les suffrages en reconnaissant sa contribution à la littérature[3]. Ces femmes de lettres de la fin du siècle renouent ainsi

---

1   R. Mousnier, *Les Institutions de la France sous la monarchie absolue*, Paris, PUF, [1974] 1990, t. I ; et l'article « Autorité paternelle » de J. Hilaire dans le *Dictionnaire des lettres françaises. Le XVIIe siècle*, Paris, Fayard, 1996, p. 139-140.
2   L. Timmermans, *op. cit.*, p. 338.
3   *Ibid.*, p. 352.
L'intérêt pour la question féminine n'est pas sans lien avec cette querelle, les Modernes tentant de l'exploiter dans l'objectif de dominer le champ littéraire. La critique s'appuyant toujours davantage sur le goût et non plus sur l'érudition, il importe de s'attirer le suffrage des femmes, mais aussi de reconnaître leur contribution à la littérature moderne, ce à quoi s'emploie Perrault dans son *Apologie des Femmes* (1694) en réponse à la dixième satire de Boileau « contre les femmes » (1692).

avec une tradition de fierté féminine, associée depuis longtemps, chez les dames aristocrates, à la prise de parole et à l'exercice de l'écriture.

Cependant, Mme de Murat, tout comme Mme d'Aulnoy ou Mlle de La Force, ne sont pas considérées par leurs biographes comme les héritières de ces princesses héroïques des générations précédentes, attachées au prestige de la lignée à laquelle elles appartenaient. Le caractère aventurier de leur vie privée ne manque pas d'être rapporté[1], et c'est plutôt leur ingéniosité qui est à plusieurs reprises soulignée. Lenglet-Dufresnoy loue, à propos des *Lutins du château de Kernosy*, une œuvre écrite « avec beaucoup de génie, d'agrément et de goût[2] ». Un siècle plus tard, Marguerite Briquet retiendra que « Madame de Murat est une des femmes qui se sont le plus distinguées dans l'art d'écrire les romans[3]. » C'est donc l'imagination qui serait la reine des facultés chez ces femmes de lettres, grandes lectrices imprégnées de culture mondaine, et puisant dans la mythologie et le merveilleux féerique ou élémentaire, pour élaborer des scénarios souvent bien éloignés de toute réalité.

Ce jugement est également renforcé par la conception aristocratique de l'écriture qui, pour beaucoup de ces dames affectant l'amateurisme, ne semble que pratique capricieuse et loisir mondain, de l'aveu de Mme de Murat elle-même qui écrit au sujet de Mme d'Aulnoy :

aussi ne se faisait-elle pas une étude d'écrire, elle écrivait comme je le fais par fantaisie, au milieu et au bruit de mille gens qui venaient chez elle et elle ne donnait d'application à ses ouvrages qu'autant que cela la divertissait[4].

ou de Mme de Villedieu :

Elle travaillait comme moi par fantaisie et laissait un livre imparfait pour en recommencer un autre ; mais il est certain qu'on ne peut approcher de la vivacité de son imagination[5].

---

1   Concernant Mme d'Aulnoy, voir N. Jasmin, *op. cit.*, p. 68-69.

2   N. Lenglet-Dufresnoy, *De l'usage des romans, où l'on fait voir leur utilité et leurs différents caractères… avec une Bibliothèque des romans accompagnée de remarques… par M. le C. Gordon de Percel*, Amsterdam, Vve Poilras, 1734, t. II, p. 101.

3   M. Briquet, *Dictionnaire historique, littéraire et bibliographique des Françaises…*, Paris, Treuttel et Würtz, 1804.

4   *J.* p. 173-174. Voir aussi : « je n'aime à écrire que par caprice, sans règle ni mesure, comme un poète enfin » (*Ibid.*, p. 189).

5   *Ibid.*, p. 233.

Quelle signification donner alors aux revendications féminines mani-festes dans l'œuvre de plusieurs de ces romancières convaincues, et en particulier dans celle de Mme de Murat, dont les œuvres sont sans rapport avec la rusticité de l'érudition d'une Marie de Gournay, ni avec l'approche raisonnée d'un Poullain de La Barre¹ sur la différence des sexes, ni encore avec l'argumentation dialectique d'une Gabrielle Suchon² ?

CHOIX D'ÉCRITURE

S'appuyant sur le constat que la plupart des femmes auteurs de la fin du siècle sont des romancières, Béatrice Didier explique, à l'occasion d'un article sur Perrault, la grande liberté d'expression de beaucoup de femmes, par le caractère immuable de l'Ancien Régime interdisant tout espoir d'une quelconque évolution :

Le féminisme travaille sur le régime de l'utopie dans une société où la femme est à tel point esclave de sa physiologie et d'un système juridique, social et politique où elle est privée de pouvoir direct. [...] Demeurant donc sur le registre de l'irréel, [cette utopie] est vouée à une sorte d'impuissance, mais elle possède aussi cette totale liberté de la pure construction intellectuelle. [...] Libres de toute implication dans le réel, les textes de la deuxième moitié du XVIIe siècle, eux, nous enchantent par leur audace [...]³.

---

1. F. Poullain de La Barre, *De l'Égalité des deux sexes : discours physique et moral où l'on voit l'importance de se défaire des préjugés*, Paris, J. Du Puis, 1673 ; *De l'Éducation des dames pour la conduite de l'esprit dans les sciences et dans les mœurs, Entretiens*, Paris, J. Du Puis, 1674. Après avoir montré que l'opinion sur les femmes relève du préjugé, l'auteur présente une défense cartésienne de l'égalité des sexes. Il s'avance sur ce point au-delà de ce qu'osent les philosophes des Lumières, moins audacieux dans ce domaine qu'on ne pourrait le croire. Comme le reformule B. Magné, pour le philosophe cartésien qu'est Poullain, « l'inégalité des sexes n'est pas la cause d'une inégalité dans l'éducation mais la conséquence » (« Éducation des femmes et féminisme chez Poullain de La Barre (1647-1723) », *Le XVIIe siècle et l'éducation*, suppl. au n°88, 1972, p. 117-127).

2. Dans *Du Célibat volontaire, ou La vie sans engagement* (Paris, J. et M. Guignard, 1700), cette religieuse défroquée (1631-1703) dénonce l'alternative entre cloître et mariage pour les femmes, et présente le célibat comme un droit, aux intérêts et vertus multiples. Par ailleurs, dans un appendice au *Traité de la morale et de la politique* (Lyon, L. Certe, 1693), intitulé *Petit traité de la faiblesse, de la légèreté et de l'inconstance qu'on attribue aux femmes mal à propos*, l'auteur répond à différents arguments au sujet des femmes. Dans ces deux écrits, Gabrielle Suchon se réfère volontiers aux Écritures et aux philosophes.

3. B. Didier, « Perrault féministe », *Europe*, 1990, vol 68, n°739-740, p. 101.

Autrement dit, l'écriture féminine de cette époque porterait la marque d'un conditionnement lié au statut de la femme imposé par une société patriarcale : les contraintes auxquelles sont soumises les femmes sans espoir de jamais les rejeter, permettraient justement l'élaboration d'utopies compensatoires.

Si cette analyse fait écho, sans parler du postulat aujourd'hui obsolète d' « écriture féminine[1] », à des stéréotypes avec lesquels Mme de Murat elle-même prend ses distances[2], elle a l'intérêt d'attirer l'attention sur la forme de l'œuvre et l'influence de schémas extérieurs liés à un contexte précis. Cependant B. Didier suggère que l'espace de la fiction serait un refuge, un choix par défaut, permettant d'imaginer un autre monde tout en cantonnant la littérature féminine dans un domaine apparemment sans enjeu, du moins sans rapport avec le réel. Mais le fait de privilégier la fiction narrative serait-il un aveu d'échec ? Cette conception de la fiction comme entité verbale non dénotative et marquée par l'irréalisation, implique que la liberté d'écriture dont parle B. Didier ne serait qu'illusoire, puisqu'elle ne pourrait s'exercer que dans un cadre artificiel fixé par la société patriarcale.

Or il suffit de lire quelques pages de l'œuvre de Mme de Murat pour se rendre compte que, s'il y a audace, elle est intimement liée à la très grande conscience qu'a la comtesse de l'écriture et des questions

---

1 Le syntagme « écriture féminine » apparaît vers 1975, avec Hélène Cixous. Le concept, envisageant l'écriture comme un geste sexué, est ensuite repris et actualisé par des théoriciennes comme J. Kristeva et L. Irigaray. Mais la recherche moderne reconnaît de plus en plus la spécificité de chaque femme auteur qu'elle étudie, au-delà des similitudes observées : « Si le "courant" de l'écriture féminine marque une étape importante de prise de conscience, l'idée même semble devenue non seulement caduque mais aussi improbable comme vision globale. » (Ch. Planté, *La Petite Sœur de Balzac : essai sur la femme auteur*, Paris, Seuil, 1989, p. 176). Pour le XVIIe siècle, voir notamment sur ce point N. Grande, *Stratégies de romancières. De « Clélie »* à *« La Princesse de Clèves »*, Paris, H. Champion, 1999, p. 18.

2 Mme de Murat recourt en effet, non sans quelque malice, à l'image de la paternité comme métaphore de la création : « Quelque médiocres que soient les ouvrages que l'on donne au public, l'on sent toujours pour eux un amour de père qui oblige d'en justifier la naissance, et l'on serait très fâché de les voir paraître avec quelque défaut. » (« Avertissement », *Histoires sublimes et allégoriques*, BGF vol. 3, p. 200). Rappelant la « complexité de l'héritage de la tradition classique en matière d'écriture féminine », Joan DeJean invoque cet exemple pour montrer que, malgré le lieu commun que les déclarations de La Bruyère sur la facilité épistolaire des femmes ont contribué à développer, « rien ne limite un écrivain à une identité unique ». (« L'écriture féminine : sexe, genre et nom d'auteur au XVIIe siècle », *Littératures classiques* 1996 n° 28, p. 141).

poétiques que suppose sa pratique. Cette lucidité n'est pas étrangère au régime métafictionnel de la littérature romanesque à cette époque (1670-1730), proposant un ensemble hétérogène de textes habituellement rattachés au roman, mais dans lesquels se reconnaît une même attitude critique de l'écrivain ou du lecteur à l'égard de la fiction, permettant de considérer l'œuvre comme une représentation[1]. Notre hypothèse est alors la suivante : la défense des femmes aurait profité de ce moment de réflexivité de la littérature qui institue justement un nouveau rapport à la fiction. Ce sont donc les choix d'écriture qu'il importe d'observer dans l'ensemble de l'œuvre de Mme de Murat, sans se limiter aux passages qui se réclament le plus ouvertement d'un projet féministe.

Quelles sont les caractéristiques du discours que propose la comtesse à travers son œuvre ? Est-il d'ailleurs possible de parler de « discours au féminin » ? Si l'écriture paraît en partie orientée par le projet de défense des femmes indiqué d'entrée de jeu par Mme de Murat, le lecteur constate en même temps l'unité très relative de l'ensemble de l'œuvre, qu'il s'agisse des formes choisies, de la dispersion du propos sur les femmes, ou encore de la variété des scénarios mis en scène. Émerge en effet une œuvre singulière, à la caractérisation générique complexe, où se mêlent dimensions fictionnelle et référentielle, et où se déploie toute l'ingéniosité de la narratrice. Nous nous demanderons alors comment se conjuguent ces deux tendances de l'œuvre, l'une impliquant sa réduction au traitement d'une cause, et l'autre étant à l'origine d'une expansion de l'écriture, faisant échapper l'ensemble à toute synthèse.

Mais cette question de l'unité de l'œuvre implique en réalité celle des enjeux de la défense des femmes annoncée par Mme de Murat. C'est en observant la manière dont la comtesse inscrit elle-même son œuvre dans l'univers des discours, que l'on mesurera l'originalité de son approche. Nous analyserons alors dans un second temps comment la réflexivité de l'œuvre, et notamment la réflexion sur la fiction, qu'il s'agisse de son pouvoir ou de la crédulité qu'elle suppose, permet paradoxalement d'aborder sous un nouvel angle la question féminine et les nombreux préjugés qu'elle charrie. La défense des femmes ne serait donc pas seulement œuvre de romancière, coupée du réel, mais susciterait, à une époque où domine le régime métafictionnel de la littérature, une

---

1   Voir J.-P. Sermain, *op. cit.*

interrogation plus large sur le caractère fictionnel des discours qu'émet une société marquée par l'autorité, et auxquels la comtesse entend réagir. C'est ainsi une autre cohérence de l'œuvre, habitée par la présence d'un même esprit critique à l'égard des conventions, qui apparaitrait au-delà des distinctions génériques. Nous analyserons également ce qu'induit cette critique de l'autorité des discours, et notamment la manière dont elle permet de construire une autorité littéraire, pour une femme auteur qui se révèle particulièrement consciente des enjeux de pouvoir au sein de la société dans laquelle elle vit et où elle espère conquérir une place qui lui est refusée.

UN CORPUS HÉTÉROGÈNE

L'œuvre de Mme de Murat, même si elle est rédigée sur une période relativement courte, comporte un caractère polygraphique évident, et les multiples genres qu'elle aborde ont bien souvent des frontières floues. Nous présentons ici les principales caractéristiques de chacune des productions de la comtesse.

Les Mémoires

Les *Mémoires* sont annoncés par Mme de Murat comme « le récit de [s]a vie[1] », qu'elle souhaite faire servir à la « défense des Dames », trop facilement calomniées selon elle. Ils commencent avec l'évocation de sa naissance et s'achèvent avec la mort de son second mari[2]. Comme plusieurs de ses contemporaines, Mme de Murat prend ainsi la parole avec vigueur. Il ne s'agit plus, comme chez Marguerite de Valois ou La Grande Mademoiselle, de faire revivre une époque dans laquelle on a joué un rôle, mais de se donner à voir, le plus souvent dans une perspective apologétique, comme chez Mme de la Guette, les sœurs Mancini, ou encore Mme de Villedieu[3].

---

1   *MdeM*, I, p. 6.
2   Pour un résumé détaillé du contenu, voir Annexes p. 413-416.
3   Voir *infra* p. 56.

Si la comtesse affirme écrire avec sincérité[1], elle s'octroie la liberté de jouer avec le statut référentiel de ses *Mémoires*. Une lecture attentive permet en effet de repérer des incohérences chronologiques, le récit personnel embrassant une période d'environ trente-six ans, plus longue que celle réellement vécue à la date de publication des *Mémoires*. Leur dernière partie, retraçant son second mariage avec Saint-Albe et les premières années qui ont suivi, serait-elle alors fictive[2] ? D'autre part, s'il est vrai qu'on ne connaît guère la vie de la comtesse avant 1698, date des premiers rapports de police qui lui sont consacrés, la narration semble tout de même anticiper des éléments connus de sa biographie. Elle relate par exemple la mort de son premier mari, qui ne décèdera en réalité que la décennie suivante. De même, elle évoque son fils âgé de seize ans, alors qu'il ne peut avoir que quelques années. Par ailleurs, elle affirme s'être mariée dans sa seizième année, soit plus de cinq ans avant la date attestée de son union avec Nicolas de Murat, et mentionne, à plusieurs reprises, un frère dont on ignore l'existence[3]. Les quelques références à l'actualité sont également problématiques, notamment les allusions aux relations avec Mme de Châtillon et l'abbé Fouquet, que Mme de Murat ne peut guère avoir connus, étant née une dizaine d'années avant la mort de ce dernier[4]. Deux hypothèses sont alors envisageables : ou l'on considère que les *Mémoires* permettent de révéler de multiples erreurs concernant la biographie de la comtesse, au demeurant mal connue, ou l'on émet l'idée qu'elle écrit volontairement dans le sillage de mémoires antérieurs.

Cet écart apparent entre un récit annonçant « les mémoires de [sa] vie[5] » et ce qu'elle a réellement vécu n'a pas manqué de frapper également les biographes, à commencer par l'éditeur de la *Bibliothèque Universelle des Romans* qui déclare, après leur lecture : « […] nous sommes obligés d'avouer que nous n'y trouvons rien qui cadre avec sa véritable histoire[6]. »

---

1   Voir par exemple : « Je dirai ici avec la même sincérité dont je veux écrire ces *Mémoires* […] » (*MdeM*, I, p. 118).

2   Les notices biographiques ne mentionnent pas ce second mariage.

3   Les généalogies révèlent au contraire l'existence de deux sœurs dont il n'est pas question dans les *Mémoires*.

4   Basile Fouquet dit « l'abbé Fouquet » (1622-1680). Mme de Murat mentionne aussi son frère, procureur général. Il s'agit de Nicolas Fouquet (1615-1680).

5   *MdeM*, « Avertissement » et I, p. 2. Cette expression figée est reprise par les biographes pour évoquer les *Mémoires*.

6   *Bibliothèque universelle des romans…*, juin 1776, Genève, Slatkine, 1969, vol. 2, p. 157.

Les autres notices hésitent sur le genre : le *Cabinet des Fées* parle de
« l'espèce de confession qu'elle a faite de sa vie[1] », tandis que Michaud,
repris par Levot et Hoefer, précise que « c'est moins une histoire qu'un
roman[2] ». M.-E. Storer voit dans ces « prétendus mémoires[3] » la marque
d'une femme qui est avant tout « une conteuse et une romanesque », ce
qu'exprime le biographe breton Rudel en parlant de « nouvelle Manon[4] ».

On pourrait alors remettre en cause l'appellation de « mémoires »
qu'utilise Mme de Murat pour caractériser son œuvre, et rattacher le
récit au genre des pseudo-mémoires[5], tel que l'a inauguré Mme de
Villedieu en 1672, et dont relèvent les *Mémoires de la vie du Comte D**
auxquels réplique la comtesse, qui précise qu'il ne s'agit que d'« un
recueil d'aventures tirées de plusieurs romans[6] ». Mais si elle jette
ainsi le discrédit sur cette œuvre, ou plutôt compilation, pourquoi
lui attache-t-elle autant d'importance en contribuant d'une certaine
manière à son succès ? Serait-ce pour s'autoriser également une certaine liberté dans son propre récit ? Mais si les pseudo-mémoires se
donnent pour fictifs, tandis que les mémoires romancés évoquent des
faits historiques, le récit de Mme de Murat se réduit aux calomnies à
l'encontre d'une femme qui n'est pas un personnage public. Le terme de
mémoires n'a peut-être été retenu que pour des raisons commerciales.
Il est vrai qu'en cette fin de siècle, le titre de mémoires se vend bien[7],
et il s'agit pour Mme de Murat de répliquer à une œuvre se revendiquant du même genre, signalée de plus par l'accroche du nom de
Saint-Évremond.

---

1   *Le Nouveau Cabinet des Fées*, rééd. partielle du *Cabinet des Fées*, Genève, Slatkine, 1978,
    t. XVIII.

2   L.-G. Michaud, *Biographie universelle ancienne et moderne, op. cit.*, t. XXIX, p. 587. Voir
    aussi P. Levot, *Biographie bretonne, op. cit.*, t. II, p. 99 ; F. Hoefer, *Nouvelle biographie générale,
    op. cit.*, t. XXXVI.

3   M.-E. Storer, *op. cit.*, p. 149.

4   Y.-M. Rudel, art. cit., p. 287.

5   Sur la catégorie des pseudo-mémoires, voir notamment R. Démoris, « Mémoires et pseudo-
    mémoires », *op. cit.*, p. 190-199 ; M.-T. Hipp, *op. cit.*, p. 56-57 ; G. Berger, « Histoire et
    fiction dans les pseudo-mémoires de l'âge classique : dilemme du roman ou dilemme
    de l'historiographie ? », dans *Perspectives de la recherche sur le genre narratif français du dix-
    septième siècle*, Pisa, ETS, Genève, Slatkine, 2000, p. 213-226.

6   *MdeM*, « Avertissement », n. p.

7   R. Démoris cite l'abbé de Villiers rapportant le conseil donné à un auteur de baptiser
    Mémoires de Hollande un traité de fortifications (R. Démoris, *op. cit.*, p. 190).

Le jugement de M.-T. Hipp sur les *Mémoires* de la comtesse est moins tranché que celui de ses prédécesseurs, faisant place aux deux aspects du récit, autoréférentiel et fictif. Pour elle, ils « se rattachent à la tradition des mémoires romancés et du roman autobiographique[1] ». Le récit de Mme de Murat pourrait en effet correspondre à cette dernière catégorie, du moins telle que la définit Philippe Gasparini :

> le roman autobiographique s'inscrit dans la catégorie du possible, du vrai-semblable naturel. Il doit impérativement convaincre le lecteur que tout a pu se passer logiquement de cette manière. Faute de quoi il bascule dans un autre genre, qui, lui, mélange vraisemblable et invraisemblable, l'autofiction[2].

Pourtant, ce texte présenté comme autobiographique, puisque la comtesse s'y engage à dire la vérité sur sa vie, pourrait bien s'apparenter à une autofiction, faisant partie des « autobiographies rebelles ou transgres-sives[3] », dans lesquelles l'auteur s'invente au fur et à mesure qu'il s'écrit, tentant par le fait d'échapper aux regards inquisiteurs en restant discret sur les personnages qu'il cite comme sur sa vie personnelle. Nous nous autoriserons alors par la suite à distinguer héroïne et narratrice, même si les deux instances se confondent à plusieurs reprises.

Les Contes[4]

Les contes sont issus pour la plupart de deux recueils comportant cette indication générique dans leur titre (*Contes de fées* et *Les Nouveaux Contes des Fées*), et d'une œuvre intitulée *Histoires sublimes et allégoriques*. Ces histoires sont en effet beaucoup plus longues que les contes précé-dents, et d'une narration souvent plus complexe, comportant plusieurs récits secondaires. Par ailleurs, l'ajout des qualificatifs « sublimes » et « allégoriques » invite d'emblée le lecteur au décryptage d'une vérité

---

1   M.-T. Hipp, *op. cit.*, p. 228 et p. 263.
2   P. Gasparini, *Est-il je ? Roman autobiographique et autofiction*, Paris, Seuil, 2004, p. 29.
3   Cette expression est empruntée à M. Laouyen, dans *Perceptions et réalisations du moi*, études réunies par Mounir Laouyen, Clermont Ferrand, Presses universitaires Blaise Pascal, 2000. On pourra se reporter également à G. Genette, *Fiction et diction*, Paris, Seuil, 1991 ; V. Colonna, *Autofiction et autres mythomanies littéraires*, Auch, Tristam, 2004 ; *Genèse et auto-fiction*, sous la dir. de J.-L. Jeannelle et C. Viollet, Louvain-la-Neuve, Academia-Bruylant, 2007.
4   On se reportera à notre édition (*BGF*, vol. 3).

sous-jacente. Le *Voyage de campagne* contient également un conte (« Le Père et ses quatre fils »), et le *Manuscrit* en rassemble trois (« L'Aigle au beau bec », « La Fée Princesse », « Peine Perdue »). Avec tous ces récits, rédigés pour la plupart en 1698 et 1699, Mme de Murat participe amplement à l'âge d'or du conte de fées. Il est à noter que l'épître « aux Fées modernes » constitue l'un des rares textes prenant la défense du genre féerique, et qu'à ce titre, elle est à verser au dossier de la querelle du conte[1].

Voyage de campagne

Récit d'un séjour dans la propriété du comte de Sélincourt, le *Voyage de campagne* (1699) s'inscrit dans la tradition des recueils de nouvelles autour d'un personnage central, entre Marguerite de Navarre, Segrais et Challe. L'œuvre est reprise dans le tome vingt-neuvième des *Voyages imaginaires* (1778), l'éditeur justifiant ainsi sa place :

> Ce ne sont plus des régions imaginaires que nous allons parcourir ; cependant les ouvrages que nous donnons n'en sont pas moins des romans, et même des romans merveilleux, analogues au genre que nous avons adopté, et faisant essentiellement partie d'un recueil de voyages imaginaires. Les héros de ces romans sont des voyageurs qui, sans traverser les mers, ni errer dans des terres éloignées et inconnues, n'en ont pas moins des aventures dignes de piquer la curiosité, ou par des situations touchantes qui intéressent le cœur, ou par un badinage agréable qui amuse l'esprit[2].

Au cours de l'été passé chez le comte de Sélincourt, se nouent diverses relations d'amitié et d'amour, non sans quelques rivalités, au sein d'une petite société d'aristocrates. Le déroulement de cette intrigue mondaine est interrompu par dix-huit récits secondaires, parmi lesquels dix histoires de revenants, sept récits présentés comme biographiques et un récit mêlant les deux genres. La narratrice principale, également personnage, adresse le compte-rendu de ce séjour à l'une de ses amies, ayant visiblement connu le comte, maître des lieux.

---

1 De manière générale, J. Boch constate la faiblesse de la défense dans la querelle du conte : « [...] les conteurs produisirent peu de textes théoriques pour répondre aux critiques, préférant rechercher la faveur du public que celle des censeurs » (*BGF* vol. 5, p. 340).

2 « Avertissement de l'éditeur », p. VII-VIII.

Les Lutins du château de Kernosy

Annoncés quant à eux comme une « nouvelle historique », en réalité « roman comique tardif » selon les termes de Jean-Paul Sermain[1], en tous cas plus proches de ces « petits romans » évoqués pour analyser le déclin du genre romanesque que de la nouvelle qui suppose une économie du récit[2], *Les Lutins du château de Kernosy* dépeignent également les divertissements d'une vie de société à l'écart de la cour. L'œuvre débute par l'intrusion de deux chevaliers au château de Kernosy où se trouvent recluses deux sœurs qui étaient déjà de leurs connaissances, et qu'ils souhaitent séduire, malgré la surveillance de la vicomtesse de Kernosy, tante et tutrice légale des deux jeunes filles. Ne donnant au départ que quelques signes de leur présence à la manière de lutins, les deux chevaliers révèlent assez vite leur identité aux demoiselles qui les reçoivent très favorablement, après être revenues de leur surprise. Ils continuent cependant à se faire passer pour des lutins auprès d'un rival, du nom de Fatville, qu'il s'agit d'effrayer afin de le chasser. Cette tonalité ludique, le récit adoptant le point de vue des mondains qui s'amusent de l'artifice et du ridicule, est assombrie par la narration détaillée des amours malheureuses de Mme de Briance, sœur des deux chevaliers, mais aussi par les vues de la vicomtesse qui souhaite décider seule du destin de ses nièces. Finalement, l'amour triomphe grâce à un véritable jeu de rôles organisé par les amants complices, aidés de leurs amis.

Le Journal

La partie inédite de l'œuvre mérite une présentation plus détaillée. Le *Manuscrit 3471* contient en effet un ensemble d'écrits, *a priori* non destinés à la publication, mais que l'on peut lire grâce au projet d'entreprise éditoriale du marquis de Paulmy qui en fit faire la copie, et qui les regroupa sous le titre *Ouvrages de Madame la Comtesse de Murat*[3]. Cette

---

1   J.-P. Sermain, *Le Singe de Don Quichotte : Marivaux, Cervantès et le roman postcritique*, Oxford, Voltaire Foundation, 1999, p. 54.

2   Preuve de la souplesse de la structure de cette fiction narrative, Mlle de Lubert insérera, dans une réédition des *Lutins* (A. Leyde, 1753), deux contes de fées de sa plume : « Peau d'ours » et « Étoilette ».

3   « [...] nous avons appris qu'un libraire, instruit que les contes de Mlle de La Force et de Madame la comtesse de Murat n'ont pas été recueillis comme ceux de Madame d'Aulnoy,

compilation de près de six cents pages est constituée pour l'essentiel du *Journal pour Mademoiselle de Menou*[1]. Par ailleurs, plusieurs récits autonomes sont aisément identifiables, comme des contes, au nombre de trois, mais aussi *Le Sylphe amoureux*[2] ou encore l'écriture d'une suite au *Diable boiteux* de Lesage, sous le titre *Le Diable boiteux, seconde partie*[3]. Enfin, de très nombreuses pièces, bribes de lettres, refrains de chansons ou strophes, ont été également collectées. Leur caractère épars les rend difficilement exploitables, d'autant que leur attribution à la plume de la comtesse n'est pas toujours assurée[4]. Aussi nous contenterons-nous de les évoquer au fil de notre analyse.

Le *Journal* frappe par son originalité formelle. Désignation du copiste ou seuil du texte voulu par la comtesse, la mention du titre insiste d'emblée sur la place de la destinataire à laquelle sont adressés les cahiers. Le *Journal* est en effet conçu au départ comme un dialogue épistolaire entre la comtesse et sa cousine, Mlle de Menou, mais il se trouve réduit à la partie de Mme de Murat dans la copie manuscrite, seuls les articles de cette dernière ayant été collationnés. Ce choix éditorial, qui résulte peut-être également du hasard de l'histoire, renforce encore, aux yeux du lecteur contemporain, le silence de la destinataire, silence dont se plaint déjà Mme de Murat qui tient un décompte jaloux des lettres reçues. Le lecteur contemporain n'a donc accès au contenu de ces lettres de Mlle de Menou que fort indirectement par les allusions qu'y fait la comtesse, et ne sait que peu de choses sur cette cousine apparemment connue des notables de Loches qui lui envoient parfois quelques lettres et demandent de ses nouvelles[5]. Après son départ de la petite ville,

---

et n'ont même jamais été imprimés sous leur nom, en prépare une édition complète, qu'il ne tardera pas à publier. » Est rajouté en note : « Nous prévenons le public que les contes de Madame de Murat seront enrichis de plusieurs morceaux de tout genre, qui ont été trouvés parmi les papiers de cette dame, et qui sont rassemblés dans le portefeuille d'un homme de lettres très distingué, qui s'est donné la peine de les revoir » (*Bibliothèque universelle des romans…* sept. 1775, Genève, Slatkine, 1969, vol. 2, p. 208).

1   Nous utiliserons la pagination de l'édition dactylographiée de S. Cromer (voir *supra* note 1 p. 13).

2   Le *Sylphe amoureux* sera publié dans *Aventures choisies…*, Paris, P. Prault, 1714.

3   *Ms*, p. 427-455.

4   Pour une liste exhaustive de l'ensemble des pièces, on se reportera aux Annexes p. 422-429.

5   La famille de Menou est une ancienne maison du Perche. Mlle de Menou serait vraisemblablement fille de René de Menou, seigneur de Boussay, qui eut neuf enfants, et petite-fille de Louis de Menou qui fonda le couvent de la Bourdillière, non loin de Loches. Voir *Mémoires de la société archéologique de Touraine*, Tours et Paris, tome V, 1855, p. 97-98.

Mlle de Menou reste en effet recluse, sans raison apparente[1], dans son donjon de Boussay[2], avec pour seule compagnie ses parents et un cousin surnommé «Babou[3]». Sa venue à Loches est d'abord envisagée avant d'être annulée. Mme de Murat prétend écrire à sa demande, pour la distraire, et vante à plusieurs reprises son esprit éclectique.

Chronique de la vie locale, traduisant surtout l'ennui de la comtesse et la douleur que lui cause l'absence de sa cousine, le *Journal* rassemble des textes écrits sur près d'une année, rédigés d'abord quotidiennement, voire plusieurs fois par jour, pendant les quatre premiers mois (14 avril 1708 – 5 août 1708), puis de loin en loin durant les sept mois suivants (15 août 1708 – 5 mars 1709). Le premier écrit est daté du jour du départ de la destinataire, quittant Loches pour Boussay, et s'achève peu avant la fin de l'exil de la comtesse. Le dernier cahier du *Journal* est en effet suivi d'une lettre du 8 juin 1709, alors que Mme de Murat a été remise en liberté surveillée le 15 mai de la même année. Dans cette dernière lettre, elle évoque ses pérégrinations en Limousin, après avoir enfin rendu visite à sa cousine qui, elle, n'est jamais venue la voir durant son exil.

Lors des premiers mois de l'écriture du *Journal*, la comtesse envoie chaque semaine à Mlle de Menou, par l'intermédiaire de différents messagers et domestiques, un cahier comportant le récit de plusieurs journées (entre trois et neuf), et composé d'«articles[4]» auxquels elle

---

Plusieurs membres de la famille servaient l'Église, étant prêtres ou religieux, comme les sœurs de sa cousine, dont Mme de Murat reçoit la visite : «[...] nos chères sœurs veulent un peu visiter les couvents de Loches avant de retourner dans le leur [...]. Je vous dirai donc que je suis charmée de Mesdames vos sœurs» (*J*, p. 299-300).

1   La comtesse écrit au sujet de sa cousine : «Je ne saurais comprendre qu'on aime mieux être tout seul qu'en bonne compagnie» (*J*, p. 172). Pourquoi Mlle de Menou refuse-t-elle de venir la voir et préfère-t-elle rester seule, suscitant l'incompréhension apparente de sa cousine ? S'agirait-il d'une volonté de ne pas être compromise avec une femme exilée en raison de son homosexualité ? On notera que Mlle de Menou ne recevra la comtesse qu'à l'issue de son exil et en présence de ses parents, comme le révèle une lettre du 8 juin 1709, attitude qui n'est pas sans conforter l'idée d'une défiance de Mlle de Menou envers sa scandaleuse cousine.

2   Boussay est une commune d'Indre-et-Loire, distante d'une trentaine de kilomètres de Loches. Le château fort, entouré de douves, appartient à la famille de Menou depuis 1338. Le *Manuscrit* propose une version erronée du nom : «Boulay», peut-être en raison d'une confusion avec la commune nommée Le Boulay, près de Château-Renault.

3   On ignore tout de ce cousin, qui se trouve cependant être un destinataire indirect du *Journal*, dont il fait parfois la lecture à Mlle de Menou.

4   C'est le terme qu'emploie Mme de Murat elle-même pour désigner chaque entrée du *Journal* : «Vous avez vu par l'article de ce matin [...]» (*J*, p. 107).

joint livres et musique. De cette façon, vingt et un cahiers sont expédiés. Leur copie constitue approximativement les trois quarts du *Journal*. Par la suite, six cahiers seulement sont rédigés durant la seconde période, plus longue pourtant. Ce changement de cadence d'envoi, dû en partie à la maladie de la comtesse, mais aussi à la perte de certains cahiers[1], modifie profondément leur structure. En effet, si les cahiers suivent encore une progression chronologique, ils ne sont plus découpés en journées. La datation est beaucoup moins précise[2] et cette « rétrospection de faible portée[3] » qui caractérisait l'écriture de la première partie du *Journal* n'est plus aussi tangible. Par ailleurs, la part des nouvelles de la ville et de la comtesse elle-même diminue fortement, au profit de mélanges littéraires[4] dans lesquels les préoccupations de la diariste restent malgré tout les mêmes, et qui sont intitulés « Pot pourri » ou « Œuvres mêlées[5] ».

---

1   Mme de Murat donne quelques explications : « Je ne vous ai pas fait un journal, attendu que j'ai eu dix jours de maladie » (*Ibid.*, p. 236). Il s'agit de la première interruption de l'écriture, entre le 5 et le 15 août 1708. Par ailleurs, le journal commencé le 16 août 1708 a été brûlé.

2   Par exemple : « Suite d'août et commencement de septembre 1708 » (*Ibid.*, p. 246).

3   J. Rousset, *Le Lecteur intime*, Paris, J. Corti, 1986, p. 163.

4   On relève en tout soixante quatre pièces poétiques, dont douze ne sont pas de la plume de Mme de Murat mais ont été composées par des habitants de Loches, ainsi qu'une nouvelle, un récit et un dialogue.

5   Pour la chronologie des articles, voir Annexes p. 418-421.

PREMIÈRE PARTIE

UN DISCOURS AU FÉMININ ?

UNITÉ ET VARIÉTÉ DE L'ŒUVRE

Si beaucoup d'œuvres de romancières, au XVIIe siècle, évoquent de façon topique des thèmes ou situations en lien avec le destin des femmes (contraintes matrimoniales, conception de l'amour, rêve de retraite, relation conjugale), la lecture de l'œuvre de Mme de Murat fait apparaître que la question féminine est non seulement une thématique dominante mais qu'elle constitue aussi un programme jamais achevé, annoncé dès le début des *Mémoires* sous-titrés « La Défense des Dames », et poursuivi d'un récit à l'autre. Cependant, il ne s'agit pas pour la comtesse, semble-t-il, de s'inscrire dans la « controverse des sexes » en faisant l'inventaire des qualités des femmes[1], ou en proposant une argumentation sur l'égalité des sexes à la manière de Poullain de La Barre[2]. De façon plus complexe, elle juxtapose, au fil des pages, différentes formes d'écriture donnant lieu à un ensemble apparemment composite, comme le révèlent la diversité générique et celle des tonalités. Comment comprendre alors l'articulation entre la force du propos tel qu'il apparaît au fil des pages et la variété de l'œuvre ?

Il est possible de lire et relire l'œuvre de Mme de Murat à la lumière du projet de défense des femmes énoncé au début des *Mémoires*, et de se demander dans quelle mesure on peut considérer l'ensemble comme un discours au féminin, tant du point de vue des énoncés que de l'énonciation. Mais si la défense des femmes peut constituer un facteur d'unité pour cette œuvre variée, son caractère polymorphe et la profusion de son écriture ne sont-ils pas à mettre également au compte de ce projet ? La défense des femmes serait alors la clé de voûte de l'œuvre tout en étant le moteur d'une écriture ne cessant de s'auto-générer.

Dans cette perspective, nous verrons tout d'abord que si les visées apologétique et moraliste de l'œuvre révèlent une perspective argumentative explicite, elles entraînent aussi une inflexion des genres pour une meilleure adéquation de l'écriture au projet de défense des femmes. Puis nous évoquerons la puissance d'invention dont fait preuve

---

1   Sur les principaux arguments de la querelle des sexes repris par les ouvrages féminins, voir C. H. Winn, *op. cit.*, p. 11-17, et L. Timmermans, *op. cit.*, « Les traditions féministes : les apologies de la supériorité féminine et leur influence », p. 246-272.

2   Voir *supra* note 1 p. 36.

la comtesse en quête d'une relation à autrui qui serait idéale. C'est en effet un foisonnement étonnant de scénarios qu'elle propose, dans un esprit de combat, pour remettre en cause le rapport de force entre les sexes. Par ailleurs, nous observerons les contours du *je* écrivant, afin de repérer les signes éventuels de l'émergence d'une conscience féminine. Nous nous interrogerons notamment, par le biais des marques du singulier et du pluriel, sur la multiplication des personnages féminins et sur la réitération des situations. Il sera temps alors de prêter attention au questionnement que la comtesse elle-même émet sur ce discours au féminin, travaillé par de nombreuses tensions qui apparaissent à nouveau comme autant d'occasions de redoubler le propos. Nous tenterons ainsi de montrer que les grandes caractéristiques du discours au féminin que Mme de Murat adresse au lecteur sont aussi à l'origine d'une écriture inventive marquée par l'amplification et l'expansion.

PERSPECTIVE ARGUMENTATIVE
ET INFLEXION DES GENRES

La défense des femmes entreprise par la comtesse implique un jeu de sa part sur la topique des genres. Les *Mémoires* illustrent de façon évidente cette inflexion générique puisqu'il s'agit avant tout d'une écriture apologétique, et qui plus est, désireuse de défendre collectivement les « Dames ». Curieusement, on retrouve ces deux caractéristiques dans les seuils des contes, comme s'il y avait une continuité entre les deux œuvres de genres pourtant très différents. Par ailleurs, de multiples formulations sentencieuses présentes dans une grande partie de l'œuvre, et par lesquelles sont exprimées des convictions et des constats sur la condition féminine ou la relation amoureuse, constituent également des fragments très visibles du discours au féminin de la comtesse. Cette inscription de l'œuvre dans une tradition moraliste n'est pas sans impliquer à son tour une certaine labilité des catégories génériques au sein d'un ensemble révélant une forte présence de l'auteur.

LA VISÉE APOLOGÉTIQUE :
PRENDRE LA DÉFENSE DES FEMMES

Différents éléments péritextuels[1] annoncent les intentions de Mme de Murat dans son œuvre. Plus particulièrement, les *Mémoires* et le troisième recueil de contes, intitulé *Histoires sublimes et allégoriques*, comportent des textes liminaires ou épilogues, qui en indiquent les enjeux.

---

1   Le péritexte désigne « les genres discursifs qui entourent le texte dans l'espace du même volume » (P. Charaudeau et D. Maingueneau, *Dictionnaire d'analyse du discours*, Paris, Seuil, 2002, p. 419).

On s'attardera dans un premier temps sur l'œuvre inaugurale de la comtesse, très peu étudiée[1] malgré l'intérêt qu'elle présente pour l'élaboration d'une écriture dont l'auteur se présente comme femme. Puis l'on verra comment Mme de Murat, en collaborant à la « naissance du conte féminin[2] », s'adresse « aux Fées modernes » dans une épître qui peut être lue comme une autre forme de « défense des dames », en lien avec une certaine conception de la modernité.

LE PÉRITEXTE DES *MÉMOIRES*

Les variantes du titre

Mme de Murat inaugure sa carrière littéraire par une entreprise audacieuse. Sa première œuvre imprimée est le récit de ses *Mémoires*, en huit livres et deux tomes, alors qu'elle n'a pas trente ans[3] et qu'elle n'occupe pas de fonction importante. Issue d'une famille de haute noblesse, elle commence cependant à être inquiétée en raison de son comportement scandaleux aux yeux de la société.

Intitulés *Mémoires de Madame la Comtesse de M**** dans l'édition de 1697, et réimprimés la même année à Lyon, avec la variante « ... *avant sa retraite, ou la Défense des Dames* », les *Mémoires* de Mme de Murat sont

---

1   En effet, les *Mémoires* de Mme de Murat, plusieurs fois réédités au XVIIIe siècle (en 1711, 1740, 1743, et 1753 ; traduction en langue anglaise en 1778), n'ont fait l'objet que de rares analyses au sein d'études générales sur les mémoires : R. Démoris, *Le Roman à la première personne. Du classicisme aux Lumières*, Paris, H. Champion, [1975] 2002, p. 263-292 ; M.-T. Hipp, *Mythes et réalité. Enquête sur le roman et les mémoires (1660-1700)*, Paris, Klincksieck, 1976, p. 309-317. Plus récemment, deux articles leur ont été consacrés, augurant peut-être de leur redécouverte : J. DeJean, *Tender Geographies : Women and the Origins of the Novel in France*, New-York, Columbia University Press, 1991, p. 142-145 ; S. Genieys-Kirk, « Narrating the self in Mme de Murat's *Mémoires de Madame la Comtesse de M*** avant sa retraite. Servant de réponse aux Mémoires de Mr. Evremond* (1697) », dans B. Tribout et R. Wheland (dir.), *Narrating the Self in Early Modern Europe. L'Écriture de soi dans l'Europe moderne*, Oxford, Bern, Berlin, Bruxelles, Frankfurt am Main, New York, Wien, Peter Lang, 2007, p. 161-176.

2   Expression empruntée à N. Jasmin, *op. cit.*

3   Bon nombre de mémoires sont écrits tardivement ou paraissent de façon posthume. « Nous tenons donc là exceptionnellement une œuvre de jeunesse », souligne M.-T. Hipp, *op. cit.*, p. 240. Seule Hortense Mancini (1646-1699) semble également se distinguer par la précocité du récit de sa vie, publié en 1675, mais probablement rédigé par l'abbé de Saint-Réal (voir *Mémoires d'Hortense et de Marie Mancini*, éd. G. Doscot, Paris, Mercure de France, 1987). L'entreprise de Mme de Murat, rédactrice unique de ses *Mémoires*, semble donc singulière.

réédités en 1698, complétés par la mention « …*avant sa retraite, servant de réponse aux Mémoires de M. St-Évremont* ».

Ce programme ambitieux, constitué d'éléments figurant à l'origine sur la page de titre intérieure ou dans l'« Avertissement », marque la singularité de l'œuvre de Mme de Murat au sein d'un genre en pleine mutation. Pouvant se lire comme le cheminement de la comtesse pour construire son identité féminine, malgré le recours à l'anonymat, il révèle la complexité d'un projet, annonçant un récit orienté par une intention apologétique sur fond de polémique littéraire.

En associant le terme de « Mémoires », qui annonce un récit personnel, à l'expression « défense des Dames » relevant du genre judiciaire, Mme de Murat confère en effet une double perspective apologétique à son œuvre : prendre la défense des femmes et se défendre personnellement. Si les deux objectifs paraissent liés, le premier est affirmé d'entrée de jeu de manière très visible. Afficher de façon très explicite le projet de plaider la cause féminine, c'est pour la comtesse s'inscrire dans une tradition déjà bien établie dans le domaine des écrits littéraires, rédigés notamment à l'occasion de la fameuse querelle des alphabets, dans le premier quart du siècle[1]. Le terme de « défense », ou son équivalent, a déjà été employé dans *La Défense des femmes* du sieur Vigoureux[2] et *Le Bouclier des dames* de Louis Lebermen[3]. Quant à celui de « dames », il est dans la mémoire collective depuis *La Cité des dames*[4], et souvent repris, notamment par Marie de Gournay dans *Le Grief des dames*[5].

La deuxième variante du titre indique que Mme de Murat réplique à la publication de mémoires attribués à Saint-Évremond, qu'elle juge nuisibles à l'image de la femme, comme elle le précise dans l'« Avertissement[6] ». Si elle n'est certes pas la première à réagir à un texte considéré comme

---

1   La querelle des alphabets est déclenchée par la publication en 1617 de l'*Alphabet de l'imperfection et malice des femmes*, recueil des lieux communs de la misogynie cléricale, rassemblés par Jacques Olivier, pseudonyme du franciscain Alexis Trousset (Paris, Jean Petit-Bas).

2   Le Sieur Vigoureux, *La Défense des femmes contre l'alphabet de leur prétendue malice…*, Paris, P. Chevalier, 1617.

3   L. Le Bermen, *Le Bouclier des dames, contenant toutes leurs belles perfections*, Rouen, J. Besogne, 1621.

4   Ch. de Pizan, *Le Livre de la Cité des dames* [1405], trad. et introd. par É. Hicks et Th. Moreau, Paris, Stock, 1992.

5   M. de Gournay, *Œuvres complètes*, éd. J.-C. Arnould, Paris, H. Champion, 2002.

6   Voir *infra* p. 240-242.

calomnieux, elle est l'une des seules à mettre son identité féminine à ce point en scène, pour s'opposer à une œuvre qui ne l'attaque pas personnellement. Quelques exemples empruntés aux mémoires féminins de l'époque appuieront nos propos. Marie-Catherine Desjardins rédige en 1671 les *Mémoires de la vie de Henriette-Sylvie de Molière* en réaction à la publication de ses lettres d'amour par le sieur de Villedieu, et surtout au portrait que fait d'elle Tallemant des Réaux dans ses *Historiettes*[1]. Mais la romancière s'attache à décrire les effets de la rumeur sans les replacer dans le cadre d'une problématique spécifiquement féminine :

> Non que j'espère jamais pouvoir arracher des esprits les cruelles impressions que la calomnie a données de ma conduite : le siècle ne permet pas que je me flatte de cette pensée. Mais [...] il viendra un temps, où les hommes ne pourront plus juger si criminellement par eux-mêmes de leurs semblables ; parce qu'ils n'auront plus les mœurs si corrompues ni si criminelles ; et alors on ajoutera peut-être plus de foi à ce que j'aurai écrit de l'innocence de mes actions, qu'à ce qu'en auront pu dire mes ennemis[2].

C'est aussi contre la médisance que se révolte Marie Mancini en écrivant les « Véritables Mémoires » qui viennent rétablir « la vérité dans son jour », après la publication anonyme de la fausse apologie des *Mémoires de la connétable Colonna*. Si la nièce de Mazarin indique que les femmes sont les premières victimes de ces calomnies, elle souhaite surtout protéger son image de personne de qualité :

> Comme il n'y a point d'action plus exposée à la vue du public que celle des personnes de grande qualité, il n'y en a point aussi qui coure plus de danger de la censure et de la médisance : surtout en France, où ces sortes de libelles, que la malice produit contre la réputation de notre sexe, avec un cours et un applaudissement qu'ils ne méritent point, passent pour des galanteries de cour. [...] j'ai cru qu'il était de mon devoir d'aller au devant de ce qui pourrait faire tort à ma réputation, en donnant moi-même une relation sincère et véritable de tout ce qui m'est arrivé depuis mes jeunes années, à quoi les pressantes instances de plusieurs personnes de qualité, qui sont intéressées à ce qui me touche, m'ont engagée[3].

---

1   G. Tallemant des Réaux, *Historiettes* [1657-1659], éd. Antoine Adam, Paris, Gallimard, 1961, t. II, p. 900-909.

2   M.-C. Desjardins de Villedieu, *Mémoires de la vie de Henriette-Sylvie de Molière*, éd. présentée, établie et annotée par R. Démoris, Paris, Desjonquères, 2003, p. 43.

3   *Mémoires d'Hortense et de Marie Mancini*, *op. cit.*, p. 95-96.

En investissant de façon personnelle la forme générique des mémoires qu'elle convoque dans la querelle des femmes, Mme de Murat confère une dimension apologétique et collective à son propos, se distinguant ainsi du petit nombre de femmes mémorialistes au XVIIᵉ siècle[1]. En effet, elle n'est pas habitée par une ambition historiographique comme le seront la duchesse de Nemours ou Mme de Motteville, et n'est pas non plus la personne la plus en vue de son temps comme le sont les sœurs Mancini. Abandonnant une conception de l'écriture consacrée à retracer l'œuvre d'une vie, et s'opposant à des écrits propageant selon elle une mauvaise image des femmes, Mme de Murat s'approprie le genre des mémoires, dont les frontières demeurent très floues. Ne se réclamant d'aucune autorité ni précurseur, elle revendique une place que la société de l'Ancien-Régime refuse aux femmes[2], et qu'elle compte réclamer en leur nom, légitimant ainsi sa prise de parole.

Les thèses de l'« Avertissement »

Dans cette optique, de multiples formulations de la thèse de la comtesse, s'opposant aux préjugés sur les femmes, sont proposées au lecteur. Le récit est d'abord orienté par un sous-titre à vocation morale, dont le contenu propositionnel est également présent dans la dernière phrase du texte :

> [...] dans lesquels on verra que très souvent il y a beaucoup plus de malheur que de dérèglement dans la conduite des femmes.

La construction comparative permet à Mme de Murat d'opposer son point de vue à celui de l'adversaire. On retrouve ensuite la même structure binaire dans des phrases équivalentes qui parcourent l'« Avertissement » et les premières pages de l'œuvre : « que l'imprudence et le hasard ont

---

1   Voir notamment le tableau que propose M.-T. Hipp dans *Mythes et réalité...*, p. 60. On se reportera également au chapitre intitulé « Mémoires féminins » de R. Démoris, *op. cit.*, p. 263-292. M. Cuénin consacre par ailleurs un article à ce type de productions : « Mémoires féminins du XVIIᵉ siècle, disparités et convergences », dans *Le Genre des mémoires, essai de définition*, Colloque international des 4-7 mai 1994...Actes publiés par M. Bertaud et F.-X. Cuche, Paris, Klincksieck, 1995, p. 99-110. Cependant, elle n'y inclut pas les *Mémoires* de Mme de Murat, « comme posant trop de problèmes particuliers » (p. 99, note 1).

2   Voir sur ce point D. Godineau, *Les Femmes dans la société française : 16ᵉ-18ᵉ siècle*, Paris, A. Colin, 2003, p. 8-43.

souvent plus de part à leurs fautes que le défaut de vertu », « qu'on peut être décriée sans être coupable[1] », ou encore « on y apprendra à éviter les malheurs qui tiennent lieu de crimes[2] ». À la valeur axiologique négative du lexique renvoyant aux accusations proférées contre les femmes, fait contrepoint la reprise du terme de « malheur », relevant d'une modalité affective destinée à susciter la compassion du lecteur[3].

La comtesse ne cherche donc pas à prolonger le débat sur l'infériorité ou la supériorité du sexe féminin, mais elle entend mettre au jour l'erreur de jugement à l'endroit des femmes. Il n'est pas question en effet, pour Mme de Murat, d'énumérer les qualités particulières des femmes, comme on le faisait au temps des apologies[4], ni de proposer des *Vies* de femmes illustres, selon la tradition des *exempla*. Pour conduire sa démonstration, il lui suffit de montrer un seul exemple, le sien. Afin de combattre la *doxa* menaçante concernant les femmes, la comtesse propose en effet son récit personnel comme un exemple de vie de femme injustement calomniée. Il acquiert ainsi une valeur cognitive, comme le prouvent les expressions « les *Mémoires* de ma vie feront connaître », ou encore « faire voir par le récit fidèle des aventures de ma vie[5] ». L'objectif est de convaincre les lecteurs, notamment ceux qui ne fréquentent pas de femmes de qualité, en racontant le détail de sa vie qui acquiert ainsi une dimension de témoignage :

> il y a encore des femmes qui ont de nobles sentiments, et ceux qui croient qu'elles n'agissent que par caprice ou par intérêt ne les connaissent pas[6].

La valeur exemplaire qu'elle attribue au récit de sa vie l'érige en argument essentiel au sein d'une démarche inductive : « J'ai cru qu'il m'était permis d'écrire mon histoire pour justifier par mon exemple les personnes de mon sexe qu'on a si cruellement décriées[7]. » Le projet de défense des femmes ne se réduit donc pas à une quelconque autojustification :

---

1   *MdeM*, I, p. 6.
2   *Ibid.*, I, p. 6-7.
3   Voir aussi : « avoir compassion de mes malheurs », « Mais je ne sais si l'on me blâmera », « quelque compassion que fasse le récit de mes malheurs » (*Ibid.*, I, p. 180, 359 et II, p. 88).
4   Voir C. H. Winn, *op. cit.*, p. 7-29.
5   *MdeM*, « Avertissement », n. p. et I, p. 6.
6   *Ibid.*, II, p. 234-235.
7   *Ibid.*, I, p. 3.

> Ce n'est point pour me justifier que j'entreprends d'écrire les mémoires de ma vie. Il y a longtemps que Dieu m'a fait la grâce de regarder les bruits injurieux qu'on a répandus de moi dans le monde comme une punition de ma vanité. Et à cet égard, je me soumets à la conduite de sa providence, trop heureuse de me sentir innocente de tout ce que la calomnie m'a imputé [...][1].

L'innocence de l'héroïne narratrice serait même un postulat nécessaire pour démontrer que les femmes ne sont pas coupables. Alors qu'elle a subi de nombreux outrages, c'est parce qu'elle est innocente – et pour cela il lui suffit, selon elle, de se référer à l'autorité suprême de Dieu ou à son intime conviction (« heureuse de me sentir innocente[2] ») – qu'elle pourra s'autoriser à se constituer en exemple type des vies de femmes abîmées par la médisance et la calomnie. Elle confère ainsi un pouvoir à son exemple qui devient « une chose capable de détruire[3] » l'opinion négative répandue sur les femmes. Empruntant à ses adversaires leur raisonnement consistant à généraliser à partir d'un cas particulier, elle considère en effet les événements de sa vie comme autant de « preuves[4] » de l'injustice faite aux femmes. Exemple de l'erreur du monde à l'égard des femmes, le récit de sa vie constitue aussi un contre-exemple permettant de réfuter l'opinion communément admise sur les femmes. Si l'on s'est trompé sur son cas, c'est que l'on peut reproduire cette erreur au sujet d'autres femmes, car « il n'est pas toujours sûr de juger sur les apparences[5] ».

Enfin, son récit personnel fonctionne également comme un exemple au sens que Furetière donne à ce terme : « ce qui est proposé pour imiter ou pour éviter ». En effet, la narratrice souligne ses maladresses ou ses erreurs à plusieurs reprises au fil des pages, faisant preuve d'une sincérité qui n'est pas sans contribuer à la qualité de son *ethos*, et donc à sa stratégie argumentative : « je résolus imprudemment » ; « Je n'ai guère fait de faute en ma vie dont j'ai plus mérité d'être blâmée que de celle-là » ; « je changeai de résolution, et pris un parti que j'eus tort de

---

1   *Ibid.*, I, p. 1-3.
2   Voir aussi : « Mais comme plus on me décriait, moins je croyais y avoir donné lieu, j'avais la consolation de me sentir *innocente* » (*Ibid.*, I, p. 292) ; « Dès que Mme de Châtillon fut pleinement convaincue de mon *innocence* » (I, p. 253). M.-T. Hipp classe justement la figure des *Mémoires* de Mme de Murat dans la catégorie du « *moi* innocent » (*op. cit.*, p. 309).
3   *MdeM*, I, p. 5-6.
4   *Ibid.*, II, p. 394.
5   *Ibid.*, « Avertissement », n. p.

prendre à la vérité[1]. » Mais la morale qu'elle dicte aux femmes auxquelles elle s'adresse reste toute pragmatique :

> On pourra retirer encore un autre fruit de ces *Mémoires* : on y apprendra à éviter les malheurs qui tiennent lieu de crimes et à s'éloigner des occasions qui peuvent donner atteinte à la réputation des femmes, en voyant par où j'ai mal ménagé la mienne[2].

De la sorte, elle confère une tonalité didactique à son projet, qui doit aider les femmes trop souvent livrées à elles-mêmes : « En vérité l'on trouve peu d'amis sincères qui sachent donner aux femmes des conseils qui conviennent à leurs véritables besoins[3]. »

Le seuil de l'œuvre contraste ainsi avec celui d'autres mémoires féminins, rédigés dans le loisir ou écrits pour divertir une destinataire, comme par exemple *Les Mémoires de la vie de Henriette-Sylvie de Molière*, « mariage du rire et de l'émotion » selon René Démoris[4]. Mme de Villedieu, affichant une grande désinvolture dans une préface intitulée « Fragment d'une lettre », indique le mode de lecture que requiert son œuvre, bien loin des objectifs de la comtesse de Murat :

> [...] on dit qu'il faut être un peu badin pour lire les badineries, ou du moins, qu'il les faut lire en badinant pour y avoir plus de plaisir[5].

Évoquant pourtant le récit d'une héroïne « au milieu de tant de médisances qui déchirent [sa] réputation », cette femme de lettres veut agrémenter par son badinage la lecture de ce qu'elle tient pour une « si ennuyeuse histoire[6] ». Même si ces déclarations ne doivent pas faire illusion, elles corroborent son refus de théoriser et de moraliser. Mme de Murat adopte au contraire, dans l'« Avertissement » et l'*incipit* qui précède le récit proprement dit de ses *Mémoires*, un ton en lien avec la gravité de son propos[7].

---

1   *Ibid.*, I, p. 115, 183, 261. Voir aussi I, p. 149, 339 et II, p. 372-373. Cependant, il arrive à la comtesse de douter de cette utilité : « je souhaite que les femmes qui se trouveront dans les mêmes circonstances ne suivent pas mon exemple, si toutefois il y en a quelqu'une qui puisse faire autrement » (I, p. 132-134).

2   *Ibid.*, I, p. 6-7.

3   *Ibid.*, I, p. 352.

4   *Mémoires de la vie de Henriette-Sylvie de Molière...*, p. 8.

5   *Ibid.*, p. 42.

6   *Ibid.*, p. 43.

7   R. Démoris écrit au sujet des *Mémoires* de Mme de Murat : « Le ton n'est plus celui de la badinerie. Il est à la fois celui de la démonstration et de la provocation » (« La Figure

Un épilogue programmatique

La comtesse achève ses *Mémoires* avec le récit de l'évocation de la mort de son mari, passant sous silence le temps qui sépare cet événement du moment de l'écriture. Mais cet arrêt de la narration ne coïncide pas pour autant avec la fin des calomnies à son encontre, qui se poursuivent malgré sa décision de se retirer du monde :

> Je finis ici l'histoire de ma vie, quoique dans le dessein que je me suis proposé de montrer combien on fait d'injustice à notre sexe, je pusse trouver de nouvelles preuves de cette injustice dans ce qui m'est encore arrivé depuis que j'ai entièrement renoncé au monde [...][1].

L'interruption du récit, annoncée de manière métadiscursive, ne s'oppose pas seulement au mouvement de la vie qui continue[2], elle semble contrarier l'intention apologétique. Cependant, si des motifs personnels sont susceptibles d'obliger la comtesse, vraisemblablement surveillée par la police, à une certaine discrétion et si des raisons d'ordre narratif peuvent également l'inciter à préserver l'unité d'un récit déjà très long, elle ne perd pas de vue l'objectif de la défense des femmes. Bien plus, elle le réaffirme, tel qu'elle l'avait formulé au début de l'œuvre, mais par le biais d'un futur programmatique qui en fait le fil directeur de nouveaux projets littéraires :

> J'espère au reste continuer le dessein que j'ai de justifier les femmes. J'en ai connu plusieurs qu'on n'a pas plus ménagées que moi ; et je ferai voir par le récit de leurs aventures, encore mieux que par les miennes, que souvent les apparences nous trompent, et qu'il y a plus de malheur que de dérèglement dans la conduite des femmes[3].

À l'impression de clôture que pouvait laisser au lecteur l'évocation de la retraite de la comtesse, succède l'affirmation de sa détermination,

---

féminine chez Challe : du côté de Mme de Murat et de Courtilz de Sandras », dans *Robert Challe : sources et héritages*, études réunies par J. Cormier, Louvain-Paris-Dudley, Peeters, 2003, p. 91).

1 *MdeM*, II, p. 394.

2 M. Leiris rapproche l'entreprise autobiographique, prise entre mouvement de la vie et fixité de l'écriture, du travail de Sisyphe, inachevable par définition (voir *Biffures*, Paris, Gallimard, 1948, p. 241-242).

3 *MdeM*, II, p. 395-396.

pour le présent comme pour le futur. Justifiant une nouvelle prise de parole, elle annonce le contenu et la visée des récits à venir. Il ne sera plus question de parler de soi pour parler des femmes, en mettant en avant l'exemple de sa vie, mais d'évoquer d'autres femmes afin de mieux convaincre. Cependant, la comparaison de supériorité, « encore mieux que par les miennes », exprime-t-elle l'intention de se dissocier des personnages pour une plus grande objectivité, ou traduit-elle, au contraire, une continuité entre les récits ?

Quoi qu'il en soit, le passage d'une forme autobiographique à un récit privilégiant désormais le régime hétérodiégétique semble motivé par la volonté d'emporter l'adhésion d'un lecteur toujours prêt à retomber dans des préjugés défavorables aux femmes. Dès lors, les *Mémoires* ne paraissent plus que la première étape d'une stratégie argumentative, et l'écriture de soi ne semble pouvoir déboucher que sur la méditation des malheurs des autres, comme miroirs réfléchissant les siens. La comtesse ne peut plus en effet accumuler, au sein de son récit personnel, les « preuves » de l'injustice faite aux femmes, il lui faut à présent rapporter les aventures de ces dernières comme autant de témoignages de leur « malheur ». Est alors promise au lecteur la triste succession des vies de celles, souvent inconnues, qui n'ont pas été « ménagées ».

Mme de Murat établit ainsi un véritable contrat au terme de ses *Mémoires*, pacte de lecture invitant à percevoir la défense des femmes comme principe d'unité de son œuvre.

L'ÉPÎTRE « AUX FÉES MODERNES » DES *CONTES*

Comme dans les *Mémoires*, c'est une stratégie apologétique qui semble motiver la prise de parole de Mme de Murat dans l'épître[1] adressée « aux Fées modernes », précédant le troisième recueil de ses contes intitulé *Histoires sublimes et allégoriques*. Dans ce texte liminaire, la comtesse oppose deux figures féminines, les « fées modernes » et les « anciennes fées ». Employant ainsi deux adjectifs faisant facétieusement référence à la querelle des Anciens et des Modernes[2], elle redessine les contours de la figure des fées en lien avec l'image de la femme, et, plus largement,

---

1   Sur le genre de l'épître, voir *infra* p. 337.
2   J. Mesnard explique que le terme de « moderne » entre véritablement dans l'usage avec Fontenelle et sa *Digression sur les Anciens et les Modernes*, parue en 1688. La même année, Perrault publie le premier volume de son *Parallèle des Anciens et des Modernes* (« Être

oppose passéisme et modernité. Programme qui semble valoir aussi pour les deux récits que sont le *Voyage de campagne* et *Les Lutins*.

Fées modernes et image de la femme

Dans la première partie de l'épître, Mme de Murat rompt définitivement avec la définition d'un genre dont on se plaît, de façon plus ou moins voilée ou calculée, à entretenir l'origine folklorique, qu'il s'agisse de Perrault avec ses *Histoires ou contes du temps passé*, ou même de Mlle Lhéritier évoquant les troubadours dans sa réflexion sur l'origine du genre[1]. La comtesse dénonce en effet des récits qu'elle regroupe de façon très péjorative sous l'appellation de « contes de ma mère l'Oye[2] », en associant cette expression qui figurait précisément, mais de manière ironique et ludique, sur le frontispice des contes en prose de Perrault, au portrait peu attrayant qu'elle brosse des « anciennes fées » :

> Leurs occupations étaient basses et puériles, ne s'amusant qu'aux servantes et aux nourrices. [...] Elles étaient presque toujours vieilles, laides, mal vêtues, et mal logées ; et hors Mélusine[3], et quelques demi-douzaines de ses semblables, tout le reste n'était que des gueuses[4].

Le second mouvement du texte, introduit par un lien d'opposition très fort, propose une nouvelle image de la femme :

> Mais pour vous, Mesdames, vous avez bien pris une autre route : vous ne vous occupez que de grandes choses, dont les moindres sont de donner de l'esprit à ceux et celles qui n'en ont point, de la beauté aux laides, de l'éloquence aux ignorants, des richesses aux pauvres, et de l'éclat aux choses les plus obscures.

---

moderne au XVIIᵉ siècle », dans *La Spiritualité. L'Épistolaire. Le Merveilleux au Grand Siècle*, Tübingen, G. Narr, 2003, p. 7-20).

1 Dans sa dédicace de l' « Adroite Princesse » à Mme de Murat, la nièce de l'académicien associait les fées aux temps anciens : « Vous qui êtes si savante dans toutes sortes d'antiquités, je ne doute pas, Comtesse charmante, que vous n'ayez cent fois entendu parler du merveilleux pouvoir des fées » (Mlle Lhéritier, *op. cit.*, p. 179).

2 M. Escola rappelle que « l'expression [...] désignait familièrement tout au long du siècle un répertoire informel de contes transmis par la tradition orale dont on ignore toutefois jusqu'aux titres, à la notable exception de celui de *Peau d'Âne* régulièrement allégué au point que "contes de ma mère l'Oye" et "contes de Peau d'Âne" sont formules à peu près synonymes » (*Contes de Perrault*, Paris, Gallimard, 2005, p. 22-23). Voir aussi, sur cette expression : U. Heidmann, J.-M. Adam, *op. cit.*, p. 201-202.

3 Le personnage de Mélusine connaît une nouvelle fortune grâce au roman de *L'Astrée*.

4 *BGF* vol. 3, p. 199.

> Vous êtes toutes belles, jeunes, bien faites, galamment et richement vêtues et
> logées, et vous n'habitez que dans la cour des rois, ou dans des palais enchantés[1].

Pour Mme de Murat, il ne s'agit plus seulement de purifier les contes de nourrice de leur grossièreté[2] ou de mettre en valeur une autre morale. L'enjeu de l'évolution de la poétique du conte est ailleurs : il en va de la représentation de la femme et de son identité. L'emploi du présent dans ce passage n'est pas seulement requis pour interpeller les conteuses, mais semble prendre une valeur prescriptive. L'adresse collective « aux Fées modernes » résonne alors comme une invitation faite aux femmes, en réalité aux aristocrates cultivées, à prendre toute leur place dans le processus de développement d'une culture moderne. L'appellation de « fées » ne correspond plus seulement à une métaphore galante révélant les connivences du grand monde avec l'univers merveilleux. Que les femmes puissent ressembler aux « fées modernes », et elles accompliront leur destin. Ainsi, l'épître des *Histoires sublimes et allégoriques* pourrait bien relever de la « défense des Dames » annoncée dans les *Mémoires*. Fée parmi les fées, Mme de Murat ne serait-elle pas « celle qui prédit l'avenir[3] » aux femmes de sa génération ? C'est paradoxalement cette étymologie du mot « fée » que rappelle l'abbé de Villiers pour justifier que les contes n'ont été inventés que pour l'instruction des auditeurs ou lecteurs. Par le caractère prophétique – c'est-à-dire ici prescriptif – de son épître, Mme de Murat s'appuie sur la même origine du mot, mais pour définir les contes, si l'on peut risquer l'expression, comme des histoires du temps à venir. La tonalité revendicative du texte corrobore cette lecture[4], même si l'enjouement reprend toute sa place à la fin, comme le montre le retour d'expressions ludiques telles que « empire de féerie » ou « contes offerts aux fées ».

Dès lors, les contes de Mme de Murat se donnent à lire comme des récits concernant les femmes pour lesquelles la comtesse réclame un certain statut et une culture moderne. L'épître « aux Fées modernes »

---

1   *Ibid.*, p. 199.

2   Mlle Lhéritier fait un éloge nuancé de la tradition gauloise : « Si le peuple ou les troubadours s'étaient exprimés comme nous, leurs contes n'en auraient que mieux valu » (*op. cit.*, p. 314).

3   C'est l'étymologie du mot « fée » que donne le *Dictionnaire français* de Richelet, 1680.

4   R. Robert parle même d'une certaine « brutalité » dans l'expression de ce que la conteuse pense du folklore (*op. cit.*, p. 427).

se révèle ainsi une pièce importante de la querelle du conte et de la querelle des femmes, même si l'écriture féerique constitue également un divertissement mondain. Comme dans les *Mémoires*, la femme est une figure centrale, et sa représentation sociale et littéraire est en jeu.

Il est vrai que Perrault donnait déjà aux femmes une place de choix dans son premier recueil de contes en vers, en multipliant les dédicaces à des figures féminines[1], mais aussi en laissant à une lectrice, en l'occurrence sa nièce, le soin de légitimer son œuvre. Mlle Lhéritier évoque en effet, dans un madrigal intégré à la « Préface » de 1695 des contes en vers, le plaisir que peut procurer la lecture d'un conte comme « Peau d'Âne », qui fait rire « Sans que Mère, Époux, Confesseur, / Y puissent trouver à redire[2] ». Ces deux derniers vers, qui semblent s'adresser exclusivement aux femmes, formulent une esthétique de la réception au seuil de l'œuvre, en paraissant réduire l'ambition du conte à un divertissement innocent tout en promettant aux lectrices un certain affranchissement de leur condition de dominée. C'est en effet « selon le degré de pénétration de ceux qui les lisent[3] », comme le dira Perrault dans sa dédicace « À Mademoiselle » de ses *Histoires ou contes du temps passé*, que les contes prennent sens, en se jouant de la naïveté d'une situation narrative orale purement fictive. Par l'emploi de l'adjectif « modernes », Mme de Murat se montre donc plus explicite que Perrault qui compte sur la finesse des lecteurs pour bien comprendre le jeu d'articulation qu'il propose entre les époques. Par ailleurs, si l'académicien appelle les femmes à la lucidité, elles sont aussi les principales représentantes d'un public mondain qu'il lui faut séduire afin de l'attirer dans le camp des Modernes[4].

Mlle Lhéritier associe également défense du conte et apologie de la femme, en faisant l'éloge de la femme de lettres, bien au-delà d'une figure de lectrice, même complice du conteur. Dans sa fameuse lettre

---

1   « Grisélidis » est dédicacé « À Mademoiselle** », « Peau d'Âne » « À Madame la marquise de Lambert », et « Les Souhaits ridicules » « À Mademoiselle de la C*** ».

2   Perrault, *Contes*, éd. de J.-P. Collinet, Paris, Gallimard, 1982, p. 53.

3   Les *Histoires ou contes du temps passé* « renferment tous une morale très sensée, et qui se découvre plus ou moins, selon le degré de pénétration de ceux qui les lisent » (*Ibid.*, p. 127).

4   S. Raynard parle de « stratégie efficace » pour évoquer la défense des femmes par les Modernes, qui connaissent l'influence de ces dernières dans les milieux littéraires (*op. cit.*, p. 96-99 : « Les femmes et les Modernes : une alliance gagnante »). M. Escola démontre également que la publication des contes de Perrault constitue une « machine de guerre dans la Querelle des Anciens et des Modernes » (*Contes de Perrault*, Paris, Gallimard, 2005, p. 16).

« À Madame D. G** », la nièce de Perrault, tout en retraçant l'origine du conte et en postulant ses liens avec le genre romanesque, inscrit, selon Jean Mainil, « un troisième point de vue dans la Querelle, une année après la publication de la *Satire X* et de *L'Apologie des femmes*[1] ». Elle donne aux fées le statut qu'avaient les dieux de la fable antique, et profite de cette défense du conte pour prendre le « parti des femmes » et celui de Madeleine de Scudéry en particulier, à qui elle dédie une autre pièce de ses *Bigarrures ingénieuses*, intitulée *Le Parnasse reconnaissant, ou le triomphe de Mme Deshoulières*[2]. Faisant s'y succéder le portrait des femmes de lettres à la condamnation de Boileau, elle contribue à les constituer en « assemblée », au sein d'un recueil informé par une réflexion sur le conte de fées littéraire.

Mais l'habileté de Mme de Murat consiste à mettre en valeur une figure mi-fictive mi-réelle à laquelle les femmes peuvent s'identifier[3], car elle n'est pas seulement « à la mode », pour reprendre le titre des contes de Mme d'Aulnoy[4], mais elle est « moderne ». Répliquant aux critiques de l'époque, comme elle l'avait fait auparavant aux *Mémoires* attribués à Saint-Évremond, elle tente ainsi de substituer l'image d'un idéal féminin à des clichés traditionnels[5]. Mme de Murat donne de cette façon une empreinte féminine aux contes de fées littéraires, dont elle envisage l'écriture comme une occasion de défendre la figure de la femme moderne. Même si la comtesse choisit la fiction, son objectif reste le même : parler des femmes et parler de soi, ce qui lui permet avant

---

1 J. Mainil, « Mes amies les fées », *Féeries*, n° 1, 2003, p. 56.

2 *Bigarrures ingénieuses par Mlle Lhéritier*, Paris, 1696.

3 C'est aussi l'idée que défend R. Böhm : « À l'instar de Charles Perrault, Mme de Murat compare aussi les Anciens et les Modernes, mais l'affirmation de la supériorité des modernes s'appuie sur une certaine image de la femme. Il semble que c'est surtout grâce à la femme-auteur savante et honnête qu'une telle avance dans le domaine de l'histoire de la civilisation devient possible » (« La participation des fées modernes à la création d'une mémoire féminine », dans *Les Femmes au Grand Siècle. Le Baroque : musique et littérature. Musique et liturgie*, Tübingen, G. Narr, 2003, p. 127).

4 Les contes de Mme d'Aulnoy écrits en 1698 s'intitulent *Contes Nouveaux ou les Fées à la mode* (voir *BGF* vol. 1, p. 615-1049).

5 Voir par exemple « L'Île de la Magnificence » : la reine Plaisir emmène à sa cour les trois filles d'un paysan, ainsi que les triplés d'un voisin « à qui une si grande fécondité ne faisait pas plaisir ». Les termes mélioratifs s'accumulent sur cette « dame si savante et si charitable » : « […] je ne viens ici que pour votre soulagement. […] Que ferez-vous de ces enfants ? Vous êtes pauvre, et je crois que qui vous soulagerait de leur nourriture vous ferait plaisir ; si vous voulez me les donner, j'en prendrai soin, ils seront plus heureux que vous […] » (*BGF* vol. 3, p. 226-227).

tout de parler de soi comme femme, autant de projets que lui facilite
la pratique d'un genre réputé pour le divertissement qu'il constitue, et
dont la poétique, à la fin du XVIIe siècle, n'est pas figée.

La matrice des Contes, du Voyage et des Lutins

L'épître « aux Fées modernes » n'apparaît pas seulement comme un
manifeste qui répondrait aux accusations de bagatelles de la critique
contemporaine. C'est aussi une confrontation entre deux mondes qu'y
met en scène Mme de Murat, multipliant les points de contact, qui
sont autant de lieux de tensions, entre un passé peu attrayant et une
modernité à laquelle est associée la défense de la femme. Les énumé-
rations de l'épître « aux Fées modernes » suggèrent en effet des liens
de synonymie et d'antonymie entre des termes faisant référence à des
critères variés, qu'il s'agisse de l'âge (« vieilles » / « jeunes »), de la
beauté (« laides » / « belles », « bien faites »), ou de l'habillement et du
logement (« mal vêtues, et mal logées » / « galamment et richement
vêtues et logées », « vous n'habitez que dans la Cour des rois, ou dans
des palais enchantés[1] »).

La lecture des contes de Mme de Murat fait aussi apparaître un
univers de raffinement et de richesse, à l'image de Versailles. Cette
référence permanente à l'actualité[2], que renforcent plusieurs mentions
à des artistes contemporains de la conteuse, semble bien le signe d'une
volonté d'inventer un nouveau genre, loin de toute trace populaire et
de toute origine folklorique. Cependant, Mme de Murat n'élimine pas
les « anciennes fées » au profit des « modernes », mais elle évoque, du
moins dans plusieurs contes, le combat des unes contre les autres, comme
si son propos, ici celui de la modernité, ne pouvait prendre forme que
dans un rapport conflictuel avec un discours antérieur, assimilé aux
« contes de ma mère l'Oye » qui n'inspirent selon elle qu'une crédulité
craintive en des créatures chimériques :

> Leur divertissement était de danser au clair de la Lune, de se transformer
> en Vieilles, en Chats, en Singes, et en Moines bourrus, pour faire peur aux
> enfants, et aux esprits faibles[3].

1   « Aux Fées modernes », *Ibid.*, p. 199.
2   Voir sur ce point R. Robert, *op. cit.*, p. 243-304.
3   *BGF* vol. 3, p. 199. Les « Fées modernes » ont des préoccupations plus nobles.

La répartition manichéenne annoncée dans l'épître se retrouve justement au sein des contes, comme le suggèrent les qualificatifs employés
pour brosser le portrait de fées comme Mordicante ou Berlinguette
d'une part, Turbodine ou Constantine d'autre part. Mais surtout, c'est
l'affrontement même des fées au sujet des héroïnes qui est retranscrit.
C'est ainsi que Berlinguette est enfermée dans son château par la reine
Plaisir[1], ou que les fées Bienfaisante et Tranquille, « belles et fort parées »,
tentent de réparer le mauvais sort jeté par la malicieuse fée Rancune
qui annule les dons (beauté mais aussi « tendresse » et « galanterie[2] »)
qu'elles ont faits pour la naissance d'un prince. Dans ce dernier conte,
la fée Rancune s'acharne également sur la jeune Ondine, qu'elle enlève
en « ayant entouré son bras des cheveux de la princesse », et que la fée
Bienfaisante vient tirer d'affaire, en s'annonçant ainsi : « Je suis cette
fée dont vous doutez de la puissance [...][3]. » Les héroïnes ne semblent
plus qu'un prétexte au combat pour la reconnaissance de la puissance
des fées modernes.

L'épître serait-elle alors une traduction sur le plan littéraire, opposant
contes d'auteurs et contes de nourrices, modernité de l'écriture et tradition folklorique, d'un combat plus conventionnel entre bonnes fées et
méchantes fées ? La dimension polémique de ce texte liminaire comme
de plusieurs contes semble autoriser cette hypothèse[4].

C'est pour les œuvres écrites après les contes, à savoir le *Voyage* et *Les
Lutins*, que les déclarations de l'épître semblent également constituer
un programme. On retrouve en effet à nouveau dans ces deux fictions
narratives une convergence de traits, associés à un ordre ancien des
choses ou au contraire synonymes de modernité. Le premier récit se
déroule dans la propriété de Sélincourt, lieu où règnent ordre et beauté,
à l'image de Versailles :

> Vous savez, madame, que cette terre doit une de ses grandes beautés à la rivière
> de la Seine, sur le bord de laquelle elle est située : vous n'ignorez pas aussi
> qu'elle a des avenues magnifiques, des eaux admirables, de beaux jardins,

---

1   « L'Île de la Magnificence », *Ibid.*, p. 278-279.
2   « Le Roi Porc », *Ibid.*, p. 201.
3   *Ibid.*, p. 219 et 220.
4   On ne retrouve pas cette dimension polémique chez un conteur comme Mailly, qui adopte
     également la figure mondaine des fées modernes sans évoquer pour autant de rupture
     avec le passé (*BGF* vol. 4).

> des bois, dont les rayons du soleil ont peine à pénétrer l'aimable obscurité ; que les appartements du château sont superbes, tant pour leur grandeur, que pour les meubles dont ils sont ornés. Vous savez encore, madame, que la chère qu'on y fait est délicate et bien entendue, et que l'ordre brille partout dans ce lieu délicieux[1].

Organisation et raison sont au service de plaisirs d'où est bannie toute frayeur, comme le suggère le quasi oxymore : « l'aimable obscurité ». Le *topos* du *locus amoenus* est encore plus net dans l'évocation des avantages liés à l'appartement que choisit la narratrice également personnage :

> [...] le bruit de l'eau et le chant des oiseaux ne pourront me réveiller que doucement, et, si je ne dors pas, rien n'est plus propre à entretenir une agréable rêverie[2].

À l'inverse, les provinciales qui viennent rendre visite aux joyeux aristocrates du *Voyage* sont annoncées comme « une compagnie du voisinage, moitié ville, moitié campagne », puis très vite sont appelées de façon quelque peu condescendante « les dames campagnardes[3] ». Elles font elles-mêmes l'aveu de leur crédulité, liée, semble-t-il, au « délabrement de leurs demeures[4] » :

> Notre campagnarde soutint que, sans nier l'immortalité de l'âme, on ne pouvait être absolument incrédule sur ces sortes de choses. [...] Ils nous citèrent mille aventures arrivées dans leurs châteaux qui nous parurent absurdes [...][5].

Si les hôtes du comte de Sélincourt séjournent non loin de ces personnes, leur rapport à l'espace n'est pas le même : il s'agit pour les premiers de

1   *V*, p. 2.
2   *Ibid.*, p. 6.
3   *Ibid.*, p. 45.
4   *Ibid.*, p. 70.
5   *Ibid.*, p. 70. R. Robert voit dans ce type d'extrait l'expression de « l'affirmation orgueilleuse et agressive de la valeur du groupe » de la part de mondains qui font ainsi la démonstration de leur supériorité, notamment sur tout ce qui émane de la province (*op. cit.*, p. 350-362). Mlle Lhéritier (« Lettre à Madame D. G. », *Œuvres meslées*), ou Mme Durand (*Les Petits Soupers de l'été de l'Année 1699*, 1702) évoquent aussi ce souci de distinction. Comme le montre J. Mainil en s'appuyant sur l'exemple de Mme d'Aulnoy, il ne faudrait pourtant pas généraliser l'analyse consistant à considérer les récits-cadres des contes de la première vogue comme le lieu privilégié de l'auto-contemplation d'un groupe social restreint (*Mme d'Aulnoy et le rire des fées : essai sur la subversion féerique et le merveilleux comique sous l'Ancien Régime*, Paris, Kimé, 2001, p. 227-257).

jouir, lors de la saison estivale, d'un cadre reposant et sans contrainte, comme le suggèrent les connotations mélioratives de la description du lieu au début du roman («les plaisirs de la campagne»; rien de «plus nouveau et plus doux[1]»). Pour les citadins en «voyage», la capitale n'est jamais loin puisqu'elle peut être ralliée dans la journée[2]. C'est d'ailleurs l'expérience divertissante que fait le groupe en revenant une fois à Paris pour se rendre à l'opéra avant de repartir le soir même, quitte à voyager de nuit. Le rapport au temps est alors également différent pour les uns et les autres. La nuit est intégrée au mode de vie de ceux qui, l'ayant apprivoisée, n'en ont aucune crainte. Elle est même un temps de complicité entre les invités de Sélincourt qui veillent tardivement, contemplent le spectacle de la lune dans les jardins, tentent le diable en allant passer une nuit dans un mauvais cabaret après leur escapade dans la capitale, ou échangent des propos plus intimes[3].

L'œuvre des *Lutins* oppose également, à l'image des «anciennes fées» et des «fées modernes», deux figures surnaturelles, par le biais du double jeu de ceux qui se déguisent tantôt en lutins séducteurs pour s'introduire dans le château de Kernosy et y aimer les deux sœurs, tantôt en esprits diaboliques afin d'effrayer leurs adversaires. Mais, plus largement, Mme de Murat associe à l'évocation de ces lutins diaboliques les indices d'un passé peu attrayant: ancienneté du château de Kernosy à l'onomastique signifiante[4], histoires de revenants[5], longs romans, grossièreté et bien sûr, oppression de la femme. À l'inverse, aux lutins envisagés comme personnages dont on emprunte le déguisement à des fins ludiques et stratégiques, elle relie différents éléments signes de

---

1   *V*, p. 2.
2   «Cette attirance pour la campagne ne suppose pas de rupture avec la ville. Paris, après Versailles, est bien le centre du monde et la province est un lieu d'exil» (R. Démoris, «Les fêtes galantes chez Watteau et dans le roman contemporain», art. cit., p. 339).
3   Voir J. Delumeau, *La Peur en Occident (XIVᵉ-XVIIIᵉ siècle), une cité assiégée*, Paris, Fayard, 1978. Dans le chapitre intitulé «La peur de la nuit» (p. 87-97), l'auteur analyse les raisons de la peur de l'obscurité, et le rôle de la culture dirigeante, entre le XIVᵉ et le XVIIᵉ, dans l'entretien, pour des motifs essentiellement religieux, de l'idée du caractère maléfique de la nuit.
4   Sur l'usage de l'onomastique bretonne dans les romans et nouvelles de la fin du XVIIᵉ siècle, voir F. Gevrey, *L'Illusion et ses procédés: de «La Princesse de Clèves» aux «Illustres Françaises»*, Paris, J. Corti, 1988, p. 48.
5   Le château est l'objet d'une comparaison contribuant à l'intégrer à un univers régi par la crédulité: «ce château est précisément sur le modèle de ceux où l'on dit qu'il revient des esprits» (*L*, p. 3).

modernité : la venue d'une troupe de comédiens que les deux lutins introduisent au château où se succèdent désormais comédies et concerts, les pavillons décorés et lumineux dans lesquels la compagnie se rend pour assister à différents spectacles, le triomphe de l'amour, et le raffinement du langage que maîtrisent les amants. Ce qui était formulé de façon quasi théorique et sur un ton polémique dans le texte liminaire des *Histoires sublimes et allégoriques* prend corps dans l'intrigue des *Lutins*, où les antagonismes sont affaire de déguisement et de jeu de rôle.

Ainsi, l'épître « aux Fées modernes » s'avère programmatique en ce qu'elle régit, au-delà des contes, l'économie d'une partie de l'œuvre, constituant la matrice des fictions que sont le *Voyage* et *Les Lutins*, qui en développent l'argument sur le plan de la narration. Et Mme de Murat, en se portant évidemment garante de la supériorité du monde moderne, seul contexte dans lequel peut se concevoir la défense des femmes, fait de son œuvre le vecteur d'une prise de position forte, qui se traduit par un plaidoyer pour un usage moderne de la fiction narrative, avec les implications génériques que cela comporte.

La visée apologétique qui innerve, de façon explicite, les *Mémoires* comme les contes, est donc bien liée à une inflexion générique. Présentés, dans une perspective de défense collective, comme la réfutation d'un jugement moral erroné sur les femmes, les *Mémoires* s'annoncent comme une démonstration qui doit encore se poursuivre dans les écrits à venir de la comtesse. Dans les contes, il s'agit de célébrer l'image de la mondaine cultivée, talentueuse et initiatrice, aux dépens de la femme nourricière ; mais cet éloge révèle en réalité un combat plus large, que développent également le *Voyage de campagne* et *Les Lutins*, pour une certaine conception de la modernité, qui passe aussi par un réinvestissement de la fiction.

LA PRÉSENCE D'ÉNONCÉS SENTENCIEUX

Outre l'appareil péritextuel (titres, sous-titres, avertissement, épître) qui indique une prise de position de Mme de Murat sur la question féminine, et oriente la suite de l'œuvre dans une perspective argumentative par le biais de l'apologie, c'est la présence régulière d'énoncés sentencieux au sein même des récits qui arrête le lecteur. Qu'il s'agisse de constats ou de revendications, la grande majorité d'entre eux indiquent une volonté d'émancipation dans le domaine matrimonial, les hommes étant accusés du méfait principal.

Se posent alors la question du contenu idéologique de ces énoncés, celle de leur lien avec la visée apologétique que nous venons de mettre en évidence, mais aussi celle de leur insertion au sein de la narration. Dans les *Mémoires*, la comtesse procède en effet à une généralisation à partir de son cas particulier, tandis que les contes accumulent également, au-delà des simples moralités, plusieurs formulations générales. C'est alors dans une tradition moraliste que Mme de Murat semble inscrire une grande partie de son œuvre[1], non sans répercussions, à nouveau, sur les catégories génériques.

L'INSERTION DE RÉFLEXIONS GÉNÉRALES DANS LES *MÉMOIRES*

La leçon récurrente des *Mémoires* est la mise en garde contre les hommes. L'œuvre serait-elle alors à lire comme un conte d'avertissement ? Cette impression serait renforcée par la présence d'un discours sentencieux au sein d'un genre habituellement peu concerné par cette forme d'écriture.

Les Mémoires, *un conte d'avertissement ?*

L'argument des apparences trompeuses au sujet des femmes accusées à tort a pour corrélat celui de la duplicité masculine. Les hommes, évoqués souvent de manière générale, sont en effet désignés comme les principaux responsables du malheur des femmes. L'emploi du pluriel et de l'indéfini sont d'ailleurs très fréquents :

> [...] et si l'on voit tous les jours des femmes peu délicates dans leurs attachements, c'est qu'elles ne trouvent personne qui mérite plus de délicatesse ; c'est presque toujours le caractère de ceux dont elles sont aimées, qui fait leur bon ou leur mauvais sort, et rien ne leur apprend mieux leur devoir qu'un amant qui sait faire le sien[2].

---

1   Le *Voyage* et *Les Lutins* comportent beaucoup moins d'énoncés sentencieux que les *Mémoires* et les contes.
2   *MdeM*, II, p. 45-47.

Plus précisément, la comtesse établit des typologies permettant de désigner des catégories d'hommes dont les femmes sont victimes. Elle dénonce par exemple la bassesse de ceux qui salissent la réputation des femmes qu'ils n'ont pas réussi à séduire :

> [...] il y a des gens qui ne sont déchaînés contre une femme, que parce qu'ils ne peuvent s'empêcher de l'aimer : ils se vengent sur elle du peu de mérite qui les rend méprisables à ses yeux, je ne crois pas qu'il y ait d'ennemis plus dangereux pour la réputation des femmes que les amants qui ne peuvent se faire aimer[1].

Aux nombreuses marques du pluriel, d'abord générales puis explicitement masculines, s'ajoute une formulation redondante d'une phrase à l'autre. De plus, le même constat est reformulé quelques pages plus loin :

> [...] le plus grand malheur qui puisse nous arriver, c'est d'être aimées par des hommes qui ne pouvant se faire aimer, sont assez lâches pour vouloir se venger par la calomnie, du mépris qu'on a pour eux[2].

Mme de Murat use ainsi volontiers d'expressions qui indiquent le souci de classer, d'identifier, afin de conférer une utilité à son expérience :

> Il y a encore un caractère d'hommes qui n'est pas moins à craindre pour les femmes, ce sont ceux qui veulent se donner la réputation d'être bien auprès d'elles [...][3].

Se renforce alors, au fil des pages, l'image de la femme proie pour l'homme, leçon déjà présente dans l'« Avertissement » :

> Les mémoires de ma vie feront connaître [...] qu'un peu de beauté, beaucoup de jeunesse et le manque de jugement, font quelquefois plus de tort à leur réputation que le crime même[4].

Constatant le lien de cause à effet qui unit certaines qualités des femmes au jugement négatif porté sur elles, la comtesse suggère que

---

1   *Ibid.*, II, p. 293-294.
2   *Ibid.*, II, p. 367-368.
3   *Ibid.*, II, p. 368. Certains amants apparaissent d'ailleurs comme des représentants d'une catégorie plus large : « Sauvebeuf ressemblait beaucoup aux jeunes gens de ce temps-ci : il était étourdi, et prenait plaisir à parler des femmes sans discrétion » (p. 113).
4   *Ibid.*, « Avertissement », n. p.

les premiers à accuser les femmes sont d'abord des prédateurs qui s'attachent à elles en raison de leur physique et de leur naïveté, et qui contribuent par là-même à leur mauvaise réputation. Mme de Murat dresse ainsi un portrait en creux, et donc on ne peut plus général, des hommes séducteurs, en même temps qu'elle dénonce le caractère fallacieux d'un jugement qui ne repose que sur leur perversité : « Il n'y a point d'amant qu'une femme ne doive craindre, puisqu'un honnête homme peut être dangereux[1]. » En tout homme réside un séducteur potentiel, nous dit la comtesse qui s'attache à dévoiler les ressorts du théâtre social, retournant contre les hommes l'argument de la duplicité à l'endroit des femmes.

Ce scénario rappelle bien sûr le conte du « Petit Chaperon rouge » et ses « loups doucereux ». Beauté et jeunesse sont en effet les traits retenus par Perrault dans sa moralité :

> On voit ici que de jeunes enfants,
> Surtout de jeunes filles
> Belles, bien faites et gentilles,
> Font très mal d'écouter toute sorte de gens,
> Et que ce n'est pas chose étrange,
> S'il en est tant que le loup mange [...][2].

Mais contrairement à Mme de Murat qui confère une place privilégiée au terme de « beauté » en première position dans sa phrase, l'académicien a choisi de mettre en valeur la jeunesse, tout en insistant sur le caractère sexué de celles dont il s'agit : les « jeunes filles ». Le danger, à ses yeux, est d'ordre sexuel, tandis que la comtesse insiste davantage sur les conséquences sociales de l'entreprise des séducteurs.

On peut également mentionner la nouvelle de Mlle Lhéritier, *L'Adroite Princesse, ou les Avantures de Finette*, adressée justement à Mme de Murat[3] et constituant une mise en garde contre les séducteurs et leurs discours[4].

---

1   *Ibid.*, II, p. 34.
2   Perrault, *Contes*, éd. cit., « Le Petit Chaperon rouge », p. 145.
3   Voir *infra* p. 336.
4   Il s'agit « d'instruire les jeunes femmes de la société de cour à un moment décisif de leur destin : celui de faire face à leurs prétendants et séducteurs » (U. Heidmann, J.-M. Adam, *op. cit.*, p. 87).

L'autonomie relative des énoncés sentencieux

La présence de « réflexions[1] » sur la condition féminine dont la comtesse, procédant à une généralisation à partir de son cas particulier, parsème le récit des *Mémoires* (nous en avons relevé une trentaine dans chacun des deux tomes), n'est pas sans poser problème à la narratrice : l'histoire de sa vie constituant la preuve essentielle de l'argumentation, elle ne doit pas réduire la part des faits, en anticipant la fin du récit par des conclusions générales. Très consciente de la difficulté de concilier d'une part la nécessité de ne pas perdre de vue l'objectif apologétique, et d'autre part l'obligation de se conformer à la démarche choisie, elle s'interdit de multiplier trop vite les énoncés sentencieux :

> Lorsqu'on donne le moindre fondement à la médisance, elle se croit autorisée à publier tout ce que la malignité ose inventer ; et je suis assurée que tant d'histoires scandaleuses qu'on fait tous les jours des personnes de mon sexe ne sont que les effets de cette malignité. *Mais il n'est pas temps encore de faire ces réflexions : j'ai bien d'autres aventures à raconter, par lesquelles on verra que la médisance m'a moins encore épargnée, quoique je n'aie jamais été plus coupable[2].*

Après une première réflexion sur l'origine de la médisance, elle intervient explicitement dans la deuxième phrase, évoquant les discours auxquels elle entend s'opposer. Elle se corrige alors, redéfinissant son rôle, ce qui lui permet de ménager une transition avec la séquence narrative qui suit. Les énoncés gnomiques, qui résument ce qui précède ou anticipent le récit à venir, semblent ainsi une tentation à laquelle cèderait facilement la comtesse, n'était la relation des événements de sa vie. Il lui faut donc doser le discours sentencieux, et l'articuler avec le récit, au risque d'une grande hétérogénéité du texte.

La fluidité du récit peut se trouver en effet perturbée par les interruptions que constituent ces formulations, et les changements de plan énonciatif qu'elles impliquent. En réalité, si elles sont repérables par leur portée générale, et donc virtuellement détachables, très peu s'étendent sur une phrase entière, comme dans l'exemple suivant :

---

1   *MdeM*, I, p. 98, 152 et II, p. 128.
2   *Ibid.*, I, p. 97-98.

> Dès qu'une femme vit séparée de son mari, elle donne des armes contre elle, et on ne croit pas lui faire une grande injure de soupçonner de sa conduite[1].

L'extension universelle de l'article indéfini, les pronoms sujets et la valeur gnomique du présent contribuent dans ce cas à dissocier l'énoncé de son contexte.

Mais la plupart du temps, toutes sortes de liens enchâssent les réflexions à la trame du récit, empêchant ainsi de leur conférer une totale autonomie grammaticale ou référentielle. Elles ne constituent alors qu'une partie de la phrase, et si certaines sont introduites par de simples conjonctions de coordination (« car », « mais »), beaucoup le sont par des liens de subordination qui marquent leur dépendance syntaxique, mais qui ont aussi parfois pour rôle d'introduire le temps du présent dans un récit au passé :

> Ce que je fis par reconnaissance pour le duc de Candale tourna encore contre ma réputation d'une manière étrange, *tant il est vrai que* lorsqu'une femme a du malheur elle ne saurait faire une bonne action à laquelle on ne donne un mauvais sens [...][2].

Des éléments contextuels variés permettent également d'estomper la frontière entre récit et discours, notamment dans les réflexions qui se déroulent sur plusieurs phrases. La narratrice peut par exemple restreindre la valeur générique d'un article défini :

> [...] et les dévots *comme celui dont je parle* n'ont ordinairement de la charité et de la douceur que quand on leur applaudit[3].

Ailleurs, elle fait référence à son époque, atténuant l'intemporalité de l'énoncé :

> Nous sommes dans *un siècle si prévenu contre la vertu et la sagesse des femmes* qu'on se persuade qu'un mari qui vit bien avec sa femme est aveugle ou dissimulé[4].

---

1   *Ibid.*, II, p. 42.
2   *Ibid.*, II, p. 115-116.
3   *Ibid.*, I, p. 347.
4   *Ibid.*, II, p. 378. Voir aussi : « C'est une chose pernicieuse à la réputation d'une jeune femme, que d'avoir des domestiques *du génie de la fille qui me servait* ; et les premiers soins que doit prendre *une personne de mon sexe*, c'est de n'attacher pas à son service des esprits déréglés, et de ne se familiariser jamais avec ses domestiques, quelque réglés

Afin d'insérer ses réflexions au texte, la comtesse souhaite par ailleurs montrer qu'il s'agit d'observations tirées des événements eux-mêmes, comme le suggèrent plusieurs verbes : « je connus alors », « le prompt changement de mon cœur à son égard me persuada », « j'eus enfin lieu de reconnaître », « j'éprouvai alors que », « depuis ce temps-là, je suis persuadée que ». Dans ce sens, ses « réflexions » apparaissent comme autant de « sentences », au sens étymologique du terme, évoquant une manière de voir et de sentir qui leur confère la valeur du vécu. Elles ont en effet un caractère très personnel, comme le suggère encore l'insertion du verbe « je crois ». C'est le cas dans ce passage, où l'héroïne narratrice évoque la réaction de Saint-Albe auquel elle vient de faire part des sentiments qu'elle éprouve pour lui :

> quoiqu'il ne pût douter que je ne l'aimasse, c'était néanmoins la première fois que je les lui découvrais. Je ne me repentis pas de les lui avoir fait connaître, il accompagna de tant de respect la joie et les transports que lui donnait l'assurance de mon amour, qu'il me parut encore plus digne d'être aimé ; *je crois qu'on n'aurait pas lieu de reprocher aux femmes la faiblesse qu'elles ont de faire connaître qu'elles aiment*, si tous les amants étaient aussi respectueux et aussi délicats que Saint-Albe[1].

La reformulation générale introduite par « je crois », et s'achevant malgré tout sur une restriction faisant référence au récit, succède à l'heureuse expérience, et vient contredire les propos de l'abbesse du couvent qui avait jadis reproché à l'héroïne sa liberté d'expression :

> De toutes les choses que me dit l'abbesse, rien ne fit plus d'impression sur moi, que le reproche d'avoir laissé croire à un homme que je l'aimais. Elle me dit que c'était la dernière lâcheté, et que les filles qui en usaient ainsi, étaient méprisées des hommes mêmes dont elles voulaient se faire aimer[2].

---

qu'ils paraissent » (I, p. 296). La seconde phrase semble reformuler la précédente, le personnage de « la fille qui me servait » étant remplacé par la catégorie plus large des « esprits déréglés » à laquelle elle appartient. Cependant, la référence féminine « une jeune femme » devient « une personne de mon sexe », périphrase centrée sur le *moi* qui définit soudain les femmes par rapport au *je*.

1   *Ibid.*, II, p. 223. Mme de Murat est donc ici très loin, dans l'expression de ses revendications, d'un conte comme « La Princesse Printanière » de Mme d'Aulnoy, qui regrette de s'être engagée trop rapidement dans une union inégale, après avoir fait des avances étonnamment directes à un homme qu'elle ne connaissait pas (*BGF* vol. 1, p. 263).

2   *MdeM*, I, p. 39-40.

Ailleurs, c'est la tournure négative qui est employée pour exprimer une prise de position contestataire, comme dans la phrase suivante : « Pour moi, je n'étais pas de l'opinion de ceux qui croient que le bien doit être la règle des mariages [...][1]. » Le terme de « réflexions[2] » prend alors tout son sens, traduisant l'audace d'une femme qui emprunte une forme consacrée pour y déposer le fruit de ses observations et revendications personnelles[3].

Mémoires *et discours gnomique*

En intégrant de la sorte des énoncés sentencieux dans son œuvre, Mme de Murat s'inscrit dans une tradition moraliste bien représentée au XVIIe siècle[4], mais peu présente dans les mémoires. En effet, comme le montre É. Lesne, les mémoires ne constituent pas *a priori* le genre le plus propice à la généralisation de l'expérience :

> ils sont d'abord le lieu où reproduire ou inventer une cohérence de l'existence singulière, dans la recherche d'une coïncidence du souvenir avec l'expérience[5].

On ne trouve par exemple qu'un énoncé sentencieux dans les premières pages des *Mémoires de la vie de Henriette-Sylvie de Molière* :

> Qu'une femme est folle quand elle aime ! Ou qu'elle est malheureuse quand elle a de la vertu et de l'amour[6] !

---

1   *Ibid.*, II, p. 283.

2   Le terme de « réflexions », évoquant l'idée de nouveauté malgré une forme réservée à l'énoncé de vérités reçues universellement, est également choisi par La Rochefoucauld pour figurer en tête du titre complet de son recueil (*Maximes et réflexions diverses* [1665-1678], éd. de J. Truchet, Paris, GF Flammarion, 1977).

3   Les propos des personnages peuvent redoubler ceux de la comtesse. C'est le cas, dans les *Mémoires*, lorsque Mme de Châtillon, amie de l'héroïne, s'adresse à Saint-Albe qu'elle feint de dissuader de se marier : « Croyez-moi, le mariage affaiblit les plus fortes inclinations » (*MdeM*, II, p. 258). L'emploi du présent gnomique, auquel s'ajoute à nouveau le verbe « croire », donnent de la force à cet énoncé prononcé par une femme, *alter ego* de l'héroïne narratrice.

4   Voir notamment L. Van Delft, *Le Moraliste classique : essai de définition et de typologie*, Genève, Droz, 1982 ; *Moralistes du XVIIe siècle*, éd. établie sous la direction de J. Lafond, Paris, R. Laffont, 1992 ; C. Schapira, *La Maxime et le discours d'autorité*, Paris, Sedes, 1997 ; B. Parmentier, *Le Siècle des moralistes : de Montaigne à La Bruyère*, Paris, Seuil, 2000 ; B. Roukhomovsky, *Lire les formes brèves*, Paris, A. Colin, 2005.

5   É. Lesne, *La Poétique des mémoires (1650-1685)*, Paris, H. Champion, 1996, p. 189.

6   *Mémoires de la vie de Henriette-Sylvie de Molière...*, p. 57. Mme de Villedieu est également connue pour les axiomes énoncés en exergue de chacune des nouvelles illustrant *Les*

Par la suite, Mme de Villedieu privilégie la succession des événements. Peu d'interventions également dans les *Mémoires* de Madame de La Guette, qui n'interrompt son récit qu'à l'occasion de l'évocation de son mariage clandestin, acte de rebelle qui laisse pourtant la jeune femme rongée de remords :

> Je ne conseillerai jamais à aucune fille de faire ce que j'ai fait, car j'ai connu depuis que c'était une grande faute que la désobéissance sur le fait du mariage[1].

On repère davantage de réflexions sur les femmes dans un texte publié en 1678 et consacré à la Comtesse d'Isembourg. Mais il ne s'agit pas véritablement de mémoires, la narration étant conduite à la troisième personne. L'auteur, Antoinette de Salvan, prend la défense de la comtesse après un portrait peu flatteur brossé par Tallemant des Réaux[2], et élargit son propos aux femmes mariées contre leur gré à un homme plus âgé qu'elle : « on est toujours coupable quand on est jeune et belle, et que l'on a un vieux mari[3]. »

On peut penser alors que si Mme de Murat choisit d'intégrer de tels énoncés à ses *Mémoires*, c'est aussi une façon de parler plus facilement d'elle, un discours sur soi pouvant être parfois ressenti comme gênant. C'est le cas par exemple lorsque l'héroïne évoque les manigances entre son père et un gentilhomme qu'il lui destine :

> [...] il me dit qu'il ne nous avait quittés que pour revenir au devant de nous dans un état plus digne de sa qualité. Qu'une fille est à plaindre quand ses parents ne cherchent que leur intérêt en l'établissant ! Je vais dire les raisons que mon père avait de me sacrifier à ce gentilhomme[4].

La phrase intermédiaire n'élargit pas un propos antérieur, mais contient un énoncé personnel sous-jacent, le *je* préférant s'inclure dans une catégorie de femmes. Plus généralement, le recours à la forme sentencieuse permet à Mme de Murat d'objectiver son récit personnel en opposant une parole forte aux propos frivoles et sans fondement de la calomnie.

Désordres de l'amour, Paris, C. Barbin, 1675.

1   *Mémoires de Mme de la Guette écrits par elle-même* [1681], éd. établie par M. Cuénin, Paris, Mercure de France, 1982, p. 54.

2   *Historiettes*, éd. cit., t. II, p. 609-613.

3   A. de Salvan de Saliès, *La Comtesse d'Isembourg*, Paris, C. Barbin, 1678, p. 95.

4   *MdeM*, I, p. 82.

LES MORALITÉS DES *CONTES*

Les contes comportent également de nombreux énoncés sentencieux au sein même des récits. Mme de Murat n'hésite pas en effet à jouer sur la poétique du genre, remettant en cause ce lieu du conte qu'est la moralité.

Le refus de la clôture

Plusieurs contes de Mme de Murat s'achèvent sans moralité, et celle-ci, quand elle existe, est parfois l'occasion d'une pirouette de la part de la comtesse. Ainsi, dans « L'Heureuse Peine », le récit se termine par quelques vers qui justifient le choix que fait la conteuse d'éluder la relation des noces (« je n'en ferai point la description[1] ») :

> Tant qu'Amour fait sentir ses craintes, tourments,
> Et les doux transports qu'il inspire
> Il reste cent choses à dire
> Pour les poètes, les amants.
> Mais pour l'hymen, c'est en vain qu'on réclame
> Le dieu des vers, et les neuf doctes sœurs.
> C'est le sort des amours, et celui des auteurs
> D'échouer à l'épithalame.

Par ce commentaire, la comtesse révèle le lien qu'elle entend établir entre la réalité, à savoir, selon elle, la fréquence de l'échec amoureux, et la fiction du conte. De ce fait, la première vient imposer à celle qui tient la plume de censurer le récit de la seconde. Raconter la noce, pourtant heureuse, serait se contredire, et entretenir l'illusion du lecteur. L'assurance du mariage ne suffit plus à garantir l'issue euphorique du conte. Dès lors, rayer la célébration d'un tel moment prend l'allure d'un

---

1   Un peu plus haut dans le même conte, elle avait déjà exprimé sa retenue à propos des fêtes du royaume en l'honneur du couple héroïque, en indiquant qu'elles n'étaient pas essentielles à ceux qui célèbrent un mariage d'amour : « Elle était si touchée de sa tendresse qu'elle ne le fut presque point de toutes les fêtes que l'on inventa pour la recevoir dans son royaume ; le prince y prit aussi peu de part. Quand on est bien amoureux, on ne connaît plus de vrais plaisirs que celui d'être aimé de ce qu'on aime » (« L'Heureuse Peine », *BGF* vol. 3, p. 196). Quant aux noces qui suivaient, elles étaient évoquées par le biais d'une simple tautologie, renvoyant le lecteur au genre du conte : « La noce se fit avec toute la magnificence que l'on doit attendre des fées et des rois » (*Ibid.*).

acte de résistance, permettant d'éviter toute compromission avec ceux qui imposent leur destin aux femmes. Le choix du terme « épithalame », forme poétique destinée à célébrer un mariage royal, n'est d'ailleurs peut-être pas anodin. Mme de Murat signifierait de cette manière qu'elle ne souhaite pas devoir son avènement littéraire à ce genre d'éloge[1]. Faudrait-il interpréter de la même manière la brièveté du récit à la fin de « L'Île de la Magnificence » :

> Dans un quart d'heure, [la reine Plaisir] donna ses ordres pour la fête du lendemain, où tant d'amants devaient devenir époux. Tout y fut grand, superbe et hors de toute description[2].

Ailleurs, plutôt que de supprimer le récit des noces, la comtesse choisit d'y substituer l'évocation d'un détail introduisant une dissonance, comme dans « Le Père et ses quatre fils », où elle mentionne le cadeau empoisonné de l'un des quatre seigneurs à la princesse :

> ce fut même Artidas qui inventa les boîtes à double fond, pour mettre des portraits ; il en présenta une à Isaline, et il lui dit que rien ne le pourrait si bien venger de Delfirio, que de voir cette boîte remplie par un autre portrait que le sien[3].

Sous prétexte d'un épisode étiologique, la narratrice invite à l'infidélité.

Enfin, Mme de Murat procède aussi de façon plus insinuante, en retranchant certains mots de ses textes. On peut se demander en effet si l'absence, dans l'épilogue de quelques contes comme « Jeune et Belle » ou « Le Prince des Feuilles », des termes de « mariage » ou « noces »

---

1   Comme le rappelle P. Soler, « l'épithalame ne marque pas seulement l'entrée d'une femme de haut rang dans une famille royale ou princière à l'occasion d'un mariage : il est un événement poétique » (*Genres, formes, tons*, PUF, 2001, p. 156). Racine a composé une ode, « La Nymphe de la Seine » (1660), à l'occasion de l'entrée à Paris de Marie-Thérèse d'Espagne et de Louis XIV qui vient de l'épouser.

2   « L'Île de la Magnificence », *BGF* vol. 3, p. 278. On remarquera également que dans le *Voyage de campagne*, le récit s'arrête juste avant la célébration des mariages, qui restent à l'état de projet : « Le comte et la marquise doivent dans peu de jours s'unir pour jamais. Mes parents sont d'accord avec Brésy, et notre mariage se fera incessamment [...] » (*V*, p. 194). Cet épilogue conventionnel paraît même bien artificiel, au regard du reste de l'œuvre, baignée par une atmosphère de mensonge galant. De même, dans les *Lutins*, les mariages qui clôturent le récit sont évoqués très brièvement, la comtesse préférant mettre en valeur les sentiments : « la magnificence y régna beaucoup moins que la joie et l'amour » (*L*, p. 311).

3   « Le Père et ses quatre fils », *BGF* vol. 3, p. 367.

auxquels elle préfère ceux de « bonheur » ou de « fête », n'est pas une façon discrète de remplacer une chose par une autre[1]. C'est ce que suggère encore le texte inédit du *Diable boiteux*, adressé par Mme de Murat à l'une de ses amies, et dans lequel elle évoque la possibilité de se passer de l'institution du mariage au profit de l'union libre :

> Regardez, don Cléophas, continua Asmodée, cette petite maison de l'autre côté de la rue : voilà un homme et une femme qui vivent ensemble comme s'ils étaient mariés, mais ils ont plus d'esprit que cela… – L'invention est fort commode, reprit don Cléophas […][2].

S'agit-il d'un simple jeu sur les mots ? L'ajout du « comme si », correction minimale, produit l'effet maximal : mettre en avant une situation qui n'aurait que des avantages, comme le laissent entendre les points de suspension et le commentaire quelque peu libertin de l'écolier.

Ce refus de la clôture que constitue le mariage, tant dans la fiction que dans l'état civil, est justement analysé par J. DeJean comme l'acte fondateur du « modèle féministe de prose romanesque[3] ».

Les personnages porte-parole de la comtesse

Force est de constater que les énoncés sentencieux sont plus nombreux dans le corps du récit féerique que dans son épilogue. Ils sont alors souvent mis dans la bouche d'un personnage féminin apparaissant comme porte-parole de la comtesse. Volontiers intégrés à un raisonnement témoignant d'un point de vue autre que celui de l'autorité patriarcale, ils semblent issus de la plume de Mme de Murat, révélant la présence de sa voix narrative.

L'attention du lecteur est en effet à plusieurs reprises attirée par le caractère logique des réflexions que font les héroïnes, de sorte qu'elles semblent se confondre avec les énoncés que la comtesse entend opposer

---

1   C'est ce que confirme la dernière phrase de « Jeune et Belle » : « […] l'hymen ne se mêla point de finir une passion qui faisait la félicité de leur vie » (*Ibid.*, p. 140).

2   *Ms*, p. 450. Mlle de Scudéry envisageait la possibilité d'unions contractées en dehors du mariage, mais au sein d'une utopie, celle du pays des Sauromates (*Artamène ou le Grand Cyrus…* [1649-1653], Genève, Slatkine, 1973, X, p. 607).

3   J. DeJean, « Amazones et femmes de lettres : pouvoirs politiques et littéraires à l'âge classique », dans D. Haase-Dubosc et E. Viennot, *Femmes et pouvoirs sous l'Ancien Régime*, Paris, Rivages, 1991, p. 162. Pour l'auteur, l'espace féminin par excellence est le roman moderne.

aux lois de la société patriarcale. Le procédé est bien visible dans le conte
« Le Père et ses quatre fils », où la princesse Isaline fait à sa confidente
le récit de sa rencontre avec le pêcheur Delfirio, tout en analysant
l'évolution de ses sentiments à son égard[1]. Relatant son cheminement,
l'héroïne exprime d'abord l'estime qu'elle a eue pour le jeune homme :

> Le métier qu'il exerçait ne me donnait aucun mépris pour lui : quel prince
> lui pourrait disputer l'avantage de la beauté, des grâces et de l'esprit[2] ?

Puis, telle une héroïne de Marivaux, elle s'avoue son amour, en le distinguant du sentiment de reconnaissance qu'elle a pu témoigner au beau
pêcheur pour tout le soin qu'il a pris à lui rendre la vie agréable sur l'île :

> Je crus le premier jour n'être touchée que pour n'être pas ingrate ; mais je
> connus bientôt après que l'amour tire ses coups justes partout, qu'il n'est
> point de désert impénétrable à ses traits, et *que la différence des conditions n'est*
> *qu'un faible obstacle quand on aime véritablement*[3].

Le lien d'opposition « mais », auquel s'ajoute une dimension temporelle
(« bientôt »), sépare la première partie de l'extrait, rapportant l'expérience
du personnage, de la seconde, accumulant des vérités générales, comme
le révèle entre autres l'emploi du présent. Si l'expression de la puissance
de l'amour reste stéréotypée, évoquant une victoire du dieu mythologique, la dernière proposition reformule un constat fondé sur l'expérience
et proche de la revendication, laissant entendre la voix de la comtesse
qui remet en cause la contrainte de l'homogamie sociale. La princesse
envisage alors le mariage, après mûre réflexion :

> [...] je n'avais d'autre vue que celle de m'établir dans l'île. La condition de
> Delfirio était ce qui s'y opposait ; *mais à la fin*, tâchant de me défaire des
> préjugés, *je conclus* que je pouvais bien donner la main à qui j'avais donné
> mon cœur[4].

---

1   De ce point de vue, Mme de Murat ne s'éloigne guère du roman baroque, qui insère des
     « histoires enchâssées où un personnage, le plus souvent sur le mode plaintif, conte ses
     tribulations amoureuses à la première personne » (F. Greiner, *Les Amours romanesques de la*
     fin des guerres de religion au temps de L'Astrée (1585-1628), Fictions narratives et représentations
     culturelles, Paris, H. Champion, 2008, p. 470).
2   « Le Père et ses quatre fils », *BGF* vol. 3, p. 364.
3   *Ibid.*, p. 365.
4   *Ibid.*, p. 365.

Se succèdent à nouveau, séparées par la locution « mais à la fin », la réserve de la princesse qui expose les obstacles à son union et sa volonté de les dépasser, formulée de façon plus abstraite. La valeur logique du verbe « je conclus » souligne le caractère raisonné de la décision, étrangère à toute passion. Par ailleurs, le parallélisme de la formulation métonymique (« main » et « cœur ») contribue à mettre sur le même plan mariage et amour, sans que ne soit nommé le pêcheur. Retracer cette évolution par l'intermédiaire de la princesse n'est rien moins qu'une manière pour Mme de Murat de justifier la présence d'énoncés sentencieux qui constituent une réplique rationnelle à l'entêtement paternel.

C'est encore la logique et la raison qu'invoque la princesse Fleurianne, dans « Le Sauvage », en s'adressant au beau Constantin, simple gentilhomme qu'elle aime déjà, alors qu'elle est destinée à épouser l'horrible prince Carabut. L'héroïne imagine en effet que les titres de noblesse de l'épouse puissent se transmettre, du fait du mariage, à l'homme qu'elle choisit d'aimer, si celui-ci a un rang social moins élevé :

> « Que la nature est injuste ! continua-t-elle en jetant un regard languissant sur Constantin, et qu'un prince se trouverait heureux d'avoir reçu d'elle une beauté qui devient inutile dans un sujet qu'elle en a pourvu avec tant de profusion ! » Elle se tut en baissant les yeux. Constantin l'entendit bien, et il lui répondit : « Madame, je voudrais qu'il fût en mon pouvoir de communiquer au prince Carabut ce qui pourrait le rendre agréable à vos yeux. – Ah ! dit la princesse, il serait bien plus facile de joindre à tant de charmes la qualité qui leur manque ; *le choix d'une princesse peut faire un prince d'un homme auquel il ne manque que cette qualité pour être digne d'elle, mais elle ne peut donner ce que la nature refuse à un sujet qu'elle a privé de ses faveurs*[1]. »

L'absence de marques d'énonciation dans les propos de la princesse, répétant les expressions « un prince » et « un sujet », traduit d'abord sa volonté de ne pas se référer exclusivement à Carabut, mais de se montrer prête à d'autres alliances, notamment avec Constantin, qui la ramène cruellement à son sort en nommant explicitement le prétendant qu'elle doit épouser. Mais surtout, à partir d'une réflexion sur la beauté,

---

1 « Le Sauvage », *BGF* vol. 3, p. 288-289. On retrouve ce genre d'interrogations, inspirées des débats précieux, chez Mme d'Aulnoy, notamment dans « La Princesse Carpillon ». L'héroïne se questionne : « Pourquoi, disait-elle, bizarre Fortune, donnes-tu tant de grâces, de bonne mine et d'agrément à un jeune berger qui n'est destiné qu'à garder son troupeau, et tant de malice, de laideur et de difformité à un grand prince destiné à gouverner un royaume ? » (*BGF* vol. 1, p. 644).

le discours évolue vers une remise en cause du cloisonnement et des conventions qui s'imposent dans la société. La naissance inférieure d'un prétendant paraît un obstacle bien plus léger que sa laideur. En effet, remédier à celle-ci nécessite un pouvoir surnaturel, c'est-à-dire, dans le conte merveilleux, l'intervention des fées, tandis qu'une appartenance sociale plus élevée pourrait s'obtenir simplement par alliance. Ce qui est formulé par l'héroïne comme une évidence logique constitue en réalité une prise de position osée, tant vis-à-vis de Constantin, à qui s'adressent obliquement ces propos, que de l'ordre social[1]. Au-delà de l'identité sexuelle de l'interlocutrice qui pourrait suffire à en faire une porte-parole de la comtesse[2], les signes d'approbation qu'émet cette dernière, au sujet d'un discours féminin toujours empreint de raison et de bon sens, confortent le lecteur dans sa compréhension.

Enfin, outre la connotation du vocabulaire qualifiant de façon manichéenne les propos masculins et féminins, on observe qu'une place privilégiée est parfois réservée à l'énoncé de vérités jugées importantes, de sorte qu'elles ne soient pas noyées dans le récit. Ainsi, dans « Le Sauvage », la conteuse fait précéder l'histoire proprement dite d'une argumentation qui constitue en réalité un avant-conte où se trouve discutée la décision du roi, qui, étant ruiné, veut donner sa fille à un homme sans qualités :

> Il en parla à la reine, qui fit son possible pour lui faire changer de résolution, lui disant qu'il valait mieux la laisser seule avec ce peu de biens, que de le partager avec une famille qui ne pourrait être que misérable avec si peu de ressources ; qu'elle n'était pas encore hors d'âge de faire quelque rencontre selon son mérite. Mais elle ne gagna rien, *l'obstination du roi l'emporta sur ses raisons*, il fit connaître sa volonté à Constantine qui lui dit avec respect qu'elle aurait mieux aimé demeurer fille que de se mésallier de cette manière, mais il fut inexorable[3].

Qu'elles soient justifiées par un argument économique ou par le refus de la mésalliance, les première et dernière propositions avancées par

---

1   Destinée à épouser un roi qu'elle n'aime pas, la princesse de « La Belle aux cheveux d'or », conte de Mme d'Aulnoy, formule la même suggestion à un jeune homme qui la séduit : « Si vous aviez voulu, je vous aurais fait roi, nous ne serions point partis de mon royaume » (*BGF* vol. 1, p. 185).

2   En dehors de quelques rares exceptions (par exemple le duc de Candale dans les *Mémoires*), la comtesse n'a que des héroïnes pour porte-parole.

3   « Le Sauvage », *BGF* vol. 3, p. 283.

Constantine et sa mère (« la laisser seule », « demeurer fille ») resteront purement théoriques, puisque l'héroïne se mariera « selon son mérite » à la fin du récit. Quel est alors l'intérêt de leur évocation, si ce n'est l'occasion, pour Mme de Murat, d'encourager celles dont on veut forcer le destin à envisager le célibat[1] ? Si les énoncés ne peuvent être détachés ici du récit, la place de cet échange dans le conte l'isole de l'histoire. Cette dernière ne commence en effet qu'avec la fuite de l'héroïne hors de la maison de son père, et le merveilleux reprend alors ses droits, la princesse étant recueillie par une fée avant de vivre une série de péripéties romanesques. Mais l'essentiel n'a-t-il pas été dit dès les premières pages par le biais de ces affirmations audacieuses, susceptibles de servir de moralité à un conte qui n'en comporte pas ?

Dans ce combat pour la reconnaissance des alliances individuelles et du mariage d'amour[2], la comtesse de Murat est soutenue par les autres conteuses, qui ne font que poursuivre la réflexion entreprise par les Précieuses[3]. On retrouve, par exemple, le terme d'« inclination » dans la bouche de Finette, héroïne de Mlle Lhéritier, qui déplore l'absence totale de prise en compte de cette dimension, pourtant essentielle au bonheur conjugal :

> [...] elle apprit que le prince Bel-à-Voir l'avait fait demander en mariage au roi son père, qui l'avait accordée sans l'avertir ; car, dès ce temps-là, *l'inclination des parties était la moindre chose que l'on considérait dans les mariages*[4].

---

1   Voir aussi l'exemple de la princesse Risette dans le conte du « Turbot » : « Plusieurs jeunes princes, fils des rois des îles voisines, la demandèrent en mariage, quoiqu'elle n'eût pas encore quinze ans, mais la renommée de sa beauté la faisait désirer avec passion. Le roi Lucidan jeta les yeux sur celui qui lui pouvait convenir le mieux, et avant que de se déclarer, il en parla à la princesse sa fille, mais elle le pria avec tant d'insistance de ne la point marier trop tôt, qu'il lui voulut bien donner cette satisfaction » (p. 303). La raison de l'extrait cité semble bien l'opportunité trouvée par Mme de Murat d'inciter les jeunes filles à résister à un mariage trop hâtif. Les études historiques ont en effet montré que « plus on s'élève dans la société, plus l'âge moyen des époux s'abaisse » (J.-C. Bologne, *op. cit.*, p. 252).

2   Afin que soit préservé l'équilibre du contrat matrimonial, sous l'Ancien Régime, l'amour est réduit à « un sentiment pondéré qui naît après le mariage et ne peut pas en être la cause », comme le rappelle J.-C. Bologne, *op. cit.*, p. 341. Le modèle du mariage d'amour ne s'est diffusé que dans la deuxième moitié du XVIIIᵉ siècle. Voir aussi M. Daumas, *Le Mariage amoureux, op. cit.*

3   Le combat contre le mariage forcé était déjà mené dans *Artamène ou le Grand Cyrus* de Mlle de Scudéry, dans *La Prétieuse* de l'abbé de Pure, mais aussi par Mlle de Montpensier. Voir aussi sur ce point N. Jasmin, « La représentation de l'amour dans les contes de fées féminins du Grand Siècle », dans *Tricentenaire Charles Perrault. Les grands contes du XVIIᵉ siècle et leur fortune littéraire*, sous la dir. de J. Perrot, Paris, In Press, 1998, p. 213-234.

4   Mlle Lhéritier, « L'Adroite Princesse », *BGF* vol. 2, p. 110-111.

Jouant, selon un procédé bien rodé, de l'écart temporel entre histoire et narration, la conteuse insère un commentaire au sein du récit, qui ne sera évidemment pas repris dans la moralité. Au lecteur d'être attentif. Mlle de La Force accorde au contraire une place privilégiée, dans les dernières lignes de « Vert et bleu », à l'énoncé d'une formule sentencieuse sur l'importance de l'amour dans le couple :

> On fit mille vœux au ciel pour leur prospérité ; elle fut longue et durable, parce qu'ils s'aimèrent toujours. *L'union des cœurs peut seule faire le bonheur de la vie*[1].

Enfin, dans « Le Pigeon et la colombe » de Mme d'Aulnoy, l'intrigue est orientée par le vœu que fait une reine pour sa fille, en la laissant entre les mains de la fée Souveraine : « [...] vous lui choisirez un époux assez aimable pour qu'elle n'aime jamais que lui[2]. »

L'argumentation est donc bien au travail dans l'écriture de Mme de Murat, comme le révèle le cadre péritextuel des *Mémoires* et des contes qui plaident, de façon manifeste, en faveur des femmes, invitant le lecteur à ne pas juger sur les apparences à l'égard des femmes trop vite accusées de légèreté, ou à se faire une autre idée de leur vocation. Comme le suggère l'expression « fées modernes », la comtesse associe, dans les contes, défense des femmes et modernité. Mais au-delà d'une prise de position dans la querelle des Anciens et des Modernes, il s'agit pour la comtesse de proposer une réflexion sur la société d'Ancien Régime dans son ensemble.

Cette première cohérence, renforcée par la présence récurrente d'énoncés sentencieux dénonçant, dans l'ensemble de l'œuvre, le méfait des hommes auquel s'oppose la voix de la raison féminine, s'accompagne d'une grande liberté de la part de Mme de Murat qui n'hésite pas à infléchir les genres. Mariant mémoires personnels et apologie du sexe féminin, récit et démonstration, elle participe également activement à la « naissance du conte féminin[3] », associant féerie et actualité par un jeu sur la moralité. Si Mme de Murat profite ainsi de la porosité de genres

---

1   Mlle de La Force, « Vert et bleu », *BGF* vol. 2, p. 386.

2   Mme d'Aulnoy, « Le Pigeon et la colombe », *BGF* vol. 1, p. 850. Voir aussi la moralité de « L'Oiseau bleu » : « Et ne jamais souffrir que l'hyménée unisse / Par intérêt ou par caprice, / Deux cœurs infortunés, s'ils ne s'aiment tous deux » (*Ibid.*, p. 222).

3   Voir note 2 p. 12.

en pleine mutation[1], il apparaît que la défense des femmes constitue aussi un facteur important de « généricité[2] », entraînant la renégociation des contraintes d'écriture.

---

1   Voir par exemple Marc Fumaroli, « Les mémoires du XVIIe siècle au carrefour des genres en prose », XVIIe *siècle*, n°94-95, 1972, p. 7-37.

2   « Ce concept désigne le processus d'inscription d'un énoncé dans un ou plusieurs genres de discours pratiqués dans une communauté discursive donnée. [...] La généricité se place en effet du côté de la fluctuation, de l'instabilité, de la constante recatégorisation ; elle est inséparable de la variation du système de genres d'une époque ou d'un groupe social » (U. Heidmann, J.-M. Adam, *op. cit.*, p. 19).

LA PUISSANCE DE L'INVENTION
AU SERVICE DE L'INTERROGATION
SUR LE RAPPORT DE FORCE ENTRE LES SEXES

Outre le péritexte et les énoncés sentencieux qui forment la partie la plus manifeste du discours au féminin de Mme de Murat, le récit lui-même est consacré à la mise en œuvre de nombreux scénarios de réplique, témoignant d'une grande inventivité.

À travers eux, on peut repérer trois modalités essentielles, envisagées tour à tour par la comtesse, de la relation entre les sexes : volonté de domination, esprit de vengeance et stratégie d'esquive. On le voit d'emblée, la position de Mme de Murat n'est pas univoque : elle se livre en réalité à une interrogation sur le rapport à autrui, faisant apparaître le discours au féminin comme multiple et foisonnant.

C'est d'abord l'expérience originelle que fait l'héroïne des *Mémoires*, consistant à vouloir reproduire les scénarios romanesques qui confèrent à la femme une position de supériorité. Par la suite, l'œuvre garde trace de ce schéma tout en le complexifiant, puisque la comtesse mêle une réflexion sur l'altérité à une certaine nostalgie pour une vision traditionnelle de l'amour à la manière de *L'Astrée*. Par ailleurs, Mme de Murat met en scène, dans le conflit qui oppose les sexes, plusieurs formes de résistance des héroïnes, pour lesquelles il n'est pas question de se complaire dans un *lamento* sans fin[1]. Rallumant la

---

1 Si quelques héroïnes, comme Merline (« Le Turbot ») ou Mme de Briance (*Lutins*), sont contraintes de se résigner, pour d'autres, à l'image de la princesse Constantine, les larmes ne durent qu'un temps : « la pauvre princesse fondait en larmes, et priait la reine sa mère de lui donner le moyen d'éviter un mal qui lui paraissait plus affreux que toutes choses ; la reine, qui se voyait hors d'état de la secourir, mêlait ses larmes avec les siennes. Enfin, après avoir bien pleuré, Constantine dit à la reine : "Madame, permettez-moi de fuir." » (« Le Sauvage », p. 284). Le passage de l'imparfait au passé simple traduit celui du constat d'impuissance à la prise d'initiatives, conférant à la jeune princesse, qui se distingue ainsi de sa mère, le statut de sujet.

guerre des sexes, la comtesse invente alors toutes sortes de scénarios de rébellion, menés par les femmes dans un esprit de revanche. L'image des pères, maris et séducteurs en est largement affectée. Et si quelques héroïnes préfèrent prendre leurs distances avec leurs adversaires, en affichant leur mépris[1] ou en choisissant la fuite[2], la comtesse leur offre de multiples espaces paraissant comme autant de havres de liberté, éloignés des lieux d'oppression patriarcale.

Ces postures, qui tentent de proposer une alternative au rapport de force sur lequel est construite la société patriarcale, apparaissent bien en lien avec la défense des femmes, mais elles sont aussi l'occasion d'un déploiement de l'*inventio* qui n'est pas sans conséquences sur le statut de l'œuvre.

LA VOLONTÉ DE DOMINATION :
L'EXPLOITATION DU FÉMINISME ROMANESQUE

S'inspirant du modèle galant, héritier des romans courtois et pastoraux, Mme de Murat tente d'exploiter la brèche que peut constituer, dans le rapport entre les sexes, la relation amoureuse. Les *Mémoires* ainsi que plusieurs contes témoignent en effet d'une conception romanesque de l'amour qui consacre la supériorité de la femme et définit le parfait amant par sa soumission. En outre, la comtesse montre une prédilection pour les couples héroïques peu différenciés, comme le révèlent des descriptions où sont bien estompés les signes de l'altérité. Dès lors, c'est la figure d'un homme idéal, à nul autre pareil, qui émerge de l'œuvre de Mme de Murat. La topique du féminisme romanesque semble ainsi constituer le socle sur lequel s'appuie la comtesse pour réfléchir aux conditions de la relation idéale à ses yeux, où la problématique du même et de l'autre se combine à celle de la supériorité.

---

1   C'est la réaction de la princesse Belle dans « L'Aigle au beau bec » : « La princesse Belle avait commencé sa vengeance par les mépris dont elle accablait l'Aigle au beau bec ; et ce roi, plus sensible à la colère de la princesse qu'à ses autres infortunes, se repentit mille fois de lui en avoir donné sujet » (*BGF* vol. 3, p. 378).

2   L'héroïne des *Mémoires* s'enfuit à deux reprises du domicile conjugal.

L'IMPÉRIALISME FÉMININ[1]

À plusieurs reprises, la relation sentimentale est évoquée pour la nouvelle configuration qu'elle établit, la femme acquérant un pouvoir inédit tandis que prend fin la domination masculine.

L'exercice d'un pouvoir

Dans les premières pages des *Mémoires*, l'héroïne expose ce que sa conception de l'amour doit à la lecture des romans. Elle retient en effet que le lien amoureux permet d'inverser la hiérarchie habituelle entre homme et femme :

> La lecture des romans me fit faire réflexion sur des choses que je n'avais jusque-là comprises que confusément. J'appris en les lisant, qu'il y avait une passion qui donnait aux femmes un empire absolu sur les hommes ; et je sentis avec joie que je pouvais aussi bien qu'une autre prétendre à cet empire, et que peut-être même j'avais déjà eu occasion de l'exercer[2].

La définition de l'amour est donc directement liée à la question du rapport des genres, et le passage d'une formulation générale de l'expérience amoureuse à sa prise en charge par le *je*, révèle le caractère intéressé d'une lectrice prête à reconnaître la vérité d'une fiction susceptible d'interférer avec le réel[3]. La lecture vient en effet confirmer une intuition de la fillette qui entend bien se servir d'un savoir si précieux. Dès lors, l'amour peut être considéré comme une stratégie ou un calcul, donnant l'opportunité d'exercer un pouvoir sur l'autre :

> En effet, je me souviens que dans le temps que j'étais auprès de ma grand-mère, il y avait un homme de qualité qui m'aimait, et qui m'appelait d'ordinaire sa petite reine ; […] Je résolus de l'engager à me venir voir, pour avoir lieu de jouir de la gloire de soumettre un homme à mes lois. J'étais trop jeune

---

1 Expression empruntée à J.-M. Pelous, *Amour précieux, amour galant (1654-1675). Essai sur la représentation de l'amour dans la littérature et la société mondaines*, Paris, Klincksieck, 1980, p. 57. N. Grande parle d'une « inversion des pouvoirs » dans la plupart des romans de l'époque, qui affabulent sur la période qui précède le mariage (*op. cit.*, p. 60).

2 *MdeM*, I, p. 18-19.

3 Sur la lecture des romans, voir J. Mainil, *Don Quichotte en jupons, ou des effets surprenants de la lecture. Essai d'interprétation de la lecture romanesque au dix-huitième siècle*, Paris, Kimé, 2008.

> pour avoir, en faisant cette démarche, un autre motif que la vanité. Je n'en connaissais en effet point d'autre, et je ne croyais pas que l'amour fût autre chose que cet empire dont j'étais flattée[1].

Ce n'est pas d'un amant idéal dont rêve la jeune lectrice, contrairement à ces « folles ingénues[2] » se perdant dans les délires d'imagination que leur procurait l'immersion dans les romans héroïques : elle espère bien plutôt éprouver un plaisir de domination en vérifiant cette capacité d'emprise qu'elle décrit de façon détachée. Dans un jeu d'identification romanesque très conscient, la fillette adresse alors à celui qu'elle décide d'aimer, le comte de Blossac, une lettre largement inspirée des romans qu'elle a lus. D'où sa déception quand son amant n'endosse pas le rôle qu'elle attend de lui, mais recourt à des termes lui déniant le statut de femme ou de maîtresse : « Je trouvai dans sa lettre de quoi m'offenser ; il m'appelait sa belle enfant[3] », ou encore :

> Il prit avec moi les manières qu'il avait eues autrefois, et me traita comme une petite fille, me faisant des caresses, et me disant d'un air badin que j'étais la plus jolie enfant du monde. Je me trouvai encore offensée de cette qualité[4].

La récurrence des formes de la relation attributive (« m'appelait », « me traita comme », « j'étais », « qualité ») révèle la nature de l'enjeu, centré sur le titre de celle qui est aimée.

La suite des *Mémoires*[5], mais aussi plusieurs contes, gardent une trace de cette conception de l'amour, impliquant la soumission de l'homme et la glorification de la femme, d'où la récurrence d'une posture masculine, celle de l'amant aux pieds de sa bien-aimée.

Trois contes, « Jeune et Belle », « Le Sauvage » et « L'Île de la Magnificence », insistent en effet sur l'abaissement de l'homme, condition de l'élévation de la femme. C'est dans le dernier de ces trois récits que

---

1   *MdeM*, I, p. 19-21.
2   Expression empruntée à S. Aragon, *Des liseuses en péril : les images de lectrices dans les textes de fiction de « La Prétieuse » de l'abbé de Pure à « Madame Bovary » de Flaubert, 1656-1856*. L'auteur appelle « folles ingénues », par rapprochement avec les « vierges folles » de la parabole biblique, « les personnages de jeunes lectrices innocentes qui découvrent la lecture romanesque et sombrent dans la folie » (p. 125).
3   *MdeM*, I, p. 27.
4   *Ibid.*, I, p. 28-29.
5   Voir notamment le personnage de Sauvebeuf, au nom évocateur, qui vole au secours de l'héroïne (*Ibid.*, I, p. 165).

la distance entre les amants paraît la plus grande. Le statut de la reine de l'île de la Magnificence, « assise sur un trône élevé de plusieurs marches[1] », est renforcé par une analogie avec l'astre de lumière : son trône est « si rempli d'escarboucles que l'on n'en pouvait soutenir l'éclat, qui était considérablement augmenté par un soleil de diamants dont l'architecture était terminée », son habit est « couvert de pierreries », et elle tient une « baguette d'or, garnie d'émeraudes ». Le roi Antijour est son exacte antithèse, comme le souligne l'onomastique. Maître du royaume souterrain des Richesses Perdues auquel il renonce, après être tombé amoureux du portrait de la reine Plaisir, il arrive enfin devant la reine, après avoir été « incommodé quelques jours[2] » de la lumière : « il s'avança, et se jeta aux pieds de la belle fée où il posa ses deux couronnes de myrtes. » L'opposition symbolique entre ombre et lumière renforce celle qu'exprime une gestuelle protocolaire, sans parler du jeu d'inversion que suggère l'appellation « Antijour », à l'opposé des métaphores usuelles réservées à Louis XIV.

On retrouve une mise en scène identique, mais beaucoup plus rapide, dans l'évocation du destin que la fée laisse entrevoir à la princesse Constantine : « Elle était assise sur un trône élevé, et le roi de Sicile mettait une couronne à ses pieds[3]. » C'est par la réalisation de cette vision de la femme triomphante que s'achèvera le conte. Dans « Jeune et Belle », c'est l'amant lui-même qui distingue celle qu'il aime des autres bergères qui l'accompagnent :

> « Venez, belle bergère, lui dit-il ; venez prendre une place plus digne de vous : une si merveilleuse personne est trop au-dessus de toutes les autres beautés pour demeurer confondue parmi elles. » [...] Une troupe de jeunes bergers apporta, par les ordres d'Alidor, des faisceaux de fleurs et de verdures, et en élevèrent une espèce de petit trône où Jeune et Belle se plaça. Le beau berger se mit à ses pieds ; ses nymphes s'assirent auprès d'elle, et le reste de l'assemblée forma un grand cercle, où chacun se rangea suivant son inclination[4].

Aimer, c'est donner la préférence à l'une sur les autres, c'est élever l'une au-dessus des autres. L'élévation physique, ainsi que l'image du cercle parfait, ne font que traduire la comparaison de supériorité, qui s'exprime

---

1   « L'Île de la Magnificence », *BGF* vol. 3, p. 276.
2   *Ibid.*, p. 272.
3   « Le Sauvage », *Ibid.*, p. 294.
4   « Jeune et Belle », *Ibid.*, p. 126.

d'ailleurs par l'emploi du superlatif « si merveilleuse ». « Incomparable reine », dit encore le roi Antijour à la reine Plaisir, reprenant les termes de la conteuse : « Mais rien ne pouvait être comparé à la belle reine qui présidait en ce lieu[1]. » Soumission de l'amant et vision triomphante de la femme sont bien liées. Par le biais de cette posture très symbolique – l'amant aux pieds de celle qu'il aime – la nostalgie d'une vision chevaleresque se double d'une problématique de place, au sens propre du terme[2].

De l'épreuve à la manipulation

Contrairement aux lois de la société patriarcale, c'est la femme qui décide d'accorder une place à l'homme, en lui laissant entrevoir son amour, qu'elle envisage comme une faveur qui doit inciter l'heureux élu à une soumission encore plus grande :

> « Levez-vous, prince, lui dit-elle en lui tendant la main qu'il baisa, je ne suis point injuste, et quoique mon cœur n'ait jamais été sensible, je ne réponds point de l'avenir. Aimez, espérez, et reposez-vous sur votre mérite. » Elle rougit en disant ces paroles qui paraissaient lui avoir échappé contre sa volonté. Antijour s'en aperçut, et il en pensa mourir aux pieds de Plaisir, qui lui fit signe de se lever [...][3].

Mais elle n'accorde cette place à l'homme que dans la mesure où il se montre un parfait amant. Quelques héroïnes méfiantes, renversant le scénario de « Griselidis[4] », décident en effet de mener le jeu, en faisant subir à ceux qui les aiment de véritables épreuves permettant de mesurer la qualité de leur amour. L'intrigue quasi théâtrale du conte de « Jeune et Belle » apparaît la plus exemplaire de ce point de vue. La princesse, également fée, sonde ainsi le cœur de son amant, le berger Alidor, en se déguisant avec les habits d'une bergère après avoir usé de son pouvoir de féerie en transformant, sans se faire voir, l'univers du berger en un

---

1   « L'Île de la Magnificence », *Ibid.*, p. 276.
2   On pourrait convoquer sur ce point les analyses de François Flahaut : « Il n'est pas de parole qui ne soit émise d'une place et convoque son interlocuteur à une place corrélative » (*La Parole intermédiaire*, Paris, Seuil, 1978, p. 58).
3   « L'Île de la Magnificence », *BGF* vol. 3, p. 277.
4   Perrault, « Griselidis », *BGF* vol. 4. Le roi qui épouse une bergère lui fait subir toutes sortes d'épreuves pour s'assurer de la sincérité de son obéissance et de sa soumission. Il convient cependant de ne pas ignorer la dimension satirique de ce conte.

cadre merveilleux de luxe et de raffinement. Le jeune homme demeure ainsi dans l'ignorance de l'identité de celle qui l'aime, jusqu'à ce qu'elle lui déclare que la bergère qu'il a vue et la fée qui l'a comblé de bienfaits ne font qu'une[1]. Entre temps, elle suscite la jalousie d'Alidor :

> Jeune et Belle était charmée des sentiments du beau berger, mais elle voulut éprouver quelques moments sa tendresse. Iphis était aimable, et si Alidor n'eût pas été présent, on l'aurait sans doute admiré. La jeune fée lui parla deux ou trois fois d'un air assez gracieux, et dansa plusieurs fois avec lui. Alidor en sentit une jalousie aussi vive que son amour. Jeune et Belle le remarqua ; et s'en croyant plus sûre du cœur de son berger, elle cessa de lui faire de la peine : elle ne parla plus à Iphis le reste de la journée, et Alidor eut ses regards les plus favorables[2].

La succession des propositions traduit l'enchaînement logique et chronologique des actions de la fée, dont la maîtrise semble totale. Dans un second temps, elle tente de s'assurer de la fidélité du berger en lui envoyant deux portraits, le sien et celui d'une beauté toute fictive, qu'il néglige aussitôt :

> Le beau portrait que méprisait Alidor n'était qu'un portrait d'imagination : la jeune fée avait voulu voir si son berger la préférerait à une si belle personne, qui lui paraissait une déesse ou une fée[3].

Le thème de la différence de conditions s'ajoute ici à celui de la constance, alors même que l'héroïne se fait spectatrice invisible[4].

La manipulation est encore plus grande dans les *Mémoires*. Il ne s'agit pas seulement d'éprouver l'amant, mais aussi de juguler l'expression de son amour. C'est en effet dans la mesure où il devient un adorateur

---

1 « [...] il n'est plus temps de vous cacher mes sentiments, puisque je suis contente des vôtres. C'est moi, Alidor, continua la charmante fée, c'est moi qui vous ai donné des marques d'une tendresse qui fera à jamais, si vous m'êtes fidèle, votre bonheur et le mien. Le beau berger, transporté d'amour et de joie, se jeta à ses pieds ; son silence en fit plus entendre à la jeune fée que n'auraient fait les discours les mieux suivis. Jeune et Belle le fit lever [...] » (« Jeune et Belle », *BGF* vol. 3, p. 131).

2 *Ibid.*, p. 127.

3 *Ibid.*, p. 129.

4 *Ibid.*, p. 121 : « et se faisant un plaisir de lui découvrir son amour d'une manière galante et agréable, elle se rendit invisible, pour jouir de l'étonnement qu'elle lui allait causer. » L'invisibilité fait partie des souhaits exprimés par les dames dans la *Clélie* de Mlle de Scudéry (éd. Morlet-Chantalat, V, p. 420-423).

muet que Saint-Albe se rendra aimable. L'amour de l'héroïne semble directement proportionnel à la discrétion du jeune homme :

> craignant que s'il continuait à me marquer sa passion je n'en fusse à la fin importunée, il prit le parti de la dissimuler autant qu'il pourrait, et il consentit à la résolution où je lui dis que j'étais de ne lui pas écrire, et de ne le point voir, il me manda seulement que son amour durerait autant que sa vie, mais qu'il ne me donnerait jamais lieu de me plaindre de lui. Cette soumission me le rendit encore plus cher, et si j'avais du chagrin de ne pouvoir faire pour lui ce que j'aurais voulu, je pensais au moins avec joie que j'avais en lui un amant à l'épreuve de tout[1].

De façon plus brève, elle déclare quelques pages plus loin : « j'étais touchée de sa contrainte[2]. » Paradoxe de l'amour qui n'existe que dans la maîtrise, voire la négation de son expression[3]. Mais l'héroïne va plus loin, désireuse de mesurer les limites de l'abnégation de Saint-Albe, avec l'aide de son amie, Mme de Châtillon. Cette dernière explicite son intention de façon très précise :

> Envoyez-moi Saint-Albe, reprit-elle, il faut que je lui parle avant vous, et que je le connaisse à fond devant qu'on lui apprenne son bonheur [...] ; il faut avant que d'en faire votre mari, que vous n'ayez rien à vous reprocher, et que vous sachiez s'il peut vous rendre aussi heureuse que vous le pensez[4].

---

1   *MdeM*, II, p. 108. Voir aussi : « [il] me conjurait d'oublier ses intérêts, et de l'oublier lui-même s'il faisait le moindre tort à ma gloire, et à la fortune de mon fils. Ces sentiments ne servaient qu'à me le rendre plus cher, et qu'à me donner plus d'impatience d'achever notre mariage » (p. 279).

2   *Ibid.*, II, p. 280. Voir aussi « L'Aigle au beau bec » : « Ce qu'il souffrait pour elle avait augmenté son amour » (*BGF* vol. 3, p. 378). Dès lors, l'amour que manifeste l'amant semble voué à l'échec, à moins qu'il ne se livre à un exercice d'équilibre. C'est en effet ce que suggère la réaction en trois temps de l'héroïne des *Mémoires* à une lettre de Saint-Albe par laquelle il refuse son aide financière tandis qu'elle s'apprête, croit-il, à en épouser un autre : « Je me sentis agitée par des sentiments bien différents à la lecture de cette lettre : d'abord je fus charmée de la générosité de Saint-Albe, ensuite je l'accusai de m'aimer peu puisqu'il me cédait si aisément. Sa lettre me parut indigne d'un amant tendre, et peu s'en fallut que je ne le crusse inconstant ; mais enfin je le connaissais trop peu pour avoir longtemps cette pensée, je jugeai qu'il m'aimait d'autant plus qu'il paraissait résolu de se sacrifier pour moi » (*MdeM*, II, p. 239-240).

3   Voir aussi : « qu'il songeât à se marier s'il ne voulait me perdre entièrement » (*Ibid.*, II, p. 48) ; « mariez-vous donc, et pour me prouver tout votre amour, il faut que vous aimiez la personne que vous allez épouser » (II, p. 53) ; « dites-lui que je suis à lui pourvu que je ne le voie point » (II, p. 80).

4   *Ibid.*, II, p. 247.

Dans une longue scène jouant sur le pathétique, Mme de Châtillon accuse Saint-Albe, qu'elle a fait rappeler à Paris alors qu'il s'en allait pour la Hollande, d'avoir caressé audacieusement des espérances de mariage avec l'héroïne, ce qu'il réfute en confessant son indignité. Elle obtient alors de lui qu'il consente à l'union de la jeune femme avec un prétendant de plus haute naissance, puis lui fait promettre d'épouser un autre parti qu'elle affirme avoir choisi pour lui, avant de lui révéler, devant l'évidence de son entière soumission, que c'est lui que l'héroïne est en réalité prête à épouser. Cherchant encore à l'éprouver, Mme de Châtillon n'évoque l'hypothèse du mariage du jeune homme avec l'héroïne que pour lui reprocher ses prétentions ou pour évoquer l'erreur que celle-ci commettrait : « et quand la marquise serait d'humeur à vous épouser, je l'en détournerais par la crainte que le mariage ne vous changeât [...] », ou encore : « j'espère que vous serez plus raisonnable qu'elle, et vous ne voudrez point qu'elle se rende ridicule aux yeux de tout le royaume. » La tension atteint son paroxysme : « Saint-Albe changea de couleur en m'entendant parler de la sorte », « Ce discours déconcerta Saint-Albe ». Le jeune homme garde le silence, jusqu'à ce qu'il dénonce le procédé employé avec lui : « Pourquoi, madame, s'écria Saint-Albe, prenez-vous plaisir à me tourmenter, en me donnant des idées que je n'ai jamais flattées ? » Mme de Châtillon cesse alors son jeu : « C'est trop vous amuser, reprit Mme de Châtillon, la marquise veut vous épouser », déclenchant chez Saint-Albe l'épanchement d'une grande émotion qui se traduit par des larmes et une attitude très démonstrative : « Serait-il possible, ajouta-t-il transporté de plaisir, et se jetant aux pieds de Mme de Châtillon, que la marquise eût le dessein que vous m'apprenez ? », « il embrassait les genoux de Mme de Châtillon, en la conjurant de lui apprendre si ce qu'elle disait était sincère. » Dernier acte de cette mise en scène bien réglée, l'arrivée de l'héroïne :

> Saint-Albe était encore à ses genoux quand j'entrai. « Venez, dit-elle, madame, car je ne sais plus où j'en suis, et je crains, si vous n'y mettez ordre promptement, que monsieur de Saint-Albe n'expire à mes pieds. » Je ne savais ce que Mme de Châtillon lui avait dit, et le voyant en cet état, j'eus peur qu'elle ne l'eût mis au désespoir, en lui faisant entendre que je voulais épouser le duc de .... « Ah ! madame, lui dis-je dans cette pensée, que vous êtes cruelle de faire de la peine à Saint-Albe. – Que vous a-t-elle appris qui vous afflige si fort ? » dis-je à Saint-Albe, en lui adressant la parole. Il se tourna de mon côté,

et m'embrassant les genoux : « Non, madame, s'écria-t-il, je ne puis croire ce que j'ai entendu ; mon bonheur est si inconcevable que j'en suis étonné[1]. »

Le pathétique appuyé de la scène révèle encore une fois la jouissance presque sadique que procure le renversement du rapport de force entre les sexes et l'anéantissement du parfait amant, auquel est révélé son destin *in extremis*.

Dans les deux exemples analysés ci-dessus, le conte « Jeune et Belle » et la rencontre de Saint-Albe avec Mme de Châtillon dans les *Mémoires*, la femme s'octroie sur l'homme un pouvoir qui le réduit à l'état de simple jouet de ses caprices[2]. On retrouvera, à la fin des *Mémoires*, une trace de cette conception romanesque de l'amour dans les dernières phrases que prononce Saint-Albe, devenu enfin le mari de l'héroïne : « il faut que je quitte une vie qui ne m'a été agréable, qu'autant qu'elle m'a donné occasion de vous servir et de vous plaire », ou encore : « j'aurais moins valu si vous ne m'aviez aimé[3]. »

L'ATTÉNUATION DE L'ALTÉRITÉ

Parallèlement à l'expression du désir de domination féminine dans la relation amoureuse, la comtesse fait l'éloge d'une altérité moindre. Les amants se ressemblent, partagent des sentiments similaires et réciproques, au point qu'émane de leur description une certaine indifférenciation sexuelle. L'écriture s'ingénie alors à multiplier les formes d'expression du même, exploitant à nouveau, de façon évidente, de multiples *topoï* du genre romanesque.

La ressemblance des amants

Plaidant contre toute forme de mésalliance, que traduit souvent le physique peu attrayant des prétendants, Mme de Murat en vient à

---

1   *Ibid.*, II, p. 263-265.
2   Mme d'Aulnoy n'insiste pas autant sur cet aspect, préférant même le relier au thème de la « conversion de l'insensible », dont les retardements peuvent être dommageables, comme le suggère le destin de Gracieuse enterrée vivante par la fée Grognon : « Elle en comprit bien les difficultés, et se repentit d'avoir attendu si tard à l'épouser : « Que ma destinée est terrible ! […] je voulais enfin être sûre de votre cœur ; mes injustes défiances sont cause de l'état où je me trouve ! » (*BGF* vol. 1, p. 172-173).
3   *MdeM*, II, p. 384 et 386.

considérer l'altérité comme une caractéristique négative, développant au contraire tout ce qui peut contribuer à souligner la ressemblance de ses personnages, jeunes, beaux et amoureux.

Les portraits des héros et des héroïnes sont la plupart du temps très suggestifs (belle taille, pouvoir des yeux, apparence aimable). Quelques détails, comme l'abondance de la chevelure pour les hommes, ou la fraîcheur du teint pour les femmes, suffisent à la description, qui est parfois très peu précise, comme le révèle ce portrait d'Irolite :

> elle avait quatorze ans, sa beauté était parfaite, ses cheveux étaient d'une couleur charmante, sans être tout à fait noirs ni blonds ; son teint avait tout à fait la fraîcheur du printemps [...][1].

Dès lors, c'est une certaine similitude qui caractérise les personnages, dont les traits désignent davantage la noblesse que l'identité sexuelle. C'est ainsi qu'apparaît Parcin-Parcinet :

> il avait l'air noble, la taille fine, une grande quantité de cheveux blonds admirables [...]. Il faisait bien tout ce qu'il voulait faire, il dansait parfaitement, il chantait de même, et il gagnait tous les prix des tournois, dès qu'il prenait la peine de les disputer. Ce jeune prince faisait les délices de la cour[2].

D'ailleurs, héros et héroïne sont parfois comparés l'un à l'autre, comme dans « Le Palais de la Vengeance » : « un prince aussi charmant que la princesse Imis était aimable[3]. » C'est également des formules identiques qu'emploie volontiers la conteuse : Irolite et le prince de l'île Paisible sont d'une « beauté parfaite », tandis que Ravissante a reçu « une beauté si parfaite[4] ».

La similitude est poussée à son comble dans le conte de « Jeune et Belle ». La mère de l'héroïne lui fait le don d'être toujours aimable, c'est-à-dire « de ne jamais cesser d'être semblable à elle-même », et la princesse, qui est également fée, doue à son tour son amant de la jeunesse éternelle : « conservant à jamais tous ses charmes, comme Jeune et Belle, on assure qu'ils s'aimèrent toujours, parce qu'ils furent toujours

---

1   « Le Parfait Amour », *BGF* vol. 3, p. 61.
2   *Ibid.*, p. 58. On pourrait évoquer également le portrait de Tourmeil que découvre la jeune comtesse de Livry (*L*, p. 96).
3   « Le Palais de la Vengeance », *BGF* vol. 3, p. 145.
4   « Le Prince des Feuilles », *Ibid.*, p. 164.

aimables[1]. » La ressemblance des amants se double de l'identité de soi à soi, le refus de l'altérité impliquant aussi un refus de l'altération. En ne reprenant pas l'image de la « Fontaine de Jouvence[2] » ni celle de « l'île de la Jeunesse[3] », la conteuse fait l'économie d'une longue digression, se contentant des ressources d'une parole performative.

L'emploi de comparaisons mythologiques identiques, qualifiant aussi bien les héros que les héroïnes, vient encore renforcer la ressemblance des amants. Les premiers sont dépeints, pour plusieurs d'entre eux, en lien avec la figure du dieu Amour. « L'Amour lui-même, dormant entre les bras de Psyché, ne brillait pas de plus de charmes[4] », telle est la phrase qui introduit la description du berger Alidor. Une beauté supérieure à celle du dieu, c'est encore ce qu'expriment le portrait du prince de l'île Galante, « plus beau mille fois que l'Amour[5] », ou bien, de façon plus détaillée, celui du héros du « Parfait Amour » : « l'Amour pouvait être jaloux de sa beauté et même de son pouvoir, car ce dieu n'a jamais eu de flèches aux pointes dorées si sûres de triompher des cœurs sans résistance, que l'étaient les beaux yeux de Parcin-Parcinet[6]. » La beauté des héroïnes est, elle aussi, évoquée par le biais des mêmes références : « Aimée a plus d'attraits que n'en a l'Amour même[7] », tandis que la conteuse évoque les flèches invincibles qui partent des yeux de la princesse Hébé[8]. Le recours fréquent au dieu Amour, ainsi que le choix de cette dénomination qui se superpose aisément au sentiment, contrairement à celle de Cupidon ou fils d'Aphrodite[9], estompent ainsi les différences entre les amants.

1   « Jeune et Belle », *Ibid.*, p. 120, 140.
2   Il ne s'agit plus, pour Mme de Murat, de narrer à nouveau la quête d'une eau de Jouvence, ce qui constituait l'une des épreuves de l'histoire de Psyché (voir aussi « Plus Belle que fée » de Mlle de La Force), mais d'évoquer ce qui lui semble une condition indispensable à l'amour. L'image est également reprise par Mme d'Aulnoy à propos des amants de « L'Île de la Félicité » : « leur jeunesse n'était point altérée par le cours des ans, c'était dans ce lieu délicieux où l'on buvait à longs traits de l'eau de la Fontaine de Jouvence » (*BGF* vol. 1, p. 141).
3   Catherine Bernard évoque, dans « Le Prince Rosier », le séjour du héros dans « l'île de la Jeunesse », du nom de sa séduisante princesse (*BGF* vol. 2, p. 284).
4   « Jeune et Belle », *BGF* vol. 3, p. 121.
5   « L'Heureuse Peine », *Ibid.*, p. 190.
6   « Le Parfait Amour », *Ibid.*, p. 58.
7   « L'Heureuse Peine », *Ibid.*, p. 193-194.
8   « Anguillette », *Ibid.*, p. 93-94. Voir aussi le portrait de Ravissante, et notamment la description de ses yeux ; la conteuse évoque le « pouvoir fatal que l'amour avait attaché à leurs regards » (« Le Prince des Feuilles », *Ibid.*, p. 161).
9   Seul le personnage de Delfirio est comparé à la figure d'Adonis (« Le Père et ses quatre fils », *Ibid.*, p. 363).

Enfin, on remarque que héros et héroïne sont susceptibles d'être indifféremment métamorphosés sous la figure du rossignol, qu'il s'agisse du prince des Charmes ou de la princesse Philomèle[1]. Le texte intitulé « Le Bonheur des moineaux » neutralise encore davantage la différence sexuelle, en faisant allusion aux « ardeurs mutuelles » de deux « petits oiseaux[2] », même s'ils ne sont évoqués qu'à titre de comparaison avec deux amants. Quant aux protagonistes du conte « Anguillette », c'est l'image de deux arbres « d'une beauté parfaite » et conservant « à jamais » la mémoire des charmes des amants, qui figure leur réunion[3].

Dès lors, on perçoit que la question de l'identité et de l'altérité prime sur celle de la différence des conditions sociales. Si fée et berger se rapprochent, si princesse et pêcheur s'unissent, c'est moins en raison d'une audacieuse volonté de dépasser le préjugé nobiliaire que parce qu'ils se ressemblent et se reconnaissent[4], comme le suggère notamment le thème de l'amour au premier regard, amplement développé[5].

Le sentiment amoureux : règne de l'indéfini

Plusieurs récits privilégient en outre l'évocation d'amours enfantines souvent incestueuses[6]. Le sentiment n'est alors pas encore très défini, restant proche du type de relations éprouvées au sein d'une fratrie, sans

---

1   « L'Aigle au beau bec », *Ibid.*, p. 378 ; « L'Île de la Magnificence », *Ibid.*, p. 235. L'attrait de Mme de Murat pour la figure du rossignol se lit notamment dans ce dernier conte : Esprit écoute dans la forêt le chant des oiseaux, « mais surtout, il étudia avec tant de soin le rossignol qu'il connut qu'il était l'inventeur de la musique, et qu'il exprimait par son chant tous les sentiments de l'amour. Esprit entendait s'il se plaignait de l'absence ou de l'infidélité, s'il était heureux ou malheureux, et enfin il connut qu'il entrait parfaitement dans toutes les délicatesses de cette passion » (p. 235).

2   « Le Bonheur des moineaux », *Ibid.*, p. 406. Mme de Murat s'inspire-t-elle des poèmes de Mme Deshoulières, et notamment de la pièce intitulée « Les Oiseaux, idylle » (1678) ?

3   « Anguillette », *BGF* vol. 3, p. 117. Cette métamorphose a donc une signification différente de celle qui réunissait Philémon et Baucis, les deux vieillards de la Phrygie récompensés par les dieux.

4   C'est aussi ce que suggère Mlle Lhéritier à la fin du conte « Ricdon-Ricdon », en commentant la révélation d'une princesse en l'héroïne : « [le prince] s'applaudissait d'avoir su démêler le mérite et les charmes de Rosanie au travers des voiles épais dont l'enveloppait sa servile condition » (*BGF* vol. 2, p. 189).

5   Sur ce *topos* de l'amour instantané, voir J. Rousset, *Leurs yeux se rencontrèrent : la scène de première vue dans le roman*, Paris, J. Corti, [1981] 1992.

6   N. Grande note que le motif incestueux est présent dans beaucoup de romans, de *Clélie* aux récits de Mme de Villedieu, mais elle y voit l'indice d'un certain réalisme des romancières (*op. cit.*, p. 95).

que la connotation sexuelle soit déterminante. Les premiers échanges de jeunes cousins, Parcin-Parcinet et Irolite, dans « Le Parfait Amour », sont significatifs de cette affectivité :

> Il y avait alors trois ans qu'il s'était un soir introduit dans le château en habit d'esclave ; il trouva Irolite dans le jardin, il lui parla de sa tendresse, elle n'était alors qu'un enfant, mais c'était un enfant admirable ; elle aimait Parcin-Parcinet comme s'il eût été son frère, et ne pouvait encore comprendre que l'on aimât autrement[1].

Ce n'est que plus tard que la jeune fille découvre d'autres sentiments : « Ah ! Parcin-Parcinet, vous aviez raison, on aime autrement un amant qu'un frère[2]. » La conteuse souligne également les liens familiaux de deux jeunes cousins, Imis et Philax, qui vivent le même type de relation :

> Il s'appelait Philax, et il était fils d'un frère du roi d'Islande ; il avait deux ans plus que la princesse, et ils furent élevés ensemble avec toutes les libertés que donnent l'enfance et la proximité du sang[3].

C'est encore la figure d'un enfant qui caractérise le dieu Amour dans plus d'un récit : « un petit Amour » badine autour du berger Alidor[4], tandis que « douze enfants parfaitement beaux, vêtus en Amours[5] » sont envoyés par le prince de l'île Paisible à la princesse Hébé.

De manière plus générale, la comtesse se plaît à raconter la genèse romanesque de l'amour. Elle affectionne particulièrement le moment de la naissance du sentiment, employant abondamment le lexique de l'inédit : « Jeune et Belle sentit une émotion inconnue à son cœur[6] », « Alidor se promenait avec une douce inquiétude qu'il n'avait jamais sentie[7] », « la belle Hébé, dès qu'elle eut fait quelque moment d'attention

---

1   « Le Parfait Amour », *BGF* vol. 3, p. 61.
2   *Ibid.*, p. 63.
3   « Le Palais de la Vengeance », *Ibid.*, p. 145. De même, dans « Le Prince des Feuilles », la fée, « proche parente de la reine », désire que son neveu épouse la princesse (*Ibid.*, p. 159).
4   « un petit Amour lui présenta à boire dans une coupe faite d'un seul diamant […]. Il voulut faire des questions au petit Amour ; mais au lieu de lui répondre, cet enfant tirait des flèches, et dès qu'elles atteignaient le berger, elles se changeaient en eau d'une odeur merveilleuse. Alidor comprit bien par ce badinage que le petit Amour n'avait pas ordre de lui expliquer ce mystère » (« Jeune et Belle », *Ibid.*, p. 123-124).
5   « Anguillette », *Ibid.*, p. 105.
6   « Jeune et Belle », *Ibid.*, p. 121.
7   *Ibid.*, p. 123.

sur ses sentiments, reconnut qu'elle avait perdu cette tranquillité dont elle ne connaissait pas encore le prix[1]. » Quant à Irolite, « ses regards paraissaient dire mille choses que son jeune cœur ignorait[2] ». Enfin, Aimée parle d'un temps où elle ignorait « même encore si l'on pouvait aimer quelque chose plus tendrement que les fleurs[3] ». Peindre l'innocence des jeunes amours est un plaisir auquel ne renonce pas la conteuse, et que partagent également plusieurs de ses contemporaines, comme Mme d'Aulnoy ou Mlle de La Force[4].

De même, elle s'intéresse à ce moment privilégié qui sépare la rencontre amoureuse des noces. D'où ce compliment de la princesse Isaline qui apprécie l'approche progressive de son amant : « Delfirio de son côté avait autant de respect que d'amour : il voulait m'amener à son but par degrés[5]. » Comme l'ont mis en valeur les nombreuses cartographies amoureuses tout au long du siècle[6], le chemin se révèle plus intéressant que la destination elle-même. C'est ce que suggère également le récit de « L'Heureuse Peine », s'attardant volontiers sur les étapes du parcours menant le couple héroïque à l'île Galante qui n'est pas décrite :

> Tandis que le prince et la belle Aimée achèvent d'obéir aux ordres de Formidable, et que tous les jours leurs ardeurs s'augmentent, ils deviennent si heureux qu'ils craignent d'arriver, de peur d'être occupés de quelque autre chose que de leur tendresse[7].

Si le choix même du genre du conte, consacré à tout ce qui précède l'épilogue des noces, révèle l'importance que Mme de Murat accorde au temps de la séduction, plusieurs de ses œuvres traduisent le même intérêt pour cette période. Le second tome des *Mémoires* développe en

---

1   « Anguillette », *Ibid.*, p. 93.

2   « Le Parfait Amour », *Ibid.*, p. 61.

3   « L'Heureuse Peine », *Ibid.*, p. 193.

4   Voir Mme d'Aulnoy, « La Princesse Belle-Etoile et le prince Chéri » (*BGF* vol. 1, p. 897) ; et Mlle de La Force, « La Bonne Femme » (*BGF* vol. 2, p. 415) et « Tourbillon » (*Ibid.*, p. 357). Pour Y. Loskoutoff, cet « érotisme puéril » fait partie des traits révélant l'importance du thème de l'enfance dans les contes littéraires, pourtant destinés aux adultes, de la fin du Grand Siècle (*La Sainte et la Fée*, Genève, Droz, 1987, p. 240-241).

5   « Le Père et ses quatre fils », *BGF* vol. 3, p. 365.

6   Voir J.-M. Pelous, *op. cit.*, p. 13-34 ; D. Denis, *Le Parnasse galant, institution d'une catégorie littéraire au XVII⁸ siècle*, Paris, H. Champion, 2001, p. 21-25 ; et « 'Sçavoir la carte', voyage au Royaume de Galanterie », *Études littéraires*, vol. 34, n° 1-2, 2002, p. 179-189.

7   « L'Heureuse Peine », *BGF* vol. 3, p. 195.

effet les nombreux détours du sentiment amoureux de l'héroïne et de Saint-Albe, tandis que quelques pages seulement sont consacrées à leurs années de mariage[1]. Plus tard, la comtesse donne à entendre, dans *Les Lutins*, le long récit[2] de Mme de Briance se remémorant précisément l'évolution des sentiments de la jeune Mlle de Livry qu'elle était pour le comte de Tourmeil, alors que son mariage avec lui n'intervient que des centaines de pages plus loin. Nostalgie de ce moment où les corps sont peu différenciés, où le sentiment ne sait pas se nommer, où la sexualité demeure encore latente.

La réciprocité du parfait amour

Mme de Murat insiste également sur le caractère absolu de l'amour de ces couples donnant l'image d'une unité hermaphrodite plutôt que de la dualité.

L'utilisation du pluriel permet notamment de suggérer le caractère fusionnel de l'union des amants. Il peut s'agir d'un simple échange amoureux : « Une conversation aimable et tendre enchanta longtemps ces amants fortunés[3] », ou de retrouvailles après une épreuve : « Le plaisir qu'ils avaient de se revoir les tint longtemps embrassés sans pouvoir parler[4] », ou encore : « Il n'est point d'expression assez vive et assez tendre pour exprimer la joie parfaite qu'ils sentirent à se revoir[5]. »

Par ailleurs, un certain mimétisme entre les amants renforce la similitude de leurs sentiments. Des comparaisons expriment l'émulation des amants qui rivalisent de vertu : « il me vainquit en générosité[6] »,

---

1   Peu de romancières évoquent la période qui suit le mariage, le plus souvent pour constater une dégradation (par exemple Mme de Villedieu, *Les Désordres de l'amour*, 1676). Mme de Murat se montre soucieuse au contraire de témoigner du bonheur de l'héroïne des *Mémoires* : « Nous passâmes les trois premières années de mon mariage dans une union parfaite ; rien n'en troublait la félicité » (*MdeM*, II, p. 303). Cependant, il s'agit aussi pour l'héroïne d'évoquer de nouvelles accusations contre elles.

2   *L*, p. 98-106.

3   « Jeune et Belle », *BGF* vol. 3, p. 133.

4   « Peine Perdue », *Ibid.*, p. 400.

5   « Le Parfait Amour », *Ibid.*, p. 83. L. C. Seifert, dans les quelques lignes qu'il consacre à ce conte, insiste justement sur la ressemblance des héros et la réciprocité de leurs sentiments : « *Parcin-Parcinet and Irolite are, first of all, mirror images of each other* » (*Fairy Tales, Sexuality and Gender in France 1690-1715 : Nostalgic Utopias*, Cambridge, Cambridge University Press, 1996, p. 106).

6   « Le Père et ses quatre fils », *BGF* vol. 3, p. 364.

déclare la princesse Isaline à sa confidente en évoquant le comportement du beau pêcheur. Des parallélismes de construction révèlent également l'influence de l'un sur l'autre : « Ce que Saint-Albe faisait de son côté m'apprit ce que je devais faire du mien », ou encore :

> Quand je n'aurais pas eu mille raisons d'avoir de la sagesse et de la vertu, j'aurais voulu en avoir pour me rendre digne des sentiments que Saint Albe avait pour moi, et je ne voudrais que cette preuve pour justifier ma conduite[1].

Autant de procédés que l'on retrouve encore pour traduire l'intelligence des amants : « Enfin, je souffris qu'il me parlât en amant passionné ; je lui répondis presque de même[2]. » Le parallélisme des propositions renforce cet effet d'écho dans le langage des amants, qui n'est parfois que langage des cœurs, comme dans cet autre exemple : « Ce bel inconnu éprouva un sentiment pareil à celui qu'il causait[3]. » L'outil comparatif devient substantif, mais pour exprimer le même phénomène, au sujet du prince Zélindor et de sa bien-aimée : « Cette *conformité* de sentiments persuada la fée Ménodie que leur amour était un arrêt des destins[4]. » L'emploi de répétitions ou de synonymes souligne aussi l'analogie des réactions de chacun des amants, notamment lorsqu'ils sont menacés par la jalousie d'un adversaire. Ainsi, la fée Mordicante veut se venger du berger Alidor et « le rendre la victime de l'amour *constant* qu'il conservait pour Jeune et Belle[5] », tandis que Zéphyr cesse de tenter de séduire cette dernière, car « la jeune fée lui avait paru trop *constante* pour pouvoir espérer de lui faire oublier Alidor[6] ».

Le lexique de la mort est convoqué de la même façon par les amants pour exprimer le caractère inconditionnel de leur fidélité dans des situations périlleuses[7]. À la détermination de la jeune Irolite, qui préfère allumer la lampe à laquelle la fin de ses jours est liée, plutôt que de faire brûler celle qui doit terminer la vie de son amant, (« elle la regardait brûler avec

---

1   *MdeM*, II, p. 45-46.
2   « Le Père et ses quatre fils », *BGF* vol. 3, p. 365.
3   « Le Prince des Feuilles », *Ibid.*, p. 164.
4   « La Fée Princesse », *Ibid.*, p. 386.
5   « Jeune et Belle », *Ibid.*, p. 137.
6   *Ibid.*, p. 139.
7   Mme de Murat reprend ici un poncif des romans sentimentaux depuis *L'Astrée* d'Urfé, et qui est également présent dans les contes de Mme d'Aulnoy (voir notamment « La Princesse Carpillon », *BGF* vol. 1 p. 655).

joie, comme un sacrifice qu'elle faisait à son amour et à son amant[1] »),
répond l'abnégation du prince : « Vivez heureuse, ingrate Irolite ; je vous
adore, tout inconstante que vous êtes, et je veux mourir pour mon amour,
puisque vous n'avez pas voulu que j'eusse la gloire de mourir pour ma
princesse[2]. » De même, Zélindor déclare aimer « mieux perdre la vie que
de la passer sans la belle fée[3] », tandis que la princesse se trouve de son
côté être dans une « tristesse mortelle[4] » en l'absence de son bien-aimé.

Enfin, la récurrence de termes hyperboliques indiquant la perfection
de l'amour, à commencer par le titre du premier conte de Mme de Murat
(« Le Parfait Amour »), confirme l'absence d'aspérités dans la relation,
inaltérable et inaltérée.

Ressemblance, caractère indéfini du sentiment, réciprocité, autant
de modes d'expression d'un fonctionnement en miroir des corps et des
cœurs, loin de toute hiérarchie, dans une éternelle jeunesse qui semble
antérieure à la sexualité. Ces traits, traduits dans l'écriture par de
multiples comparaisons, répétitions ou constructions symétriques, se
combinent aisément, non sans impliquer un certain narcissisme comme
le révèle cette évocation d'un couple héroïque :

> Les premiers mouvements de leurs cœurs furent donnés à l'admiration et à
> la tendresse. Ils ne pouvaient rien voir de si beau qu'eux-mêmes, aussi ne
> trouvaient-ils rien ailleurs qui pût les détourner d'une passion qu'ils sentaient
> l'un et l'autre, même sans savoir encore comment on la devait nommer[5].

L'HOMME À L'IMAGE DE LA FEMME

Mme de Murat évoque une troisième configuration qui semble résulter
de la combinaison des deux précédentes, conciliant supériorité de la femme

---

1 « Le Parfait Amour », *BGF* vol. 3, p. 81. Voir aussi : « la tendre Irolite donnait sa vie pour
prolonger celle de son amant » (*Ibid.*, p. 82).

2 *Ibid.*, p. 82.

3 « La Fée Princesse », *Ibid.*, p. 391. De même, le prince Verdelet refuse d'épouser la terrible
fée Berlinguette : « je choisirai plutôt la mort que ce parti » (« L'Île de la Magnificence »,
Ibid., p. 242).

4 *Ibid.*, p. 390. Voir aussi : « l'on voit bien que notre union après tant d'aventures, ne pouvait
être troublée que par la mort » (*MdeM*, II, p. 379).

5 « Le Palais de la Vengeance », *BGF* vol. 3, p. 145. D'autres conteuses s'intéressent également à la question du couple idéal et de la compatibilité des amants, mais parfois d'une
manière inverse, comme le suggère Mlle de La Force avec « Vert et Bleu ». Le récit, jouant
sur la dialectique entre unité et différence, invite le lecteur à chercher en quoi les amants
peuvent s'opposer.

et atténuation de l'altérité : que l'homme soit à l'image de la femme, c'est-à-dire que celle-ci puisse se reconnaître en l'homme. Autrement dit, il ne s'agirait plus d'une ressemblance synonyme d'indifférenciation, mais d'une relation de similitude dictée par la femme, dont l'homme ne serait qu'un reflet.

Un homme différent des autres

C'est parce qu'il ne ressemble pas aux autres hommes que l'héroïne des *Mémoires* fait de Saint-Albe, dont le nom exprime l'innocence, l'élu de son cœur. En effet, l'héroïne est tout naturellement attirée par celui qui n'adhère pas à la *doxa* masculine sur le caractère retors des femmes :

> Que j'aurais été heureuse, disais-je à Mlle Laval, si tous les hommes étaient du caractère de celui-là ! Hé ! pourquoi ne le sont-ils pas ? quel détestable penchant ont-ils à juger mal des femmes ? du moins, ajoutai-je, puisque j'en ai trouvé un qui ne partage ni leur aveuglement ni leur malignité, il est juste que je n'estime que lui, et c'est ce que je veux faire le reste de ma vie ; heureuse si ceux qui m'ont causé mes premiers attachements lui avaient ressemblé, mais non, reprenais-je aussitôt, je serais au désespoir, qu'un autre que Saint-Albe eût mérité une estime que je ne veux donner qu'à lui[1].

Partant de la déploration du caractère atypique de Saint-Albe, dont le comportement et les conceptions contrastent avec ceux de l'immense majorité des hommes, la jeune femme en vient à se réjouir de cette situation, rejetant même l'espoir d'une hypothèse contraire qu'elle émet pourtant à deux reprises, afin de se donner exclusivement à un homme différent des autres. L'importance de cette caractéristique est réaffirmée par Mme de Châtillon qui énonce le critère essentiel pour choisir un mari : « Envoyez-moi Saint-Albe, reprit-elle, [...] car s'il ressemblait aux autres hommes, je ne vous conseillerais pas de l'épouser [...][2]. »

---

1   *MdeM*, II, p. 77-78. Voir aussi : « jamais homme n'a accompagné sa tendresse de plus d'égards et d'agréments », et « ce Saint-Albe si différent des autres hommes » (*Ibid.*, II, p. 304 et 330).
2   *Ibid.*, II, 247. Voir aussi : « il me parut trop semblable aux autres hommes, je l'accusai d'être trop peu délicat, et je fus même assez injuste pour m'imaginer que son procédé m'offensait » (II, p. 67). Saint-Albe n'a pas convaincu tout de suite l'héroïne de son caractère hors du commun. De son côté, Mme d'Aulnoy exprime aussi cette quête des héroïnes : « je craignais que vous ne fussiez de l'humeur légère des autres hommes, qui changent quand ils sont certains d'être aimés » (« Gracieuse et Percinet », *BGF* vol. 1, p. 173).

Le personnage de Saint-Albe semble en effet l'exception qui confirme la règle, comme le révèlera plus tard l'immensité de sa peine en apprenant les fausses rumeurs dont on tentera un moment de le persuader au sujet de l'inconstance de celle qu'il aime :

> plusieurs blâmèrent Saint-Albe d'avoir voulu se laisser mourir, pour ne pas survivre à l'infidélité de sa femme ; cela leur paraissait n'être *plus de ce temps-ci*, on disait que les maris qui avaient du cœur n'étaient point sujets à ces faiblesses […][1].

Prêt à faire le choix de la mort plutôt que celui de la haine et de la calomnie, Saint-Albe reconnaîtra avoir été abusé, ce qui fera dire à l'héroïne, évoquant le souvenir de son mari après sa mort sur un champ de bataille, qu'il s'agissait d'un homme « qui n'avait jamais rougi d'aimer, d'estimer et d'honorer sa femme[2] ».

De son côté, une amie de l'héroïne, dont les aventures sont rapportées dans un long récit inséré, reprend la même idée, tout en se montrant plus pessimiste, puisque celui qui était à ses yeux différent des autres s'est finalement révélé semblable à eux :

> Pour moi, je pense qu'il n'y a point d'homme assez fort pour cela, puisque le marquis de Fleury, qui était l'homme du meilleur caractère que j'aie connu, eut la faiblesse de croire tout ce qu'il entendit dire[3].

L'homme différent des autres existe-t-il[4] ?

L'homme idéal, reflet de la femme

Les héroïnes sont attirées par ceux qui ont des analogies avec elles. L'amour de la jeune femme pour Saint-Albe semble d'autant plus grand

---

1   *MdeM*, II, p. 357-358. Mme d'Aulnoy propose une leçon similaire dans « La Chatte blanche » : « Fils de roi, […] tu montres assez que la règle générale a son exception » (*BGF* vol. 1, p. 768). Cependant, elle évoque aussi les infidélités féminines (voir « Le Mouton », *Ibid.*, p. 425, ou « La Grenouille bienfaisante », *Ibid.*, p. 685).

2   *MdeM*, II, p. 389-390. Cette remarque de la comtesse s'oppose à une conception de l'amour conjugal honteux, telle qu'on peut la voir dans *La Princesse de Clèves*, le prince n'avouant à sa femme l'intensité de sa passion qu'à l'article de la mort : « Je vous en ai caché le plus grande partie par la crainte de vous déplaire ou de perdre quelque chose de votre estime par des manières qui ne convenaient pas à un mari » (éd. J. Mesnard, Paris, Flammarion, 1996, p. 217).

3   *MdeM*, II, p. 176.

4   Mme de La Fayette, avec *La Princesse de Clèves*, pose la question à sa manière : « C'est pourtant pour cet homme, que j'ai cru si différent du reste des hommes, que je me trouve comme les autres femmes, étant si éloignée de leur ressembler » (éd. cit., p. 248).

qu'elle lui découvre des points communs avec elle-même. Les termes de la comparaison restent en effet toujours identiques, l'homme étant régulièrement le comparé tandis que la femme demeure le comparant :

> Mais Saint-Albe avait un cœur aussi bon que moi ; et comme le tort que je pouvais me faire en agissant pour lui, ne m'avait pas empêché de lui rendre service, il crut de son côté que le tort que me ferait sa reconnaissance ne devait pas l'empêcher de me la témoigner[1].

Le parallélisme de la construction et la disposition des mots dans une structure de chiasme donnent la mesure de la ressemblance que devine l'héroïne entre elle et son amant. L'homme devient alors le miroir de la femme. C'est encore ce que suggère, dans « le Prince des Feuilles », le trouble de la princesse Ravissante à l'arrivée du héros : « [...] il s'approcha de la princesse avec une grâce qu'elle n'avait jamais vue qu'en elle-même[2]. »

On observe d'ailleurs que plusieurs amants ont des réactions comparables à celles des héroïnes de romans. Parcin-Parcinet « s'était évanoui[3] » dès qu'il avait appris l'enlèvement de la princesse. Tombé dans « un état languissant », il tente ensuite de se donner la mort, avant de regagner son lit, tout comme le prince Grandimont, désespéré de ne pouvoir sauver sa fiancée : « L'on me mit au lit parce que je n'avais plus la force de me soutenir. Lorsque la nuit fut venue, je voulus être seul pour m'affliger avec plus de liberté[4]. » La passivité de plus d'un héros ne serait pas seulement une marque du « discrédit des figures masculines[5] », mais elle serait aussi liée à la représentation de l'homme que se fait la comtesse qui se plaît à brouiller les codes entre masculin et féminin.

De façon plus subversive, Mme de Murat met en scène cette attirance de la femme pour un homme à son image en exploitant les ressources du travestissement. Dans le conte du « Sauvage », la princesse Fleurianne s'éprend du soi-disant Constantin, d'où la gêne de celle qui a, en réalité, revêtu les habits du roi son père :

---

1   *MdeM*, I, p. 363.
2   « Le Prince des Feuilles », *BGF* vol. 3, p. 164.
3   « Le Parfait Amour », *Ibid.*, p. 66.
4   « L'Île de la Magnificence », *Ibid.*, p. 249.
5   Expression employée par N. Jasmin au sujet des héros des *Contes* de Mme d'Aulnoy (*BGF* vol. 1, p. 97).

> [Constantin] ne tarda guère à s'apercevoir qu[e Fleurianne] avait pour lui des sentiments qui lui préparaient des peines d'une autre espèce ; il dissimula toujours avec beaucoup d'adresse[1].

La conteuse ne pose pas le problème du travestissement en terme d'indifférenciation sexuelle (est-elle une femme ou un homme ?), mais en terme d'homosexualité et de choix du même en l'autre. Aucune épreuve comme dans « Marmoisan » de Mlle Lhéritier[2], pour savoir si Constantin ne serait pas en réalité une fille. Le secret est gardé jusqu'à ce que celle qui est en réalité la princesse Constantine se dévoile elle-même. Ce qui aurait pu passer pour une attirance homosexuelle, son amour pour le roi, se normalise par la révélation de son identité et son mariage avec lui, tandis que l'attirance de Fleurianne pour elle, alors qu'elle était déguisée, révèle au contraire une homosexualité latente, comme le suggère le trouble de Fleurianne :

> Le roi embrassa Constantine, et la princesse, qui l'avait tant aimé comme Constantin, ne l'aimait pas moins comme Constantine. Elle lui témoigna sa tendresse avec un peu de confusion[3].

C'est que le conte témoigne avant tout d'une recherche de soi en l'autre, qui semble à l'origine du sentiment amoureux[4].

---

1   « Le Sauvage », *BGF* vol. 3, p. 288. Les personnages ignorent l'identité de l'héroïne, contrairement au lecteur : « Constantine, ou plutôt Constantin, puisque désormais nous la nommerons ainsi […] » (p. 285). Le conte de Mme de Murat exploite la « confusion des sexes », pour reprendre le titre de l'étude de S. Steinberg (*La Confusion des sexes : le travestissement de la Renaissance à la Révolution*, Paris, Fayard, 2001), qu'engendre le travestissement, comme le fait Mlle de Bernard dans *Fédéric de Sicile* (1680) ou Mme d'Aulnoy dans « Belle-Belle ou le chevalier Fortuné » (*BGF* vol. 1). En revanche, dans « Marmoisan » de Mlle Lhéritier (*BGF* vol. 2), le roi soupçonne le personnage éponyme d'être une fille, et ne cesse de l'espérer.

2   Dans le conte de Mlle Lhéritier, certains traits de son caractère et de son comportement trahissent la jeune fille, notamment le soin qu'elle apporte à des bagatelles, comme la propreté ou le fait de plier ses affaires. Elle se voit alors soumise à plusieurs épreuves, comme la baignade. Le récit analyse ainsi davantage la représentation de la spécificité des comportements masculin et féminin. De son côté, Mme d'Aulnoy imagine une intériorité féminine dans une apparence masculine (« Belle-Belle ou le chevalier Fortuné »).

3   « Le Sauvage », *BGF* vol. 3, p. 300. L'expression de l'interdit semble moins forte chez notre conteuse que dans « Belle Belle ou le chevalier Fortuné », où Mme d'Aulnoy ne fait pas survivre la reine à la découverte du sexe féminin de celle qu'elle disait aimer. Voir, sur l'expression du fantasme homosexuel dans ce conte, les analyses d'A. Defrance, *Les Contes de fées et les nouvelles de Mme d'Aulnoy (1690-1698). L'imaginaire féminin à rebours de la tradition*, Genève, Droz, 1998, p. 309-320.

4   L'opposition entre hétérosexualité et homosexualité se double d'ailleurs d'une autre entre laideur et beauté. Le prince Carabut, possible partenaire hétérosexuel, ainsi que la famille

Du constat de points communs entre un homme et elle, à l'attente, voire l'exigence que les hommes réagissent ou fonctionnent comme elle, il n'y a qu'un pas que l'héroïne franchit allègrement. Dans les *Mémoires*, la jeune femme revendique être la source d'inspiration de son amant, trahissant le désir d'emprise qu'elle a sur lui. C'est le cas lorsque, bien avant de l'épouser, elle l'engage, par vertu, à aimer celle qui lui a été destinée :

> [...] je croyais tellement connaître le caractère de Saint-Albe, que je m'attribuais tout ce qu'il faisait pour sa femme[1].

Mais les déceptions s'accumulent, dès lors que l'homme aimé n'agit pas comme prévu, ou qu'il n'obéit pas aux ordres de l'héroïne. C'est ainsi qu'ayant anticipé l'attitude de Blossac à son égard, elle a la certitude que l'homme de ses premières galanteries sera d'accord pour l'épouser en acceptant le marché de son père : « jugeant de ses sentiments par les miens, je le croyais capable de vouloir m'obtenir à quelque prix que ce fût[2]. » Il n'en est évidemment rien. Ne pouvant concevoir un autre fonctionnement que le sien, l'héroïne dénonce une différence d'attitude, y voyant la preuve de l'inégalité des sentiments.

Cette incompréhension entre homme et femme est exprimée de façon encore plus claire dans le récit inséré de l'amie de l'héroïne, qui n'admet pas que le marquis de Fleury soit insensible à la subtilité de son raisonnement :

> Je lui dis alors franchement que je ne l'épouserais jamais, parce que je craignais que le mariage ne diminuât son amour. Il ne put goûter une délicatesse si exquise ; il me crut changée, et me fit des reproches mêlées d'aigreur. Ils me déplurent, je trouvai qu'il y avait trop de grossièreté et d'intérêt dans son amour : j'étais au désespoir qu'il eût moins de délicatesse que moi [...]. J'aurais voulu qu'il eût été satisfait de savoir que je lui donnais dans mon cœur la préférence sur tous les autres hommes, et qu'il eût autant appréhendé que moi tout ce que j'imaginais pouvoir un jour détruire une si belle union[3].

---

de Constantine, sont marqués par la disgrâce physique, tandis que l'héroïne, mais aussi le roi et sa sœur Fleurianne sont d'une beauté parfaite. Voir S. Cromer, « *Le Sauvage*, Histoire sublime et allégorique de Mme de Murat », *Merveilles et contes*, vol. I, n° 1, mai 1987, p. 2-18.

1   *MdeM*, II, p. 82.

2   *Ibid.*, I, p. 88.

3   *Ibid.*, II, p. 199-200.

Les structures comparatives s'enchaînent et se répètent pour exprimer la déception de l'héroïne. Devant la colère du marquis, elle se retire, réjouie de n'avoir pas cédé :

> je pris le chemin de ma terre, résolue de me consoler de la perte d'un homme qui n'avait pas eu assez de délicatesse pour se contenter de mon cœur ; *si je n'eus pas l'avantage de conformer le marquis de Fleury à mes sentiments, au moins j'eus la consolation de n'avoir pas eu la faiblesse de me conformer aux siens*[1].

Réduction de l'altérité masculine ou rejet de l'homme, telles semblent être les conditions d'une relation qui se veut réflexive.

Vers l'effacement de l'homme

C'est finalement l'effacement de l'homme plus que sa soumission que prône la comtesse. Plusieurs amants renoncent à leurs ambitions pour se consacrer à leur maîtresse. C'est le cas du roi Antijour, quittant à jamais son univers souterrain dont les richesses sont pourtant à l'image de celles de la cour de Versailles[2], car il « ne trouvait d'autre plaisir que celui de songer à sa passion[3] », ou encore du prince Delfirio, abandonnant l'idée de retourner au royaume de son père pour demeurer sur une île déserte avec Isaline[4]. Quant au roi Grandimont, métamorphosé en lion, il ne pleure que celle qu'il a perdue : « Je ne comptais pour rien la perte de mon royaume, celle de ma chère princesse m'était seule sensible[5] », tandis que Zélindor est rappelé à l'ordre par la fée : « Leur adieu fut si tendre que vingt fois le prince fut tenté d'abandonner son royaume et le soin de sa gloire[6]. » Non seulement la femme n'invite pas à l'héroïsme, mais elle paralyse celui qui a fait le choix de l'amour[7].

---

1   *Ibid.*, II, p. 206-207.
2   Le royaume des « Richesses perdues » s'enrichit des marchandises des bateaux de commerce qui ont fait naufrage.
3   « L'Île de la Magnificence », *BGF* vol. 3, p. 271.
4   « Le Père et ses quatre fils », *Ibid.*, p. 366.
5   « L'Île de la Magnificence », *Ibid.*, p. 250.
6   « La Fée Princesse », *Ibid.*, p. 388. Voir aussi les attentes trompées de la fée Danamo au sujet de Parcin-Parcinet qui préfère l'amour à la royauté : « Elle ne douta pas un moment de la joie infinie qu'aurait ce jeune prince, né ambitieux, destiné par ses malheurs à vivre sujet, de devenir en un jour souverain de trois empires » (« Le Parfait Amour », *Ibid.*, p. 58).
7   À l'inverse, dans « L'Île de la Félicité » de Mme d'Aulnoy, le héros « se reprochait d'avoir passé autant de temps auprès d'une maîtresse et de n'avoir rien fait qui pût mettre son

Certains amants étouffent même leurs désirs, bien au-delà de ce qu'exigent les bienséances[1], comme le confie Tourmeil au frère de Mme de Briance, dans *Les Lutins* : la passion pour deux filles grecques rencontrées au cours de ses périples ne s'est pas concrétisée, le jeune comte voulant offrir ce sacrifice à celle qu'il aimait, alors même qu'il avait été évincé par Monsieur de Briance et n'avait aucun espoir de la retrouver un jour.

Seule la femme semble exister, réfléchie par le regard de l'homme, comme le révèle encore la réponse du prince des Feuilles à la princesse qui lui demande de décliner son identité :

> Je n'ai point eu le dessein de vous cacher ma naissance, répondit le charmant inconnu, mais *auprès de vous on ne peut parler que de vous-même* ; cependant puisque vous le voulez je vais vous obéir [...][2].

La représentation de l'amant est d'ailleurs significative. Dans plusieurs contes, il n'est réduit qu'à une image. Inversant le motif typiquement romanesque du portrait féminin dont s'éprend le héros, Mme de Murat évoque trois héroïnes qui se laissent séduire à la simple vue de celui d'un homme (Ondine dans « Le Roi Porc », Aimée dans « L'Heureuse Peine » et Peine Perdue dans le conte du même nom). Dans *Les Lutins*, ce n'est même qu'en rêve que la princesse Otadis aperçoit le portrait d'un jeune homme dont elle deviendra l'amante.

Mais Mme de Murat va plus loin, se plaisant à donner une figure légère à l'homme, semblable à celle des sylphes ou des lutins. Empruntant au théâtre et aux opéras-machines leurs modes de représentations, la comtesse donne aux amants la silhouette de créatures inspirées du merveilleux cabalistique[3], et qui ne se manifestent que par quelques signes discrets, laissant croire à des phénomènes surnaturels, avant de surgir comme *deus ex machina*. C'est l'objet de deux récits, *Le Sylphe amoureux* et *Les Lutins*, le premier constituant l'ébauche inédite du second, et

---

nom au rang de celui des héros » (*BGF* vol. 1, p. 142). Sur le héros et l'univers féminin, voir Ph. Sellier, *Le Mythe du héros ou le désir d'être dieu*, Paris, Bordas, 1970, p. 20-22.

1   Voir aussi « Le Roi Porc » (*BGF* vol. 3, p. 216). Sorel ironise sur l'invraisemblance de la conduite exemplaire des amants, dans son *Berger extravagant, pastorale burlesque* [1627-1628] (précédé d'une introduction de H. D. Bechade, Genève, Slatkine, 1972).

2   « Le Prince des Feuilles », *BGF* vol. 3, p. 166.

3   Mme d'Aulnoy, dans « Le Prince Lutin », exploite le même type de figures (*BGF* vol. 1, p. 223). Voir aussi, dans une moindre mesure, « Serpentin vert » de la même conteuse (*Ibid.*, p. 575).

qui reprennent tous deux le motif de l'amant invisible, faisant hésiter les personnages féminins, à l'image de Psyché, entre amour et crainte.

Dans le premier récit, l'idée de se faire passer pour un sylphe est présentée par Mme de Murat comme un scénario galant, à l'opposé de la réalité du mariage. Quand la marquise d'Autricourt, intriguée par un amant invisible qui se révèle régulièrement à elle, raconte à son amie que sa tante lui a parlé d'un projet de mariage, Mlle de Fontenay s'écrie : « de mariage ? voici bien pis que notre amant invisible[1] ! » Le prétendant que destine la tante à la marquise est en réalité le comte de Ponteuil, mais la marquise ne sait pas encore qu'il ne fait qu'un avec le sylphe. Elle se montre alors rebelle à ce choix, exprimant sa surprise d'être demandée en mariage sans détour :

> sa conduite à mon égard me persuade qu'il croit qu'on doit agir fort cavalièrement avec une personne dont on veut faire sa femme[2].

La disparition des indices d'énonciation à la fin du passage permet de glisser du récit vers la dénonciation. La marquise finit alors par dire ce dont elle rêve, que le conte de Ponteuil et le sylphe ne soient qu'une seule et même personne, mais cette idée lui semble tellement extravagante qu'elle en rit elle-même :

> Certainement, dit la marquise en badinant aussi, je voudrais que mon invisible amant eût la figure de M. de Ponteuil, ou que M. de Ponteuil eût l'amour et la délicatesse de l'esprit aérien[3].

Formulé dans le style des questions d'amour autour d'une équivalence entre deux comparaisons symétriques, ce vœu de la jeune femme évoque une figure idéale où se confondraient sylphe et époux.

En effet, *Le Sylphe amoureux* traite moins de l'union de ces êtres fantastiques avec la femme, comme chez Villars, que des rapports qu'ils entretiennent avec la figure masculine. Chez Mme de Murat, le sylphe amoureux caractérise l'amant parfait. N'ayant pas de véritable existence, il peut facilement devenir l'amant aérien. Le substantif devient adjectif et l'adjectif devient substantif. L'expression « amant aérien » était déjà employée

---

1   *Ms*, p. 361.
2   *Ibid.*, p. 362.
3   *Ibid.*, p. 362.

par Villars dans le *Comte de Gabalis*, mais avec une certaine ironie, le narrateur parlant même de « substances aériennes » pour en souligner la vacuité, et souligner la folie de Gabalis. La comtesse lui confère un autre sens, attirant l'attention sur les qualités du sylphe, grâce et légèreté, à l'opposé de la brutalité masculine qu'elle évoque. L'expression « amant aérien » est d'ailleurs beaucoup plus fréquente sous la plume de Mme de Murat, les personnages s'amusant à passer de l'une à l'autre expression, avec des variantes : « amant invisible », « amant caché ». C'est donc par un jeu sur les catégories grammaticales du nom et de l'adjectif que la narratrice opère un glissement du personnage aux qualités qu'il représente, et qu'elle appelle de ses vœux une union improbable, celle de la séduction galante et du mariage. Cette union va pourtant se réaliser, c'est l'heureuse surprise que révèle le comte de Ponteuil à la marquise. Le récit propose donc une vision de l'amour comme échange plutôt que rapport de force. Si Villars insistait sur ce que gagne le sylphe, à savoir l'immortalité, en s'unissant à une femme, Mme de Murat insinue peut-être que la femme a accès à un amour plus épuré avec un homme qui sait se faire sylphe[1]. De la même façon, Villars expliquait que ceux qui s'unissaient aux sylphides devaient renoncer aux femmes d'ici-bas. La comtesse ne le dit pas, mais pour une femme, s'unir à un sylphe impliquerait-il le renoncement aux hommes ?

Les lutins, dans le roman du même nom, jouent un rôle identique aux sylphes : représenter une figure masculine invisible pour plaire à celles qu'il s'agit aussi de surprendre agréablement[2].

On pourrait encore citer le papillon, créature bien légère, qui incarne diverses figures masculines, qu'il s'agisse du prince Fortuné métamorphosé (« Le Turbot »), ou de deux confidents que le prince des Feuilles laisse auprès de Ravissante afin de la secourir. L'un d'eux lui raconte d'ailleurs l'histoire de l'île des Papillons, peuplée de « petits hommes ailés » très volages. Si le papillon permet d'évoquer une forme de libertinage[3], il demeure aussi le symbole d'une certaine apesanteur.

---

1 Mme d'Aulnoy, dans « Le Prince Lutin », insiste également sur les avantages des lutins : « J'ai entendu dire, madame, répliqua Abricotine, que les lutins sont composés d'air et de feu ; qu'ils n'ont point de corps, et que c'est seulement leur esprit et leur volonté qui agit. – J'en suis très aise, répliqua la princesse, un tel amant ne peut guère troubler le repos de ma vie » (*BGF* vol. 1, p. 250).

2 *L*, p. 156-157.

3 « Le Prince des Feuilles », *BGF* vol. 3, p. 169. Mme de Murat évoque en effet « l'agréable science de changer en aimant », reprenant le *topos* galant de l'« apologie de l'inconstance » (voir J.-M. Pelous, *op. cit.*, p. 212-217). D'autres conteuses en font état : Mme d'Aulnoy

La comtesse recourt encore au merveilleux mythologique, faisant intervenir Zéphyr à la fin du conte « Jeune et Belle ». Le dieu, que l'héroïne vit paraître « en l'air », dans « un petit char de roses, attelé de cent serins blancs, attachés dix à dix avec des cordons de perles[1] », intervient *in extremis* pour sauver Alidor retenu prisonnier par une fée jalouse. Mais ce n'est pas sans avoir tenté auparavant de séduire Jeune et Belle, dont la fidélité l'incite à renoncer à son projet :

> Je vais tâcher, lui répartit Zéphyr, à vaincre assez bien les tendres sentiments que vous m'avez inspirés, pour vous pouvoir rendre enfin un service agréable. [...] Zéphyr ne la trompa point ; il n'aimait pas longtemps sans être assuré de plaire [...][2].

Se trouve ainsi valorisée, par une broderie autour du mythe, la délicatesse du comportement galant et sage d'une créature associée à la douceur d'un vent printanier.

Par le biais de cette entreprise d'atténuation des différences, se précisent en réalité au fil de l'œuvre les notions de genre, Mme de Murat définissant le féminin à travers l'image du masculin qu'elle privilégie[3]. Ainsi, les schémas romanesques se trouvent-ils combinés et complexifiés par la comtesse n'hésitant pas à laisser libre cours à son imagination pour proposer des représentations idéales de la relation entre les sexes. Cette réflexion sur les conditions de la relation à l'autre est à mettre sans aucun doute sur le compte du « refus de l'amour » qu'évoque Nathalie Grande au sujet de la représentation de la femme, dont les comportements s'expliquent en grande partie par la peur devant une sexualité masculine souvent violente[4].

---

dans « Don Gabriel Ponce de Léon » : « Ha ! que je suis heureux, s'écria Ponce de Léon, que je suis heureux de jouir de toute ma liberté, et de pouvoir faire à l'égard des belles ce que font les papillons qui voltigent dans un parterre émaillé de fleurs : ils s'approchent de toutes, et ne s'attachent à pas une » (*BGF* vol. 1, p. 386) ; et Mme Durand dans « Le Prodige d'amour » : « si le changement n'est pas une vertu, c'est du moins un si grand plaisir qu'il serait très incommode de s'en priver » (*BGF* vol. 2, p. 492-493).

1   « Jeune et Belle », *BGF* vol. 3, p. 139.

2   *Ibid.*, p. 139.

3   Cette perspective pourrait faire penser au mythe de l'androgyne, tel que le réactive Cyrano (voir P. Ronzeaud, « La Femme dans le roman utopique », dans *Onze études sur l'image de la femme dans la littérature française du XVIIe siècle*, réunies par W. Leiner, Tübingen, G. Narr, Paris, J.-M. Place, 1984, p. 93). Mais chez Mme de Murat, la notion de distance l'emporte sur celle de fusion.

4   N. Grande analyse l'évolution des causes du refus de l'amour dans le roman : « Dans le cadre de l'idéalisme héroïque typique du genre romanesque, les refus étaient toujours

PRÉDILECTION POUR DES SCÉNARIOS DE VENGEANCE

À défaut de la mise en œuvre de l'impérialisme féminin sur lequel se greffe la recherche d'une altérité moindre, la comtesse met en scène de nombreux scénarios de rébellion. En effet, le désir de vengeance paraît bien souvent le principal mobile de l'action féminine : « [...] tout ce que l'on disait n'excitait en moi qu'une secrète envie de me venger[1] », déclare l'héroïne des *Mémoires* en entendant les médisances à son sujet dans le carrosse qui l'emmène à Paris. Dans les contes, on relève également une soixantaine d'occurrences construites à partir du radical du verbe « venger ». Tromperie, métamorphose, atteintes physiques et symboliques sont autant de moyens de lutte, suggérant le plus souvent une proximité avec l'adversaire, voire un corps à corps. L'expression de la contestation féminine recourt alors souvent à l'imaginaire, usant aussi bien des ficelles de la farce que des pouvoirs du merveilleux ou encore de la suggestion de l'allégorie.

LA VEINE COMIQUE

Scènes de théâtre

L'utilisation de la tromperie est fréquente dans l'ensemble de l'œuvre. Le vocabulaire de la feinte est en effet bien présent dès les *Mémoires* : l'héroïne tente de se défaire du magistrat chargé de son procès, en imaginant « un stratagème[2] » qui lui permettra, pense-t-elle, de prouver la culpabilité de l'homme de justice :

> Je fis semblant de me rendre à ses persécutions ; et je lui promis un rendez-vous pour le lendemain dans un lieu que je lui marquai. Mais dès le même jour j'allai trouver sa femme, à qui je dis les folies de son mari, et le rendez-vous dont je l'avais flatté[3].

---

motivés par des raisons nobles et moralement irréprochables. Le récit des violences et des désordres où la passion peut mener implique un nouveau modèle de refus [...] où l'idéalisme héroïque cède le pas à une vision plus pessimiste et plus réaliste de la nature humaine » (*op. cit.*, p. 110-111).

1   *MdeM*, I, p. 192.
2   *Ibid.*, I, p. 280.
3   *Ibid.*, I, p. 281.

Quelques mises en scène plus audacieuses sont élaborées par la femme de chambre de l'héroïne, ce qui permet à celle-ci d'en dénoncer l'audace, tout en bénéficiant finalement de l'effet produit. La domestique va ainsi trouver le même magistrat à l'insu de sa maîtresse dans le but de lui extorquer de l'argent, et le persuade qu'il vaincra la résistance de cette dernière, à condition de lui apporter une bourse bien remplie. Décor, déguisements, situation extravagante, tonalité comique, tous les ingrédients de la farce sont réunis. Lorsque le séducteur arrive dans la chambre dont les volets ont été fermés, il ne trouve pas celle qu'il attendait, mais une jeune fille à qui la femme de chambre a fait prendre les habits de l'héroïne. Les rires de la comédienne se font entendre, et le magistrat renoncera même à répliquer :

> On conseilla au magistrat de ne point faire de bruit, parce qu'il n'en pouvait faire sans se rendre ridicule ; [...] Je me vis par ce moyen délivrée d'un amant odieux et importun. Il n'eut plus envie de faire l'amour à une femme qu'il crut *capable de lui jouer de pareils tours*. Il se contenta de me haïr dans le fond de son cœur [...][1].

Le vocabulaire du théâtre est encore utilisé lors d'un scénario similaire, imaginé par la même femme de chambre ayant proposé à une jeune fille de se prostituer au nom de sa maîtresse, soi-disant réduite à cette pratique en raison de sa précarité financière[2]. La mère et le mari de l'héroïne, qui ont été prévenus du rendez-vous, se réjouissent à l'avance de pouvoir la surprendre :

> En un moment, le bruit de leur dessein se répandit partout, et ils furent accompagnés de plusieurs personnes ravies d'assister à ce *spectacle nouveau* d'un mari qui allait lui-même, comme on le pensait, se convaincre de sa honte[3].

Personnages, intrigue, spectateurs : la vengeance est construite et prend une dimension publique.

---

1   *Ibid.*, I, p. 313-314.
2   Si les pratiques évoquées sont évidemment mises à distance par le biais de la farce, elles sont à relier aux allusions que fait Mme de Murat à plusieurs reprises dans son récit, au sujet des difficultés financières que rencontre l'héroïne. De ce point de vue, les *Mémoires* se rattachent plutôt aux romans du siècle suivant.
3   *MdeM*, I, p. 331.

Roman comique

La tromperie peut constituer l'essentiel de l'intrigue. C'est le cas des *Lutins*, récit de la riposte des personnages aux manœuvres de la vicomtesse, tutrice légale de ses nièces. C'est un procédé peu moral qu'imaginent les personnages aux dépens de la vieille tante : un habile séducteur, le jeune baron de Tadillac, parvient, pour son propre intérêt, à ce que celle qu'il feint d'aimer, la vicomtesse, l'épouse[1]. De ce fait, il la fait consentir au mariage d'amour de ses deux nièces avec ceux qui lui ont permis de s'introduire chez elle, ses deux cousins épris de Mlle de Saint-Urbain et de Mlle de Kernosy. Le baron s'assure ainsi un revenu régulier qui ne l'empêche pas d'aimer ailleurs, tout en ayant fait la bonne action de sauver Saint-Urbain des mains de l'homme qui lui était destiné, Monsieur de Fatville. Ce dernier renonce par ailleurs à la somme que lui devait la vicomtesse, dette qu'elle espérait éponger en lui offrant l'une de ses nièces en mariage. Même si la tonalité galante et ludique apporte une grande légèreté au récit, le mal est traité par le mal, et la fin justifie les moyens. C'est ce que semble dire ce récit, véritable jeu de rôles mettant en scène un marché de dupes[2] dans le but d'éviter un mariage arrangé.

La veine théâtrale qui parcourt cette œuvre, dont l'action se déroule durant une période de carnaval, renforce encore sa proximité avec la comédie. C'est masqués que les deux chevaliers s'introduisent au château de Kernosy : l'un est vêtu à l'espagnole, et l'autre est déguisé en Scaramouche. Par ailleurs, les personnages, menés par le baron de Tadillac, font venir une troupe de comédiens, à qui ils empruntent leurs habits afin de jouer le rôle de lutins et d'effrayer notamment Fatville. Ce dernier, bourgeois échouant totalement à se faire gentilhomme, semble lui-même issu des grandes comédies de Molière, comme le suggère par exemple la scène de son entrée au château de Kernosy :

> Il avait un habit rouge galonné d'argent, une grande épée pendue à un large ceinturon mis par-dessus le justaucorps, un chapeau bordé d'or avec une vieille plume jaune, une perruque blonde fort longue et si pleine de poudre,

---

1   « Il n'est pas riche, l'espérance du bien de Mme de Kernosy lui plut » (*L*, p. 35-36).
2   De façon ironique, la victime est présentée par un des personnages comme « une dame, que ses bonnes qualités rendent aimable, et dont l'humeur charmante fait qu'on préfère sa personne aux grands biens qu'elle possède » (*Ibid.*, p. 271).

qu'il la semait sur son habit et aux environs. Il fit en entrant dix ou douze révérences sans se reposer, toutes aussi profondes les unes que les autres [...][1].

Les manières grotesques de Fatville, illustrant l'excès mais aussi le mauvais goût du personnage, rappellent bien celles d'un Monsieur Jourdain, désireux de paraître « comme les gens de qualité », et sollicitant les louanges de son maître à danser à propos de son habit[2]. Enfin, les personnages du récit ne cessent d'évoluer dans un monde de spectacles, assistant chaque jour à des représentations données par cette troupe de comédiens venus s'installer au château[3]. C'est donc dans un véritable « roman comique » qu'est immergé le lecteur par la comtesse, faisant du monde un théâtre pour les besoins de sa cause. En effet, selon Jean-Paul Sermain à qui nous empruntons cette expression pour caractériser *Les Lutins*, Mme de Murat révèle, dans ce récit, « le rôle joué par la tradition comique en opposant aux personnages qui dominent l'artifice ceux qui, superstitieux ou quichottesques, se laissent abuser par lui[4] ».

LE MERVEILLEUX FÉERIQUE

Le pouvoir des fées : réagir à la domination masculine

Dans les récits féeriques, celles qui s'estiment dominées ou méprisées par les figures masculines n'hésitent pas à recourir à la métamorphose. C'est le cas de la fée Turbodine qui transforme son mari en poisson pour une durée de vingt ans, en raison de son inconstance. La soumission du roi à sa femme est encore soulignée à l'issue de sa pénitence :

Le roi lui rendit ses caresses, et ne s'amusa pas à lui faire des protestations de fidélité, car je crois qu'il n'avait pas envie de lui en manquer. Si tous les maris coquets étaient punis de cette manière, il n'y en aurait pas tant[5].

L'intervention directe de la comtesse, par le pronom personnel de la première personne et l'ajout d'un commentaire équivalant à une moralité,

1   *Ibid.*, p. 52.
2   *Le Bourgeois gentilhomme*, Acte I, scène 2. La comtesse ne développe pourtant pas davantage les implications sociales des tractations matrimoniales. Elle ne récrit pas *Georges Dandin*, loin de là.
3   Voir *supra* note 1 p. 26.
4   J.-P. Sermain, *Métafictions*, *op. cit.*, p. 343.
5   « Le Turbot », *BGF* vol. 3, p. 348-349.

dénonçant le fléau et proposant un exemple de punition, renforce son implication dans l'histoire, dont elle aide le lecteur à saisir la portée argumentative. Bien sûr, cette dernière phrase lui permet aussi d'instaurer une distance ironique entre la réalité et la fiction qu'elle propose. Est-ce une façon de laisser aux femmes le soin d'adopter une réaction mesurée, ou bien leur combat n'est-il envisageable que dans les contes ?

C'est également grâce au pouvoir féerique qu'une fée et sa protégée font preuve de désinvolture à l'égard de l'autorité. La narratrice du « Sauvage » imagine en effet que l'héroïne Constantine et la fée Obligeantine puissent se rendre aux festivités des noces de la princesse de Savoie tout en restant invisibles :

> elles partirent avec leur équipage et arrivèrent en peu de temps à Versailles, justement la veille du mariage de Madame la princesse de Savoie. Elles furent présentes à la cérémonie sans être vues, aussi bien qu'au repas, et elles mangèrent des fruits et des confitures que l'on y servit. La fée poussait les officiers qui portaient les corbeilles du dessert, et pendant qu'ils se retournaient pour voir qui avait cette hardiesse, elle prenait ce qui lui plaisait sans que l'on y prît garde ; elles virent habiller, déshabiller et coucher le prince et la princesse, elles visitèrent sa toilette et toutes ses pierreries. Comme elles sortaient de la chambre, le roi en sortait aussi, et Constantine courant pour dire quelque chose à Obligeantine, elle poussa le roi sans y penser ; il fut d'autant plus surpris qu'il ne voyait personne proche de lui ; après avoir regardé avec quelque inquiétude, il continua son chemin[1].

Geste involontaire qui paraît moins anodin quand on se rappelle que la même héroïne s'était soustraite à l'autorité du roi son père, revêtue de l'un de ses habits[2] avant de prendre la fuite. En revanche, l'évocation du larcin de celles qui dérobent les desserts renforce le caractère ludique de leur attitude. Comique et dérision se combinent ainsi pour interroger le lecteur sur les liens entre pouvoir politique, ordre social et règles de l'étiquette.

---

1   « Le Sauvage », *Ibid.*, p. 294-295. Ce passage traduit peut-être aussi le désir inavoué de la comtesse d'assister à l'événement.

2   Sous l'Ancien Régime, le travestissement est un acte puni par la loi, en vertu du *Deutéronome* (22,5). Voir S. Steinberg, *op. cit.* Le travestissement n'a pas le même sens dans « Marmoisan » de Mlle Lhéritier, puisque c'est l'héroïne qui propose à son père de se déguiser ainsi pour se mettre à son service. Il ne s'agit donc pas d'une transgression, mais, comme le titre complet l'indique, d'une « innocente tromperie » (*BGF* vol. 2). Les deux conteuses reprennent le thème médiéval de « la fille en garçon ». Voir à ce sujet C. Velay-Vallantin, *La Fille en garçon*, Carcassonne, Garae-Hesiode, 1992.

Plus largement, les fées apparaissent aisément comme l'antithèse des pères, réparant le méfait qu'ils ont causé. Elles secourent en effet les héroïnes malmenées par la fureur patriarcale. La princesse Constantine est ainsi recueillie par Obligeantine après sa fuite de la maison du roi : « Belle princesse, je viens ici pour vous offrir mon secours, vous en avez besoin, et il ne vous manquera pas[1]. » De même, Risette est aidée par la fée Turbodine qui la rétablit dans sa dignité après l'humiliation que lui a fait subir son père en l'abandonnant sur un vaisseau. Afin de rassurer le lecteur sur l'issue heureuse du dénouement, la conteuse avait déjà inséré un élément surnaturel au tableau de désolation constitué par la vision de l'embarcation en train de s'éloigner :

> Enfin l'on poussa en mer ce malheureux vaisseau qui, contre l'attente de tout le monde, cingla en haute mer malgré le défaut de mâts et de voiles, et en peu de temps, on le perdit de vue[2].

Bien plus, c'est une scène symétrique à celle de la déchéance de la princesse, contrainte de porter des habits de servante, qui se produit :

> Risette, que ses haillons rendaient confuse, cherchait à se cacher, mais cette dame l'arrêta en lui disant d'un air agréable : « Demeurez, princesse, demeurez, je ne viens ici que pour finir vos peines, et vous rendre la plus heureuse personne de la terre ; et pour commencer à vous en donner des marques, je veux vous redonner celles de votre qualité. » En disant cela, elle la toucha d'une baguette de cristal garnie d'or, et aussitôt ses méchants habits furent changés en de magnifiques ajustements. Son habit était couleur de roses et argent, et sa parure de pierreries, d'émeraudes et d'améthystes[3].

Éclat et beauté sont donnés par la « fée moderne », qui ne se substitue pas seulement aux « anciennes fées », comme l'écrivait Mme de Murat dans son épître, mais qui rétablit ce que le père a défait[4].

---

1   « Le Sauvage », *BGF* vol. 3, p. 285.
2   « Le Turbot », *Ibid.*, p. 308.
3   *Ibid.*, p. 310. Y. Loskoutoff décrypte, dans ces scènes de déshabillage et de rhabillage, une esthétique de l'humiliation : « Aussi bien pour les mystiques de cour que pour les lecteurs mondains de contes, ces descentes dans le guenillon formaient la plus excitante des aventures. Elles flattaient l'exotisme de la pauvreté tout en rassurant, par la certitude du retour en gloire » (*op. cit.*, p. 210).
4   De même, dans « Le Turbot », la comtesse oppose l'évocation très elliptique du premier accouchement de la princesse Risette, « étroitement renfermée dans sa chambre » (p. 306) sur ordre de son père qui souhaite cacher le scandale d'une grossesse hors mariage, à la

Se substituer à l'autorité patriarcale

Cependant, ces auxiliaires bienveillantes ne se contentent pas de seconder les héroïnes dans leurs aventures, elles se montrent également très entreprenantes, allant jusqu'à présider à leur mariage et les réduisant à la plus grande passivité. C'est la fée Turbodine qui unit la princesse Risette et le prince Fortuné :

> « Belle princesse, dit la fée à Risette, voilà celui que le destin vous ordonne de prendre pour époux, et qui le doit être dès aujourd'hui. » Puis se tournant vers cet objet charmant, elle lui dit : « Venez, prince Fortuné, venez recevoir de ma main cette aimable princesse pour votre épouse, et réparez par vos tendresses les maux que vous lui avez innocemment causés[1]. »

La fée rend la justice et reçoit le consentement des époux en l'absence des parents qui ne reverront le jeune couple qu'après plusieurs années. De même, Lumineuse déclare aux amants de « L'Heureuse Peine », « qu'ils étaient destinés à s'aimer et à s'unir pour toujours[2] ». Quant à la fée Obligeantine, dans « Le Sauvage », elle révèle à Constantine son avenir, par une prédiction énigmatique qui se réalise à la fin du conte et qui sera pour la conteuse l'occasion d'insister sur les résonances de l'onomastique :

> La cérémonie de ces doubles noces se fit au grand contentement de tous. La bonne et *obligeante* fée en fit les honneurs, et reçut les remerciements de tous ceux qu'elle avait *obligés* si libéralement[3].

Mais l'éviction de l'autorité patriarcale paraît encore plus remarquable dans un épisode étrange du conte du « Turbot », dans lequel est mise

---

mention, un peu plus détaillée, de ses secondes couches en présence de Turbodine : « La fée dit encore à la princesse que lorsqu'elle sentirait du mal pour accoucher, elle fît sonner deux fois la cloche, et qu'elle se rendrait aussitôt auprès d'elle. [...] Elle ne manqua pas d'appeler Turbodine à ses couches, où elle vint aussitôt. Risette mit au jour une belle princesse à qui la fée donna les dons les plus avantageux » (*BGF* vol. 3, p. 322-323). Par la reprise de la même phrase, presque mot à mot, à quelques lignes d'intervalle, la conteuse insiste sur le rôle d'une présence féminine et bienfaisante, avant même la scène traditionnelle des dons à l'enfant, renouant ainsi avec l'image des fées Parques, maîtresses de la vie. Voir L. Harf-Lancner, *Le Monde des fées dans l'Occident médiéval*, Paris, Hachette littératures, 2003.

1   « Le Turbot », *BGF* vol. 3, p. 311.

2   « L'Heureuse Peine », *Ibid.*, p. 195.

3   *Ibid.*, p. 301.

en scène une véritable parodie de célébration de mariage, remettant sérieusement en cause le sens de l'acte et son statut. Les fées déploient en effet leur pouvoir dans une cérémonie nocturne où la princesse Risette doit épouser le prince Fortuné, tout en croyant qu'il ne s'agit que d'un songe, de sorte que soit accomplie une condition attachée à la fin de la pénitence du prince[1].

Dans un récit rétrospectif très précis[2], la fée Turbodine explique en effet à Risette le détail des événements. Elle l'avait endormie avant de la transporter dans un pavillon «meublé fantastiquement et fort mal éclairé.» Risette a été ensuite réveillée, tandis que tous ses proches, en réalité des fées déguisées, s'étaient ligués pour lui faire croire qu'on l'attendait pour célébrer son mariage. La jeune fille, ayant fini par consentir après bien des hésitations à entrer dans le jeu qu'on lui proposait, se laissa coucher avec le prince Fortuné, avant que la fée ne la remît dans son lit, pour mieux la convaincre du caractère onirique de l'aventure. La fée avait également multiplié les détails loufoques, afin de surprendre davantage l'héroïne : tapisseries représentant toutes sortes de figures grotesques, mariage expédié par un druide, propos désordonnés tenus au cours du repas, comportement puéril du prince. Bref, c'est l'institution elle-même qui est mise à mal par cette écriture de la dérision, où abonde le lexique de la représentation et de sa mise en abyme, au sein d'une tonalité comique souvent burlesque[3].

---

1   Pour quitter la forme de papillon qu'il garde encore trop souvent, ce dernier doit en effet épouser deux fois la même princesse, «une fois en songe et la seconde fois dans le plus beau palais de l'univers» («Le Turbot», *Ibid.*, p. 332). C'est suite à ces premières noces que Risette aura la douleur de tomber enceinte, et que le pêcheur Mirou le Fol sera soupçonné.

2   *Ibid.*, p. 336-340.

3   Le décor et les personnages relèvent du théâtre : «de grandes estampes enluminées représentant des singes, des figures de Callot et des marionnettes» (*Ibid.*, p. 336); «une armoire grillée, pleine de rats et de souris, qui faisaient mille plaisantes postures» (p. 337); «deux nains vêtus comme des polichinelles» (p. 337); «je fus au devant de vous sous la ressemblance de la reine votre mère» (p. 337). Par ailleurs, la tonalité comique est soulignée plus d'une fois : «vous ne voyiez que des gens qui avaient envie de rire, ce qui redoublait votre embarras» (p. 338); «la gouvernante et les deux femmes de chambre riaient à pâmer, à mon égard je trouvai la réussite de mon art si plaisante que j'en oubliai mon chagrin pour quelque moment» (p. 339). Enfin, plusieurs passages évoquent une dissonance : «un bal au son de plusieurs instruments ridicules, qui faisaient un charivari fort plaisant», «une collation de fruits et de confitures fort mal en ordre», «des discours sans ordre», «pour le prince, il vous faisait mille niches» (p. 339). Plusieurs conteuses font également le récit de noces conclues à la sauvette ou de façon burlesque. Voir notamment

La tonalité est parfois plus sombre, comme dans le conte « Anguillette ». Se présentant comme consolatrice de la princesse Hébé, délaissée par l'infidèle Atimir, la fée Anguillette impose à la jeune fille d'épouser le prince de l'île Paisible qu'elle a choisi pour elle :

> Je ne veux plus vous cacher ce que j'ai résolu en votre faveur ; le prince de l'île Paisible est mon parent, je protège sa personne et son empire ; il est jeune, il est aimable, et nul prince au monde n'est si digne d'être votre époux : régnez donc, belle Hébé, dans son cœur et dans son royaume ; le roi votre père y consent ; j'étais hier dans son palais, je lui appris, et à la reine votre mère, l'état présent de votre fortune, et ils m'en remirent absolument le soin[1].

Le discours évoque un pouvoir qui prend le relais de l'autorité patriarcale. C'est ensuite son consentement que la fée obtient de la princesse :

> Après ce que la fée avait ordonné à la princesse, elle comprit bien qu'elle devait recevoir les soins de son nouvel amant, comme ceux d'un prince qui dans peu serait son époux[2].

Le mariage est aussitôt conclu :

> [la fée] annonça au prince de l'île Paisible un bonheur charmant, en lui apprenant qu'elle voulait qu'il devînt l'époux d'Hébé, et que cette belle princesse lui avait promis d'y consentir. Le prince, transporté de joie, douta d'abord à qui il devait ses premiers remerciements, d'Hébé ou d'Anguillette [...][3].

Par cette dernière notation, la conteuse souligne ironiquement le caractère artificiel et arbitraire de l'action féérique. Le lecteur a l'impression de retrouver un scénario de mariage arrangé, sans que l'héroïne, qui s'y plie pourtant, n'ait été consultée :

> Elle n'avait pas pour lui ce penchant involontaire qu'elle avait senti pour Atimir ; mais son cœur, pour lors exempt de passion, recevait cet époux par l'ordre de la fée, comme un prince digne d'elle par sa personne, et encore plus par son amour[4].

Mme d'Aulnoy, « Le Dauphin », « L'Adroite Princesse » ou encore « La Chatte blanche » (*BGF* vol. 1) ; et Mlle de La Force, « Persinette » (*BGF* vol. 2).

1   « Anguillette », *BGF* vol. 3, p. 105.
2   *Ibid.*, p. 106.
3   *Ibid.*, p. 107.
4   *Ibid.*, p. 108.

D'une phrase à l'autre, les termes « ordre » et « époux » se répètent, comme s'ils étaient associés. Insistance de mauvais augure : le mariage sera un échec.

Enfin, la malveillance n'est pas très loin du zèle, comme le montre le rôle ambigu de certaines fées. Dans « Le Prince des Feuilles », la fée entremetteuse expose d'abord ses intentions à la princesse, devenue jeune fille, qui lui a été confiée. Il s'agit de lui donner pour époux le prince Ariston, neveu de la fée, et seul homme que celle-ci ait fait venir sur l'île où la princesse se trouve isolée :

> elle avait remarqué dans les astres que celui qui était destiné à posséder Ravissante devait étendre son pouvoir par toute la terre, et même jusque sur les mers. Ainsi, elle souhaitait autant par ambition que son neveu pût toucher le cœur de la princesse qu'Ariston le désirait par amour[1].

Mais par la suite, constatant que la princesse reste insensible aux charmes du prétendant, alors qu'elle soupire après un jeune homme venu par la mer, la fée se ligue avec le prince Ariston, imaginant les pires enchantements pour interdire l'accès de l'île à cet inconnu que sa science n'avait pas prévu[2].

Mme de Murat ne peut-elle s'empêcher d'importer les modèles de l'autorité masculine dans l'univers féerique ? Toujours est-il que la féerie se révèle un enjeu jalousé, comme le souligne Jean Mainil en démontrant que c'est Louis XIV qui a d'abord annexé l'univers féerique, et en suggérant que les contes de la dernière décennie du Grand Siècle tentent de « récupérer ce pouvoir[3] ».

---

1   « Le Prince des Feuilles », *Ibid.*, p. 162.
2   Si, comme le remarque R. Robert, la menace que constitue le pouvoir des fées semble s'amplifier au fil des contes écrits durant la décennie de leur âge d'or, cette évolution est déjà perceptible chez Mme de Murat. R. Robert constate en effet une évolution : « Au fur et à mesure que le temps passe, un effet de saturation semble se produire qui fait des fées une engeance de plus en plus maléfique » (*op. cit.*, p. 10). Un des derniers contes publiés s'intitule justement « La Tyrannie des fées détruite » (Mme d'Auneuil, *BGF* vol. 2, p. 511).
3   J. Mainil, *Madame d'Aulnoy et le rire des fées...*, p. 60. L'analyse d'A. Defrance est légèrement différente, les fées étant selon elle les « allégories privilégiées du pouvoir absolu dans le genre féerique » (« La politique du conte... », art. cit., p. 23).

L'INTERVENTION DE FIGURES ALLÉGORIQUES

Mme de Murat fait encore intervenir, par le biais d'allégories, différentes figures comme celles de l'Amour ou de la Mort, afin de triompher des pères et maris abusant de leur pouvoir.

L'Amour

L'amour est présenté à plusieurs reprises comme l'instigateur de la riposte organisée au château de Kernosy. La comtesse annonce en effet le triomphe de l'amour, dans ce lieu où amants et amis se liguent afin d'affronter l'autoritarisme de la vicomtesse. Comme un signe du dénouement, l'orchestre des comédiens arrivés sur place joue « des morceaux excellents[1] » du « Triomphe de l'Amour[2] », dont le titre pourrait résumer l'intrigue du récit. Quelques pages plus loin, le lien entre cet opéra de Lully et l'histoire racontée est explicité, l'amour se voyant conférer le rôle de personnage principal : « Enfin l'amour avait résolu de triompher dans ce vieux château, et de n'y point laisser de cœurs tranquilles[3]. »

La supériorité de l'amour sur le pouvoir patriarcal est également évoquée dans la suite écrite par Mme de Murat au *Diable boiteux* :

> Voilà une maison assez près de là, dit dom Cléophas, où je vois bien des jeunes filles profondément endormies. – À peine sais-je seulement leur nom, reprit Asmodée, elles sont pourtant jolies, mais on les a empêchées jusqu'à présent d'être de ma connaissance. Il y a des pères incommodes là-dessus, seigneur écolier, mais j'en apprivoise, j'en trompe tant que je me console du peu que j'en manque[4].

---

1   *L*, p. 23.
2   « Le Triomphe de l'Amour » a été dansé pour la première fois le 21 janvier 1681 à Saint-Germain-en-Laye. La musique est de Lully et les paroles de Bensérade et Quinault. Ce ballet marque la renaissance du genre à la cour de Louis XIV après une éclipse d'une dizaine d'années. P. Hourcade montre à quel point « l'amour est exclusivement assigné au genre à la fois comme projet existentiel et comme thème littéraire », notamment entre les années 1650 et 1670, où jeunesse du roi et images de galanterie et de bonheur sont associées (« La thématique amoureuse des ballets et mascarades de cour pendant la jeunesse de Louis XIV », dans *Les Visages de l'amour au XVIIe siècle*, 13e colloque du C.M.R., publ. par le Centre de recherches Idées, thèmes et formes 1580-1660, Toulouse, université de Toulouse – Le Mirail, 1984, p. 135-142). Mme de Murat est-elle nostalgique de cette période ?
3   *L*, p. 45. Minuscules et majuscules, au mot « amour », alternent dans le récit.
4   *Ms*, p. 453.

De la position de sujet à celle d'objet entre les mains de la créature redoutable, la figure paternelle n'a plus qu'un choix restreint, se montrer docile ou être dupe. C'est du moins ce que la comtesse affirme, en le présentant comme une révélation.

De manière plus générale, l'amour est représenté comme une puissance supérieure[1] dont la comtesse reconnaît d'autant plus l'autorité, qu'elle rejette celle de la société patriarcale. Très régulièrement en position de sujet, l'amour est souvent personnifié et graphié avec une majuscule. Évoqué le plus fréquemment sous la forme du dieu mythologique, armé de ses flèches, il règne à la fois en chacun (« Cet aimable, ce doux empire, / [...] C'est de régner dans tous les cœurs[2] ») et dans toutes les contrées de la terre (« mais je connus bientôt après que l'amour tire ses coups justes partout, qu'il n'est point de désert impénétrable à ses traits[3] ») ; l'amour est un royaume qui ne connaît pas de frontières, et plus enviable que celui des grands, puisqu'il est « Préférable à l'encens, aux suprêmes honneurs, / Et tel que Jupiter lui-même le désire[4] ». C'est encore ce que suggère ce commentaire au sujet de la reine Plaisir : « elle n'avait point de couronne, parce qu'elle en attendait une des mains de l'Amour[5]. »

L'amour soumet à ses lois rois et bergers (Antijour et Alidor), hommes et femmes : « où sont les cœurs qui lui échappent[6] ? » demande la conteuse dans « L'Heureuse Peine ». Les victoires de l'amour ne sont pas proportionnelles au rang social ou à la fortune de ceux qui y succombent, mais à la résistance des cœurs avant d'être touchés. Le vocabulaire emprunte alors à celui de l'autorité, et celui de la sujétion est récurrent :

> Rien n'aurait été digne d'elle dans tout l'univers, si l'Amour, qui crut être de son honneur de pouvoir assujettir un jour à son empire une si merveilleuse

1   Mme de Murat reprend ici l'adage lucrétien de l'universalité et de la puissance de l'amour déjà illustrée par des ballets comme *Psyché* (1656) et *La Naissance de Vénus* (1665). Voir Ph. Hourcade, « La thématique amoureuse des ballets... », art. cit., p. 135 et J.-M. Pelous, *op. cit.*, p. 227-228. Pour les conteuses, voir aussi Mlle de La Force, « La Puissance d'Amour » (*BGF* vol. 2) : le dieu Amour y apparaît comme un sorcier manipulateur. En revanche, il devient un modèle de soumission dans « L'Origine des fées » de Mme Durand (*BGF* vol. 2).

2   « Pour son Altesse Sérénissime Madame la Princesse Douairière de Conty », *BGF* vol. 3, p. 55.

3   « Le Père et ses quatre fils », *Ibid.*, p. 365.

4   « Pour son Altesse Sérénissime Madame la Princesse Douairière de Conty », *Ibid.*, p. 55.

5   « L'Île de la Magnificence », *Ibid.*, p. 276.

6   « L'Heureuse Peine », *Ibid.*, p. 179.

personne, n'eût pris soin de faire naître dans cette même cour un prince aussi charmant que la princesse Imis était aimable[1].

Convertir les insensibles, tel est le principal plaisir de l'Amour, qui triomphe aussi bien de « l'insensible cœur du prince des Feuilles[2] », que de celui de la fée Favorable (« Le Parfait Amour[3] »). Aimer, c'est reconnaître le pouvoir de l'Amour qui punit ceux qui lui échappent[4].

Un pouvoir auquel Mme de Murat donne également le visage du destin, comme pour en renforcer le caractère redoutable. Le lexique de la fatalité est en effet très présent pour désigner le moment où l'amour s'empare du cœur de ceux qui s'y attendent le moins : le roi Antijour déclare que les heures marquées par la « fatale montre » qui accompagne le portrait de la reine lui ont fait trouver « la dernière de [s]on repos[5] », tandis que celle qu'il aime déjà « ne fut pas exempte d'agitation, son heure était venue, et son cœur qui n'avait jamais été sensible le devint à la vue de celui qui devait en être le vainqueur[6] ». Le terme de « destin » est lui-même employé comme synonyme d'Amour : « pourquoi le destin t'a-t-il offert à mes yeux[7] ? » demande la princesse Aimée, tandis que le roi de Sicile, s'interrogeant sur les paroles sibyllines au sujet de son mariage, se voit rétorquer par l'homme Sauvage : « Ne craignez rien, abandonnez-vous au destin qui a ordonné depuis longtemps toutes ces

---

1   « Le Palais de la Vengeance », *Ibid.*, p. 145.

2   « Le Prince des Feuilles », *Ibid.*, p. 173. On retrouve ce thème dans plusieurs contes de Mme d'Aulnoy, notamment « Gracieuse et Percinet » (*BGF* vol. 1, p. 163).

3   Cette conversion entraîne une apologie de l'amour qui n'est plus vu comme une source d'égarement. La fée Favorable pardonne au héros l'usage amoureux qu'il fait de la bague magique qu'elle lui a offerte. De même, la reine Plaisir, dans « L'Île de la Magnificence », octroie le pardon aux jeunes gens ayant négligé les tâches qu'elle leur avait confiées.

4   Voir l'histoire de l'île des papillons, dans « Le Prince des Feuilles » (*BGF* vol. 3, p. 169-170). Mme d'Aulnoy évoque le même thème, notamment dans « Don Gabriel Ponce de Léon, nouvelle espagnole » : « vous êtes un rebelle qui vous croyiez insensible, l'Amour a voulu vous punir » (*BGF* vol. 1, p. 389).

5   « L'Île de la Magnificence », *BGF* vol. 3, p. 270.

6   *Ibid.*, p. 276. Voir aussi : « la fée consulta encore les astres, pour savoir bien précisément le temps où le cœur de Ravissante devait être touché d'une passion […] ; et elle lut distinctement dans les étoiles que ce temps fatal s'approchait où les destinées de la jeune princesse devaient s'accomplir » (« Le Prince des Feuilles », *Ibid.*, p. 160). De même, on trouve l'expression « heure fatale » dans *Les Lutins*, p. 48. Voir aussi Mme d'Aulnoy, « Fortunée » (*BGF* vol. 1, p. 489).

7   « L'Heureuse Peine », *BGF* vol. 3, p. 193.

choses[1]. » C'est donc le pouvoir de l'amour, au-delà de toute puissance temporelle, que Mme de Murat se plaît à célébrer.

La Mort

La mort elle-même est convoquée par la comtesse pour participer au combat mené par les héroïnes, comme en témoigne une anecdote non dénuée d'humour, placée dans la bouche de son diable boiteux :

> Jugez-en, seigneur dom Cléophas, par ce que dit il y a quelque temps une jolie dame de la cour : elle avait perdu un amant tendrement aimé à un siège que l'armée d'Espagne faisait en ce temps-là. Quelques jours après, son mari fut blessé mortellement à ce même siège ; une de ses amies intimes l'étant venue voir pour lui en faire compliment : « vous voyez, ma chère, lui dit la jeune veuve, la mort veut se réconcilier avec moi[2]. »

La disparition du mari apparaît ici comme une réparation, du moins une compensation, sinon une vengeance, du méfait que constitue la mort de l'amant, évoqué par le lien qui l'unit à l'héroïne, alors que le terme de « mari » est employé seul, sans aucun qualificatif. Cynisme, amplifié par la loi du genre de la satire, d'un univers curial où les femmes sont contraintes de vivre silencieusement entre maris imposés et amants de passage[3].

Plusieurs duels, dans les *Mémoires* et les contes, permettent également aux héroïnes d'être vengées de séducteurs importuns, que ce soit Montalzac tué par Saint-Albe (« Dès qu'il me vit, il tomba à mes pieds, en me disant : je meurs, Madame, trop heureux de vous avoir vengée[4] »), ou bien Blossac, également guetté par ce dernier (« Mon mari conservait un vif ressentiment des mauvais procédés de Blossac à mon égard, et

---

1   « Le Sauvage », *Ibid.*, p. 299. Voir aussi « L'Origine du Hérisson » : « dieu redoutable », « dieu qui fait aimer », « sujet à plus d'un caprice », « dieu qui fait les maux et les plaisirs de la vie » (*Ibid.*, p. 407-408) ; et « Anguillette » : « Le redoutable Amour m'a fait voir vos attraits » (*Ibid.*, p. 97).

2   *Ms*, p. 442.

3   Mme d'Aulnoy, dans « La Princesse Carpillon », fait dire à l'héroïne qu'entre le prince Bossu et son père, elle préférerait ce dernier, parce « qu'il règne à présent, et qu'il vivra peut-être moins » (*BGF* vol. 1, p. 631).

4   *MdeM*, II, p. 29. Les duels sont pourtant interdits, comme le précise elle-même la comtesse (*Ibid.*, II, p. 30). De multiples édits interdisant le duel se sont succédé tout au long du siècle. Sur ce point, voir M. Cuénin, *Le Duel sous l'Ancien Régime*, Paris, Presses de la Renaissance, 1982.

n'attendait que l'occasion de s'en venger, le hasard la lui donna[1] »). Le conte du « Sauvage » se révèle encore plus audacieux, puisque c'est la femme qui tue elle-même, sous ses habits d'homme, le prétendant au pouvoir patriarcal qu'est le prince Carabut, sans être inquiétée par la suite. Si ce geste constitue une réplique à une attaque, il apparaît au sein de la narration comme l'une des principales épreuves auxquelles la princesse est confrontée, avant d'accéder au bonheur et à l'amour.

Mais c'est surtout la mort du mari qui représente une libération pour les femmes, même si le spectacle qu'elle constitue suscite davantage la pitié que l'allégresse, comme l'avoue Mme d'Orselis à ses amies venues se réjouir de ce qu'elle avait « perdu [s]on tyran » :

> Dès qu'il fut mort, je ne le regardai plus comme ce mari terrible qui m'avait tourmentée sans sujet et sans mesure. Je le vis comme un homme malheureux [...][2].

Reste que le statut des veuves, sorties de la tutelle masculine[3], leur permet de choisir leur destin, alors que les jeunes filles sont tenues à l'écart des décisions qui les concernent, réduites à consentir au mariage qu'on leur impose.

Enfin, la mort apparaît parfois comme une simple menace, et constitue alors un avertissement. C'est en effet un péril extrême que vont connaître, dans le conte du « Turbot », les parents de la princesse Risette, des années après avoir abandonné leur fille et le pêcheur Mirou dans une embarcation livrée au gré des vents. Attaqués par un roi voisin, ils doivent s'enfuir à leur tour sur un vaisseau. Mais contrairement à l'héroïne, ils sont abîmés par le malheur :

> [...] ils furent surpris d'une tempête si furieuse qu'en peu de temps leur vaisseau fut brisé en mille pièces. Le peu de gens qui étaient dessus périrent,

---

1 *MdeM*, II, p. 362.
2 *V*, p. 34-35.
3 Ainsi que des héroïnes qui ont le statut de fée, comme Jeune et Belle (« Jeune et Belle », *BGF* vol. 3, p. 119) ou la reine Plaisir (« L'Île de la magnificence », *Ibid.*, p. 223). Sur le statut des veuves, voir Ch. Biet : « seules les veuves, avec les filles non mariées de plus de vingt-cinq ans, étaient de véritables *personnes* au même titre que les hommes majeurs » (« Quand la veuve contre-attaque : droit et fiction littéraire sous l'Ancien Régime », dans *Femmes savantes, savoirs des femmes : du crépuscule de la Renaissance à l'aube des Lumières*, études réunies par C. Nativel, Genève, Droz, 1999, p. 17-26). Voir aussi « De la veuve joyeuse à l'individu autonome », *XVIIᵉ siècle* n° 187, 1995, p. 307-330.

et le roi et la reine furent portés à terre par quelques débris d'une manière miraculeuse, et d'autant plus surprenante que ce fut justement à l'endroit où avait abordé la pauvre Risette. Ils n'en savaient rien, mais leur malheur leur fit songer au sien, et à la justice du ciel qui semblait leur reprocher leur cruauté, et qui les punissait moins rigoureusement qu'ils ne méritaient, puisqu'ils étaient encore en vie, et qu'ils la croyaient morte[1].

Sous prétexte de révéler leurs pensées, la comtesse attribue aux personnages ce qui est en réalité sa propre analyse. Elle approuve ainsi cette revanche, tout en soulignant la faiblesse du châtiment subi par le couple royal. Si elle ne réserve pas de sort plus dur aux parents de Risette, c'est qu'elle souhaite encore s'en moquer. Ils sont en effet traités de « lourdauds » par le suisse du palais où ils arrivent. Éprouvant toutes les difficultés à marcher sur un sol pierreux, ils se disputent, le roi reprochant à son épouse ses « manières grossières » en la voyant dérober de nombreuses fleurs, avant qu'elle ne frappe à la porte de toute sa force, provocant « un son si terrible et si aigu qu'elle pensa en devenir sourde, aussi bien que le pauvre roi de Caprare[2] ». En multipliant les jugements négatifs portés sur ce véritable couple de comédie, la conteuse semble jouir du plaisir de ridiculiser ses personnages, de montrer leurs faiblesses, comme pour faire contrepoint au début du conte. Autrement dit, la réparation du méfait ne suffit pas ; justice doit être faite[3].

Dupé, défiguré, bousculé, contesté ou éliminé, le représentant de l'autorité masculine est malmené par le biais de scénarios empruntant aussi bien à la farce qu'au roman, recourant à la métamorphose ou à l'allégorie. Dans la plupart des cas, il s'en dégage une violence physique évidente, qui n'est pas sans rappeler un épisode de la biographie de Mme de Murat : selon le procès verbal de sa tentative d'évasion de la prison de Loches, la comtesse aurait été trouvée avec une épée, et n'aurait pas hésité à mordre le gendarme l'ayant extirpée de sa cachette[4]. Le corps à corps serait-il le dernier recours des femmes, annulant toute rhétorique ?

---

1   « Le Turbot », *BGF* vol. 3, p. 342.

2   *Ibid.*, p. 343.

3   Dans « Le Dauphin » de Mme d'Aulnoy, écrit à partir de la même source italienne, c'est le couple héroïque qui plaide son innocence, l'héroïne convainquant ses parents de leur erreur, par le biais d'une analogie : elle était aussi innocente de sa grossesse qu'eux du vol d'oranges dont ils sont accusés à tort (*BGF* vol. 1, p. 1007).

4   Voir *supra* p. 21.

LES STRATÉGIES D'ESQUIVE :
INTRODUCTION À UNE GÉOGRAPHIE IMAGINAIRE

Parallèlement à la volonté de riposter, Mme de Murat imagine toutes sortes de stratégies afin d'éviter l'affrontement direct avec l'autorité patriarcale. Qu'il s'agisse d'une chambre, d'îles imaginaires ou de royaumes élémentaires, la comtesse multiplie les lieux permettant de contourner les instances de pouvoir ou d'y échapper. De ce point de vue, elle reprend la conception du récit utopique à l'époque classique, caractérisé par sa dimension spatiale plus que chronologique : « la société imaginaire n'est pas présentée comme un "à-venir" mais comme un "autre part", lointain certes, mais bel et bien existant, quoique naturellement fictif[1]. »

L'échec de l'ajustement entre hommes et femmes amène également la comtesse à concevoir, de façon plus radicale, des lieux protégeant les héroïnes de toute présence masculine, et notamment de l'ardeur des séducteurs. Enfin, le désir de « repos » l'incite à imaginer des contrées inédites. C'est alors à une cartographie originale que nous initie Mme de Murat, inventant de multiples espaces de liberté dans lesquels les lois de la société patriarcale n'auraient plus cours.

DES LIEUX CONTRE-AULIQUES POUR LE MARIAGE D'AMOUR

C'est pour l'opposition qu'ils constituent avec le pouvoir patriarcal, représenté dans plus d'un récit par la cour du roi, que sont évoqués certains lieux, synonymes de liberté pour les couples héroïques qui s'y retrouvent.

La pièce d'à côté

Des récits comme l'« Histoire de Zariade », racontée par Mlle de Saint-Urbain dans *Les Lutins*, sont construits sur une antithèse entre la salle où se trouve le roi avec ses seigneurs, et une chambre voisine. Les noces malheureuses de la jeune Otadis, fille du roi, avec l'homme qu'a choisi pour elle son père Omarte, sont en effet détournées par Zariade

---

1   J.-M. Racault, *Nulle part et ses environs. Voyage aux confins de l'utopie littéraire classique (1657-1802)*, Paris, Presses de l'université Paris-Sorbonne, 2003, p. 12.

venu chercher celle qu'il aime. La narratrice enchaîne deux récits, celui, sous forme de prolepse, de la cérémonie telle qu'elle est prévue :

> Après un superbe festin, elle recevra une coupe d'or de la main de son père, c'est la coutume en ce pays, et elle la présentera à l'heureux mortel dont on aura fait choix pour être son époux[1].

et celui des faits tels qu'ils se sont réellement déroulés :

> Étant entré dans le palais, [Zariade] pénétra jusque dans la salle du festin, où il vit Otadis qui tenait dans sa main la coupe d'or qu'Omarte venait de lui donner. Le chagrin qu'elle avait d'être si près du moment qui allait décider de sa destinée lui fit répandre quelques larmes qui augmentèrent sa beauté. Elle sortit de la salle du festin accompagnée seulement de ses femmes, pour aller selon la coutume faire sa prière dans une chambre prochaine. Zariade la suivit pas à pas ; il entra subtilement dans cette chambre, et s'approchant de la princesse : « Me voici, dit-il, prêt à vous délivrer de la tyrannie. » Otadis l'aurait pris pour un dieu, accouru à son secours, si dans les traits de son visage elle n'eût reconnu ceux du prince que le dieu du sommeil[2] avait gravés dans son cœur. Elle lui présenta la coupe d'or qui devait décider du choix de son époux, et consentant qu'il l'enlevât, ils se sauvèrent tous deux par un degré où peu de personnes les pouvait rencontrer [...][3].

Conférant au récit des tristes noces une intensité dramatique nouvelle, l'arrivée de Zariade, véritable *deus ex machina*, ne constitue pas une simple interruption de la cérémonie nuptiale qui était sur le point de s'accomplir : le couple héroïque s'inscrit au contraire dans le rite prévu tout en l'inversant. Le geste que fait la jeune fille, en proposant à son amant de s'unir à elle par l'offrande de la coupe, n'est plus un signe de soumission, il révèle au contraire toute son audace. Détrônant l'autorité qui préside à la cérémonie, la comtesse valorise alors le consentement mutuel des époux[4]. À l'insu du roi dont le rôle se trouve marginalisé, le mariage des amants est bien célébré, mais dans une chambre à l'écart de la salle du festin, et en présence de quelques femmes seulement[5].

---

1   *L*, p. 154-155.
2   Ce n'est qu'en songe que chacun des amants a découvert le portrait de l'autre.
3   *L*, p. 156-157.
4   Le droit canonique du mariage chrétien, à l'époque moderne, établit que les époux sont eux-mêmes ministres du sacrement, mais les canonistes ont toujours admis la supériorité et l'autorité du mari. Voir F. Lebrun, *op. cit.*
5   La version d'Athénée, rapportée par l'abbé de Marolles, diffère sur quelques points de celle de Mme de Murat : le père rassemble tous les grands de son royaume dans une

Au lieu public de l'exercice du pouvoir, la comtesse substitue un espace de liberté.

Îles imaginaires et royaumes élémentaires

Îles imaginaires et royaumes élémentaires sont également convoqués pour figurer les conditions d'éloignement nécessaires à l'épanouissement du mariage d'amour, qui semble inconcevable dans la société telle qu'elle est. C'est en effet sur une île déserte, que seul l'art de la nécromancie permettra de retrouver, que pensent s'établir définitivement, après s'y être rencontrés, le soi-disant Delfirio et la princesse Isaline, portée disparue à la cour du roi Mondor. Fiction nostalgique d'un monde naturel antérieur à tout ordre social, auquel se combine la présence discrète et bienveillante des dieux de la fable[1], telle est l'une des représentations des aspirations des héroïnes au libre choix de leur destinée :

> Nous prîmes Neptune, Thétis et tous les dieux et les déesses de la mer à témoin de la foi que nous allions nous donner ; nous nous tournâmes avec nos regards vers ceux qui habitent le brillant Olympe, et nous eûmes lieu de croire en être entendus, puisque dans la plus belle soirée du monde nous entendîmes un coup de tonnerre à notre droite, et que nous vîmes la mer s'agiter un peu, quoique fort tranquille auparavant[2].

Même si ces unions sont fêtées une seconde fois de façon plus officielle, la fin des contes coïncidant souvent avec le retour à l'ordre de la société, une très grande importance leur est en réalité accordée, comme le suggère leur place au centre du récit, et non en position finale. En effet, c'est lors du retour de la princesse, contrainte et forcée, à la cour

---

salle et demande à sa fille de choisir, parmi les convives, un époux auquel elle présentera une coupe d'or pleine de vin. Ce geste n'est pas défini par le narrateur comme étant une coutume, mais semble improvisé par le père, « s'étant échauffé par la bonne chère ». Par ailleurs, Zariade entre dans la salle royale, et enlève Otadis qui lui offre la coupe, au nez et à la barbe de son père. Ce dernier ne réagit aux événements qu'après la fuite des jeunes gens. Mme de Murat donne un caractère plus solennel à la scène, et invente la séquence de la prière, ce qui lui permet d'insister sur la présence des femmes aux côtés de l'héroïne. Par ailleurs, elle introduit le terme de « tyrannie », conférant ainsi plus de poids à la dénonciation de l'oppression patriarcale. De la même façon, elle précise que la jeune fille consent à son enlèvement, détail d'importance que ne comporte pas le texte d'Athénée.

1   À verser au dossier de la concurrence de la fable mythologique et du conte ?
2   « Le Père et ses quatre fils », *BGF* vol. 3, p. 365.

du roi son père que le lecteur mesure le contraste entre deux univers qui n'ont rien de commun : autorité et agression d'un côté, douceur et liberté de l'autre[1].

Le caractère inaccessible du lieu utopique est encore renforcé, dans « Anguillette », par un procédé de mise en abyme. La conteuse imagine un lieu où amour et mariage seraient unis, pour le plus grand bonheur de l'héroïne et du prince que la fée lui désigne. Il s'agit du temple de l'Hymen, lui-même construit sur l'île Paisible :

> Il n'était formé que de branches d'oliviers et de palmes entrelacées ensemble, et qui par le pouvoir de la fée ne se flétrissaient jamais. L'Hymen y était représenté par une statue de marbre blanc, couronnée de roses ; il était élevé sur un autel orné seulement de fleurs, et appuyé sur un petit Amour d'une beauté charmante, qui avec un air riant lui présentait une couronne de myrte. Anguillette, qui avait bâti ce temple, voulut que tout y fût simple, pour marquer que l'amour seul pourrait rendre l'hymen heureux. La difficulté n'est que de les unir ensemble ; comme c'est un miracle digne d'une fée, elle les avait joints pour toujours dans l'île Paisible ; et contre la coutume des autres royaumes, on y pouvait être époux, amoureux et constant[2].

Enfin, la conteuse fait surgir des mondes inconnus permettant aux couples héroïques d'échapper à toute menace. Ainsi, dans « Le Parfait Amour », le prince amoureux, muni de sa bague magique, n'a qu'à faire un vœu pour se trouver soudainement à l'abri de son rival Ormond agissant sous les ordres de la fée Danamo : « [...] il souhaita que la belle Irolite fût en sûreté contre les persécutions de la cruelle reine. À peine ce souhait fut-il formé que la terre s'ouvrit[3] » entre lui et ses ennemis. Recueillis d'abord dans le royaume souterrain des gnomes, les amants

---

1   Il est intéressant d'observer que le récit-cadre du *Voyage de campagne*, dans lequel ce conte est inséré, reproduit cette opposition en évoquant un univers contre-aulique, véritable parenthèse enchantée pour des aristocrates oisifs. C'est à regret que la compagnie rentre à Paris, « car il est certain que la campagne est faite pour l'amour : moins occupés, moins dissipés qu'ailleurs, on s'y aime plus tendrement » (*V*, p. 194). R. Démoris rapproche des paysages de Watteau les lieux, naturels et civilisés à la fois, que décrit Mme de Murat. Au-delà d'un rapport thématique entre les deux œuvres, le critique met en évidence un « besoin commun de représentation » d'une aristocratie en mal d'identité. Voir « Les fêtes galantes chez Watteau et dans le roman contemporain », *Dix-huitième siècle*, 1971, n° 3, p. 337-357.

2   « Anguillette », *BGF* vol. 3, p. 108. Mme de Murat ne semble donc pas fondamentalement hostile au mariage dans ce conte. Dans le *Journal*, rédigé en 1708 et 1709, soit dix ans après l'écriture des *Mémoires* et des contes, sa position semble plus radicale (*J*, p. 59 et 120).

3   « Le Parfait Amour », *BGF* vol. 3, p. 72.

séjournent ensuite dans l'univers aquatique des ondins, avant de pénétrer dans le palais de feu des salamandres. À chaque fois, leur amour
est célébré par les différentes créatures élémentaires qui y séjournent,
alors qu'il était condamné par la cruelle reine Danamo retenant prisonnière la jeune Irolite. Ce n'est qu'à l'écart de la société que pourrait
se concevoir l'amour.

LA SÉPARATION DES SEXES

L'exclusion de l'homme : la retraite féminine

De façon plus radicale, certains espaces s'inscrivent dans une thématique « genrée[1] », étant conçus comme des havres de paix pour les
femmes, en dehors de toute relation avec les hommes.

Mme de Murat reprend, notamment dans les contes, le *topos* de
l'île inaccessible aux hommes, couplé d'ailleurs le plus souvent avec le
thème de la précaution inutile[2]. Mais elle se montre plus originale en
développant des lieux de retraite féminine.

La description de « l'empire Heureux », dans le récit de « L'Heureuse
Peine », est une des plus intéressantes. Détaillée sur près de cinq pages[3],
par le biais du regard de la mère de l'héroïne qui vient consulter la fée
Lumineuse, reine de cet empire, elle constitue une réécriture de la carte
allégorique de Tendre. Il ne s'agit pourtant pas d'énumérer les étapes
et dangers d'un parcours amoureux, mais bien plutôt les barrières que
la fée a installées afin d'en bannir l'amour, et donc de s'isoler de toute
présence masculine. Cernée par une rivière qui en fait neuf fois le
tour[4], la demeure de la fée est alors inaccessible à ceux qui tentent de
parcourir les jardins ou de franchir les ponts, à l'inverse du château de
« La Belle au bois dormant », entouré de ronces qui s'entrouvraient pour

---

1   Traduction de l'anglais « *gendered* ».

2   « Elle la mena donc dans une île où elle fit des charmes si forts qu'il était impossible à
    aucun homme d'y entrer. [...] Cette aimable enfant mena une vie fort heureuse jusqu'à
    l'âge de quinze ans, mais son bonheur ne pouvait pas toujours durer » (« Peine Perdue »,
    BGF vol. 3, p. 395). Le *topos* est développé par d'autres conteuses (voir notamment « l'île
    de la Félicité » dans le conte du même nom, ou « l'île des Plaisirs tranquilles » dans
    « Le Prince Lutin » de Mme d'Aulnoy). En revanche, Mme de Murat développe peu,
    contrairement à Mme d'Aulnoy, le motif de la jeune fille enfermée dans une tour.

3   « L'Heureuse Peine », *BGF* vol. 3, p. 182-186.

4   Peut-être en référence aux neuf cercles de l'Enfer dantesque, ou encore aux bras du fleuve
    du jardin d'Eden.

laisser passer le vaillant prince. Ici, un pont de pavots blancs dissuade les premiers visiteurs :

> [...] quoiqu'il ne fût que de fleurs, il ne laissait pas d'être redoutable : il avait le pouvoir d'endormir pour sept ans ceux qui le passaient contre la volonté de la fée. La reine aperçut au-delà du pont six jeunes hommes magnifiquement vêtus, endormis sur des lits de gazon sous des pavillons de feuillages. C'étaient des princes amoureux de la fée ; et comme elle ne voulait point entendre parler de l'amour, elle ne leur avait pas permis de passer plus loin[1].

Contrairement à Perrault, Mme de Murat fait du sommeil une sanction réduisant les amants trop ardents à un état proche de la mort. Ce sont ensuite des « détours, qui n'étaient embarrassants que pour ceux que l'aimable Lumineuse ne voulait pas qu'ils pussent entrer dans son agréable demeure[2] ». L'accumulation des négations est récurrente, comme le montre encore ce commentaire justifiant l'absence de pont pour passer la rivière qui fait son sixième tour : « La fée ne voulait pas que ses bergers allassent la troubler dans sa retraite[3]. » L'image de la clôture domine jusqu'à la fin de la séquence qui évoque l'arrivée de la mère de l'héroïne à la tour de la fée : « les marches qu'elle avait passées disparaissaient, et l'empêchèrent ainsi d'être suivie. Elle entra dans la belle tour de Lumineuse, et la fenêtre fut refermée[4]. » Enfin, la description est redoublée par la lecture d'une inscription explicitant le sens du toponyme de « l'empire Heureux » :

> *C'est ici le charmant séjour*
> *De la félicité parfaite ;*
> *Lumineuse a bâti cette belle retraite,*
> *Elle y reçoit les ris, elle en bannit l'amour,*
> *Et pour lui cependant elle semble être faite.*

> Cette inscription avait été faite à sa gloire par les fées les plus renommées de son temps, elles avaient voulu laisser à la postérité ce témoignage de leur amitié et de leur estime[5].

L'expression superlative de « félicité parfaite » est complétée par une définition négative du lieu (« elle en bannit l'amour »), tout en mettant

---

1   « L'Heureuse Peine », *BGF* vol. 3, p. 182.
2   *Ibid.*, p. 183.
3   *Ibid.*, p. 185.
4   *Ibid.*, p. 186.
5   *Ibid.*, p. 186.

en valeur le fait qu'il s'agit d'un choix volontaire et réfléchi, et non d'une résignation, comme le souligne le paradoxe introduit par « cependant ». La comtesse insiste également sur l'entourage féminin de la fée Lumineuse, à l'origine de l'inscription à valeur élogieuse.

La comparaison de « l'empire Heureux » avec le domaine de la fée Formidable, évoqué au début du même conte, permet d'en mesurer plus précisément la spécificité : si le premier lieu est interdit à tous, à l'exception de celles dont la reine Lumineuse « reçoit les ris », la tranquillité du second est perturbée par la visite inopinée d'un roi qui parvient à y pénétrer, à la plus grande colère de la fée. Les avantages de « l'empire Heureux » apparaissent également par contraste avec le constat désabusé que formulait Mme de Murat à la fin des *Mémoires*, sur l'impossibilité de s'isoler sans être rejointe par la rumeur du monde :

> [...] j'ai éprouvé que la retraite la plus exacte, et la conduite la plus irréprochable ne sont pas à l'abri de la médisance. Dès qu'une femme a eu la réputation d'aimer la galanterie, on veut qu'elle conserve encore dans la retraite cette inclination, et elle ne peut avoir d'ami ni de directeur qui ne soit suspect[1].

Refus de toute intrusion de la société, de l'amour ou de la sexualité, telle paraît la condition du lieu idéal selon Mme de Murat[2]. Cette configuration s'avère bien plus exclusive que celle imaginée par Mlle de Montpensier et Madame de Motteville, désireuses de s'affranchir des servitudes de la vie mondaine et courtisane en recréant une société idéale qui, si elle rejette amour et mariage, tolère malgré tout les hommes à condition qu'ils ne troublent pas l'harmonie des lieux[3].

---

1   *MdeM*, II, p. 394-395. L'idée d'une retraite impossible, car toujours troublée, se retrouve dans « La Bonne Femme » de Mlle de La Force, même si la médisance n'est pas mise en cause : « Et ne savez-vous pas, reprit la fée, qu'il n'est point d'état dans la vie où l'on puisse être heureux ? – Je le sais, s'écria tristement la Bonne Femme, et si l'on ne fait pas son bonheur soi-même, on le trouve rarement ailleurs » (*BGF* vol. 2, p. 431).

2   On retrouve cette méfiance vis-à-vis de la passion amoureuse chez Mlle Bernard, dans ses contes comme dans ses romans regroupés sous le titre *Les Malheurs de l'amour...* [1687], avec une préface de R. Godenne, Genève, Slatkine, 1979.

3   Correspondance échangée en 1660, alors que la cour était à Saint-Jean-de-Luz pour le mariage de Louis XIV. Ces lettres ne furent publiées qu'en 1735, dans l'édition hollandaise des *Mémoires* de Mlle de Montpensier. Voir M. Bertaud, « En marge de leurs *Mémoires*, une correspondance entre Mlle de Montpensier et Mme de Motteville », *Travaux de littérature. Offerts en hommage à Noémi Hepp*, A.D.I.R.E.L., Paris, 1990, vol. III, p. 277-295 ; B. Beugnot, « Y a-t-il une problématique féminine de la retraite ? », dans *Onze études sur l'image de la femme...*, p. 29-31.

La technique du clonage

La comtesse se montre encore plus audacieuse en évoquant un royaume où ne vivent que des hommes, se reproduisant par une méthode originale qui dispense la femme de toute implication. Mme de Murat sollicite alors l'esprit critique du lecteur, remettant en cause l'économie hétéro-sexuelle de la reproduction.

On a déjà vu, avec « Le Turbot », comment la conteuse développait, au-delà de la question de l'identité du père, le fantasme d'une gros-sesse en l'absence de relations sexuelles[1]. C'est un sujet du même type qu'elle aborde, par le biais de l'utopie, dans « L'Île de la Magnificence ». S'inspirant du royaume des gnomes évoqué par l'abbé de Villars dans *Le Comte de Gabalis*, elle évoque un lieu souterrain imaginaire, le « Royaume des Richesses perdues », demeure du roi Antijour. C'est en raison d'une violente tempête, conformément au schéma des voyages imaginaires, que le héros, jeune homme attaché à la cour de la reine Plaisir, débarque malgré lui dans cet espace inconnu. Plus que la description de la cour du roi et de quelques particularités physiques du lieu, c'est le détail du mode de reproduction de cette société fantasmatique qui frappe le lecteur. Renversant le motif de l'île inaccessible aux hommes, Mme de Murat développe en effet la fiction bien au-delà des notations de l'abbé de Villars, en représentant un monde qui ne connaît pas de femmes[2]. Les habitants de ce peuple des ténèbres vivent environ deux siècles, et les générations se perpétuent par une technique proche du clonage. Ainsi, une poudre issue du corps desséché de l'être le plus résistant est mélangée à la sève du seul arbre du pays, puis mise en terre durant une période de neuf « révolutions », qui sont l'équivalent de jours. Se développe alors un œuf qui, placé dans un nid fait d'une coquille d'œuf de baleine et de duvets d'alcyons, donne naissance au bout du même temps à un embryon. Ce dernier, enfermé dans une bouteille de verre, en sort en la cassant quand il est devenu enfant, après quarante neuf révolutions. Une année plus tard, il est adulte[3].

---

1   « Le Turbot », *BGF* vol. 3, p. 334.

2   Mme de Murat s'éloigne ici des révélations de Gabalis, qui parle des « gnomides » pour désigner les femmes des éléments de la terre.

3   La gestion rationnelle de la reproduction semble ainsi annuler toute caractérisation des individus, et partant, toute différence. J.-M. Racault considère en effet l'uniformité comme une loi utopique. Voir *Nulle part et ses environs…*, *op. cit.*, p. 226-231.

Ce modèle inédit, notamment dans les contes littéraires de la période, n'est pas sans rappeler l'intérêt que suscitent, dans le dernier tiers du XVIIe siècle, les débats sur les mécanismes de la fécondation[1], en lien avec le succès de l'ovisme, assimilant les follicules ovariens à des œufs qui contiendraient un être humain en puissance[2]. Le cinquième entretien du *Comte de Gabalis* faisait d'ailleurs une très brève allusion à la possibilité pour l'homme et la femme, grâce aux théories cabalistiques, de « faire des enfants autrement qu'à la méthode ordinaire[3] ». L'utopie masculine, évoquée par Mme de Murat au sujet de ce royaume souterrain, non sans lien avec l'image du ventre matriciel[4], constitue le détour paradoxal qu'emprunte l'utopie féminine suggérée ici : que les femmes ne soient plus définies par leur assignation à la sphère reproductive.

Si l'évocation de Mme de Murat confirme la disparition du féminin en terre d'utopie[5], elle bouleverse radicalement l'ordre des choses : c'est la reine qui s'introduit dans un royaume masculin, par l'intermédiaire de son portrait qui parvient au souverain. Ce dernier, en quittant son royaume, vient reconnaître le pouvoir de la femme et de l'amour. Le « Royaume des Richesses perdues » est donc présenté comme un monde antérieur ignorant le pouvoir de la femme amoureuse, tout en exprimant le fantasme d'un mode de reproduction en son absence. Le récit féerique devient ainsi occasion d'explorer les limites de la pensée, lieu où se prépare la modernité.

---

1   Sur les théories de la génération, voir J. Roger, *Les Sciences de la vie dans la pensée française du XVIIIe siècle* [1963], Paris, A. Michel, 1993 ; et P. Darmon, *Le Mythe de la procréation à l'âge baroque*, Paris, Seuil, 1981.

2   Sur le modèle de l'ovisme en particulier, voir A. Carol, « Le genre face aux mutations du savoir médical : sexes et nature féminine dans la fécondation (XVIe-XIXe siècles) », dans L. Capdevila (dir.), *Le Genre face aux mutations. Masculin et féminin, du Moyen Âge à nos jours*, Rennes, Presses Universitaires de Rennes, 2003, p. 85-87.

3   Abbé de Villars, *op. cit.*, « Cinquième entretien », p. 143.

4   Voir A. Gaillard (dir.), *L'Imaginaire du souterrain*, Paris, Montréal, L'Harmattan, 1998.

5   M.-F. Bosquet fait de l'effacement de la femme, en raison de la menace qu'elle peut constituer pour l'harmonie collective, l'un des traits de la littérature utopique française de 1675 à 1795. Mais les œuvres qu'elle étudie sont écrites par des hommes, de Foigny à Sade (*Images du féminin dans les utopies françaises classiques*, Oxford, Voltaire Foundation, 2007).

LE DÉSIR DE REPOS

Finalement, c'est aussi un désir de repos qu'exprime Mme de Murat au fil de l'écriture. La notion, essentielle dans l'imaginaire classique[1], traverse en effet l'œuvre à de nombreuses reprises[2].

L'île Paisible

Avant d'être décrite, dans le conte « Anguillette », comme le lieu où se trouve le temple de l'Hymen, l'île Paisible est présentée comme un remède au désespoir amoureux, ayant « l'heureux don de guérir les passions malheureuses[3] ». L'accès en est réservé à quelques-uns qui ont à se laisser guider. C'est une fée qui incite la princesse Hébé à s'y rendre, et à quitter la cour du roi son père où séjourne l'infidèle Atimir qu'elle s'apprêtait à épouser. Sur le vaisseau qui mène vers ce lieu fabuleux est inscrit le mot « Liberté », et le voyage, qui ne dure pas moins d'un mois, est initiatique. Avant de rejoindre l'île, l'héroïne découvre en effet des peintures allégoriques sur les murs de la chambre qu'elle occupe :

> elle remarqua une jeune bergère, qui d'un air riant coupait des filets pour rendre la liberté à un grand nombre d'oiseaux qui étaient pris ; et quelques-uns de ces petits animaux, déjà échappés, semblaient voler vers le ciel avec une rapidité merveilleuse ; toutes les autres peintures représentaient des sujets semblables, rien n'y parlait de l'amour, et tout y vantait les charmes de la liberté[4].

Quand la princesse aborde sur le rivage, elle peut enfin oublier les souffrances que lui a infligées son ancien amant : « dès qu'elle eut respiré l'air de cette île, par un pouvoir inconnu, elle sentit son cœur tranquille, et se laissa surprendre par un sommeil agréable qui ferma pour quelque temps ses beaux yeux[5]. » Si par la suite, le conte développe une nouvelle intrigue amoureuse entre l'héroïne et le prince de l'île Paisible, force est de constater la récurrence du terme de « liberté » et les multiples synonymes de l'ataraxie.

---

1   Voir B. Beugnot, *Le Discours de la retraite au* XVIIe *siècle, op. cit.*, « Charmes et fruits du repos », p. 180-192.
2   On relève une trentaine d'occurrences du mot « repos » dans les contes, et c'est par un désir de renoncement au monde que se terminent par ailleurs les *Mémoires*.
3   « Anguillette », *BGF* vol. 3, p. 101.
4   *Ibid.*, p. 101.
5   *Ibid.*, p. 101.

Le pays des Injustices de l'Amour

Forçant davantage le trait, la conteuse imagine, dans le dernier de ses contes intitulé « Peine Perdue », un lieu de consolation pour l'héroïne malheureuse en amour :

> elle trouverait tant de personnes dans l'état où elle était elle-même, que peut-être la comparaison qu'elle ferait de leurs malheurs avec les siens la soulagerait en quelque façon. Elle la conduisit dans le pays des Injustices de l'Amour ; il avait tout l'air de la tranquillité des champs Élysées ; tous ceux qui l'habitaient y étaient dans la douleur, mais une douleur qui n'avait rien d'emporté. Les habits y étaient simples, on ne connaissait point la magnificence dans ce royaume ; nulle recherche dans l'ajustement, parce qu'il n'y avait plus de désirs de plaire. On n'y logeait que dans de petites cabanes. La nature seule, sans aucun ornement, faisait toute la beauté des promenades. Peine Perdue trouva, ainsi que la fée le lui avait fait espérer, quelque adoucissement à ses maux en voyant qu'elle n'était pas seule à plaindre. Elle demeura volontiers dans ce pays, et elle ne voulut même jamais le quitter, s'étant fait une douce habitude de vivre avec des personnes tendres, malheureuses et fidèles[1].

Au *topos* d'une vie rustique suggérée par le terme de « cabanes[2] » et associée ici à la retraite, s'ajoute l'évocation étonnante d'un monde résigné d'où le désir aurait disparu, réduisant les êtres ayant vécu un amour non partagé à un état de similitude proche de la mort, comme le suggère la comparaison mythologique. Le désir, dont l'absence rend caduque, pour Mme de Murat, toute altérité sexuelle[3], voire toute sexualité, ainsi que toute vie en société, serait-il finalement le principal responsable des conflits de personnes, étant justement facteur de différence ? C'est ce que semble dire cette évocation austère, loin des palais de l'Épître « aux Fées modernes », même si c'est d'une femme à l'autre que sa connaissance est révélée, puisque l'héroïne y est conduite par sa mère[4].

---

1   « Peine Perdue », *Ibid.*, p. 403.
2   Le mot « cabane », marque de l'influence de la pastorale et volontiers employé par les moralistes, est régulièrement présent dans la production féerique de l'époque. Voir notamment Mme d'Aulnoy, « La Princesse Carpillon » ou « Le Pigeon et la colombe » (*BGF* vol. 1, p. 629 et 850).
3   On notera que la conteuse ne parle que de « personnes ».
4   Dans « Le Prince Lutin », Mme d'Aulnoy évoque une aspiration similaire : « N'avons-nous pas lu dans les plus belles histoires les révolutions des plus grands États, les coups imprévus d'une fortune inconstante, les désordres inouïs de l'amour, les peines de l'absence ou de la jalousie ? Qu'est-ce qui produit toutes ces alarmes et toutes ces afflictions ? Le

On note donc que pour la comtesse, le repos semble davantage lié à l'absence de relation qu'à une mise à l'écart du monde qui n'en est que la condition. Par comparaison, on trouve chez Mme d'Aulnoy une argumentation différente, notamment dans « Le Pigeon et la colombe » : si les amants refusent de retrouver leur forme humaine, c'est qu'ils espèrent ainsi échapper au « grand théâtre du monde », et pouvoir « vivre l'un pour l'autre dans cette aimable solitude[1] ». Dans un autre récit, « La Princesse Belle-Etoile et le prince Chéri », la conteuse brosse d'ailleurs un tableau très négatif de la vie de cour. La revendication de Mme d'Aulnoy s'apparente donc davantage à une sagesse qu'à une méfiance à l'égard de l'amour ou de la relation entre les sexes.

Oscillant entre volonté de domination, vengeance et esquive de la relation, la contestation est donc au cœur de l'œuvre dont se dégage une morale souvent proche de la loi du talion, puisque la défense des femmes semble indissociable d'une lutte contre les hommes, sauf à se retirer du monde. Reprenant volontiers les *topoï* romanesques auxquels elle mêle de façon évidente une veine théâtrale, la comtesse superpose à ce schéma polémique, se traduisant par une problématique de place (il faut avoir le dessus), la recherche d'une altérité moindre dans la relation. Quête difficile, relayée par le recours au merveilleux et à l'utopie compensatoire, permettant à la comtesse de dépeindre une société aux antipodes de celle dans laquelle elle vit, un espace où rimeraient amour et mariage, où la liberté serait la seule loi, et où les femmes ne seraient plus dépendantes des hommes. De ce point de vue, l'œuvre de la comtesse illustre bien la mutation que décèle René Démoris dans la figure féminine de la fiction de la fin du siècle : « La lutte contre la contrainte infligée tend à prendre le pas sur un débat intérieur qui caractérisait l'héroïne de Mme de La Fayette [...][2]. » L'*inventio* relève donc bien de la défense des

---

seul commerce que les humains ont les uns avec les autres. Je suis, grâce aux soins de ma mère, exempte de toutes ces traverses ; je ne connais ni les amertumes du cœur, ni les désirs inutiles, ni l'envie, ni l'amour, ni la haine. Ah ! vivons, vivons toujours avec la même indifférence ! » (*BGF* vol. 1, p. 245). Mais ce portrait de l'insensible laisse bientôt place à celui d'une princesse qui se laisse toucher par l'amour du prince Lutin qui réussit à la détromper sur les idées qu'elle se faisait des hommes. Voir aussi « Le Nain jaune » de la même conteuse.

1   « Le Pigeon et la colombe », *BGF* vol. 1, p. 888.
2   R. Démoris, « La figure féminine chez Challe : du côté de Mme de Murat et de Courtilz de Sandras », art. cit., p. 88.

femmes, contribuant à constituer l'œuvre en discours au féminin, même si le propos est complexe, s'inscrivant dans un processus de recherche, régulièrement déçue, d'une relation idéale. C'est pourquoi la synthèse en est difficile, l'œuvre évoquant une vision plus nuancée qu'il ne paraît de la relation à l'autre, sans cesse réinventée, au point que l'on pourrait se demander si la visée argumentative de l'œuvre ne deviendrait pas, au fil des pages, une caution de la fiction narrative.

L'ÉMERGENCE
D'UNE CONSCIENCE FÉMININE ?

Au-delà de la perspective argumentative et de la puissance d'invention à l'œuvre dans les multiples scénarios de réplique, il est une autre caractéristique de l'œuvre, et non des moindres : l'insistance avec laquelle le *je* écrivant se réclame du féminin. La comtesse s'attache en effet, tout au long de l'œuvre, à se présenter et à se construire dans le lien qu'elle entretient avec les femmes, qu'il s'agisse pour elle de se constituer en exemple du sexe féminin afin de prendre la défense des femmes dans ses *Mémoires*, d'établir différents modes d'identification avec les personnages féminins de ses contes et de ses romans, ou encore de revendiquer de multiples filiations et affinités féminines.

On se demandera alors s'il est possible de voir dans ce va-et-vient entre le féminin singulier et le féminin pluriel les signes de l'émergence d'une conscience féminine, conférant une nouvelle cohérence à l'œuvre de Mme de Murat.

LA LOGIQUE DE L'EXEMPLARITÉ DANS LES *MÉMOIRES* :
UNE ÉCRITURE À PLUSIEURS VOIX

Comment une expérience personnelle peut-elle acquérir une valeur générale ? C'est ce que montre de multiples manières la narratrice des *Mémoires*, qui conçoit le récit de sa vie comme la pièce essentielle de son argumentation. Dans cette optique, elle choisit de se définir comme femme et de donner aux femmes le rôle de co-énonciatrices.

ANONYMAT ET IDENTITÉ FÉMININE

Dès les premières pages de l'œuvre, le lecteur comprend que le déni auctorial n'est pas seulement, dans le cas de la comtesse, une simple convention de l'écriture aristocratique féminine[1]. S'il est clair, à la fin du XVIIe siècle, que l'anonymat n'est souvent que de pure forme, la comtesse déclare pourtant ne pas vouloir être identifiée à travers le récit de sa vie, et justifie, de cette façon, sa discrétion sur les hauts faits de son second mari, qui avait pourtant « gagné la confiance de tous les officiers » :

> Si je n'ai point parlé des grandes actions par lesquelles il s'est distingué dans les emplois qu'il a eus, c'est que je ne pouvais en spécifier aucune sans le faire reconnaître, ni le faire reconnaître sans que m'on reconnût en même temps [...][2].

Se fondant sur ce raisonnement logique, elle choisit des pseudonymes pour plusieurs de ses personnages[3], et ne raconte rien de mémorable, ne faisant allusion à aucun fait historique[4] et ne mentionnant aucune date.

Si Mme de Murat tient à rester ainsi masquée, c'est que sa réputation est en jeu. Ses premiers mots, dans l'« Avertissement » adressé au lecteur, sont pour évoquer « tous les bruits » qui ont été répandus contre sa « conduite ». Les lignes qui introduisent le récit qualifient ces rumeurs de « bruits injurieux » et de « calomnie[5] », insistant sur les conséquences sociales du mensonge. Le récit lui-même consiste en la réfutation, par l'exposé de sa version des faits, des attaques de ses adversaires, qui lui reprochent principalement des aventures galantes dès le plus jeune âge, une liaison illégitime qui expliquerait que son fils n'est pas de son mari, et un amour homosexuel pour l'une de ses amies. Une série de rapports de police rédigés au sujet de la comtesse de Murat stigmatisent en effet les « désordres[6] » de sa vie. Le premier de ces rapports ne date que du 29 septembre 1698, soit plus d'un an après la publication des *Mémoires*,

---

1   En effet, « pour une femme noble, publier un ouvrage revenait à déroger deux fois à sa condition, en tant que femme et en tant que noble » (N. Grande, *op. cit.*, p. 283).
2   *MdeM*, II, p. 390-391.
3   Elle donne le nom de Saint-Albe à son second mari, et ne révèle pas la véritable identité de celui qu'elle appelle Blossac, son principal ennemi.
4   Seuls quelques personnages historiques sont rapidement mentionnés, comme la duchesse de Châtillon ou l'abbé Fouquet.
5   *MdeM*, I, p. 2.
6   Voir Annexes p. 432-436.

mais on peut facilement supposer que l'agitation de sa vie a précédé de quelque temps l'établissement de ces comptes rendus écrits. Leur lecture fait apparaître que le scandale[1] réside surtout dans le fait que la jeune femme compromet par sa conduite la gloire d'une famille de très haut rang : « [...] le public a peine à voir une dame de cette naissance dans un dérèglement aussi honteux et aussi déclaré[2]. » Sa position sociale sera d'ailleurs par la suite mise en avant à titre d'argument par d'Argenson lui-même afin qu'elle soit quelque peu ménagée :

> Il semble aussi que sa naissance, quoiqu'un peu défigurée par la suite de sa vie, mérite quelques égards[3].

La comtesse n'échappera pourtant pas à l'exil ni à l'emprisonnement, mais ces sanctions tomberont après plus de quatre années d'avertissements, preuve supplémentaire d'une relative bienveillance à son égard.

Cependant, cacher sa véritable identité autorise la comtesse à prendre la plume en tant que femme. En effet, si elle s'ingénie à se dérober aux yeux du lecteur, c'est qu'elle espère estomper une image préalable marquée par son appartenance à sa famille, afin de mettre en valeur ce qui n'en a pas aux yeux de la société : son identité féminine. La gloire de ses ancêtres est célébrée par la réédition en 1659 des *Mémoires* de Michel de Castelnau, ambassadeur du roi en Angleterre, et bisaïeul de Mme de Murat. Mais quand elle commence à écrire un siècle après son ancêtre mémorialiste, la comtesse ne se réfère ni à son œuvre ni à son nom, et ne s'attarde guère sur sa « naissance illustre[4] ». Ses parents et son mari, souvent mentionnés dans le récit de ses *Mémoires*, ne portent aucun nom. Plus dérangeant encore, l'œuvre peut se lire comme la succession de ses déchirements avec sa famille. En s'appropriant ainsi un genre qui a jadis contribué à la gloire des Castelnau, Mme de Murat pose donc un geste subversif, s'affranchissant d'une tradition familiale et d'une conception de l'écriture destinée à faire mémoire de l'héroïsme masculin. Dans une épître adressée à son fils, Michel de Castelnau souhaitait que son travail soit mis « aux archives » de la maison, afin

---

1 Ce terme est également utilisé par la comtesse : « les scandales auxquels je n'ai que trop donné occasion » (*MdeM*, I, p. 3).

2 *Rapports inédits...*, 6 décembre 1699, p. 10.

3 *Ibid.*, 20 avril 1700, p. 18.

4 *MdeM*, I, p. 7.

de « tirer en exemple les vertueux exploits des hommes illustres[1] ». Au contraire, en intitulant son œuvre « *La Défense des Dames, ou Les Mémoires de Madame la Comtesse de**** », Mme de Murat revendique son identité féminine en élaborant un *ethos* sexué, même si deux indices révèlent encore son appartenance sociale, à savoir le titre de « comtesse » ainsi que l'appellation « dames », plutôt réservée aux femmes d'un certain rang[2].

UNE FEMME REPRÉSENTATIVE DES AUTRES ?

Si Mme de Murat se présente comme femme, s'autorisant à parler au nom de ses semblables, elle affirme également sa différence, soulignant à plusieurs reprises qu'elle est une femme hors du commun, tant par ses malheurs que par sa vertu. Mais ces qualités ne semblent pas entrer en contradiction avec la démarche que la comtesse se propose dans les *Mémoires*, faire le récit de sa vie pour montrer un exemple de femme victime des jugements fallacieux de la société. Au contraire, elle semble concentrer sur elle tout le malheur que les femmes peuvent vivre, tout en faisant preuve d'une vertu sans faille. Son exemple est alors d'autant plus probant, et l'expression de l'unicité de son expérience peut se combiner avec celle de son appartenance au sexe féminin.

Son malheur est en effet caractérisé par son intensité particulière, lui permettant d'illustrer sans difficulté « qu'il y a plus de malheur que de dérèglement dans la conduite des femmes[3] ». Les occurrences du mot sont très nombreuses, le récit étant informé par la succession des mésaventures de l'héroïne : « Le premier de mes malheurs » ; « je n'étais pas au bout de mes chagrins[4]. » Les termes sont souvent accompagnés de qualificatifs qui en amplifient la mesure : « malheurs encore plus grands », « malheurs accablants[5] », ou encore d'adverbes intensifs : « tant de malheurs[6] ». Des synonymes très significatifs sont aussi employés :

---

1   M. Fumaroli rappelle l'importance des mémoires aristocratiques, en l'absence d'historiographie précise, et montre leur rôle de témoignages transmis aux descendants de la lignée. Voir « Les mémoires du XVIIᵉ siècle au carrefour des genres en prose », art. cit.
2   « Dame » : « Se dit aussi de tout le beau sexe, et particulièrement des femmes qui par leur naissance, par leur vertu, ou par leur beauté et par leur mérite se sont distinguées des autres » (A. Furetière, *Dictionnaire universel*).
3   *MdeM*, I, p. 6 et II, p. 396.
4   *Ibid.*, I, p. 7 et II, p. 284-285.
5   *Ibid.*, I, p. 176, 247.
6   *Ibid.*, I, p. 292.

« les extrémités dont j'étais menacée[1]. » Bien plus, le paroxysme de la souffrance paraît plusieurs fois atteint. C'est le cas notamment lorsqu'elle évoque ce que lui fait subir son mari :

> L'état où je me trouvais suffit pour faire comprendre que jamais femme n'a été plus malheureuse. Je dois même ce ménagement à la mémoire d'un homme dont j'étais la femme, de n'en rien dire que ce que je ne puis me dispenser d'en faire connaître ; mais il est certain que je souffrais tout ce que la cruauté et le mépris peuvent inventer pour tourmenter une femme[2].

Se désignant à plusieurs reprises comme « femme » dans des expressions renvoyant tantôt au sexe féminin, tantôt à la qualité d'épouse, la comtesse alterne des procédés de prétérition, par lesquels elle semble s'opposer à toute complaisance dans le malheur, avec des formules hyperboliques se substituant à un détail de la situation qu'elle se refuse à donner, par discrétion, pudeur, ou même peut-être honte. Elle donne ainsi à entendre plus, de deux façons différentes, et conforte sa position particulière dans le malheur, au-delà de ce que peuvent souffrir les femmes, ou, comme le suggère la dernière phrase de l'extrait, à la mesure de l'imagination sans borne de la méchanceté masculine.

Finalement, la comtesse apparaît comme victime d'un destin qui s'acharne sur elle. C'est ce qu'elle suggère à l'occasion de ses démêlés avec le chevalier de Clausonne, dernière aventure que subit l'héroïne des *Mémoires* :

> [...] comme si j'eusse été destinée à souffrir tout ce qui peut attaquer la gloire d'une femme, je fus encore exposée à ce malheur[3].

La narratrice n'hésite pas à multiplier d'ailleurs les accents tragiques, évoquant par exemple, à l'occasion de sa rencontre avec Blossac, « la fatale passion qui a troublé depuis [s]on repos[4] » :

> « Ah ! perfide, m'écriai-je, [...] comment as-tu fait pour me tromper si long-temps ? Non, je n'y pourrai survivre, mais il faut que je me venge d'un traître. »

---

1   *Ibid.*, I, p. 262.
2   *Ibid.*, I, p. 180-181.
3   *Ibid.*, II, p. 368. Voir aussi : « la fatalité de ma destinée » (II, p. 76) et « ma mauvaise destinée » (II, p. 87).
4   *Ibid.*, I, p. 34.

> Mes soupirs et mes larmes m'empêchèrent de continuer, et je ne sais comment je ne mourus pas de la douleur et de l'accablement dont je me sentis saisie[1].

La comtesse se distinguerait ainsi des autres femmes par l'intensité et la fréquence de ses malheurs, non par la nature de ces derniers.

De façon similaire, elle se démarque des autres femmes par l'excellence de sa vertu. Si dès l'« Avertissement », cette qualité est évoquée par Mme de Murat comme une caractéristique commune au sexe féminin, du moins aux femmes décriées à tort :

> Cependant, je sais par ma propre expérience, que l'imprudence et le hasard ont souvent plus de part à leurs fautes que le défaut de vertu[2].

elle est portée à son plus haut point chez l'héroïne des *Mémoires*. C'est à travers sa relation avec l'homme qu'elle aime véritablement, Saint-Albe, qu'elle s'attache particulièrement à le démontrer, en accumulant les expressions désignant un petit groupe de femmes exceptionnelles auxquelles elle dit appartenir. Elle explique ainsi la pureté de ses motivations, dans les soins qu'elle apporte à Saint-Albe après le duel au cours duquel il tue Montalzac, un amant peu scrupuleux :

> Cependant je ne l'avais servi que par générosité et par compassion, et je crois que *les femmes de la vertu la plus sévère* en auraient usé comme moi[3].

Elle se fait également violence pour ne pas lui rendre de visite à ce moment très critique pour lui :

> Peut-être que la plupart des femmes qui jouissent d'une heureuse réputation n'auraient pas eu la force que j'eus dans cette occasion[4].

L'affirmation de sa supériorité morale est à peine atténuée par l'expression de l'hypothèse.

---

1   *Ibid.*, II, p. 320-321. Voir aussi, au sujet de Blossac : « En me voyant il rougit et pâlit successivement » (I, p. 210).

2   Généralité reprise par le duc de Candale : « Oh ! si je pouvais vivre encore quelque temps, s'écriait-il, que j'apprendrais bien au monde qu'il y a des femmes qui ont du mérite et de la vertu, et mon exemple détromperait bien ceux qui sont cause du tort qu'on leur fait » (II, p. 114-115).

3   *Ibid.*, II, p. 32.

4   *Ibid.*, II, p. 33.

Le recours à la litote « peu de femmes », pour ne pas dire aucune, souligne encore une fois sa conscience d'appartenir à une élite. Lorsqu'elle se refuse à détourner Saint-Albe du parti qu'on lui a destiné, tout en lui promettant, paradoxalement, de l'aimer davantage, elle tente ainsi de « l'attacher à son devoir[1] » par amour pour lui :

> Il y a peut-être *peu de femmes* capables de se tenir dans les bornes que je me prescrivis alors [...][2].

ou bien :

> [...] je crois que *peu de femmes* auraient le courage que j'eus de me priver de la vue d'un homme que j'aimais, quand j'avais une occasion si favorable de le voir[3].

Cette vertu hors norme est d'ailleurs confirmée par son entourage, surpris par tant de rigueur. Nouvelle occasion pour la comtesse de souligner sa singularité ? C'est bien l'impression qu'elle donne en rapportant les propos de la femme de chambre, usant de l'argument du nombre pour la convaincre de recourir à l'aide financière de Blossac, son ancien amant :

> [...] elle me cita *mille femmes* aussi qualifiées que moi, pour me persuader par leur exemple, que je ne devais pas refuser un secours dont j'avais besoin[4].

De même, elle semble un cas étrange pour le comte de B***, auteur de mémoires remplis d'aventures féminines. Déçu de ne pas être parvenu à la provoquer, en vue de remplir son livre de chapitres grivois, il cesse de la poursuivre, reconnaissant qu'elle n'a pas « le sens commun[5] ».

On observe donc que, paradoxalement, l'orientation du récit selon l'axe de la calomnie renforce le caractère extraordinaire des aventures de celle qui devient une héroïne[6] dont la destinée semble unique. On

---

1 *Ibid.*, II, p. 73-74.
2 *Ibid.*, II, p. 109.
3 *Ibid.*, II, p. 229.
4 *Ibid.*, I, p. 207-208.
5 *Ibid.*, I, p. 227.
6 Voir aussi, lors du récit de son enlèvement par son père qui veut la marier alors qu'elle s'apprête à prendre le voile : « Il n'est peut-être jamais arrivé que cette fois-là, qu'on ait préparé en même temps deux cérémonies si différentes pour la même personne » (I, p. 72).

pourrait se demander alors si une telle image ne fausse pas quelque peu la démonstration de la comtesse. Sa vie est-elle encore représentative de celle des femmes, même de qualité ? C'est bien pourtant en tant que femme qu'elle évoque son malheur et revendique sa vertu. Telle une pièce riche en rebondissements, sa vie concentrerait en fait l'ensemble de ce qui peut arriver à une femme, et elle-même en serait la figure héroïque, voire christique[1].

LES FEMMES CO-ÉNONCIATRICES

Une preuve du lien qui unit Mme de Murat aux autres femmes, dans le malheur comme dans la vertu, se trouve dans l'évocation simultanée de soi et du sexe féminin au sein du récit.

De manière explicite, la comtesse s'attache à montrer que son exemple n'est pas l'exception qui confirme la règle, que ses réactions ne lui sont pas propres, mais qu'elles sont communes au sexe féminin. Elle sollicite alors l'auditoire des femmes, et les invite à se mettre à sa place, les intéressant ainsi à sa cause. On l'observe par exemple lorsque, révoltée par la goujaterie de Blossac qui ne l'a pas secourue au moment où elle en avait besoin, l'héroïne décide de le mépriser. Le caractère singulier de cette réaction est d'abord envisagé, avant d'être démenti :

> Je ne sais, après tout, si toutes les femmes approuveront que j'aie été si prompte à prendre le parti de l'oublier ; mais j'ai de la peine à me persuader qu'il y ait des femmes assez lâches pour aimer encore un homme qui en aurait usé comme celui-là. On peut pardonner l'inconstance, la bizarrerie et les injures mêmes, quand elles ne sont point le caractère d'un cœur bas et intéressé ; mais je ne crois pas qu'il soit permis d'aimer un homme qui souffre qu'une femme qu'il a aimée et qui a recours à lui, devienne la proie de ses ennemis. Il ne devait pas balancer à me servir, et après cela il lui eût été libre de cesser de m'aimer. C'est pourquoi en l'effaçant de mon cœur, j'en usai, ce me semble, ainsi que toute femme raisonnable en devait user[2].

Confirmant ainsi son *ethos* de femme vertueuse, par l'association d'une valeur axiologique négative à un comportement différent du sien, elle indique en même temps que l'élargissement de son exemple personnel à l'ensemble des femmes se fait sur la base de la raison.

---

1   Sur la notion d'héroïne et de singularité, voir N. Hepp, « La Notion d'héroïne », dans *Onze études sur l'image de la femme…*, p. 11-21.
2   *MdeM*, I, p. 146-148.

Mais le plus souvent, le lecteur ne fait que constater le passage du particulier au général. Dès les premières pages, on observe une équivalence entre la volonté de prendre « la défense des dames » et celle de justifier « les personnes de mon sexe qu'on a si cruellement décriées », ces deux catégories étant réunies dans un *nous* qui permet à la comtesse, en déplorant le « peu de justice qu'on nous rend » et « la mauvaise opinion qu'on a de nous[1] », d'adopter une posture de témoin et de victime de l'acteur désigné par *on*. Ce glissement est également perceptible dans le récit lui-même, et n'est signalé que par la disparition des indices d'énonciation. Ainsi, dans le carrosse public qui l'amène *incognito* à Paris, afin d'échapper au courroux de son mari, la jeune femme entend les voyageurs parler d'elle, et décide « de prendre le parti de la personne dont on disait tant de mal[2] ». Deux pages plus loin, on peut lire :

> L'ardeur avec laquelle je pris pendant le chemin *le parti des dames à qui le public attribue des aventures*, me gagna l'amitié d'une jeune femme qui était dans le carrosse avec son mari[3].

Se mêlent ainsi à nouveau la défense de soi, comme s'il s'agissait d'une autre femme, et la défense des femmes de qualité accusées à tort.

Ailleurs, l'alternance des plans embrayé et débrayé, très rapide, crée un va-et-vient entre le *je* et le terme « femme » qui semblent se construire mutuellement dans une relation spéculaire. On en trouve un exemple très significatif à l'occasion de la première séparation conjugale de l'héroïne :

> Cependant ma réputation était cruellement attaquée ; je connus alors que de tous les partis que puisse prendre une femme innocente ou coupable, le plus mauvais est de sortir de la maison de son mari. Mais après tout, quelque contraire que fût ce parti à ma réputation, il semblait nécessaire à mon repos, et je croyais que mon repos devait m'être plus cher que ma gloire. C'était sans doute une illusion, car on ne peut perdre l'un sans l'autre ; et il ne faut pas qu'une honnête femme espère de repos quand elle néglige le soin de sa gloire ; ce sont les extrémités où nous réduit le mariage. Eh ! qui est-ce qui voudrait s'y engager, si l'on considérait qu'il n'y a point d'autre remède pour une femme malheureuse, que de souffrir sans oser même ni se plaindre de

---

1 *Ibid.*, I, p. 4.
2 *Ibid.*, I, p. 190. Mme de Murat se souvient sans doute du « parti des femmes » défendu par Mlle Lhéritier dans ses *Œuvres mêlées*, éd. cit., p. 328.
3 *MdeM*, I, p. 193. Voir aussi : « [...] leur union me faisait envier leur sort, et plaindre celui des *filles de qualité* que l'on sacrifie à l'intérêt » (I, p. 194).

> ses souffrances, ni chercher les moyens de s'en délivrer ? Mais comme en me
> mariant, je n'avais pas compris que je dusse me rendre malheureuse, je ne
> m'attachai qu'à me mettre en liberté [...][1].

L'exemple personnel est très vite interrompu par une formulation au présent de vérité générale avant d'être repris dans la phrase suivante. Puis le recours aux pronoms *on* et *nous* permet de créer un plan d'énonciation intermédiaire, facilitant la substitution au *je* d'expressions désignant un ensemble plus large (« une honnête femme », « une femme malheureuse »), évoqué même par une certaine universalité (« qui est-ce qui voudrait s'y engager... ? »). Par ailleurs, la reprise des termes « réputation », mais aussi « repos », « gloire » et « malheureuse », assure une continuité entre les différents types d'énoncés, embrayés ou non. Parfois, les termes utilisés ont la même racine, « en me mariant » rappelant « mariage », ou bien il s'agit de synonymes, « me mettre en liberté » faisant écho à « s'en délivrer ».

Le *je* de l'énonciation ne cesse donc de se construire au fil du récit, se désignant par le terme de « femme » auquel la comtesse semble parfois donner une extension maximale, et faisant des autres femmes de véritables co-énonciatrices par le biais de l'imbrication grammaticale et logique des deux instances[2]. S'inscrit ainsi, à chaque page des *Mémoires*, le lien entre exemple personnel et projet de défense des femmes, nécessitant de parler en leur nom.

LA MULTIPLICATION DES DOUBLES FICTIONNELS

Outre l'inscription de l'instance d'énonciation dans un univers féminin, comme l'implique la logique de l'exemplarité au sein du projet de défense des femmes, c'est la multiplication de doubles fictionnels qui frappe le lecteur au fil des pages, Mme de Murat évoquant non seulement les femmes de façon générale, mais aussi de nombreux personnages féminins dont elle relate l'histoire ou auxquelles elle laisse la parole. Mais

---

1   *Ibid.*, I, p. 129-131.
2   Voir aussi : « mais comme on ne croit pas aisément qu'une femme soit capable de la force que j'eus dans cette occasion » (*Ibid.*, II, p. 58-59).

s'agit-il d'un indice de la prise en compte d'un féminin pluriel, ou est-ce une façon de réécrire sa propre histoire par le biais de celles *d'alter ego* ?

La lecture de l'épilogue des *Mémoires*, dans lequel la comtesse annonce, comme on l'a vu[1], vouloir poursuivre son objectif de défense du sexe féminin en faisant désormais le récit de la vie d'autres femmes, laissait présager une certaine ambiguïté du statut de l'instance énonciatrice dans les récits à venir, le lecteur étant incité à établir un lien entre le *je* de la narratrice et les personnages féminins de l'œuvre. Si la suite de l'œuvre publiée (*Contes, Voyage, Lutins*) ne reprend pas ce projet avec autant de netteté que ce qui avait été annoncé, le lecteur observe de multiples jeux d'identification. De nombreux échos sont en effet repérables au sein des œuvres, comme le révèle notamment la similitude des situations, mise en valeur par la récurrence de récits enchâssés instaurant une énonciation où se mêlent référence à soi et aux femmes.

LA SIMILITUDE DES SITUATIONS DANS L'ENSEMBLE DE L'ŒUVRE PUBLIÉE

Deux scénarios renvoyant aux rapports entre les sexes sont développés tout au long des œuvres publiées de Mme de Murat : le mariage arrangé, avec les conséquences qui en découlent, et la rencontre d'un séducteur indésirable. Ces variations sur un même thème s'observent non seulement d'une œuvre à l'autre, mais encore à l'intérieur d'une même narration. Privilégiant le point de vue des héroïnes, la comtesse tente à chaque fois de retranscrire leurs perceptions, créant ainsi un effet de redondance.

Le mariage arrangé

Les héroïnes sont confrontées de façon récurrente aux affres de la relation matrimoniale, la plupart du temps synonyme de souffrance. Un chiffre éloquent : douze intrigues de mariage forcé[2], pour le plus grand malheur des jeunes filles qui se voient imposer un mari qu'elles n'ont pas choisi, se succèdent tout au long de l'œuvre. Si quelques mariages d'amour émaillent la narration, ils ne concernent que des

---

1   Voir *supra* p. 61-62.
2   Il s'agit des mariages de l'héroïne des *Mémoires*, d'Irolite, Ondine, Constantine, Fleurianne, Risette et Merline dans les *Contes*, de Mme de Briance, Mlle de Saint-Urbain et Otadis dans *Les Lutins*, d'Isaline dans le *Voyage*, et de Zatide dans le *Journal*.

femmes au statut privilégié, veuves ou fées. Les unions contraintes se révèlent donc, sans surprise, les situations les plus fréquentes. Trois d'entre elles sont menées jusqu'à leur conclusion[1], tandis que les neuf autres ne constituent en réalité qu'une menace qui ne sera pas mise à exécution. Par comparaison, seules trois femmes exigent que l'homme qu'elles ont séquestré les épouse[2].

Ces unions sont autant de mésalliances où s'affrontent, jusqu'à l'heure des noces, les intérêts des hommes et le point de vue des femmes. « Je ne disposais pas de moi[3] », déclare de façon laconique Mme de Briance pour résumer le sentiment d'impuissance qui fut le sien à la veille de son mariage. Intérêts financiers, alliances politiques ou homogamie sociale, tels sont les véritables enjeux, dans beaucoup de récits, des unions imposées aux jeunes filles.

Le motif des transactions financières, principal mobile des mésalliances dans une aristocratie qui survit de plus en plus difficilement, est particulièrement développé par Mme de Murat. Ainsi, *Les Lutins du château de Kernosy* comme les *Mémoires* évoquent tous deux un système dans lequel une jeune fille de qualité est traitée comme pure marchandise. Véritables « mariages d'acquisition[4] », les unions en question se révèlent l'occasion de vulgaires tractations en l'absence des principales intéressées, réduites au rôle de monnaie d'échange. Les premières pages des *Mémoires* sont consacrées au récit du mariage de l'héroïne, organisé par son père qui entend profiter de cette union pour régler une dette contractée envers la famille du futur mari. Quant au récit des *Lutins*, il met en scène la vénalité d'une vieille vicomtesse et ses agissements pour établir ses nièces dont elle est la tutrice et qu'elle tient recluses. Mais si les situations initiales de la première et de la dernière œuvre de Mme de Murat peuvent ainsi être rapprochées, les destins des deux

---

1   Le mariage de l'héroïne des *Mémoires*, celui de Merline dans « Le Turbot », ainsi que celui de Mme de Briance dans *Les Lutins*.

2   Berlinguette (« L'Île de la Magnificence », *BGF* vol. 3, p. 223), Mordicante (« Jeune et Belle », *Ibid.*, p. 119), et Mandarine (« Le Turbot », *Ibid.*, p. 303). Ces situations ne sont pourtant pas symétriques des scénarios féminins, puisqu'il s'agit en réalité de vieilles fées qui se vengent ainsi du bonheur de leur fille ou d'une princesse.

3   *L*, p. 177.

4   Expression empruntée à J.-C. Bologne : « Les mariages d'acquisition (d'une terre, de richesses, d'un titre, d'une beauté juvénile) sont au moins tacitement réprouvés, même lorsque chacun des époux semble y trouver son compte » (*Histoire du mariage en Occident*, Paris, Hachette Littératures, 1997, p. 239).

héroïnes ne sont pas identiques, et sont même opposés, puisque Mlle de Saint-Urbain échappe aux volontés de la vicomtesse, tandis que la jeune fille des *Mémoires* est mariée au gentilhomme choisi par son père[1]. Dès lors, *Les Lutins* ne semblent pas seulement la redite d'un triste scénario, mais constituent aussi une résolution, certes fictive, du conflit développé dans les *Mémoires* qui se présentent comme un récit référentiel.

De même, dans les contes, apparaissent à plusieurs reprises des personnages qui espèrent tirer profit d'un mariage arrangé. « Le Roi Porc » est le plus intéressant à cet égard, Mme de Murat faisant preuve de la plus grande fantaisie en transposant chez les alchimistes[2] la responsabilité de l'aspect mercantile de l'union, comme le révèle la nature de l'échange entre la princesse Ondine et le fleuve Pactole auquel elle est promise :

> cette belle princesse était fille unique d'Authomasis, roi des îles Cabalistiques habitées par des philosophes qui faisaient profession des sciences secrètes, lesquels avaient à leur tête un grand capitaine nommé Gabalis ; [...] ce Gabalis, avec la vieille fée Rancune sa commère, avait nommé la princesse Ondine, en vue de la faire épouser au fleuve Pactole leur ami, en récompense du secret de la pierre philosophale qu'il leur a donnée ; [...] ce fleuve avait par leur aide enlevé la princesse avec deux de ses femmes de chambre [...][3].

S'inspirant d'une onomastique dont les œuvres de l'abbé de Villars ont fait le succès, Mme de Murat évoque les mystérieuses machinations qui décident du destin de la princesse, lié au secret de la fabrique de l'or.

On peut se demander cependant, si le tableau que présente Mme de Murat de la situation peu enviable des jeunes filles de la noblesse, correspond à une réalité historique, ainsi qu'à une tendance de la littérature de cette période. Le schéma le plus fréquent des alliances financières semble en effet un peu différent chez les moralistes de l'époque. Ces derniers stigmatisent plutôt les jeunes nobles qui se rapprochent de

---

1   En effet, dans *Les Lutins*, les galants amants qui s'introduisent subrepticement dans le château de Kernosy, déguisés en lutins, afin d'en faire sortir les deux sœurs qui y sont recluses par la vicomtesse, réalisent ce que Blossac a négligé de faire avec l'héroïne des *Mémoires* : l'enlever au moment où son père s'apprêtait à la marier.

2   L'alchimie suscite encore beaucoup d'intérêt au XVIIe siècle, comme en témoigne *Le Comte de Gabalis ou Entretiens sur les sciences secrètes* [1670] de l'abbé de Villars (Paris, Nizet, 1963). Voir sur ce point F. Greiner, *L'Alchimie*, Paris, D. de Brouwer, 1991 ; et du même auteur : *Les Métamorphoses d'Hermès : tradition alchimique et esthétique littéraire dans la France de l'âge baroque, 1583-1586*, Paris, H. Champion, 2000.

3   « Le Roi Porc », *BGF* vol. 3, p. 212.

riches roturières, qu'il s'agisse de Boileau dénonçant un « lâche contrat », ou de Furetière rappelant le sens du vieux proverbe « faire un boudin[1] ». D'autre part, la société condamne de plus en plus fortement les dérives que constituent les mésalliances, notamment pour raisons financières[2].

La régularité avec laquelle Mme de Murat présente la posture de victime dans laquelle se trouvent les jeunes filles de condition n'a d'ailleurs pas d'équivalent chez les autres conteurs ou conteuses. Le lecteur pense bien sûr à « Barbe bleue », « version sinistre de cette légende sociale de la fille de qualité mésalliée », selon les termes de Myriam Dufour-Maître[3]. Mais dans le conte de Perrault, c'est l'argent et les plaisirs mondains qui attirent l'héroïne et la décident à se marier avec cet homme riche, pourtant sans naissance, qu'est Barbe bleue. La fin du récit renforce l'opportunisme de la jeune fille, « moralement douteuse[4] », qui profite de l'héritage du défunt avant de se remarier. Mme d'Aulnoy évoque une situation très proche dans « Finette Cendron » : les sœurs de l'héroïne espèrent trouver à la ville « de bons financiers, qui seront bien aises d'épouser des princesses[5] ». Enfin, si « Le Nouveau Gentilhomme bourgeois » reproduit le type de scénario qu'affectionne Mme de Murat, un noble désargenté désirant marier l'une de ses filles au bourgeois parisien enrichi qu'est La Dandinardière, le schéma du récit de Mme d'Aulnoy s'avère bien différent, puisque la baronne et ses filles apparaissent comme des personnages ridicules, la mère réclamant pour gendre « un marquis ou un comte, qui fournira ses douze quartiers et même plus[6] », tandis que la fille s'amuse d'une union avec un homme qui fait étalage de noblesse, se prenant pour un chevalier.

La pression des séducteurs

Le deuxième scénario qui se lit très fréquemment dans l'ensemble de l'œuvre consiste en la rencontre de l'héroïne avec un séducteur pressant.

---

1   Voir sur ce point N. Jasmin, *BGF* vol. 1, p. 450, note 11.
2   Les sermons des prédicateurs se font de plus en plus précis sur ce sujet. Voir J.-C. Bologne, *op. cit.*, p. 246.
3   M. Dufour-Maître, *Les Précieuses : naissance des femmes de lettres en France au XVIIe siècle*, Paris, H. Champion, [1999] 2008, p. 195.
4   J.-P. Sermain, *Le Conte de fées du classicisme aux Lumières*, Paris, Desjonquères, p. 104.
5   « Finette Cendron », *BGF* vol. 1, p. 450.
6   « Le Nouveau Gentilhomme bourgeois », *Ibid.*, p. 745-746.

Les amants importuns, qu'ils soient prétendants ou désireux de s'attirer, ne serait-ce qu'une fois, les faveurs de celles qu'ils poursuivent, sont en effet nombreux dans les récits de la comtesse. C'est précisément l'expression de la multitude, image du pouvoir et du désir masculins, qui domine invariablement, et permet de percevoir l'effet produit sur les héroïnes.

La même situation se reproduit plusieurs fois dans les *Mémoires*, l'héroïne étant confrontée à un nombre impressionnant d'amants, pas moins de treize, depuis Blossac jusqu'au soi-disant très respectable comte de Velley[1]. Si elle en a aimé ou apprécié secrètement quelques-uns, comme le duc de Candale, elle révèle le scandale des « desseins cachés[2] » de l'abbé Fouquet à son égard, la violence du magistrat chargé de son procès, la hardiesse de « malhonnêtes gens[3] » comme Montalzac, pourtant censé œuvrer au rapprochement avec son mari, ou encore la scélératesse du comte de Velley et du chevalier de Clausonne, profitant tous deux des médisances à son sujet pour tenter de lui plaire. La relation que Mme de Murat évoque avec le plus de détails est celle de l'héroïne avec l'homme de justice. La comtesse ne consacre pas moins de soixante pages des *Mémoires* à cet épisode[4], depuis la rencontre avec celui qui se sert de son rôle de protecteur pour obtenir les faveurs de l'héroïne, jusqu'au moment où il renonce à ses intentions. Elle dénonce son comportement scandaleux en recourant largement au lexique de l'oppression, comme le montrent ces quelques lignes accumulant les termes formés sur le même radical : « Ses *empressements* devinrent si vifs, et ses importunités si *pressantes* », « il redoubla ses soins et me *pressa* de me déclarer », ou encore « Il continua donc à me *presser* encore de répondre à ses désirs[5]. »

Dans les contes, Mme de Murat multiplie également les face-à-face entre héroïnes et séducteurs, insistant plus particulièrement sur l'inégalité du rapport de force entre les protagonistes. Ainsi, dans « Le Père et ses quatre fils », ce sont quatre frères, jeunes seigneurs, auxquels se trouve soudainement confrontée la princesse Isaline, alors qu'elle vient de s'unir

---

1   En voici la liste complète : Blossac, Sauvebeuf ; après avoir quitté le foyer conjugal : le duc de Candale, le comte de B***, l'abbé Fouquet, le magistrat, le marquis de Saint-Albe, Montalzac, Savigny, le baron de Sarcelles, le duc de… ; après son remariage : le comte de Velley, le chevalier de Clausonne.

2   *MdeM*, I, p. 234.

3   *Ibid.*, I, p. 350.

4   *Ibid.*, I, p. 256-315.

5   *Ibid.*, I, p. 289 et suivantes.

à Delfirio, le beau pêcheur. La comtesse se moque de la maladresse des amants qui ignorent le langage des sentiments, se montrant particulièrement rustres et prétentieux :

> Haraguan, fier de sa profonde science, fut le premier qui voulut faire valoir le mérite du service qu'il avait rendu à la princesse ; il en demanda la récompense du ton d'un homme accoutumé à faire trembler le ténébreux séjour, et plus sujet à parler aux démons qu'à une belle princesse ; aussi fut-il reçu avec colère. Facinety s'y prit d'une manière plus subtile : il chercha des détours, il choisit le moment qu'il crut le plus favorable ; mais s'il fut écouté avec plus de patience, ce ne fut pas avec moins d'insensibilité. Tirandor, accoutumé à ne manquer jamais son coup, crut n'avoir qu'à paraître pour vaincre ; mais il connut la différence qu'il y a de tirer au blanc, ou d'attraper un cœur fier et prévenu. Pour Artidas, ses espérances n'étaient pas moindres ; mais il fit sa déclaration par des démonstrations de mathématiques. Isaline en rit, mais il ne fut pas plus heureux que ses frères[1].

Faisant allusion aux règles de l'*aptum* que suppose l'échange galant, la conteuse fustige l'inadéquation du discours ou encore sa forme hasardeuse. Variant les types de réactions de la princesse, elle clôt cependant la séquence en insistant sur le comique, lié autant à la répétition qu'au décalage entre le mode d'expression choisi par les prétendants et les conventions langagières.

On pourrait encore citer « L'Aigle au beau bec », où trois prétendants, un roi métamorphosé en aigle, mais aussi le prince des Charmes et le prince des Agréments, assistent au réveil de la princesse Belle après un sommeil de quatre ans destiné à lui épargner les fureurs de sa belle-mère : « [...] la princesse Belle avait trois amants en la personne de ces trois princes, même avant son réveil[2]. » Dans cette véritable parodie de « La Belle au bois dormant », chacun espère qu'il sera le premier à croiser le regard la princesse. Le récit développe les rivalités qui s'ensuivent, aux dépens de l'héroïne bien lasse en particulier des poursuites de l'Aigle au beau bec :

> [...] cette princesse se serait trouvée très heureuse si elle n'avait pas été accablée de la continuelle présence de l'Aigle au beau bec : il ne pouvait plus vivre un moment sans la voir ; et son amour, irrité par la difficulté de le lui faire connaître, et par la crainte de lui déplaire avec la figure sous

---

1   « Le Père et ses quatre fils », *BGF* vol. 3, p. 360-361.
2   « L'Aigle au beau bec », *Ibid.*, p. 377.

laquelle il était, s'était augmenté à un tel excès qu'il ne quittait plus cette princesse[1].

L'accumulation de termes évoquant l'intensité ou la démesure figure à nouveau la violence masculine[2], et l'amplification semble à l'image de l'exaction qu'elle veut rapporter.

Plus que le nombre des séducteurs indésirables, la conteuse exprime leur diversité à travers le portrait de figures protéiformes. Elle s'attarde en effet plus précisément sur l'une d'elles, qu'elle décrit comme insaisissable :

> Ce magicien prenait chaque jour des figures différentes : il était tantôt jeune et tantôt vieux, il paraissait quelquefois sous une figure très laide, et dans un instant il devenait le plus beau de tous les hommes, il se transformait souvent en bête féroce, ou privée, en oiseau et en poisson[3].

Traduisant ainsi la vivacité du séducteur, prêt à adopter toutes sortes de postures dans un esprit de stratégie, Mme de Murat en démultiplie les facettes. Il est à noter que dans le même récit, la conteuse rapporte à trois reprises, mais en variant les points de vue, les tentatives d'agression sexuelle du magicien Caméléor contre la princesse Philomèle. La scène est racontée d'abord par la narratrice principale[4], puis par le roi, fiancé de la princesse victime, et enfin par l'héroïne elle-même. La comtesse insiste de cette façon sur une scène dont la seule évocation se révèle traumatisante, même si, les bienséances l'exigeant, le magicien ne parvient pas à ses fins[5].

1　*Ibid.*, p. 377.

2　R. Robert analyse les deux versants du motif de l'époux animal, « selon que le récit choisit de traiter le sujet sur le mode mineur d'une tendresse reconnue ou sur celui, majeur, d'une violence menaçante ; certains textes allant même jusqu'à combiner les deux » (*op. cit.*, p. 151).

3　« L'Île de la Magnificence », *BGF* vol. 3, p. 248.

4　« Il vit la princesse Philomèle, et il en devint éperdument amoureux. [...] Il ne garda plus de mesure, et il se résolut de faire par la force de son art ce qu'il n'avait pu exécuter par celle de son amour. Un soir qu'il faisait chaud, et que les filles de la princesse la déshabillaient dans sa chambre, dont les fenêtres étaient ouvertes, Caméléor entra sous la figure d'un grand aigle, et enleva la pauvre Philomèle » (*Ibid.*, p. 248-249).

5　Ce passage est malgré tout l'un des plus explicites de l'œuvre de Mme de Murat.

L'ENCHÂSSEMENT DES RÉCITS

Le retour des mêmes situations au sein de l'œuvre se traduit par la multiplication de récits identiques mais aussi par la récurrence d'une structure, celle de l'enchâssement.

Le genre des mémoires, défini pourtant par l'écriture du moi, n'est pas exempt de cette pratique narrative laissant la parole à une voix autre. Mme de Murat insère en effet dans son propos, sur près d'une centaine de pages, le récit de quelques épisodes de la vie d'une autre femme qui est l'une de ses amies. Le discours de cette dernière est introduit une fois pour toutes : « [...] l'histoire que j'en vais conter fera assez connaître [cette dame], elle la commença de la sorte[1]. » Se déroulent alors, dans une narration à la première personne, les aventures de cette femme dont la réputation n'aurait pas été plus ménagée que celle de Mme de Murat. Le choix de la forme personnelle, plutôt que d'un discours rapporté indirectement, fait disparaître tout indice de l'énonciation citante, si bien que l'identité de la narratrice secondaire s'estompe progressivement au profit d'un *je* féminin apparaissant comme interchangeable. Les expériences singulières se ressemblent et s'ajoutent, et les points de vue convergent :

> pendant que je demeurai en province, nous fîmes souvent ensemble les réflexions que sa destinée et la mienne nous donnaient lieu de faire sur le malheur des femmes[2].

L'élargissement du propos est ici justifié par la communion dans le « malheur », terme qui était déjà employé au seuil de l'œuvre pour formuler l'argument, en opposition à celui des médisants.

Le *Voyage* et *Les Lutins* contiennent également des récits enchâssés présentés comme autobiographiques, dans lesquels quelques femmes prennent la parole sur un ton souvent plus grave que celui qui caractérise l'ensemble du récit. À nouveau, ces passages ne sont pas sans rappeler, à des degrés divers, des éléments des *Mémoires*, au point que l'instance énonciatrice puisse parfois paraître double.

Dans un récit mené à la première personne et intégré dans le *Voyage*, Mme d'Orselis relate en effet des épisodes de sa vie qui semblent calqués sur ceux des *Mémoires*. La jeune femme remonte à ses premières

---

1   *MdeM*, II, p. 119.
2   *Ibid.*, II, p. 207-208.

aventures amoureuses, alors qu'elle n'était âgée que de onze ans, évoquant les « amants de traverse[1] » qui ont flatté sa vanité. Or, on se rappelle que l'héroïne des *Mémoires* n'avait pas douze ans lors de ses « galanteries » avec le marquis de Blossac. Le lecteur s'interroge d'ailleurs sur l'intérêt de ce début qui n'a pas d'utilité pour la suite, comme le précise Mme d'Orselis elle-même : « Mais je vous ferai grâce de ces bagatelles pour en venir à une chose plus grave[2]. » Par ce nouvel embrayeur de narration indiquant un changement de tonalité qui contraste avec l'enjouement de la petite société qui l'entoure, celle qui s'est instituée narratrice introduit soudainement une phrase plus abrupte : « Je fus mariée à seize ans à monsieur d'Orselis [...][3]. » La forme passive était également régulièrement employée pour évoquer le sort réservé à la jeune fille des *Mémoires*, mariée contre son gré au même âge par son père : « Je vais dire les raisons que mon père avait de me sacrifier à ce gentilhomme[4]. » De même, Monsieur d'Orselis se révèle « jaloux au-delà de l'imagination, soupçonneux, porté à croire le mal[5] ». C'était le même portrait que faisait la comtesse de son mari dont elle subissait les reproches.

Au-delà de ces premières notations, on repère plusieurs concordances d'événements. La principale scène commune aux deux récits consiste dans l'arrivée impromptue de jeunes gens venus rendre visite à l'héroïne : un chevalier et deux compagnons dans le *Voyage*, Blossac et deux amis dans les *Mémoires*. Dans les deux cas, le mari fait bon accueil. Si les premiers déclinent l'invitation pour rejoindre un peu plus tard le couple chez la gouvernante, improvisant une mascarade afin d'y séduire plus facilement l'héroïne, les seconds font honneur à la table de leurs hôtes tout en échangeant des propos galants avec la jeune femme au nez et à la barbe du mari, qui ne manque pas de se venger à chaque fois : « je

---

1   *V*, p. 29.
2   *Ibid.*, p. 30.
3   *Ibid.*, p. 30.
4   *MdeM*, I, p. 82.
5   *V*, p. 30. Voir aussi : « Il avait une passion effrénée pour moi, qui lui persuadait qu'on ne pouvait me voir sans m'adorer. Cette idée me rendit la plus malheureuse personne du monde ; il fut jaloux, non pas depuis le sceptre jusqu'à la houlette ; mais de tout l'espace qui remplit ces deux extrémités ; jamais je n'eus un quart d'heure de repos : toujours dans l'ardeur de sa passion ou dans les fureurs de sa jalousie, j'étais contrainte de souffrir des témoignages de tendresse d'un homme que je n'aimais pas, ou d'écouter des reproches que je n'avais pas mérités » (*Ibid.*, p. 30-31).

fus traitée comme si j'avais été trouvée en faute[1] », déclare l'une, tandis que l'autre se plaint d'être insultée : « m'accusant ensuite d'être ce que je n'étais pas[2] ». La juxtaposition des deux formules fait apparaître le parallélisme des points de vue, les faits étant présentés dans le même temps que leur démenti est exprimé. Par la suite, les deux jeunes femmes sont rapidement veuves, et disculpées *in extremis* par leurs maris : « il ne parla que de moi, dès qu'il sentit les approches de la mort[3] », constate la première qui le prend alors en pitié, tandis que la comtesse indique de façon similaire : « il fut attaqué d'une maladie qui ne lui laissa que le temps de me rendre justice[4]. »

C'est à cet endroit que s'achève la séquence purement autobiographique du récit de Mme d'Orselis, qui emprunte donc tous ses éléments aux deux premiers livres des *Mémoires* de Mme de Murat, comme si celle-ci, en faisant le récit de la vie d'autres femmes, ne pouvait s'empêcher de redire son histoire, commune à plus d'une femme. En confiant un récit quasi identique au sien à une narratrice secondaire, dans le cadre des conversations du *Voyage de campagne*, Mme de Murat tente peut-être de mettre à distance l'histoire de la femme malheureuse qu'elle a été, ainsi que d'autres femmes. Le *Voyage de campagne* se lirait alors comme une confrontation de deux mondes, celui d'une sociabilité mondaine et celui, médiatisé par la parole, de souffrances sous-jacentes. Annie Rivara analyse justement cette dualité récurrente dans le récit de Mme de Murat :

> L'histoire d'un univers clos et en mouvement, symétrisé par la bienséance, l'élégance et la raison, supposées rendre la vie collective harmonieuse, renvoie à un jeu souterrain lié à des passés de galanterie, de cruauté chez les deux sexes et représentés dans leurs récits[5].

La fonction de la narration serait alors de redonner une place dans la société, fût-elle un microcosme mondain, à une femme qui n'en a pas eu dans la vie. Suite au récit de Mme d'Orselis, « qui avait donné l'exemple

---

1   *Ibid.*, p. 33.
2   *MdeM*, I, p. 116-117.
3   *V*, p. 34.
4   *MdeM*, II, p. 97-98.
5   A. Rivara, « Deux conceptions de la temporalité et de l'histoire. Le *Voyage de campagne* de Mme de Murat (1699) et *Les Mémoires de d'Artagnan* par Courtilz de Sandras (1700) », dans *L'Année 1700*. Actes du colloque du Centre de recherches sur le XVIIᵉ siècle européen (1600-1700), éd. par A. Gaillard, Tübingen, G. Narr, 2004, p. 81.

au reste de la compagnie de conter une partie de ses aventures[1] », cha-cun des personnages fait alors le récit de quelques épisodes de sa vie. Mais curieusement, la narratrice principale restera très discrète sur elle-même, choisissant d'évoquer, par une sorte de mise en abyme, les petites guerres amoureuses que se livrent les personnages dans cette propriété de Sélincourt.

Rattaché à l'intrigue principale des *Lutins* de façon assez lâche, le récit de Mme de Briance ne fait pas entendre la voix de Mme de Murat de façon aussi nette que celui de Mme d'Orselis dans le *Voyage*. En revanche, il évoque des situations qui sont comme autant d'éclats d'un *je* qui peine à se dissimuler. Se déroulant sur près d'une cinquantaine de pages, il donne à entendre les plaintes d'une femme à présent veuve, ayant dû se résoudre à épouser le marquis de Briance, âgé de soixante ans, alors qu'elle n'était encore que jeune fille et qu'elle éprouvait le plus tendre amour pour le beau Tourmeil. Ce récit répète le thème du mariage forcé qui constitue par ailleurs l'intrigue essentielle de l'œuvre, vraisemblablement inspirée de l'histoire de *Don Gabriel Ponce de Léon*[2], nouvelle espagnole de Mme d'Aulnoy publiée en 1697. Celle-ci évoque le subterfuge de deux jeunes gens se déguisant en pèlerins pour s'introduire dans la demeure où une vieille duègne tient enfermées ses deux nièces. Afin de courtiser les jeunes filles, ils se font passer pour des conteurs auprès d'elles. Chez Mme de Murat, les deux amants, frères de Mme de Briance, ne manifestent au début que quelques signes de leur pré-sence, à la façon de lutins, afin de tromper la vigilance de la vicomtesse de Kernosy. Mais très vite, ils se dévoilent auprès des demoiselles, leur expliquant les motifs de leur stratagème. Cependant, ils ne parviennent pas si facilement à leurs fins, la vicomtesse ayant décidé qu'une de ses nièces épouserait un conseiller du parlement dont l'orgueil n'a d'égal que le ridicule.

C'est finalement tout l'univers des *Mémoires* qui se retrouve diffracté au gré des séquences de l'œuvre, dans le récit secondaire mené à la première personne par Mme de Briance évoquant autorité paternelle, amour absolu de Tourmeil à l'image de Saint-Albe, vie de recluse menée après la mort du mari, mais aussi dans l'intrigue principale dépei-gnant l'ennui de jeunes filles isolées rêvant de séduction galante. Il est

---

1 *V*, p. 43.
2 Voir *BGF* vol. 1, p. 383 et suivantes.

intéressant cependant de noter que l'emploi du *je* est réservé à la seule relation des malheurs de Mme de Briance, qui par la suite connaît un temps plus heureux, avec le retour de Tourmeil et l'accomplissement de son amour, ces derniers épisodes étant l'objet de l'intrigue principale. Le recours à la première personne du singulier semble donc ancrer dans le réel un récit secondaire présenté comme autobiographique, et souligner par contraste le caractère fictionnel du reste de l'œuvre, et notamment son dénouement heureux. La biographie démentirait-elle la fiction ?

Le procédé de l'enchâssement est encore plus frappant dans l'insertion, au sein-même des *Lutins*, d'un récit au caractère fictif explicite[1], et développant une intrigue qui n'est pas sans rapport avec la situation dans laquelle se trouve Mlle de Saint-Urbain, nièce de la vicomtesse de Kernosy. La jeune fille, à qui la compagnie a demandé une histoire, reprend en effet une intrigue d'Asie inspirée d'un auteur grec, Athénée[2], qui met en scène le combat de Zariade pour épouser la belle Otadis malgré la volonté de son père, Omarte. Ce dernier

> savait quelle était la puissance de Zariade, il avait entendu parler de sa beauté, mais il ne voulait pas éloigner de lui la princesse sa fille : elle était héritière de ses états, et n'ayant point d'enfants mâles, son intention était qu'elle prît pour époux un prince de son sang[3].

Le mariage de la princesse asiatique avec l'homme qu'on lui destine sera même précipité, de peur que son amant Zariade n'entreprenne quelque démarche contraire. Ce récit de Mlle de Saint-Urbain précède de peu (une trentaine de pages) l'arrivée de Monsieur de Fatville auquel sa tante s'apprête à la livrer pour régler ses affaires. Malgré la distance spatio-temporelle qui sépare une histoire empruntée à un auteur de l'Antiquité, de l'intrigue dans laquelle se trouvera prise Saint-Urbain, les deux récits semblent liés, le premier annonçant les développements du second, tout en en étant un condensé métaphorique. Le rôle dévolu à la narration secondaire au sein du récit-cadre est d'ailleurs confirmé par l'heureux dénouement de l'histoire que raconte Mlle de Saint-Urbain. Le jeune homme parvient en effet à enlever la princesse au moment où

---

1   L'histoire sera qualifiée de « peu vraisemblable » (*L*, p. 159).
2   Voir *supra* note 4 p. 25.
3   *L*, p. 150.

elle allait se résigner à être mariée à un autre : « Me voici, dit-il, prêt à vous délivrer de la tyrannie[1]. »

En multipliant ainsi les échos entre les personnages féminins au sein de récits entretenant des liens métanarratifs, Mme de Murat instaure de nombreux jeux d'identification au service de la construction d'une identité féminine. De la sorte, elle continue à se dire dans ce qu'elle a de commun avec les femmes, à savoir une condition malheureuse. La structure de l'œuvre, marquée la redondance et l'amplification, s'en trouve complexifiée.

AFFINITÉS ÉLECTIVES

De cette multiplication des personnages féminins se dégage l'image récurrente d'une femme jeune et belle, victime des hommes. Le lecteur est frappé en effet par la propension de Mme de Murat à faire le portrait d'*alter ego*, et à rechercher celles qui lui ressemblent. En outre, plusieurs œuvres de Mme de Murat, publiées ou inédites, évoquent des amitiés féminines très fortes, dont les frontières avec l'homosexualité ne sont d'ailleurs pas toujours faciles à définir. La relation que la comtesse établit avec Mlle de Menou, sa cousine, révèle même un désir de confusion des identités. Ce serait alors la volonté de se retrouver entre femmes semblables à soi qui primerait sur celle de construire une véritable conscience féminine collective.

DES FEMMES À SON IMAGE

Le portrait de la femme jeune et belle

Dès l'« Avertissement » des *Mémoires*, Mme de Murat précise, comme on l'a vu, que jeunesse et beauté sont les caractéristiques principales des femmes dont la réputation est attaquée (« et qu'un peu de beauté, beaucoup de jeunesse et le manque de jugement, font quelquefois plus de tort à leur réputation que le crime même[2] »), ce que confirment les

---

1   *Ibid.*, p. 156.
2   *MdeM*, « Avertissement », n. p. Voir aussi le portrait de Mlle Laval : « assez jolie pour me faire croire qu'elle était un peu intéressée à la défense que je prenais des dames » (I, p. 194).

nombreuses tentatives de séduction dont l'héroïne se dit victime. Dans les premières lignes de son récit, l'héroïne se présente d'ailleurs par cette phrase étonnante : « j'appris que j'étais belle[1]. » Certes, un témoignage direct de la comtesse sur elle-même serait malséant, d'où la présence de portraits indirects, également destinés au lecteur[2], comme celui que brosse imprudemment Sauveboeuf à son mari : « il affecta pendant toute la conversation de lui dire que j'étais la plus belle femme qu'il eût vue de sa vie[3]. »

Ce sont encore à celles qui sont jeunes et belles que Mme de Murat s'adresse dans son épître « aux Fées modernes » (« Vous êtes toutes belles, jeunes, bien faites[4] »). Même si les héroïnes des contes possèdent généralement ces qualités, on observe une insistance particulière sur ces mots, comme le suggère la récurrence de l'expression « jeune et belle », qui donne même son titre à l'un des récits, dans lequel la conteuse fait de ces deux traits complémentaires un idéal qu'elle associe à un fantasme d'éternité, observant que leur caractère éphémère est souvent responsable du délaissement dont les femmes sont victimes[5].

De manière plus théorique, Mme de Murat est tentée de faire de la beauté une qualité qui se substituerait à celles revendiquées par une aristocratie étriquée. L'héroïne des *Mémoires* énumère en effet les valeurs dont elle se réclame, après avoir évoqué sur un ton de reproche celles que lui a inculquées sa grand-mère dès le plus jeune âge :

> [...] je *méprisais* cette vanité ridicule qui ne sacrifie qu'au rang et qu'à l'éclat : j'étais seulement idolâtre de celle qu'inspirent la beauté et le mérite, et plus encore de celle de se voir adorée d'une personne qu'on aime[6].

La réflexion est encore poursuivie dans les contes : si la beauté peut compenser le manque de naissance (« Le Père et ses quatre fils »), l'on voit ailleurs qu'elle implique aussi des qualités d'âme (« Le Roi Porc »). La

---

1   *Ibid.*, I, p. 9.
2   « Le *je* mémorialiste se sert des réactions que son apparence provoque sur son entourage pour transmettre à son lecteur une certaine image de soi » (F. Magnot, *La Parole de l'autre dans le roman-mémoires, 1720-1770*, Louvain, Paris, Dudley, Peeters, 2004, p. 189).
3   *MdeM*, I, p. 114.
4   *BGF* vol. 3, p. 199
5   Voir aussi « La Fée Princesse », *Ibid.*, p. 381.
6   *MdeM*, I, p. 64-66. Sont réunies ici les trois qualités qui ont la prédilection de Mme de Murat. Ce sont aussi celles qui sollicitent le regard, la reconnaissance et l'amour d'autrui.

beauté est alors louée, comme le suggère l'évocation du regard porté sur soi qu'elle suppose : « sa beauté surpassait tout ce que l'on avait jamais vu » ; « une fille si belle que tout ce qui la verra en sera charmé[1]. » De même, la fée Lumineuse « portait ce nom parce que sa beauté était si brillante qu'à peine en pouvait-on soutenir l'éclat[2] ». Plus généralement, constate la comtesse : « C'est la beauté qui fait recevoir les hommages les plus sincères ; Jeune et Belle fut flattée des effets de la sienne[3]. » La Fée Princesse reçoit d'ailleurs des présents qui consacrent le « triomphe de sa beauté[4] », tandis qu'une reine endormie se trouve récompensée par les fées attirées par les traits de son visage : « La grande beauté de la reine endormie les obligea de s'arrêter pour la regarder attentivement : "Voilà une charmante personne, dit l'une d'elles, elle mérite bien que nous lui fassions quelque don[5]. »

Mme de Murat s'attache ainsi à donner une représentation récurrente de la femme, revendiquant le droit d'être séduisante sans être importunée. Ce souhait est d'autant plus fort qu'est aussi exprimé le refus de l'altération qui guette aussi bien la jeunesse que la beauté, refus impliquant la célébration de celles qui possèdent ces qualités, et la mise à distance de celles qui n'en sont pas pourvues.

La relation conflictuelle avec les mères

Les mères et celles qui les représentent apparaissent comme les exclues de cet univers féminin qu'élabore la comtesse au fur et à mesure des relations construites avec les autres femmes[6]. Comme le rappelle N. Grande pour la plupart des romans du siècle, c'est une loi de « non-alliance » qui

---

1   « La Fée Princesse », *BGF* vol. 3, p. 381 et « L'Heureuse Peine », *Ibid.*, p. 187. Voir aussi, dans les *Mémoires*, l'effet que l'héroïne produit sur Saint-Albe : « il me vit, et devint bientôt rival de son père » (*MdeM*, I, p. 257).

2   « L'Heureuse Peine », *BGF* vol. 3, p. 182.

3   « Jeune et Belle », *Ibid.*, p. 125-126.

4   « La Fée Princesse », *Ibid.*, p. 385. « Le triomphe de la beauté » est également le titre du récit de Mme de Murat consacré à la courtisane Rhodope. Le rang social n'a pas été un obstacle pour cette femme sans naissance illustre qui a su se faire aimer pour sa beauté exceptionnelle, et qui a épousé le roi d'Égypte (*J*, p. 15-30).

5   « Le Roi Porc », *BGF* vol. 3, p. 201.

6   Voir notamment sur ce sujet : F. Wolfzettel, « La lutte contre les mères », dans *Réception et identification du conte depuis le Moyen Âge*, textes réunis par M. Zink et X. Ravier, Toulouse, université Toulouse – Le Mirail, 1987, p. 123-131.

préside aux relations entre mères et filles[1]. Mais c'est par une dialectique de la ressemblance et de la différence que Mme de Murat met en valeur l'impossible cohabitation des unes et des autres dans son œuvre.

C'est précisément parce qu'elle est du sexe féminin que l'héroïne des *Mémoires* est rejetée par sa mère. Si elle est regardée dans un premier temps comme « l'héritière de [s]a maison[2] », la naissance de son frère lui retire aussitôt cet honneur :

> [...] j'avais déjà onze ans lorsque ma mère accoucha d'un garçon. À peine fut-il né que ma grand-mère lui prodigua tout l'amour qu'elle avait eu pour moi. On cessa de flatter ma beauté, et de me faire espérer de grands établissements ; mon frère m'enleva tous ces avantages[3].

De façon étonnamment moderne, elle insiste avec une grande lucidité sur les conséquences psychologiques de cet épisode traumatique de son enfance qui lui confère une position d'infériorité :

> J'en conçus un dépit qui me donna pour mes parents autant d'aversion que j'avais eu jusque-là de respect et de complaisance pour eux. Mon père était le seul pour qui je conservais encore quelque amitié, car il paraissait m'aimer toujours[4].

Une dissymétrie s'instaure dans ses relations avec ses parents, les figures maternelles perdant tout leur crédit, tandis que l'image du père est épargnée. La suite de l'œuvre révèle en effet une relative complicité entre un père, qui « n'était pas le maître[5] », et une fille qui accepte le marché qu'il lui propose lors de son mariage, tandis que l'expression de la haine de la mère ne fait que s'accroître au fil des pages[6]. La mort précoce du frère ne modifie en rien la configuration de la relation :

---

1   « Ainsi la mère, loin de jouer un rôle de contre-pouvoir face à l'autorité paternelle, de protéger sa fille au nom d'une possible solidarité féminine, se range sous la bannière du père et sert les intérêts du système patriarcal auquel elle s'identifie » (N. Grande, *op. cit.*, p. 55-56).

2   *MdeM*, I, p. 8.

3   *Ibid.*, I, p. 9-10.

4   *Ibid.*, I, p. 10-11.

5   *Ibid.*, I, p. 12. Quelques phrases des contes font écho à cette aversion de l'héroïne pour sa mère. Voir dans « Le Turbot », les plaintes de la princesse Merline au sujet de la fée Mandarine : « elle était résolue d'aller trouver le roi Merlin son père, pour l'avertir de la violence que lui faisait sa mère » (*BGF* vol. 3, p. 327).

6   Voir : « La dureté de ma mère » (*MdeM*, I, p. 199), « sa haine » (I, p. 229).

[ma mère] ne changea point de sentiments pour moi, soit qu'elle s'imaginât que la dureté qu'elle avait eue à mon égard m'empêcherait de l'aimer, ou qu'elle conservât toujours un penchant à me nuire[1].

Cette dernière hypothèse évoque l'arbitraire d'une situation qui perdure jusqu'à la mort de la mère, dont le dernier geste consistera à déshériter sa fille ainsi que l'enfant de celle-ci, sous prétexte de sa qualité de bâtard.

Les relations de la jeune fille avec une autre figure maternelle, celle de la mère abbesse du couvent dans lequel elle séjourne jusqu'à son mariage, suivent la même évolution. D'abord substitut de la grand-mère (« Je retrouvai en elle un amour aussi aveugle que celui que ma grand-mère avait eu pour moi[2] »), l'abbesse se révèle très vite appartenir au camp des opposants lorsqu'elle découvre que la jeune fille entretient une correspondance avec Blossac. C'est donc à une nouvelle déception affective que doit faire face l'héroïne.

Les tensions entre mère et fille sont également renforcées par la différence d'âge parfois faible qui les sépare. Dans un style que n'aurait pas renié le Rousseau des *Confessions*, Mme de Murat débute les *Mémoires* en indiquant ce qui lui semble la cause essentielle, d'un point de vue logique et chronologique, de ses déboires :

> Le premier de mes malheurs fut de naître trop tôt. Ma mère avait à peine seize ans quand elle accoucha de moi ; [...] Ma mère était trop jeune pour voir croître auprès d'elle une fille qui aurait si bien marqué son âge : on me fit élever chez une grand-mère, qui eut pour moi cet amour aveugle que des personnes avancées en âge ont quelquefois pour des enfants en qui elles espèrent voir revivre leur famille et leur nom[3].

Liant dès l'origine son histoire à celle de sa mère, dont elle évoque le point de vue, elle se présente comme victime, constituant une gêne aux yeux de celle qui voudrait encore pouvoir séduire[4].

On retrouve dans les autres œuvres de Mme de Murat, deux personnages féminins proches de cette figure maternelle dépeinte dans

---

1   *Ibid.*, II, p. 101-102.
2   *Ibid.*, I, p. 12-13.
3   *Ibid.*, I, p. 7-8.
4   Par ailleurs, la comtesse suggère les répercussions, de mère en fille, des souffrances liées à la condition féminine, en évoquant les conséquences des mariages précoces, souvent objets de nombreuses tractations. L'histoire se répète en effet puisque l'héroïne sera mariée à son tour à seize ans.

les *Mémoires*. À chaque fois, c'est par le recours à l'autoportrait que la narratrice insiste sur leurs prétentions ridicules. Ainsi, dans le conte du « Turbot », la fée Mandarine énumère ses atouts devant le prince Fortuné qu'elle souhaite séduire :

> je crois que je suis un parti avantageux pour un cadet, je suis riche, et pour avoir une fille de seize ans, je puis encore passer pour jeune, et ma beauté n'est pas si médiocre que je n'en vaille bien une autre [...][1].

L'emploi d'une construction concessive exprime à nouveau l'antagonisme entre mère et fille, en raison de leurs âges respectifs. De façon plus comique, la comtesse traite, dans le *Voyage de campagne*, de l'orgueil maternel. La tonalité moqueuse est d'emblée annoncée, les personnages, aristocrates oisifs, se rendant comme au spectacle chez M. et Mme de Richardin, couple de marchands convaincus d'avoir adopté les valeurs de la noblesse :

> Nous avions encore du temps à passer chez Sélincourt : il cherchait tous les jours de nouveaux plaisirs ; il nous en proposa un, qui ne pouvait s'appeler ainsi, que par la singularité des personnages qu'il voulait nous faire voir[2].

Les considérations de Mme de Richardin sur son âge, en lien avec celui de sa fille, sont à nouveau rapportées directement au sein du récit :

> On m'a toujours flattée, dit-elle, de quelque beauté, on ne m'a disputé ni l'air ni les grâces ; mais, monsieur, une grande créature que voilà, ajouta-t-elle en montrant sa fille, a rendu quelquefois ma jeunesse équivoque ; cependant, telle que vous la voyez, elle n'a que dix ans : j'ai été mariée à douze, et je l'eus la première année de mon mariage ; mais une figure comme celle-là fait toujours tort, et il y a mille sortes de gens qui me croient trente ans accomplis, parce qu'elle est ma fille[3].

Cette déclaration saturée d'hyperboles est à son tour reprise en écho par les aristocrates qui s'amusent à mettre en scène le personnage de la marquise de Vieillardis, double de la Richardin : « Il est vrai que je suis belle : c'est une chose assez visible ; et quand on n'a que trente ans, je crois qu'on peut encore passer pour jeune. » À sa suivante qui

---

1   « Le Turbot », *BGF* vol. 3, p. 331.

2   *V*, p. 126.

3   *Ibid.*, p. 130.

lui objecte que « sa fille a le plus grand tort du monde d'en paraître quarante-cinq », elle rétorque sans sourciller :

> ne parlons point d'elle ; c'est une chose que je n'ai jamais comprise, quand je la vois de la figure dont elle est ; car enfin, encore une fois, je n'ai que trente ans au plus ; c'est une vérité constante[1].

La force de la modalité affirmative balaye toute remise en cause, et les repères temporels sont brouillés.

La relation mère-fille apparaît ainsi comme une filiation gênante, sorte de contrepoint aux différentes modalités d'identification observées avec les autres femmes. Ceci expliquerait-il cela ?

AMITIÉS FÉMININES ET HOMOSEXUALITÉ

La ressemblance entre les héroïnes est aussi attirance pour celles qui sont à l'image de soi, la communauté de destins impliquant une recherche narcissique de soi en l'autre, que renforce l'attrait pour une relation marquée par l'absence d'altérité. En effet, au-delà du malheur qui relie les femmes au sein de l'œuvre de Mme de Murat, ce sont des sentiments d'amitié, voire d'amour, qui unissent certaines d'entre elles. Si l'œuvre publiée de la comtesse évoque ces thèmes de manière allusive, l'œuvre inédite du *Journal pour Mlle de Menou* fait état de relations ambiguës de Mme de Murat avec d'autres femmes durant son séjour à Loches, et notamment avec sa cousine à laquelle elle écrit tous les jours en attendant vainement de recevoir sa visite. Au-delà de la force du sentiment qu'elle dit éprouver pour elle, malgré les contraintes de l'exil, ce sont les modalités d'interférence du *je* avec un *vous* qui sont exprimées au fil des cahiers par la comtesse, dont l'identité semble façonnée par l'expression d'un désir fusionnel avec son *alter ego*.

Les allusions de l'œuvre publiée

Dès le récit des *Mémoires*, le sujet de l'homosexualité est abordé, au titre des différentes calomnies que subit l'héroïne. Ses relations avec Mlle Laval lui sont en effet reprochées à plusieurs reprises, au point

---

1　*Ibid.*, p. 139.

que le mari de cette dernière ne souhaite plus que les deux femmes se fréquentent. La comtesse tient cependant un discours convenu, semblant condamner ce genre de comportement[1].

Dans les contes, seul le récit du « Sauvage » évoque une attirance pour le même sexe, par le biais de la relation qui se développe d'une part entre le roi et la princesse Constantine ayant revêtu les habits de son père, et d'autre part entre la sœur du roi et cette même jeune femme travestie. L'homosexualité est cependant seulement suggérée, n'étant plus d'actualité dès que l'héroïne révèle son identité. Cela dit, des termes d'abord volontairement évasifs (la princesse Fleurianne « sentit pour ce bel étranger quelque chose qui passait l'estime ordinaire, mais comme elle était sage, elle cacha ses sentiments[2] »), laissent bientôt place à une déclaration plus audacieuse, et même transgressive, de la part de celle qui est abusée par le déguisement de Constantine :

> J'en ai trop dit, poursuivit-elle en rougissant, j'en ai trop dit, il n'est plus en mon pouvoir de dissimuler des sentiments que je viens de mettre au jour malgré moi : oui, cher Constantin, vous avez toute ma tendresse, et si j'étais la maîtresse de mon sort, je ne balancerais pas un moment à vous prendre pour mon époux, mais puisque je ne le puis faire sans manquer à ce que je dois, je suis résolue de n'être jamais à d'autres[3].

L'expression du désir semble plus importante que sa réalisation, évoquée aussitôt comme inenvisageable, et dont il ne sera plus question de toute façon à la fin du conte, alors que reste valable le discours tenu, à travers ces quelques lignes, sur le rejet du préjugé nobiliaire, mais aussi sur le célibat. Mme d'Aulnoy, qui exploite le même thème dans « Belle Belle ou le chevalier Fortuné », met en scène la haine sourde de la reine qui tente de perdre celle qui refuse de l'épouser secrètement. Mme de Murat préfère un registre moins violent, et fait se superposer deux lectures :

---

1   L'accusation d'homosexualité à l'encontre de l'héroïne apparaît trois fois. Monsieur Laval exprime sa méfiance le premier : « l'amitié que sa femme m'avait témoignée n'était fondée que sur la conformité de nos inclinations » (*MdeM*, I, p. 200). Par ailleurs, la première femme de Saint-Albe tente de compromettre les deux amies : « elle s'avisa de composer des lettres elle-même, où elle disait des choses horribles de Mademoiselle Laval et de moi » (II, p. 89). Enfin, des lettres de la plume de Blossac avertissent le comte, à l'occasion de son remariage avec Mlle Laval : « la comtesse sa femme était de tous mes plaisirs » (II, p. 291). Blossac sera embastillé pour ces propos.
2   « Le Sauvage », *BGF* vol. 3, p. 286.
3   *Ibid.*, p. 288-289.

l'expression d'un désir homosexuel et la revendication d'une dissociation de l'amour et de la condition sociale[1].

Le témoignage de l'œuvre inédite : le Journal pour Mlle de Menou

L'œuvre inédite (et aussi plus tardive) de la comtesse est davantage concernée par ce type de relation, qu'il s'agisse bien sûr du *Journal* adressé à sa cousine, qui constitue la partie la plus importante du *Manuscrit*, mais aussi d'autres textes comme *Le Sylphe amoureux* adressé à Mlle de B*, *Le Diable boiteux* également écrit pour une destinataire, et enfin plusieurs pièces versifiées qui y ont été collectées. Pourtant, dans toutes ces œuvres, la relation homosexuelle semble le plus souvent imaginée et fantasmée, les sentiments exprimés par la comtesse pour ses destinataires se révélant non réciproques (Mlle de Menou ne vient jamais rendre visite à l'exilée de Loches, Mlle de B* est accusée d'indifférence, et la femme évoquée dans *Le Diable boiteux* compose des vers bien résignés). C'est donc le désir et son échec qui se trouvent formulés dans un même mouvement.

Certains passages du *Journal* font allusion, il est vrai, à des jeux féminins équivoques de la comtesse avec quelques amies :

> Il est réglé que Mme de Champflé et moi, nous nous aimerons constamment jusqu'à la Saint Martin prochaine, faute d'avoir sur les lieux rien de mieux à faire ; et sur ces conditions, j'ai demandé la permission de Bouliche, attendu les anciens droits qu'elle avait sur mon cœur ; elle m'a donné son agrément sur cette affaire et toutes deux m'ont priée de faire *sonnicat*[2] *quelque chose là-dessus*[3].

---

1   On remarque par ailleurs que le scénario du travestissement est évoqué comme une opportunité de complémentarité loin de toute déviance sexuelle, puisqu'il est l'occasion de brosser le portrait d'un personnage cumulant les compétences masculines et féminines : « elle montait parfaitement à cheval, tirait de l'arc, et maniait une épée avec une adresse merveilleuse ; elle aimait les sciences, et ce qui est de plus admirable, c'est que ces occupations héroïques ne l'empêchaient pas d'exceller en toutes les qualités de son sexe. Elle brodait, elle dessinait, elle découpait, et le tout en perfection. Jamais l'on n'a mieux chanté, mieux joué des instruments, ni mieux dansé » (« Le Sauvage », *Ibid.*, p. 283). Sur la question du mariage semble se greffer ainsi celle de l'éducation des femmes. Voir sur ce point L. Timmermans, *op. cit.*, p. 123-132. Mme d'Aulnoy évoque aussi quelques héroïnes qui « apprenaient toutes sortes de sciences » (« Gracieuse et Percinet », *BGF* vol. 1, p. 151).

2   Mot employé dans le sens de « aussitôt », mais dont l'origine demeure obscure.

3   *J*, p. 114. Voir aussi : « jusqu'à la Saint-Martin toutes ses douceurs doivent être pour moi » (p. 167).

Suivent alors six couplets sur la double relation de la comtesse, l'une des deux femmes ayant sa « tendresse », tandis que l'autre suscite ses « nouveaux feux[1] ». Jeu pour tromper l'ennui, donnant occasion à des vers ou chansons ? Si quelques pièces du *Manuscrit* semblent plus explicites, il s'agit davantage d'une invitation que d'une réalité, l'expression primant sur le vécu, comme le révèle le recours au mode impératif :

> De mon ardeur, de mon empressement
> Ne cherchez point à vous défendre :
> À l'amour, jeune Iris, il est doux de se rendre :
> Laissez au mien le soin de vous apprendre
> Tout ce que l'on sent en aimant :
> De ce penchant suivez la douce pente,
> Et croyez en mes plus tendres soupirs,
> Cette science si charmante
> Est la science des plaisirs[2].

ou à l'irréel au sein d'un système hypothétique :

> [...] Si, comme vous, j'avais le charmant avantage
> De lui dire tout ce que vaut
> Un amoureux, et tendre badinage
> Elle m'écouterait, je gage,
> Et peut-être saurait bientôt
> Tout ce qu'amour veut qu'on mette en usage
> Pour rétablir tous les plaisirs de Lesbos[3].

L'ambiguïté réside en fait essentiellement dans le vocabulaire employé. « Aimer » ou « estimer », « tendresse », « attachement » ou « amitié », autant de termes qui semblent interchangeables sous la plume de la comtesse. Leurs sens sont d'ailleurs assez proches au XVIIe siècle[4], et

---

1   *Ibid.*, p. 115. Voir aussi : « Pour bien entendre ces couplets, il faut savoir que Bouliche faisait mille caresses à Mlle de Lomare et qu'elle pleura même le jour de son départ. Vous jugez bien que je n'oubliai pas de lui en faire la guerre et je lui envoyai ces deux couplets : *Pour Mme Danger* » (p. 241). Par ailleurs, toujours dans le *Journal*, la comtesse retranscrit un rondeau adressé à deux dames de ses amies, qui « toutes deux fort aimables, logent ensemble depuis peu et sont amies intimes » (p. 289). La diariste semble jalouser leur union, alors qu'elle est « au fond de [s]on désert ».

2   *Ms*, p. 482.

3   *Ibid.*, p. 502.

4   Le mot *amitié* conserve une forte charge émotive au XVIIe siècle. Mlle de Scudéry distingue la lettre galante (parler d'amitié « comme si on parlait d'amour ») de la lettre amoureuse

de plus, Mme de Murat combine volontiers les mots pour renforcer l'expression de ses sentiments. Bien plus, la comtesse entretient elle-même cette confusion entre les termes, comme le suggère l'un des fragments du *Manuscrit* :

> Promettez-moi, du moins, une amitié si tendre
> Que mon cœur quelquefois, content de son bonheur,
> Entre cette amitié et la plus vive ardeur,
> Puisse trouver sujet de se méprendre[1].

La relation de la comtesse exilée avec sa cousine, Mlle de Menou, est encore plus étonnante, et constitue l'essentiel du propos du *Journal* pourtant conçu au départ comme une chronique de Loches, la petite ville que Mlle de Menou a quittée. Plus qu'elle ne désigne le sentiment qu'elle éprouve pour sa cousine (« il n'est pas possible que mon cœur veuille autre chose que vous aimer et vous estimer toujours[2] », ou encore : « Conservez-moi un peu de part à une amitié qui m'est si chère ; mais venez, ma belle cousine, je ne puis plus me passer de vous voir[3] »), la comtesse insiste en réalité sur le caractère inédit de la relation : « vous jugerez bien à ma façon d'agir que votre absence n'est pas faite comme les autres, car elle ne vous efface point du tout de mon cœur[4]. » Elle procède également par périphrases, devinettes et sous-entendus, comme s'il s'agissait de quelque chose d'inavouable, mais aussi pour solliciter l'esprit de sa lectrice : « Le destin a défendu à l'ennui de se trouver jamais où vous êtes, et je sais bien encore quelque autre dieu qui ne saurait manquer d'être de son avis[5]. » Ailleurs, elle évoque un mal que ne peuvent guérir les médecins : « La douleur qui me désespère[6]. » Elle suggère encore sa véritable source d'inspiration, à propos d'une églogue : « vous jugerez bien que je ne la fis pas tout

---

(liberté anarchique de la passion), cependant la galanterie s'avère parfois un alibi commode (*Clélie*, éd. cit., II, p. 399-400). Voir sur ce point M. Daumas : « Plus encore que la lettre amoureuse, la lettre d'amitié est faite de droits revendiqués, d'exigences réclamées avec autorité » (*La Tendresse amoureuse, XVIᵉ-XVIIIᵉ siècles*, Paris, Hachette, 1997, p. 104).

1   *Ms*, p. 492.
2   *J*, p. 120.
3   *Ibid.*, p. 188.
4   *Ibid.*, p. 87. Mme de Murat insiste sur le caractère unique du sentiment qui l'unit à sa cousine, comme l'était aussi celui qu'éprouvait Mme de Sévigné pour sa fille.
5   *Ibid.*, p. 222.
6   *Ibid.*, p. 209.

à fait de sang froid : ce que le cœur inspire vaut bien ce que dicte Apollon[1]. »

Dans tous les cas, le lecteur est frappé par l'expression de la permanence des sentiments. Le genre diaristique du *Journal*, rédigé sur près d'une année, apparaît même en contradiction avec cette conception d'un amour invariable. La comtesse fait d'ailleurs elle-même le constat de cette continuité : « le temps ne peut affaiblir dans mon cœur les sentiments que j'ai pour vous[2]. » Contrairement à la religieuse des *Lettres portugaises*, Mme de Murat ne tente pas de se libérer d'une passion[3]. Au contraire, l'amour que la comtesse entend porter à sa cousine ne connaît pas de limite, ni dans l'espace (« Si vous allez à Loudun et à Chatelleraut, mes lettres et mon cœur en auront bientôt appris la route[4] »), ni dans le temps (« est-il possible de cesser de vous aimer et de vous estimer autant que je le fais ? Non, ma charmante cousine, ce que l'on sent pour vous doit durer autant que la vie[5] »). Bien plus, l'amour est conçu comme un défi à la mort : « une tendresse qui ne peut finir même avec ma vie, si l'on aime au-delà du tombeau[6]. » Mme de Murat est très consciente de l'impression de ressassement qui se dégage alors de ses journaux :

> Je fête toujours l'absence comme vous voyez ma chère cousine ; c'est une triste fête pourtant, et que vous faites furieusement durer. Le bout-rimé s'en plaint aussi. Volontiers ma muse dit comme mon cœur[7].

---

1   *Ibid.*, p. 43.

2   *Ibid.*, p. 288.

3   B. Bray identifie quatre phases, l'innocence, la séduction, l'extase et la désunion, dans la temporalité amoureuse qui caractérise la plupart des recueils épistolaires classiques (« Treize propos sur la lettre d'amour », dans *Épistoliers de l'âge classique. L'art de la correspondance chez Mme de Sévigné et quelques prédécesseurs, contemporains et héritiers*, Tübingen, Gunter Narr, 2007, p. 36-43).

4   *J*, p. 210.

5   *Ibid.*, p. 104.

6   *Ibid.*, p. 234. Voir aussi « [...] Mais quand on a voulu m'arracher la tendresse / Pour qui si vivement tout mon cœur s'intéresse / "Arrêtez, ai-je dit, tu ne me connais pas / Caron, ou tu ne pus ignorer que ma flamme, / Immortelle comme mon âme / Devait me suivre même au-delà du trépas." / Je l'ai donc conservée en perdant tout le reste ; / Et les divinités de l'infernal séjour / Ont reconnu que leur pouvoir funeste / Ne s'étendrait jamais jusques sur mon amour » (*Ms*, p. 526-527). Mlle de Scudéry écrivait : « L'amour peut aller au-delà du tombeau, mais elle ne va guère au-delà du mariage » (*Artamène ou le Grand Cyrus*, éd. cit.).

7   *J*, p. 262.

Ni chroniqueuse qui s'intéresserait uniquement à ce qu'il y a de nouveau, ni diariste qui, selon Pierre Pachet[1], ne guette que « le changeant », Mme de Murat s'attarde sur l'invariant, qu'elle souhaite redire à chaque instant. L'expression qu'elle emploie dans le rondeau d'ouverture, « Des sentiments où mon cœur s'intéresse / C'est le journal », devient oxymorique. C'est que, comme le formule de façon saisissante Bernard Beugnot, « le drame est de ne jamais dire vraiment "je t'aime" mais "je t'aimais au moment où je t'écrivais[2]. » C'est finalement la seule nouvelle, sous des formes variées, que transmet Mme de Murat à sa destinataire.

En donnant ainsi une place à l'intimité féminine, Mme de Murat se révèle audacieuse, étant donné le poids de la « tradition androcentrée conférée depuis des centaines d'années au concept de l'amitié[3] ». Même si l'idée qu'on peut se faire de l'homosexualité, comme le rappelle Ch. Biet, « n'est pas rigoureusement semblable à la nôtre », étant donné que la représentation de la sexualité est longtemps restée isomorphe et symétrique[4], l'importance que Mme de Murat accorde à cette réalité, du moins comme possibilité, est plus grande que celle que lui donnent d'une part la société, qui la considère comme une « pratique insignifiante[5] » et entend qu'elle le demeure, et d'autre part la sphère littéraire, pourtant marquée par l'existence de réseaux, cabales et même couples féminins que Ph. Sellier analyse comme l'une des caractéristiques du mouvement des Précieuses[6].

Mais au-delà de la nature du sentiment, c'est l'interférence entre un *je* et un *vous* qu'exprime l'écriture. Coprésence, dépendance, possessivité, ipséité, telles sont les principales dominantes du lien que construit

1   P. Pachet, *Les Baromètres de l'âme, Naissance du journal intime*, éd. revue et augmentée, Paris, Hachette Littératures, 2001.

2   B. Beugnot, « De l'invention épistolaire : à la manière de soi », dans M. Bossis et C. A. Porter (dir.), *L'Épistolarité à travers les siècles. Gestes de communication et / ou d'écriture*, Stuttgart, F. Steiner, 1990, p. 35.

3   M. Legault, « Amitiés féminines dans *Plus Belle que Fée* de La Force : un modèle sapphique », dans R. G. Hodgson (dir.), *La Femme au XVIIe siècle...*, p. 269.

4   Ch. Biet, « À quoi rêvent les jeunes filles... », art. cit., p. 53-54. Pour le critique, la signification de l'homosexualité à cette époque rejoint celle de multiples indéfinitions qui tentent de remettre en cause un modèle unique admis comme masculin. Voir aussi T. Laqueur, *La Fabrique du sexe. Essai sur le corps et le genre en Occident*, Paris, Gallimard, 1992 ; et J.-L. Flandrin, *Le Sexe et l'Occident*, Paris, Le Seuil, 1981.

5   Ch. Biet, « À quoi rêvent les jeunes filles... », art. cit., p. 57.

6   Ph. Sellier, *Essais sur l'imaginaire classique : Pascal, Racine, Précieuses et moralistes*, Paris, H. Champion, 2003, p. 197-213.

l'épistolière, et par lequel son identité et sa conscience se trouvent remodelées.

Le *je* semble en effet n'exister qu'à travers la relation en grande partie fantasmée qu'entretient Mme de Murat au quotidien avec sa cousine ou du moins l'image qu'elle s'en crée. Exilée à Loches, la comtesse n'a plus comme ressource que penser à sa cousine. Par l'imagination, elle vit alors son absence comme une présence : « Je ne sais encore ce que je ferai aujourd'hui ; à l'égard de mon cœur, j'ai une occupation sûre : vous la devez savoir, ma chère cousine ; quand on a l'honneur de vous connaître, le plaisir de penser à vous devient l'occupation la plus chère de la vie[1]. » En effet, le moindre événement est une nouvelle occasion pour la comtesse d'associer sa cousine à ce qu'elle vit, en exprimant le désir de sa présence (« ils n'ont pas chanté un [air de musique] que je ne vous y aie souhaitée » ; « Je voudrais que vous eussiez pu entendre notre conversation[2] »), le regret de son absence (« O dame ! que ne veniez-vous à nos vêpres du château, ma chère cousine[3] ! ») ou les réactions qu'elle aurait eues (« vous auriez été contente de moi », « cette scène-là vous aurait encore divertie[4] »). Plus généralement, les événements ne prennent sens qu'en étant réfléchis par la subjectivité de la destinataire : « Il manque à mon gré une circonstance nécessaire aux plaisirs, quand vous ne les partagez pas[5]. »

Mme de Murat ne se contente pas de considérer sa cousine comme spectatrice potentielle de ce qui se passe à Loches, elle s'ingénie également à faire d'elle le sujet des conversations de la bonne société qu'elle fréquente, et qu'elle associe à sa propre cause. De la sorte, Mlle de Menou devient, malgré son absence, un personnage à part entière de la vie locale, dont Mme de Murat entretient d'ailleurs la notoriété en divulguant certains de ses poèmes : « j'ai mis à la mode votre couplet *Au fond d'un bois tranquille et solitaire* ; tout le monde le trouve charmant[6]. » Parler de sa cousine au milieu d'une compagnie choisie semble être d'ailleurs une

---

1   *J*, p. 85. Voir aussi : « Il ne saurait être de jour où je puisse vivre sans penser à vous » (p. 226).

2   *Ibid.*, p. 191 et p. 133.

3   *Ibid.*, p. 39. Voir aussi : « que n'êtes-vous donc ici, ma chère cousine ! Nous avons fait merveilles tout le jour » (p. 62).

4   *Ibid.*, p. 69.

5   *Ibid.*, p. 186. Voir aussi : « j'aime autant rien qu'une fête dont ni vous ni les muses ne m'ont point parlé » (p. 209).

6   *Ibid.*, p. 59.

activité favorite de la comtesse, qu'elle l'évoque au passé (« J'ai tantôt
eu le plaisir de parler de vous[1] »), un passé parfois très proche (« Je viens
de boire à votre santé avec le prévôt[2] »), ou au futur (« Que nous allons
parler de vous, ma charmante cousine[3] ! »). Les occurrences du terme de
« plaisir » ne se comptent plus : « Nous avons parlé de vous, ma belle
cousine, croyez-vous que j'en perde l'occasion ? non, c'est pour moi un
plaisir trop sensible[4] », ou encore : « Que j'ai bien passé ma soirée, ma
chère cousine ! J'ai eu le plus grand plaisir qu'on puisse avoir en votre
absence : j'ai toujours parlé de vous[5]. »

Ainsi, le monde n'est pas occasion de divertissement, mais espace
dialogal susceptible de faire écho à la relation entre la comtesse et sa
cousine. Contrairement à Mme de Sévigné qui éprouvait de temps à
autre quelque culpabilité à ne pas parvenir à se détourner d'un trop
grand attachement pour sa fille[6], Mme de Murat ne cherche nullement à
quitter la figure de l'absente qui accapare sa conscience. Refusant d'être
divertie (« Oh ! qui pourrait, ma belle cousine, dédommager de ne vous
voir plus[7] ! »), elle entretient son souvenir, faisant de chaque événement
une nouvelle occasion de penser à elle.

Plus qu'en la présence de sa cousine, Mme de Murat semble vivre dans
sa dépendance, au rythme de son absence ou de l'espoir de son retour.
Dès le rondeau d'ouverture, la diariste déplore la distance qui la sépare
de sa destinataire (« éloigné de vos yeux », « loin de vous »). C'est alors
un *je* souffrant, réduit à subir cet état de fait, qui est mis en avant (« la
tristesse qui loin de vous me tourmente sans cesse », « du tourment
douloureux qui loin de vous, et m'accable et me presse »). Mais Mlle de
Menou n'a qu'à réapparaître pour que la comtesse retrouve un cœur « plus
content que les dieux ». Et la succession des jours ne fait que renforcer
ce lien, le contenu du *Journal* se résumant en effet à l'attente de la visite
de Mlle de Menou, envisagée de façon sûre à un moment, avant d'être

---

1   *Ibid.*, p. 99.
2   *Ibid.*, p. 36.
3   *Ibid.*, p. 57.
4   *Ibid.*, p. 126.
5   *Ibid.*, p. 133.
6   Mme de Sévigné paraît parfois habitée, dans une perspective janséniste, par la crainte
    de déplaire à Dieu, et tente de se divertir : « Je me jette à corps perdu dans les bagatelles
    pour me dissiper » (*Lettres choisies*, éd. R. Duchêne, Paris, Gallimard, 1988, p. 51, lettre
    du 6 mai 1671).
7   *J*, p. 84.

annulée, replongeant Mme de Murat dans l'affliction. Si l'expression de la douleur est très présente dans les premiers cahiers (« s'affliger de votre absence[1] », « qu'il est triste de penser que chaque moment vous éloigne de moi, [...] je vais passer le reste de la journée à m'ennuyer de votre absence[2] »), l'abattement laisse ensuite place pour un temps à une écriture plus enthousiaste : c'est l'attente de la « bienvenue[3] », évoquée sur près de deux mois, parce que sa cousine serait susceptible de se rendre à Loches à cette occasion :

> Mme de Baraudin m'a dit qu'elle allait vous prier de lui faire l'honneur d'être de la bienvenue ... Quel plaisir de vous revoir, ma chère cousine ! S'il est vrai que la joie ôte l'esprit, je cours grand risque que vous ne m'en trouviez guère. N'allez pas nous refuser... Il faut venir encore faire parmi nous lacets et vers, et prose [...][4].

Mais la déception, lorsque Mlle de Menou renonce à se déplacer, est à la hauteur de l'espérance qu'elle avait fait naître : « il n'est rien de plus cruel, parce qu'il n'eût rien été de plus aimable[5]. »

Progressivement, Mme de Murat rend sa destinataire responsable de son état de santé, qui se dégrade assez rapidement à partir d'août 1708, date de la première interruption du *Journal*. Dans le rondeau d'ouverture, la douleur, physique et morale, était déjà perceptible à travers des termes tels que « m'accable » et « me presse ». Dans la suite des articles, on trouve des expressions plus explicites, jouant sur sens propre et sens figuré, la comtesse évoquant par exemple ses « *cheugnes* à l'âme[6] », ou le « mauvais sang[7] » qu'elle se fait, loin de sa cousine. Seul le retour effectif de cette dernière, (« la joie de vous revoir », « le bonheur de revoir ma charmante cousine », « le plaisir de vous revoir », « le retour », « votre retour ») serait susceptible, selon Mme de Murat, d'entraîner sa guérison (« un spécifique admirable », « me donner de la joie et de la santé », « me rendre la santé », « guérir »), tandis qu'un simple signe

---

1   *Ibid.*, p. 3.
2   *Ibid.*, p. 80.
3   La bienvenue désigne le repas offert par les mariés le premier ou deuxième dimanche suivant les noces.
4   *J*, p. 110. Voir aussi : « Vous me rendez un rayon d'espérance sur votre retour, qui dissipe dans mon cœur de terribles nuages » (p. 149).
5   *Ibid.*, p. 169.
6   *Ibid.*, p. 57. Terme dialectal désignant « des ennuis ».
7   *Ibid.*, p. 109.

de sa part (« la part que vous prendriez [à mes maux] », « une lettre de vous », « les marques de votre souvenir »), ou, à défaut, une pensée de la comtesse pour elle, (« le plaisir de penser à vous », « l'espoir d'avoir de vos nouvelles ») ne peuvent lui conférer qu'un apaisement passager (« calmer mon mal », « soulager », « une ordonnance de M. Henry », « je m'en porte mieux de moitié », « adoucira mes douleurs »). Si quelques termes gardent une acception large, la plupart relèvent du vocabulaire médical : « J'ai trouvé en sortant du salut un vrai remède à mon mal de rate auquel je ne m'attendais pas. C'est une lettre de vous[1]. »

Il ne s'agit pas seulement pour la comtesse de constater des phénomènes psychosomatiques qu'elle subirait, ni même d'exprimer un espoir de rémission dans sa maladie. La dépendance qu'elle construit par le discours constitue aussi un argument supplémentaire pour convaincre la destinataire de revenir[2], comme le révèle par exemple cette déclaration : « j'attends votre retour pour guérir[3]. » L'insistance régulière sur l'unicité du remède (« je ne sais que le bonheur de revoir », « s'il est un bien qui puisse me rendre le bonheur, je sens précisément que c'est le retour »), ainsi que l'évocation de la nature du mal, participent également de cette suasoire[4] féminine. Entraînée dans une logique de « marchandage tragique[5] », la comtesse n'hésite pas à utiliser la perspective de sa mort comme argument suprême : « Oh dame ! revenez donc, car je veux dire mes dernières volontés, et cela presse… Vous ne sauriez me le refuser, car les volontés des mourants doivent être respectées et suivies[6]. » Et si Mlle de Menou n'est pas directement responsable de sa mort, elle pourrait l'être de son tourment dans l'au-delà : « Mourrai-je sans vous revoir, ma chère cousine ? J'y aurais grand regret et rien ne pourrait apaiser mes mânes[7]. » Dans le même temps, avoir une chance de revoir sa cousine suscite chez Mme de Murat la volonté de guérir : « il me semble que je

---

1   *Ibid.*, p. 149.

2   Mme de Murat multiplie, tout au long de l'œuvre, les arguments pouvant décider sa cousine à lui rendre visite, qu'il s'agisse de raisons extérieures à elle (spectacles, musique) ou directement liées à sa personne (plaisir, chantage, maladie).

3   *J*, p. 134.

4   Si Mme de Murat reprend certains des *topoï* de « l'amour épistolaire », leur expression reste cependant moins sophistiquée que dans les héroïdes.

5   Expression empruntée à B. Bray, « Treize propos sur la lettre d'amour », art. cit., p. 41.

6   *J*, p. 88.

7   *Ibid.*, p. 85.

serais dans mon tort de ne pas faire de mon mieux pour me conserver la vie pour vous revoir et pour vous aimer toujours[1]. »

Symétrique à cette dépendance affective, morale et physique, tantôt subie, tantôt voulue, à l'égard de sa cousine, Mme de Murat exprime le désir d'une relation très possessive : elle dit « appartenir » à Mlle de Menou, et n'a qu'un vœu, se l'approprier. De nombreuses formules adlocutives[2] rappellent le lien de parenté qui unit la destinataire à l'épistolière (« ma trop aimable cousine », « ma chère cousine », « ma belle cousine »), tandis que différentes périphrases évoquent un véritable attachement affectif, notamment dans les clausules, lieu habituel d'un style formulaire qui laisse place ici à une expression plus authentique du lien entre les deux femmes. Il est fréquent en effet que le *je* se désigne à cet endroit par des expressions du type : « la personne du monde la plus à vous », ou encore « la personne du monde qui vous aime le mieux[3] ». Les marques de la première personne disparaissent alors au profit d'un seul trait, celui qui la relie à la destinataire. Mais on trouve aussi, dans le corps même des articles, des expressions récurrentes insistant sur cette aliénation de soi : « je suis plus à vous qu'à moi-même[4] » ou encore : « on ne peut jamais être plus à vous que j'y suis[5]. »

Par un mouvement corollaire, Mme de Murat exprime le souhait que Mlle de Menou soit sienne. Ce désir étant régulièrement menacé d'échec, la comtesse l'évoque de façon parfois détournée. Elle montre un vif intérêt, dans un sentiment de compassion mêlé de jalousie, pour ce qui lui appartient : « Je suis véritablement touchée de la mort funeste de votre beau paon ; il me semble que celui qui a l'honneur d'être à vous devrait être respecté des destinées[6]. » Le plus souvent, elle tente de s'approprier ce qui relève de l'univers de sa cousine, qu'il s'agisse de vouloir habiter son donjon[7], respirer l'air de Boussay[8], ou manger les

1   *Ibid.*, p. 119. Voir aussi p. 41, 136 et p. 121 : « Je prendrai des eaux de Pougues pour n'en prendre pas si tôt du fleuve de Léthé qui ne peuvent être une boisson de mon goût puisqu'elles ôtent la mémoire et que je veux, ma chère cousine, me souvenir éternellement de vous. »
2   Terme emprunté à Bernard Bray, art. cit., p. 53.
3   *J*, p. 106, 209. Inversement, le *vous* est désigné comme « la personne du monde que j'aime le mieux » (p. 195).
4   *Ibid.*, p. 66. Voir aussi p. 111, 205, 250.
5   *Ibid.*, p. 187.
6   *Ibid.*, p. 232.
7   « Je voudrais bien pour mon carnaval occuper un coin de votre feu dans votre donjon ; ce serait un plaisir de mon goût que celui-là » (*Ibid.*, p. 284).
8   « L'air de votre donjon me vaudrait du moins l'air natal » (*Ibid.*, p. 77).

poissons des fossés de son château[1]. Autant de fantasmes d'annexion, de dévoration, de fusion et de consubstantialité pour exprimer le désir d'intimité. À défaut de pouvoir les réaliser, la diariste souhaite accaparer, en imposant à sa cousine la lecture de ses cahiers volumineux, le temps dont elle dispose (« de quoi employer au moins une heure et demie de votre temps[2] »), ainsi que son attention qui devra être entièrement tendue vers l'émettrice : « Pensez donc en le lisant qu'il vient de la personne du monde la plus à vous[3]. » Être l'objet des pensées de l'autre, tel est le *leitmotiv* de l'épistolière dont l'écriture semble réduite à sa dimension perlocutoire, devenant une stratégie destinée à solliciter la destinataire et à susciter sa réaction.

Dernière modalité de relation, et non des moindres, entre la comtesse et Mlle de Menou : la confusion des personnes au quotidien. Mme de Murat se met volontiers à la place de sa cousine (« Je prends part à tous vos plaisirs, et que pourrait-il vous arriver où je n'en prisse point[4] ? ») et anticipe ses réactions (« [ce] petit livre qui sera fort de votre goût, et je suis sûre que vous aimerez » ; « vous l'avez pensé, j'en suis sûre[5] »). Mais elle sollicite également l'empathie de sa destinataire (« mettez-vous à ma place, figurez-vous une personne qui vous aime de tout son cœur[6] »), et insinue parfois une équivalence entre elles, comme on peut le voir à propos des livres, ici *Le Légataire*, qu'elle expédie à la destinataire : « Vous dire que je l'ai, c'est vous dire que vous l'aurez puisque rien ne m'est si doux que de contribuer à vous amuser[7]. » Par ailleurs, la comtesse incite Mlle de Menou à un échange des rôles en lui proposant également des poèmes à chanter : « En voici sur un air que tout le monde sait et que je vous prie de chanter pour l'amour de moi[8]. » De l'appropriation du texte par le biais de la mise en voix résulte alors une inversion des marques personnelles, le *vous* disant à son tour *je*. Françoise Voisin-Atlani rappelle le principe de cette relation spéculaire propre au dialogue :

---

1   « ces beaux poissons de vos fossés dont je voudrais bien avoir ma part ; le moyen qu'ils m'eussent fait mal ? Ils m'auraient plutôt guérie ! » (*Ibid.*, p. 108).
2   *Ibid.*, p. 48.
3   *Ibid.*, p. 106.
4   *Ibid.*, p. 222.
5   *Ibid.*, p. 135 et 31.
6   *Ibid.*, p. 88.
7   *Ibid.*, p. 184.
8   *Ibid.*, p. 5.

En établissant ainsi la réversibilité des places dans l'instance du discours, l'intersubjectivité dialogale permet de définir l'interlocuteur comme un co-énonciateur, réduisant par là, l'autre au même. *Alter* est toujours transcendé par *ego*[1].

Mais Mme de Murat se montre encore plus audacieuse, persuadée qu'elle est de mieux comprendre sa cousine que celle-ci ne se connaît : « vous ignorez apparemment ce que vaut votre souvenir. Pourquoi ne vous connaissez-vous pas vous-même ? Devez-vous négliger ainsi de connaître la plus aimable personne qui soit dans l'univers[2] ? » Le *moi* devient, pour l'autre, le lieu de la découverte de soi. « *Nosce te ipsum* », dit Mme de Murat à sa destinataire qui pourra observer son reflet dans l'écriture des articles qu'elle reçoit.

Ce rêve de transparence des cœurs et des consciences se heurte bien sûr à la réalité, qui se rappelle à la comtesse. C'est pourquoi, tout en souhaitant une égalité entre elles par la sensibilité, elle reproche à sa cousine son indifférence : « je crois que vous ne pleureriez brin mon trépas ; qu'en dites-vous ? Vous êtes de mon opinion, n'est-ce pas ? Corrigez-vous s'il vous plaît, de cette insensibilité[3]. » L'attaque se fait parfois plus dure, non sans humour malgré tout : « Vous êtes vraiment bienheureuse, vous, de n'avoir des rochers que dans le cœur : ils ne sont incommodes que pour les autres et vous ne vous en embarrassez pas[4]. » Mme de Murat ne cesse ainsi de se comparer à sa cousine, soulignant sa supériorité par rapport à cette dernière : « vous dormez à présent. Pour moi, le repos n'est pas si cher que le plaisir de penser à vous[5]. » Mais ce même amour la fait se résigner à accepter cette différence : « Je vous aime trop pour souhaiter que vous me regrettiez autant que je vous regrette car vous auriez trop de chagrin[6]. »

Au fil des cahiers du *Journal*, la présence virtuelle de Mlle de Menou, plus forte que la réalité, enlève ainsi toute autonomie à la conscience qui ne se définit plus que par la co-occurrence *je-vous* au sein d'une relation inégale, dont la dimension fantasmatique semble toujours plus grande.

---

1   F. Voisin-Atlani, « L'instance de la lettre », dans Jürgen Siess (dir.), *La Lettre, entre réel et fiction*, Paris, Sedes, 1998, p. 99.

2   *J*, p. 210.

3   *Ibid.*, p. 72-73.

4   *Ibid.*, p. 96. Les rochers dont parle Mme de Murat sont les calculs qui obstruent ses reins.

5   *Ibid.*, p. 152.

6   *Ibid.*, p. 176.

Les indices de l'émergence d'une conscience féminine, au sein de l'ensemble de l'œuvre de Mme de Murat, sont manifestes, qu'il s'agisse de la démarche inductive que propose la comtesse en annonçant le récit de sa vie pour réfuter la *doxa* sur les femmes, ou de sa volonté de poursuivre l'objectif de justification du sexe féminin, en multipliant les témoignages par l'accumulation de récits qui se font écho ou qui adoptent souvent une structure enchâssée.

Le lecteur observe cependant la redondance d'une même histoire dont les protagonistes ne sont que des doubles fictionnels, voire des *alter ego* répondant à la quête de soi en l'autre, quête qui n'exclut pas les dimensions affective et fantasmatique. L'évocation d'un féminin pluriel, pouvant faire croire à un élargissement du propos en lien avec la défense des femmes, n'est donc jamais séparée d'une affirmation de soi de manière obsessionnelle, dans des genres que la comtesse subvertit, qu'il s'agisse des mémoires, des contes ou du journal, afin de proposer un discours qui, la reliant à d'autres femmes, lui permette aussi (et peut-être d'abord) de parler d'elle[1].

---

1   Si cette conclusion rejoint les analyses de C. Winn sur la dimension autoréférentielle de la polémique féminine (voir « Les femmes et la rhétorique de combat : argumentation et (auto)-référentialité », dans *Femmes savantes, savoirs des femmes, op. cit.*, p. 39-51), elle s'en distingue par la mise en évidence du caractère obsessionnel et fantasmatique de la quête de Mme de Murat.

LE QUESTIONNEMENT DU PROJET
DE DÉFENSE DES FEMMES :
AMBIGUÏTÉ ET REDOUBLEMENT DU PROPOS

Plusieurs éléments, tels que la variété des genres ou encore la multiplicité des scénarios de réplique face à la menace patriarcale et masculine, sont déjà apparus au fil de l'analyse, incitant le lecteur à une certaine prudence dans l'affirmation d'une adéquation de l'œuvre à un discours au féminin auquel la cause du beau sexe donnerait toute son unité.

Plus largement, on observe que le projet de défense des femmes, tout en étant affirmé avec force comme nous l'avons vu dans les chapitres précédents, est doublé par la comtesse elle-même d'une interrogation sur son efficacité, voire sur son intérêt, de sorte que l'œuvre semble porter son propre questionnement. En effet, Mme de Murat se montre lucide sur le faible impact de son propos, et analyse les obstacles qui en constituent la limite. Le discours au féminin comporte ainsi l'expression de multiples contrariétés qui en menacent l'unité, mais qui contribuent aussi à prolonger la dénonciation d'une autre manière. Nous verrons alors que le choix majoritaire de la fiction, dans l'œuvre publiée, se révèle particulièrement propice à l'expression de cette ambiguïté du discours où rien ne semble laissé au hasard.

LES TENSIONS DU DISCOURS AU FÉMININ

Mettant en évidence la force des préjugés qui réduisent les femmes à une certaine impuissance, la comtesse insiste sur l'assujettissement des héroïnes aux lois de la société, au point de remettre en cause le sens d'une riposte condamnée à rester illusoire. Mais ce qui peut apparaître l'expression d'un découragement constitue aussi une forme de dénonciation, renforçant le propos et faisant entendre parfois même un discours plus subversif.

LA REMISE EN CAUSE DE LA RIPOSTE
ET LE REDOUBLEMENT DU PROPOS

Le sentiment d'impuissance

L'idée d'impasse est exprimée dans un grand nombre d'énoncés des *Mémoires* soulignant le tragique de la situation de bien des femmes, dont la culpabilité s'avère établie d'avance, au point que leur comportement ou leurs actions ne semblent avoir aucune incidence sur les préjugés qui les visent. C'est alors la figure de l'antithèse qui domine, combinée avec des structures comparatives (« j'éprouvai alors qu'une femme ne risque *pas plus* sa réputation en témoignant une passion qu'elle ne sent point, *qu*'en faisant connaître qu'elle n'aime pas[1] »), ou encore des constructions concessives (« *Quelque* sagesse *que* puisse avoir une femme, elle ne saurait éviter la médisance et la calomnie quand elle est assez malheureuse pour être aimée par de malhonnêtes gens » ; « *Quoiqu*'il parût coupable, je ne passai pas pour innocente[2] »). Déplorant que les femmes n'aient pas de prise sur les événements, la comtesse met ainsi au jour de véritables paradoxes.

Par ailleurs, si une revendication, et non plus une simple constatation, est énoncée, elle est aussitôt doublée d'un énoncé qui en signale le faible impact :

> Pour moi, je n'étais pas de l'opinion de ceux qui croient que le bien doit être la règle des mariages [...] ; mais la générosité n'est point une vertu dont les hommes s'imaginent qu'on doive se piquer en se mariant, on regarde cet engagement comme un commerce, où l'on ne doit se proposer que le profit et l'intérêt[3].

---

1   *MdeM*, II, p. 6-7. Voir aussi : « je m'estimais malheureuse, car enfin le zèle désintéressé de Saint-Albe me faisait *autant* de tort, *que* m'en avait fait le caractère de ceux qui m'avaient aimée avec moins de délicatesse » (II, p. 34).

2   *Ibid.*, I, p. 350 et II, p. 297. Voir aussi : « *quelque* décriée que soit une femme, elle ne se croit jamais aussi décriée qu'elle l'est » (I, p. 191).

3   *Ibid.*, II, p. 283-284.

Alors même qu'est proposé d'introduire dans la relation conjugale d'autres valeurs que celles de l'argent, le terme de « générosité[1] » est entouré de phrases à la modalité négative qui en tempèrent l'efficience.

S'ajoute encore le pessimisme de Mme de Murat, qui lui interdit de concevoir tout bonheur dans la durée[2]. La mort prématurée de Saint-Albe, époux modèle, est l'occasion de vérifier cette loi :

> [...] jamais homme n'a accompagné sa tendresse de plus d'égards et d'agréments ; mais enfin les hommes ne sont point faits pour jouir dans le monde d'un bonheur pur, et qui soit de longue durée[3].

La même idée est reformulée dans « Jeune et Belle » à l'aide d'interrogations rhétoriques sollicitant l'acquiescement du lecteur : « tout était sacrifié à l'heureux Alidor. Mais un bonheur si doux peut-il durer longtemps sans trouble[4] ? » On trouve encore la modalité exclamative au début du « Bonheur des moineaux » : « Que c'est un destin rigoureux / De n'avoir point de biens durables ! / Tous les plaisirs sont courts, autant qu'ils sont aimables[5] ! » Au-delà du malheur en amour, de façon plus générale, c'est l'instabilité de la fortune que Mme de Murat dénonce.

Elle suggère également le caractère illusoire de toute forme de riposte. Il ne s'agit certes pas d'exprimer un repentir[6], mais plutôt de prendre la

---

1   La notion de « générosité » se retrouve dans le conte du « Parfait Amour ». Le héros ne profite pas de son mariage pour céder à l'appât du gain : « Parcin Parcinet, aussi généreux que fidèle, ne voulut reprendre que le royaume de son père, et laissa régner Azire dans ceux de Danamo » (*BGF* vol. 3, p. 83).

2   Ce pessimisme participe de l'assombrissement de la représentation de l'amour à partir des années 1670, mais ne porte pas la marque d'une influence augustinienne, la comtesse de Murat se situant en dehors de ces considérations.

3   *MdeM*, II, p. 303.

4   « Jeune et Belle », *BGF* vol. 3, p. 135.

5   « Le Bonheur des moineaux », *Ibid.*, p. 405. Voir aussi : « elle était heureuse, mais les mortels peuvent-ils conserver un bonheur constant ? » (« Anguillette », *Ibid.*, p. 109) ; ou encore : « on ne peut en cette vie goûter des plaisirs durables » et « tout finit » (*V*, p. 80, 193). On retrouve ce thème dans la fin dysphorique du conte « L'Île de la Félicité » de Mme d'Aulnoy : « Que le Temps vient à bout de tout et qu'il n'est point de félicité parfaite » (*BGF* vol. 1, p. 145).

6   Mme de la Guette (1613-1676), qui épousa secrètement l'homme qu'elle aimait contre la volonté de son père, resta au contraire rongée de remords : « Je ne conseillerai jamais à aucune fille de faire ce que j'ai fait, car j'ai connu depuis que c'est une grande faute que la désobéissance sur le fait du mariage [...]. J'en ai demandé pardon à Dieu du plus profond de mon âme » (*Mémoires de Mme de la Guette écrits par elle-même*, [1681], éd. établie par M. Cuénin, Paris, Mercure de France, 1982, p. 54).

mesure du pouvoir oppressif de la société patriarcale. Ainsi, en avouant ses désirs de vengeance, l'héroïne narratrice des *Mémoires* ajoute, à l'irréel du passé : « au lieu que j'aurais dû comprendre que les apparences ayant donné sujet à la calomnie, je ne devais songer qu'à les mieux garder[1]. » La récurrence du verbe « devoir » évoque bien l'injonction sociale dont la comtesse exprime la force pour mieux souligner l'impuissance à laquelle est vouée la contestation féminine. Ce faux dilemme entre riposte et conformité au comportement attendu est formulé de façon plus théorique après l'épisode de la fuite du domicile conjugal :

> Cependant ma réputation était cruellement attaquée : je connus alors, que de tous les partis que puisse prendre une femme innocente ou coupable, le plus mauvais est de sortir de la maison de son mari. Mais après tout, quelque contraire que fût ce parti à ma réputation, il semblait nécessaire à mon repos ; et je croyais que mon repos devait m'être plus cher que ma gloire. C'était sans doute une illusion, car on ne peut perdre l'un sans l'autre ; et il ne faut pas qu'une honnête femme espère de repos quand elle néglige le soin de sa gloire. Ce sont les extrémités où nous réduit le mariage. Eh ! qui est-ce qui voudrait s'y engager, si l'on considérait qu'il n'y a point d'autre remède pour une femme malheureuse, que de souffrir sans oser même se plaindre de ses souffrances, ni chercher les moyens de s'en délivrer ? Mais comme en me mariant, je n'avais pas compris que je dusse me rendre malheureuse, je ne m'attachai qu'à me mettre en liberté ; et je puis dire même que moins je voyais de fondement aux bruits qu'on répandait contre ma gloire, plus je me sentais de résolution et de courage à les mépriser[2].

Partant du constat que quitter le foyer conjugal a de redoutables conséquences sur la réputation d'une femme, elle en déduit que la hiérarchie des valeurs entre repos et gloire n'est pas celle qu'elle pensait. La seconde est à privilégier sur la première, car le choix inverse reviendrait à tout perdre, le mépris de la gloire entraînant de toute façon la fin du « repos ». Autrement dit, la femme est réduite à sauvegarder les apparences dans le souci de sa bonne réputation. Mais la comtesse n'invite pas en réalité à ce comportement de soumission passive. Le fruit de l'expérience consiste plutôt à mettre en garde devant un engagement synonyme de malheur dans un monde où la vertu est une exigence sociale pour les femmes. Les *Mémoires* prennent alors ici une valeur prospective, s'adressant à celles qui n'ont pas encore pris le chemin du mariage, tout en proposant une réflexion sur la possibilité même de se rebeller.

---

1   *MdeM*, I, p. 192.
2   *Ibid.*, I, p. 129-132.

Certains passages expriment de façon encore plus nette une remise en cause de l'idée de riposte, qui serait un mauvais conseil donné par des personnes irréfléchies :

> J'avoue que si j'eusse été moins appuyée, j'aurais plus volontiers écouté les offres que mon mari me faisait faire ; mais tous ceux qui m'approchaient m'en détournaient, les uns par intérêt, et les autres parce qu'ils ne se donnaient pas la peine de me faire voir les inconvénients d'un dessein dans lequel je courais risque de ne pas réussir [...]. Il n'y avait que Mlle Laval qui me parlât sans flatterie : elle me disait tous les jours que je ne pouvais prendre un meilleur parti que de vivre avec mon mari ; et elle me représentait que je devais du moins écouter les propositions avantageuses qu'il me faisait faire [...]. Je n'avais point encore compris comme elle, que jamais la réputation d'une femme n'est en sûreté, lorsqu'elle vit éloignée de celui à qui il a plu à Dieu de l'unir. Je pensais au contraire que je serais heureuse si je pouvais obtenir ma séparation, et c'est à quoi je croyais devoir uniquement travailler[1].

Si l'avant-dernière phrase formule un constat comparable à ceux précédemment cités, et dont l'ironie est renforcée par l'utilisation d'une périphrase à connotation religieuse[2] pour désigner l'époux, la première partie de l'extrait fait douter le lecteur des positions exactes de Mme de Murat qui va jusqu'à parler d'aveuglement, dans un autre passage, en évoquant son projet de séparation[3]. Comble de l'amertume ou de la provocation ? Un peu plus loin dans le récit, l'héroïne tente pourtant d'écouter Mlle Laval et accepte de rejoindre son mari. Mais ce dernier n'est plus disposé à la rencontre :

> Mlle Laval qui essayait de me mettre dans le goût de me réconcilier avec mon mari, me pressa tant d'écouter les propositions qu'il m'avait fait faire, que j'envoyai chercher Montalzac, il vint, mais il me dit que mon mari avait changé de volonté, que le voyage de Marlou l'avait fort éloigné d'un accommodement. Je témoignai à Montalzac que j'étais fâchée que mon mari fût dans cette disposition, parce que j'étais dans une résolution sincère de me réconcilier avec lui[4].

---

1   *Ibid.*, I, p. 354.

2   Allusion rare chez Mme de Murat.

3   « Quelque embarras que me donnât ce contretemps, je dis à Mademoiselle Laval qu'elle devait obéir à son mari ; et je lui fis là-dessus des leçons que j'aurais plutôt dû pratiquer qu'elle. Mais ce n'est pas la première fois qu'on a vu des gens aveugles pour eux-mêmes, être fort éclairés à l'égard des autres » (*MdeM*, I, p. 202).

4   *Ibid.*, II, p. 20.

Si le contretemps que rapporte la narration traduit un certain échec de la réplique féminine[1], n'exprime-t-il pas davantage l'impossible ajustement entre hommes et femmes ?

La soumission féminine

Mme de Murat met également en valeur les multiples dépendances qui entravent la liberté des héroïnes prises au piège de l'autorité masculine. La relation aux hommes paraît en effet informée par la crainte du conflit chez celles qui n'ont souvent d'autre choix que de respecter les normes sociales. Dès lors, la conscience féminine semble céder une partie d'elle-même à autrui.

En effet, les héroïnes n'envisagent pas, ou que difficilement, d'opposer volonté paternelle et passion amoureuse[2]. Ainsi, dans *Les Lutins*, Mlle de Livry, future Mme de Briance, exprime une position qui résonne comme un idéal, à savoir concilier choix du père et désir du cœur. Elle espère en effet cette convergence de points de vue au sujet du jeune comte qu'elle aime :

> Tourmeil était aimable et d'une naissance égale à la mienne. Qui me défend d'espérer, disais-je en moi-même, d'être un jour très heureuse par le penchant

---

1   C'est une autre approche que propose Mlle Lhéritier à ce sujet, prêchant une morale toute pragmatique pour justifier l'intérêt pour une femme de ne pas faire d'éclat : « Considérez, poursuivit Elismène, combien une femme de votre âge et de votre humeur se lasse promptement de mener une vie solitaire entre quatre murs ; cependant, ajouta-t-elle, quand une aussi jeune personne que vous ne veut plus vivre avec son époux, il n'y a pas d'autre parti à prendre pour elle que celui de se retirer du monde, si elle est scrupuleusement attachée à sa gloire ; ainsi n'allez pas mal à propos vous engager dans un divorce dont la vie ennuyeuse que vous mèneriez dans une austère retraite vous ferait bientôt repentir. Continuez à vivre dans la vertu solide et dans l'exacte bienséance, comme vous avez toujours vécu ; et quelque juste fierté que l'innocence de vos mœurs vous puisse inspirer, n'opposez aux calomnies et aux emportements de Dinocrite que la douceur et la patience, vous serez louée et plainte de tout le monde ; du reste, cherchez à dissiper les chagrins que vous donnera l'étrange humeur de votre époux, par tous les innocents plaisirs que vous pourrez prendre avec moi et avec toutes vos amies » (« La Robe de sincérité », *BGF* vol. 2, p. 223).

2   A. Burguière et F. Lebrun notent que tout le théâtre du XVIIe siècle met en scène « les deux exigences de la doctrine post-tridentine en matière de mariage : le libre consentement des conjoints et l'autorité des parents. Deux principes dont l'affrontement – provisoire ou insoluble – dans l'imaginaire désigne peut-être la nécessité du compromis dans la réalité » (*La Famille en Occident du XVIe au XVIIIe siècle : le prêtre, le prince et la famille*, Bruxelles, Paris, Complexe, 2005, p. 92).

que j'ai pour Tourmeil ? Mon père cherche pour moi un parti plus avantageux que ceux qui se sont présentés, il remarquera sans doute son mérite[1].

Ce monologue intérieur, où le *je* peine à s'affirmer, laissant la place à un *il*, révèle bien une forme de dépendance de l'esprit et de l'être. Cette interférence est exprimée encore plus clairement, quelques pages plus loin, alors que l'héroïne croit, à tort, qu'elle se mariera avec Tourmeil : « je le regardais comme un époux, choisi par mon père et par mon inclination[2]. » La coordination est en réalité une subordination au père dont le terme est placé en première position.

De son côté, la jeune fille des *Mémoires* recherche la même entente avec son père quand elle tente de lui proposer un arrangement à sa façon, rentrant ainsi dans la négociation afin de concilier argent et inclination :

Je ne me plaignis point à mon père de ce qu'il cherchait par mon mariage à mettre ordre à ses affaires ; mais je ne pus m'empêcher de lui dire, que j'étais fâchée qu'il ne m'eût pas plutôt appris l'intérêt qu'il avait de me marier, parce que j'étais persuadée que si on avait voulu me donner au marquis de Blossac, il aurait été assez généreux pour s'obliger, en m'épousant, de payer cette dette[3].

À l'expression du souhait d'une coïncidence entre parole paternelle et aspirations féminines correspond, logiquement, celle d'un malaise lorsqu'il y a conflit ou transgression, comme l'illustre la divergence de points de vue, dans *Les Lutins*, des deux sœurs de Kernosy à propos de phénomènes étranges perturbant la vie du château. L'une y voit l'occasion d'aventures amoureuses, tandis que l'autre est beaucoup plus réservée[4]. Si le contraste entre enjouement et mélancolie ne fait que reprendre des lignes de caractère déjà développées par Mlle de Scudéry[5], il traduit également deux attitudes, l'élan d'une liberté et la peur d'affronter l'autorité de la vicomtesse.

Le trouble occasionné ne se manifeste pas seulement par une réflexion hésitante, mais se traduit aussi dans les gestes. C'est ce qu'exprime la conteuse dans « Le Parfait Amour », en retranscrivant l'allure indécise

---

1   *L*, p. 117.
2   *Ibid.*, p. 167.
3   *MdeM*, I, p. 89.
4   On observe la même opposition entre les deux personnages féminins dans *Le Sylphe amoureux*.
5   Mlle de Scudéry oppose ainsi la mélancolique Clélie et l'enjouée Plotine.

de la princesse Irolite sommée par son amant Parcin-Parcinet de s'enfuir avec lui. Après avoir invoqué le souci de sa réputation (« Quoi ! je partirais avec vous, reprit avec étonnement la jeune princesse, et que dirait tout ce royaume de ma fuite[1] ? ») elle consent difficilement à faire fi des conventions et à désobéir aux ordres de la reine Danamo qui la retient séquestrée :

> Irolite parut, marchant d'un pas chancelant et appuyée sur Mana : cette jeune princesse faisait cette démarche avec peine, il avait fallu toutes les cruautés de Danamo et toutes les mauvaises qualités d'Ormond pour l'y résoudre, l'amour seul n'aurait peut-être pas suffi[2].

Associant marche et démarche, la conteuse suggère la traduction somatique de la transgression.

De manière plus complexe, la comtesse montre à quel point les femmes ont tendance à se considérer elles-mêmes comme objets, voire à revendiquer cette place, tout en en jouant. On observe ce processus notamment dans « Le Roi Porc ». La princesse Ondine, enlevée par le fleuve Pactole, n'accepte de suivre la fée Bienfaisante venue la délivrer de cet amant importun, qu'en invoquant la figure paternelle :

> puisque vous me promettez, madame, de me remettre entre les mains du roi mon père, je n'ai plus rien à souhaiter[3].

Les propos qu'elle adresse au fleuve Pactole qui la presse d'accepter son amour sont encore plus explicites :

> Seigneur [...], je vous ai déjà dit que je ne m'étais pas attendue de disposer de moi sans le consentement du roi mon père, et je croyais qu'après m'avoir remise entre ses bras, vous m'obtiendriez de lui dans les formes ordinaires, et de cette manière je ne me serais point opposée à vos désirs légitimes[4].

Le pronom de la première personne se retrouve en position de complément, et la princesse refuse de se prononcer, faisant doublement dépendre son

---

1   « Le Parfait Amour », *BGF* vol. 3, p. 63. Voir aussi « Le Turbot » : « Merline fut long-temps incertaine, tantôt elle voulait bien aller à l'île des Roches, une autre fois elle voulait chercher un asile chez le roi Merlin ; j'étais au désespoir de toutes ses irrésolutions » (*Ibid.*, p. 328).
2   « Le Parfait Amour », *Ibid.*, p. 70.
3   « Le Roi Porc », *BGF* vol. 3, p. 219.
4   *Ibid.*, p. 215.

destin de la décision du père et du désir du prétendant. Affirmation qui s'oppose cependant à l'aveu que fait la jeune fille à sa confidente, au sujet de son amour pour un jeune prince dont elle a aperçu le portrait : « non, je ne puis consentir à me donner à un autre qu'au charmant objet de ma passion[1]. » L'invocation de la figure paternelle constituerait-elle alors une stratégie évitant de donner une réponse à celui qui la menace ? Toujours est-il que cet échange révèle aussi la difficulté pour l'héroïne de s'affirmer publiquement, désemparée par une liberté inédite que lui confère paradoxalement Pactole, personnage ambigu dont l'autorité dépasse celle du père :

> Madame, répliqua le fleuve, les dieux n'en usent pas comme les hommes, et ils sont en droit de se satisfaire sans le secours de leur volonté[2].

La comtesse traduit ainsi l'oscillation de la princesse entre soumission et apprentissage de la liberté, entre feinte et affirmation de soi[3].

L'injonction sociale de la réputation

L'écriture des *Mémoires* révèle aussi le combat des femmes aux prises avec les exigences sociales liées à la réputation. Le discours de la comtesse sur les bruits qui la concernent se révèle en effet paradoxal, puisqu'elle leur attache une grande importance tout en affirmant régulièrement ne pas vouloir en tenir compte.

Plusieurs expressions montrent ainsi comment la calomnie l'atteint personnellement, suscitant en elle toutes sortes de sentiments (« Néanmoins,

---

1   *Ibid.*, p. 215.
2   *Ibid.*, p. 215.
3   On pourrait citer aussi « Le Prince des Feuilles » : Ravissante, retenue prisonnière par une fée et son neveu, refuse d'abord de répondre à l'invitation du prince à partir avec lui : « Ravissante ne put se résoudre à suivre le prince des Feuilles dans son empire ; malgré la crainte qu'elle avait du pouvoir de la fée et les conseils de son amour, elle se flattait que sa constance à refuser les vœux d'Ariston le résoudrait peut-être à cesser de l'aimer, et que la fée la rendrait au roi son père, dont le prince des Feuilles pourrait l'obtenir » (*Ibid.*, p. 167). « Rendre » et « obtenir », tels sont les deux mouvements inverses qui ont en commun d'évoquer la manipulation, au sens propre du terme, dont la jeune fille est l'objet, même si le respect dû à l'autorité du père peut apparaître aussi comme un argument permettant d'opposer au prince un refus, celui de se faire enlever sans autre formalité. Claude Dulong interprète la pudeur des héroïnes comme « la crainte informulée et peut-être inconsciente de la sujétion, la résistance à la fatale domination de l'homme, telle que le siècle la voulait » (« Femmes auteurs au Grand Siècle », *PFSCL* XXII, 43, 1995, p. 401).

quand je pensais à tout ce qu'on disait dans le monde de Saint-Albe et de moi, je m'affligeais, et je m'estimais malheureuse » ; « Cependant je méritais une autre réputation[1] »), dictant son comportement (« Ce bruit me parut si injurieux pour ma réputation, et pour celle de Saint-Albe, que je ne balançai point pour le faire cesser, à prendre la résolution de ne plus voir Saint-Albe ni sa femme[2] »), ou orientant ses propos (« comme si j'eusse voulu me justifier de tout ce qu'on avait publié de Saint-Albe et de moi, je dis qu'à la vérité j'en étais aimée[3] »).

Pourtant, elle se montre très consciente des mécanismes de la calomnie dont elle identifie plusieurs causes, comme les préjugés (« me trouvant dans une situation à autoriser tout ce qu'on voudrait dire de moi. Dès qu'une femme vit séparée de son mari, elle donne des armes contre elle, et on ne croit pas lui faire une grande injure de soupçonner de sa conduite[4] »), mais aussi des considérations financières (« j'étais riche, et mes richesses avaient effacé le souvenir de tout ce qu'on avait inventé pour me perdre[5] »), le désir de vengeance des médisants, le chantage qu'ils exercent ou encore la « fausse gloire[6] » qu'ils peuvent en tirer, autant d'analyses qui supposent une prise de distance de sa part.

C'est pourquoi, à plusieurs reprises, elle accompagne les calomnies qu'elle rapporte d'expressions qui en minorent la portée :

> on dit qu'on m'avait chassée de la chambre du duc de Candale comme un objet fatal à sa conscience ; [...] j'étais peu touchée de ces bruits. Comme je n'avais rien à me reprocher je crus devoir les négliger ; et il ne faut pas s'étonner si je ne pris pas dans la suite plus de précautions que je n'en avais prises jusque-là[7].

La conscience de l'inanité des propos véhiculés l'incite même à les ignorer : « et je puis dire même, que moins je voyais de fondement aux bruits qu'on répandait contre ma gloire, plus je me sentais de résolution et de courage à les mépriser[8]. »

---

1   *MdeM*, II, p. 33-34 et 228. Voir aussi I, p. 192.
2   *Ibid.*, II, p. 227.
3   *Ibid.*, II, p. 23-24.
4   *Ibid.*, II, p. 42.
5   *Ibid.*, II, p. 110-111. L'héroïne reçoit un gros héritage à la mort de son frère.
6   *Ibid.*, I, p. 189.
7   *Ibid.*, II, p. 116-117.
8   *Ibid.*, I, p. 132.

La comtesse va jusqu'à rejoindre le camp des moralistes qui dénoncent le théâtre du monde. Pour elle, cela aurait été faire preuve de duplicité que de vouloir faire correspondre ce qu'elle dit être et son image :

> mon innocence m'empêcha toujours de m'observer, et fut la première cause des atteintes que reçut ma réputation ; j'aurais étudié davantage les apparences si j'avais eu le cœur plus déréglé, mais l'hypocrisie et la grimace me paraissaient les plus indignes de tous les vices, j'ignorais combien on en a besoin dans le commerce du monde[1].

Commentaire qui sonne comme une désillusion de celle qui feint de découvrir que la conscience n'est pas le seul tribunal de soi, mais que le regard du monde en est un beaucoup plus redoutable, et même pervers puisqu'il impliquerait un jeu de rôle sous prétexte d'unité.

Si toutes ces réflexions révèlent autant la volonté que l'impossibilité de faire fi du « qu'en dira-t-on ? », reste que l'écriture même des *Mémoires* témoigne de l'injonction qu'est la réputation pour une femme du XVIIe siècle, et plus particulièrement de la dépendance vis-à-vis d'autrui d'une noble comtesse dont la vie fait scandale. Le malaise même qu'elle exprime à travers ses propos sur le jugement et la parole d'autrui révèle le caractère crucial de ces derniers dans l'élaboration de son identité.

On mesure donc à quel point la figure paternelle et les règles de la société patriarcale s'interposent dans l'espace de décision des jeunes héroïnes, prisonnières d'un comportement convenu et d'un discours attendu[2]. L'aliénation de la conscience se traduit par une scission intime, figurée par une syntaxe souvent complexe de la phrase. Si Mme de Murat entend suggérer que les femmes ont aussi à dépasser les préjugés, elle dénonce de plus belle l'emprise sociale. Le texte ne cesse alors de prendre de nouveaux départs.

---

1   *Ibid.*, II, p. 117-118.

2   C'est ce que suggère aussi Mlle Lhéritier dans « La Robe de sincérité » : « Elle assura Téléphonte qu'elle ne savait ni aimer ni haïr, mais qu'elle savait seulement obéir ; puis avec un redoublement de rougeur, elle ajouta qu'à son égard, il avait tort de craindre son aversion puisqu'un prince tel que lui était plus propre à faire naître l'estime que la haine » (*BGF* vol. 2, p. 201). Voir aussi les propos que Mme d'Aulnoy fait tenir à une princesse : « Si j'étais la maîtresse de ma destinée, lui dit-elle, le parti que vous me proposez serait celui que j'accepterais : mais je suis comptable de mes actions au roi mon père ; il vaut mieux souffrir que manquer à mon devoir » (« Gracieuse et Percinet », *BGF* vol. 1, p. 164).

DE L'AMBIGUÏTÉ DU DISCOURS À LA TENTATION DE LA SUBVERSION

En exprimant la difficulté de son entreprise, Mme de Murat fait rebondir la dénonciation, le lecteur prenant conscience de l'ampleur de la tâche. Cependant, l'ambiguïté du discours comporte aussi une dimension subversive, au-delà des revendications féminines convenues sur la relation matrimoniale.

Le désir d'être aimée

L'ambiguïté du discours reflète d'abord celle du comportement : loin de tout engagement, de toute parole donnée ou de toute morale, c'est le désir d'être aimée qui semble l'un des principaux mobiles de l'action féminine dans l'œuvre de la comtesse.

L'héroïne des *Mémoires* se rapproche en effet régulièrement de l'homme dont elle se sent le plus aimée. Ainsi, elle renonce très vite à tenir le rôle romanesque de femme toute-puissante qu'elle voulait se donner auprès de Blossac, après s'être laissé ébranler par les aveux de ce dernier :

> J'oubliais alors tout ce que les romans m'avaient appris de la fierté de leurs héroïnes ; je me mis à pleurer, et lui demandant pardon de l'avoir fâché, je l'assurai que je lui donnai mon cœur, et que je ne lui dirais jamais rien qui pût le mettre en colère. Il fut ravi de me voir si touchée […]. Je craignais tant qu'il ne m'aimât point, qu'ayant trouvé moyen avant que de nous quitter, de lui demander s'il était encore fâché, je l'obligeai à me jurer qu'il m'aimerait toute sa vie. C'est ainsi que je me livrais sans le savoir à la fatale passion qui a troublé depuis mon repos : je n'avais souhaité de voir Blossac que pour avoir la gloire de le soumettre à mes lois ; et je me soumis réellement aux siennes […][1].

Par la suite, c'est un schéma très instable du triangle amoureux qui se dessine dans l'œuvre, la jeune femme ne cessant d'osciller entre mari et amant. Ainsi, après avoir quitté le foyer conjugal en raison des mauvais traitements qu'elle y recevait, elle nuance les reproches qu'elle adressait au départ à son mari, se montrant même disposée à le retrouver, après la trahison de Blossac qui ne lui porte aucun secours :

> Dès que j'eus reçu la lettre dont je viens de parler, et qu'elle eut causé en moi un si soudain changement, tout *commença* à prendre à mes yeux une

---

1   *MdeM*, I, p. 31-32 et 33-37.

face nouvelle. Je ne trouvai plus les manières de mon mari aussi odieuses qu'elles m'avaient paru ; je me blâmais même de l'avoir quitté, et j'eus autant d'impatience de l'arrivée de mon père, que j'en avais eu de crainte. Je ne me sentis aucune répugnance à faire ce qu'il me venait proposer ; et je ne regardai plus les malheurs que j'avais tant appréhendés que comme des effets d'une vaine terreur[1].

L'écriture accumule les constructions antithétiques, figurant les multiples rebondissements de la narration, que ponctue la récurrence du verbe « commencer » à chaque nouvelle étape du parcours sentimental de l'héroïne. En effet, c'est au moment où elle s'apprête à rentrer chez son mari que Sauvebeuf, ami de Blossac, vient l'enlever pour la sauver des violences domestiques dont il a été prévenu :

Ainsi, par un contretemps le plus fâcheux qui fût jamais, je me vis arrachée des mains de mon mari dans le temps que je *commençais* à l'aimer[2].

Devant la fureur de son mari qui la croit complice de ce chevalier servant, l'enthousiasme de l'héroïne à rejoindre le foyer conjugal retombe alors, comme le suggère encore cette déclaration :

[…] je *commençais* aussi à n'avoir plus le même goût pour mon mari, parce que je sentais que Sauvebeuf ne m'était plus indifférent[3].

Loin des scrupules moraux de *La Princesse de Clèves*, la comtesse parvient à donner à l'inconstance féminine, voire au libertinage féminin, la forme d'un scénario dans lequel la femme, qui apparaît toujours comme victime d'un homme, se trouve de ce fait incitée à se rapprocher d'un autre.

C'est aussi le désir d'être aimée qui est mis en scène dans le conte « Anguillette », même s'il évolue de ce fait vers la nouvelle tragique. La princesse Ilérie n'écoute que ce que lui dicte son cœur pour entraîner Atimir à rompre l'engagement qu'il a pris d'épouser Hébé, sa rivale :

---

1   *Ibid.*, I, p. 149-151. Voir aussi, lorsque l'héroïne retrouve son mari en présence de son père : « J'avoue qu'il me fit pitié par la manière dont il m'aborda ; et ce fut la première fois que je crus reconnaître qu'il m'aimait : jusque-là mes yeux avaient été comme fascinés par la prévention que j'avais eue pour Blossac, et je sentis ce que je n'avais point encore senti pour lui » (p. 154-155).

2   *Ibid.*, I, p. 161.

3   *Ibid.*, I, p. 174. De même, l'héroïne est touchée par la délicatesse de Sauvebeuf envers elle : « [elle] me donna pour lui des sentiments que je venais d'étouffer pour un autre » (I, p. 165).

> Allons donc, Atimir, dit la princesse après quelques moments de silence, allons où mon destin et le vôtre nous entraînent ; quelque douleur qu'il m'en puisse coûter, rien ne peut balancer dans mon cœur *le doux plaisir d'être aimée de ce que j'aime*[1].

De même, la princesse Hébé ne peut s'empêcher à son tour, quelque temps plus tard, de retourner à la cour du roi son père où se trouve l'homme infidèle qui l'a délaissée, alors qu'elle s'était résignée, non sans difficulté, à demeurer sur l'île Paisible avec un autre prince désigné par la fée :

> Hébé souhaita plus d'une fois de revoir encore ce prince (Atimir), de quelque prix que l'amour lui dût faire payer ce plaisir, mais un reste de raison et les soins de sa gloire la firent résoudre à accepter les propositions de la fée[2].

Le conte se termine alors par la mort tragique des amants, Hébé et Atimir, que la fée ne pourra que métamorphoser en charmes. Par cette fin dysphorique, la comtesse signifie sans doute l'inutilité de l'avertissement en matière amoureuse, laissant la passion l'emporter sur la raison.

L'expression de fantasmes

Outre le désir d'être aimée, la comtesse évoque différents scénarios faisant paraître l'expression d'un fantasme derrière celle de la condamnation. C'est ce que peut laisser croire, dans les *Mémoires*, le grand nombre de séducteurs qui s'empressent autour de l'héroïne principale[3]. Cette accumulation ne cacherait-elle pas un fantasme de séduction[4] ?

De manière plus originale, Mme de Murat subvertit, au début de l'œuvre, le motif romanesque de l'enlèvement[5], le présentant comme une perspective désirable, alors que par ailleurs il fait référence à l'une des formes de violence dont usent plusieurs prétendants. La comtesse narre d'abord de façon détaillée la brusquerie avec laquelle l'héroïne est livrée aux mains de son époux. Mais la jeune fille est prise au piège de cet enlèvement, se figurant qu'il s'agit d'un scénario romanesque inventé

---

1   « Anguillette », *BGF* vol. 3, p. 99. Voir aussi : « Je cède à une passion mille fois plus forte que ma raison » (p. 98).
2   *Ibid.*, p. 100.
3   Voir *supra* note 1 p. 161.
4   On retrouve ce trait, notamment, dans l'œuvre de Mme de Villedieu. Voit N. Grande, *op. cit.*, p. 93-94.
5   Voir sur ce point N. Jasmin, *BGF* vol. 1, p. 465, note 28.

par son amant Blossac, hypothèse qu'entretient le suspense que fait durer son père en ne lui révélant à aucun moment l'identité de l'heureux élu :

> Je n'aurais pas consenti si facilement au dessein de mon père, si je ne me fusse pas imaginé dans ce moment, que le mari dont mon père me parlait pourrait bien être Blossac. Il me restait encore dans la tête des idées romanesques ; et je crus que Blossac voulait prendre pour m'épouser une manière galante, qui serait d'autant plus de mon goût, que j'en serais plus agréablement surprise. Je demandais pourtant à mon père si c'était lui. La manière dont mon père refusa de s'expliquer, acheva de me persuader que c'était Blossac qui devait m'épouser. Je prenais tant de plaisir à me l'imaginer, que je n'osai presser davantage mon père, de peur d'apprendre que je me trompais. Je lui dis que je ferais tout ce qu'il voudrait[1].

Étonnante ambiguïté du comportement de celle qui condamne son enlèvement par son père la donnant à un mari inconnu, mais qui l'accepte comme moyen de réalisation d'un stratagème amoureux dont Blossac aurait eu l'idée. Sans même évoquer l'aveuglement que suppose une telle réaction, on mesure le caractère ténu de la frontière entre contrainte paternelle et désir galant, qui se superposent aux dépens d'une femme manipulée. C'est peut-être aussi ce que suggère le jeu de la bien nommée Ravissante, dans le conte « Le Prince des Feuilles » : après avoir décliné l'invitation du prince à le suivre, la princesse se laisse emmener par lui lorsqu'il revient avec « un trône de feuillages, soutenu par un nombre infini de papillons » pour qu'elle puisse s'y asseoir. « Ravie et enlevée », telle est alors l'expression, empruntée à D. Haase-Dubosc, qui pourrait résumer ce récit[2].

Le conte « Le Turbot » est encore plus étonnant : la grossesse de la princesse Risette, apparemment violée par Mirou le Fol, est reliée au thème, emprunté au folklore et repris par Straparole[3], de la fécondation de l'héroïne par un étranger pendant son sommeil. En effet, le lecteur apprend, en même temps que la principale concernée, que c'est le prince Fortuné qui est venu s'unir à elle, dans une mise en scène qu'elle a prise pour un songe. Dès lors, par un curieux renversement, l'acte répugnant devient l'expression d'un fantasme audacieux, comme le souligne Jean-Paul Sermain :

---

1 *MdeM*, I, p. 69-72.
2 D. Haase-Dubosc, *Ravie et enlevée : de l'enlèvement des femmes comme stratégie matrimoniale au XVIIᵉ siècle*, Paris, A. Michel, 1999. Voir aussi la note de N. Jasmin sur le *topos* romanesque de l'enlèvement (*BGF* vol. 1, p. 465).
3 Straparole, *Les Nuits facétieuses, op. cit.*, Troisième nuit, Fable I, p. 125-133.

Le viol s'inscrivait au départ dans un espace réaliste, il est désormais présenté comme l'accomplissement d'un désir jusqu'alors censuré : le prince pendant la nuit a visité la belle endormie[1].

L'aveu d'une certaine duplicité

C'est alors une certaine duplicité féminine qui transparaît dans l'œuvre de Mme de Murat, et notamment dans les *Mémoires*, qui sont pourtant censés récuser cette accusation. C'est qu'en réalité, la comtesse expose en détail les motivations de ses choix, mettant en valeur la complexité de ses cheminements. Elle explique ainsi ses intentions, les influences qu'elle a subies, ou encore ses hésitations.

Des mouvements contradictoires caractérisent le parcours qui la mène à poser un acte. C'est ce qu'illustre en particulier l'épisode qui suit sa première fuite du domicile conjugal :

Je fus bien tentée aussi d'écrire à Blossac ; mais j'eus la force d'y résister, craignant que ma lettre ne fût interceptée et ne servît à me faire passer pour coupable, dans un temps où j'avais tant d'intérêt de paraître innocente[2].

Quelques pages plus loin, elle explique comment, en raison de la volonté de son père de la remettre entre les mains de son mari, elle a finalement recours à son ancien amant : « Cela me fit prendre un parti auquel j'avais d'abord résisté [...][3]. » C'est en réalité un triple mouvement que l'on observe, entre tentation, refus d'y céder et, finalement, retour à ce qui est présenté désormais comme une nécessité en raison des menaces qui pèsent sur elle.

Par ailleurs, l'héroïne ne cesse de faire des calculs pour orienter son action et celle des autres, au point de feindre à son tour : « je fis semblant d'avoir du goût pour la vie religieuse », « Pour me défaire du magistrat, j'imaginai un stratagème », « nous convînmes que je ferais semblant d'aimer un gentilhomme nommé Savigny[4]. » Les motivations de ces manœuvres sont en général multiples ; en témoigne la syntaxe complexe des phrases où dominent coordination et subordination, comme dans cet extrait :

---

1   J.-P. Sermain, *Le Conte de fées, op. cit.*, p. 246.
2   *MdeM*, I, p. 125.
3   *Ibid.*, I, p. 137. Voir aussi : « Tantôt pour me venger d'un perfide dont je me croyais méprisée, je songeais aux moyens de lui arracher la vie ; et bientôt condamnant une résolution si violente, je voulais aller me jeter à ses pieds, pour le regagner par mes larmes » (I, p. 55).
4   *Ibid.*, I, p. 57, 280 ; II, p. 68.

> Jamais on n'a eu plus d'ardeur que j'en témoignais de prendre le voile, parce que je mourais d'impatience d'éprouver si un pareil sacrifice ne ferait point revenir Blossac : et d'un autre côté, j'envisageais l'honneur que me ferait dans le monde une si belle action[1].

ou comme dans cet autre passage :

> Comme Sauvebeuf ne parlait pas sérieusement, mon mari ne s'en offensa point. Quand je vis que mon mari semblait entendre assez bien la raillerie, pour lui ôter la jalousie qu'il avait de Blossac, je résolus imprudemment d'avoir beaucoup d'honnêteté pour Sauvebeuf, et de paraître même avoir envie de lui plaire[2].

Jeu dangereux avec ceux qui ne savent « entendre raillerie[3] ». L'expression utilisée ici fait allusion à ces qualités qui consacrent la prééminence intellectuelle de la femme, tout en posant le problème de la sincérité du langage galant[4], et de l'exclusion de ceux qui ne le parlent pas.

De plus, les résultats des différentes stratégies mises en œuvre sont envisagés avec précision :

> [...] je m'imaginai que Saint-Albe pourrait s'y laisser surprendre ; peut-être même n'étais-je pas fâchée de l'éprouver par là, et au pis aller je croyais que s'il découvrait l'artifice, il connaîtrait au moins que je voulais absolument qu'il en usât mieux qu'il ne faisait avec sa femme, puisque je me servais d'un si étrange moyen pour l'y obliger[5].

L'évocation d'une motivation supplémentaire, celle de la vérification de l'amour, se trouve ici insérée entre celle des deux réactions possibles du personnage. De la sorte, c'est davantage l'écart entre le prévu et le réel

---

1 *Ibid.*, I, p. 57-58.

2 *Ibid.*, I, p. 114-115.

3 Sur cette expression et la variété des phénomènes discursifs qu'elle désigne, voir P. Zoberman, « Entendre raillerie », dans *Thèmes et genres littéraires aux XVIIe et XVIIIe siècles. Mélanges en l'honneur de Jacques Truchet*, Paris, PUF, 1992, p. 179-184. Le critique rappelle que Plotine met la raillerie au nombre des qualités divertissantes qui procurent du plaisir (Madeleine de Scudéry, « *De l'air galant* » et autres Conversations (1653-1684). Pour une étude de l'archive galante, éd. établie et commentée par D. Denis, Paris, H. Champion, 1998).

4 Sur les liens entre conversation et galanterie, voir Delphine Denis, « Conversation et enjouement au XVIIe siècle : l'exemple de Madeleine de Scudéry », dans *Du Goût, de la conversation et des femmes*, études rassemblées par A. Montandon, Clermont-Ferrand, Publications de la Faculté des Lettres et des Sciences de Clermont-Ferrand, 1994, p. 111-129.

5 *MdeM*, II, p. 70-71.

que le décalage entre apparence et réalité qu'analyse l'héroïne narratrice :
« je crus en le laissant dans l'incertitude, que je l'engagerais à me servir ;
mais cette conduite produisit un autre effet » ; « Une partie de ce que
j'avais prévu arriva » ; « Cette précaution acheva de me ruiner dans son
esprit » ; « ma délicatesse me fut préjudiciable[1]. » La remise en cause de
sa réputation serait ainsi une conséquence de l'insuccès de ses prévisions.

Plus généralement, la narration des *Mémoires* est construite autour
de la notion d'ambivalence, opposant ce qui paraît vraisemblable mais
se révèle faux, et ce qui est vrai tout en paraissant invraisemblable. En
effet, les situations peuvent être extravagantes, au point de devenir difficilement justifiables, leur résolution ne sera que plus incroyable, comme
le reconnaît l'héroïne elle-même à propos du scénario de déguisement,
bien compliqué, qu'imagine sa domestique pour tromper le magistrat :
« Quand un ange serait descendu du ciel pour rendre témoignage de
mon innocence, on ne l'aurait pas cru[2]. » L'accumulation de situations compromettantes, se soldant la plupart du temps par des échecs,
n'empêche pas de trouver de nouvelles explications afin d'avoir le dernier
mot, quitte à faire de cette contrainte en partie rhétorique une preuve
de la *doxa* à l'encontre des femmes : « On passe presque toujours pour
coupable, quand l'innocence a besoin de tant de justifications[3]. »

Ce sont alors les figures de l'antithèse et du paradoxe qui dominent,
sous la plume de celle qui s'étonne de ce qui lui arrive :

> la fatalité de ma destinée [...] faisait prendre de si fâcheuses impressions
> contre moi à tant de gens, auprès desquels je m'efforçais d'établir l'estime
> que je croyais qui m'était due, pendant que le seul homme que j'avais voulu
> prévenir contre moi, n'en pouvait concevoir une mauvaise opinion[4].

La comtesse convie ainsi le lecteur dans les méandres de ce qu'on
peut appeler son intériorité, où se juxtaposent force des sentiments et

---

1   *Ibid.*, I, p. 259 ; II, p. 71 ; I, p. 139 ; I, p. 364. Voir aussi II, p. 228.

2   *Ibid.*, I, p. 309.

3   *Ibid.*, I, p. 336. J. Mesnard souligne, en se référant notamment aux écrits de Du Bosc,
     cette différence : « En ce qui touche la sexualité, dans ses écarts de conduite, la femme du
     XVIIe siècle est plus sévèrement jugée que l'homme par le regard des autres. La femme y
     perd "l'honnêteté" quand l'homme la conserve. » Mais cette situation, pour l'abbé, n'est
     pas tenue pour un signe d'infériorité, elle est le principe d'une plus grande exigence (*La
     Culture du XVIIe siècle : enquêtes et synthèses*, Paris, PUF, 1992, p. 151). Cependant, R. Démoris
     parle, au sujet de Mme de Murat, « d'invraisemblance explicative » (*op. cit.*, p. 283).

4   *MdeM*, II, p. 77.

précision des calculs, provocation et déclarations naïves. C'est qu'elle refuse délibérément l'exigence d'unité, et donc d'uniformité, que la société imposerait aux femmes selon elle :

> pour jouir d'une heureuse réputation, ce n'est pas assez à une personne de mon sexe d'avoir de la sagesse, et même de la conduite ; il faut encore qu'il n'y ait rien d'équivoque dans les événements de sa vie. [...] Une vie unie est la chose du monde qu'elles devraient le plus souhaiter[1].

Mme de Murat tente au contraire de se définir par une complexité qui lui confère une certaine supériorité. D'où ce sentiment d'être incomprise : elle apparaît en effet régulièrement comme un être sensible et bon, dont les qualités ne seraient pas appréciées à leur juste valeur, et qui auraient même contribué à sa perte[2].

C'est donc une impression mitigée que laisse la lecture de l'œuvre de Mme de Murat, exprimant de diverses manières les limites d'une réplique féminine au moment même où elle l'expose. Qu'il s'agisse d'exprimer une certaine désillusion, de révéler la vanité de toute riposte ou de souligner l'aliénation des consciences, la comtesse laisse apparaître de multiples contradictions internes au sein d'un discours qui comporte de ce fait sa propre redondance, puisque la dénonciation est toujours relancée, mais qui se révèle également subversif, puisque sont valorisés désirs et fantasmes féminins, et qu'est exprimée, voire justifiée, une certaine duplicité féminine[3].

---

1   *Ibid.*, I, p. 336-337.
2   Voir notamment : « j'écoutai trop ma compassion » déclare-t-elle au sujet de Saint-Albe pour la libération duquel elle intercède (*Ibid.*, I, p. 278) ; « Ce que je fis par reconnaissance pour le duc de Candale tourna encore contre ma réputation » (II, p. 115) ; « Enfin, j'étais bonne » (I, p. 356). Sur cette affirmation par les femmes de leur monde moral, voir C. Cazenobe, *op. cit.*, p. 25.
3   De ce point de vue, Mme de Murat s'inscrit dans le climat subversif qui règne chez les conteuses de la dernière décennie du siècle, et dont certaines ont une plume parfois plus audacieuse. Voir par exemple la moralité de « L'Enchanteur » de Mlle de La Force : « Par différents chemins on arrive au bonheur, / Le vice nous y mène, aussi bien que l'honneur » (*BGF* vol. 2, p. 346) ; ou encore les évocations ambiguës de la volupté dans « La Fée Lubantine » de Mme Durand (*BGF* vol. 2).

L'ADÉQUATION DE LA FICTION
À L'AMBIGUÏTÉ DU DISCOURS

Le choix explicite de la fiction, notamment dans les œuvres qui suivent la publication des *Mémoires*, n'est pas seulement une façon d'échapper à la situation d'impuissance dans laquelle se trouveraient les femmes auteurs, à l'image des héroïnes, face à l'autorité de l'Ancien Régime. La comtesse se montre en effet très lucide sur les avantages et inconvénients de la fiction, profitant de la liberté d'expression que lui confère ce mode d'expression, mais tirant également parti de l'illusion qu'elle instaure, de sorte que l'ambiguïté liée à la fiction semble illustrer et prolonger celle, plus fondamentale, de l'ensemble du discours.

LIBERTÉ D'EXPRESSION : LES AUDACES DE LA FICTION

Il s'agit pour Mme de Murat de montrer les injustices d'une société qui cherche à juguler celle qui est considérée comme une éternelle mineure. La comtesse n'hésite pas alors à grossir le trait, mettant en scène des personnages caricaturaux. Par ailleurs, elle aime surprendre régulièrement le lecteur, jouant sur les points de vue ou l'ordre du récit, notamment dans les contes, afin de mieux mettre en valeur la responsabilité des hommes dans le malheur des femmes. Le recours à la fiction permet également, par le biais de l'imagination, de transgresser les lois de la société.

L'amplification de la dénonciation

De façon très consciente, Mme de Murat use, par le biais de la fiction, de différents procédés d'amplification qui rendent l'écriture plus efficace. Plusieurs récits révèlent le souci de donner à voir, tandis que d'autres jouent sur les repères temporels.

Dans les premiers, c'est une certaine monstruosité qui s'offre au regard du lecteur, comme le suggère la présence régulière de personnages spectateurs au sein du récit. Ainsi, le lecteur du « Turbot », parcourant la description de la noce malheureuse de la princesse Merline, a l'impression d'assister à une marche sacrificielle[1], où se côtoient laideur et étrangeté sur le thème du cosmos et des planètes, puisque l'époux est le roi des Météores[2]. S'inspirant des élucubrations de l'astronomie, la conteuse crée un univers imaginaire où se mêlent furies, animaux et éléments, vers lequel est emportée la jeune femme, prise au milieu d'un cortège mystérieux et effrayant[3] :

> Il était dans un char de nuées épaisses qui paraissaient tout en feu. [...] La triste reine était auprès de lui [...]. Elle était pâle, et je crois que le tonnerre et les éclairs qui suivaient et précédaient l'équipage lui faisaient grand peur. Deux comètes fort laides, vêtues de vieux clinquants avec de longues queues et tout échevelées, étaient apparemment ses dames d'honneur, et occupaient le devant du char, qui était tiré par six chevaux couleur de feu, transparents comme des verres rouges frappés des rayons du soleil ; le cocher et le postillon étaient aussi des figures transparentes. Ce char roulait sur des grosses nuées noires et rouges, comme celles qui renferment les orages, et les roues étincelaient comme du fer que l'on tire de la forge. Les satellites de Jupiter servaient de valets de pied aussi bien que plusieurs étoiles errantes de nouvelle impression. Des gens armés à pied et à cheval les escortaient, ils étaient de plusieurs couleurs, et diaphanes comme le reste de l'équipage. L'on voyait quelquefois leurs visages s'allonger excessivement, puis tout d'un coup ils ne devenaient pas plus longs que le doigt, et six fois aussi larges ; la tête des chevaux en faisait autant. Il tombait souvent à ces cavaliers un bras ou une jambe, et ces figures ne demeuraient pas une minute dans un même état[4].

La saturation du paradigme lexical décrivant l'univers incite à lire ce passage comme une adaptation des *Entretiens sur la pluralité des mondes*. Mme de Murat, qui connaît ce texte de Fontenelle, comme le révèle le *Journal*[5], imite vraisemblablement les descriptions des tourbillons que propose le narrateur à la marquise. Cela expliquerait l'emportement de

---

1 On retrouve une scène identique, mais beaucoup plus brève, dans « Le Prince Marcassin » de Mme d'Aulnoy. Le héros Corydon suit son amante des yeux, et la conteuse amplifie le pathétique de la scène : « Corydon la vit passer pour aller au temple, on l'eût prise pour une belle victime que l'on va égorger » (*BGF* vol. 1, p. 975).

2 De son côté, Mme d'Aulnoy relate, dans « Le Rameau d'or », l'entreprise de la reine des Météores qui tente de se faire aimer du prince Sans Pair (*Ibid.*, p. 328-329).

3 Mme de Murat associe l'effroi devant un mari imposé à la crainte qu'inspirent les phénomènes astronomiques, qu'elle évoque par ailleurs dans son *Diable boiteux* : « Il y a quelques années, continua le diable, qu'il parut une comète. Vous savez, dom Cléophas, que le commun des hommes, sans savoir pourquoi, regarde ce *météore* comme une marque du courroux du ciel et le présage certain de quelque grande infortune » (*Ms*, p. 449).

4 « Le Turbot », *BGF* vol. 3, p. 329-330.

5 *J*, p. 276.

la conteuse dans ce qui apparaît une digression sans nécessité pour le déroulement de l'intrigue.

En effet, la narratrice multiplie les justifications d'un tel récit, comme pour s'en dédouaner. Le spectacle de la noce est d'abord présenté comme une nouvelle épreuve pour le personnage à qui elle est infligée. C'est la terrible fée Mandarine qui se venge ainsi de l'audacieux prince Fortuné, frère du roi de Coquerico, qu'elle vient chercher pour assister à l'union de sa fille Merline qu'il avait tenté d'enlever, avec celui auquel elle est destinée. Être contraint de regarder une telle scène, pour celui qui se trouve déjà enfermé et métamorphosé en papillon par la fée, constitue donc un châtiment supplémentaire. La conteuse tente alors de s'effacer derrière la le personnage de la fée malfaisante :

> Mandarine vint sur le soir ouvrir ma prison, elle me jeta de l'essence comme à l'ordinaire, puis elle mit dans mon tiroir des fleurs et des fruits, en me disant : « Il est juste que vous vous sentiez de la noce, Merline a épousé aujourd'hui le roi des Météores, et si vous voulez la voir pour la dernière fois, vous n'aurez qu'à regarder au travers des vitres, vous la verrez passer dans un quart d'heure avec un superbe équipage, qui vous fera voir qu'elle est plus grande dame que si elle était reine de Coquerico. » Elle assaisonna ce discours d'un air railleur qui me mit au désespoir […]. Elle sortit et me laissa la liberté du cabinet. J'allai donc m'attacher aux vitres avec assez de peine pour voir ce triste spectacle[1].

L'accumulation des termes liés au regard, tout en contribuant à donner à la dénonciation des malheurs de la condition féminine la forme d'un tableau, révèle l'enjeu de la séquence descriptive qui suit, et dont Mme de Murat explique encore les raisons narratives :

> J'eus le temps de remarquer toutes ces choses, parce que le char demeura assez longtemps arrêté, à cause que Merline avait oublié son masque et ses gants[2].

Explication bien artificielle pour ce qui ressemble à un ralenti, voire à un arrêt sur image, alors que la noce ne fait que passer. Par le biais de cette digression, la comtesse, tout en pouvant paraître solidaire de la figure de la mauvaise fée qui prend un malin plaisir à montrer ce spectacle, condamne cette union mal assortie avec l'époux monstrueux.

---

1   « Le Turbot », *BGF* vol. 3, p. 329.
2   *Ibid.*, p. 330.

Le souci de donner à voir se retrouve dans d'autres endroits de l'œuvre de Mme de Murat, et notamment dans la suite qu'elle écrit au *Diable boiteux* de Lesage. C'est au même écolier, dom Cléophas, que s'adresse le diable pour lui montrer ce qui se passe sous chaque toit de Madrid. L'œuvre du romancier impliquait une sincérité proche de la caricature, attachée à l'intrigue elle-même, dont le principe est de dérouler une succession de révélations sur les travers de la vie sociale. Le diable de Lesage déclarait : « Je vous instruirai de tout ce qui se passe dans le monde. Je vous découvrirai les défauts des hommes[1]. » Mme de Murat reprend à son tour cet engagement, qu'elle reformule même dans une pièce poétique adressée à sa dédicataire : « Ici, je peins sans fard, et je peins assez bien[2]. » L'écriture se veut directe et incisive, à l'image de celle du texte source. Empruntant la forme dialogique, la comtesse expose ainsi des situations qui frôlent l'extravagance, pour mieux dénoncer l'absurdité du comportement masculin. Citons cette scène, alliant légèreté et dénonciation, dans laquelle un mari « gronde » sa femme de façon préventive :

> Il me semble, reprit dom Cléophas, que son mari n'est pas ce soir de trop bonne humeur. – C'est parce qu'elle s'amuse quelquefois à jouer, dit le boiteux, et qu'elle revient un peu tard. – Oh le bon pays ! s'écria l'écolier, où l'on retrouve ainsi sa femme chez soi à point nommé ! Cela ne se pratique point à Madrid. Mais pour ce soir, continua-t-il, il n'est point du tout heure indue. – Il est vrai, reprit Asmodée, mais c'est à intention que cela serve pour une autre fois ; et cela s'appelle, comme vous voyez, gronder par précaution. – Oh ! pour cela, dit l'écolier, voilà une mauvaise maxime ; et je crois qu'en ménage on peut attendre pour se fâcher que l'on en ait sujet, sûr que cela arrivera infailliblement[3].

Introduisant en passant une certaine relativité dans le jugement des mœurs, la comtesse s'appuie sur un intertexte qui l'autorise à un discours où se mêlent humour et satire.

Enfin, l'amplification peut résulter d'une mise en abyme, autre jeu d'optique. Ce procédé, dans le *Voyage de campagne*, prend la forme d'un « proverbe », genre inédit consistant à jouer une petite scène de théâtre afin de faire deviner la vérité générale qu'elle illustre[4]. La victime en est

---

1   A.-R. Lesage, *Le Diable boiteux*, éd. R. Laufer, Paris, Gallimard, 1994, p. 33.
2   *Ms*, « Pour celle à laquelle je dédie mon livre », p. 456.
3   *Ibid.*, p. 445.
4   Voir M. Lundlie, « Deux précurseurs de Carmontelle : la comtesse de Murat et madame Durand », *Revue d'histoire littéraire de la France*, 1969, n° 6, p. 1017-1020. L'auteur attire l'attention sur la présence de proverbes dramatiques dans l'œuvre des deux femmes, bien

Mme de Richardin, de qui les aristocrates de Sélincourt, unis par une complicité licencieuse, ont bien décidé de se moquer. La petite comédie, qui se déroule sur une huitaine de pages[1], met en scène les prétentions ridicules d'une femme se vantant d'être noble et amoureuse, nommée Mme Vieillardis. Mais si les acteurs ne peuvent réprimer leur rire, la principale concernée ne se reconnaît pas dans le jeu qui se déroule sous ses yeux :

> Toute autre que la Richardin nous aurait fait jeter par les fenêtres après cet insolent proverbe ; mais elle, sûre de sa jeunesse et de sa beauté, fut la première à blâmer la Vieillardis, et à dire qu'il n'y avait rien de si affreux qu'une vieille amoureuse. Brésy devina notre proverbe, qui était : « N'aille au bois qui a peur des feuilles ». Il ne paraissait plus à sa maladie ; car il riait très inconsidérément[2].

La comtesse indiquera cependant qu'elle ne souhaite pas multiplier la transcription de ces proverbes dramatiques, parce que « ce serait interrompre trop longtemps [l]a narration[3] ».

Le recours à la fiction permet par ailleurs un jeu sur les époques susceptible de participer à l'amplification de la dénonciation. Ainsi, dans le conte « Jeune et Belle », Mme de Murat feint d'inscrire la fiction dans le passé, laissant entendre que le récit reste bien en-deçà de la réalité :

> Tous les princes et les rois qui se croyaient dignes de plaire (*et l'on se flattait beaucoup moins alors qu'en ce temps-ci*) vinrent en foule à la cour de Jeune et Belle essayer, par leurs soins et leur amour, de rendre sensible une si aimable princesse[4].

Plus qu'une attitude vaniteuse, c'est le manque de respect des prétendants qui est pointé du doigt, comportement qui n'aurait fait que se répandre, comme le suggère encore la suite du conte[5].

---

avant la mode des petites comédies improvisées dont on attribue l'invention, près d'un siècle plus tard, à Carmontelle (grand ordonnateur des fêtes du duc d'Orléans, peintre et auteur dramatique, 1717-1806). Dans le *Voyage*, ce petit genre est évoqué à plusieurs reprises comme jeu de société : « Le proverbe joué chez la Richardin nous avait fait prendre du goût pour cette sorte de divertissement. Nous en jouâmes un au bord de la fontaine, et les jours suivants quelques autres à Sélincourt » (p. 147). Par ailleurs, le *Voyage*, dans l'édition de 1699, est suivi de dix « comédies en proverbes par Madame Durand ».

1   *V*, p. 137-144.
2   *Ibid.*, p. 144.
3   *Ibid.*, p. 147.
4   « Jeune et Belle », *BGF* vol. 3, p. 120.
5   Davantage intéressés par la conquête que par la femme qu'ils tentent de conquérir, les amants, ayant appris l'enlèvement de leur rival, le berger Alidor, reviennent en effet tenter

La dimension étiologique de certains contes est aussi une façon de signifier la banalisation de comportements condamnables. C'est encore à propos du thème de l'inconstance masculine, *leitmotiv* de l'œuvre[1], que la narratrice recourt à ce jeu sur la fiction. Elle imagine l'origine de la légèreté masculine, afin d'en montrer l'expansion, en la reliant à l'intrigue du conte « Anguillette », et plus précisément à la beauté de la princesse Plousine, comblée par la fée pour l'avoir sauvée :

> Quels nouveaux sujets de haine contre elle pour ses sœurs ! [...] Tous les princes qui avaient été touchés de leurs attraits ne balancèrent point à devenir infidèles, on abandonna de même toutes les autres beautés de cette cour ; les larmes et les reproches n'arrêtèrent point ces amants volages, *et ce procédé qui parut alors si surprenant a depuis, dit-on, passé en coutume*[2].

C'est dans l'allusion au temps présent, par le biais d'une parole rapportée, que consiste la généralisation, même si la scène annonce également la suite du conte[3].

Jeu sur les points de vue et ordre du récit

Afin d'attirer l'attention sur la dénonciation au sein de la fiction, la comtesse aime par ailleurs pratiquer l'esthétique de la surprise. Elle propose en effet au lecteur des récits élaborés de sorte que le méfait ne soit jamais celui que l'on croit. La structure de plus d'un conte se révèle en effet souvent complexe, loin des schémas de Propp[4]. Deux cas de figures se repèrent aisément : soit la conteuse varie l'appréciation du méfait selon les personnages, introduisant une relativité qui discrédite

---

leur chance auprès de celle qui est pourtant accablée de douleur : « Ils redoublèrent leurs soins et leurs empressements, chacun d'eux flatté de la douce espérance de remplir un jour la place de cet amant heureux » (*Ibid.*, p. 138).

1   Voir notamment la parenthèse de la comtesse au sujet de l'inconstance, « (commune dès le temps des fées) », dans « La Fée Princesse », *Ibid.*, p. 381. Le thème de l'inconstance masculine est amplement exploré au XVIIe siècle, de Mlle de Scudéry à Mme de La Fayette (voir N. Grande, *op. cit.*, p. 89-92).

2   « Anguillette », *Ibid.*, p. 90.

3   La beauté de la princesse, nommée désormais Hébé par référence à la déesse dont elle a pris les traits, éloigne le prince Atimir de sa sœur Ilérie, qu'il avait trouvée d'abord aimable.

4   V. Propp, *Morphologie du conte* et *Les transformations du conte merveilleux*, suivi de *L'Étude structurale et typologique du conte* d'E. Mélétinsky [1928], trad. du russe par M. Derrida, T. Todorov et C. Kahn, Paris, Seuil, 1989.

le point de vue des hommes au bénéfice de celui des héroïnes, soit le méfait annoncé n'est qu'une conséquence d'un délit originel plus grave, et révélé plus tard.

Les revirements de la trame narrative s'observent en particulier à l'occasion de l'évocation du préjugé nobiliaire, qui contraint à l'homogamie sociale[1] les jeunes filles appartenant à la haute société. La remise en cause de la logique aristocratique, insulte majeure aux yeux des pères, apparaît au contraire très relative pour la comtesse ou ses héroïnes.

Dans un premier temps, Mme de Murat donne la dimension du méfait que constitue, aux yeux de l'autorité patriarcale, la mésalliance sociale consistant, pour celles qui ont le sang bleu, à épouser par amour un homme de condition inférieure. Cette situation est mise en scène dans deux contes, « Le Turbot » et « Le Père et ses quatre fils », où se rencontrent, par deux fois, princesse et pêcheur. Dans une moindre mesure, le récit du « Sauvage » est également à prendre en considération, la princesse Fleurianne désirant épouser Constantin, simple gentilhomme, alors qu'elle est promise à l'affreux Carabut qui a le titre de prince.

Ainsi, dans « Le Turbot », la princesse Risette s'attire la colère de son père pour être tombée enceinte hors mariage, mais surtout parce que le misérable pêcheur Mirou le Fol est soupçonné. En effet, le roi aurait été prêt à accepter que cette aventure mette en cause un jeune homme de noble extraction :

> Un des seigneurs de la cour, qui avait pitié du malheureux état de la princesse, conseilla au roi de faire assembler tout ce qu'il y avait de jeunes gens de qualité à la cour et même à la ville, de les faire venir dans la grande salle où se tenait ordinairement le Conseil, d'y faire apporter le petit Princillon, et que celui qu'il caresserait le plus serait l'époux de la princesse. Le roi eut de la peine à se servir de cet expédient, mais enfin il se laissa persuader. [...] ; à la fin, l'on vit tout d'un coup ce bel enfant tendre les bras et se pencher en riant vers les portes de la salle, et l'on fut bien surpris de voir que ses caresses s'adressaient à Mirou le Fol qui s'était glissé sans être aperçu derrière cette porte. Le roi pensa mourir de douleur devant une chose si peu attendue [...][2].

---

1   Le mariage est considéré comme une affaire d'intérêt, et doit être une union assortie au sens social du terme. Voir D. Godineau, *op. cit.*, p. 29-30 et F. Lebrun, *La Vie conjugale sous l'Ancien Régime*, Paris, A. Colin, 1998, p. 24.

2   « Le Turbot », *BGF* vol. 3, p. 307.

Mis devant le fait accompli, le roi voit son autorité lui échapper, espérant en vain une alliance socialement assortie que la nature dément. La gradation dans l'intensité de ses réactions est très perceptible, la déchéance sociale appelant un châtiment pire que celui infligé au départ à la jeune fille, d'abord simplement enfermée dans son appartement. Elle est maintenant condamnée à revêtir des habits indignes de sa condition, avant d'être abandonnée sur un vaisseau avec Mirou : « il fit dépouiller la malheureuse Risette de ses habits ordinaires, et lui fit donner ceux d'une pauvre fille qui servait à la cuisine [...][1]. » L'union de la princesse avec Mirou, mésalliance sociale considérée par le père comme une atteinte à son autorité, devient la punition que ce dernier inflige à sa fille[2].

Dans « Le Père et ses quatre fils », on note également une évolution dans l'attitude du roi, passant d'un enthousiasme modéré face aux exigences de Mondor souhaitant que l'un des ses fils épouse la princesse Isaline (« Quoique ma fille doive en être le prix, il faudra la consulter auparavant que de choisir[3] ») à une fermeté soudaine lorsqu'il apprend qu'elle s'est unie avec le pêcheur Delfirio sur l'île où l'a amenée le dragon :

> Ce fut un coup de foudre pour ce père infortuné : il ne douta pas que sa fille n'eût laissé surprendre son cœur à un indigne amour ; et il résolut de contraindre Isaline à choisir un des quatre seigneurs[4].

Ce qui apparaissait comme une concession faite par le roi au père de ceux qui avaient ramené sa fille à la cour, alors qu'elle était perdue, devient une mesure de rétorsion à l'endroit de celle qui s'est arrogé le pouvoir de décider seule de son destin.

Si les mésalliances sociales sont considérées, dans les contes que nous avons cités, comme l'outrage majeur aux yeux des pères qui n'envisagent pas de telles unions pour leurs filles, leur nocivité est nuancée, dans un second temps, par la comtesse qui multiplie à dessein les rebondissements de l'intrigue, au point de perturber l'appréciation que peut en faire le lecteur.

---

1   *Ibid.*, p. 307.
2   Risette et Mirou ne passeront en fait que quelques moments ensemble, le temps d'aborder sur une île.
3   « Le Père et ses quatre fils », *BGF* vol. 3, p. 361.
4   *Ibid.*, p. 362.

Le conte du « Turbot » illustre bien ce procédé, par une inversion entre méfait et réparation. La fée révèle en effet que toutes les aventures subies par Risette dans la première partie du conte n'avaient que l'apparence du malheur, mais étaient nécessaires à la résolution d'une autre épreuve[1]. On observe également, dans « Le Père et ses quatre fils », qu'à la vision masculine du scandale s'oppose une autre appréciation des choses, par l'intermédiaire de la princesse Isaline. Aux yeux de cette dernière, le plus grand dommage consiste dans les conventions sociales imposées par la volonté paternelle. La princesse, enlevée par un dragon qui l'amène sur une île éloignée où elle demeure plus d'un an, sans que sa famille n'ait la moindre nouvelle d'elle, est brusquement ramenée à la cour du roi à la suite de l'expédition inattendue des quatre jeunes seigneurs venus la secourir. Mais elle avoue à son père qu'elle n'était pas si malheureuse :

> « je regardais pêcher pendant ce temps-là, et ces moments n'étaient pas les plus désagréables de ma vie. – Ah ! ma fille, s'écria le roi qui la vit rougir extraordinairement en cet endroit, qu'entends-je ? Vous avez passé un an sans ennui dans une île déserte ! La vue d'un monstre ne vous y faisait point d'horreur, et vos plus doux moments étaient quand vous voyiez pêcher ! Misérable pêcheur, ajouta-t-il, que tu me vendras cher le plaisir d'avoir désennuyé une princesse inconsidérée ! » Le roi envoya sa fille dans son appartement ; il envoya chercher Mondor[2], il lui fit répéter ce qu'il avait vu de ce pêcheur, qu'il ne lui avait déjà que trop fidèlement rapporté[3].

Le schéma du conte s'inverse alors : la prétendue réparation devient un véritable méfait pour la jeune fille, qui laisse sur son île le beau pêcheur, et se trouve contrainte par son père d'épouser l'un de ceux qu'elle considère comme ses ravisseurs, ne leur témoignant aucune reconnaissance. L'obstacle n'était donc pas le dragon, d'ailleurs totalement inoffensif. Bien pires que lui, surgissent les exigences sociales qui empêchent la princesse de s'unir à l'homme qu'elle aime, sous prétexte qu'il n'est pas d'une naissance élevée. Du même coup, la comtesse met en pièce la tradition, tant guerrière que littéraire, selon laquelle la princesse est la récompense de la vaillance des héros[4].

---

1   Il s'agit de la métamorphose en papillon du prince Fortuné, beau-frère de la fée Turbodine.
2   Nom du père des quatre seigneurs.
3   « Le Père et ses quatre fils », *BGF* vol. 3, p. 362.
4   De même, dans « L'Île de la Magnificence », la princesse Blanchette déclare au jeune homme qui vient pour la délivrer du monstre auquel elle doit être sacrifiée : « je veux bien

C'est donc par le biais d'une structure narrative faite de rebondissements et de renversements, que Mme de Murat bouleverse les préjugés sur la mésalliance sociale, et renforce son propos.

Par ailleurs, la comtesse brouille, dans plusieurs contes, le repérage du méfait principal, de sorte que celles qu'on accuse se trouvent subitement disculpées aux dépens de ceux-là même qui leur adressaient des reproches. Ce déplacement du méfait est au cœur du conte du « Turbot ». La fée, qui partageait un amour sans faille avec son époux, le roi de Coquerico (« nos jours étaient filés de soie, nos cœurs avaient les mêmes désirs, et jamais union ne fut plus parfaite[1] »), le surprend « en galanterie[2] » avec la princesse Bluette, restée chagrine de ne pas avoir été préférée. Aussitôt, la fée métamorphose le roi : « Va, traître, va éteindre tes flammes criminelles dans les ondes qui n'ont que trop de rapport à ton inconstance, sois turbot pour vingt ans. » Cette histoire, qui prend place dans un récit inséré, est révélée par la fée Turbodine elle-même à la princesse Risette qui a eu précisément affaire, au début du conte, au turbot et à celui qui l'a pêché, Mirou le Fol. Le méfait originel n'est donc pas lié, comme le lecteur le croyait au départ, au mauvais sort jeté à Risette par Mirou par l'intermédiaire du turbot, mais à l'infidélité du roi et aux conséquences de sa métamorphose. Ainsi, la dénonciation de l'inconstance masculine est au centre d'un conte qui commençait pourtant comme une banale histoire sur le thème des animaux reconnaissants. La conteuse multiplie d'ailleurs les signes d'une lecture allégorique pleine d'ironie[3], en jouant sur les mots dérivés de « coq ». Tandis que le roi de Coquerico est assimilé aux « maris *coquets*[4] », la princesse Bluette est décrite comme une séductrice : « Elle était belle, blonde, la taille fine, les yeux brillants et l'air enjoué, mais elle avait l'esprit léger et beaucoup de coquetterie[5]. »

---

vous dire que si la promesse du roi mon père vous engage dans cette entreprise, je vous avertis que quelque mérite que vous me paraissiez avoir, je ne serai point le prix de votre victoire. Je me dois tout entière au malheureux prince à qui j'ai donné ma foi [...] » (*Ibid.*, p. 252). Sur ce point, Mme de Murat se démarque totalement du chevalier de Mailly.

1   « Le Turbot », *Ibid.*, p. 320.
2   *Ibid.*, p. 321.
3   Ce conte fait justement partie du recueil intitulé *Histoires sublimes et allégoriques*.
4   « Le Turbot », *BGF* vol. 3, p. 349. Mme de Murat se souvient-elle du « Royaume de Coquetterie » évoqué par l'abbé d'Aubignac ?
5   *Ibid.*, p. 320.

Si dans « Le Turbot », l'inconstance est révélée au milieu du conte, comme explication d'une histoire relevant du merveilleux, dans « La Fée Princesse », elle est évoquée dès le début du récit, dans un *incipit* dénué de toute féerie, n'était le titre de fée que la conteuse confère à la reine. Abandonnée peu de temps après son mariage, elle finit par se venger de sa souffrance sur sa fille, menaçant de l'enfermer « si le roi son père était encore un an sans venir la voir[1] ». Par la suite, le conte ne fait que dérouler les conséquences de cet affrontement. De la même façon, la clôture du récit rappelle la responsabilité de ce mari infidèle dans l'attitude de la reine :

> Vous êtes coupable de tous leurs malheurs, dit-elle au roi. Votre inconstance m'avait donné une si grande aversion pour tous les hommes que je voulais empêcher ma fille de penser au mariage ; mais votre présence vous a rendu tous vos droits sur mon cœur […][2].

Inversement, la constance est la clé du bonheur, c'est du moins l'expérience que fait le couple héroïque qui se distingue en cela de la génération précédente : « […] ils vécurent parfaitement heureux, parce qu'ils s'aimèrent avec la plus grande constance qui fût jamais[3]. »

Enfin, dans « Jeune et Belle », l'évocation de l'inconstance du roi ne fait pas véritablement partie de l'histoire, Mme de Murat faisant précéder le récit d'un épisode relatant la généalogie de l'héroïne. En effet, sa mère s'est, un jour, trouvée délaissée :

> La fée vieillit, et le roi son époux, quoiqu'il eût vieilli comme elle, cessa de l'aimer dès qu'elle ne fut plus belle. Il s'attacha à de jeunes beautés de sa cour ; la fée en sentit une jalousie qui devint funeste à plusieurs de ses rivales[4].

Cet *incipit* permet de justifier le portrait de Jeune et Belle, appelée ainsi par sa mère qui lui fait le don d'être toujours semblable à elle-même, afin qu'elle ne subisse pas le même sort qu'elle. C'est alors seulement que le conte commence véritablement, avec les aventures de l'héroïne[5].

---

1   « La Fée Princesse », *Ibid.*, p. 381-382.
2   *Ibid.*, p. 392.
3   *Ibid.*, p. 393.
4   « Jeune et Belle », *Ibid.*, p. 119-120.
5   On observe en partie la même construction dans le conte de « L'Heureuse Peine », qui s'ouvre sur le récit des amours d'un roi pour la fée Formidable à qui il préfère une belle

Le jeu sur l'ordre du récit, au sein de la fiction, permet donc à la comtesse d'attirer l'attention sur l'inconstance masculine, qu'elle soit alléguée au milieu du conte, comme l'explication logique d'un autre méfait, ou évoquée dès le début du récit féerique, apparaissant comme le premier acte d'une chronologie malheureuse. Dans tous les exemples cités, l'inconstance ne concerne pourtant pas directement les couples héroïques, mais des figures parentales jouant un rôle assez secondaire, qui ne semblent là que pour inviter le lecteur à une réflexion sur l'identification du véritable méfait et la répercussion du malheur sur les générations suivantes.

Fiction et transgression

Outre l'amplification et une certaine mise en scène que permet la fiction narrative, Mme de Murat se sert par ailleurs de la feinte qu'elle constitue pour évoquer des scénarios audacieux, comme le remarquent eux-mêmes les personnages auditeurs. Explicitement désignée, la fiction permet alors de justifier un discours transgressif.

Comme pour mieux souligner cette caractéristique, la comtesse fait suivre certains récits de remarques des auditeurs. On en trouve un bon exemple dans *Les Lutins*, avec l'histoire grecque que raconte Mlle de Saint-Urbain à la compagnie, rapportant l'exploit de Zariade venu arracher la belle Otadis des mains de son père qui s'apprêtait à la marier contre son gré. Insistant sur les liens entre la situation dans laquelle se trouve Mlle de Saint-Urbain, livrée au bon vouloir de sa tante, et celle de la princesse dont est contée l'histoire, Mme de Murat souligne la différence de réaction, à l'issue du récit, de la vicomtesse et de sa nièce. La première « blâmant Otadis de ce qu'elle s'était laissée enlever par son amant et qu'elle l'avait épousé sans le consentement de son père[1] », manifeste son mécontentement. Quant à la seconde, elle réplique en mettant l'accent sur l'autorité de l'histoire :

---

princesse, le jour où elle laisse paraître une beauté fanée. Naïveté de la fée à laquelle fait écho celle du roi pensant qu'elle resterait une amie. Le conte développe par la suite l'effet de la vengeance de celle qui a été méprisée. Le véritable méfait, évoqué assez rapidement, renvoie donc à une époque antérieure au début du conte, et l'intrigue n'en apparaît que la conséquence : c'est une fille « qui sera haïe de tout le monde » que la fée promet au roi venu lui rendre visite. La pauvre fille, nommée Naimée, finira par se donner la mort.

1   *L*, p. 160.

> Mlle de Saint-Urbain répondit qu'il n'était pas permis de changer des faits si considérables, et que dans ce temps-là on pardonnait tout à l'amour ; mais qu'à présent on était plus sage[1].

Autrement dit, la fiction elle-même devient suspecte aux yeux de ceux qui représentent l'autorité paternelle. Le dénouement de l'intrigue grecque aurait-il le pouvoir d'infléchir le déroulement de l'histoire du récit-cadre concernant les jeunes filles de Kernosy ? C'est en effet ce que suggère la fin de l'œuvre.

Ailleurs, les réactions des personnages aux récits audacieux de la comtesse permettent d'anticiper celles du lecteur. On notera en effet le caractère subversif de certaines histoires de revenants, dans le *Voyage*, comme celle de la « demoiselle » qui malmène un pauvre curé avant de le faire mourir, provocation à peine atténuée par les protestations de l'auditoire :

> Oh ! pour cela, mademoiselle, dit le duc de...vous êtes aussi cruelle que cette femme, d'avoir fait mourir le pauvre curé. [...] Chacun demeura très scandalisé d'un esprit si meurtrier[2].

Ces remarques jouent le rôle de précautions rhétoriques qui, en réalité, ne font qu'insister sur la conscience du pouvoir de la fiction.

Le rêve apparaît également comme l'occasion de s'octroyer à peu de frais un espace de liberté propice à l'expression de revendications. C'est en effet par un poème présenté explicitement comme un songe que la comtesse, alors exilée à Loches depuis plusieurs années, tente de modifier en sa faveur le rapport à l'autorité. Elle s'adresse dans ce texte au duc d'Orléans, futur régent, par l'intermédiaire de sa maîtresse, la comtesse d'Argenton. En recopiant ce poème pour sa cousine dans le *Journal*, la diariste le fait précéder de quelques lignes par lesquelles elle explicite son intention :

> Mme la comtesse d'Argenton était de mes amies bien avant que d'être à la cour. Elle fait merveilles pour moi. Elle ne cesse d'en parler à M. le duc d'Orléans. J'ai fait ma cour à son altesse royale en faisant des vers pour elle, qui ont été trouvé fort jolis, même par M. le duc d'Orléans qui, comme vous savez, est connaisseur ; et j'ai trouvé moins fade de le louer là comme

---

1   *Ibid.*, p. 160.
2   *V*, p. 113.

en passant que d'aller comme les autres poètes lui jeter des louanges à la tête : louanges dont les princes sont las et dont ils doivent l'être. Pour celui-là, il les faut fines et bien placées, d'autant plus digne de les recevoir qu'il n'y est pas fort sensible[1].

Reprenant la pratique de l'éloge courtisan[2], Mme de Murat évoquera le duc indirectement, dans des vers qui se présentent comme une véritable requête adressée à sa maîtresse par le dieu Amour :

[…] Toutes divinités ne logent pas aux cieux,
Il est une déesse et charmante et nouvelle,
Vénus ne fut jamais si belle,
Les Grâces pour la suivre abandonnent les cieux,
Un héros plus grand que les dieux
Plus digne de commander qu'eux
Reconnaît mon pouvoir par elle.
C'est à cette aimable mortelle
Que tu devras un sort heureux.

À la dimension politique du duc d'Orléans, glorifié comme tel, se superpose l'image antithétique mais non moins flatteuse de l'homme galant ayant succombé au pouvoir de l'amour, et contribuant ainsi à l'éloge de celle qu'il aime. Feignant de ne s'adresser qu'à cette dernière, Mme de Murat sollicite en réalité le duc, qui ne peut rejeter une demande cautionnée par le dieu des Amours :

Sur la foi de l'Amour, adorable comtesse,
C'est à vous seule que j'adresse
Tout mon encens et tous mes vœux.
La douce liberté est le bien que j'espère :
Déesse, c'est à vous de faire
Des présents comme ceux des dieux[3].

C'est bien la tonalité onirique du texte qui permet à la comtesse de redéfinir ses interlocuteurs, par le jeu de l'écriture littéraire, audace dont elle s'excuse d'avance dans le début du poème :

---

1   *J*, p. 291.
2   Sur la dépendance des écrivains par rapport au pouvoir, voir A. Viala, *La Naissance de l'écrivain : sociologie de l'écriture à l'âge classique*, Paris, Minuit, 1985 ; Ch. Jouhaud, *Les Pouvoirs de la littérature : histoire d'un paradoxe*, Paris, Gallimard, 2000.
3   *J*, p. 292.

> Une nuit charmante et paisible
> Versant de ses pavots les aimables douceurs
> Avait enfin trouvé possible
> L'art de suspendre mes douleurs,
> Quand tout à coup le ciel s'entrouvrant à ma vue,
> Me laissa voir tout ce qui brille aux cieux […].

Mme de Murat estompe ainsi le rapport hiérarchique qui la soumet aux ordres d'une société patriarcale, pour mettre en valeur la dépendance du duc d'Orléans vis-à-vis d'un dieu puissant et d'une « déesse » qu'il a l'honneur de côtoyer. Elle obtient une semi-liberté, dont l'ordre est signé par Pontchartrain lui-même, le 15 mai 1709. Le rêve n'est pas ici synonyme de perturbation de la raison, mais il apparaît comme une fiction transgressive dont l'impact sur le réel est bien envisagé, et dont la comtesse a la pleine maîtrise, par le biais de l'écriture.

L'ILLUSION DE LA RIPOSTE : LES FRONTIÈRES DE LA FICTION

Si Mme de Murat utilise les ressorts de la fiction dans le cadre de la question féminine, qu'il s'agisse de la dénonciation d'une situation d'oppression ou de la mise en scène de scénarios de réplique, elle se montre également très consciente des limites de cet usage dont elle joue habilement, suscitant chez le lecteur de multiples interrogations. Au fil des pages, la comtesse exhibe en effet les ficelles de l'écriture, suggérant que la riposte peut n'être qu'une apparence, durant seulement le temps de la lecture, comme le révèlent le retour à l'ordre des choses à la fin de plusieurs récits, mais aussi l'insistance sur l'inscription du bonheur dans l'espace de la fiction. Cette remise en cause participe à son tour d'une stratégie de redoublement du propos de la comtesse.

Le retour à l'ordre des choses

L'invraisemblance de la réplique féminine et, partant, son caractère illusoire, sont renforcés par le fait que plusieurs récits, notamment des contes, se terminent de façon très conventionnelle, alors que l'intrigue elle-même laissait croire à des propositions audacieuses ou à des scénarios inédits.

Ainsi, dans « Le Père et ses quatre fils », le pêcheur Delfirio révèle finalement sa qualité de prince à Isaline qu'il vient d'épouser sur une île déserte. C'est ce que la princesse apprend à sa confidente lors de son retour à la cour de son père, où elle est ramenée de force à l'issue de l'expédition des quatre jeunes seigneurs :

> Dès le lendemain de notre mariage, il m'apprit qu'il était fils de roi ; que des prédictions difficiles à comprendre, mais terribles, avaient obligé le roi son père à l'éloigner, et à lui faire prendre l'habit et les occupations d'un pêcheur ; qu'il avait de temps en temps des nouvelles du roi son père, et assez d'argent pour vivre heureux ; qu'il n'avait plus qu'un mois à rester dans cet état, après lequel il pouvait revoir sa patrie [...][1].

Il est vrai que la conteuse ne s'étend guère sur le dénouement, comme le suggère l'accélération du rythme de la narration par la succession des passés simples :

> Dès le lendemain, on eut avis qu'un prince beau comme le jour, fils du roi Papindara, était arrivé à la cour pour développer de grands mystères : c'était le charmant Delfirio. Il demanda une audience secrète au roi ; il lui apprit sa naissance, son amour, et son mariage avec Isaline ; son aventure fut crue et admirée. Le roi, qui était très bon père, en pensa mourir de joie [...][2].

Reste que cette révélation estompe l'audace de la première partie du récit, à moins qu'on ne se rappelle que ce conte, interrogeant la pertinence de l'endogamie sociale, est inséré dans le *Voyage de campagne*, dépeignant une société d'aristocrates oisifs repliés sur eux-mêmes.

On pourrait encore citer le conte de « Jeune et Belle » où apparaissent des énoncés ambigus. D'un côté, les hiérarchies humaines sont relativisées :

> Les fées ont les mêmes privilèges que les déesses : elles aiment un berger quand il est aimable, comme s'il était le plus grand roi de l'univers ; car tout est au-dessous d'elles[3].

et de l'autre, le berger Alidor, mortel auquel la fée donne la préférence plutôt qu'au dieu Zéphyr, obtient le titre de roi de celle qui l'épouse, après s'être fait passer elle-même pour une bergère :

---

1   « Le Père et ses quatre fils », *BGF* vol. 3, p. 366. De même, « Le Sauvage » s'achève sur la révélation par Constantin de sa véritable identité, non seulement féminine, mais aussi sociale : elle est une princesse.

2   *Ibid.*, p. 366.

3   « Jeune et Belle », *Ibid.*, p. 121.

> [...] elle lui donna le château des Fleurs, et le fit reconnaître souverain de ce beau pays, où ses aïeux avaient autrefois régné. Alidor fut le plus grand roi de l'univers, dans les mêmes lieux où il avait été le plus charmant berger du monde [...][1].

Dès lors, la différence de condition ne semble qu'un jeu – une affaire de déguisement – ou qu'une illusion, la conteuse précisant que « les bergers de cette contrée n'étaient pas des bergers ordinaires[2] ». Et le problème posé devient une simple hypothèse :

> [...] et si la charmante fée que j'adore n'était qu'une bergère, j'aurais été aussi heureux auprès d'elle dans une cabane, que je le suis dans le plus beau palais de l'univers[3].

L'audace des personnages est ainsi nuancée par des révélations qui n'auront fait durer qu'un temps l'illusion de l'amour, malgré des conditions sociales inégales. Cependant, on remarque que ces révélations sont très tardives, n'ayant même lieu parfois qu'après le mariage du couple héroïque. Delfirio ne révèle qu'au lendemain des noces sa qualité de prince à son épouse, tandis que Risette, dans « Le Turbot », est persuadée d'avoir épousé le pêcheur Mirou, auquel la fée a donné un peu de beauté et d'esprit pour la circonstance, jusqu'à ce que cette dernière lui explique par quel stratagème, elle lui a, en réalité, substitué le prince Fortuné.

Par contraste, Mme d'Aulnoy, qui aborde largement la question de la différence de condition sociale dans son abondante production[4], ne fait se prolonger l'illusion de la mésalliance au-delà du mariage que dans un seul conte, « La Princesse Belle-Étoile et le prince Chéri ». La fureur de la reine vis-à-vis de ses belles-filles d'origine obscure, en réalité princesses qui s'ignorent, n'est en effet châtiée qu'après les paroles de vérité de « l'Oiseau vert qui dit tout[5] ». Dans ses autres contes, aucun mariage n'est célébré avant que ne soit révélée aux amants leur haute naissance, le plus souvent par la voix d'un enchanteur ou d'une fée, à moins que

---

1   *Ibid.*, p. 140.
2   *Ibid.*, p. 123.
3   *Ibid.*, p. 136.
4   Voir N. Jasmin, *Naissance du conte féminin, op. cit.*, p. 207-245 (« L'exacerbation de l'idéal nobiliaire »).
5   Mme d'Aulnoy, « La Princesse Belle-Étoile et le prince Chéri », *BGF* vol. 1, p. 934.

l'un des personnages ne se découvre de lui-même à l'autre[1]. De ce point de vue, Mme d'Aulnoy se montre moins hardie, s'adonnant plutôt au jeu mondain de la variété des scénarios. Elle fait ainsi se rencontrer, dans « Le Rameau d'or », un berger et une bergère, connaissant chacun leur propre identité de prince ou de princesse, mais ignorant la noble condition de l'autre. Dans « La Princesse Carpillon », la bergère se révèle être princesse, et craint dès lors de ne plus pouvoir aimer le jeune berger dont on apprend plus tard la qualité de prince. C'est encore les amours d'une soi-disant bergère avec un prince que met en scène « Le Pigeon et la colombe ». Enfin, deux jeunes gens de bonne famille se déguisent, dans le récit de « Don Gabriel Ponce de Léon », en pèlerins musiciens pour s'introduire dans le château où sont enfermées deux jeunes nobles espagnoles, et tenter de les séduire. En revanche, la conteuse n'hésite pas à placer, dans la bouche de ses héroïnes, des réflexions générales relativisant fortement la notion de rang social :

> Mais hélas ! que l'amour met peu de différence entre le sceptre et la houlette : est-ce cette chimérique grandeur qu'on nous vante tant qui peut remplir notre âme et la satisfaire ? Non, la vertu seule a ce droit-là. Elle nous met au-dessus du trône, et nous en sait détacher ; le berger qui m'aime est sage, spirituel, aimable ; qu'est-ce qu'un prince peut avoir au-dessus de lui[2] ?

Nous n'avons relevé qu'un seul conte, « Marmoisan ou l'innocente tromperie » de Mlle Lhéritier, qui ne corrige à aucun moment la différence de condition sociale entre les amants. Dans ce récit, seul le mérite de Léonore convainc le prince de sa valeur. Face aux réticences de la jeune fille qui réprime pourtant ses sentiments à son égard en raison de « l'intervalle de leurs conditions », le prince l'épouse en lui déclarant :

> Votre seul mérite, madame, reprit le prince avec impatience, vous rend digne de remplir le trône des premiers souverains de l'univers[3].

---

1   Voir le rôle de l'enchanteur Trasimène dans « Le Rameau d'or », de la fée Amazone dans « La Princesse Carpillon », ou encore les révélations de l'animal merveilleux dans « Le Dauphin » (*Ibid.*).

2   Mme d'Aulnoy, « La Princesse Carpillon » (*Ibid.*, p. 653). Voir aussi la moralité de « Fortunée » : « Le seul mérite et la vertu, / Font la véritable noblesse. [...] Quiconque a des vertus, malgré son humble état, / Passe pour noble, ou pour digne de l'être [...] » (*Ibid.*, p. 485). Mais on relève aussi chez cette conteuse plusieurs contradictions entre l'affirmation des vertus du mérite et la valorisation de la noblesse de la naissance.

3   Mlle Lhéritier, « Marmoisan ou l'innocente tromperie », *BGF* vol. 2, p. 64.

Bien plus, il est confirmé dans son choix par la triste expérience de son père, déçu successivement par deux princesses. En revanche, le conte de « Ricdin-Ricdon », véritable plaidoyer pour le mérite, suit le schéma plus classique des amours d'une bergère princesse.

Les conteurs, quant à eux, proposent une autre approche de la différence de condition, qu'il s'agisse de Fénelon incitant chacun à garder sa place et son rang dans la société[1], de Perrault mettant au jour, avec « Le Maître chat ou le Chat botté », la tromperie que constitue une mésalliance recherchée par le roi lui-même, qui laisse un va-nu-pieds devenir grand seigneur, ou encore du chevalier de Mailly, qui s'en tient, dans le conte de « Fortunio », à l'éternelle équation instaurant une équivalence entre mérite et rang social élevé. Dans ce dernier récit, le roi, persuadé « qu'il ne fût pas possible que Fortunio ne fût de grande naissance[2] », n'hésite pas à donner la main de sa fille à un homme valeureux dont on ignore un temps la noble condition. La suite de l'histoire lui donne bien sûr raison. « Bon sang ne peut mentir », rapporte Furetière à l'article « Sang » de son dictionnaire, enregistrant les préjugés du temps sur l'interdépendance entre noblesse sociale et morale[3]. On mesure la distance de Mailly à Mme de Murat qui voudrait croire ou faire croire, au moins pour un temps, qu'une jeune fille peut trouver et aimer un homme à qui ne manquerait que la qualité de prince.

Comme le rappelle Christian Biet, il faut toujours se méfier de ce qui semble un « désordre mineur pour personne mineure[4] », le spectateur étant rassuré par un dénouement qui viendrait remettre les choses à leur place. Prenant l'exemple de la comédie de la première moitié du XVIIᵉ siècle qui traite volontiers des changements d'identité, le critique montre ce que peuvent avoir d'inquiétant tous ces jeux apparemment sans enjeu. De son côté, pour expliquer l'apparence de conformisme de

---

1   Lire notamment « Histoire d'une vieille reine et d'une jeune paysanne » (*BGF* vol. 4, p. 381) et « Histoire de Florise » (*Ibid.*, p. 391), deux contes qui sanctionnent toute tentative de sortir de sa condition.

2   Mailly, « Fortunio », *Ibid.*, p. 541.

3   A. Faudemay souligne l'oscillation récurrente, à l'époque classique, entre « l'idéal, assez fallacieux, d'une aristocratie en qui le mérite coïnciderait avec la naissance (fidèle en cela à ses origines) et […] la dénonciation, non révolutionnaire cependant, de l'aristocratie telle qu'elle est, en laquelle cette coïncidence idéale n'existe pas » (*La Distinction à l'âge classique, Émules et enjeux*, Genève, Slatkine, 1991, Paris, H. Champion, 1992, p. 249).

4   Ch. Biet, « À quoi rêvent les jeunes filles ? Homosexualité féminine, travestissement et comédie », art. cit., p. 55-57.

certains contes, Jean Mainil emploie l'expression de « subversion de la subversion[1] », à laquelle auraient recours les conteuses afin de masquer leur audace lorsqu'elle est trop manifeste.

L'inscription du bonheur dans l'espace de la fiction

L'illusion concerne également le bonheur qui, s'il est évoqué, ne l'est qu'au titre de contre-exemple, étant aussitôt démenti[2].

C'est le cas dans « Le Prince des Feuilles », où la fidélité est remise en cause dans un énoncé renvoyant à l'expérience générale, après avoir été louée dans le cadre de l'histoire de l'héroïne : « Qu'on doit porter envie au sort de Ravissante ! / [...] Hélas ! que l'on serait heureux, / S'il suffisait d'être fidèle[3]. » Par le biais d'une comparaison, la réalité vient soudain démentir la fiction.

Dès lors, le caractère insolite des unions heureuses devient un signe du merveilleux. L'emploi de l'adjectif « incroyable », dans « L'Heureuse Peine », suggère cette confusion entre hors du commun et surnaturel :

> [...] il l'épousa, la noce se fit avec une magnificence incroyable, et ce qui l'est encore bien davantage, c'est qu'il fut époux sans cesser d'être amant.

L'oxymore du titre, ainsi que la dernière phrase du texte (« une noce est presque toujours une triste fête[4] »), contredisent également la perspective du récit, alors que ce dernier ne mentionne aucune noce malheureuse, se terminant même par la célébration du bonheur des amants, aussitôt remis en cause par son caractère peu ordinaire[5]. Le malheur, qui ne fera

---

1   J. Mainil, *Mme d'Aulnoy et le rire des fées, op. cit.*

2   Seules les secondes noces échappent à cette condamnation, comme celles de Mme de Briance avec le comte de Tourmeil : « Il épousa Mme de Briance, et fut véritablement heureux avec elle. Il semble même que leur hymen rendit leur amour plus ardent et plus tendre » (*L*, p. 312).

3   « Le Prince des Feuilles », *BGF* vol. 3, 177. On n'observe pas ce genre de revirement chez Mme d'Aulnoy qui achève ainsi la moralité de « Gracieuse et Percinet » : « Lorsque l'on aime avec constance, / Tôt ou tard, on se voit dans un parfait bonheur » (*BGF* vol. 1, p. 174).

4   « L'Heureuse Peine », *BGF* vol. 3, p. 196. C'est aussi la conclusion de Mlle Bernard dans « Le Prince Rosier » : « il emmena son épouse dans ses États où le mariage, selon la coutume, finit tous les agréments de leur vie. Heureux s'ils en étaient demeurés à une honnête indifférence ! Mais les gens accoutumés à aimer ne sont pas si raisonnables que les autres et ne font guère l'exemple des bons ménages » (*BGF* vol. 2, p. 285).

5   Quelques rares contes se terminent malgré tout par la célébration de noces heureuses. Voir par exemple « Le Roi Porc » (*BGF* vol. 3, p. 201).

l'objet d'aucun développement, est simplement annoncé par la comtesse qui ne se fie pas aux apparences, contrairement à ses personnages. Loin de la poétique traditionnelle du conte, elle insinue que la réalité se chargera de démentir le récit féerique. Dès lors, le mariage est évoqué comme le premier acte d'une suite de malheurs, et la description en est volontairement éludée.

Le lien entre rareté et merveilleux est encore plus explicite dans « Le Parfait Amour » : si les époux peuvent mener une vie heureuse au lendemain du mariage, c'est qu'une fée les a doués « d'une longue vie et d'un bonheur constant[1] ». De la sorte,

> [...] le prince et l'aimable Irolite jouirent du rare bonheur de brûler toujours d'un amour aussi tendre et aussi constant dans une fortune tranquille, que pendant leurs malheurs il avait été ardent et fidèle[2].

Cette allusion à la suite de l'histoire suggère que le mariage ne suffit plus à assurer le bonheur. La comtesse vient alors assurer le lecteur non pas d'une fin heureuse, mais d'une suite heureuse, tout en insistant sur le caractère insolite de la situation. Elle évoque en effet la constance des sentiments, en définissant la qualité de l'avenir par comparaison avec celle du bonheur éprouvé avant le mariage. Par ailleurs, elle souligne le paradoxe d'un bonheur durable malgré l'absence d'obstacles pour le stimuler[3]. Autant de bienfaits qui ne peuvent se concevoir sans le don d'une fée.

Consciente de cette dépendance vis-à-vis du personnel féerique, la conteuse s'interroge sur la possibilité du bonheur en dehors du merveilleux, dans une réflexion qu'elle propose en commentaire au récit « Le Père et ses quatre fils » :

> j'ai voulu en retrancher les Fées, pour voir si je pourrais rendre mes amants heureux, sans le secours de ces bonnes dames, qui sont justement les dieux de la machine que les anciens condamnent tant[4].

Une telle déclaration, qui peut paraître une provocation impliquant pratiquement une condamnation du genre du conte envisagé dans sa

---

1   « Le Parfait Amour », *Ibid.*, p. 83.
2   *Ibid.*, p. 83-84.
3   C'est aussi le sujet du « Palais de la Vengeance » (*Ibid.*, p. 145).
4   « Le Père et ses quatre fils », *Ibid.*, p. 367.

distance avec le monde réel, résonne en même temps comme un aveu d'impuissance de la part de Mme de Murat : le bonheur est-il envisageable dans ce monde-ci ? La solution choisie dans « Le Père et ses quatre fils » est de révéler un roi en la personne d'un pêcheur, plutôt qu'une fée ne le métamorphose ou lui substitue un prince, comme dans « Le Turbot ». Mais, de fait, la conteuse ne remplace-t-elle pas « les dieux de la machine » par l'invraisemblance romanesque la plus flagrante et la plus banale ? Reste que le conte apparaît ici comme un espace expérimental, lieu d'une interrogation quasi philosophique sur la possibilité du bonheur[1].

L'interrogation de la comtesse sur le projet de défense du sexe féminin, en mettant l'accent sur les limites à toute émancipation, contribue à montrer l'ampleur du combat, son urgence, et donc à renforcer la dénonciation. Mais l'ambiguïté du comportement féminin, entre conformisme social et transgression, est aussi l'occasion de l'expression d'un discours plus subversif. Fantasmes, désir d'être aimée, et même duplicité féminine traduisent en effet une certaine labilité du propos, au service cette fois d'une plus grande liberté de pensée et d'action. On observe que le recours majoritaire à la fiction, du fait de ses audaces mais aussi de ses frontières avec le réel, est en adéquation avec le climat d'ambivalence qui règne dans l'œuvre. La fiction semble en effet le mode d'écriture idéal permettant à la comtesse de poursuivre son projet de défense des femmes tout en l'accompagnant d'un métadiscours sur les conditions de possibilité de toute réplique féminine. C'est donc avec une très grande conscience des choix d'écriture que Mme de Murat invite le lecteur à suivre le fil d'une œuvre dont l'unité semble régulièrement contrariée.

L'intérêt manifeste que Mme de Murat porte à la question féminine, et à la défense des femmes en particulier, suffit-il à rendre compte de son œuvre ? À l'issue de ce premier temps de notre étude, il apparaît

---

1   Sans proposer de réflexion aussi explicite, Mlle de La Force aborde le même problème dans « Vert et Bleu », évoquant la gageure que représente le fait de « trouver un homme parfait : la nature, défaillante dès ce temps-là, ne produisait plus que difficilement, et les personnes extraordinaires étaient pour lors aussi rares qu'elles le sont à présent » (*BGF* vol. 2, p. 373). Sur le merveilleux comme seul espace légitime des revendications féminines, voir M. Maistre Welch, « Rébellion et résignation dans les contes de fées de Mme d'Aulnoy et de Mme de Murat », *Cahiers du dix-septième siècle*, Athens, University og Georgia, 1989, vol. 3, n° 2, p. 131-142.

bien que la défense des femmes est à l'origine d'un double mouvement de l'écriture, centrifuge et centripète. Facteur d'unité de l'œuvre, elle permet de relier les épisodes entre eux, et de constituer l'ensemble en discours proposant une argumentation sur la relation entre les sexes dans la société de l'Ancien Régime. Mais cet intérêt pour la question féminine est aussi à l'origine d'une œuvre qui ne cesse de se diversifier, et d'une écriture en expansion.

C'est en effet un féminisme évident qui se dégage de la lecture de l'œuvre. Refusant le statut social et moral imposé aux femmes, Mme de Murat dénonce les différentes formes d'oppression de la société patriarcale, et s'attache à y répliquer. Par la visée apologétique qu'elle annonce dès le début des *Mémoires*, mais aussi par le biais de nombreux énoncés sentencieux, elle entend défendre l'image de la femme, ce qui implique une sérieuse mise en garde contre les hommes, montrés comme les principaux responsables du malheur féminin. Installant la contestation au cœur de son œuvre, la comtesse exprime une volonté d'émancipation notamment dans le domaine matrimonial, voulant substituer la générosité ou le mérite à la vénalité dans le choix du mari, passer outre le préjugé nobiliaire, ne pas céder à un mariage trop précoce ou préférer la fête de l'amour à la célébration de noces. Bref, c'est le droit à la liberté qu'elle prône. Elle s'attache également à renverser le rapport hiérarchique des sexes, en s'attaquant à la figure masculine et en privilégiant les scénarios vindicatifs consacrant la supériorité de la femme. Dégradant l'image de l'autorité, les héroïnes se vengent volontiers de leur statut d'éternelles mineures, non sans recourir à la provocation. Les institutions sociales sont aussi remises en cause par différentes stratégies ignorant le pouvoir patriarcal ou l'annexant. À travers l'œuvre se déploie en outre une réflexion sur la conscience féminine puisque la défense des « dames » se poursuit au-delà des *Mémoires*, comme le suggèrent l'adresse aux « Fées modernes », mais aussi la réitération des mêmes situations (le père autoritaire, la mère despotique, le mari trompeur, l'amant inconstant). Mme de Murat elle-même annonçait, dans l'épilogue de ses *Mémoires*, vouloir continuer à montrer la vie des femmes, et pas seulement la sienne, afin de poursuivre son objectif apologétique et même de l'atteindre plus sûrement. L'ensemble est donc marqué par un esprit de combat, et caractérisé par la redondance du propos. Les œuvres se répondent ainsi les unes aux autres, de sorte que chaque récit apparaisse comme la reprise d'une séquence précédente ou la réparation d'un méfait déjà évoqué. Et si la comtesse exprime parfois quelques difficultés à soutenir son projet de défense des femmes au fil des pages, comme le révèle l'expression d'une certaine désillusion, celles-ci peuvent encore être rattachées à sa visée. En effet, le questionnement même qui accompagne le discours au féminin, s'il en souligne les tensions, voire les contrariétés, n'est pas sans contribuer au renforcement du propos, le texte prenant régulièrement de nouveaux départs.

Cependant, force est de constater à la lecture de l'œuvre que la défense du droit des femmes n'implique pas de réplique unique à la domination masculine : ce sont au contraire de multiples options qui se côtoient, depuis les scénarios les plus farcesques pour se défaire d'un séducteur importun jusqu'au désir de retraite, en passant par l'hypothèse du mariage d'amour. À bien lire l'œuvre, elle offre même une vision ambiguë, que traduit la formulation moins convenue du désir d'être aimée et de la duplicité qui en découle. Le lecteur a en effet l'impression d'un discours éclaté, dont la cohésion narrative, mais aussi énonciative par le biais de l'affirmation de soi, semble plus importante que la cohérence idéologique, puisqu'il est susceptible d'affirmer des vérités contradictoires dont Mme de Murat ne fait pas la synthèse, soucieuse au contraire de montrer que les choses ont plusieurs faces.

Cette complexité à l'œuvre est également celle des catégories génériques. Il apparaît en effet que la défense des femmes contribue au brouillage des genres que la comtesse ne cesse de s'approprier en les infléchissant à sa guise. Écrire des mémoires à l'âge de trente ans, sans se réclamer de ceux de son aïeul qui ont jadis contribué à la gloire de la famille Castelnau, et alors qu'elle est rattrapée par le scandale, constitue de la part de la comtesse un geste subversif. Concevoir le récit de sa vie comme une pièce maîtresse au sein d'une entreprise de défense collective du sexe féminin se révèle audacieux. S'adresser aux « Fées modernes », en redéfinissant le rôle du conte dans une culture moderne incarnée par les femmes, s'annonce ambitieux. Imaginer de multiples scénarios de revanche dans le véritable « roman comique » que sont *Les Lutins du château de Kernosy* traduit encore l'aisance de cette romancière aristocrate prompte à la moquerie. Enfin, la tenue quotidienne d'un journal adressé à sa cousine, dans le but de rompre l'isolement de cette dernière, révèle une écriture au féminin, inédite et rarissime à cette époque. C'est donc à de multiples genres que s'essaie Mme de Murat, n'hésitant pas à les adapter à son projet. Si féminisme il y a, il ne tient pas tant dans une suite de revendications que l'on trouve en partie déjà présentes chez les Précieuses, mais dans cette volonté d'expression qui génère des formes originales et neuves, bien éloignées des modèles rhétoriques des *exempla* ou des alphabets listant les défauts ou vertus des femmes.

La variété générique est également soutenue par celle de l'invention qui multiplie ses sources d'inspiration, empruntant aussi bien à l'univers mythologique qu'au merveilleux féerique ou élémentaire, tout en faisant allusion aux grands romans ou aux épopées. L'œuvre est de ce fait marquée par la variété des tonalités, évoluant aussi bien vers le comique ou la fantaisie que vers le tragique ou le pathétique, par le biais d'un recours majoritaire à une fiction compensatoire.

Il apparaît donc que si les convictions féministes de Mme de Murat constituent le fil directeur de l'œuvre, elles sont aussi à l'origine d'une richesse de formes et d'une inventivité qui interdisent toute réduction de l'œuvre à un discours au féminin univoque. À moins de mesurer, en lien avec la récurrence de problématiques plus personnelles, le caractère fantasmatique de la réplique féminine, faisant entendre l'expression d'une volonté d'emprise et de manipulation, voire de castration, des hommes et de l'autre en général. C'est en effet une réflexion sur l'altérité, combinée avec une problématique de place, qui est proposée au lecteur. Qu'il s'agisse de la question du rapport entre les sexes, ou de la façon de se situer par rapport aux autres femmes, ce sont les termes du même et de l'autre, eux-mêmes envisagés dans l'optique d'une relation de pouvoir et de supériorité, qui semblent les plus pertinents. Plus qu'une extension du propos à une multitude de femmes, il s'agirait alors, pour la comtesse, d'une redite obsessionnelle, autorisée par la confusion entre son destin et la condition féminine.

C'est alors à une œuvre singulière que donne naissance Mme de Murat par le biais de la défense des femmes. Il s'agit bien de la cohérence de l'œuvre, et en même temps de ce qui ne cesse de susciter l'écriture et l'inventivité, au risque à la fois de la redondance et de l'éclatement du propos. Autant de menaces pour cette même cohérence, mais qui sont aussi la résultante d'une écriture de soi qui s'auto-génère, conférant le sentiment d'exister à celle qui est bannie de la société.

DEUXIÈME PARTIE

LES ENJEUX DE LA DÉFENSE DES FEMMES

L'INSCRIPTION DE L'ŒUVRE
DANS L'UNIVERS DES DISCOURS

La première partie de notre étude a tenté de mettre en évidence la logique de l'œuvre, en lien avec les caractéristiques de l'écriture, autour de la défense des femmes, thèse chère à Mme de Murat. L'analyse serait pourtant incomplète si elle ne prenait pas en compte l'inscription de cette même œuvre dans un univers de discours qui la déterminent et qu'elle s'attache à critiquer. En effet, tout en renforçant les liens de cohérence entre des récits unifiés par l'intérêt pour la cause féminine, la comtesse évoque, au sein de son œuvre, un interdiscours[1] qui permet de saisir les véritables enjeux, essentiellement critiques, de son combat. C'est alors à un élargissement de la question féminine que nous invite Mme de Murat, conférant ainsi une plus grande portée à son entreprise, à la charnière entre deux siècles.

Peut-être à défaut de pouvoir renverser le rapport entre les sexes, Mme de Murat s'intéresse en effet aux discours, qu'ils émanent d'un champ littéraire de plus en plus autonome ou qu'ils soient issus de la sphère sociale, puisque ce sont eux qui véhiculent une certaine image des femmes, de même qu'ils sont l'instrument privilégié de l'autorité patriarcale. Notre nouvel axe de travail consistera donc à observer que la question de l'oppression patriarcale, et plus largement celle du rapport à autrui, n'entraîne pas seulement, de la part de Mme de Murat, la condamnation d'un comportement ou d'une attitude ressentie comme hostile, mais qu'elle donne lieu à la dénonciation d'un discours s'inscrivant dans une remise en cause de l'ensemble des propos qui parviennent à ses yeux et à ses oreilles, qu'ils concernent ou non les femmes, qu'ils s'adressent ou non à elles. La lecture attentive de l'œuvre permet justement de repérer la récurrence d'une mise à distance des discours d'autrui, en raison du rapport de force qu'ils instaurent entre un émetteur autoritaire et un récepteur dont la crédulité est entretenue. C'est ainsi le non-respect des règles du jeu communicationnel que fustigerait avant tout la comtesse, y voyant la principale source et la modalité privilégiée de l'aliénation sociale[2].

---

1   On appelle *interdiscours* « l'ensemble des unités discursives avec lesquelles un discours particulier entre en relation implicite ou explicite » (*Dictionnaire d'analyse du discours, op. cit.*, p. 324).

2   Mme de Murat emploie le terme de « discours » à plusieurs reprises dans son œuvre (voir par exemple *MdeM*, I, p. 343-344 ; V, p. 38, 169-170 ; *L*, p. 181 et 198), en le reliant le

Plus précisément, la défense des femmes se veut une réplique à ceux qui alimentent les préjugés sur les femmes, qu'il s'agisse d'auteurs de mémoires galants ou des représentants des autorités institutionnelles. C'est alors à une véritable analyse des discours, définis comme autant d'objets de croyance imposés avec autorité à ceux à qui ils sont destinés, que s'adonne la comtesse, soucieuse de démonter les mécanismes de ce qui n'est bien souvent que fiction cherchant à abuser de la crédulité des plus faibles. Il ne s'agira pas de rapprocher les contenus des différents discours, mais d'en comparer les conditions d'énonciation, les caractéristiques et les visées, afin d'en saisir le point commun qu'on pourrait reformuler de la façon suivante : la tentation de tout discours de se présenter comme un article de foi.

Dès lors, la vraie réplique consiste à une prise de distance par rapport aux discours, qu'il convient de décrypter pour échapper à l'emprise sociale. Cette critique des autorités se traduit également par une poétique, repérable dans l'ensemble de l'œuvre, et impliquant l'éducation du lecteur à un certain mode d'appréhension des textes. La femme auteur qui écrit acquiert alors un statut que lui confère la maîtrise des discours, occasion inespérée d'être valorisée pour celle qui cherche à se faire entendre à tout prix.

---

plus souvent à une figure d'autorité. De façon générale, c'est l'ensemble des pratiques socio-discursives, telles qu'elles sont évoquées par P. Charaudeau et D. Maingueneau dans leur introduction générale au *Dictionnaire d'analyse du discours* annonçant l'étude de « productions transphrastiques, orales ou écrites, dont on cherche à comprendre la signification sociale » (*op. cit.*, p. 7), qu'on tentera de repérer dans son œuvre, en observant la façon dont les énoncés renvoient également au système qui permet de les produire.

LA *DOXA* SUR LES FEMMES :
UN DISCOURS EMPREINT DE FICTION

Mme de Murat envisage l'écriture comme une réaction à un discours antérieur auquel il s'agit de répliquer. C'est notamment à la divulgation de la calomnie par le biais d'une certaine littérature qu'elle s'attaque. Au seuil des *Mémoires*, elle explique en effet sa venue à l'écriture par la publication d'œuvres qu'elle juge nuisibles à l'image de la femme, et qu'elle discrédite en dénonçant leur caractère romanesque ou dévoyé. Plus particulièrement, elle fustige des *Mémoires* attribués à Saint-Évremond.

De même, elle dénonce au fil de l'œuvre la calomnie telle qu'elle peut émaner de la sphère sociale. Afin de montrer le caractère fallacieux de cette pratique, elle en suggère le fonctionnement fictionnel, tel qu'on le voit également à l'œuvre dans les histoires prétendues surnaturelles (ou « histoires d'esprits[1] ») qu'elle intègre dans le *Voyage de campagne*. La veine surnaturelle de ce dernier récit, qui appelle pourtant un mode de lecture bien différent de celui des *Mémoires*, pourrait-elle être interprétée comme une extension du champ de bataille sur lequel évolue la comtesse, traquant toutes les croyances et les fictions colportées ?

Cette hypothèse permettrait, sans pour autant instaurer une confusion des genres, de saisir d'une autre manière l'unité de l'œuvre de la comtesse, dénonçant les discours, qu'ils soient ou non référentiels, comme lieu d'exercice d'un rapport de force où crédulité rimerait avec soumission et oppression. Il s'agirait alors pour Mme de Murat de démystifier cette façon d'appréhender le langage qui le réduit à sa force illocutoire, en repérant les innombrables erreurs charriées par des discours rapportés, trop souvent spécieux et incohérents.

---

1   Cette expression revient régulièrement dans le *Voyage*. On notera que La Fontaine emploie des termes similaires, dans *Psyché*, en évoquant les « contes d'apparitions et d'esprits » (*Les Amours de Psyché et de Cupidon* [1669], éd. F. Charpentier, Paris, Flammarion, 1990, p. 59).

LA NOCIVITÉ D'UNE CERTAINE LITTÉRATURE

C'est en se situant d'emblée dans le champ littéraire, par le biais de références à des œuvres dont elle entrevoit l'impact sur l'opinion publique, que la comtesse prend sa place dans le débat sur la question féminine, au début des *Mémoires*.

LES *MÉMOIRES* ATTRIBUÉS À SAINT-ÉVREMOND

Mme de Murat explique, dans l'«Avertissement» de sa première œuvre publiée, qu'elle entend réagir à la parution de mémoires attribués à Saint-Évremond. Cet écrit, apparemment néfaste à la réputation du sexe féminin, constitue l'élément déclencheur qui la décide à rompre le silence auquel elle semblait se résigner. C'est du moins de cette façon qu'elle justifie sa venue à l'écriture :

> Malgré tous les bruits qui ont été répandu contre ma conduite, j'avais pris le parti de ne rien écrire pour me justifier ; mais certains Mémoires qui paraissent depuis peu de temps m'ont déterminée à faire l'histoire de ma vie. Quoique tout le monde soit persuadé que ces Mémoires ne sont qu'un recueil d'aventures tirées de plusieurs romans, et que ce n'est que pour leur donner du crédit qu'on leur a prêté le nom de Saint-Évremond, ils peuvent insinuer une opinion très désavantageuse des femmes[1].

Ces éléments permettent de reconnaître les *Mémoires de la vie du comte D* avant sa retraite, rédigés par Saint-Évremont*, et publiés en 1696. Si l'auteur de ces mémoires masculins, en réalité de la plume de l'abbé de Villiers[2], recourt à l'anonymat, c'est vraisemblablement dans le but de susciter

---

1   *MdeM*, «Avertissement», n. p.

2   *Les Mémoires de la vie du Comte D* avant sa retraite. Contenant diverses aventures qui peuvent servir d'instruction à ceux qui ont à vivre dans le grand monde. Rédigés par M. de Saint-Evremont*, Paris, M. Brunet, 1696. Ils sont d'ailleurs évoqués par l'abbé de Villiers dans ses *Entretiens sur les contes de fées et sur quelques autres ouvrages du temps, pour servir de préservatif contre le mauvais goût*, Paris, J. Collombat, 1699, p. 203. Il est à noter que le titre de l'édition d'Amsterdam de 1698 des *Mémoires* de Mme de Murat comporte une coquille : *Mémoires de la Comtesse D*** avant sa retraite. Servant de réponse aux Mémoires de Mr. Evremont*. Le remplacement de la lettre «M» par la lettre «D» est peut-être due à l'interférence des deux œuvres, comme le suggère S. Genyus-Kirk, *op. cit.*, p. 161.

l'intérêt en mettant en valeur le nom de Saint-Évremond[1]. Cette accroche, établissant une différence entre l'auteur et le rédacteur selon le procédé des *Mémoires du Sieur de Pontis*[2], ne serait qu'un argument de vente, qui semble avoir bien fonctionné. Selon René Démoris, elle tend à « situer l'œuvre du côté de la fiction[3] », l'idée suggérée étant un roman composé par Saint-Évremond. La comtesse, de son côté, fait justement référence au statut ambigu de l'œuvre afin de la discréditer, soulignant notamment son genre romanesque et sa facture artificielle (« un recueil d'aventures tirées de plusieurs romans »), caractéristiques qui ne semblent pourtant pas suffisantes pour ôter à cette composition douteuse son pouvoir de nuisance.

Mme de Murat se montre en effet très réactive, puisque le privilège de ses *Mémoires* est signé le 2 août 1696, et l'achevé d'imprimer date du 29 décembre de la même année. La dimension polémique de son entreprise est également soulignée par le parallélisme entre le titre de l'œuvre à laquelle elle réplique, *Mémoires de la vie du comte D* avant sa retraite, rédigés par Saint-Évremont*, et celui de l'édition de 1698 de son récit, *Mémoires de Mme la Comtesse de M*** avant sa retraite, servant de réponse aux mémoires de M. St-Évremont*, comme si l'un avait été calqué sur l'autre, afin de mieux faire apparaître leur symétrie[4]. Le terme de « réponse » renforce en effet le caractère dialogique de l'œuvre de la comtesse, qui s'apprête à réfuter le point de vue du comte D*.

Sur le modèle des *Mémoires de Monsieur L.C.D.R.*, publiés par Courtilz de Sandras en 1687, Villiers, dans ces pseudo-mémoires historiques, privilégie la succession des aventures amoureuses du héros, lors des moments de loisir que lui laissent ses campagnes militaires. Peu de bonheur, beaucoup de déceptions, des résolutions de se tenir à distance des femmes, puis de nouvelles aventures qui viennent confirmer les préjugés du personnage. Les premières pages donnent le ton :

---

1   Charles Marguetel de Saint-Denis, seigneur de Saint-Évremond (1614-1703). Les œuvres de cet esprit indépendant ne furent éditées qu'après sa mort. Des manuscrits circulèrent cependant avec beaucoup de succès. Barbin fit imprimer un premier recueil de pièces en 1668, qui eut un tel succès qu'on lui attribua beaucoup d'œuvres qui n'étaient pas de lui.

2   Parus vingt ans auparavant et rédigés par Thomas du Fossé.

3   R. Démoris, *op. cit.*, p. 196.

4   Ainsi s'expliquerait le complément circonstanciel « avant sa retraite », présent dans l'édition originale sur la première page de chaque tome des *Mémoires*, et qui a constitué une énigme pour les biographes s'interrogeant sur l'époque et le lieu de leur rédaction. Beaucoup ont assimilé à tort cette retraite au séjour qu'elle fit au château de Loches, suite à son exil en 1702.

[…] comme ma vie est, pour ainsi dire, *un tissu de tous les écueils qu'on peut trouver auprès des femmes*, je crois que rien ne saurait être plus utile et à moi-même et aux autres, que de repasser sur mes aventures qui ont rapport à elles[1].

S'il est question, au début de ce qui paraît conçu comme une anthologie, d'une « femme coquette » et des « femmes de ce caractère[2] », très vite, le narrateur nous entretient du « peu de solidité de ce sexe[3] » et des femmes en général :

Je croyais être absolument détaché des femmes, par la mauvaise opinion que tant d'expériences m'en avaient donnée, mais ce fut justement par là que je me trouvai de la disposition à de nouveaux engagements. Je sentais un secret désir d'éprouver encore si enfin je ne trouverais point quelque femme raisonnable[4].

Et le dernier tome se clôt en un amer constat :

[…] je connus que si dans tous les temps de la vie, on a lieu de se défier des femmes, c'est un nouvel aveuglement que de prétendre leur plaire, quand on est dans un âge qui n'est plus propre qu'à donner matière à leur malignité, et à leurs railleries[5].

L'éditeur lui-même ajoute un « Avertissement » comme pour minimiser la misogynie des propos de l'auteur :

Au reste, quoiqu'il semble n'avoir entrepris ces *Mémoires* que pour y dépeindre les dangers et les écueils de la galanterie, on verra que s'il donne quelquefois l'idée de la mauvaise conduite des femmes coquettes, il rend aux autres la justice et leur donne tous les éloges qu'elles méritent ; et *ce n'est pas seulement à l'égard du commerce des femmes que l'on trouvera ici des instructions, c'est aussi sur tout ce qui regarde la conduite et les occupations d'un homme engagé dans le grand monde*[6].

Un double déplacement du centre d'intérêt de l'œuvre est opéré : d'une part, les « femmes coquettes » ne doivent pas faire oublier celles qui ne le sont pas, et d'autre part, le « commerce des femmes » n'est pas le seul sujet abordé, puisqu'il s'agit aussi et surtout des mémoires d'un homme de qualité.

---

1   *Les Mémoires de la vie du Comte D*…*, I, p. 2-3.
2   *Ibid.*, I, p. 29.
3   *Ibid.*, I, p. 140.
4   *Ibid.*, I, p. 320. Ce genre de réflexion révèle cependant un point de vue critique sur le héros.
5   *Ibid.*, IV, p. 378.
6   *Ibid.*, « Avertissement », n. p.

L'ÉVOCATION D'UN INTERDISCOURS PLUS LARGE

Au-delà de ces pseudo-mémoires susceptibles d'« insinuer une opinion très désavantageuse des femmes[1] », Mme de Murat entend dénoncer un ensemble de discours assez vaste. Ses adversaires, désignés par le pronom *on*, répété sept fois dans les pages introductives des *Mémoires*, sont en effet définis par la représentation collective qu'ils ont des femmes, peut-être simplifiée pour les besoins de la cause : les femmes « qu'*on* a si cruellement décriées », « *on* porte la médisance là-dessus », « du peu de justice qu'*on* nous rend », « la mauvaise opinion qu'*on* a de nous », « *on* a condamné celles qu'*on* a soupçonnées », « *on* l'a jugée ». La société tout entière semble agent d'un discours dont le contenu comme l'énonciation sont connotés de manière très négative, culminant dans les propos de ceux « qui osent avancer comme une chose certaine qu'il n'y a point d'honnête femme[2] ». Plusieurs marques de jugement dénoncent la mauvaise foi des adversaires ou tournent leur thèse en ridicule. En effet, les femmes dans leur ensemble finissent par être assimilées à celles qui sont montrées du doigt par la société. Cette confusion correspond au constat que fait la comtesse elle-même, et dont elle accentue la valeur générale pour mieux la condamner : « [...] dès qu'une femme a passé pour coquette, on l'a jugée sur le pied de celles qui ont fait gloire de l'être[3]. » Mais ces extraits font apparaître que c'est d'abord l'image de la femme qui est en jeu, la querelle prenant ici l'allure d'un combat de représentations. Le terme de « réputation » apparaît d'ailleurs dans la dernière phrase de l'« Avertissement » et à deux reprises dans l'introduction du récit, où elle est définie comme la cible que visent les adversaires des femmes : « des femmes dont il plaît au public d'attaquer la réputation[4] », ou encore « des occasions qui peuvent donner atteinte à la réputation des femmes[5] ».

Si la comtesse fait peut-être référence, à travers ces jugements rapportés, à des accusations traditionnelles à propos des femmes, elle précise qu'elle fait aussi allusion à des productions issues de plumes féminines, et dont elle dénonce la publication, quelles que soient les formes de celle-ci :

---

1   *MdeM*, « Avertissement », n. p.
2   *Ibid.*, I, p. 3-4.
3   *Ibid.*, I, p. 5.
4   *Ibid.*, I, p. 6.
5   *Ibid.*, I, p. 7.

> Je sais que la malignité des hommes n'est pas la seule cause du peu de justice qu'on nous rend ; il y a des femmes qui semblent avoir pris plaisir à confirmer la mauvaise opinion qu'on a de nous : et il n'y en a point, ce me semble, qui aient plus fait de tort à leur sexe, que celles qui ont écrit les mémoires de leurs galanteries, et laissé répandre dans le monde des lettres que la passion et la débauche leur avaient inspirées[1].

Parmi les écrits stigmatisés ici pour la vision partiale qu'ils offrent des femmes (« galanteries », « passion », « débauche »), figure sans doute le récit des *Dames galantes*, paru en 1685, dans lequel se succèdent des intrigues scandaleuses, pleinement assumées par les personnages. Ainsi, Iris, l'héroïne de la première histoire, n'hésite pas à faire de son opportunisme en matière amoureuse une règle générale pour les femmes de son milieu :

> Si la plupart des femmes du monde étaient sincères, elles avoueraient ingénument ce que j'avoue aujourd'hui ; car je ne crois pas être la première qui en ait usé de la sorte[2].

L'argument de la sincérité est utilisé pour rehausser un aveu qui sonne comme une provocation. Mme de Murat pense peut-être aussi à la présidente Ferrand et aux *Lettres* de Bélise à Cléante, jointes au roman de leurs amours[3]. On pourrait encore évoquer les *Mémoires des aventures singulières de la cour de France* de Mme d'Aulnoy[4], publiés en 1692. Dans ce dernier récit, le mariage forcé de l'héroïne semble excuser d'avance toutes ses ruses, trahisons et vengeances, racontées sans complexe, pour rester en compagnie de ses amants.

L'intention de Mme de Murat de se désolidariser de ces écrits[5] réapparaît explicitement au cours du récit de ses *Mémoires*. Prenant la défense de

---

1   *Ibid.*, I, p. 4-5. Les lettres auxquelles Mme de Murat fait allusion rappellent l'aventure de Mme de Villedieu, « héroïne d'un roman épistolaire » malgré elle, selon l'expression de R. Démoris (*Mémoires de la vie de Henriette-Sylvie de Molière...*, p. 8).

2   R. Poisson, *Les Dames galantes ou La confidence réciproque* [1685], Amsterdam, 1737, p. 126.

3   A. de Bellinzani, dite la présidente Ferrand, *Lettres de la présidente Ferrand au baron de Breteuil* [1691] suivies de l'*Histoire des amours de Cléante et de Belise* [1689], Paris, G. Charpentier, 1880. Sur ces textes, voir L. Timmermans, *op. cit.*, p. 203.

4   M.-C. d'Aulnoy, *Mémoires des aventures singulières de la cour de France, par l'auteur du Voyage et Mémoires d'Espagne*, La Haye, J. Alberts, 1692.

5   C'est pourtant à la catégorie des « dames galantes » que R. Démoris rattache Mme de Murat, tout en concédant qu'elle n'use pas de la même immoralité (*Le Roman à la première personne...*, p. 281-286).

Mme de Châtillon qu'elle désigne comme sa protectrice, elle mentionne
« d'injurieux *Mémoires*[1] », *vraisemblablement ceux de Mlle de Montpensier*[2],
qui n'ont guère usé de bienveillance à l'égard de la duchesse. Un peu
plus loin, elle fait part d'une étonnante pratique de certains mémorialistes, qui ne se contentent plus de s'inspirer de romans, ni même de
déformer la réalité, mais qui provoquent des femmes afin de pouvoir
rapporter dans leurs écrits les aventures vécues avec elles. La comtesse
relate ainsi la rencontre qu'elle fait d'un certain comte de B*, en quête
d'héroïnes à la vie tumultueuse[3]. Déçu de voir qu'elle ne tombe pas
dans son piège, celui-ci finit par se détourner d'elle.

Il apparaît donc que pour Mme de Murat, le combat féminin se révèle
une bataille littéraire, centrée plus précisément sur les mémoires, masculins ou féminins[4], bien au-delà de ceux du prétendu Saint-Évremond.
Si l'on se rappelle que la comtesse défend par ailleurs une certaine
conception du conte en lien avec l'image de la femme[5], on peut affirmer
que le discours littéraire intéresse Mme de Murat dans la mesure où il
colporte une représentation des femmes, qu'elle entend rectifier à sa guise.

LA CALOMNIE : UN DISCOURS JUGÉ FICTIONNEL

Au-delà de l' « Avertissement », Mme de Murat consacre ses *Mémoires* à
la dénonciation de la calomnie à l'origine de la *doxa* sur les femmes. En effet,
elle n'écrit pas un récit d'action, mais rapporte la succession des médisances
qui ont accompagné chaque instant de la vie de l'héroïne narratrice. Afin
de démontrer, à nouveau, le caractère infondé de ces discours, la comtesse
multiplie les analogies entre le fonctionnement de la calomnie et celui de la

---

1   *MdeM*, I, p. 365.
2   Rappelons que les *Mémoires* de la duchesse de Montpensier ne sont pas encore publiés à
    cette époque. Anne-Marie-Louise d'Orléans de Montpensier (La Grande Mademoiselle),
    Mémoires de Mademoiselle de Montpensier, publ. par A. Chéruel, Paris, Charpentier, 1858-
    1859, 4 vol. ; éd. présentée et annotée par B. Quilliet, Paris, Mercure de France, 2005.
3   *MdeM*, I, p. 221-223.
4   R. Démoris définit ainsi les mémoires féminins : « Que l'auteur en soit une femme ou un
    homme, le fait essentiel est qu'une femme y parle (ou écrive) d'elle-même. Avant d'y avoir
    affaire à des événements, les héroïnes ont à affronter leur propre statut » *(op. cit.,* p. 265).
5   Voir *supra* p. 63-67.

fiction. La première est en effet qualifiée par des termes faisant référence à son caractère fictionnel (« une si *extravagante histoire* » ; « la première à faire de moi *cent contes ridicules* » ; « toutes les *ridicules histoires* qu'on m'avait tant de fois attribuées fort injustement[1] »). Ces métaphores, destinées à exprimer l'absence d'ancrage référentiel de bon nombre de rumeurs, se révèlent en réalité un argument essentiel pour la comtesse dans sa dénonciation. En effet, si l'on peut apporter du crédit à ce qui n'est qu'une fiction narrative, il est également possible que la *doxa* sur les femmes ne soit qu'une affaire de crédulité. Saisir les mécanismes de cette dernière serait alors le moyen de déconstruire ce qui n'est que discours fictionnel. La réflexion sur la fiction au sein même de l'œuvre, au-delà du choix d'écriture qu'elle constitue[2], déboucherait sur un renouvellement de l'approche de la question féminine, par la mise en évidence du caractère fictionnel de la *doxa* sur les femmes. Plusieurs rapprochements entre les calomnies évoquées dans les *Mémoires* et les histoires de revenants, prétendues surnaturelles, présentées dans le *Voyage de campagne*, permettent d'étayer cette hypothèse.

L'ÉLABORATION DES DISCOURS

La circulation des calomnies, comme celle des récits de fiction, entretient leur vivacité et déclenche la curiosité. Auteurs et récepteurs ne se distinguent plus, faisant preuve d'une inventivité toujours renouvelée.

Les discours rapportés

Calomnies et histoires de revenants sont toutes véhiculées par la parole de locuteurs plus ou moins identifiables.

Les premières se propagent en effet très rapidement, comme le montre la manière dont est colportée cette rumeur, initiée par Blossac au sujet de la prostitution de l'héroïne :

> il dit à la femme de chambre qu'il irait au rendez-vous avec de ses amis, à qui il voulait faire part de sa bonne fortune. Blossac en parla à son ami, cet ami à un autre, et enfin cela se répandit insensiblement dans le monde[3].

---

1 *MdeM*, I, p. 323, 339, et II, p. 298-299. Voir aussi : « les médisants ne cessèrent point de parler ; ils renouvelèrent mes galanteries passées, et ne manquèrent pas d'y mêler la comtesse d… de qui ils firent *cent mauvais contes* » (II, p. 289-290).
2 Voir *supra* p. 210.
3 *MdeM*, I, p. 320-321.

Les lettres au moyen desquelles agissent les personnages, que ce soit le mari de l'héroïne, Blossac ou la femme de Saint-Albe, suivent le même type de parcours :

> On mit ces lettres entre les mains du directeur dont j'ai déjà parlé, lequel [...] les fit voir avec une circonspection hypocrite au mari de Mlle Laval, ensuite à ma mère et à mon mari ; il n'en demeura pas là, il trouva moyen de faire informer la reine de ma mauvaise conduite [...][1].

Dans ces deux exemples, les premiers relais sont identifiés. Les relations de connaissance entre les médisants constituent d'ailleurs un cercle relativement étroit : Blossac et Sauvebeuf sont amis, le premier est « ami, et même parent du comte[2] » auquel il adresse des lettres calomnieuses au sujet de l'héroïne ; le duc de Candale connaît Blossac, mais fréquente aussi Mme de Châtillon (« Le duc de Candale que je voyais quelquefois chez Mme de Châtillon[3] ») qui a, sans compter ses liens de parenté (« un gentilhomme nommé Savigny que je connaissais depuis quelque temps et que je voyais souvent chez Mme de Châtillon dont il était parent[4] »), de nombreuses relations, parmi lesquelles l'abbé Fouquet et le magistrat si pressant dont Saint Albe est le fils. Par ailleurs, les domestiques jouent fréquemment le rôle d'intermédiaires, voire d'entremetteurs, entre les personnages. Seule Mlle de Laval, qui ne fait pas partie de cette microsociété, est rencontrée par hasard dans un carrosse avec son mari.

Cependant, de nombreuses expressions évoquent un ensemble de récepteurs beaucoup plus large que l'entourage immédiat de l'héroïne. Outre le pronom « on » fréquemment employé (« on dit que », « on disait[5] »), plusieurs termes d'extension maximale, suggérant peut-être aussi une vision du monde réduite à ceux que l'héroïne peut croiser, sont repérables, qu'il s'agisse de substantifs (« le monde » cité plus haut, ou le « public[6] »), ou de pronoms indéfinis : « Personne ne douta sur la lettre de mon père que je ne me fusse fait enlever[7]. » Parfois même, seuls des termes faisant référence à l'acte de parler ou au résultat de ce

---

1   *Ibid.*, I, p. 89-90.
2   *Ibid.*, II, p. 292.
3   *Ibid.*, I, p. 321.
4   *Ibid.*, II, p. 68-69.
5   *Ibid.*, II, p. 280 et I, p. 96.
6   *Ibid.*, I, p. 98.
7   *Ibid.*, I, p. 93.

procès sont employés : l'héroïne devient ainsi « le sujet des conversations de Paris », son comportement est « universellement blâmé », elle est l'objet de « bruits injurieux », « rien ne faisait plus de bruit dans la province [...] » que sa seconde fuite de la maison de son mari, et elle déplore « les effets de cette malignité[1] ».

La calomnie est donc avant tout une parole qui circule, comme le rappellent le verbe « décrier », ainsi que le substantif « médisance », maintes fois employés. Le lexique de la publication est en effet très présent. C'est d'abord l'abbesse qui ne garde pas pour elle l'histoire de la relation épistolaire de l'héroïne avec Blossac :

> Cette fille qui ne passait pas pour la supérieure du monde la plus exacte, *informa mes parents* de ce qui était arrivé, espérant qu'ils jugeraient par le compte qu'elle leur rendit qu'elle n'était pas d'humeur à souffrir le moindre désordre[2].

Par la suite, son mari ne cesse de lui faire des reproches « en public[3] ». Puis le magistrat la menace de faire des éclats :

> [Il] me quitta en jurant qu'il *allait informer ma mère et mon mari* du dérèglement de ma conduite[4].

Quant au directeur, il agit de la même manière :

> [...] après m'avoir quittée brusquement, il *alla publier partout* que j'étais une endurcie, et que je mourrais dans mon iniquité[5].

D'autre part, la calomnie a cette caractéristique d'entraîner la surenchère calomnieuse. On l'observe à propos des rumeurs circulant sur les mauvaises relations de l'héroïne avec son premier mari, qui est alors conforté dans ses soupçons :

---

1   *Ibid.*, I, p. 95 ; II, p. 144 ; I, p. 2 ; I, p. 188 ; I, p. 96.
2   *Ibid.*, I, p. 43.
3   *Ibid.*, I, p. 105.
4   *Ibid.*, I, p. 275. Voir aussi I, p. 349.
5   *Ibid.*, I, p. 345. Voir aussi : « on avait dit hautement que nous agissions de concert tous quatre » (II, p. 226) ; « on disait publiquement qu'il m'entretenait » (I, p. 240). Voir aussi cette violente métaphore utilisée par l'ecclésiastique pourtant censé faciliter la réconciliation de l'héroïne avec son premier mari : « [...] je me vis bientôt en proie aux fureurs des faux dévots, qui criaient que j'étais une *pierre de scandale* qu'il fallait retrancher » (I, p. 346). L'impact de l'image, pervertissant le symbole biblique de la pierre sur laquelle on bâtit, est encore renforcé par l'autorité morale et religieuse des locuteurs.

> La manière dont mon mari en usa avec moi donna lieu à tous les bruits qui coururent alors. On *crut* qu'il ne me traitait pas ainsi sans raison. On *dit* même que dans la visite que j'avais reçue de Blossac, mon mari nous avait tous deux surpris dans un tête-à-tête. Mon mari *crut* cette médisance, et s'imagina qu'il me devait traiter comme si j'eusse été coupable[1].

L'émetteur de la calomnie relate un message qu'il ne reconnaît plus comme le sien, en raison de l'amplification ou des ajouts apportés. Il devient alors récepteur de ce discours désormais anonyme, qui renforce la crédibilité de son jugement initial. C'est donc un parcours circulaire, et non plus seulement linéaire, que suivent cette fois les propos dans cet univers, où croire et dire deviennent synonymes.

Ces observations concernant la propagation du discours calomnieux s'appliquent également aux histoires de revenants, comme on peut le voir en particulier avec l'avant-dernier récit inséré dans le *Voyage*. L'histoire est racontée par l'une des participantes au séjour, Mme d'Arcire, qui rapporte en réalité les propos d'un homme devenu depuis son mari, et qui tenait lui-même ses informations du héros principal, du nom de Comminges :

> Je ne puis passer sous silence une histoire que [Monsieur d'Arcire] nous conta un jour que chacun fut obligé d'en faire une : elle est assez extraordinaire pour être contée [...]. Voici comme il la conta : « J'arrive du fond du Bourbonnais, comme vous savez, mesdames ; Comminges y a fait un tour pendant que j'y étais ; c'est de lui-même que je tiens ce que je vais vous dire[2]. »

Le contexte de production qui semble celui de jeux mondains ne contribue pas à garantir la véracité de l'histoire, d'autant que quelques lignes plus haut, Mme d'Arcire évoque les qualités d'acteur du jeune homme.

D'autres histoires prétendues surnaturelles ne révèlent aucune mention de leur provenance. L'indéfini *on* se substitue alors à la citation des sources énonciatives qui ne sont plus identifiées ni identifiables. Ainsi, le début de l'une des histoires racontées par le duc accumule les formulations imprécises :

> Le duc dit qu'il avait entendu parler d'un château en Touraine où il y avait un follet qu'on appelait Monsieur. On n'en avait jamais pu voir le visage[3].

---

1   *Ibid.*, I, p. 122-123.
2   *V*, p. 162.
3   *Ibid.*, p. 25.

L'introduction de la troisième histoire est encore plus frappante de ce point de vue :

> *On dit* qu'un cadet de ce nom étant prêt de partir pour aller en campagne, et n'ayant point d'argent pour faire son équipage, fut averti *par des paysans*, qu'un certain château *en réputation* d'être habité par des diables, avait appartenu à ses aïeux ; qu'il n'avait été abandonné que par les ravages qu'ils y faisaient, et qu'*on croyait* qu'il y avait quelque trésor caché[1].

Verbes de croyance et verbes de parole sont associés pour une modalisation du discours qui ne manque pas de mettre en garde le lecteur.

Enfin, il est intéressant de remarquer qu'au sujet des deux types de discours, calomnieux et surnaturel, la comtesse souligne la divergence entre la confiance accordée *a priori* aux locuteurs et la nature de leurs propos. Les uns usent de leur autorité à mauvais escient :

> Il est étrange que ceux qui, par la confiance que leur profession oblige d'avoir en eux, devraient être les premiers à ménager l'honneur de leur prochain, soient ordinairement ceux qui le déchirent le plus[2] !

Les autres sont des personnes raisonnables, pourtant parfois impliquées elles-mêmes dans des histoires qui échappent à la raison, comme le souligne le duc, personnage d'ailleurs ambigu[3] :

> Le duc de… avait gardé un profond silence pendant cette tumultueuse conversation ; mais se réveillant enfin : « Mesdames, dit-il, je ne suis pas plus sot qu'un autre ; on ne me persuade pas aisément les extravagances qu'on débite sur les âmes en peine ; mais quand je vois des gens à bonne tête me dire [ce] qu'ils ont vu, je trouve qu'il serait injurieux pour eux, et ridicule à moi, de les traiter de visionnaires[4]. »

---

1   *Ibid.*, p. 12-13.
2   *MdeM*, I, p. 347. Voir aussi les raisonnements de l'ecclésiastique dans l'exercice de son pouvoir : « lequel *s'imaginant* que la gloire de Dieu demandait de lui qu'il se vengeât du peu de cas que j'avais fait de ses avis » (II, p. 89-90), ainsi que la remarque ironique de la comtesse au sujet du magistrat : « Ce père dénaturé qui avait par son crédit et par sa charge assez d'autorité pour venir à bout des desseins les plus injustes » (I, p. 268).
3   Intégré au groupe des hôtes du *Voyage*, tout en étant un peu à part, le duc, oncle de Sélincourt, est « un vieux seigneur très poli » (*V*, p. 4). Il connaît et raconte beaucoup d'histoires d'esprits, et déclare préférer les cabalistes à Descartes. Son caractère provocateur constitue un aiguillon pour relancer le débat.
4   *V*, p. 72. Voir aussi, au sujet de Mlle de C : « on sait qu'elle n'a ni petitesse dans l'esprit, ni manque de fermeté : elle m'a pourtant conté elle-même… » (p. 71).

L'argument est repris un peu plus loin par la narratrice elle-même, également auditrice :

> Cette histoire nous effraya un peu ; les personnages sont gens raisonnables, et difficilement les croirait-on capables des faiblesses qui fournissent des visions[1].

Comme pour entretenir davantage la confusion, la comtesse fait servir des figures institutionnelles, pourtant discréditées dans les *Mémoires*, à la caution de certaines histoires extravagantes du *Voyage*. Ainsi, l'une des auditrices, s'interrogeant sur le caractère fabuleux de l'histoire de « la demoiselle », s'entend rétorquer :

> Non vraiment, repris-je, je l'ai entendu dire à des personnes dignes de foi. [...] J'ai entendu conter cette histoire à une abbesse de mérite, que je nommerais bien, si on m'y forçait ; et qui étant dans le pays lorsque cette aventure arriva, doit sans doute en être crue[2].

De même, un juge est évoqué comme garant de l'histoire de revenants du château de Thibergeau, où aurait été découvert un trésor :

> Elle passe pour constante dans la province ; et si c'est une chimère, il n'y en a pas une autorisée de plus de circonstances propres à la persuader : il y a même eu un arrêt du parlement authentiquement rendu, pour adjuger à Thibergeau la vaisselle d'argent, dont ses frères lui demandaient le partage[3].

Dans les deux cas, le statut de l'autorité citée n'inspire que méfiance au lecteur de ces histoires, de même que le contenu de ces dernières déconsidère ceux qui les légitiment[4].

C'est donc par l'insistance sur le discours citant, révélateur de l'imprécision mais aussi de la multiplication des sources informationnelles, de leur dilution ou de leur impossible identification, que Mme de Murat dénonce l'habitude de croire sur parole sans aucune précaution. Qu'il s'agisse de calomnies ou de fictions, tout n'est que parole, et les faits passent au second plan.

---

1   *Ibid.*, p. 173.

2   *Ibid.*, p. 112-113.

3   *Ibid.*, p. 14-15.

4   Sur l'implication des prêtres et des juges dans les histoires de sorcellerie, voir M. Closson, *L'Imaginaire démoniaque en France, 1550-1650 : genèse de la littérature fantastique*, Genève, Droz, 2000. L'élite savante aurait contribué, aux XVIᵉ et XVIIᵉ siècles, à l'unification d'un imaginaire collectif par la place centrale donnée aux figures démoniaques.

La fabrique des discours

La comtesse met également en valeur l'importance de l'artifice dans l'élaboration de la calomnie comme des histoires prétendues surnaturelles.

La plupart des médisants font preuve d'invention, que celle-ci porte sur l'ensemble des propos (« ce que la malignité ose inventer ») ou sur une partie (« des détails qu'ils prétendent savoir d'original » ; « en y ajoutant des circonstances horribles[1] »). Certains amplifient la réalité dans leur discours, comme la religieuse soucieuse de persuader l'héroïne de prendre le voile :

> Elle me dit que ma famille savait ce qui s'était passé entre Blossac et moi ; qu'elle ne pouvait plus après cela penser à me marier, parce que personne ne voudrait épouser une fille qui avait eu à mon âge une galanterie. Que cette affaire avait fait beaucoup de bruit, et me faisait tant de tort qu'il n'y avait plus pour moi d'autre parti à prendre que celui d'être religieuse. Ensuite elle me vanta les douceurs de la retraite, et me flatta enfin de l'espérance que je serais bientôt sa coadjutrice, et qu'elle me donnerait son abbaye. Je n'étais pas assez enfant pour ne pas voir qu'il y avait de l'exagération dans ce qu'elle me disait[2].

Faire croire à la gravité de la situation par l'accumulation des arguments, faire miroiter également des promesses irréalistes, telle est la stratégie évidente de celles qui souhaitent décider du destin de l'héroïne. D'autres déforment les informations en les présentant de façon tendancieuse et subjective : « donnant toutes les couleurs qu'il lui plut aux choses les plus innocentes[3] » ; « tout le monde la racontait différemment[4]. »

Des manipulations plus grossières sont également dénoncées, notamment celles qui consistent à attribuer ou emprunter des propos à autrui, sans que le récepteur n'ait le moyen de déceler une volonté de l'induire en erreur. C'est le cas des falsifications du message, notamment par le biais de fausses lettres, nombreuses dans les *Mémoires*. Ces manipulations, qui rompent le lien entre l'énoncé et son auteur, sont celles qu'emploie par exemple le mari de l'héroïne pour confondre sa femme : « Quelques jours après, il fit semblant d'avoir surpris une lettre de Blossac qui confirmait ses soupçons. Il avait eu la malice de la composer lui-même[5]. »

---

1   *MdeM*, I, p. 96 ; p. 188-190 ; II, p. 13.
2   *Ibid.*, I, p. 46-48.
3   *Ibid.*, I, p. 350.
4   *Ibid.*, I, p. 95. Voir aussi I, p. 250, et II, p. 17, 337, 357.
5   *Ibid.*, I, p. 117.

Le discours calomnieux s'éloigne alors délibérément de la vérité (« Mais la manière dont on disait généralement que la chose s'était passée, était si *éloignée de la vérité* » ; « débiter *comme vérité* ce qui n'est que vraisemblable[1] »), et les motivations des locuteurs sont variées. La comtesse s'interroge justement à ce sujet :

> Peu de temps après, je m'aperçus que j'étais grosse ; et comme il plut à mon mari d'oublier que nous avions été près de deux jours ensemble, lorsqu'il vint la première fois à l'abbaye avec mon père, il attribua à Sauvebeuf ce qu'il ne devait assurément attribuer qu'à lui seul. Jamais calomnie n'a eu moins de fondement ; car tout le monde savait que depuis que je connaissais Sauvebeuf, il ne m'avait point encore parlé sans témoins. *Mais soit que mon mari eût résolu de me perdre, ou qu'il se plût à se tromper,* il dit hautement que je ne pouvais être grosse de lui[2].

La version du mari, rapportée en fin de séquence, est précédée de l'exposé du point de vue de la narratrice, puis d'hypothèses de sa part sur la finalité du locuteur, dont les intentions (« me perdre ») ou le non-respect des règles de l'échange (se plaire à « se tromper ») autorisent à douter de la pertinence des dires[3]. L'évocation, quelques pages auparavant, de l'ivrognerie du mari qui ne maîtrise plus ses propos, apporte une explication, sûrement pas la seule, à son comportement :

> C'était un homme naturellement fort débauché, et qui préférait le vin et la bonne chère à tous les autres plaisirs. Il s'enivrait souvent, et dans cet état il me disait mille choses désobligeantes[4].

La comtesse décèle également la duplicité du discours des amants éconduits, dont la violence verbale est à l'opposé des sentiments qu'ils éprouvent encore pour celle qu'ils aiment en vain. On trouve ainsi parmi les calomniateurs la série d'amants malheureux qui agissent par vengeance, laissant s'exprimer leur haine puisque leur discours amoureux ne trouve pas d'écho :

---

1   *Ibid.*, I, p. 96, 171. Voir aussi les propos mensongers de certains calomniateurs, comme la femme du magistrat : « au lieu de dire que je l'avais avertie du rendez-vous, [elle] dit tout le *contraire* » (I, p. 285).

2   *Ibid.*, I, p. 177-178.

3   Voir aussi « un mari, qui ayant été le premier à accuser sa femme d'un désordre dont il savait bien qu'elle était innocente, s'était acquis par là un droit de la maltraiter quand il lui plairait » (*Ibid.*, I, p. 126-127).

4   *Ibid.*, I, p. 104-105.

> [...] il y a des gens qui ne sont déchaînés contre une femme que parce qu'ils ne peuvent s'empêcher de l'aimer : ils se vengent sur elle du peu de mérite qui les rend méprisables à ses yeux. Je ne crois pas qu'il y ait d'ennemis plus dangereux pour la réputation des femmes que les amants qui ne peuvent se faire aimer[1].

Certains ne cachent pas leur jeu et recourent alors à la calomnie à titre de chantage. C'est le cas du magistrat chargé du procès de l'héroïne qui souhaite obtenir les faveurs de sa cliente :

> Quand [...] il me vit seule, il me dit qu'il n'y avait qu'un moyen de prévenir l'éclat qu'il allait faire, qu'il ne me l'expliquait point, mais que je savais assez ce qu'il me demandait[2].

Si la motivation peu avouable de l'intéressé est suggérée par le biais de la prétérition, les menaces sont formulées de façon explicite, et déclinées de multiples manières par la suite : « jura qu'il m'allait perdre, si je n'évitais sa vengeance en contentant sa passion », « il entreprit de me perdre, ou de vaincre ma résistance », « il voulait me vaincre à force de me décrier ; car il se persuadait que je pourrais à la fin lever le masque, quand je me verrais perdue de réputation[3]. » La combinaison des mêmes verbes, « perdre » et « vaincre », tantôt opposés comme dans un dilemme, tantôt présentés à travers une relation de cause à effet, contribue à créer un discours monolithique s'inscrivant dans une logique de combat.

Finalement, le discours de la calomnie ne s'oppose pas seulement à la réalité, mais il ne la prend plus en compte. Il est alors contradictoire (« D'un côté on mandait à mon mari, et l'on faisait dire à ma mère que Saint-Albe m'entretenait, et de l'autre on faisait tomber tous les jours entre les mains de Saint-Albe des détails ridicules de mes prétendues galanteries[4] »), ou bien il se fige, devenant un discours arbitraire qui demeure identique en dépit des circonstances. C'est en effet au sujet de la récurrence d'un jugement négatif porté sur ses actes, aussi différents soient-ils, que s'interroge l'héroïne lors de son remariage avec Saint-Albe :

> on ne me pardonnait pas plus de m'être mariée à un homme que j'aimais, que d'avoir autrefois cherché à me faire séparer d'un mari que je n'aimais pas[5].

---

1   *Ibid.*, II, p. 293-294.
2   *Ibid.*, I, p. 273-274.
3   *Ibid.*, I, p. 279, 289 et 291.
4   *Ibid.*, II, p. 50-51.
5   *Ibid.*, II, p. 285-286.

La construction antithétique de la phrase attire l'attention sur l'aberration logique d'une prise de position qui s'avère indépendante des événements[1].

De manière comparable, Mme de Murat ne se contente pas, dans le *Voyage*, de condamner les histoires de revenants (« qu'il n'y a point d'esprits et que tout ce qu'on en conte est *faux*[2] »), mais elle attire l'attention sur la fabrique de ces discours. Un épisode intéressant, de ce point de vue, est celui dans lequel Mme de Richardin, bourgeoise indésirable au sein de la petite troupe d'aristocrates à laquelle elle est venue rendre visite, fait les frais de la ruse de ces derniers qui évoquent malicieusement la présence d'esprits susceptibles de venir perturber son sommeil. Elle abandonne alors aussitôt le projet qu'elle avait de rester passer la nuit avec ses hôtes, en les entendant parler :

> « je lui servirais volontiers de valet de chambre ; mais, *ajouta-t-il en baissant la voix*, où la mettrez-vous ? vous savez les bruits étranges qu'on entend dans cet appartement, qui seul serait digne d'elle. – Pour moi, *dit Sélincourt en entrant parfaitement dans la pensée du marquis*, j'ai voulu une nuit faire le brave ; mais je crus que tous les diables étaient déchaînés dans cet appartement. Quelque avantage que l'on eût ici d'avoir Mme de Richardin, j'ai une considération pour elle qui m'empêche de vouloir acheter ce plaisir au prix des frayeurs qu'elle pourrait sentir. » *Ces discours se tenaient d'un ton discret qui ne laissait pas de s'entendre, et qui fit l'effet que nous souhaitions.* « Des esprits, s'écria Mme de Richardin ! Des esprits, ajouta-t-elle, en criant de toute sa force ! qu'on appelle monsieur de Richardin, et que je parte tout à l'heure… » Ces esprits lui avaient troublé le sien à un point qu'elle nous refusa le salut, et qu'elle sauta fort légèrement dans son carrosse[3].

C'est une véritable mise en scène qui est improvisée par ceux qui s'entretiennent en aparté afin de susciter la curiosité de leur victime. Celle-ci réagit instantanément aux paroles de ses hôtes, répétant le terme

---

1   Au contraire, au début du *Voyage*, la narratrice prend soin de marquer sa distance par rapport à une écriture monolithique, dans les portraits qu'elle brosse des personnages, et notamment dans celui du comte de Sélincourt. Objectivité qu'elle justifie par les sentiments de la destinataire à son égard : « Il fut un temps, madame, où ces louanges, accompagnées des vérités qui les suivent, n'auraient pas été de votre goût ; vous auriez voulu un portrait sans ombre : aujourd'hui j'ai besoin de ces mêmes vérités, pour vous faire supporter ce que je dis en sa faveur » (*V*, p. 3).

2   *Ibid.*, p. 40. Voir aussi, dans *Les Lutins* : « Mesdemoiselles de Kernosy savaient dès leur enfance toutes les histoires des lutins de ce château, leurs gouvernantes leur en avaient fait mille fois le récit » mais « elles n'avaient jamais rien vu ni entendu qui leur pût persuader qu'il y eût *quelque vérité* à cette croyance vulgaire » (*L*, p. 3).

3   *V*, p. 169-170.

d' « esprits » sur lequel la comtesse insiste encore par un glissement de sens ironique du pluriel au singulier.

Des remarques de quelques auditeurs suggèrent, de manière plus générale, que la narratrice principale serait elle-même l'auteur des intrigues qu'elle rapporte, comme on le voit au sujet de la fameuse histoire de la demoiselle et du curé :

> Oh ! pour cela, mademoiselle, dit le duc de...vous êtes aussi cruelle que cette femme, d'avoir fait mourir le pauvre curé. Que vous aurait-il coûté de lui conserver la vie ? – Je vous assure, repris-je, monsieur le duc, que je n'en étais point du tout la maîtresse[1].

Un commentaire attribué à l'un des personnages après quelques phrases de son récit est encore plus explicite : « voilà justement, mesdames, comme on commence toutes les histoires d'esprits[2]. » La comtesse témoigne ainsi d'une conscience aiguë des ingrédients nécessaires à la fiction, et plus largement, du caractère factice de tout discours fictionnel.

LES MÉCANISMES DE LA CRÉDULITÉ[3]

Plusieurs raisons semblent expliquer le succès de la calomnie comme celui des histoires prétendues surnaturelles : le plaisir pris à leur récit, le rôle de l'imagination, mais aussi le besoin de trouver de façon immédiate une logique à un comportement, ou une explication à un événement qui en paraît dépourvu.

L'intérêt pour le récit

L'intérêt que suscite le récit de la calomnie ou des histoires de revenants, malgré leur caractère répétitif ou illusoire, est un autre paradoxe qu'observe Mme de Murat.

---

1   *Ibid.*, p. 113.
2   *Ibid.*, p. 162-163.
3   Expression empruntée à F. Clément, *Les Mécanismes de la crédulité*, Genève, Droz, 2006. La notion de crédulité est définie par l'auteur comme « une disposition à tenir trop facilement pour vraie une proposition communiquée par autrui sans soumettre la véridicité de l'information transmise à une procédure d'évaluation rationnelle qui, appliquée convenablement, aboutirait à son rejet ou, pour le moins, à sa mise en doute » (p. 16) ; puis la définition est légèrement nuancée, le critique évoquant « une procédure d'évaluation rationnelle minimale » (p. 55).

Elle constate le retour régulier de calomnies entretenues par la seule malveillance, sans que l'énoncé en soit usé pour autant. L'épisode de l'aventure galante de l'héroïne avec Blossac devient ainsi l'un des principaux fils directeurs des *Mémoires*. Il est en effet régulièrement rappelé par les adversaires de l'héroïne, à commencer par Blossac lui-même qui justifie ainsi son refus de la secourir, alors qu'elle fuit la maison de son mari :

> Il me fit la réponse du monde la plus sèche et la plus offensante ; il me reprocha ma mauvaise conduite, et le penchant qu'il m'accusait d'avoir à la galanterie. Hélas ! il oubliait que c'était lui qui m'avait inspiré ce penchant, et sa perfidie alla jusqu'à me faire un crime de ce que je ne pouvais me reprocher que pour lui[1] !

Par la suite, à l'occasion du mariage de Mlle Laval avec un vieux comte, en secondes noces, les mêmes aventures de l'héroïne sont à nouveau évoquées :

> [...] les médisants ne cessèrent point de parler ; ils renouvelèrent mes galante-ries passées, et ne manquèrent pas d'y mêler la comtesse d... de qui ils firent cent mauvais contes. Je me vis *pour la troisième fois* en proie à la calomnie[2].

Contraint de justifier ses accusations auprès du comte, le marquis de Blossac, principal accusateur, rappelle encore le passé :

> [...] que j'étais une très mauvaise compagnie, que personne ne me connaissait mieux que lui, puisqu'il avait autrefois partagé mes bonnes grâces ; mais qu'ayant reconnu que j'étais une coquette achevée, il avait cessé de me voir[3].

Après les plaintes du comte, Blossac est embastillé, mais cet événement est l'occasion de médisances du même ordre :

> J'eus donc la mortification d'apprendre qu'on renouvelait encore à l'occasion de ce différend toutes les ridicules histoires qu'on m'avait tant de fois attri-buées fort injustement[4].

Outre l'accusation de galanterie, deux autres fautes lui sont égale-ment plusieurs fois reprochées, une liaison adultère de laquelle serait

---

1   *MdeM*, I, p. 142-143.
2   *Ibid.*, II, p. 289-290.
3   *Ibid.*, II, p. 296.
4   *Ibid.*, II, p. 298-299.

issu son fils et des affinités homosexuelles qui l'uniraient à Mlle Laval, donnant l'occasion au mari de celle-ci de qualifier l'héroïne de « femme sans honneur et sans conduite[1] ».

Comme pour s'excuser auprès du lecteur de la structure cyclique de l'œuvre, la comtesse souligne alors la spécificité du discours calomnieux qui échappe aux règles habituelles de la communication, pouvant perdurer sans apporter d'information nouvelle. C'est ce que suggère cette analyse, formulée à l'occasion de la reprise de l'accusation de bâtardise au sujet du fils de l'héroïne :

> [...] c'est-à-dire qu'il [ce cousin] réveillait tout ce que mon mari avait imaginé pour me perdre. Cela avait été dit et réfuté tant de fois, que j'étais étonnée qu'il se trouvât encore des gens qui voulussent se donner la peine de le répéter ; mais *il n'en est pas de la médisance comme de toutes les choses qui déplaisent et ennuient à force d'être répétées* ; les histoires qui ont été contées mille fois sont toujours nouvelles quand elles peuvent faire tort au prochain, et il se trouve partout des gens prêts à les entendre[2].

De même, la reprise de fictions narratives n'épuise pas leur intérêt, comme le signifie l'échange qui précède le récit de la dernière histoire, évoquée d'abord de façon très allusive par l'un des personnages, puis racontée en détail à l'intention de ceux qui ne la connaissent pas :

> « J'ai cru, reprit Chanteuil, que personne n'ignorait cette aventure. » Le comte ajouta qu'il y avait du moins peu de gens qui ne la sussent. « Pour moi, répliqua madame d'Arcire, je n'en ai jamais entendu parler. » Madame d'Orselis en dit autant. J'avouai que je la savais parfaitement ; et nous obligeâmes le chevalier à nous la dire[3].

La question principale n'est pas de savoir si l'histoire est conforme à la réalité, ni d'identifier la source dont elle provient, mais si elle fait partie du répertoire d'histoires connues[4]. C'est alors une surenchère du même

---

1   *Ibid.*, I, p. 200. D'autres accusations ne sont évoquées qu'une seule fois : elle n'aurait cherché qu'à ruiner son fils en épousant Saint-Albe, « un homme qui n'avait pas de bien, et qui était au-dessous de ma naissance » (II, p. 276) ; par ailleurs, elle aurait accéléré la mort de son père par sa conduite : « mon père mourut en ce temps-là ; et je fus encore assez malheureuse pour qu'on imputât sa mort aux chagrins que je lui avais donnés » (I, p. 179).

2   *Ibid.*, II, p. 301-302.

3   *V*, p. 170.

4   On repère également de nombreuses marques faisant référence au connu dans le récit de la deuxième histoire : « et j'ai entendu conter *cent* fois que, depuis les *maîtres* jusqu'aux

ordre que celle évoquée au sujet de la calomnie qui se met en place, comme le révèle l'enthousiasme du duc au moment de prendre la parole à son tour : « Oh, vraiment, dit le duc de…, si nous nous mettons sur les contes, je vous en dirai et des plus beaux[1]. » Sensible à la dimension sociale de la crédulité, à travers l'influence que constitue l'argument du nombre, Mme de Murat formule à sa manière ce que Bayle analyse de son côté[2]. Connaître l'histoire est une façon de la reconnaître. Dès lors, les questions de *captatio benevolentiae* prennent le pas sur celles de la véracité et de l'origine. C'est la même curiosité enjouée qui est mise en valeur par une exclamation de Mme d'Arcire reprochant à l'un des participants son silence en matière d'histoires de revenants : « quoi, vous en connaissez une et vous nous l'avez cachée[3] ? »

De façon plus générale, seul semble compter le plaisir du récit, comme le suggère le regret du comte d'avoir, par une remarque inutile, coupé la parole à la narratrice de l'« Histoire du follet passionné pour les chevaux » :

> je vous ai interrompue mal à propos ; l'aventure est plaisante, quand elle ne serait pas vraie. Achevez-la, s'il vous plaît[4].

C'est peut-être dans ce sens qu'il faut interpréter la réaction des auditrices à l'une des histoires digne du roman noir. Il s'agit de l'attaque

---

domestiques, on est si *accoutumé* à voir cet esprit, qu'on n'en a pas la moindre frayeur » (*Ibid.*, p. 12).

1 *Ibid.*, p. 11.

2 « J'en reviens toujours là, qu'il ne faut pas compter les voix, qu'il faut les peser, et que la méthode de décider une controverse à la pluralité des voix est sujette à tant d'injustices, qu'il n'y a que l'impossibilité de faire autrement qui la rende légitime en certains cas » (*Pensées diverses sur la comète* [1683], éd. critique par A. Prat, rev. par P. Rétat, Paris, STFM, 1994, I, § 48, p. 135). Pour une analyse des positions de Bayle sur les superstitions, voir J. Boch, *Les Dieux désenchantés : la fable dans la pensée française de Huet à Voltaire, 1680-1760*, Paris, H. Champion, 2002, p. 342-374.

3 *V*, p. 170. Voir aussi, au début du *Voyage*, l'échange entre le propriétaire des lieux et l'héroïne narratrice qui justifie l'insertion d'histoires de revenants. En effet, à la provocation du premier (« si je vous disais que dans cette chambre on entend souvent des esprits, et que ceux qui y ont couché une nuit, en veulent sortir le lendemain »), la seconde répond en suscitant sa curiosité pour une histoire qu'elle dit connaître : « On voulut savoir qui était la dame et le reste de l'histoire » (*Ibid.*, p. 6). La comtesse déplace alors l'intérêt de l'expérience au récit, c'est-à-dire de la croyance à la fiction narrative.

4 *Ibid.*, p. 24. De même, l'histoire arrivée à Mme Deshoulières « fut trouvée héroïque » et « très plaisante » (p. 11).

d'un voyageur surpris dans son sommeil par un « homme mort chargé de chaînes », en qui l'aubergiste reconnaît son valet d'écurie, visiblement atteint de folie :

> depuis peu de jours [il] avait un transport au cerveau qui le rendait furieux; qu'on l'avait enchaîné dans l'écurie; qu'apparemment il avait brisé ses chaînes; qu'il avait passé par une petite porte qui communiquait de cette écurie dans le cabinet, et qu'il était venu expirer sur le lit du malheureux voyageur[1].

À l'issue de ce récit, « toutes les femmes avaient pensé mourir de peur, et se trouvèrent fort soulagées que ce fût un mort plutôt qu'un esprit[2] ». Formulation ironique qui met en évidence que l'évocation du mort est envisagée comme solution narrative à une histoire présentée comme surnaturelle, et non comme la triste réalité, au grand dam du personnage-narrateur qui souligne cette incohérence :

> Voilà, mesdames, la vérité de ce fait, qui est à mon sens, bien plus terrible que tout ce qu'on conte des esprits : car ceci est réel; l'illusion des sens n'y a point de part[3].

Le réel n'a plus d'importance aux yeux de ceux qui ne réagissent qu'à des récits.

Le rôle de la prévention

Les esprits crédules sont par ailleurs tributaires de représentations mentales qui constituent en elles-mêmes des préjugés ou des superstitions, autant de « raccourcis cognitifs[4] » tenant lieu de vérités générales auxquelles viennent se mesurer, et le plus souvent se heurter, les nouvelles informations.

Dans les *Mémoires*, Mme de Murat montre que c'est sur la foi dans les préjugés concernant les femmes que s'appuie la calomnie. Le discours médisant entraîne en effet l'adhésion de ceux qui sont d'avance convaincus « qu'il n'y a point d'honnête femme[5] ». Ainsi, c'est la certitude

---

1   *Ibid.*, p. 162-163.
2   *Ibid.*, p. 163.
3   *Ibid.*, p. 163.
4   F. Clément, *Les Mécanismes de la crédulité, op. cit.*, p. 20.
5   *MdeM*, I, p. 4.

que l'héroïne est une femme de mauvaise vie qui fonde ses adversaires à croire chaque nouvelle médisance à son sujet : « le public déjà prévenu contre moi, me crut sans peine dans une véritable intrigue [...][1]. » C'est encore de cette façon que la jeune femme explique la facilité avec laquelle Blossac entre dans le jeu des rumeurs que sa femme de chambre fait courir sur son compte :

> Comme Blossac ne m'avait jamais guère fait l'honneur de m'estimer, il ajouta foi aisément à tout ce que lui dit cette fille [...][2].

D'où l'impuissance ressentie par l'héroïne à pouvoir un jour persuader de son innocence :

> Dès qu'une femme a eu la réputation d'aimer la galanterie, on veut qu'elle conserve encore dans la retraite cette inclination, et elle ne peut avoir d'ami ni de directeur qui ne soit suspect[3].

De la même manière, les histoires du *Voyage* évoquent des personnages enclins à la croyance, qui admettent par exemple qu'il convient d'interroger les revenants sur le message qu'ils ont à transmettre[4]. Ainsi, un seigneur fait dormir son jeune fils aux côtés d'un follet qui se refuse à parler, « croyant qu'une âme pure lui ferait rompre le silence[5] ». C'est précisément cette foi superstitieuse qui fait basculer l'histoire du follet vers la tragédie :

> Le duc n'eut pas plutôt fini sa tragique histoire, qu'on se mit à plaindre un père et une mère qui ont été cause de la mort de leur fils par une piété mal entendue[6].

---

1   *Ibid.*, I, p. 287.
2   *Ibid.*, I, p. 319-320. Blossac se réjouit à l'avance du marché proposé par la femme de chambre. On peut mentionner aussi le revirement de M. Laval qui change d'avis sur l'héroïne, lorsqu'elle dévoile son identité au terme du voyage qu'elle fait *incognito*. Il la croit alors « une femme sans honneur et sans conduite », et « d'un très mauvais commerce » (I, p. 200-201). Il interdit dès lors à sa femme de la fréquenter. Mlle Laval, au contraire, éprouve encore plus d'amitié pour celle qui se trouve ainsi victime de calomnies.
3   *Ibid.*, II, p. 395.
4   Voir J. Delumeau, *op. cit.*, p. 75-87. L'auteur évoque les différentes formes de croyances témoignant du « caractère flottant dans l'univers mental d'autrefois de la frontière entre la vie et la mort » (p. 76). Voir aussi Ch. Chelebourg, *Le Surnaturel. Poétique et écriture*, Paris, A. Colin, 2006, « Le monde hanté », p. 159 et suivantes.
5   *V*, p. 26.
6   *Ibid.*, p. 27.

C'est de ce conditionnement de l'esprit dont témoigne également l'histoire de Mlle de C…. L'amant de la jeune femme, avant de partir pour l'armée, lui explique ce qu'il adviendra de lui s'il meurt : « il lui apparaîtrait en blanc, supposé que le ciel lui fît miséricorde ; ou dans un feu s'il était condamné[1]. » Cette vision annoncée est prise au sérieux par la jeune fille (« Mlle de C… consentit à cette idée[2] »), qui au bout de quelques mois, aperçoit effectivement une forme se consumant dans la cheminée. L'un des auditeurs de cette histoire, après en avoir ri, met aussitôt en avant le rôle de la prévention :

> Ne voyez-vous pas qu'une *imagination frappée par la promesse* de cet ami, était capable de lui fournir des visions encore plus épouvantables […][3] ?

Les apparitions, acquises par la perception, sont ainsi rapportées à des discours qu'elles viendraient confirmer.

Il en est de même pour Mme d'Orselis qui reconnaît la nature subjective de ses perceptions, après avoir entendu les paroles menaçantes de sa femme de chambre au sujet d'un retour vraisemblable de son mari défunt :

> Il pourrait bien être, reprit Mme d'Orselis, qu'en effet *mon imagination prévenue* ait un peu exagéré à mes oreilles ce qui me parut si terrible[4].

Une certaine dramatisation serait liée au sujet lui-même, à cette puissance de l'imagination qui s'exerce en dehors du contrôle de la raison, comme l'affirmait déjà Montaigne[5].

Dès lors, très peu de signes suffisent à convaincre ceux qui le sont déjà. C'est l'expérience que font les chevaliers introduits dans le château de Kernosy, ayant entrepris d'effrayer le prétentieux Fatville pour l'en chasser. Au bout de quelque temps, nul besoin de récits ni de mascarades, « tant la peur fascine les yeux[6] » : « il suffisait d'intimider par du bruit, et de laisser à la peur le soin de diversifier les appari-

---

1   *Ibid.*, p. 71.
2   *Ibid.*, p. 71.
3   *Ibid.*, p. 72.
4   *Ibid.*, p. 41.
5   Michel de Montaigne, *Les Essais*, présentation de A. Tournon, Paris, Imprimerie nationale, 1997 (« De la force de l'imagination », Livre I, ch. 21).
6   *L*, p. 76.

tions des esprits[1]. » De manière comparable, la simple prononciation du mot « esprits » suffit, comme on l'a déjà noté, à faire partir Mme de Richardin :

> Avez-vous vu, dit la marquise, la frayeur peinte sur son visage au premier mot du marquis ? Quand elle aurait vu effectivement les esprits dont il parlait, qu'aurait-elle pu faire de pis ? – En effet, dit alors Brésy, la simple idée lui a donné le coup mortel[2].

À l'inverse, les aristocrates sont considérés comme un groupe de « sept personnes peu susceptibles de prévention[3] ».

Le besoin d'explication

Mme de Murat montre par ailleurs comment le besoin d'explication, autrement dit l'exigence de la raison, peut paradoxalement inciter à une certaine crédulité. Une explication fausse, ou censément surnaturelle, pourra alors être présentée comme vraie, ou rationnelle, si elle permet de répondre à une énigme[4].

En effet, plusieurs calomnies, dans les *Mémoires*, tirent leur force de la possibilité qu'elles offrent de relier logiquement et chronologiquement des éléments entre eux. Les adversaires de l'héroïne plaqueraient ainsi, sur les épisodes de sa vie, une logique artificielle, confondant succession et causalité, de sorte que chaque événement paraisse conforter le précédent et être soutenu par lui. Le récit est présenté alors comme un enchaînement de faits apparemment cohérents. C'est cette mécanique que la comtesse dit percevoir et qu'elle cherche à démonter. C'est pourquoi la première aventure de l'héroïne avec Blossac, montée en épingles par l'abbesse du couvent, est présentée par la comtesse non seulement comme l'une des principales calomnies dont elle se dit l'objet, mais aussi comme le premier acte de la série de médisances diverses et variées qui ponctuent sa vie par la suite :

---

1   *Ibid.*, p. 81.
2   *V*, p. 170.
3   *Ibid.*, p. 111. Mme d'Orselis, seul personnage à avoir été victime d'histoires d'esprits, évoque cette expérience comme révolue.
4   Cependant, Mme de Murat ne fait pas, comme les libertins, le procès de la raison. Voir L. Tricoche-Rauline, *Identité(s) libertine(s) : l'écriture personnelle ou la création de soi*, Paris, H. Champion, 2009, p. 484.

> Ce fut la première atteinte que reçut ma réputation, et ce qui disposa tant de gens à juger mal de ma conduite ; et c'est sans doute l'imprudence de cette abbesse qui a causé tous mes malheurs[1].

Le glissement de l'adjectif « première » à l'emploi du verbe « causer » révèle bien ce passage de la chronologie à la rationalisation *a posteriori* du réel. C'est en effet sur la base de cette galanterie, donnant à la mère de l'héroïne un argument pour la destiner à la vie religieuse (« Ma mère jugea par ces lettres que j'avais du penchant à la galanterie[2] »), qu'est rendue crédible aux yeux du monde la version selon laquelle la jeune fille serait l'instigatrice de son propre enlèvement, pourtant organisé par son père :

> Ce fut encore une nouvelle preuve qu'on donnait contre ma réputation, et dont je ne vis pas assez les conséquences [...]. D'ailleurs, l'inclination que j'avais auparavant marquée pour Blossac, rendit vraisemblable tout ce que mon père manda [...][3].

La mauvaise réputation de l'héroïne rend plausible, non sans conséquences, la lecture erronée d'un événement qui l'alimente en retour. De même, les détracteurs de l'héroïne s'appuient sur son implication dans un événement pour lui attribuer, après coup, un rôle qui n'a pas été exactement le sien, comme on le voit avec les tours imaginés par sa femme de chambre ou encore avec l'arrivée de Sauvebeuf, accouru pour la délivrer des fureurs de son mari :

> Mon père et mon mari *ne doutèrent point* que ce ne fût moi qui avait obligé Sauvebeuf de m'enlever ; prévenus de cette pensée, ils *ne furent pas étonnés* de la facilité avec laquelle j'avais consenti à mon raccommodement ; et mon père après cela *n'eut pas de peine à croire* toutes les choses dont mon mari m'avait auparavant accusée. Effectivement, les apparences rendaient mon procédé si criminel, *qu'ils ne pouvaient l'un et l'autre m'excuser*[4].

---

1   *MdeM*, I, p. 43-44.

2   *Ibid.*, I, p. 44.

3   *Ibid.*, I, p. 93-94. Voir aussi : « Dès qu'on sut dans le monde que je ne voyais plus sa femme, on dit qu'elle m'avait bannie de chez elle, et ce bruit confirma celui qu'on avait auparavant répandu contre moi » (II, p. 65-66).

4   *Ibid.*, I, p. 167-168. Voir aussi : « Ceux qui apprirent cette histoire *ne doutèrent point* que ce ne fût moi qui l'eus conduite : ils crurent que j'avais voulu me divertir du magistrat, et ils dirent que je l'avais fait d'une manière fort plaisante » (I, p. 312-313).

La récurrence des tournures négatives des verbes montre à quel point la calomnie relève d'une croyance ou d'une intuition immédiate, ne s'appuyant que sur les apparences d'une évidence. La déformation peut aboutir alors à une interprétation diamétralement opposée à la version de l'héroïne. C'est ainsi que plus tard, elle est considérée comme responsable du refus de Saint-Albe d'épouser le parti qu'on lui destine, alors qu'elle contribue grandement à leur union, même si c'est en échange d'une promesse d'amour.

Le récit progresse donc comme une ligne brisée, les faits étant rapportés une première fois, puis présentés à travers la relecture malveillante qu'en font les adversaires, et mis en relation avec d'autres faits qui en développent les suites[1]. Les événements sont alors imbriqués les uns aux autres, évoqués pour leur rôle dans le tissu de calomnies dont est prisonnière l'héroïne.

C'est aussi la facilité de jugement que dénonce la comtesse, dans le *Voyage*, avec l'« Histoire du follet passionné pour les chevaux ». Elle associe en effet, avec une certaine ironie, un terme évoquant la lumière à une explication bien rapide et pour le moins farfelue de la présence insolite du cheval d'un voyageur dans le grenier de l'hôtellerie où il passe la nuit :

> L'hôte se mit à rire malgré le chagrin de mon homme qui ne pouvait deviner pourquoi et comment on avait guindé son palefroi si haut. Il fut enfin *éclairci* du fait : c'était un follet fort familier dans la maison, sujet à s'entêter de certains chevaux. La physionomie de celui-ci lui ayant apparemment plu, et les bottes qu'avait son maître lui faisant comprendre qu'il allait le séparer de sa nouvelle passion, il avait trouvé moyen de le mettre en sûreté[2].

C'est encore le même processus qu'on observe à l'œuvre chez Mme d'Orselis qui ne peut que confirmer, en voyant le désordre de sa chambre, la véracité de l'explication surnaturelle avancée par une femme de chambre : « il est donc bien vrai que monsieur d'Orselis ne veut plus

---

1 On observe un bon exemple de ce processus avec l'arrivée impromptue de Sauvebeuf au moment où l'héroïne consent à se réconcilier avec son mari (*Ibid.*, I, p. 167-169). La conséquence est la décision du père et du mari de déposer une plainte. Quant à la facilité avec laquelle elle s'est résignée à cette réconciliation, elle est réinterprétée comme un indice de sa mauvaise foi, et les lettres de son mari, auxquelles son père n'avait pas apporté beaucoup de crédit, sont à présent prises en compte.

2 *V*, p. 23.

que je me pare[1]. » Le retour du mari défunt n'apparaît pas comme une hypothèse, mais comme la seule, et véritable, explication des faits constatés. Évoquons pour finir, sur un ton plus léger, ces aristocrates dont l'escapade à l'opéra, le temps d'une soirée, avant de rentrer à Sélincourt, suscite l'interrogation des domestiques, prêts à accuser de visions les témoins de leur présence éphémère dans la capitale :

> Nous y trouvâmes beaucoup de nos amis qui nous crûmes de retour, et qui furent le lendemain à nos portes. Nos gens qui n'avaient point été avertis de ce petit voyage, crurent qu'ils rêvaient, quand ils leur dirent qu'ils nous avaient vus[2].

Ces différents exemples visent à montrer que le discours calomnieux se nourrit de l'ignorance des faits. De même, le réel peut sembler surnaturel à ceux qui n'ont pas connaissance des événements intermédiaires qui suffiraient à fournir une explication rationnelle. Dans tous les cas, le lecteur est invité à s'interroger sur les liens de cause à effet établis parfois de façon hâtive.

DÉCONSTRUIRE LA FICTION

Mme de Murat s'attache à renverser tout ce qui ne relève, selon elle, que d'une facilité de l'esprit qui accepte ou même recherche des explications toute faites. Elle confronte alors le lecteur à plusieurs versions des mêmes événements, opposant au déterminisme social et intellectuel les notions de contretemps et d'accident.

Un récit double

Afin de s'attaquer à la crédulité de ceux qui écoutent sans sourciller calomnies et histoires surnaturelles, Mme de Murat juxtapose ce qui paraît à ses yeux comme discours de l'erreur et discours de la vérité, de sorte que deux versions au moins du même récit peuvent se succéder

---

1 *Ibid.*, p. 39.
2 *Ibid.*, p. 184. Voir aussi la façon dont Mme de Murat rapporte la surprise de Mme d'Arcire en apercevant son amant qu'elle n'attendait pas : « Imaginez-vous une jeune personne, dont le cœur était tendre, charmée de lire une simple lettre, chagrine d'un éloignement qui lui retardait la joie de voir son amant, et qui, dans cet instant même, le voit devant ses yeux » (p. 160).

et s'opposer au sein de séquences thématiques où alternent également narration et argumentation.

Si, comme l'affirme la comtesse dès les premières lignes des *Mémoires*, l'écriture se pose en réaction à un discours médisant qui est premier, c'est généralement l'ordre inverse qu'elle adopte au fil des pages, partant de ce qu'elle considère comme conforme à la réalité, puis révélant les déformations dont par la suite son histoire personnelle a été l'objet. Dès lors, des épisodes sont développés également plusieurs fois, et le récit est organisé en séquences autour d'un même événement, comme le mariage de l'héroïne ou l'arrivée de Sauvebeuf pour la défendre des mains de son mari. Au fait raconté succède ainsi son écho dans le monde : « Quel éclat ne fit point cette affaire [...][1] ! » La version adverse est d'ailleurs souvent introduite par un terme à valeur logique soulignant l'écart, voire l'opposition avec la première : « Cependant on disait dans le monde [...] » ; « Le monde en jugea autrement : on dit publiquement [...][2]. » La différence entre les deux versions peut être également renforcée par l'emploi de connotations opposées : « cette *précaution* acheva de me ruiner dans son esprit » ; ou encore : « Ce que je fis par *reconnaissance* pour le duc de Candale tourna encore contre ma réputation d'une manière étrange[3]. » Quoi qu'il en soit, on remarque que le récit des médisances reste généralement plus court que la première version, présentée comme véridique, des événements[4].

De même, plusieurs histoires de revenants insérées dans le *Voyage* semblent évoquées davantage pour le questionnement qui accompagne leur narration que pour l'intrigue développée. Elles font en effet l'objet d'une véritable analyse, au sens étymologique du terme. À la narration succède alors un second récit qui fournit une explication rationnelle de ce qui n'apparaît plus que comme une illusion des sens

---

1   *MdeM*, I, p. 167.
2   *Ibid.*, I, p. 170, 250. Voir aussi I, p. 334.
3   *Ibid.*, I, p. 139 ; II, p. 115. Voir aussi : « Cette affaire tourna encore contre moi ; comme on s'était aperçu que Saint-Albe m'avait reçue froidement, et qu'on ignorait la visite qu'il m'avait rendue le lendemain, on dit dans le monde que j'avais cessé de voir sa femme parce que … » (II, p. 228).
4   Par exemple, huit pages sont consacrées à ce que les gens ont cru au sujet de son mariage (*Ibid.*, I, p. 91-98), alors que le récit premier se déroule sur vingt-cinq pages, soit trois fois plus (I, p. 67-91). De même, le récit de son enlèvement par Sauvebeuf est développé sur une dizaine de pages (I, p. 158 à 167), alors que les rumeurs au sujet de cet événement sont rapportées en cinq pages (I, p. 167 à 171).

ou une supercherie[1]. Ce processus de démystification se trouve à l'œuvre
dans trois histoires d'esprits, l'« Histoire de Mme Deshoulières et de
Grosblanc », l'intrigue contenue dans le récit que fait Mme d'Orselis
de sa vie, et enfin l'avant-dernière aventure extraordinaire, rapportée
par la marquise d'Arcire.

Dès lors, le récit s'allonge, adoptant une structure souvent binaire
qui emprunte son schéma à celui de l'énigme, comme dans l'histoire
racontée par Mme d'Arcire :

> Comminge apprit de l'hôte que c'était son valet d'écurie, qui depuis peu
> de jours avait un transport au cerveau qui le rendait furieux ; qu'on l'avait
> enchaîné dans l'écurie ; qu'apparemment il avait brisé ses chaînes ; qu'il avait
> passé par une petite porte qui communiquait de cette écurie dans le cabinet,
> et qu'il était venu expirer sur le lit du malheureux voyageur[2].

L'expansion de l'écriture est encore plus manifeste dans la première
histoire, pour laquelle on relève trois récits plus ou moins explicités. En
premier lieu, la comtesse retranscrit « l'histoire de Mme Deshoulières »
telle que cette dernière l'a vécue :

> elle se saisit de deux oreilles fort velues, qu'elle résolut de tenir jusqu'au jour,
> pour éclaircir le mystère. Jamais rien de si docile que le porteur d'oreilles ;
> jamais rien de si patient que madame Deshoulières ; car les nuits étaient fort
> longues, et la situation gênante [...][3].

Le suspense, renforcé par la périphrase énigmatique « porteur
d'oreilles », est associé métaphoriquement à l'obscurité de la chambre,
dans une scène dont le caractère figé – un face-à-face suggéré par un
parallélisme de construction – participe au comique. Puis c'est le « récit
fort éloquent » adressé aux « bonnes gens » de la maison, non retranscrit
mais reçu comme terrifiant par ceux qui ont pourtant informé l'héroïne
de la visite d'un revenant dans la propriété[4]. Suit enfin l'explication

---

1   Voir notamment A. Rivara, « *Le Voyage de campagne* comme machine à produire et à
     détruire des contes d'esprits », dans R. Jomand-Baudry et J.-F. Perrin (dir.), *Le Conte
     merveilleux au* XVIIIe *siècle, une poétique expérimentale*, Paris, Kimé, 2002, p. 353-369.

2   *V*, p. 164.

3   *Ibid.*, p. 9.

4   La simple relation par l'héroïne, le lendemain matin, des bruits entendus durant la nuit
     suscite encore la peur des maîtres du logis : « Elle leur fit un récit fort éloquent de tout
     ce qui lui était arrivé : les cheveux leur en dressaient à la tête » (p. 10). Mme de Murat se

rationnelle des faits, dans un récit plus rapide, faisant intervenir serrures abîmées et chien maladroit, et contredisant la version initiale des maîtres des lieux :

> Alors se levant, elle alla examiner la porte, dont la serrure était si mauvaise, que quoiqu'on l'eût fermée à la clé, le moindre mouvement suffisait pour l'ouvrir. Voilà déjà, reprit-elle, pourquoi Grosblanc, qui apparemment n'aime pas à coucher à l'air, choisit cette chambre plutôt qu'une autre ; le reste est aisé à imaginer : il a trouvé le paravent ; il l'a jeté sur mon lit, le guéridon est tombé par le même hasard ; Grosblanc a trouvé du goût à la chandelle, et ne faisant sauter le flambeau que pour l'en tirer, il a voulu venir sur le lit ; mais il m'en demandait auparavant la permission[1].

Un constat objectif autorise l'hypothèse d'une cascade de mouvements, le verbe « imaginer » ayant ici le sens de « reconstituer » selon la vraisemblance naturelle. C'est une explication du même ordre que propose Mme d'Orselis pour rendre compte du bruit entendu dans la demeure où elle réside :

> cette femme couchant assez près de la porte où se fit le bruit, cette porte ayant de gros verrous, les barres des fenêtres étant près de son lit, dont elle pouvait disposer à son gré, et étant la seule de sang froid, elle put faire tout ce qu'il lui plut, sans que personne la soupçonnât[2].

L'intrigue des *Lutins* repose également sur ce procédé, les deux nièces de Kernosy étant confrontées directement aux faits eux-mêmes. Les phénomènes surnaturels qu'elles croient déceler sont en réalité expliqués peu après par l'intrusion dans le château de deux galants déguisés en lutins, qui s'étaient ingéniés à multiplier les signes de leur présence sans se faire voir. Après s'être fait reconnaître des deux nièces, ils reviennent sur le détail de leur entreprise :

> Nous concertâmes avec le baron, pour voir comment nous pourrions avoir un libre accès dans ce château, il alla chercher des comédiens à Rennes et des

---

moque de ceux dont la réaction est immédiate, tout en soulevant la question du pouvoir du récit, qui semble faire effet indépendamment du crédit apporté ou non aux événements. Comme le rappelle N. Prince dans son analyse du fantastique, « ce n'est pas le revenant qui effraie, ce n'est pas la mort parmi les vivants, mais l'agencement très précis du récit » (*Le Fantastique*, Paris, A. Colin, 2008, p. 66).

1   *V*, p. 11.
2   *Ibid.*, p. 41.

> musiciens, il les amena en diligence chez ma sœur, et pendant ce temps-là, ayant gagné un de vos domestiques, il me fut facile au retour du baron de faire cette folie qui effraya tant Mlle de Kernosy. On fit un petit trou au plancher d'en haut pour passer le billet et la petite chaîne [...]. Une heure après, le baron a mis adroitement une lettre dans la poche de Mlle de Saint-Urbain pendant qu'elle regardait achever le théâtre. Voilà quelle a été l'aventure qui vous a donné quelque petite inquiétude [...][1].

Enfin, *Le Sylphe amoureux* s'achève lui aussi sur le récit du subterfuge auquel a eu recours le comte de Ponteuil afin de se faire passer pour une créature invisible. C'est la marquise dupée qui le lui demande :

> [...] mais comme toutes les choses qui se sont passées avaient assez l'air d'aventures surnaturelles, je vous prie de m'avouer de bonne foi comment vous avez pu faire, et qui vous a aidé à me tromper[2].

Contretemps et accidents

Calomnies et histoires de revenants peuvent donc s'expliquer. La réfutation de la calomnie repose sur la négation du lien entre accusation et culpabilité, et sur l'invocation du hasard et des coïncidences dans la vie des femmes : « Cependant, je sais par ma propre expérience, que l'imprudence et le hasard ont souvent plus de part à leur fautes que le défaut de vertu[3]. » L'arrivée de Sauvebeuf au beau milieu de sa réconciliation avec son mari constitue pour elle « un contretemps le plus fâcheux qui fut jamais[4] ». Déplorant la rumeur qui s'ensuit dans le monde, elle écrit :

> Qu'il est fâcheux de se trouver dans de certaines conjonctures ! [...] et l'on peut dire que la bonne ou mauvaise réputation des femmes dépend des circonstances de leurs aventures[5].

On retrouve les mêmes mots en conclusion du premier tome : « Ce sont encore là de ces circonstances où il est fâcheux de se trouver [...][6]. »

---

1   *L*, p. 37-40.
2   *Ms*, p. 363.
3   *MdeM*, « Avertissement », n. p.
4   *Ibid.*, I, p. 161.
5   *Ibid.*, I, p. 170-171.
6   *Ibid.*, I, p. 368. Voir aussi, au sujet de Saint-Albe : « je dis qu'à la vérité j'en étais aimée, mais que je l'avais toujours fort maltraité, que la manière dont je l'avais reçu à Marlou le

Paradoxalement, celle qui tient la plume reproche à ses adversaires de transformer en récit ce qui ne relève pour elle que du hasard[1], et non de l'être.

Les explications rationnelles des histoires d'esprits font intervenir quant à elles des causes matérielles accidentelles, des coïncidences ou encore des ruses. Les récits relèvent alors du « surnaturel expliqué », que T. Todorov nomme le « fantastique-étrange[2] », par opposition au merveilleux, défini par le « surnaturel accepté[3] ». Dans les trois histoires évoquées ci-dessus, les événements ont bien lieu, perturbant même le sommeil des personnages, mais les causes sont à chaque fois identifiées, qu'il s'agisse de l'irruption d'un chien dans une pièce, du remue-ménage d'une femme de chambre désireuse d'effrayer sa maîtresse veuve depuis peu, ou encore des agissements d'un domestique malade. Dans ce dernier cas, c'est même de « l'étrange pur[4] », pour reprendre encore la terminologie de Todorov, vers lequel s'oriente la narratrice, étant donné le caractère choquant de l'histoire.

Si la démarche de Mme de Murat frappe le lecteur par sa récurrence[5] et sa visée aussi démonstrative que ludique, elle rappelle aussi plusieurs passages du *Francion* de Sorel, et notamment le récit d'un épisode de l'enfance du personnage éponyme, relatant non pas l'irruption d'un

---

prouvait assez, que je lui avais défendu de me venir voir, et qu'enfin je ne le voyais plus. En achevant ces paroles, Saint-Albe entra dans ma chambre [...]. Son arrivée imprévue persuada à Montalzac que tout ce que je venais de lui dire était faux, et la prompte retraite de Saint-Albe lui parut un jeu concerté entre nous » (II, p. 24-25).

1   J.-M. Adam définit justement le récit comme une mise en intrigue substituant l'ordre causal à l'enchaînement chronologique (*Le Texte narratif*, Paris, Nathan, 1994).

2   « Des événements qui paraissent surnaturels tout au long de l'histoire, y reçoivent à la fin une explication rationnelle. Si ces événements ont longtemps conduit le personnage et le lecteur à croire à l'intervention du surnaturel, c'est qu'ils avaient un caractère insolite » (T. Todorov, *Introduction à la littérature fantastique*, Paris, Seuil, 1970, p. 49).

3   Pour T. Todorov, le fantastique se situe à la limite de ces deux genres.

4   « Dans les œuvres qui appartiennent à ce genre, on relate des événements qui peuvent parfaitement s'expliquer par les lois de la raison, mais qui sont, d'une manière ou d'une autre, incroyables, extraordinaires, choquants, singuliers, inquiétants, insolites et qui, pour cette raison, provoquent chez le personnage et le lecteur une réaction semblable à celle que les textes fantastiques nous ont rendue familière » (T. Todorov, *op. cit.*, p. 51-52).

5   On pourrait encore citer l'explication que donne l'un des auditeurs à l'histoire de Mlle C.... Selon lui, la jeune femme aurait cherché à justifier sa vision, celle de son amant consumé dans la cheminée : « pour n'être pas traitée de folle, elle a fait enchâsser le cœur d'un de ces animaux qui ont les parties nobles faites comme nous, pour donner plus de vraisemblance à son récit » (V, p. 72).

chien, comme chez la comtesse, mais celle d'un singe à l'origine de
désordres inexpliqués dans une maison et attribués d'abord à un mauvais
esprit (« il venait un lutin en notre maison », « fantômes[1] »). Et le héros
narrateur de conclure sur le caractère naturel des causes :

> C'est pour vous dire comme les âmes basses se trompent bien souvent et
> conçoivent de vaines peurs, ainsi que faisaient nos gens. Vous qui vivez auprès
> des villages, vous pouvez savoir qu'il n'y a si petit hameau où il ne courre le
> bruit qu'il y revient quelques esprits, et cependant, si l'on avait bien cherché,
> l'on trouverait que les habitants ont fondé ces opinions sur des accidents
> ordinaires et naturels, mais dont la cause est inconnue à leurs esprits simples
> et grossiers. C'est un grand cas que, si petit que j'aie été, je n'ai jamais été
> sujet à de telles épouvantes[2].

C'est en effet le manque d'examen que dénonce la comtesse avec
les histoires de revenants mais aussi la calomnie, comme l'expriment
encore, en guise de moralité, quelques réflexions énoncées au fil des
pages du *Voyage* : « et voilà, ajouta-t-elle en finissant, comme des bagatelles passent souvent pour des choses importantes » ; « C'est ainsi, dit
madame d'Orselis, que la plupart des apparitions se terminent, quand
on les approfondit[3]. »

Si le lecteur constate que les explications rationnelles, dans le cadre
des histoires de revenants, tout comme les justifications souvent alam-
biquées de la comtesse dans le cadre de la calomnie, peuvent sembler
parfois invraisemblables[4], reste que dans les deux œuvres, Mme de Murat
se livre à un travail de déconstruction et de rectification, que l'on peut
rapprocher également de celui mené par Descartes présentant, tel un

---

1   Ch. Sorel, *Histoire comique de Francion* [1653], éd. de F. Gavarini, Paris, Gallimard, 1996,
    Livre III, p. 166.
2   *Ibid.*, p. 168.
3   *V*, p. 11. Mme de Murat poursuit une démarche déjà adoptée par les libertins, notam-
    ment face aux procès de sorcellerie. Bien avant l'édit de 1682 mettant fin à ce type de
    poursuites, ils « retiennent l'hypothèse psychopathologique, contre l'interprétation démo-
    nologique, et dénoncent la violence répressive qui s'exerce contre les sorcières, s'efforçant
    ainsi d'affaiblir les menaces qui pèsent plus généralement sur les consciences. Pour eux,
    les faits de possession sont le plus souvent révélateurs de pathologies mélancoliques, et
    de simples explications rationnelles pourraient éviter la condamnation d'innocentes »
    (L. Tricoche-Rauline, *op. cit.*, p. 566).
4   T. Todorov note que fantastique et vraisemblable ne s'opposent pas : « Le vraisemblable
    ne s'oppose donc nullement au fantastique : le premier est une catégorie qui a trait à la
    cohérence interne, à la soumission au genre, le second se réfère à la perception ambiguë
    du lecteur et du personnage » (*op. cit.*, p. 51).

mécaniste, notamment dans *La Fable du monde*, la différence entre la réalité et sa représentation[1].

Tonalités

Une différence importante distingue cependant l'entreprise de déconstruction des histoires de revenants et la réfutation de la calomnie. La première est généralement source de comique[2]. En effet, le rire apparaît comme une arme redoutable qu'utilisent les uns pour tourner en dérision ce qui est pris au sérieux par les autres. C'est ainsi que l'héroïne de la première histoire du *Voyage*, Mme Deshoulières, décidée à attendre de pied ferme l'esprit censé venir troubler le calme de sa chambre, « fit un grand éclat de rire[3] » en découvrant qu'il ne s'agissait que d'un chien. Elle montre « un visage [...] gai » au maître des lieux, persuadé que l'âme de sa mère venait y rôder, et ne sachant, en apprenant la vérité, « s'il devait se fâcher, ou rire[4] ». C'est également sur un ton comique qu'est reformulée l'hypothèse d'une revenante : « ce devait être la mère du maître qui, étant morte depuis un an, faisait tout ce tintamarre[5]. » Le registre de langue, volontairement familier, combiné avec un emploi à valeur péjorative du démonstratif, insiste sur l'incompatibilité entre la manifestation du bruit et le constat du décès. De même, les termes désignant le caractère inoffensif de « l'auteur de tant d'alarmes[6] » s'accumulent, insistant sur la disproportion entre l'effroi suscité et la réalité du danger :

> un grand chien de la maison, nommé Grosblanc, bonhomme s'il en fut jamais, qui bien loin de lui savoir mauvais gré de l'avoir arrêté si longtemps, lui léchait les mains, pour l'en remercier[7].

---

1   Voir les analyses de J.-P. Cavaillé : « Le monde est un discours fallacieux, une énigme à déchiffrer, un trompe-l'œil à rectifier, une machinerie spectaculaire à démonter » (*Descartes, la fable du monde*, Paris, Vrin, 1991, p. 57). Ces propos pourraient concerner l'œuvre de Mme de Murat, qui se joue cependant de l'illusion, et se vante de faire partie de ceux qui en sont conscients.

2   De ce point de vue, l'œuvre de Mme de Murat illustre les analyses de N. Grande sur *Le Rire galant. Usages du comique dans les fictions narratives de la seconde moitié du XVIIe siècle*, Paris, H. Champion, 2011.

3   *V*, p. 9.

4   *Ibid.*, p. 10.

5   *Ibid.*, p. 7.

6   *Ibid.*, p. 10.

7   *Ibid.*, p. 9.

Souligner le ridicule d'une situation peut également être le rôle d'un auditeur indiquant au lecteur la réaction qu'il convient d'avoir. C'est le cas du marquis de Brésy, l'un des participants au séjour, qui interpelle le duc venant d'évoquer l'apparition dont est victime une jeune femme, peu de temps avant d'apprendre la mort de son amant :

> Le marquis se mit à rire inconsidérément. « Quoi ! monsieur le duc, s'écria-t-il, ce sont là de ces choses que vous voulez qu'on croie[1] ? »

De façon plus générale, c'est de la bêtise et de l'ignorance des crédules que se moque la comtesse. L'une des campagnardes en visite à Sélincourt, où sont réunis les aristocrates formant une « petite troupe [qui] n'était pas trop ignorante[2] », est ainsi l'objet de la risée de ses hôtes : « après nous être réjouis de sa sottise autant qu'elle le méritait[3] ». Mais c'est surtout Mme de Richardin qui, vivant avec la certitude de sa beauté et dans la nostalgie d'une noblesse fantasmée, s'attire les attaques de toute la compagnie :

> toute sa personne est faite de façon à faire rire des gens plus graves que nous. Ses cheveux étaient ce jour-là relevés d'un air de portrait, pleins de rubans or et vert. Ses mains qui sont grandes et sèches, étaient chargées de bagues ; et elle avait une croix plus propre à mettre au chevet d'un lit, qu'à pendre au col. Il me prit une telle envie de rire, et je vis dans les yeux de toute notre troupe quelque chose de si plaisant, que je reçus un soulagement considérable, d'un faux pas que fit le duc de... qui, après l'avoir fait chanceler, l'envoya à quelques pas de nous mordre la poussière. On courut à lui pour voir s'il n'était point blessé ; mais il n'en avait eu que la peur : et alors nous prîmes ce prétexte pour rire de toute notre force. Madame de Richardin en fit fort bien son devoir, et nous montra ses dents fort noires et très longues, qui achevèrent de la rendre si ridicule, que nous fûmes confirmés dans le dessein de la rendre tout à fait folle[4].

Disproportion et inadéquation déclenchent un rire dont le caractère subversif contribue à renforcer la tonalité satirique de la scène, où

---

1   *Ibid.*, p. 72. De même, l'abbé ne prend pas au sérieux les craintes de madame d'Orselis, certaine d'être inquiétée par l'esprit de son mari défunt : « l'impitoyable abbé se *moqua* de moi », « l'abbé ne put s'empêcher de *sourire* », « Il se *moqua* bien de moi, et d'un vœu que je fis d'aller à pied faire un petit pèlerinage, pour qu'il plût à l'âme de monsieur d'Orselis de me laisser en repos » (p. 38-40).

2   *Ibid.*, p. 46.

3   *Ibid.*, p. 45-46.

4   *Ibid.*, p. 128-129.

l'opposition entre crédules et incrédules se trouve associée au clivage social entre aristocrates et bourgeois, comme si la supériorité intellectuelle ne pouvait être indépendante d'un élitisme social[1].

Cependant, le spectacle de personnes crédules déclenche un rire qui laisse bientôt place à la contrariété et à la mélancolie, comme l'indique ce commentaire adressé à la destinataire du *Voyage* :

> [...] nous partîmes, après avoir assez pris de ce plaisir pour n'y revenir de notre vie : car, comme vous savez, madame, le peu de moments où le ridicule réjouit, est suivi d'un extrême ennui, quand on continue d'en être témoins[2].

En revanche, si la réfutation de la calomnie peut emprunter le détour de la farce et donc du rire, elle est le plus souvent liée à l'oppression et à l'angoisse. C'est que la comtesse n'a pas la même maîtrise des choses que lorsqu'elle raconte une histoire de revenants.

Le propos de Mme de Murat s'inscrit donc en réaction à un discours divulguant une image négative des femmes, qu'il s'agisse d'écrits publiés ou de calomnies colportées de bouche à oreille. Or le caractère fictionnel de tous ces discours permet de les discréditer, c'est ce à quoi s'emploie la comtesse. Selon elle, les histoires prétendues surnaturelles et la calomnie proposent en effet une lecture des événements qui n'est qu'une apparence, alors que ces derniers peuvent être expliqués autrement. Mme de Murat cherche alors à réduire un déterminisme s'expliquant par la croyance en une logique surnaturelle dans un cas, et dans l'autre, par une volonté

---

1   Aux aristocrates prenant plaisir aux histoires surnaturelles, la comtesse oppose en effet le personnage de Mme de Richardin, dont le nom porte encore la trace de ses origines bourgeoises (« ils avaient même ajouté à leur nom le *de* et le *din*, qui privé de ces ornements, n'était plus que Richard, nom qui avait été imposé au père de monsieur de Richardin, parce qu'il était en effet un marchand fort riche », V, p. 127), mais aussi ces « bonnes gens » crédules que sont les maîtres du logis où séjourne Mme Deshoulières (« Ce gentilhomme regardait sa femme et son chien [...] », p. 10), ou bien encore les paysans qui rapportent la légende du trésor du château de Thibergeau. On retrouve dans les *Lutins* le portrait d'un personnage aspirant à la noblesse, mais n'en possédant ni la culture ni les manières, et dont la crédulité est un sujet de moquerie constant. Il s'agit de Fatville, prétendant indésirable, en proie à l'acharnement de la petite troupe s'amusant à l'épouvanter afin de lui faire quitter les lieux : « la peur fit tout l'effet qu'elle a accoutumé de produire sur l'esprit du peuple et des valets » (L, p. 74). Cette dernière généralisation, également présente dans la définition que Furetière donne de la croyance aux esprits, confirme, si besoin était, les hiérarchies que reproduit Mme de Murat.

2   V, p. 144.

extérieure de plaquer sur des comportements une logique émanant de la *doxa* à l'encontre des femmes[1]. Se dévoile ainsi une autre cohérence de l'œuvre, depuis les *Mémoires* qui ambitionnent de montrer, à propos des femmes, qu'il n'est pas toujours sûr de juger sur les apparences, jusqu'aux contes et histoires d'esprits qui permettent de vérifier cet adage. Croiser féminisme et scepticisme[2], telle serait la stratégie de la comtesse, dont le projet de défense des femmes se trouve redéfini par la volonté qu'elle manifeste d'attirer l'attention sur tout ce qui paraît de l'ordre de la fiction.

---

1   Il s'agit de « donner de la vraisemblance à la calomnie » (*MdeM*, I, p. 141).

2   Nous retenons la définition donnée par J.-P. Cavaillé du scepticisme, qu'il associe à une crise de la pensée, et qu'il évoque comme un « terrain où s'épanouit une culture du trompe-l'œil, de la théâtralité de l'éloquence, de la dissimulation et de l'ostentation, de la vanité et de la gloire, du mépris mais aussi du culte des apparences » (*Descartes, la fable du monde, op. cit.*, p. 9).

POUR UN NOUVEAU RAPPORT
AUX DISCOURS : L'ÉDUCATION
À UNE RÉCEPTION CRITIQUE

Si la comtesse écrit en réaction aux discours qu'elle considère miso-
gynes, elle invite le lecteur, de façon plus générale, à établir un rapport
distancé aux discours qu'il reçoit. Incrédulité et décryptage, interrogation
sur le statut des discours et sur leur autorité, telles sont les attitudes que
cherche à valoriser Mme de Murat, soucieuse d'éduquer les lecteurs –
et les lectrices – à une plus grande lucidité, garante d'une liberté plus
sûre dans une société fondée sur l'autorité patriarcale. C'est alors un
élargissement du propos, de la question féminine à l'analyse des discours
où se concentrent les enjeux de pouvoir, que propose la comtesse par le
biais d'une attitude réflexive au sein de son œuvre.

Mais l'enjeu de cette critique des discours n'est pas seulement idéologique, il est aussi poétique, puisque la comtesse s'ingénie également à
rendre difficile, voire impossible, au cœur même de son œuvre, l'adhésion
à la fiction dont elle propose de nouveaux usages.

LES ENJEUX IDÉOLOGIQUES : LA REMISE EN CAUSE
DES FONDEMENTS D'UNE SOCIÉTÉ AUTORITAIRE

L'œuvre de Mme de Murat comporte indéniablement une dimension
subversive. C'est ce que montrent l'insistance sur le travail de déchif-
frage, mené par les héroïnes, de ce qu'elles lisent ou entendent, mais
aussi la réflexion plus large de la comtesse sur ce qui fonde l'autorité
des discours dans la société qui l'entoure.

INCRÉDULITÉ ET DÉCRYPTAGE
DANS LA SPHÈRE DES DISCOURS SOCIAUX

Si tout n'est affaire que de discours, il est de la plus haute importance de savoir les décrypter. Détromper afin de détromper les autres, tel est l'objectif que ne cessent de poursuivre les héroïnes, dont la persévérance et la perspicacité sont manifestes.

Se détromper

Mme de Murat présente l'analyse des discours et des croyances qu'ils impliquent comme un processus difficile, mais synonyme de libération pour les femmes qui cultivent ainsi des qualités critiques remarquables.

Les *Mémoires* nous montrent en effet l'héroïne prise dans un processus de décryptage souvent ardu, et qui semble occuper l'essentiel de son temps. Le récit égrène la succession des tromperies qu'elle a découvertes, qu'elle a subies ou auxquelles elle a pu échapper. Parfois en retard sur ses adversaires qui la surprennent, elle avoue l'adhésion crédule dont elle a pu faire preuve dans un premier temps, et exprime volontiers sa désillusion devant la capacité d'autrui à tromper. C'est principalement la radicalité du vocabulaire qui frappe le lecteur dans l'évocation de la découverte des machinations, voire des complots, dont elle se dit victime :

> Je vivais sans avoir le moindre soupçon qu'il y eût de la supercherie dans la manière dont j'étais traitée, quand Mlle Laval un jour entra dans ma chambre […]. Je crus voir en ce moment tout ce que je n'avais point vu ; j'admirai comment j'en avais pu être la dupe […]. J'allai au couvent […] mais on refusa de m'y recevoir, et je vis par la manière dont on me parla, que j'avais ignoré seule le tour qu'on m'avait joué[1].

La succession des différentes phases (insouciance, prise de conscience, solitude) par lesquelles passe l'héroïne, est soulignée par l'évolution des temps verbaux (imparfait, passé simple, plus-que-parfait), à laquelle se superpose l'opposition régulière entre modalité affirmative et négative des verbes de perception, suggérant un décalage entre soi et les autres.

Mais à plusieurs reprises, l'héroïne parvient à déceler les intentions de ceux qui l'entourent et à déjouer leurs scénarios. Ainsi, dès les premières

---

1   *MdeM*, I, p. 239-243. Voir aussi au sujet de Saint-Albe déguisé en domestique : « je n'en savais rien […] et que je ne comprenais pas ces discours » (II, p. 9).

pages des *Mémoires*, la jeune fille n'est pas dupe du discours flatteur des religieuses : « Je n'étais pas assez enfant » ; « j'étais déjà assez éclairée[1]. » Elle finit également par renoncer à l'amitié de Blossac (« je l'avais cru de mes amis autrefois, mais [...] j'en étais détrompée[2] »). C'est parfois un processus complexe que met en valeur la comtesse, qui évoque la nécessité d'une double lecture pour saisir la portée réelle d'un message. C'est du moins l'expérience que fait l'héroïne en recevant une lettre de son mari, dont la douceur apparente ne fait que masquer, selon elle, la véritable intention :

> Mon père fut touché de la tendresse qui paraissait dans cette lettre, et d'abord j'en fus moi-même attendrie, tant j'avais peu le cœur mauvais [...]. Mais enfin, en relisant sa lettre, j'en remarquai l'esprit, et je vis bien que sa douceur n'était qu'un artifice pour me surprendre[3].

Fausseté du rapport entre les sexes à l'image du palimpseste que constituent les discours : c'est bien à l'école du soupçon qu'invitent les *Mémoires*, et ce, jusqu'à la fin de l'œuvre où le vocabulaire de la lucidité n'est pas moins présent : « croyant voir dans ce moment toute la tromperie qu'on m'avait faite » ; « je reconnus alors la cruelle tromperie qu'on m'avait faite[4]. »

S'attaquer à la croyance aux discours revient également à démasquer l'illusion de l'autorité et à s'affranchir de l'emprise masculine pour Mme d'Orselis, dans le *Voyage de campagne*, qui tente de guérir des apparitions qu'elle dit avoir. Ces dernières s'inscrivent justement dans un récit plus largement autobiographique, centré sur la vie de femme soumise qu'elle mena avec son défunt mari[5]. La comtesse souligne alors le courage de l'héroïne pour vaincre sa crédulité, même si la démarche n'est pas facile. Celle-ci nécessite en effet un cheminement, et s'apparente à une thérapie, comme le suggère la phrase liminaire par laquelle Mme d'Orselis

---

1   *Ibid.*, I, p. 48.

2   *Ibid.*, I, p. 211-212.

3   *Ibid.*, I, p. 128-129. Voir aussi : « Je me sentis agitée par des sentiments bien différents à la lecture de cette lettre [...] » (II, p. 239), et « Je relus vingt fois cette lettre sans y pouvoir rien comprendre » (II, p. 329).

4   *Ibid.*, II, p. 344 et 351.

5   V, p. 36-41. De même, c'est sur la notion de culpabilité que roule la dernière histoire du récit : ne pas accorder de crédit à l'irruption fantomatique d'un mari reviendra à désobéir à ses dernières paroles qui interdisaient à l'épouse de se remarier (*Ibid.*, p. 171-173).

introduit son récit : « je vous conterai une aventure ce soir, qui m'a un peu guérie de la peur des esprits[1]. » Très lucide sur son attachement à ce qu'elle croit percevoir, elle explique la raison de son irritation contre l'abbé qui pense que ses craintes irrationnelles sont infondées, et que le tapage nocturne qu'elle entend n'est lié qu'à une banale histoire d'amants menée par une domestique :

> Je le pensai battre à ce discours. Je ne voulais être ni visionnaire, ni dupe : je crus pouvoir lui prouver que les bruits qui s'étaient faits, ne partaient point de forces humaines[2].

Tenir une hypothèse, même erronée, se révèle plus confortable qu'un renoncement, synonyme de défaite, à cette même explication. Il faudra finalement une vérification expérimentale, associée à la persuasion par autrui, pour convaincre l'héroïne de sortir de l'obstination qui l'isole du monde :

> Ce n'était pas encore le temps de me faire entendre raison [...]. Plusieurs personnes à qui je confiai mon aventure m'ayant soutenu qu'elle n'avait rien d'effectif, je commençai à déférer à leurs raisons, je voulus bien retourner à cette terre avec deux ou trois femmes et un homme très incrédule sur les apparitions ; je n'y menai point la femme contre laquelle on avait quelque soupçon. [...] comme je n'ai rien vu depuis, et qu'il y avait des causes très naturelles à tout ce que j'avais entendu, j'ai voulu me tenir pour dit qu'il n'y avait point d'esprits, et que tout ce qu'on en conte est faux[3].

Aveu dans lequel résonne la voix de Mme de Murat, distinguant les faits de leur mise en forme (« tout ce qu'on en conte »), et soulignant la difficulté du décryptage malgré son urgence.

Détromper les autres

Déciller les yeux des personnes crédules, tel est encore l'objectif des héroïnes de l'œuvre de Mme de Murat. Ainsi, les premières pages des *Mémoires* affichent d'emblée le souci de détromper ceux qui croient en la *doxa* sur les femmes :

---

1   *Ibid.*, p. 27.
2   *Ibid.*, p. 38.
3   *Ibid.*, p. 40.

> J'ai donc pensé que ce serait *une chose capable de détruire cette opinion* que de *faire voir* par le récit fidèle des aventures de ma vie, qu'on peut être décriée sans être coupable[1].

Cette attitude active, évoquant un processus, est aussi celle de l'héroïne avec les personnages qui l'entourent : « Je fis pourtant ce que je pus pour désabuser les deux parents[2] », ou encore : « Nous délibérions ensemble sur les moyens de détruire ces bruits[3]. » En réalité, adversaires et défenseurs de l'héroïne se répartissent selon leur degré de crédulité à l'égard des calomnies la concernant. Ainsi, si le duc de Candale n'accorde pas de crédit aux bruits colportés sur l'héroïne, c'est qu'il est « assez honnête homme pour les croire faux[4] ». Incrédulité et qualités morales semblent aller de pair. C'est encore ce qui distingue Saint-Albe, seul homme à ne pas médire de la jeune femme.

Plusieurs échecs parsèment cependant le récit, comme en témoigne la fin de non-recevoir que l'héroïne obtient de son père et de son mari, auxquels elle adresse une lettre après sa fuite du domicile conjugal :

> [...] j'écrivis à mon mari, pour me plaindre de ce qu'il m'avait obligé de prendre la fuite, et à mon père pour l'informer des raisons que j'avais eues de quitter mon mari. Je les priai l'un et l'autre de vouloir *examiner sans passion* si j'avais mérité de pareils traitements[5].

Accusant l'un et se justifiant auprès de l'autre, avant de solliciter leurs analyses respectives, elle tente d'établir, par le biais de l'écrit, les conditions d'un dialogue objectif qui n'aura en fait pas lieu.

On retrouve dans le *Voyage* la même préoccupation de la comtesse. L'héroïne narratrice intervient doublement. Elle tente d'une part de démêler les quiproquos au sein du petit groupe d'aristocrates dont elle fait partie. Ainsi, elle évoque son embarras au sujet de certaines stratégies ambiguës comme celle du comte, qui essaie de la séduire afin de faire revenir Mme d'Arcire vers lui, alors que cette dernière se croit délaissée :

---

1   *MdeM*, I, p. 5-6.
2   *Ibid.*, I, p. 287.
3   *Ibid.*, I, p. 323.
4   *Ibid.*, I, p. 321.
5   *Ibid.*, I, p. 124-125. Voir aussi : « Cela ne demeura pas longtemps secret, *et sans examiner* combien j'avais de sujets d'épouser Saint-Albe, on dit que c'était un mariage d'inclination, comme si l'inclination des femmes ne pouvait jamais s'accorder avec la raison » (II, p. 280).

> je dis au comte que je voulais absolument m'éclaircir avec la marquise ; qu'elle
> me croyait sa rivale ; que c'était tout le nœud de l'intrigue ; qu'elle deviendrait
> à la fin tragique, et que *je ne serais point en repos que je ne l'eusse détrompée*[1].

D'autre part, en s'évertuant à éclairer le lecteur au sujet des histoires de revenants, elle confère au récit le même caractère démonstratif qu'aux *Mémoires*. L'attitude de l'héroïne de la première histoire, Mme Deshoulières, à l'égard des maîtres des lieux dont elle s'attache à renverser les croyances superstitieuses, est donnée en effet comme un modèle de pédagogie. La jeune femme est bien consciente que savoir la vérité, ou même voir de ses propres yeux, ne suffisent à celui qui s'est enferré dans une croyance, mais qu'il lui faut encore comprendre afin que soient vaincues ses résistances. Le récit mené par l'héroïne, marqué pourtant par la récurrence du verbe « voir » et de ses dérivés (« *voyez*, dit-elle au mari, *voyez* Grosblanc que vous prenez depuis si longtemps pour l'âme de madame votre mère. *Voilà* l'auteur de tant d'alarmes[2] »), laisse alors place à l'annonce d'une relecture des faits destinée à celui qui se trouve désormais « honteux » et « interdit » :

> Non, non, monsieur, lui dit-elle, vous ne resterez pas davantage dans l'erreur ;
> je vois qu'elle vous est chère ; vous ne pouvez vous résoudre à croire une vérité
> qui détruit l'illusion par laquelle vous avez été si longtemps abusé : mais
> j'achèverai mon ouvrage, et je vais vous faire voir, ajouta-t-elle, que tout ce
> qui s'est passé cette nuit est très naturel[3].

Ultime étape, comme l'exprime la forme « achèverai », afin que la vérité ne soit pas l'objet d'une nouvelle croyance, mais le fruit d'un examen raisonné.

Dans les *Mémoires* comme dans le *Voyage*, l'importance de cette activité de décryptage est évoquée par la récurrence de la métaphore de la lumière : « éclaircissement » ; « le moyen de m'éclaircir » ; « tous les éclaircissements » ; « je lui représentai de quelle importance il était pour ma réputation, que cette affaire fût éclaircie[4] », ou encore : « qu'elle éclaircirait l'aventure de

---

1   *V*, p. 97.
2   *Ibid.*, p. 10.
3   *Ibid.*, p. 10-11.
4   *MdeM*, I, p. 324, 326, 327. Voir aussi : « j'étais déjà assez éclairée pour savoir que tout ce qu'on me reprochait était innocent » (I, p. 46-48) ; « je ne songeais qu'à éclaircir la vérité d'une chose où je commençais à m'apercevoir qu'on m'avait surprise » (II, p. 345).

l'esprit » ; « pour éclaircir le mystère[1] ». À l'inverse, on relève plusieurs termes signifiant l'aveuglement des personnages crédules, notamment dans les *Lutins*. Ces images traditionnelles prennent un relief particulier dans la bouche de Mme de Murat à l'aube du siècle des Lumières.

Des qualités féminines ?

La comtesse insiste par ailleurs sur le caractère sexué de l'attitude critique, faisant l'éloge de femmes dont la perspicacité semble plus développée que celle des hommes.

Les histoires de revenants insérées dans le *Voyage* sont en effet l'occasion de mettre en valeur des qualités qui semblent l'apanage des femmes. C'est la volonté de savoir et le désir d'affronter l'adversité qui caractérisent madame Deshoulières, l'héroïne de la première histoire :

> c'était justement ce que madame Deshoulières cherchait depuis longtemps […]; elle voulut voir l'esprit, et ne permit pas même à une femme à elle de coucher dans une garde-robe. […] « Ah ! s'écria-t-elle, je saurai qui vous êtes, puisque vous venez si près de moi[2]. »

De façon originale, Mme de Murat présente l'histoire du point de vue de celle qui ne croit pas (« la force de son esprit la rendait un peu incrédule[3] »), et dont le comportement révèle une grande maîtrise de soi : « quelque chose marcha assez fort : madame Deshoulières assura qu'elle ne pouvait avoir peur ; qu'en vain voudrait-on l'épouvanter » ; ou encore : « un bruit fort aigu, qui aurait effrayé toute autre personne que notre héroïne : mais elle a juré depuis, qu'elle n'eut pas le moindre battement de cœur[4]. »

À cette occasion, la comtesse remet en cause le préjugé de la crédulité féminine, les femmes étant habituellement jugées vulnérables, notamment durant les périodes de grossesse[5]. En effet, Mme Deshoulières est

---

1   *V*, p. 8-9.

2   *Ibid.*, p. 7-9.

3   *Ibid.*, p. 7. Mme Deshoulières ne manque pas d'évoquer une hypothèse rationnelle, laissant peu de place à la croyance au surnaturel : « Elle harangua encore l'âme qu'elle croyait *quelque domestique amoureux* » (*Ibid.*, p. 8).

4   *Ibid.*, p. 8.

5   Sur les croyances liées aux craintes qui entourent la grossesse, voir É. Mozzani, *Le Livre des superstitions. Mythes, croyances et légendes*, Paris, Robert Laffont, 1995, p. 833-838. Quelques contes de Mme de Murat abordent également le sujet (« Le Sauvage », *BGF* vol. 3, p. 281).

enceinte, et affronte seule les esprits devant lesquels tremble le gentilhomme du château :

> Le maître et la maîtresse de la maison n'avaient pas fermé l'œil de la nuit :
> l'idée d'une femme grosse, livrée à des apparitions épouvantables, les avait
> agités si cruellement, qu'ils allèrent de bonne heure voir si elle n'était point
> morte, ou du moins accouchée. Les bonnes gens ouvrirent la porte tout dou-
> cement, et n'osaient presque lui parler, dans l'appréhension d'une entreprise
> qui leur avait paru fort téméraire[1].

Le *Voyage* serait-il une « défense des femmes », pour reprendre le sous-
titre des *Mémoires*, dans le domaine de la raison et de la rationalité ?
Non sans ironie, Mme de Murat ajoute : « Mme Deshoulières avait une
certaine fermeté, qui la faisait penser comme un honnête homme[2] » ; et
un peu plus loin, à l'occasion de l'histoire du château de Thibergeau,
elle écrit, en comparant Mme Deshoulières au héros de l'intrigue : « Je
trouve Thibergeau encore plus brave que madame Deshoulières : mais
elle a son sexe pour elle qui ajoute bien à sa valeur[3]. »

La narratrice principale du *Voyage*, également personnage, se présente justement à l'image de Mme Deshoulières, refusant de se laisser
impressionner par les menaces de Sélincourt lui assurant que des esprits
sont susceptibles de passer dans sa chambre :

> Je vous répondrais, lui répartis-je, ce que répondit une dame illustre dans
> une pareille occasion, et j'aurais, peut-être, autant de fermeté qu'elle en eut
> alors [...][4].

Par la suite, elle réaffirme à plusieurs reprises sa détermination. Ainsi,
à l'un des personnages qui la provoque au sujet de sa crédulité, en lui
montrant un groupe d'arbres qu'on pourrait prendre pour des créatures
imaginaires, elle rétorque avec une certaine fermeté mêlée d'un brin
d'irritation :

---

1 *V*, p. 9-10.
2 *Ibid.*, p. 10. Voir J. Mesnard, « "Honnête homme" et "honnête femme" dans la culture
   du xviiᵉ siècle », dans *La Culture du* xviiᵉ siècle, *op. cit.*, p. 142-159.
3 *V*, p. 15.
4 *Ibid.*, p. 6. Elle n'a d'ailleurs pas rencontré d'esprits dans sa chambre, comme elle le précise
   à sa destinataire, à qui elle donne une explication en forme de boutade : « je vous dis en
   passant, madame, que je n'entendis rien toute la nuit, et que s'il revient d'ordinaire des
   esprits dans cette chambre, je ne leur parus pas apparemment digne de leur colère » (*Ibid.*,
   p. 15).

> Je conviens, repris-je, que mes yeux y pourraient être trompés ; mais je crois avoir assez prouvé mon assurance, pour n'être pas seule apostrophée sur la poltronnerie[1].

Concédant l'illusion des sens dont elle peut être victime, elle rappelle ses qualités personnelles de courage et de confiance ; « je suis hardie sur les visions[2] », ajoute-t-elle encore un peu plus loin.

De la même façon, elle observe avec une grande lucidité le jeu de ceux qui l'accompagnent dans ce séjour champêtre, jeu qu'elle rapporte quand elle ne raconte pas d'histoires de revenants. C'est ainsi qu'elle explique les raisons de la tendresse de la marquise d'Arcire à l'égard du marquis de Brésy :

> [...] mais pour moi, dont le cœur n'était point prévenu, je démêlai aisément que sa coquetterie n'était qu'un moyen pour faire revenir Sélincourt[3].

De même, elle décèle assez vite la duplicité du comte à son égard :

> Je n'y fis d'abord aucune attention ; ensuite l'expérience du monde ne put me laisser ignorer, que s'il ne m'aimait, il voulut du moins me le faire croire[4].

Ou bien encore, elle remarque l'adresse de deux amants, le chevalier et Mme d'Orselis, le premier s'attachant à cacher son inconstance, tandis que la seconde s'efforce de ne faire paraître que son bel esprit : « ils se trompaient tous deux[5]. » Enfin, elle s'amuse à voir le trompeur trompé, ou plutôt, se croyant trompé :

> Sélincourt, malgré qu'il en eût, commençait d'être fort fâché de la liaison qu'il croyait se former entre madame d'Arcire et le marquis[6].

De façon plus comique encore, le comte accuse la narratrice personnage d'un aveuglement dont il est pourtant victime :

---

1   *Ibid.*, p. 22.
2   *Ibid.*, p. 23.
3   *Ibid.*, p. 43. Une multitude de signes (confidences, regards amoureux, conversations particulières, lettres) sont ainsi décryptés au fur et à mesure du récit.
4   *Ibid.*, p. 17. Voir aussi : « Il est vrai que le comte ayant fait un grand effort sur lui-même, reprit bientôt le parti de feindre une passion pour moi » (p. 73-74) ; « le comte jouait à merveille l'amant déclaré auprès de moi » (p. 75).
5   *Ibid.*, p. 18.
6   *Ibid.*, p. 19.

> Est-il possible, interrompit-il impatiemment, que vous puissiez vous méprendre
> à une apparence si grossière ? [...] Que vous êtes entêtée de vos jugements !
> ajouta-t-il, en voyant que je n'étais pas bien persuadée[1].

De proche en proche, c'est le théâtre du monde, et plus précisément,
l'univers des sentiments amoureux, que dénonce Mme de Murat, attirant
l'attention du lecteur sur les lieux où règnent tromperie et crédulité.

RÉFLEXION SUR L'AUTORITÉ DES DISCOURS

Se détromper ou détromper les autres suppose le refus de croire sur
parole, et donc le refus de s'en référer à l'argument d'autorité. C'est en
effet à une véritable réflexion sur ce qui fonde l'autorité des discours,
et notamment de ceux émanant de la société patriarcale, que Mme de
Murat convie le lecteur. Mais la comtesse remonte aussi à l'origine de
ce manque de lucidité qu'elle constate vis-à-vis des institutions sociales,
pointant du doigt les failles d'une instruction basée sur la mémoire,
loin de tout esprit critique.

L'argument d'autorité dans la société patriarcale

La perspective essentielle des discours que fustige la comtesse est
de persuader. Mais il s'agit moins de partager un point de vue que de
l'imposer pour dominer. Dans cet objectif, l'argument d'autorité tient
lieu d'explication. Comme le rappelle Dominique Maingueneau,

> En argumentation, l'acceptation d'un point de vue ou d'une information est
> fondée sur l'autorité si elle est admise non pas sur l'examen de la conformité
> de l'énoncé aux choses elles-mêmes mais en fonction de la source et du canal
> par lequel l'information a été reçue. L'argument d'autorité correspond à la
> substitution d'une preuve périphérique à la preuve ou à l'examen directs,
> considérés comme inaccessibles ou impossibles. Elle peut se justifier par un
> principe d'économie ou de division du travail, ou par un effet de position[2].

C'est ce dernier point que développe Mme de Murat, qui passe au crible
les discours sociaux où se concentrent les enjeux de pouvoir d'une société

---

1   *Ibid.*, p. 99-100. La narratrice dénonce en même temps la brutalité du comte, prêt à en
     découdre avec le marquis, pour savoir si ce dernier est vraiment son rival : « il allait se
     passer une scène sanglante » (p. 101).

2   *Dictionnaire d'analyse du discours, op. cit.*, p. 85.

fondée sur le respect de l'autorité. Elle dénonce régulièrement le caractère abusif du lien entre la vérité des énoncés et le statut des locuteurs,
en raison principalement de la position sociale de ces derniers et des
compétences qui leur sont *a priori* attribuées.

La comtesse évoque notamment dans son œuvre les conflits que suscite
l'autorité montrée dans le face-à-face, plaçant son détenteur dans une
position de supériorité explicitement revendiquée. On observe alors un
sur-marquage de la référence à l'autorité par ceux qui l'incarnent. Les
représentants de l'autorité patriarcale sont bien sûr les plus nombreux
à recourir à cet argument. Ainsi, dans *Les Lutins*, tandis que le père de
la future Mme de Briance ne s'embarrasse pas de longs discours pour
justifier le choix qu'il a fait pour sa fille, il prend le soin de réaffirmer
son autorité :

> « Elle aurait de la peine à trouver un meilleur parti, j'espère qu'elle m'obéira de
> bonne grâce, car ma parole est donnée, et je vous déclare que je la tiendrai. »
> Ce petit discours prononcé avec un ton de fermeté paternelle déconcerta mon
> frère, et le jeta dans une si grande consternation, qu'il ne put m'en apprendre
> la nouvelle, sans que je m'aperçusse de la douleur dont il était pénétré[1].

La vicomtesse de Kernosy, dans la même œuvre, relaie cette conception
de l'autorité, en insistant même sur le caractère sexué de la dépendance
de principe des destinataires à l'égard de la parole reçue et de ceux qui
l'émettent :

> [...] tout cela ne servit qu'à leur attirer un long discours de la vicomtesse,
> sur l'obéissance aveugle que des filles bien élevées doivent à leurs parents[2].

Ne visant que l'effet qu'elle veut produire, la parole paternelle n'a donc
pas vocation à être discutée, tirant sa légitimité de l'autorité dont elle
est issue, et qu'elle se plaît à rappeler.

Outre l'omniprésence de la figure paternelle, on remarque la récurrence
de deux institutions sociales dont les représentants sont particulièrement visés : la justice et l'Église[3]. Le magistrat chargé de faire aboutir

---

1   *L*, p. 181.
2   *Ibid.*, p. 198.
3   Le recours à l'argument d'autorité, notamment dans le discours des représentants de
    l'Église, constitue également l'un des chevaux de bataille de la critique libertine. Voir
    sur ce sujet L. Tricoche-Rauline, *op. cit.*, p. 473.

la demande de séparation de l'héroïne des *Mémoires*, et le « directeur », ecclésiastique censé œuvrer à sa réconciliation avec son premier mari, sont définis avant tout par l'autorité de leur parole, qui n'accepte aucune contradiction. C'est précisément cet argument que met en avant l'homme de justice en s'adressant à l'héroïne :

> Il s'opiniâtra dans ses impertinentes prétentions, en me disant que messieurs de la robe n'étaient pas gens à avoir le démenti dans les choses qu'ils entreprenaient[1].

Le pronom singulier *il* est remplacé par une périphrase généralisante insistant, par le biais de la métonymie, sur la fonction sociale. L'objet du conflit entre l'héroïne et le magistrat ne réside donc pas seulement dans la volonté de ce dernier d'assouvir ses désirs sexuels, mais il porte aussi sur la légitimité des propos d'un homme de loi auquel la destinataire refuse d'obéir par principe.

Quant à l'ecclésiastique, son autorité est dénoncée de façon encore plus forte, par l'emploi d'une métaphore identifiant l'homme à la vérité de ses propos : il avait « la réputation d'un oracle dans toutes les pieuses négociations dont il se mêlait[2] ». Le terme « oracle », suggérant une mise en scène de la parole, exprime également la confusion entre l'homme d'Église et la divinité qu'il est censé représenter[3]. À ce portrait fait encore écho l'évocation des prêtres qu'invitent les religieuses de l'un des couvents dans lesquels se rend l'héroïne :

> Elles affectaient encore dans toutes les fêtes qu'elles célébraient, d'avoir toujours des prélats pour officiants, et de n'entendre jamais que les plus fameux prédicateurs[4].

L'autorité se démultiplie par le nombre de ses représentants, dont le prestige renvoie autant à un univers de paroles, dont les acteurs sont ici encore des hommes, qu'à la richesse et au rang social.

Mais l'autorité se révèle finalement le véritable objet de croyance, d'abord aux yeux de ceux qui l'incarnent. En témoignent, dans les *Mémoires*, la réaction de l'abbesse ayant constaté un changement de

---

1 *MdeM*, I, p. 274-275.
2 *Ibid.*, I, p. 344-345.
3 L'ironie de Mme de Murat réside sûrement aussi dans l'emploi d'un terme païen.
4 *MdeM*, I, p. 64-65.

comportement chez l'héroïne qu'elle a sermonée (« L'abbesse voyant ce que je faisais pour effacer la faute qu'elle m'avait reprochée, *crut que cette conduite était un effet de mon repentir*[1] »), mais aussi la satisfaction du père de l'héroïne à penser que c'est par obéissance que sa fille se réconcilie avec son mari :

> Quel pouvoir mon père ne *crut*-il point avoir sur moi, quand il me vit soumise à tout ce qu'il me demandait ! [...] Il attribua ma docilité à mon bon naturel et à *l'autorité paternelle*[2].

Cette autorité est également donnée à croire à ceux qui la reconnaissent comme telle :

> Plus j'étais persuadée que les religieuses devaient être des saintes, plus je croyais mériter leurs louanges : et je me flattais qu'il n'y avait rien à corriger en moi, puisque les personnes auxquelles on avait donné le soin de ma conduite applaudissaient à toutes mes volontés[3].

La critique est double, dénonçant l'absence de pédagogie au profit d'une flatterie sans fondement, mais aussi remettant en cause la soi-disant autorité morale que s'arrogent ces religieuses. La structure comparative de la phrase exprime le lien entre confiance dans le statut et crédit accordé au discours, le premier impliquant le second.

Au-delà de cette référence à leur propre autorité par ceux-là mêmes qui ne semblent avoir d'autre argument, le discours autoritaire se distingue par son caractère performatif. En effet, plusieurs discours analysés par Mme de Murat consistent en de véritables « actes de langage », révélant une volonté d'agir sur autrui, par le biais de menaces, injures ou promesses.

Les *Mémoires* offrent sans surprise de nombreux exemples de ces discours envisagés comme moyens d'action, qu'il s'agisse de nuire à la réputation de l'héroïne, de forcer sa vocation ou d'abuser d'elle. L'intention de manipuler par le discours est visible dans les paroles que l'abbesse adresse à l'héroïne après la découverte de ses lettres galantes échangées avec Blossac :

---

1   *Ibid.*, I, p. 45.
2   *Ibid.*, I, p. 152.
3   *Ibid.*, I, p. 13-15.

> Elle jugea que j'avais oublié Blossac, et qu'étant revenue de mon entêtement, je me rendrais aux raisons dont elle se voudrait servir pour me persuader qu'il fallait nécessairement que je me fisse religieuse. [...] je compris aisément par les sermons de l'abbesse, qu'on avait envie que je fusse religieuse[1].

La tournure impersonnelle « il fallait », mais aussi l'emploi de l'indéfini (« on avait envie »), traduisent la superposition des voix dans un discours où se mêlent plusieurs énonciateurs ayant décidé du destin de l'héroïne, comme elle l'explique elle-même :

> Ma mère jugea par ces lettres, que j'avais du penchant à la galanterie. Cela joint aux autres raisons qu'elle avait de me faire religieuse, ils chargèrent l'abbesse du soin de me disposer à prendre ce parti-là[2].

Alterner « discours insolents », « injures », « menaces[3] » mais aussi promesses, telle est par ailleurs la technique du magistrat qui, au-delà des paroles calomnieuses qu'il profère, évoque la perspective de mettre en péril les démarches judiciaires engagées par l'héroïne pour obtenir le droit de se séparer de son mari :

> [Il] résolut de faire un dernier effort pour obtenir de moi ce qu'il désirait depuis si longtemps : il me vint avertir que mon mari était sur le point de faire juger son procès, dont l'issue ne me serait pas avantageuse, mais qu'il savait seul les moyens d'en prolonger le jugement, et qu'il m'assurait que je gagnerais mon procès avec dépens, si je voulais l'écouter[4].

Par les promesses attachées à la condition, toujours exprimée à force de périphrases, de pouvoir assouvir ses désirs, le magistrat se présente comme un interlocuteur incontournable, multipliant les signes donnant à croire à la réalisation de ses propos.

Si l'héroïne comprend très bien ces différentes manœuvres discursives, elle se révèle plus vulnérable face aux reproches que lui adresse son mari. Même s'ils se réfèrent au passé et semblent aussi éculés que discrédités, ils blessent quotidiennement celle qui ne s'habitue pas à les entendre :

---

1   *Ibid.*, I, p. 46-48.

2   *Ibid.*, I, p. 44.

3   *Ibid.*, I, p. 275. De la même façon, « choses désobligeantes », « emportements » et « invectives » définissent les sermons du directeur (I, p. 347).

4   *Ibid.*, I, p. 293.

Il me reprochait qu'au lieu de lui apporter du bien, j'étais cause qu'il s'était défait de ses meilleurs fonds ; et d'ordinaire, il me faisait ce reproche en public. Il n'y avait personne qui ne le blâmât et qui ne prît mon parti dans ces moments ; *mais l'injure ne laissait pas de m'être toujours nouvelle*[1].

L'actualisation régulière de la médisance en réactive immanquablement la portée.

Le pouvoir des discours se révèle également bien au-delà du moment de leur énonciation, par le biais de la mémoire du destinataire qui entretient le souvenir des paroles prononcées. La réactivation de l'énoncé est alors le fait du récepteur lui-même. C'est ce processus de remémoration qui est mis en valeur par la double évocation des menaces faites par son mari à l'héroïne après la visite de Blossac et de Sauvebeuf : au discours indirect (« il me jura [...] que je ne sortirais jamais du château[2] ») succède sa mise en perspective par le jugement de la jeune femme :

Je ne pouvais penser sans frémir qu'il m'avait menacé de me tenir enfermée dans le château, ni me souvenir sans colère de toutes les paroles injurieuses dont il avait accompagné ces menaces[3].

L'antériorité, exprimée par les formes composées du plus-que-parfait (« il m'avait menacé », « il avait accompagné »), est comme abolie par l'emploi des infinitifs (« penser » et « me souvenir »), qui font échapper à toute chronologie un procès qui semble ne cesser de se dérouler[4].

Enfin, la force n'hésite pas à prendre le relais de la parole, lorsque l'exercice de l'autorité est menacé par une remise en cause de son bienfondé. En effet, après la fuite de l'héroïne hors du domicile conjugal, le surgissement de Sauvebeuf, tel un chevalier venant à son secours, déclenche l'hostilité soudaine de son père qui se croit dupé : « l'épée

---

1   *Ibid.*, I, p. 104-105.

2   *Ibid.*, I, p. 117.

3   *Ibid.*, I, p. 134-136.

4   On pourrait citer, dans le *Voyage*, la dernière histoire mettant en scène cet homme sur le point de mourir, et qui demande à sa femme, avant de s'éteindre, de lui rester fidèle. L'épouse verse des larmes sans rien promettre, et se laisse facilement consoler par son amant. Mais peu avant la cérémonie de leur mariage, le spectre du mari apparaît : « les dernières paroles de son époux la frappèrent dans ce moment d'une telle sorte que, sans expliquer son intention, elle retarda son mariage avec B... quoiqu'on les attendît à l'église. » (*V*, p. 171-173). La vision réveille alors le souvenir d'injonctions apparemment enfouies dans la mémoire.

à la main, [il] me menaça de me donner la mort[1]. » L'arme paternelle, substitut et prolongement de l'autorité, n'est pas sans rappeler la violence sexuelle dont entendait faire preuve le magistrat de son côté.

C'est donc une parole contraignante qui est adressée aux femmes, exclues de l'échange. Davantage violentées que convaincues, elles subissent l'influence de ceux qui ne reculent devant aucun moyen pour agir sur elles et les impressionner par ce qui ne relève que de la croyance aux yeux de la comtesse : l'autorité.

Si modifier les représentations de l'interlocuteur est finalement le propre de tout discours, comme le montrent les théories modernes[2] qui considèrent l'activité argumentative comme « coextensive à l'activité de parole[3] », Mme de Murat insiste particulièrement sur cette dimension de la communication qui consiste, dans les exemples qu'elle donne, en une manipulation éloignée de tout échange authentique. Critique sociale et critique des discours se rejoignent alors.

Les failles de l'instruction

Cette critique de l'autorité des discours n'est pas sans lien avec la remise en cause d'une instruction laissant croire à une relation d'équivalence entre les types de discours. Mme de Murat déplore en effet, dès les premières pages des *Mémoires*, l'inconscience de ceux qui ne développent pas l'esprit critique. Loin de toute prise de position sur les connaissances à transmettre aux filles ou aux garçons, elle dénonce en particulier l'attitude des maîtres qui réduisent les textes à des objets de mémoire, en faisant abstraction du type de discours dont ils relèvent[4] :

> On m'éleva de la sorte, sans me donner presque aucune connaissance de ma religion. Ce n'est pas qu'on négligeât de m'en apprendre les principes ; mais comme j'avais la mémoire excellente, je m'appliquais plus à les étudier, pour montrer mon esprit, que pour m'instruire ; et je ne mettais guère de différence entre les articles de la foi qu'on me faisait réciter, et les vers et les chansons que j'apprenais : tout cela me paraissait égal, et ne me semblait qu'un exercice de mémoire dont on m'occupait pour éprouver si je l'avais

---

1   *MdeM*, I, p. 161.
2   Voir notamment la théorie des orientations argumentatives.
3   *Dictionnaire d'analyse du discours, op. cit.*, p. 67.
4   On pourrait parler, avec D. Maingueneau, de la « scène englobante » (voir *Dictionnaire de l'analyse du discours, op. cit.*, p. 516).

> bonne. Combien de fois ai-je regretté dans la suite, qu'on m'eût si peu appris la différence du solide et de la bagatelle, et qu'on eût abandonné cette différence à mon propre goût ? Les religieuses et les autres personnes à qui l'on confie l'éducation des enfants, sont bien imprudentes de confondre ainsi des choses si différentes, dans la manière dont elles cultivent leur mémoire, et de leur permettre d'étudier la bagatelle avant que la vérité et la vertu aient fait impression sur leur cœur[1].

Le développement de l'exemple de la confusion entre discours religieux et discours littéraire évolue, par le biais de la généralisation, vers l'évocation de plusieurs oppositions qui se superposent, entre des modalités d'énoncés différentes : épistémique (connaissance / croyance), aléthique (vrai / faux) et axiologique (solide / bagatelle[2] ; vertu / exercice de mémoire).

La récitation machinale d'énoncés coupés de leur contexte de production conduit à leur aplatissement (« tout cela me paraissait égal »). Perdant toute dimension pragmatique et communicationnelle, ils deviennent une suite de sons, certes dotés d'un sens, mais au seul service d'un acte locutoire proche du psittacisme, destiné à les restituer docilement sans aucune interprétation[3]. C'est donc l'absence de critères distinctifs permettant au lecteur d'attribuer ou non aux textes l'autorité qui leur revient, que dénonce Mme de Murat dans cette éducation qui incite à la passivité, attitude propice, paradoxalement, à la confiscation des discours par des autorités arbitraires. L'éducation devrait au contraire être le moment de l'apprentissage d'un discernement, faute duquel se développe une crainte respectueuse vis-à-vis de tout discours et de l'autorité dont ils émanent, ou au contraire, de façon plus audacieuse, l'impression que tous les discours se valent, premier pas vers le relativisme[4].

---

1   *MdeM*, I, p. 15-18.

2   On retrouve cette opposition dans d'autres passages de l'œuvre de Mme de Murat, notamment dans le *Voyage* (« et voilà, ajouta-t-elle en finissant, comme des bagatelles passent souvent pour des choses importantes » p. 11), ou les *Mémoires* (« il me mit dans le goût de la lecture et de l'étude, et par ses conseils je m'attachai à lire des livres plus solides que ceux que j'avais lus jusqu'alors » I, p. 106).

3   La critique de la mémoire comme pratique mécanique aux dépens de l'exercice du jugement est déjà présente chez Montaigne et Charron (voir L. Tricoche Laurine, *op. cit.*, p. 159 note 147), Poullain de La Barre (voir B. Magné, art. cit., p. 120), et bien sûr chez Descartes (voir J.-P. Cavaillé, *op. cit.*, p. 96).

4   On mesure le caractère subversif de ce genre de déclaration. Sur le libertinage « sans le savoir et sans le vouloir », que Cyrano de Bergerac repère volontiers chez les femmes, voir L. Tricoche-Rauline, *op. cit.*, p. 501.

Mme de Murat présente ainsi une réflexion originale, au-delà de l'approche sexuée habituelle[1], en posant la question du statut ontologique des textes et celle de l'opposition entre les dimensions référentielle et fictionnelle. Si dans ce combat, la comtesse semble rejoindre d'autres femmes qui se rebellent contre l'éducation frivole réservée au sexe féminin, (comme Mme de Lambert, qui tout en se gardant de défendre la lecture des romans, souhaite que sa fille « s'accoutume à des lectures solides, qui ornent l'esprit et fortifient le cœur[2] »), elle va en réalité plus loin en déplorant l'absence d'éducation à un certain discernement.

De la critique des discours à la critique littéraire

Il est intéressant d'observer que Mme de Murat, sensible à la question de l'autorité des discours, se distingue en même temps, dans les *Mémoires* et bien davantage encore dans le *Journal*, par des talents de critique qu'elle présente comme une occasion d'échapper à l'emprise masculine, conjugale ou patriarcale.

Elle évoque en effet, dans le récit de sa vie, un temps où elle était « l'arbitre des ouvrages d'esprit ». Le lecteur n'en saura pas plus, si ce n'est que cette activité suscite l'audace de quelques rimailleurs qui ne manquent pas de s'adresser avant tout à la femme qu'elle est :

> On juge bien que recevant tous les jours des vers qu'on soumettait à ma critique, on m'en envoyait quelquefois de composés à ma louange ; et parmi nos beaux esprits, j'en trouvais quelques-uns qui me faisaient l'amour en vers. Je ne recevais rien de leur part dont mon mari n'eût connaissance ; et je ne m'apercevais point qu'il eût du penchant à la jalousie. Mais je ne jouis pas longtemps de ce repos. Quelqu'un lui apprit qu'ayant à peine douze ans, j'avais écrit à Blossac des lettres de galanteries qui avaient fait beaucoup de bruit : il s'imagina qu'ayant marqué de si bonne heure du penchant à l'amour, je le conservais toujours [...][3].

---

1   Mme de Murat n'aborde pas la question de l'infériorité naturelle, intellectuelle ou culturelle des femmes, ni celle de la compatibilité de son instruction avec son rôle social ou familial, autant de problématiques pourtant très présentes dans la réflexion de la fin du XVIIᵉ siècle. Voir notamment sur ce sujet : L. Timmermans, *op. cit.*, p. 237-390 ; M. Sonnet, « Que faut-il apprendre aux filles ? Idéaux pédagogiques et culture féminine à la fin du XVIIᵉ siècle », *PFSCL* XXII, 43, 1995, p. 369-378.

2   Mme de Lambert, *Avis d'une mère à sa fille*, dans *Œuvres*, texte présenté par R. Granderoute, Paris, H. Champion, 1990, p. 112.

3   *MdeM*, I, p. 107-109.

L'anecdote trouve sa place au sein du récit des calomnies, qui mettent visiblement un terme à cette activité littéraire offrant à l'héroïne une liberté trop dangereuse aux yeux de son époux.

Dans le *Journal*, c'est en réaction à l'autorité que la diariste semble s'instituer critique littéraire. À l'occasion de sa lecture de la poésie de Bensérade qu'elle envoie à sa cousine, elle incite cette dernière à exercer son jugement personnel :

> je vous ai marqué l'avis des maîtres de l'art, ma chère cousine, parce qu'il me semble qu'en lisant un livre, c'est un plaisir de juger soi-même si on est de même opinion que ces messieurs[1].

En écho aux revendications des Modernes qui appliquent volontiers la méthode cartésienne au domaine esthétique[2], la comtesse entend exercer sa propre sagacité. L'écriture des cahiers révèle en effet qu'elle fait preuve d'une liberté de jugement certaine, n'hésitant pas à affirmer ses goûts en matière de lecture. Elle écrit ainsi, au sujet des *Odes* de Houdar de la Motte : « un livre charmant et nouveau, voilà deux qualités trop aimables pour ne pas plaire à coup sûr[3]. » Les jugements qu'elle émet, prenant en compte son expérience personnelle, portent alors souvent la marque d'une très forte subjectivité. Elle rétorque par exemple aux écrivains dont les propos ne correspondent pas à ses observations : « cela me prouve le contraire de la maxime de M. de Bussy qui dit : *La recette est infaillible / Aimez et vous serez aimé*[4]. » De même, les aphorismes de Sénèque sur la souffrance sont réfutés, sous prétexte que le philosophe n'a jamais eu à endurer les mêmes épreuves qu'elle : « Je ne suis point du tout de l'opinion des philosophes stoïques, j'avoue que la douleur est un mal [...][5]. » Par ailleurs, elle évoque volontiers des écrivains qu'elle a côtoyés personnellement, comme Mme d'Aulnoy : « on ne s'ennuyait jamais avec elle, et sa conversation vive et enjouée était bien au-dessus de ses livres[6] », ou bien encore le même

---

1   *J*, p. 128.
2   Voir sur ce point : J. Boch, *op. cit.*, p. 84-92. L'auteur rappelle également, dans la revendication du libre examen en matière littéraire, l'influence de Fontenelle (*Digression sur les Anciens et les Modernes*, Paris, M. Guérout, 1688), ainsi que celle de Perrault (*Parallèle des Anciens et des Modernes...*, Paris, J.-B. Coignard, 1688).
3   *J*, p. 182.
4   *Ibid.*, p. 37.
5   *Ibid.*, p. 46-47.
6   *Ibid.*, p. 171. Voir aussi *supra* p. 23-24.

Houdar de la Motte : « Je l'ai connu – il a gagné un prix de l'ode aux jeux floraux – mais je ne croyais pas qu'il allât si loin ; cela est d'une élévation et d'un agrément achevés[1]. » Plus généralement, nulle relation d'autorité ne semble affecter la conversation qu'elle tient avec les meilleurs esprits des siècles passés ou du temps présent, dont elle convoque le souvenir pour rappeler tel ou tel passage de leurs œuvres. Elle témoigne parfois au contraire d'une grande intimité avec eux, employant très régulièrement l'expression « mon ami Montaigne » ou « mon ami Dépréaux[2] ».

Il est donc clair qu'au-delà de la remise en cause du statut de l'énonciateur comme seul garant des discours sociaux, Mme de Murat pose la question de l'autorité des textes, c'est-à-dire de la confiance qu'on peut leur accorder, et en vient à valoriser le jugement personnel du lecteur. Cette évolution illustre sans aucun doute l'analyse d'Hélène Merlin[3], selon laquelle la controverse littéraire se serait développée aux dépens d'un débat politique confisqué. L'œuvre de Mme de Murat commence en effet en fanfare avec les *Mémoires* ou « la Défense des Dames » et s'achève avec le *Journal* inédit, lieu de la sphère privée où la lecture critique devient critique littéraire[4].

LES ENJEUX POÉTIQUES :
L'IMPOSSIBLE ADHÉSION DU LECTEUR À LA FICTION

Comme pour pallier les manques d'une éducation qui prend soin de ne jamais éveiller les facultés critiques, Mme de Murat s'institue pédagogue

---

1   *Ibid.*, p. 182.
2   On trouve des variantes avec, par exemple, la formule « notre bon ami Montaigne ». L'allusion est parfois teintée d'humour ou de moquerie légère : « J'ai peur que le titre d'*œuvres mêlées* ne soit trop beau pour toutes les bagatelles que j'ai à rassembler, ainsi j'ai choisi ce nouveau titre [*Pot-pourri*], ma chère cousine, afin que vous ne soyez pas en droit de me reprocher que, comme notre bon ami Montaigne, mes titres n'ont nul rapport avec la matière dont je traite » (p. 251).
3   H. Merlin, *Public et littérature en France au XVIIe siècle*, Paris, Les Belles Lettres, 1994.
4   Lire aussi, à la fin du *Voyage*, les propos tenus par une amie du duc : « j'aime mieux apprendre, dans mes lectures, des faits qui m'amusent, que de m'ennuyer avec des livres abstraits, qui ne me rendraient pas plus sage ni de meilleure compagnie, et dont la science est fort incertaine. – Voilà une femme parfaite, disait alors madame de Fercy en se moquant de son amie » (V, p. 148-149).

au fil des pages de son œuvre. Plaçant volontairement le lecteur dans une position inconfortable, elle se plaît à entretenir son hésitation[1], notamment à partir des histoires de revenants qu'elle insère dans le *Voyage*, et à susciter sa réflexion par un jeu sur les genres, rendant impossible toute immersion mimétique au sein même de son œuvre. De la sorte, elle semble mettre en scène la confusion des discours qu'elle dénonçait au début des *Mémoires*, ou plutôt, transformer en principe d'écriture une difficulté liée, selon elle, à une absence d'éducation à l'esprit critique. Le lecteur se trouve alors impliqué dans l'expérience fictionnelle, et éduqué à une certaine méfiance, dans un jeu où la comtesse a le beau rôle. De ce point de vue, la comtesse s'inscrit dans une tradition critique observée par A. Viala : « Plus qu'à toute autre époque, les écrivains de l'âge classique ont contribué à former, à éduquer et à sélectionner leurs lecteurs[2]. »

LE PRINCIPE D'HÉSITATION

Les histoires racontées

La question régulièrement suggérée au lecteur dans le *Voyage* est formulée explicitement par l'intermédiaire d'une auditrice, Mme d'Arcire, à l'occasion de l'une des histoires racontées : « Comment, dit madame d'Arcire, est-ce une fable que vous nous contez[3] ? » Au fil des pages, la comtesse s'ingénie en effet à perdre le lecteur, signifiant tantôt que telle histoire d'esprits est fausse, qu'il ne s'agit que de récits inventés, tantôt que telle autre est vraie et mérite qu'on y accorde du crédit :

> Voilà, madame, la petite narration que je fis, qui, n'ayant rien en elle d'effrayant, est si véritable, qu'elle ne doit pas laisser de persuader les incrédules[4].

Le statut et la véracité des histoires de revenants sont ainsi régulièrement interrogés. Il est important de noter en effet que toutes ces histoires ne reçoivent pas d'explication rationnelle. Certaines demeurent énigmatiques, laissées à l'appréciation du lecteur. Bien plus, des éléments permettant de les rattacher au réel sont intégrés à la narration. Ainsi,

---

1   Sur l'historique de la notion d'hésitation, voir les analyses de D. Mellier, *L'Écriture de l'excès. Fiction fantastique et poétique de la terreur*, Paris, H. Champion, 1999, p. 87-104.
2   A. Viala, *La Naissance de l'écrivain, op. cit.*, p. 124.
3   *V*, p. 112.
4   *Ibid.*, p. 25.

lorsque sont évoquées par l'un des auditeurs narrateurs les apparitions
d'un aïeul aux fenêtres d'un château, un autre ajoute aussitôt : « C'est
sans doute de M. de Donnery que vous voulez parler, ajouta le chevalier :
il est mon parent[1]. » Que le fantôme soit identifié comme un membre
de la famille de l'un des participants au séjour, qui connaît également la
terre en question (« le château de la Sourdière ; c'est ainsi que cette terre
se nomme[2] »), permet de cautionner les faits. On remarque également
l'alternance troublante d'histoires présentées comme vraies et d'autres
dont la fausseté est affichée. La deuxième histoire semble même envisagée comme un contre-exemple démentant la généralité qui précède,
selon laquelle « la plupart des apparitions » ne résistent pas à l'examen :
« cependant, reprit la marquise, j'ai ouï parler d'un gentilhomme auprès
de Blois, dont l'aïeul se promène familièrement[3]. » Y aurait-il toujours
une nouvelle histoire pour remettre en cause les lois de la rationalité ?

Par ailleurs, Mme de Murat attire l'attention du lecteur sur l'étroite
frontière séparant le réel de la fiction, en employant le procédé de mise en
abyme qui permet que le premier se trouve représenté sous la forme de
la seconde. Ainsi, sous prétexte de raconter sa propre histoire, l'héroïne
narratrice fait le récit d'une scène qui vient de se passer à la propriété
de Sélincourt : l'arrivée inopinée d'une rivale, nommée Talmonte, qui
presse de façon peu discrète le marquis de Brésy. Elle invente pour
l'occasion de nouveaux noms, comme elle le précise à la destinataire du
Voyage (« Je contai à cette femme sa propre histoire et la mienne sous
des noms inconnus[4] »), mais aussi à ses auditeurs (« Alcandre, car vous
voulez bien que je nomme du premier nom qui me vient dans l'esprit,
un homme dont je veux faire le véritable portrait[5] »). Elle peut ainsi
tester leur perspicacité :

> Il faut, madame, que je m'interrompe, pour vous dire que la marquis ouvrit de
> grands yeux en m'écoutant, comme s'il eût pu pénétrer plus tôt la fin de cette
> aventure ; balancé entre la crainte d'avoir un rival aimé, l'espérance d'être le héros
> de cette aventure, et la douleur de m'avoir déplu, il ne savait quelle contenance
> tenir. Je jouissais avec plaisir de son trouble, et je continuai ainsi mon récit[6].

1   *Ibid.*, p. 12.
2   *Ibid.*, p. 12.
3   *Ibid.*, p. 11.
4   *Ibid.*, p. 118.
5   *Ibid.*, p. 117.
6   *Ibid.*, p. 118.

Conférant à la destinataire du *Voyage*, et partant, au lecteur, une position privilégiée, celle que partagent ceux qui savent, elle mesure son pouvoir sur ceux qu'elle surprend, comme le suggère l'hésitation du marquis entre différentes hypothèses formulées par une narratrice omnisciente. Véritable « feinte ludique partagée[1] », la mise en abyme procure un plaisir exprimé de façon redondante :

> Il faut avouer, madame, que je fus bien méchante de conter ainsi devant cette femme un trait qui devait lui faire tant de honte : mais pardonnez-le moi, j'y eus trop de plaisir, pour être capable d'en avoir du scrupule[2].

C'est donc au discernement qu'en appelle la comtesse, qui propose au lecteur, de façon ludique et pédagogique, de repérer les « indices de fictionnalité[3] » des récits narrés, ou de repérer le vrai derrière ce qui est présenté comme fictionnel.

Le sujet même de l'œuvre

Enfin, Mme de Murat fait servir l'hésitation de ses personnages à l'intrigue elle-même. En effet, elle semble particulièrement attirée par des œuvres suscitant le doute dans l'esprit du lecteur, comme en témoigne un passage du *Manuscrit*, introduisant *Le Sylphe amoureux* adressé à Mlle de B…, et inspiré du récit de Villars :

> J'en ai pris l'idée dans *Le Comte de Gabalis* que je lus il y a quelque temps. Je voudrais bien avoir attrapé le style de l'abbé de Villars qui en est l'auteur. Ce petit ouvrage fut cause de sa disgrâce. On en craignit d'autant plus les conséquences qu'il était difficile de deviner si l'auteur n'avait voulu que badiner, ou si c'était ses véritables sentiments qu'il débitait. Son livre fut supprimé, et la chaire lui fut interdite[4].

---

1   Expression empruntée à J.-M. Schaeffer (*Pourquoi la fiction ?*, Paris, Seuil, 1999) qui définit ainsi l'expérience fictionnelle.

2   *V*, p. 119. Voir aussi : « je trouvais plaisant de faire durer cette scène » (p. 120) ; ou encore : « une folie que j'ai imaginée pour me moquer d'une extravagante » (p. 121).

3   Voir K. Hamburger, *Logique des genres littéraires*, Paris, Seuil, 1986.

4   *Ms*, p. 339. Les éditions, toutes anonymes, qui paraissent à partir de 1714, ne reproduisent pas ce cadre épistolier, mais le lecteur n'ignore pas le jeu d'intertextualité avec le *Comte de Gabalis*, puisque l'œuvre de Villars est mentionnée également au sein du récit. En 1788, l'éditeur des *Voyages imaginaires*, quant à lui, renforce le lien entre le *Comte de Gabalis* et le *Sylphe amoureux* en les publiant dans le même volume, l'un à la suite de l'autre, de

Insistant davantage sur les éléments qu'elle souhaite conserver (tonalité enjouée, scénario, « style ») que sur les transformations qu'elle compte apporter, et qu'il reviendra au lecteur, du moins à sa destinataire, d'observer, la comtesse formule le débat en termes de jeu (« badiner ») et de vérité (« véritables sentiments »), assimilant cette dernière à l'identification de l'auteur et du narrateur.

En effet, le narrateur honnête homme qui sourit des extravagances des théories de Gabalis pourrait bien être l'auteur. Mais Roger Laufer[1] et plus récemment, Jean-Paul Sermain[2] ont montré qu'on ne pouvait se contenter d'une césure aussi simpliste entre raison d'un côté et folie de l'autre. Outre l'ambiguïté de la motivation du personnage narrateur, entre duperie et curiosité, une lettre postface introduit une distance critique par rapport au débat. L'auteur ne répond donc pas forcément du narrateur, contrairement à ce que l'éditeur des *Voyages imaginaires*, en 1788, veut faire croire, par un « Avertissement » ayant pour objectif d'identifier les deux instances. L'éditeur ajoute également une phrase introductive au début de chaque entretien, précisant notamment en tête du premier : « Apparition du Comte de Gabalis. Il commence à développer à l'Auteur les Mystères de la Cabale. » En réalité, l'abbé de Villars ne s'incarne dans aucun de ses deux personnages, dominant en quelque sorte le débat.

Avec *Le Sylphe amoureux*, l'hésitation est au cœur de l'intrigue, qui met en scène deux femmes (la marquise d'Autricourt et Mlle de Fontenay) venant de lire et de commenter le *Comte de Gabalis*. La nuit suivante, l'une d'elles, la marquise d'Autricourt, est réveillée par des bruits et des phénomènes étranges, dont elle fait aussitôt part à son amie. Ces faits surprenants sont bientôt accompagnés de messages galants. Les deux femmes sont alors partagées entre d'une part la croyance, sous l'effet de la peur, en une intervention diabolique, et, d'autre part, la tentation de déceler dans cette aventure peu ordinaire l'intervention d'un sylphe, par référence à l'œuvre de Villars dont la lecture avait pour objectif de les prédisposer à une certaine crédulité. En effet, le comte révèle à la fin

façon toujours anonyme pour Mme de Murat (*Voyages imaginaires, songes, visions et romans cabalistiques*, Amsterdam, Paris, 1788, vol. 34).

1   Abbé de Villars, *Le Comte de Gabalis...*, avec introduction et commentaires de R. Laufer, Paris, Nizet, 1963.

2   J.-P. Sermain, *Métafictions, op. cit.*, p. 145-152.

du récit qu'avant de mettre en place son scénario de séduction, c'est lui qui avait fait déposer le *Comte de Gabalis* sur la table de nuit des deux femmes, pour les familiariser avec les créatures élémentaires. Cet « acte de fiction[1] » était risqué, les destinataires ignorant l'auteur du prêt du livre, et ne parvenant pas vraiment à faire le lien entre leurs aventures et l'histoire lue la veille. La femme aimée, marquise d'Autricourt, ne comprend d'ailleurs ce langage qu'à la fin du récit[2]. C'est son amie, Mlle de Fontenay, véritable double fictionnel de Mme de Murat, qui devine la première ce langage, permettant de réinterpréter ce qui semblait une histoire de revenants en scénario galant.

Les *Lutins*, qui apparaissent comme la réécriture du *Sylphe*[3], s'ouvrent à leur tour sur la perplexité de deux nièces devant l'apparition de phénomènes étranges. Mais les auteurs de ce qui n'est qu'un stratagème galant se découvrent assez vite aux jeunes filles.

Le caractère pédagogique de l'œuvre de Mme de Murat est donc bien réel. Elle entend ainsi éduquer le lecteur à un esprit critique, de sorte qu'il soit capable de saisir le dessous des cartes. Il est intéressant d'observer que cette exigence est étroitement liée à la dénonciation de la confusion des textes et discours proposés aux oreilles des jeunes enfants, comme si, pour la comtesse, le verbe était bien au commencement.

LE QUESTIONNEMENT GÉNÉRIQUE

Pour les mêmes raisons qui la poussent à interroger les histoires de revenants, la comtesse en vient également à questionner les conventions génériques ou traditions littéraires, comme si elle voulait éviter les automatismes du lecteur, trop vite enclin à accepter le merveilleux surnaturel des contes, ou encore l'invraisemblable des situations romanesques.

Mme de Murat fait alors subir un véritable infléchissement aux genres, dont on a déjà analysé quelques effets dans notre première partie,

---

1   Expression empruntée à G. Genette : « J'entends ici par *actes de fiction* les énoncés de fiction narrative considérés comme actes de langage » (*Fiction et diction*, Paris, Seuil, 2004, p. 119).

2   « J'ouvre enfin les yeux, dit agréablement la marquise à son jeune amant, je connais le sylphe, et je ne suis point fâchée qu'il vous ait ainsi cédé ses prétentions » (*Ms*, p. 363).

3   Dans *Les Lutins du château de Kernosy*, dernière œuvre publiée de la comtesse, on ne repère aucune allusion explicite à l'œuvre de Villars, sulfureuse à l'époque. Cependant, une allusion à *L'Esprit follet* (évoquant une dame qui se fait aimer d'un cavalier sans qu'il la connaisse), rappelle *Le Sylphe amoureux*.

mais dans l'objectif cette fois d'en faire l'instrument privilégié d'une réflexion métafictionnelle.

Le merveilleux du conte

Si les histoires de revenants présentent de multiples exemples du jeu entre rationnel et irrationnel, il est un conte, « Le Turbot », qui le développe de façon plus complexe par le biais d'une interrogation sur le merveilleux. L'intrigue évoque le scandale d'une grossesse hors mariage : « qu'elle demeure grosse sans savoir de qui[1] », tel est le souhait ridicule que forme le simple d'esprit, Mirou le Fol, à l'encontre de la jeune Risette qui s'est moquée de lui. Ouvrant le récit sur le thème de l'animal reconnaissant, la conteuse précise que le turbot remis à l'eau par le pêcheur a promis à ce dernier de satisfaire à toutes ses demandes. À condition que le lecteur accepte d'accorder du crédit, comme l'implique le genre féerique, à l'efficience du vœu formulé par le pêcheur, la princesse se trouve innocentée, seule une explication relevant du merveilleux pouvant rendre compte du méfait consistant à tomber enceinte comme par enchantement. Ainsi, Mme de Murat oppose d'une part la méfiance de l'entourage de la jeune fille, qui ne peut admettre le caractère inexpliqué de sa grossesse, et donc croire à son innocence, et d'autre part la crédulité que le genre réclame du lecteur vis-à-vis d'un scénario dont le caractère surnaturel disculperait d'avance l'héroïne.

Comme pour brouiller davantage les pistes, la fin du conte révèle que c'est en réalité le prince Fortuné qui a rencontré Risette, lors d'une mise en scène bien réelle mais que la fée lui a fait prendre pour un songe en la transportant, au beau milieu de son sommeil, dans un décor onirique. À l'explication irrationnelle se substitue alors le détail des préparatifs d'une cérémonie de mariage farcesque à laquelle la princesse a dû assister, avant d'être mise au lit durant quelques heures avec le prince, tout cela n'ayant pour but que de permettre de remplir les conditions nécessaires à la libération de ce dernier[2], encore métamorphosé en papillon durant le jour. Dès lors, le prétendu merveilleux trouve son explication dans le merveilleux, alors même que l'origine surnaturelle de la grossesse se révèle un leurre que la conteuse a d'abord avancé comme seule explication.

---

1   « Le Turbot », *BGF* vol. 3, p. 305.
2   À savoir, qu'il épouse deux fois la même princesse, en songe et dans un palais magnifique.

Dans ce nouveau schéma, la princesse Risette demeure toujours aussi innocente, ayant été manipulée, certes pour une bonne cause, par la fée. La conteuse fait alors montre de son ingéniosité, proposant un scénario licencieux permettant à la fée, qui ne voyait « point d'exemple que l'art de féerie ni même la magie la plus noire aient jamais eu le pouvoir de former une grossesse[1] », de répondre à l'énigme que constituait le vœu du pêcheur Mirou. Ainsi, le combat de l'héroïne du « Turbot » pour la justice et contre les fausses accusations de sa famille, se double d'un jeu avec le merveilleux dans lequel se rencontrent, voire s'opposent, les conventions génériques et l'exigence de rationalité.

De façon plus générale, c'est l'impossible adhésion au merveilleux, convention pourtant considérée comme définitoire du genre[2], que traduisent les contes de Mme de Murat. En effet, le surnaturel de l'univers dans lequel évoluent les personnages ne semble pas aller de soi, et nécessite d'être sans cesse apprivoisé. Se crée ainsi un climat ironique, contribuant à une certaine distanciation, comme l'illustre bien « Le Roi Porc » : « revenez de votre étonnement, je ne suis point un fantôme », dit le prince à la jeune fille très surprise de le voir. Et cette dernière de lui rétorquer comme en écho : « je vous vois vous-même à mes pieds par un effet surnaturel[3]. » Les héros apprennent également à côtoyer l'extraordinaire : « Elle a paru surprise de me voir, mais votre visite ayant commencé de l'accoutumer aux prodiges, elle s'est remise promptement [...][4]. » De même, dans « L'Île de la Magnificence », la conteuse se moque légèrement de la perspicacité de ses héros : « Esprit fut surpris du récit que le rossignol venait de lui faire, et ne douta presque plus qu'il n'y eût quelque chose de surnaturel dans cet oiseau » ; ou encore : « Mémoire, qui soupçonnait du mystère dans les choses extraordinaires qu'il voyait [...][5]. »

---

1   « Le Turbot », *BGF* vol. 3, p. 334.
2   Caractéristique qui sera formulée notamment par T. Todorov : « le conte de fées n'est qu'une des variétés du merveilleux et les événements surnaturels n'y provoquent aucune surprise » (*Introduction à la littérature fantastique, op. cit.*, p. 59).
3   « Le Roi Porc », *BGF* vol. 3, p. 215-216. En réalité, le phénomène s'explique, le prince ayant aperçu la princesse par l'ouverture d'une porte.
4   *Ibid.*, p. 219.
5   « L'Île de la Magnificence », *Ibid.*, p. 243 et 247. Voir aussi : « moyens surnaturels » (p. 223), ou encore « le prodige qui vient d'arriver » (p. 247). On observe aussi ce genre d'expressions dans quelques contes de Mme d'Aulnoy, mais de façon plus discrète.

Par ailleurs, les contes sont le lieu où apparaissent des mondes qui peuvent bientôt s'évanouir comme des mirages[1]. Ils évoquent aussi des espaces merveilleux mais qui ne sont pas perçus comme tels, notamment par les amants préoccupés de leur maîtresse. Ainsi en est-il d'Alidor, transporté par Jeune et Belle dans le château des Fleurs, mais peu attentif aux murs palissades de jasmins et de citronniers, ou à l'appartement des myrtes : « Alidor, occupé du bonheur de voir la charmante fée, et de la voir sensible pour lui, ne remarqua presque pas toutes ces merveilles[2]. »

Enfin, certaines invraisemblances sont soulignées, comme à la fin de ce même conte où l'incompatibilité de la nature des héros, une fée et un monarque souterrain, est avancée comme une explication possible à leur stérilité : « Plaisir fut longtemps sans avoir d'enfants, et l'on croyait qu'elle n'en aurait point, par la différence de l'origine du roi Antijour et de la sienne[3]. » Dans le monde des fées, tout n'est paradoxalement pas possible.

Cette façon d'introduire une dimension critique au principe même du merveilleux interdit le fonctionnement de l'illusion. Serait-ce la preuve que la dichotomie entre merveilleux et fantastique, respectivement définis par l'acceptation du surnaturel ou au contraire la surprise devant son irruption, n'est pas opérante pour les contes féeriques de la fin du siècle ?

La remise en cause du genre touche également les fées, figures fictives mais néanmoins symboliques, détentrices de la parole comme le suggère l'étymologie du mot. Plus d'un conte peut se lire en effet comme la remise en cause des discours des fées, et notamment de leurs prédictions, par le biais desquelles Mme de Murat vise aussi sûrement la foule de ceux qui prétendent à quelque connaissance, qu'ils soient voyants[4], nécromanciens,

---

1   Voir l'apparition et la disparition des royaumes élémentaires dans « Le Parfait Amour » (*Ibid.*, p. 57), mais aussi l'évanouissement, à la fin du « Turbot », du palais offert par Turbodine à Risette et au prince Fortuné : « Le prince courut à elle, mais hélas ! que devint-il, lorsqu'il vit tout d'un coup disparaître ce beau palais, et qu'il se trouva avec la princesse et Princillon sur la terre nue dans un lieu aride ! » (*Ibid.*, p. 345).

2   « Jeune et Belle », *Ibid.*, p. 133.

3   « L'Île de la Magnificence », *Ibid.*, p. 279.

4   La féerie, dans beaucoup de contes, consiste à prédire l'avenir. Voir notamment l'évocation du destin par la fée Obligeantine, dans « Le Sauvage » (*Ibid.*, p. 292-293). La comtesse rapporte également dans le *Journal* le plaisir qu'elle a pris une fois à jouer les diseuses de bonne aventure avec les dames de Loches (*J*, p. 164).

charlatans[1], astrologues[2] ou sorciers, et dont les discours entretiennent erreurs et croyances[3].

Bien souvent, ces prédictions se résument à de simples lapalissades, c'est du moins le sens du commentaire de la conteuse après avoir rapporté les propos de la fée de la montagne, dans « Le Palais de la Vengeance » :

> « je vois seulement que l'amour aura beaucoup de part dans les événements de sa vie, et que jamais beauté n'a fait naître de si violentes passions que celles que doit inspirer Imis. » Il ne fallait point être fée pour promettre des amants à cette princesse. Ses yeux semblaient déjà exiger de tous les cœurs l'amour que la fée assurait que l'on aurait pour elle[4].

De façon plus essentielle, c'est la question du bien-fondé de ces prédictions que soulève la conteuse dans le même récit :

> La princesse avait environ douze ans quand la reine, qui l'aimait avec une tendresse infinie, voulut consulter sur sa destinée une fée dont la science prodigieuse faisait alors un grand bruit. Elle partit pour l'aller trouver. Elle mena Imis avec elle, qui dans la douleur de quitter Philax, s'étonna mille et mille fois que l'on pût songer à l'avenir quand le présent était agréable[5].

Créant un contraste éloquent entre les termes évoquant la réputation bien établie de la fée et les pensées de l'héroïne qui soulignent l'absurdité de la démarche prophétique, Mme de Murat dénonce une nouvelle

---

1   Voir dans « L'Île de la Magnificence », la description de badauds assemblés autour de « gens qui se vantaient de savoir la composition de la thériaque » (*BGF* vol. 3, p. 245).

2   Dans *Le Diable boiteux*, Mme de Murat rapporte l'histoire d'un curé de Madrid qui préféra aller dîner plutôt que de faire un sermon à ses paroissiens effrayés par le passage d'une comète : « Vous savez, dom Cléophas, que le commun des hommes, sans savoir pourquoi, regarde ce météore comme une marque du courroux du ciel et le présage certain de quelque grande infortune. Les habitants du curé dont je vous parle, intimidés par cet auguste, se résolurent comme il est ordinaire d'être fort dévots dans l'adversité… ; bref ils demandent un sermon à leur curé qui a un dîner prévu et leur fait un sermon très court : "et je vous avertis aussi, messieurs, que l'on a remis la comète à huitaine" » (*Ms*, p. 449).

3   R. Mandrou rapporte toutes sortes de supercheries mentionnées dans le « Mémoire de M. d'Argenson sur les associations de faux sorciers à Paris en 1702 » (*Possession et sorcellerie au XVIIᵉ siècle : textes inédits*, Paris, Fayard, 1979, p. 279-328).

4   « Le Palais de la Vengeance », *BGF* vol. 3, p. 146.

5   *Ibid.*, p. 145. Voir aussi, dans « Jeune et Belle », le dédain du couple héroïque vis-à-vis de la fée Mordicante : « Jeune et Belle et son heureux amant firent mille plaisanteries de sa passion, et ne s'inquiétèrent pas un moment des effets de sa vengeance. Peut-on être amant fortuné, et songer aux malheurs de l'avenir ? » (*Ibid.*, p. 136).

fois l'autorité instituée tout en suggérant une devise de sa philosophie personnelle qui rappelle le *carpe diem* horacien[1]. Par la suite, l'intrigue du conte déroule les conséquences désastreuses de cette visite à l'origine du méfait principal, puisque la jeune fille y fait la rencontre d'un rival nommé Pagan qui tentera de détruire l'amour l'unissant au prince Philax.

D'autre part, l'ignorance des fées, notamment dans le domaine de l'amour, est soulignée de façon récurrente, de sorte que leurs discours apparaissent régulièrement entachés d'erreurs[2]. Ainsi, le genre semble porter en lui-même sa propre critique, plus d'un conte ayant des allures d'anti-conte, puisque la fée n'y apparaît pas comme celle qui permet de surmonter les obstacles afin d'accéder à l'amour, mais comme celle qui se trompe sur l'amour, réalité au-delà de tout et ne se laissant enfermer dans aucun discours. C'est en effet l'inanité des prédictions, face à la puissance de l'amour et aux charmes de la beauté, que souligne Mme de Murat par la bouche du couple héroïque dans « Le Prince des Feuilles » :

> je suis une princesse infortunée, éloignée des États du roi son père, pour éviter je ne sais quel malheur que l'on m'assure qui m'a été prédit dès l'instant de ma naissance. – Vous me paraissez bien plus redoutable, reprit le bel inconnu, que ces astres qui pourraient avoir attaché quelque fatale influence sur vos beaux jours ; et de quel malheur ne doit pas triompher une beauté si parfaite ! Je sens qu'elle peut tout vaincre, ajouta-t-il en soupirant, puisqu'elle a vaincu en un moment un cœur que je m'étais flatté de conserver toujours insensible […][3].

La tonalité désinvolte de la reformulation, par la princesse, de la prédiction la concernant, et qui semble dénuée de sens, est confirmée par la réplique du prince, attribuant à la jeune femme un pouvoir exprimé par de multiples synonymes mélioratifs, et une structure comparative réduisant à néant la pertinence du discours féerique.

On retrouve la même opposition comparative dans le conte « Anguillette ». La portée des promesses faites au prince de l'île Paisible

1   On trouve une déclaration équivalente dans la bouche de l'un des personnages du *Voyage* : « je jouis du bien présent, sans vouloir pénétrer dans un avenir toujours obscur et incertain » (*V*, p. 148-149).

2   Rares sont les fées qui reconnaissent cette lacune, comme dans « Le Prince des Feuilles » : « la fée, qui était assez savante pour ne le point tromper sur les différents effets de son savoir, apprit sincèrement au roi que le pouvoir des fées ne peut s'étendre sur les qualités du cœur » (*BGF* vol. 3, p. 159).

3   « Le Prince des Feuilles », *Ibid.*, p. 164.

par la fée se trouve brusquement annulée face à la simple présence de la princesse qui n'éprouve pas d'attirance pour lui :

> Une puissante fée, reprit le jeune roi, qui voulant me rendre le plus heureux prince du monde, et ce pays le plus fortuné, m'avait promis de vous y conduire, et m'avait même permis encore de plus glorieuses espérances ; mais je sens bien, ajouta-t-il en soupirant, que mon destin va dépendre beaucoup plus de vos bontés que des siennes[1].

La fée ne parviendra pas à unir le couple : échec des volontés féeriques que redira le dénouement tragique du conte.

De plus, Mme de Murat attribue, avec ironie, un caractère simpliste au raisonnement des fées, comme le suggère la négation restrictive traduisant la naïveté de celle qui pense que la princesse Ravissante épousera son neveu : « Pour le rendre amoureux et fidèle, elle n'avait qu'à lui faire voir Ravissante[2]. » Un autre passage du même récit est encore plus explicite :

> Elle crut cependant que si [Ariston] était aussi savant qu'elle dans son art, peut-être trouverait-il quelque secret pour se rendre plus aimable aux yeux de Ravissante ; mais la fée, qui n'avait jamais aimé, ignorait que le secret de plaire ne se trouve pas toujours, quels que soient l'empressement et l'ardeur avec lesquels on le cherche. Elle apprit donc en peu de temps au prince Ariston toutes ces sciences qui ne sont sues que par les fées [...][3].

Crédulité de la fée et, de façon plus générale, inconsistance d'un savoir féerique aussi jalousement qu'inutilement gardé, comme le souligne le dernier démonstratif à valeur péjorative, tels sont les deux griefs de celle qui ne semble juger autrui qu'à l'aune de ses compétences en matière amoureuse.

Enfin, c'est l'arbitraire du discours qui est dénoncé avec « Le Turbot ». L'héroïne s'était résignée à abandonner ses prétentions sociales pourvu que beauté et esprit compensent le défaut de naissance de son futur mari :

---

1   « Anguillette », *Ibid.*, p. 103.
2   « Le Prince des Feuilles », *Ibid.*, p. 160.
3   *Ibid.*, p. 162. Voir aussi, dans « L'Île de la Magnificence », le commentaire de la conteuse sur la colère de la fée Plaisir à l'égard de jeunes amants étourdis : « ce qui l'avait abusée, c'est qu'elle ne connaissait pas l'amour par elle-même, et elle ne savait pas qu'il est dangereux de donner des emplois de cette conséquence à des gens atteints de cette passion, qui n'a pas trop d'un cœur et d'un esprit pour exercer sa puissance » (*Ibid.*, p. 233).

que tu rendes Mirou si beau, si sage et si spirituel que je le puisse épouser sans honte, et par ce moyen recouvrer l'honneur que j'ai innocemment perdu, et auquel je sacrifie toutes les légitimes espérances d'un mariage proportionné à ma naissance[1].

La fée Turbodine embellit alors le pêcheur Mirou et le rend aimable, pour le plus grand plaisir de Risette qui épouse celui qui est désormais nommé « prince Fortuné ». Le méfait semble réparé. Mais plus tard dans le récit, la princesse apprend de la bouche de la fée que son époux n'est pas celui qu'elle croit :

Vous avez cru jusqu'à présent que le prince Fortuné votre époux n'est autre chose que Mirou le Fol, transformé par la force de mon art, cependant rien n'est plus éloigné de la vérité : lorsque je touchai Mirou de ma baguette, en lui ordonnant de se plonger dans la mer, vous le vîtes disparaître sitôt qu'il eut touché les vagues ; il disparut en effet, mais au lieu d'être transformé, il fut transporté dans un pays plus éloigné où il est encore, et je fis paraître en sa place le prince Fortuné, frère du roi de Coquerico mon époux[2].

C'est donc un prince qui a été substitué au pêcheur, nouvelle que Risette apprend avec le plus grand soulagement :

Ah ! madame, interrompit Risette, est-il possible que ce que j'entends soit véritable, et serai-je assez heureuse pour être délivrée des frayeurs presque continuelles que me donne la crainte où je suis, que mon époux charmant ne redevienne quelque jour l'affreux Mirou ? La cruelle nécessité de mes malheurs m'avait réduite à souhaiter son changement, mais hélas ! combien de fois m'en suis-je repentie, et combien de fois cette crainte a-t-elle empoisonné mes plaisirs[3] ?

La comtesse n'évoque-t-elle l'union à un homme de condition inférieure que pour en dénoncer l'inconfort, ou suggère-t-elle que le rang social n'est qu'une question de croyance, puisque la princesse réagit finalement en fonction de ce que veut bien lui dire la fée ?

Le romanesque

Outre le merveilleux, l'influence romanesque est également dénoncée par la conteuse. Dans le *Voyage* et *Les Lutins*, mais aussi dans les

---

1   « Le Turbot », *Ibid.*, p. 309.
2   *Ibid.*, p. 323.
3   *Ibid.*, p. 323.

Mémoires, elle souligne en effet le lien de certains épisodes avec les *topoï* du roman, comme si ses récits avaient pour objectif, entre autres, la critique de ce genre.

Le *Voyage* met en scène des aristocrates imprégnés de romanesque, dont les comportements n'ont plus rien de naturel : « voyez une aventure de roman[1] », c'est en ces termes que l'héroïne narratrice s'adresse au comte en lui montrant la marquise, portrait en main, dans une attitude désolée. Par ailleurs, les références aux personnages romanesques ne sont pas rares, qu'il s'agisse du duc amoureux « comme un Amadis[2] », ou de Mme d'Arsilly, que le chevalier de Chanteuil accuse d'être « une copie bien imparfaite de la princesse de Clèves[3] ».

Le caractère romanesque de l'histoire des *Lutins* est également martelé tout au long de l'œuvre par la comtesse qui s'en excuse sous prétexte que cet « air de roman[4] » plaît à la vicomtesse, désireuse de rencontrer un Amadis, un Alexandre ou un César[5], rêve dont profite le baron de Tadillac, décidé à paraître pour l'occasion en « héros de roman[6] ».

Enfin, l'un des premiers épisodes des *Mémoires* révèle ce que la jeune fille retient de ses lectures romanesques afin d'inciter son amant à la rejoindre :

> [...] et sans savoir ce que je faisais, je copiais dans les romans tout ce qui me parut de plus engageant pour exprimer que je souhaitais beaucoup de le voir ; c'est-à-dire que je fis une lettre très passionnée et très tendre, sans rien sentir de ce que j'exprimais, et sans deviner qu'il y eût du mal à écrire de la sorte. [...] il s'imagina qu'il était impossible que j'eusse écrit de la sorte sans sentir quelque chose de ce que je lui marquais. [...] J'aimais sans connaître l'amour [...][7].

---

1   *V*, p. 98.

2   *Ibid.*, p. 151.

3   *Ibid.*, p. 91.

4   *L*, p. 305.

5   *Ibid.*, p. 18-19.

6   *Ibid.*, p. 36. Le terme de « héros » se retrouve également dans quelques contes désignés ainsi comme fiction narrative. Par exemple, dans « Anguillette », lorsque la princesse Hébé demande à sa sœur de lui dépeindre l'étranger qui vient d'arriver au palais, celle-ci lui répond : « Il est tel qu'on peint les héros » (*BGF* vol. 3, p. 92). Voir aussi, au sujet du berger Alidor, dans « Jeune et Belle » : « il soupa assez bien pour le héros d'une aventure » (*Ibid.*, p. 123).

7   *MdeM*, I, p. 22, 26, 35.

Si cette pratique peut dissimuler un divorce entre les mots et leur sens[1], les désillusions qui suivent suggèrent que l'adhésion aux scénarios romanesques était bien réelle :

> Les romans même qui avaient jusque-là fait mes délices, commencèrent à m'ennuyer : je n'approuvais point que leurs héroïnes prissent plaisir à maltraiter leurs amants[2].

C'est donc une certaine « aliénation par la littérature[3] » qui est mise en scène dans toutes ces œuvres, obligeant le lecteur à une prise de distance. Les *Mémoires* s'ouvrent en effet sur une problématique générique, puisque Mme de Murat dit les avoir écrits en réaction à des mémoires élaborés, selon elle, à partir d'extraits de romans, subterfuge qui n'enlèverait rien à la portée de leur message :

> Quoique tout le monde soit persuadé que ces mémoires ne sont qu'un recueil d'aventures tirées de plusieurs romans, et que ce n'est que pour leur donner du crédit qu'on leur a prêté le nom de Saint-Évremond, ils peuvent insinuer une opinion très désavantageuse des femmes[4].

Les premières lignes du *Voyage*, accumulant des indications variées sur le contenu du récit comme sur l'écriture, sont également significatives d'un certain brouillage :

> le récit du voyage […], puisque vous le voulez exact, il faut bien, s'il vous plaît, qu'à l'exemple de nos romanciers, je vous apprenne les conversations que nous y avons eues, et les histoires qu'on y a contées[5].

Est annoncée une « représentation de la parole[6] », tandis que la référence au roman, genre en quête de légitimation tout au long du Grand

---

1   L'héroïne se fait prendre à son tour au piège des mots de son amant : « la manière dont il prononça ces paroles pénétra jusqu'au fond de mon cœur » (*Ibid.*, I, p. 31). L'amour apparaît ainsi comme une réalité langagière (« en s'accoutumant à parler le langage de l'amour, on s'expose, quelque bonne intention qu'on ait, à en aimer le nom, et à en ressentir les effets », I, p. 23), avant d'être un sentiment. Par la suite, l'amour ne sera plus qu'un langage « rendu odieux » (I, p. 258). C'est donc plus une expérience linguistique qu'une expérience de pouvoir que fait l'héroïne malgré elle.
2   *Ibid.*, I, p. 36.
3   Expression empruntée à J.-P. Sermain, *Le Singe de Don Quichotte, op. cit.*, p. 54. Voir aussi S. Aragon, *op. cit.*, p. 125-261.
4   *MdeM*, « Avertissement », n. p.
5   *V*, p. 1.
6   Expression empruntée à J. Molino qui la préfère à « discours rapporté », car elle permet d'insister sur « le caractère créateur de l'opération » (J. Molino et R. Lajhail-Molino, *Homo*

Siècle[1], semble convoquée dans l'objectif d'un ancrage référentiel de l'œuvre[2]. Au-delà de cet *incipit* annonçant un genre complexe, la suite du récit se caractérise par l'entrecroisement des niveaux narratifs au fil des pages, de sorte que s'estompent les distinctions entre réel et fiction, entre vérité et fausseté. En effet, à l'univers en trompe-l'œil, dominé par les bienséances et agrémenté de promenades bucoliques, dans lequel évoluent les personnages, s'oppose la comédie feutrée que se jouent amants calculateurs et maîtresses jalouses[3], à son tour interrompue par les récits, souvent sombres, d'épisodes biographiques privilégiant la « singularité des sentiments[4] », mais aussi par les histoires de revenants. Enfin, le lecteur remarque de façon récurrente la place du théâtre au sein de ces œuvres, la comtesse présentant « tous les acteurs de la scène[5] » au début du *Voyage*, et évoquant au cours des *Lutins* les nombreuses représentations théâtrales[6] données par la troupe de comédiens au château de Kernosy, où domine la perspective de ceux qui s'amusent de la fiction. C'est pourquoi Jean-Paul Sermain rattache ces deux œuvres au « roman mondain », l'adjectif évoquant « l'importance du groupe, des comportements sociaux, la part qu'y occupe la consommation culturelle, et une certaine manière d'associer la littérature aux plaisirs de l'existence[7] ».

---

fabulator : théorie et analyse du récit, Montréal, Actes Sud, 2003, p. 227).

1   Sur l'évolution de la réputation du roman, voir C. Esmein-Sarrazin, *L'Essor du roman : discours théorique et constitution d'un genre littéraire au XVIIᵉ siècle*, Paris, H. Champion, 2008.

2   Certains passages font référence à cette situation extratextuelle. Voir par exemple ce commentaire adressé à la destinataire à propos du projet de mariage du comte : « Votre vengeance approche, madame, ils seront mariés dans peu de temps » (*V*, p. 105).

3   L'intrigue sentimentale évoque les efforts de Sélincourt pour séduire la narratrice principale afin de faire revenir Mme d'Arcire qui donne trop d'espérances au marquis de Brésy, ce dernier ignorant que celle qu'il aime est déjà engagée avec le comte.

4   Le chevalier de Chanteuil déclare à Mme d'Orselis, qui se montre impatiente : « les endroits intéressants de l'histoire ne sont guère plus importants ; il n'y a ni royaume renversé, ni bataille gagnée ou perdue, ni ville assiégée. S'il vous faut de ces événements, je cours le risque de vous ennuyer ; mais si la singularité des sentiments a quelque mérite auprès de vous, je poursuivrai ma narration, trop heureux d'occuper votre attention un moment » (*V*, p. 80-81).

5   *Ibid.*, p. 3.

6   La narratrice précise par exemple au sujet de la pièce intitulée *L'Esprit follet*, qu'elle avait « beaucoup de rapport à l'aventure qui était arrivée la nuit aux deux sœurs » (*L*, p. 22).

7   J.-P. Sermain, *Métafictions, op. cit.*, p. 336.

On mesure ainsi l'importance des implications poétiques de l'attitude de Mme de Murat par rapport aux discours, puisqu'elle instaure la critique au sein des genres, au point que chacune de ses œuvres puisse apparaître comme une mise en scène de sa propre critique.

VÉRITÉ ET MENSONGE DE LA FICTION

La comtesse s'interroge également sur les raisons de la fiction, dont elle propose de nouveaux usages, loin de toute adhésion crédule. Émerge alors, au fil des pages, le portrait du lecteur déniaisé, dont les compétences sont multiples.

Les qualités du lecteur déniaisé

Au-delà de la volonté de brouiller les pistes, Mme de Murat approfondit la réflexion, au sein du *Voyage*, sur les histoires de revenants en particulier et sur le surnaturel en général, en tentant d'analyser le plaisir que peut procurer ce type de lecture. Se superpose alors aux considérations sur l'ontologie de la fiction celle de ses raisons, question anthropologique qui a donné lieu à d'abondantes réflexions théoriques, notamment de la part de la critique moderne[1]. La comtesse rapporte notamment un échange entre les personnages au sujet de l'attrait pour les histoires surnaturelles. Faisant suite au conte « Le Père et ses quatre fils », la discussion dérive progressivement des récits féeriques vers les histoires de revenants :

> Le marquis dit que c'était une chose digne de remarque, que les meilleurs esprits et les plus solides, que ces gens qui censurent toutes les bagatelles, ne pouvaient s'empêcher d'achever une lecture de cette espèce, dès qu'ils avaient mis les yeux dessus. – Cela vient sans doute, dit madame d'Arcire, du merveilleux qu'on y rencontre, qui souvent est bien plus agréable que le vrai. – Pour moi, dit madame d'Orselis, je crois que l'imagination qui brille de tous côtés dans ces sortes d'ouvrages, réjouit celle du lecteur ; et qu'il n'y a point de sévérité qu'elle ne déride, pour parler ainsi. – J'en fais un autre jugement, ajoutai-je ; et je suis persuadée que le vrai qu'on y démêle, couvert d'un voile agréable, est ce qui plaît aux gens sensés : la vérité est belle partout,

---

1   Voir notamment : *Littérature, représentation, fiction*, essais réunis par J. Bessière, Paris, H. Champion, 2007 ; F. Lavocat (dir.), *Usages et théorie de la fiction : le débat contemporain à l'épreuve des textes anciens, 16è-18è siècles*, Rennes, PUR, 2004 ; J.-M. Schaeffer, *op. cit.* ; J. Molino et R. Lajhail-Molino, *op. cit.*

mais présentez-la nue et sans ornement, elle a quelque chose de trop dur [...].
– Ce que dit Mlle de Busansai est vrai, dit le marquis, mais il faut pourtant
avouer qu'on aime naturellement les choses surnaturelles. Une marque de
ce que j'avance est qu'il n'y a personne qui n'écoute les histoires d'esprits,
quoiqu'on y ajoute point de foi ; et moi-même, ajouta-t-il d'un air moqueur,
je m'y amuse un peu plus qu'un autre, quoique je le croie un peu moins[1].

La possibilité d'une vérité, au sein même de la fiction, qui aurait alors
une fonction allégorique, permet de dépasser, dans un premier temps,
l'opposition entre vrai et faux. On reconnaît là un argument classique
de la défense du conte, tel que le formulait déjà Perrault[2]. Mais c'est
surtout la dernière partie de l'extrait qui semble la plus innovante, la
comtesse établissant un rapport inversement proportionnel entre plaisir
et crédulité[3]. Il est intéressant d'observer que le conte apparaît dans cet
échange comme l'une des modalités du surnaturel. Il s'agit bien d'un
genre littéraire, comme le suggère l'expression « une lecture de cette
espèce », tandis que le verbe « écouter » est employé au sujet des histoires
d'esprits, dont il n'existe à l'époque que des compilations[4]. Quoi qu'il
en soit, le rejet des croyances entraîne la comtesse à un usage allégorique de la fiction, et le lecteur à la découverte d'un plaisir esthétique
pris au récit[5].

Un plaisir que ne savent goûter, dans la même œuvre, les campagnardes qui se révèlent mauvaises lectrices, incapables de comprendre les
contes de fées : « Il y eut une jeune personne qui nous assura que c'était
des bagatelles que ces choses-là, et que pour elles les lectures sérieuses
faisaient ses plus grands délices[6]. » Cette pédante se voit rétorquer aussitôt

---

1   *V*, p. 69-70.

2   Dans la préface des *Contes en vers* (1695), l'académicien réfute l'accusation de « bagatelles »,
     en précisant que ses contes renferment une « morale utile », et ne sont pas « choses frivoles ».

3   Sur la jouissance liée à la fiction fantastique, et la distance que ce sentiment nécessite,
     voir D. Mellier, *op. cit.*, p. 205-216.

4   Voir aussi : « Quelques-uns mêmes assuraient qu'il y avait dans les livres mille exemples
     de choses semblables. On conta à ce propos diverses histoires qui redoublèrent la peur »
     (*V*, p. 77). Signalons notamment de F. de Rosset, *Histoires tragiques de nostre temps* [1623],
     avec une préface de R. Godenne, Genève, Slatkine, 1980. Voir aussi *La figure du revenant
     aux* XVIIᵉ *et* XVIIIᵉ *siècles. Croyances, savoirs, culture*, disponible sur http://www.er.uqam.ca/
     nobel/r22305/index.htlm.

5   En cela, Mme de Murat poursuit la réflexion entreprise par La Fontaine sur l'illusion
     narrative. Voir sur ce sujet B. Donné, *La Fontaine et la poétique du songe : récit, rêverie et
     allégorie dans « Les Amours de Psyché et de Cupidon »*, Paris, H. Champion, 1995.

6   *V*, p. 46.

par l'un des personnages, Mme d'Arcire, des propos qui constituent une véritable défense du conte littéraire mondain :

> Ce n'est pas, ajouta-t-elle, que je n'admette point d'autres lectures ; au contraire, je ne compte celle-ci que comme un amusement ; mais il faut convenir que quand ces sortes d'ouvrages sont conduits avec l'ordre que l'art y met, que les passions y sont tendres, et que l'imagination s'y joue d'un air brillant et délicat, il faut, dis-je, convenir que les heures passent comme des moments dans cette douce occupation, et qu'à peine le temps serait-il plus court avec un amant aimé[1].

Enfin, dans les *Lutins*, c'est encore selon le critère de la crédulité que se répartissent les personnages, entre ceux qui savent que les lutins sont des comédiens déguisés, et ceux qui croient à leur présence effective dans le château de Kernosy. L'œuvre est en effet construite autour de la volte-face ludique de ceux qui jouent successivement deux rôles, selon l'effet qu'ils veulent produire et les personnes sur lesquelles ils veulent avoir une influence. Amants galants qui surprennent par leur déguisement carnavalesque les deux jeunes filles chez lesquelles ils s'introduisent, les mêmes jeunes gens, à l'aide de leurs amis, se font passer pour des esprits diaboliques auprès de Fatville et de la vicomtesse de Kernosy qu'ils tentent d'effrayer. Le lecteur bénéficie, cette fois, du point de vue omniscient de la narratrice qui prend plaisir au jeu de rôle ainsi établi. Plusieurs formulations de la comtesse évoquent en effet le double jeu des lutins : « les lutins reprirent le chemin de leur chambre pour n'être pas surpris dans leur fonction d'esprits[2] », ou encore : « Les lutins fatigués de leur fonction nocturne se levèrent fort tard[3]. » Ainsi, par le biais du déguisement instaurant une sorte de réversibilité entre ces deux figures contrastées, la comtesse suggère l'idée d'opposition entre croyance ancestrale et subterfuge ludique.

Nouveaux usages de la fiction

La critique des discours ne conduit pas à leur simple condamnation, elle incite également la comtesse à les détourner pour de nouveaux usages.

---

1   *Ibid.*, p. 46.
2   *L*, p. 73.
3   *Ibid.*, p. 75.

Le plus souvent, c'est à un discours sur l'amour qu'elle rapporte, au moyen de l'analogie ou de la métaphore, des histoires qui ne semblent plus qu'un prétexte à enrichir une réflexion qui occupe la première place dans son esprit.

L'analogie est assez facile lorsque le récit développe une intrigue amoureuse, comme dans cette histoire du *Voyage* évoquant le trio mari, femme et amant. Les dernières volontés du mourant, exigeant que son épouse lui reste fidèle, ne sont pas respectées, ce qui entraîne l'apparition de son spectre contre lequel l'amant mène un combat singulier avant d'épouser celle qu'il aime. Les auditeurs ne sont pas tous sensibles au même aspect du récit :

> La marquise et madame d'Orselis raisonnèrent fort sur cette histoire, qui sans doute est fort surprenante, et le comte, le marquis et le chevalier assurèrent qu'il n'y en avait pas un d'eux qui ne voulût bien soutenir une telle aventure pour obtenir une belle personne, dont ils seraient amoureux[1].

C'est donc moins l'apparition surnaturelle du fantôme que la geste d'amour qui importe aux hommes, comme le révèle Mme de Murat avec une légère ironie en rapportant la promesse chevaleresque de ces derniers, s'identifiant volontiers au personnage de l'amant.

Lorsque les histoires insérées ne se prêtent pas *a priori* à une réflexion sur l'amour, c'est la comtesse qui se charge de proposer une analogie. Ainsi, l'histoire de « la demoiselle », femme redoutable qui détourne les voyageurs de leur chemin au point de les faire mourir, s'achève sur un commentaire d'un auditeur déclenchant aussitôt une réaction chez la narratrice qui formule une sorte de moralité à son intention :

> Chacun demeura très scandalisé d'un esprit si meurtrier. Le marquis me demanda si la demoiselle mettait sa jambe sur l'arçon. « Ne vous moquez point, lui dis-je, des gens qui s'égarent : que savez-vous si la route que vous tenez à présent est sûre ? Il y a des demoiselles qui font quelquefois faire plus de chemin qu'un follet ; car il faut bien que c'en soit un[2]. »

Par cette allusion au récit-cadre – la marquise d'Arcire se sert en effet du marquis pour attiser la jalousie du comte de Sélincourt – c'est une relecture de l'histoire surnaturelle, par le biais d'une comparaison de

---

1   *V*, p. 173.
2   *Ibid.*, p. 113.

supériorité (« plus de chemin »), qui est proposée au marquis invité à la méfiance contre l'égarement en matière amoureuse.

Le rapprochement entre histoires de revenants et discours amoureux tient parfois d'une extrapolation encore plus fantaisiste, comme le suggère cette interruption, par la narratrice elle-même, de son propre récit évoquant la passion d'un follet pour les chevaux, qui aurait mis à l'abri la monture d'un voyageur, en la hissant dans le grenier à foin de l'auberge, pour empêcher qu'elle ne reparte avec son maître :

> On pourrait même tirer une petite morale de ceci, et dire que follet à part, rien n'est impossible à l'amour[1].

Par l'expression « follet à part », la narratrice fait abstraction de l'aspect surnaturel du personnage du follet, pour ne retenir que la motivation et l'énergie que peut déployer celui qui est habité par la passion amoureuse. Plus qu'à l'intrigue, elle s'intéresse alors aux potentialités étonnantes de la force de l'amour, que le lien entre le follet et le cheval ne fait qu'illustrer. Cette généralisation suscite à son tour une remarque de la part de l'un des auditeurs qui en souligne le caractère saugrenu :

> Ah ! pour cela, mademoiselle, s'écria le comte, votre morale est un peu tirée aux cheveux ; car l'amour tout puissant qu'il est, ne pourra jamais, sans diablerie, faire entrer un cheval par la fenêtre d'un grenier au foin[2].

La comtesse indiquerait-elle par cette objection qu'il ne s'agit pas de prendre les récits au pied de la lettre, mais d'en retirer « la substantifique moelle », et d'y démêler le vrai sous le « voile agréable[3] » de l'histoire ?

Enfin, de façon plus théorique, l'amour demeure la référence par rapport à laquelle sont analysées d'autres passions telles que la peur, comme l'expriment les commentaires qui suivent l'histoire de Mme d'Orselis :

> Ce que dit madame d'Orselis est vrai, dit le comte ; l'amour fait bien faire d'autres entreprises ; et la peur qui est dans son espèce une passion aussi forte, ne laisse point à la raison le loisir de faire ses fonctions ; et il arrive souvent qu'on s'affectionne aux sentiments qu'elle inspire, ainsi qu'à de plus agréables[4].

---

1   *Ibid.*, p. 24.
2   *Ibid.*, p. 24.
3   *Ibid.*, p. 69.
4   *Ibid.*, p. 41.

Si cette réflexion examine l'effet des passions sur la raison, elle constitue une analogie traduisant, une fois de plus, l'intérêt que porte Mme de Murat à l'analyse de l'amour, évoqué comme comparant, et auquel la peur est comparée.

On observe également que les histoires surnaturelles permettent de suggérer, du fait de leur juxtaposition avec les récits biographiques des personnages-auditeurs, une similitude de fonctionnement entre ces deux genres : l'irrationnel à l'œuvre dans le premier n'est pas moins présent dans le second, consacré essentiellement à des épisodes sentimentaux. Le récit des amours du chevalier de Chanteuil en est l'illustration. En effet, la femme qu'il aime, Mme d'Arsilly, allègue « le caprice de l'étoile » pour lui expliquer son inconstance : « elle n'a agi que trop bizarrement sur moi : j'ai été entraînée à vous faire une espèce d'infidélité[1] » ; « la raison ne règle point l'amour[2] », affirme-t-elle encore à son amant qui reconnaît de son côté une tolérance insensée de sa part : « Voyez, mesdames, comme on est fou quand on aime : je sortis content de chez l'inconstante d'Arsilly ; je lui trouvai un mérite d'héroïne ; je l'aimai plus que jamais[3] », avant de la quitter enfin : « je ne sais si ma passion était usée, ou si ma raison agit[4] ». De proche en proche, c'est à une analyse des passions que se livre Mme de Murat.

Dans une perspective similaire, la comtesse fait servir la féerie, par le biais cette fois de la métaphore, à la réflexion sur l'amour. En effet, si le merveilleux est parfois dénigré ou relégué au second plan, c'est que la passion amoureuse recèle une puissance encore plus étonnante, souvent dangereuse. Il suffit d'un regard de la princesse Hébé pour rendre infidèle le prince Atimir : « ses yeux avaient repris sur lui leur premier empire[5]. » Dans les contes de Mme de Murat, le trouble amoureux est déclenché par le premier regard, qui aliène véritablement les

1   *Ibid.*, p. 93.

2   *Ibid.*, p. 91.

3   *Ibid.*, p. 92 ; voir aussi : « avouez, mesdames, que vous me trouvez bien fou » (p. 94).

4   *Ibid.*, p. 95. On pourrait également mentionner l'histoire de Brésy, l'un des hôtes de Sélincourt, qui ne s'explique pas son irrésistible attirance pour une femme coquette alors qu'il aime Mme d'Arbure dont il est aimé : « Je me fais mon procès à moi-même, je me le fis même dès ce temps-là ; mais j'étais en effet *enchanté*, sans que personne eût le pouvoir de finir l'aventure. J'ai reçu depuis vingt témoignages de passion de la part de madame d'Arbure : elle a fait ce qu'elle a pu pour se conserver mon amitié : mais soit honte, soit *bizarrerie*, je n'y ai point répondu » (p. 182).

5   « Anguillette », *BGF* vol. 3, p. 110.

personnages. La vue d'un portrait peut changer leur destin. Les descriptions physiques des amants comportent d'ailleurs plus d'un terme faisant référence au surnaturel. Leur beauté est souvent impossible à retranscrire, et les princesses ont des « attraits inexplicables[1] ». Dès lors, l'ostentation du merveilleux paraît fade à côté de l'aura d'une princesse aimée et aimante. Les charmes d'Irolite viennent « embellir » le séjour des Gnomes pourtant illuminé de flambeaux et d'ornements dorés, et les habitants de ce royaume ne désirent plus « la vue du soleil » après avoir accueilli le prince qui l'aime. Ce sont encore des comparaisons de supériorité qui sont utilisées pour traduire l'effet produit par la princesse dans l'univers des salamandres : « Quelque ardents que soient nos feux, / Celui qui brille dans ses yeux / Brûle mieux, et plaît davantage[2]. » C'est donc moins avec le réel qu'avec la réalité psychologique de l'amour, ou plutôt sa représentation, qu'interfère le merveilleux dans les contes, qui n'apparaissent plus que comme un prétexte à une évocation de l'amour et de ses effets[3].

De même, dans *Les Lutins*, les figures surnaturelles sont au service du renouvellement du discours de la comtesse sur l'amour. Le terme de « lutin » s'invite en effet dans la poésie amoureuse, comme l'un des mots proposés à l'inspiration du chevalier prié d'écrire un bout-rimé en présence de toute la compagnie, dont certains membres, comme Fatville ou la vicomtesse, ignorent encore le subterfuge galant des amants déguisés. Mlle de Saint-Urbain, à l'origine du choix de ce mot pour le jeu d'écriture, réclame ainsi par avance un poème d'amour en se désignant comme destinataire privilégiée, ce que ne manque pas de relever le chevalier avec humour :

> Mlle de Saint-Urbain se serait bien passée d'y placer le lutin ; je vois bien qu'il est destiné à tourmenter même les poètes de ce château. On badina sur cette pensée[4].

Le sonnet en bouts-rimés est ensuite lu à voix haute : c'est à la métamorphose de la créature surnaturelle en nouvelle figure de l'amour au sein

---

1   « Le Roi Porc », *Ibid.*, p. 210.
2   « Le Parfait Amour », *Ibid.*, p. 77.
3   Le rôle de l'amour dans l'économie du conte l'emporte en effet souvent sur celui des fées. Par exemple, la fée Favorable du « Parfait Amour » cesse d'être une opposante au couple héroïque dès lors qu'elle se convertit à l'amour.
4   *L*, p. 140-141.

d'un poème galant qu'assistent les auditeurs. Par le biais d'un emploi métaphorique et ludique, le personnel des croyances retrouve alors une seconde vie, littéraire.

Dès lors, la fiction acquiert une dimension communicationnelle, comme le révèlent encore les motivations de la comtesse en envoyant à Mlle de B* *Le Sylphe amoureux*. Mme de Murat, orientant sur elle l'effet de la lecture, indique en effet : « Le mois prochain, je ne prétends pas vous entretenir de choses si tristes, et si pitoyables. Je ne veux chercher à vous attendrir que pour moi[1]. » Le lecteur comprend alors que l'histoire galante de la séduction d'une jeune femme, la marquise d'Autricourt, par un homme qui se fait passer pour un sylphe, le comte de Ponteuil, s'inscrit en réalité dans une stratégie de séduction de la destinataire par la comtesse de Murat. Un petit texte de douze vers[2], clôturant le récit à la manière d'une moralité, rappelle également ce lien entre l'histoire racontée et les attentes de Mme de Murat vis-à-vis de sa destinataire accusée d'être indifférente : « Fées, enchanteurs, redoublez tous vos charmes / Pour amuser un objet plein d'appas. / [...] Trop heureux si vos soins touchent son amitié [...] ». À l'image du sylphe qui parvient à séduire une marquise prévenue contre l'amour, les êtres merveilleux auraient un pouvoir de séduction que la comtesse envie. Pour finir, elle recentre le discours sur elle, en exprimant ses plaintes personnelles : « Pour moi, malgré les maux que le sort veut me faire, / Je sens bien que des siens mon cœur est de moitié[3]. » C'est bien d'un détournement de la fiction à ses propres fins dont il s'agit, la comtesse cherchant à établir une complicité avec sa destinataire par l'écriture et la lecture.

Les implications poétiques de la remise en cause des discours se révèlent donc nombreuses, qu'il s'agisse d'entraîner le lecteur à une réflexion sur les genres, ou de procéder à un « exorcisme de l'irrationnel[4] » en proposant un nouveau discours requérant plusieurs niveaux de lecture.

Ayant perçu l'importance, dans le rapport entre les sexes, de l'esprit critique face à des calomnies entretenues par la crédulité de ceux qui

---

1 *Ms*, p. 337.
2 Ce poème, dans le *Manuscrit*, est barré par une seconde main qui gomme ainsi l'aspect communicationnel du récit (*Ibid.*, p. 366).
3 *Ibid.*, p. 366-367.
4 Expression empruntée à P. Ronzeaud. Voir *L'irrationnel au XVIIe siècle*, *Littératures classiques* n° 25, 1995.

les entendent ou face à des paroles contraignantes tirant leur force de l'argument d'autorité, Mme de Murat met la critique des discours au centre de son œuvre. Celle-ci semble en effet informée par une réflexion plus générale sur les types de discours, qui n'est pas sans répercussions sur le plan de la poétique, la comtesse suscitant l'interrogation du lecteur sur le statut et le genre de ses récits dont le lien avec la fiction demeure volontiers ambigu. Ainsi, bien avant Todorov, la construction du sentiment d'hésitation devient un principe d'écriture, transformant ce qui était condamné dans les *Mémoires* comme une erreur pédagogique en fondement d'une démarche herméneutique incitant le lecteur à la suspension de son jugement[1]. Mais si ce jeu sur les frontières entre réel et fiction contribue à développer un scepticisme généralisé, il annonce également l'émergence de la modernité, grâce à une réflexion sur les usages de la fiction.

C'est donc un nouveau combat que Mme de Murat superpose et substitue à celui qui oppose les autorités d'une société patriarcale et ceux ou celles qui leur sont soumis. Le rapport de force établi par les discours donnés à croire se trouve en effet renversé par l'incrédulité qui confère un sentiment de supériorité. La question féminine trouve alors un nouvel intérêt, puisqu'elle se combine à l'analyse des discours et à une réflexion sur les fondements de la société, tout en instaurant une forte réflexivité dans l'œuvre par le jeu de mise à distance du fictionnel.

---

1   « Chanteuil nous ayant prié de *suspendre notre jugement* jusqu'à la fin, reprit son discours ainsi [...] » (*V*, p. 88).

LA VOLONTÉ DE MAÎTRISER
LES DISCOURS : DÉFENSE DES FEMMES
ET CONSTRUCTION DE L'AUCTORIALITÉ

L'établissement d'un nouveau rapport aux discours, par le biais d'une réception critique, incite Mme de Murat à se présenter comme celle qui, parmi les femmes, est autorisée à parler en leur nom, du fait de ses compétences qui en font une femme avertie. Dès lors, elle tient un rôle éminent. En effet, qu'il s'agisse de celle qui entreprend les *Mémoires* pour interférer dans le discours de l'autorité patriarcale, de la fée moderne des contes, de la meneuse du groupe de devisants dans le *Voyage*, ou encore de l'organisatrice du microcosme de Loches représenté dans le *Journal*, c'est à chaque fois une figure de chef de file qui apparaît, la prise de parole aboutissant à la volonté de dominer les échanges. Cette posture privilégiée, faisant émerger la femme auteur, entraîne aussi la comtesse à vouloir que ses qualités de plume soient reconnues. Finalement, c'est toujours à la notion de distinction que Mme de Murat associe l'auctorialité.

L'*ETHOS* DE LA FEMME AUTEUR : UNE FEMME AVERTIE

La comtesse construit au fil des pages une image de soi justifiant sa prise de parole au nom des femmes. L'expérience qu'elle revendique, par le biais d'une relation quasi-pédagogique entretenue avec ses personnages, la maîtrise d'un savoir sur la duplicité des êtres, et du cœur des hommes en particulier, ou encore la distance géographique donnant l'opportunité de prendre du recul, font apparaître la figure d'une femme qui se différencie nettement des autres par ses compétences.

LA VALEUR DE L'EXPÉRIENCE

C'est le principe des *Mémoires*, comme de toute écriture autobiographique, de séparer le temps de l'expérience vécue du temps de la narration. Ce décalage, sensible dès l'« Avertissement » de l'œuvre, est réaffirmé notamment au début du récit, par le regard, souvent teinté d'ironie, que la narratrice pose sur la jeune fille qu'elle était. Elle évoque ainsi en deux temps les propos échangés avec son père à l'occasion de son mariage. Elle lui avait demandé alors que ce soit son amant Blossac qui l'épouse, convaincue que ce dernier accepterait d'éponger les dettes paternelles. La réaction du père aux propositions de sa fille est rapportée une première fois directement :

> Mon père se mit à rire, et me dit en m'embrassant : « Ma pauvre enfant, tu ne connais guère le monde ; nous ne sommes pas dans un siècle où les gens de qualité achètent une femme si cher[1].

Si le père juge sa fille naïve en raison de ses illusions sur la valeur des filles à marier, l'emploi de l'adjectif « cher » rappelant par ailleurs le combat des Précieuses pour être des femmes de « prix » en dehors de toute considération financière, la narratrice propose une autre lecture, attribuant son ingénuité à sa méconnaissance des hommes, comme elle l'explique dans le commentaire qu'elle fait suivre aux propos du père, rapportés cette fois indirectement :

> Mon père me dit que j'étais un enfant ; et l'on voit bien qu'il fallait que je le fusse, pour me persuader qu'un homme dont il y avait si longtemps que je n'avais ouï parler, voudrait m'acquérir aux dépens de son bien […][2].

On retrouve ce régime d'écriture autobiographique dans les récits que Mme d'Orselis ou Mme de Briance font de leur vie, respectivement dans le *Voyage de campagne* et *Les Lutins*. Cette dernière œuvre reproduit le décalage perceptible entre la jeune fille des *Mémoires* et la narratrice, par le biais de la complicité entre Mlle de Saint-Urbain, menacée par un mariage d'intérêt, et Mme de Briance. Celle-ci, ayant eu en son temps à souffrir d'une union contrainte dont elle fait le récit, s'implique en effet

---

1   *MdeM*, I, p. 85-86.
2   *Ibid.*, I, p. 89.

très vite dans les intérêts de la jeune héroïne, faisant preuve d'empathie à son égard et lui suggérant des solutions :

> [...] connaissant par expérience quelle pouvait être la désolation d'une personne prête de perdre ce qu'elle aime, [elle] alla trouver Saint-Urbain qui fondait en larmes. Elle lui représenta que ce mariage qu'on venait de proposer était bien éloigné de se conclure, qu'il se trouverait mille prétextes pour le différer, et même pour le rompre [...][1].

Enfin, l'écart d'âge qui confère maturité et expérience est également sensible dans le récit du *Diable boiteux*, soulignant à nouveau la naïveté des jeunes filles :

> Je vois là-bas dans un faubourg tout éloigné, dit l'écolier, une jeune personne toute des plus jolies. – C'est, répondit Asmodée, une fille qui se mariera demain ; elle en a toute la joie que donne la noce aux jeunes personnes qui, comme elle, *ne sont point en âge de faire des réflexions* sur un engagement souvent aussi pénible qu'il est durable ; aussi en peu de jours la tristesse succède souvent à la joie[2].

LA MAÎTRISE D'UN SAVOIR

Si la maturité apparaît comme l'une des conditions de la connaissance, de nombreux indices soulignent tout au long de l'œuvre l'écart entre celle qui sait et les autres femmes souvent ignorantes. C'est dans les contes que l'on en relève le plus, la comtesse intervenant de différentes manières pour mettre en valeur son expérience dans un domaine privilégié, celui de l'amour.

Elle insère par exemple un commentaire au sujet de l'imprudence d'une héroïne qui déclare trop vite ses sentiments à celui qu'elle aime :

> [...] Atimir n'eut plus alors nul sujet de crainte, *état dangereux pour un amant qu'on veut conserver toujours fidèle*. Dès que le prince fut assuré de son bonheur, il lui devint moins sensible[3].

---

1   *L*, p. 199-200. Voir aussi cette suggestion : « [...] après tout, la vicomtesse n'étant point sa mère, elle pourrait à l'extrémité refuser d'obéir, et ne se pas sacrifier à ses caprices » (p. 199-200). Le rôle de conseillère que prend ici la marquise de Briance, n'hésitant pas à recourir au droit, fait bien sûr entendre la voix de celle qui a sous-titré sa première œuvre publiée « La Défense des Dames ».

2   *Ms*, p. 454.

3   « Anguillette », *BGF* vol. 3, p. 95. Un peu plus loin, dans le même conte, elle recourt à un procédé équivalent, décryptant les signes de l'inconstance là où d'autres se laissent

La raison du récit semble être de confirmer ce qui est énoncé comme une vérité générale.

Ailleurs, la conteuse se désolidarise de l'héroïne par la façon de rapporter les propos et pensées de cette dernière :

> Elle ne put résister à l'impatience qu'elle sentit de retourner à la cour du roi son père ; ce n'était, disait-elle, que pour le revoir, et la reine sa mère ; elle le croyait même ; et combien de fois, quand on aime, se trompe-t-on sur ses propres sentiments[1] !

Elle développe également le lexique de l'ignorance, comme dans « Peine Perdue », mettant en scène la rencontre entre l'héroïne éponyme, très peu informée des choses du monde en raison de son isolement sur une île, et la princesse Anarine :

> Elle invita Peine Perdue à [...] venir avec elle pour choisir le prince qu'elle trouverait le plus à son gré, et l'épouser. Ce discours était une *énigme* pour Peine Perdue, mais une énigme qui lui donnait beaucoup de curiosité[2]. [...] Pendant le séjour qu'elle fit dans l'île, Peine Perdue lui *demanda l'explication* de ce qu'elle lui avait dit en arrivant. Anarine fut fort étonnée de la trouver *si peu savante* avec autant d'esprit qu'elle en avait. Elle se fit un plaisir de l'instruire. Elle lui apprit donc tout ce qui se passait dans le monde. [...] Anarine partit après avoir ainsi conté son histoire, et laissa Peine Perdue dans une *profonde rêverie* [...][3].

Mais cette nouvelle Agnès ramasse une boîte perdue par Anarine :

> Elle n'avait jamais rien vu qui lui eût donné autant de satisfaction à regarder. Comme *elle ignorait combien les plaisirs sont dangereux pour le repos de la vie, et surtout ceux de l'amour,* elle ne fit aucun effort pour combattre celui qu'elle commençait à sentir pour le prince, et elle ne songea qu'à chercher les moyens de le voir[4].

Une certaine conception de l'amour se superpose alors à la question plus classique de l'éducation des femmes[5].

---

abuser : « Atimir répondit avec un embarras que le roi prit pour une marque de son amour. Que l'on connaît peu le cœur des hommes ! C'était un effet de son infidélité » (p. 97).

1   « Anguillette », *Ibid.*, p. 109.

2   La curiosité féminine est un motif souvent exploité depuis l'histoire de Psyché dans les *Métamorphoses* d'Apulée.

3   « Peine Perdue », *BGF* vol. 3, p. 396-397.

4   *Ibid.*, p. 397.

5   Plusieurs contes exploitent ce thème. Voir notamment « L'Île de la Félicité » ou « La Princesse Printanière » de Mme d'Aulnoy (*BGF* vol. 1), « Persinette » de Mlle de La Force

LA PRISE DE DISTANCE

La prise de distance, fictive ou réelle, renforce encore la crédibilité de celle qui voit plus loin que les autres. Mme de Murat évoque en effet des figures féminines auxquelles elle semble bien s'identifier, et dont la perspicacité dépasse celle des humains.

C'est une position de hauteur qu'adoptent généralement les fées des contes, qu'il s'agisse de la fée Lumineuse, demeurant dans une tour à laquelle on ne peut accéder qu'après un long parcours, ou de la fée du « Palais de la Vengeance », qui « habitait d'ordinaire sur le sommet d'une montagne à quelque distance de son château, où elle demeurait seule, occupée de ce profond savoir qui la rendait si célèbre par tout le monde[1] ». Quant à la fée Obligeantine, elle introduit l'héroïne dans le cabinet du destin (« vous y allez voir des choses qui vous donneront de l'étonnement et du plaisir[2] ») où se succèdent des tableaux lui indiquant le destin de la terre, de la France mais aussi le sien, afin de l'encourager à persévérer dans son combat. Puis la fée propose à sa protégée de faire le tour des cours de la terre, que les deux femmes rejoignent ensuite grâce à un équipage invisible. Cette visite, placée sous le signe du divertissement, est malgré tout l'occasion de révélations : « elles démêlèrent des intrigues et pénétrèrent des secrets[3]. »

Se mettre à part, c'est encore la posture qu'affectionne la narratrice principale, également personnage, dans le *Voyage*. Elle choisit en effet un appartement à l'écart des autres sous prétexte d'apprécier la tranquillité du domaine de Sélincourt :

> Pour moi, dis-je, le mien paraît le mieux entendu : je suis séparée de tout le monde ; le bruit de l'eau et le chant des oiseaux ne pourront me réveiller que doucement [...][4].

En réalité, cette répartition préfigure le rôle de metteur en scène tenu par la narratrice au sein de la petite société d'aristocrates réunis chez le comte.

(*BGF* vol. 2), ou « La Tyrannie des fées détruite » de Mme d'Auneuil (*BGF* vol. 3).

1   « Le Palais de la Vengeance », *BGF* vol. 3, p. 146.

2   « Le Sauvage », *Ibid.*, p. 292.

3   Habituellement, ce sont les mémoires qui se présentent comme l'occasion de révéler au lecteur le dessous des cartes. Voir sur ce sujet M.-T. Hipp, *op. cit.*, p. 168.

4   *V*, p. 6.

Enfin, l'exil dans la ville de Loches, ainsi que la maladie, imposent une prise de distance réelle à la comtesse, tout en lui conférant une position d'observatrice :

> Je deviens, grâce à ma mauvaise fortune, spectatrice bénévole de tous les événements de l'univers. C'est quelque chose que de tirer de ses malheurs l'avantage d'être philosophe[1] !

Une lettre inédite du *Manuscrit*, adressée à un marquis sur le point de se rendre au mariage royal de la princesse Adélaïde, révélait déjà les divergences de la comtesse, alors retenue dans le château familial du Maine où elle est apparemment mise à l'écart de Paris, avec ceux et surtout celles qui s'apprêtaient à se rendre aux festivités données en l'honneur d'une alliance politique :

> Je vois bien par la lettre que vous m'écrivez que toutes vos dames en sont la dupe, et qu'elles comptent se divertir à quelque prix que ce soit : peut-être croient-elles, comme vous me le mandez, qu'elles n'auront jamais été si jeunes ; si cela est, je leur pardonne leur joie, car il y en a nombre parmi vos citoyennes de Versailles qui doivent être fort pressées de rajeunir : à cela près je ne sais si les plaisirs y seront aussi agréables qu'elles se les imaginent, car il me semble qu'il leur manque une circonstance qui les ferait valoir plus que toutes les autres[2].

Mme de Murat se présente ainsi comme celle dont la lucidité lui interdit de se réjouir, et partant, d'être complice d'un tel événement, contrairement aux dames de la cour auxquelles elle lance une pique, véritable attaque *ad hominem* faisant allusion, sous prétexte de leur trouver une excuse, à leur âge avancé[3]. Autant de postures qui pourraient confirmer la formule de Michèle Riot-Sarcey : « La lucidité critique des femmes est à la mesure de leur marginalité[4]. »

UNE FORMATION À LA LECTURE ET À L'ÉCRITURE

Enfin, outre ses qualités de perspicacité, Mme de Murat possède une bonne pratique de l'écriture qui l'autorise à prendre la plume. Dans les

---

1   *J*, p. 214-215.
2   *Ms*, p. 466-467.
3   La princesse de Savoie n'avait alors que douze ans lors de son mariage, et sa fraîcheur enchanta une cour déjà marquée par l'austérité de Mme de Maintenon.
4   *Dictionnaire des utopies*, Paris, Larousse, 2002, p. 96 (article « féminisme »).

Mémoires, elle loue en effet la formation qu'elle a eu la chance de recevoir, après son passage au couvent :

> J'y voyais un homme du voisinage qui avait de la science et de l'esprit (c'était M. de Balzac[1]) ; il me mit dans le goût de la lecture et de l'étude, et par ses conseils je m'attachai à lire des livres plus solides que ceux que j'avais lus jusqu'alors ; je me trouvais même assez de disposition à apprendre les langues, et à écrire avec un peu plus d'exactitude que ne le font la plupart des femmes ; cela me divertissait et me faisait beaucoup d'honneur dans la province [...][2].

Si la fréquentation d'un homme de lettres est un moyen auquel ont eu recours plusieurs femmes avant de devenir auteurs[3], elle prend ici un caractère singulier, ce maître dispensant par ailleurs quelques conseils à l'héroïne dans l'optique de son procès contre son mari. Mais on note surtout que les qualités développées grâce à cet apprentissage, solidité et exactitude, sont aux antipodes de la spontanéité et de la frivolité traditionnellement attachées à l'écriture féminine.

La lecture du *Journal* révèle de son côté que la comtesse est une grande lectrice. Si elle se montre toujours à l'affût de quelque nouveauté à envoyer à sa cousine, elle fait allusion, au fil des cahiers, à toutes sortes d'œuvres qui supposent une grande familiarité avec bon nombre d'auteurs qui ont pu nourrir son écriture et sa réflexion[4].

Supériorité morale et intellectuelle, telle semble la condition d'émergence de la femme auteur dans l'œuvre de Mme de Murat qui entend ainsi « se tirer du commun des femmes[5] ». Cette distinction

---

1 S'agit-il d'une personne de la famille de Guez de Balzac (1597-1654) ?

2 *MdeM*, I, p. 106-108.

3 N. Grande s'interroge, à partir de quatre exemples (Mme de Lafayette, Mlle de Montpensier, Mme de Villedieu et Mlle de Scudéry) sur les modes d'appropriation de la culture qu'ont eus les romancières sous le règne de Louis XIV. Elle évoque, à côté de la culture d'imprégnation des salons et de la cour, une « culture de substitution », moderne et non savante, par le biais de pédagogues qui étaient aussi des hommes de lettres : « on trouve aux côtés des romancières une présence récurrente, celle d'un homme, [...] et qui, à un moment donné, s'est personnellement chargé, pour des raisons diverses et pas toujours bien claires d'ailleurs, de cultiver l'esprit des jeunes filles » (« L'instruction primaire des romancières », dans *Femmes savantes, savoirs des femmes, op. cit.*, p. 55).

4 Voir *supra* p. 22-30.

5 Expression empruntée à Philippe Sellier, *Essais sur l'imaginaire classique : Pascal, Racine, Précieuses et moralistes*, Paris, H. Champion, 2003, p. 197-213. Cependant, Mme de Murat se distingue des Précieuses, pour lesquelles, comme le rappelle Myriam Dufour-Maître,

qu'elle revendique lui confère un statut, l'autorisant à parler au nom
des « dames » et à s'adresser à elles.

PRENDRE LA PAROLE : UN RÔLE DE CHEF DE FILE

La défense des femmes apparaît fortement liée à la prise de parole
et à l'écriture. Dans les *Mémoires*, la comtesse s'oppose aux discours
autoritaires de la société patriarcale, prenant la parole au nom de celles
qui n'ont d'autre ressource que de « souffrir sans oser même ni se
plaindre de ses souffrances, ni chercher les moyens de s'en délivrer[1] ».
Dans les contes, elle s'adresse aux « Fées modernes » comme si elle
était leur guide. La narratrice du *Voyage* se montre également toute-
puissante, s'attachant à superviser les échanges, tandis que le *Journal*
révèle l'activité créatrice de celle qui profite de son exil à Loches,
censé la mettre au ban de la société, pour développer tout un réseau
de relations dont elle occupe le centre.

INTERFÉRER DANS LES DISCOURS DE LA SOCIÉTÉ PATRIARCALE

Que la comtesse oppose sa voix à celle d'une société androcentrée,
qu'elle discrédite les discours de la société patriarcale ou parvienne même
à réduire ses interlocuteurs au silence, il s'agit pour elle de rompre le
concert de ceux qui s'adressent aux femmes ou parlent d'elles de façon
dominatrice et arbitraire.

---

le désir de singularisation personnelle s'efface derrière la distinction de groupe, ainsi que
l'exigent les lois de la sociabilité mondaine (*Les Précieuses, op. cit.*, p. 534).

1   *MdeM*, I, 129-131. Voir aussi la réaction de soumission de la princesse Risette, à l'inverse
de l'héroïne des *Mémoires*. Les deux œuvres exposent à leur façon le thème de la vulnéra-
bilité de la femme au moment de sa grossesse, occasion d'accusations liées à la remise en
cause de l'identité du père. Dans le récit féerique, Mme de Murat insiste en effet, malgré
l'invraisemblance de la situation, sur l'opposition entre apparence et réalité, par le recours
à des termes antithétiques. La princesse Risette, enceinte, et le pêcheur Mirou, soupçonné
d'être l'auteur de ce méfait, sont désignés par la périphrase « innocents criminels », tandis
que la jeune fille déclare : « C'est à moi seule, disait cette désolée princesse, à porter la
peine d'une faute que je n'ai pas commise et dont je suis innocente » (« Le Turbot », *BGF*
vol. 3, p. 308).

L'affirmation du je

Mme de Murat donne à entendre la dénonciation de l'oppression patriarcale et masculine en mettant en valeur la prise de parole qu'elle ouvre pour celles qui retrouvent ainsi un statut de sujet.

Plusieurs indices, au début des *Mémoires*, laissent penser en effet que la comtesse n'écrit pas seulement dans le souci de se divertir ou de plaire, mais qu'elle poursuit un objectif plus essentiel. Comme pour faire mentir le constat de déconsidération de la parole féminine que faisait Marie de Gournay soixante-dix ans plus tôt[1], elle souhaite délivrer une parole qui soit indépendante, sache au besoin s'imprégner de gravité, et s'adresse à la réflexion du lecteur. Dans cette perspective, la narration est envisagée comme la divulgation, par une voix féminine, des viles transactions imposées, le plus souvent sous le sceau du secret, aux jeunes filles à marier. Ainsi, l'union de l'héroïne avec un gentilhomme qu'elle ne connaît pas est l'occasion pour la comtesse de mettre au jour des motivations paternelles peu glorieuses. Dans un premier temps, elle n'a recours qu'au discours indirect :

> Il me représenta que ce mariage accommodait ses affaires, et qu'il était venu pour m'en parler. Il ne me nomma point le mari qu'il me destinait ; il m'apprit seulement que c'était un homme qui avait de la naissance et du bien, mais qu'il fallait terminer la chose promptement, et en dérober la connaissance à ma mère [...][2].

À ces propos elliptiques, accumulant négations et adverbes restrictifs, succède, quelques pages plus loin, la reformulation détaillée de l'argumentation du père, introduite cette fois par un verbe à la première personne :

> *Je vais dire* les raisons que mon père avait de me sacrifier à ce gentilhomme. Il était fils d'un conseiller du parlement de sa province ; n'ayant point d'inclination

---

1   Dans la société patriarcale d'Ancien Régime, la parole féminine n'est pas prise au sérieux, dit M. de Gournay dans son *Grief des Dames* (1626) : « Eussent les Dames ces puissans argumens de Carneade, il n'y a si chétif qui ne les rembarre avec approbation de la pluspart des assistans, quand avec un souris seulement, ou quelque petit branslement de teste, son eloquence muette aura dit : *C'est une femme qui parle* » (*Egalité des hommes et des femmes, Grief des Dames, suivis du Proumenoir de Monsieur de Montaigne*, éd. C. Venesoen, Genève, Droz, 1993, p. 63).

2   *MdeM*, I, p. 68.

pour la robe, il avait acheté une grande terre, dans l'intention de la faire
ériger en marquisat. Son dessein n'étant pas sans difficulté, il eut recours à
mon père, qui avait été autrefois ami intime du sien, et qui par son crédit lui
fit obtenir ce qu'il désirait. Son bien était considérable ; et c'était sans doute
un parti avantageux pour une fille à qui l'on ne donnait rien en mariage.
Une autre raison encore plus importante pressait mon père de me marier : il
se trouvait redevable à la succession de ce gentilhomme, d'une somme très
considérable ; et il avait si bien ménagé les choses que mon mariage devait
éteindre cette dette[1].

Par la valeur programmatique de l'expression verbale « Je vais dire »,
celle qui tient la plume s'inscrit délibérément dans un processus de
communication, conférant au lectorat[2] le rôle de juge auquel elle révèle
les intérêts obscurs de son père. Évoquer ces derniers dans une séquence
argumentative permet même de supplanter le discours du père :

Mon père ne me fit pas d'abord tout ce détail [...]. Mais quand il vit que je
le conjurais de ne point hâter mon mariage, il jugea à propos de m'apprendre
tout ce que je viens de dire [...][3].

Clamer haut et fort des propos échangés à mi-voix, telle est donc l'une
des conditions de la dénonciation.

Ce sont également des raisons tenues secrètes, celles des projets de
la vicomtesse de Kernosy, que dévoile l'œuvre des *Lutins*. Le lecteur
n'apprend cette fois que dans les dernières pages les ressorts de la
mésalliance entre une jeune fille de condition et un véritable « bourgeois
gentilhomme ». En effet, la vieille tante, tutrice légale de ses nièces, a
promis d'offrir la main de Mlle de Saint-Urbain à Monsieur de Fatville
pour une somme de vingt mille livres qu'elle lui devait : « il avait donné
sa parole à Mme la vicomtesse qu'il lui remettrait cette dette avant que
d'épouser Mlle sa nièce[4]. »

Défense de la cause des femmes et prise de parole sont bien un même
combat. C'est pourquoi la comtesse entend parler au nom des femmes,
et notamment celles dont la voix est inaudible. C'est ce qu'elle tente de

1   *Ibid.*, I, p. 82-84.
2   Mme de Murat ne s'adresse pas qu'aux femmes dans les *Mémoires*, même si son œuvre,
    affirme-t-elle, pourra leur être utile. Elle évoque ses destinataires soit par le terme « lec-
    teur », soit par le pronom indéfini « on ».
3   *MdeM*, I, p. 84-85.
4   *L*, p. 305-306.

faire par l'écriture même des *Mémoires*, où elle présente le récit de sa vie comme un exemple parmi d'autres d'une vie abîmée par la médisance.

Polyphonie énonciative

La prise de parole annoncée dans l'œuvre est également perceptible à l'échelle des phrases et dans le choix des mots. La voix de la comtesse domine en effet, dénonçant le discours adverse au fur et à mesure de sa retranscription.

Ce dernier peut être isolé de la narration, afin qu'en soit soulignée l'altérité. Ainsi, dans le conte du « Sauvage », les réflexions d'un roi, père d'une fille disgracieuse, sont mises en valeur :

> Un an après leur mariage, Corianthe accoucha d'une princesse laide comme la bête. Cela ne lui fit pas plaisir, ni au roi non plus, car il était persuadé qu'une belle fille coûte moins à marier qu'une laide[1].

C'est encore son sentiment qui est rapporté, après la naissance de deux autres filles semblables à la première :

> Elles avaient aussi peu d'esprit que de beauté. Que faire de telle marchandise ? Le pauvre Richardin en était bien empêché ; il s'avisa de faire crier à son de trompe et afficher par tout son royaume que si quelques princes, chevaliers, barons ou gentilshommes voulaient épouser ses filles, il leur donnerait en mariage à chacun une de ses îles, avec le titre de roi[2].

S'il est vrai que le mariage des « enfants surnuméraires[3] » affaiblit les familles de l'aristocratie, l'interrogation sous forme de discours indirect libre, associée à une connotation très négative du vocabulaire, ne laisse aucun doute sur les intentions critiques de la conteuse au sujet de ce qui semble une véritable vente aux enchères.

Dans les *Mémoires*, le discours calomnieux est souvent doublé de termes qui le réfutent aussitôt, et en atténuent la portée. La contradiction peut passer par l'ajout d'une simple expression disqualifiant le discours citant : « le monde *accoutumé à empoisonner les choses*, ne manqua pas de dire

---

1   « Le Sauvage », *BGF* vol. 3, p. 281.

2   *Ibid.*, p. 282.

3   J.-C. Bologne, *op. cit.*, p. 242. Habituellement, les vocations religieuses forcées permettaient de sauvegarder le patrimoine de la famille.

que je n'avais donné la charge dont je viens de parler au mari de Mlle Laval que parce que je l'aimais[1] », ou le discours cité : « [...] et elles ne manquèrent pas d'apprendre à ceux qui l'ignoraient la *prétendue* galanterie que j'avais eue[2]. » Parfois, la réfutation s'étire sur une proposition :

> [...] et je me vis bientôt en proie aux fureurs des faux dévots, qui criaient que j'étais une pierre de scandale qu'il fallait retrancher, *tant il est vrai qu'un zèle mal entendu produit de pernicieux effets*[3].

Le discours adverse et celui qui le réfute peuvent être imbriqués de manière encore plus forte : « [elle] publiait que j'avais pour son mari *autant de complaisance que j'avais en effet d'aversion pour lui*[4] », ou encore : « m'accusant ensuite d'être ce que je n'étais pas[5] ». Dans ce dernier exemple, la reprise du verbe « être », en créant un effet de symétrie, accentue la dénégation, tout en introduisant une périphrase euphémisante[6]. Le discours d'autrui est ainsi esquivé, la nécessité de reconstruire un discours vraisemblable l'emportant ici sur la fidélité aux paroles réellement prononcées. Ce processus de différenciation au sein de l'écriture est analysé par Frédéric Briot qui affirme, au sujet du genre des mémoires en général :

> Écrire ses mémoires, c'est se ressaisir, opposer son nom et son point de vue à l'anonymat du « bruit », c'est opérer une soustraction où, élagué de discours et de paroles parasites, le *je* prendra sa vraie forme[7].

Mettre un terme à la parole autoritaire

Faire cesser le discours adverse est une autre modalité de la maîtrise qu'entend exercer Mme de Murat sur autrui.

Après avoir été dupé par l'héroïne et sa femme de chambre, le magistrat des *Mémoires* qui déversait « un torrent de paroles injurieuses[8] », est

---

1 *MdeM*, II, p. 104.
2 *Ibid.*, I, p. 62.
3 *Ibid.*, I, p. 346.
4 *Ibid.*, I, p. 282.
5 *Ibid.*, I, p. 116.
6 Voir aussi la façon dont est rapporté le point de vue de son mari sur sa grossesse : « il attribua à Sauvebeuf *ce qu'il ne devait assurément attribuer qu'à lui seul* » (*Ibid.*, I, p. 177).
7 F. Briot, *Usage du monde, usage de soi : enquête sur les mémorialistes d'Ancien Régime*, Paris, Seuil, 1994, p. 23.
8 *MdeM*, I, p. 269.

soudainement réduit au silence : « Le mari confus, sortit sans dire un mot[1]. » Il modère alors ses exigences :

> Il continua donc à me presser encore de répondre à ses désirs, mais il cessait de *parler en maître*, et je cessais de le *craindre*[2].

Le parallélisme des deux dernières propositions révèle que le changement de la situation de communication concerne autant le représentant de l'autorité patriarcale que la jeune femme.

Mais ce sont les contes qui fournissent les scénarios les plus explicites. Un roi se voit en effet métamorphosé par une fée qui le prive de l'usage de la parole pour avoir dédaigné sa filleule :

> Le bel aigle commença à sentir tout son malheur, quand il connut qu'il lui était impossible de parler, et de plaindre sa destinée[3].

Il est désormais appelé, non sans ironie, « l'Aigle au beau bec », en référence à sa condition royale dont il a gardé quelques traces, ses ailes dorées et son bec de rubis. Contraint de se faire entendre par signes, il paraît bien ridicule aux yeux d'une autre princesse, dénommée Belle, dont il tombe amoureux, et il expérimente à son tour l'incapacité d'exprimer ses désirs :

> son amour, irrité par la difficulté de le lui faire connaître, et par la crainte de lui déplaire avec la figure sous laquelle il était, s'était augmenté à un tel excès qu'il ne quittait plus cette princesse[4].

Cette métamorphose, qui fait taire le roi qui se croyait tout-puissant, s'oppose à celle de l'un de ses rivaux, le prince des Charmes. Ce dernier, changé en rossignol par un magicien à la demande du monarque jaloux, parvient malgré tout à manifester sa tendresse à la princesse Belle, comme le prouve la récurrence du verbe « entretenir » en l'espace de quelques lignes :

> Leur conversation fut si tendre que le prince rendit grâce à son malheur qui lui avait donné moyen de *l'entretenir*. […] Il passait toutes les nuits à *l'entretenir*

---

1   *Ibid.*, I, p. 286.
2   *Ibid.*, I, p. 289.
3   « L'Aigle au beau bec », *BGF* vol. 3, p. 374.
4   *Ibid.*, p. 377.

> de son amour par ses chants. [...] ils oubliaient quelquefois leurs malheurs par le plaisir qu'ils avaient de *s'entretenir*[1].

C'est bien à la parole autoritaire et arbitraire que s'attaque la comtesse, s'ingéniant à y mettre un terme, alors qu'elle loue la douceur de la voix du bien-aimé.

C'est encore une réflexion sur la parole que suggère la vengeance mise en scène dans « Le Turbot ». La fée, ayant donné à son mari la forme d'un poisson pour le punir de son inconstance, lui accorde malgré tout la faculté de s'exprimer, afin d'atténuer la sévérité d'une sanction prononcée sous l'effet de la colère. Mais les conséquences de ce repentir lui échappent. Constatant l'usage malheureux que fait le turbot de la parole qu'elle lui a redonnée, elle s'accuse à nouveau :

> j'avais encore eu aussi peu de précaution en m'engageant d'exécuter sans exception tout ce qu'on lui pourrait demander, pourvu que ce fût pour lui sauver la vie [...][2].

C'est en effet par ce biais que le mauvais sort jeté par le pêcheur Mirou à la princesse Risette a pu être relayé et se réaliser. Toute la suite du conte consiste alors à trouver un moyen d'annuler le méfait que constituent ces paroles. Ce sera l'occasion d'opposer à la nocivité de la parole masculine l'intelligence de la femme, puisque Risette, sur le vaisseau promis au naufrage, se garde bien de laisser le pêcheur formuler une seconde demande au turbot : « Dis-lui seulement, reprit-elle, qu'il fasse ce que je lui dirai[3]. » Se rappelant sûrement la bêtise du bûcheron des « Souhaits ridicules », la comtesse accorde l'exclusivité de la parole à la princesse.

---

1   *Ibid.*, p. 378. On note cependant que la conteuse n'exploite pas davantage l'ambiguïté licencieuse que pourrait receler la figure de l'amant-oiseau, contrairement à Mme d'Aulnoy dans « L'Oiseau bleu » ou encore « Le Dauphin » (*BGF* vol. 1, p. 189 et 1007).

2   « Le Turbot », *BGF* vol. 3, p. 322.

3   *Ibid.*, p. 308. Mme de Murat renouvelle ici la topique narrative de la scène du naufrage, habituellement révélatrice, selon M.-C. Pioffet, de la fragilité de la condition féminine. Les héroïnes épargnées par les éléments retombent en effet invariablement entre les mains d'un autre protagoniste, alors que le naufrage révèle l'ardeur combative des personnages masculins (« Destin de la femme naufragée dans la fiction narrative du Grand Siècle », dans *Les Femmes au Grand Siècle, le baroque, musique et littérature, musique et liturgie*, Tübingen, G. Narr, 2003, p. 141-149).

SUPERVISER LES ÉCHANGES

Fées modernes et conteuses

Par le biais de l'épître « aux Fées modernes », Mme de Murat se présente également comme la chef de file des conteuses. Si la référence aux fées n'est pas nouvelle, elle contribue à faire du conte un espace féminin, dédié à la femme auteur.

Remises au goût du jour par la pratique du « contage » qui s'est développée à la cour et dans les salons, bien avant la publication d'une production écrite, et dont témoigne la lettre souvent citée de Mme de Sévigné[1], les fées sont également citées par Mlle Lhéritier dans sa lettre « À Madame D. G** » pour évoquer « les charmantes dames » que sont les conteuses : « Les personnes de leur mérite et de leurs caractères semblent nous ramener le temps des Fées, où l'on voyait tant de gens parfaits[2]. »

Avec le titre de son second recueil de contes, *Les Nouveaux Contes des Fées*, et non plus *de fées*, Mme de Murat tentait déjà d'identifier leurs auteurs aux fées, du moins de conférer à ces dernières un statut de sujet d'énonciation. C'est encore elle qui emploie pour la première fois, un an avant l'épître introduisant les *Histoires sublimes et allégoriques*, l'expression de « fée moderne », en rendant hommage à Mme d'Aulnoy dans l'un de ses contes :

> Le prince qui alors régnait descendait en droite ligne de la célèbre princesse Carpillon et de son charmant époux, dont une *fée moderne*, plus savante et plus polie que celles de l'Antiquité, nous a si galamment conté les merveilles[3].

Opposant l'écriture galante à la fable antique, Mme de Murat fait allusion à l'un des contes les plus longs et les plus romanesques

---

1   Mme de Sévigné évoque dès 1677 ce dernier amusement de Versailles consistant à « mitonner » les dames en leur racontant des histoires merveilleuses (Lettre de Mme de Sévigné datée du 6 août 1677, citée par M.-E. Storer dans *Un Épisode littéraire de la fin du XVIIᵉ siècle, op. cit.*, p. 13). Sur ces allusions féeriques au XVIIᵉ siècle, voir V. Delaporte, *Du merveilleux dans la littérature française sous le règne de Louis XIV*, Genève, Slatkine, [1891] 1968, p. 65-67.

2   Mlle Lhéritier, *op. cit.*, p. 302.

3   « Anguillette », *BGF* vol. 3, p. 102. « La Princesse Carpillon » est le titre d'un conte de Mme d'Aulnoy (*BGF* vol. 1, p. 617-662).

de Mme d'Aulnoy[1], renforçant une nouvelle fois les liens entre les conteuses, par le biais de cette généalogie imaginaire des personnages. Elle emprunte peut-être l'adjectif « moderne » à Mlle Lhéritier qui rendait ainsi hommage aux « savantes modernes » dans ses *Œuvres mêlées*. Quoi qu'il en soit, l'expression de « fée moderne », au singulier ou au pluriel, renforce l'identité féminine du conte littéraire, qui ne s'adresse plus seulement à une altesse royale[2], mais à des lectrices qui sont également des auteurs.

En effet, comme l'ont montré de multiples études sur le succès de ce genre mondain, près des trois quarts des contes publiés entre 1690 et 1709 ont été écrits par des femmes, dont les liens de parenté ou d'amitié se manifestent dans les rapports intertextuels qu'entretiennent leur production[3]. Même si les hommes ne sont pas exclus de ces échanges[4], la collaboration féminine est particulièrement mise en valeur par les conteuses, et la position de Mme de Murat illustre parfaitement ce type de connivences, puisque, outre son alliance avec la famille de Mlle de La Force[5], elle fait partie des dédicataires de Mlle Lhéritier qui l'incite, à la fin de « L'Adroite Princesse », à collaborer à l'écriture féerique :

> Si vous voulez, belle Comtesse,
> Par vos heureux talents orner de tels récits
> L'antique Gaule vous en presse :
> Daignez donc mettre dans leurs jours
> Les contes ingénus, quoique remplis d'adresse,
> Qu'ont inventés les troubadours[6].

Mme de Murat elle-même, à l'occasion du commentaire qu'elle rédige pour se défendre de tout plagiat vis-à-vis de Mme d'Aulnoy, désigne exclusivement les femmes auteurs en évoquant l'importance de Straparole dans la genèse des contes de cette période :

---

1   N. Jasmin écrit au sujet de ce récit : « c'est l'un des contes romanesques les plus conventionnels qui retient l'attention de la conteuse… mais pas de la postérité » (*BGF* vol. 1, p. 1132).

2   Mme d'Aulnoy dédicace ses contes à Madame, belle-sœur de Louis XIV, et les *Histoires ou contes du temps passé* sont adressées à Mademoiselle, nièce de Louis XIV.

3   Au sujet des réseaux d'amitiés féminines, voir L. Timmermans, *L'Accès des femmes à la culture…*, p. 104 et suivantes, et p. 215 et suivantes.

4   Citons par exemple Perrault, Fontenelle ou l'abbé de Choisy. S. Raynard parle même dans certains cas de « partenariat inhabituel » (*op. cit.*, p. 121).

5   Voir *Les Mémoires de Messire Michel de Castelnau…*, *op. cit.*, p. 61-137.

6   Mlle Lhéritier, *op. cit.*, p. 297-298.

> [...] j'ai pris les idées de quelques-uns de ces Contes dans un Auteur ancien intitulé, *Les Facétieuses nuits* du Seigneur Straparole, imprimé pour la seizième fois en 1615 [...]. Les Dames qui ont écrit jusqu'ici en ce genre, ont puisé dans la même source au moins pour la plus grande partie[1].

Par l'emploi du terme « dames », elle semble en effet ignorer les conteurs masculins, alors qu'on sait que Perrault s'est également inspiré de l'œuvre italienne.

L'instance d'énonciation est désormais clairement prise en charge par des mondaines, qu'il s'agisse des conteuses elles-mêmes ou des personnages féminins menant la narration dans les contes enchâssés au sein d'un récit-cadre. Véritable mise en scène des femmes auteurs à l'origine de l'invention du genre, cet éloge garantit la valeur du texte par la seule distinction sociale de celles qui pratiquent l'écriture féerique. Ainsi que l'indique déjà le choix du genre de l'épître[2], c'est une nouvelle reconnaissance publique que réclame Mme de Murat pour ses contemporaines comme pour elle-même, l'année même où l'abbé de Villiers accuse les nouvelles conteuses d'être responsables de la dérive du genre, considéré comme « le partage des ignorants et des femmes[3] ».

En s'appropriant de cette façon le genre du conte, Mme de Murat révèle au contraire que la pratique du conte, à cette époque, constitue, comme le met en évidence Lewis C. Seifert, « une stratégie discursive particulière, un ensemble de pratiques d'écriture déployées par des femmes-écrivains pour rendre compte de la spécificité de leur statut social[4] ». Mme de Murat semble même aller plus loin, en faisant du genre féerique la pratique exclusive des femmes d'élite, au mépris de la réalité historique et littéraire. Et en tant que rédactrice de l'épître, elle se présente comme une figure majeure parmi les « fées modernes ».

---

1   « Avertissement » des *Histoires sublimes et allégoriques*, BGF vol. 3, p. 200.

2   « L'épître, surtout à l'âge classique, appartient à un réseau complexe de formes mondaines de l'échange, ou plutôt de la sociabilité [...]. L'épître est un moment dans l'histoire de la légitimation d'une parole privée se livrant à un public » (P. Soler, *Genres, formes, tons*, Paris, PUF, 2001, p. 159).

3   Abbé de Villiers, *Entretiens sur les contes de fées...*, BGF vol. 5, p. 387. L'achevé d'imprimer datant de décembre 1699, l'œuvre est postérieure à l'épître « aux Fées modernes » des *Histoires sublimes et allégoriques*.

4   « Création et réception des conteuses : du XVIIᵉ au XVIIIᵉ siècle », dans *Tricentenaire Charles Perrault, op. cit.*, p. 191.

Le rôle de la narratrice dans le Voyage

C'est en narratrice au pouvoir discrétionnaire que se rêve par ailleurs Mme de Murat dans le *Voyage*, donnant la parole comme elle l'entend et interrompant qui s'apprête à ne pas respecter les règles du jeu qu'elle a fixées.

La structure du recueil, qui s'inscrit en partie dans la tradition littéraire des nouvelles encadrées[1], permet à la narratrice principale, également personnage, d'exercer un contrôle sur les récits insérés, qui sont autant d'occasions de rappeler la situation d'énonciation de celle qui se montre une auditrice attentive. Elle suscite ainsi le débat en faisant des commentaires ou en posant des questions, comme ici à Mme d'Orselis :

> C'est plutôt fait, madame, lui dis-je lorsque je vis qu'elle avait fini son récit ; mais ou la peur avait bien grossi les objets, ou ce que vous entendîtes était fort extraordinaire[2].

Elle fait preuve également d'une certaine autorité, adressant des remontrances à ceux qui tenteraient d'enfreindre les règles que le groupe s'est données[3] :

> Mme d'Orselis voulut aussi dire son mot ; mais comme elle n'avait pas cessé d'écouter Chanteuil, ou de lui parler, je ne pus m'empêcher de rire, ni de lui dire même qu'elle avait une sorte d'esprit comme César ; et que d'écouter un homme qui fait plaisir, sans perdre ce que les autres disent, me paraissait même au-dessus de dicter à quatre secrétaires[4].

Par ailleurs, elle propose à plusieurs reprises de raconter des histoires afin que s'estompent les tensions entre les personnages auditeurs pris dans des intrigues amoureuses complexes. Narrer est alors une façon de

---

1   Voir notamment J. Regnault de Segrais, *Les Nouvelles françaises ou les divertissements de la Princesse Aurélie* [1656], texte établi, annoté et présenté par R. Guichemerre, 2 vol., Paris, STFM, 1990.

2   *V*, p. 41.

3   Ph. Hourcade décrit le rôle de l'activité narratrice comme loisir noble dans la société aristocratique : « Facteur d'échanges au sein de la haute société, l'activité narratrice assurait à chaque groupe une ouverture sur le monde environnant tout en lui permettant d'assurer également le renforcement de sa cohésion et de sa propre identité [...] » (« Jeux d'esprit et production du roman vers les années 1640 à 1700 », *Studi francesi*, Torino, Rosenberg e Sellier, t. 26, 1982, p. 84).

4   *V*, p. 27.

réguler la vie du groupe pour celle dont la parole tente de se substituer à des propos menaçants ou hasardeux, tant dans leur contenu que dans leur forme ou encore leur fréquence : « je commençai au plus vite une histoire pour détourner encore les remarques qui auraient pu aller trop loin » ; « destinée comme j'étais à calmer les orages, je pris la parole[1]. » C'est aussi le rôle des récits biographiques de chacun que de structurer les échanges, surtout s'ils sont placés à des moments judicieux pour la compagnie :

> comme il y avait de l'embarras dans la plupart des esprits, je m'avisai de faire souvenir la compagnie, que l'on devait à l'exemple de Mme d'Orselis, faire une petite histoire de sa vie ou du moins en conter quelques traits[2].

Canaliser le discours en évitant les dérives d'une spontanéité latente, tel est l'objectif de la narratrice, qui n'oublie pas de s'appliquer à elle-même ce principe, remplaçant des remontrances qu'elle aimerait adresser à l'un des personnages en raison de ses penchants amoureux par une mise en scène de la situation :

> Je ne lui en fis aucun reproche ; mais un soir que nous étions sous un berceau de chèvrefeuilles, et qu'on me fit souvenir de la promesse que j'avais faite, de conter quelques-unes de mes aventures, je saisis cette occasion, et je pris la parole en ces termes[3].

Les conflits se règlent ainsi sur le terrain des discours, et la fiction narrative apparaît comme une arme privilégiée[4].

Il est intéressant d'observer que ces initiatives de la narratrice ont le même effet que d'autres diversions qu'elle propose au groupe, qu'il s'agisse de le faire se déplacer (« et je proposai la promenade pour tirer tout le monde d'embarras[5] »), ou de lui suggérer une nouvelle géométrie, comme celle imposée par cette danse se référant à l'innocence d'une scénographie pastorale :

---

1   *Ibid.*, p. 22, 47.
2   *Ibid.*, p. 78. Cette loi est justifiée un peu plus loin : « car, lui dîmes-nous, il faut savoir un peu à qui on a affaire, quand on vit ensemble » (p. 157).
3   *Ibid.*, p. 116.
4   Voir aussi : « "J'aurai peut-être la malice de vous ennuyer par un long récit, pour vous punir de la *guerre* que vous me faîtes." On l'assura qu'elle pouvait disposer de nos attentions tant qu'il lui plairait, sans qu'elle pût nous causer un moment d'ennui » (*Ibid.*, p. 28).
5   *Ibid.*, p. 96.

> « Ah ! interrompis-je, monsieur le comte, ne mêlons point d'aigreur à nos
> railleries ; nous ne nous quittons point ; rien ne peut être suspect dans nos
> actions ; ne troublons point l'innocence de nos plaisirs ; et pour remettre le
> calme dans nos esprits, dansons sur le gazon comme les bergères au son des
> hautbois. » [...] et tout reprit une face riante[1].

Au-delà du rapport métaphorique suggéré par la tradition littéraire
entre narration et déplacement[2], supposant tous deux une organisation de l'espace, cette analogie révèle le rôle social conféré à la fiction
narrative.

C'est donc en meneuse que se présente la narratrice principale du
Voyage, récit pouvant se lire comme un roman sur les discours, où se
mêlent interruptions, objections et commentaires à propos d'histoires
racontées par des personnages dont l'occupation principale est de parler.
L'héroïne en serait celle dont dépendent les autres voix ; son adversaire
principal serait le comte de Sélincourt, maître des lieux, dont le portrait
réunit étrangement une volonté de dominer les échanges et des défauts
condamnés dans les *Mémoires*, tels qu'un jugement trop hâtif :

> [...] pour de l'esprit, il en a infiniment ; mais *il se rend un peu trop maître des
> conversations* ; il ne répond pas juste à la pensée d'autrui ; il ne brille que sur la
> sienne ; il parle trop haut, *décide trop librement des réputations : toujours persuadé
> qu'on ne peut se tromper en jugeant des choses au pis, il n'admet guère de vertu que
> celle qui veut trop paraître* [...][3].

Quant aux campagnardes venues rendre visite à la compagnie, elles
pourraient être les adversaires secondaires, notamment l'une d'entre
elles, parlant « avec une pédanterie si choquante, des grimaces si affec-
tées » et « tant d'embrouillement[4] ». Enfin, l'intrigue consisterait en
la confrontation des récits à la parole critique de la comtesse, dont
l'intégralité des remarques n'est livrée qu'à son amie destinataire et au
lecteur.

---

1   *Ibid.*, p. 21.
2   Voir par exemple *La Promenade de Versailles* de Madeleine de Scudéry ([1669], éd. critique
    présentée par M.-G. Lallemand, Paris, H. Champion, 2002), ou la promenade des quatre
    amis dans *Les Amours de Psyché et de Cupidon* de La Fontaine.
3   *V*, p. 2-3.
4   *Ibid.*, p. 46, 70.

Le microcosme de Loches : l'organisation du lien social

De la même façon, depuis la petite ville de Loches où elle est emprisonnée puis exilée, donc mise au ban de la société, Mme de Murat parvient à créer, grâce à l'activité littéraire qu'elle y déploie, un véritable réseau socio-littéraire qu'elle organise autour d'elle, avec la compagnie de ceux qu'elle fréquente dans la ville ou ses environs. Le *Journal*, se faisant l'écho de ce commerce tout en en étant le vecteur privilégié, constitue de ce point de vue un témoignage exceptionnel de l'influence d'une femme de lettres à la fin du XVIIᵉ siècle.

Il comporte en effet soixante-sept pièces insérées au cœur de l'écriture quotidienne[1]. Pour la plus grosse partie, il s'agit de textes de la main de Mme de Murat, mais on relève aussi douze pièces versifiées issues de plumes locales. La diariste les intègre volontiers dans ses cahiers, sous prétexte de ne pas ennuyer sa destinataire avec sa seule littérature. S'instaurant démiurge de cette société, elle les sélectionne, se moque parfois des vers des uns et des autres[2], et n'hésite pas non plus à les retoucher[3]. Écrits parfois spécialement pour Mlle de Menou, comme quelques poèmes sur son absence, ils sont, pour la plupart, rapportés comme autant de témoignages de la chronique locale. De la sorte, la comtesse donne à ses cahiers une dimension publique, qui s'accentue d'ailleurs au fil du temps, à l'image des titres des six dernières sections, variantes autour des mentions « Œuvres mêlées » ou « Pot pourri[4] ». De plus, cette collecte de textes s'étend au-delà de la commune de Loches, comme le révèle Mme de Murat elle-même : « Après avoir dit des chansons du Parnasse de Buzançais, passons à celui de Châtillon », « Passons au Parnasse de Tours[5] ».

---

1 On relève au total soixante-quatre pièces poétiques, une nouvelle, un récit et un dialogue.
2 Elle dénigre notamment des vers d'un avocat de Tours (*J*, p. 40). Voir aussi p. 182.
3 Elle les sélectionne : « Mmes de … m'ont envoyé deux couplets de chansons sur votre départ ; s'ils rimaient le moins du monde, je vous les aurais mis dans ce journal pour vous amuser » (*Ibid.*, p. 5) ; ou les arrange : « Vous trouverez ce sonnet assez joli. Il est sur le sujet à la mode, c'est-à-dire l'arrivée des officiers. J'y ai raccommodé quelques petites choses qui n'y ont pas nui » (p. 263). Voir aussi p. 81 et 286.
4 Entre août 1708 et mars 1709.
5 *J*, p. 243 et 261. Voir aussi : « Mme Pèlerin et l'abbé son beau-frère viennent à Loches lundi, augmentation des gens d'esprit. Vous entendrez parler de nos muses, ma chère cousine. Quand MM. Pèlerin viennent ici, nous faisons toujours un tour au Parnasse » (p. 192). Mme de Murat use volontiers de l'allégorie du Parnasse, « fiction chargée d'ironie »,

Par ailleurs, la comtesse déclare à sa cousine avoir montré plusieurs de ses productions : « j'ai mis à la mode votre couplet *Au fond d'un bois tranquille et solitaire* ; tout le monde le trouve charmant et on a raison, car il l'est ; c'est à qui en aura des copies[1]. » Envois et lectures contribuent encore à augmenter le nombre d'échanges, au point que la comtesse en vient à utiliser l'argument de la confidence pour solliciter sa cousine : « Faites-y donc, je vous en supplie, une petite réponse sur le même ton et je vous assure qu'il n'y a que moi qui la verrai[2]. »

Ayant multiplié les contacts et les échanges, Mme de Murat s'attache également à susciter les occasions d'écriture, entraînant ses interlocuteurs dans la danse. Les pièces insérées révèlent en effet que tout peut donner lieu à une forme d'expression. Redire la douleur liée à l'absence, pimenter le quotidien de la « compagnie » de Loches en honorant ceux dont c'est la fête, célébrer l'arrivée du mois de mai ou se lancer des défis au hasard des conversations[3], telles sont les raisons d'exercer sa plume pour une littérature de circonstance :

> J'ai accepté ce soir un défi. C'est de faire des couplets de vaudeville où notre Orphée fera un air. Ils doivent tous finir par « nous n'avons ni *frisc*, ni *frasc*, chose du monde » ; ce sont deux mots à la mode. Voilà un rude bout-rimé à mettre en œuvre [...]. Ce petit vaudeville a bien l'air d'être demain le divertissement de notre soirée[4].

La comtesse évoque ses propres couplets, quelques jours après le lancement de cette idée, le 5 juillet, puis elle rapporte plusieurs productions de son entourage, l'une datée du 12 juillet : « M. de Vaux a fait des couplets de *frisc frasc* que j'ajouterai à ce journal[5] », et les autres réunies dans le cahier du 15 août, soit près d'un mois et demi après le premier texte : « Voici encore des gentillesses que Mlle de Lomare m'a envoyées sur les *frisc frasc*. Je ne sais qui a été son poète, mais ils sont bien jolis[6]. » Par

---

selon les termes de M. Fumaroli (« L'allégorie du Parnasse dans la querelle des Anciens et des Modernes », dans *Correspondances. Mélanges offerts à Roger Duchêne*, études réunies par W. Leiner et P. Ronzeaud, Tübingen, G. Narr, 1992, p. 524-525).

1   *J*, p. 59. Voir aussi : « J'ai lu vos bouts-rimés ; ils ont été trouvés charmants. Je les enverrai demain à Blois à Mlle de Baraudin » (p. 93).

2   *Ibid.*, p. 269.

3   *Ibid.*, p. 150, 275, 282, 295.

4   *Ibid.*, p. 196.

5   *Ibid.*, p. 204.

6   *Ibid.*, p. 241.

ailleurs, elle intègre de façon ludique l'expression « ni *frisc* ni *frasc* chose du monde » à son écriture quotidienne en s'adressant à sa cousine : « Pour aujourd'hui il n'y a ni *frisc* ni *frasc* chose du monde à vous dire[1]. » On pourrait faire le même type de relevé à partir des textes élaborés sur le thème de « l'amour de l'étranger », qui connaît également un joli succès[2].

Écrire des pièces poétiques devient ainsi une mode à Loches. Mme de Murat souligne volontiers son rôle dans cet élan : « Vous voyez que ma muse met tout le monde dans le goût des gentillesses », ou encore : « c'est toujours quelque chose que nous mettions ainsi les muses en mouvement à Loches et tout le monde en goût des ouvrages d'esprit[3]. » Quelques semaines plus tard, elle évoque cet engouement d'un regard amusé et condescendant, voire moqueur, en employant des comparaisons péjoratives : « Voici une recrue de bouts-rimés ; ils sont de M. Debit. La poésie se gagne ici comme la petite vérole ailleurs, c'est un mal contagieux », ou bien : « Comme vous savez que faire des vers est un mal qui se gagne à Loches, La Folène qui n'avait jamais rimé, après y avoir bien pensé toute la nuit, nous envoya le matin ce couplet [...][4]. »

Afin de stimuler encore davantage les échanges, mais aussi de les superviser, Mme de Murat pense à mettre en place une structure institutionnelle :

> Passons au projet d'une académie à Loches, qui s'appellera l'académie du domicile. J'en dois faire les statuts et la devise. En voici l'origine. Il y a huit jours que quelques étrangers étant ici, entre autres le chevalier de Breteuil, Mmes de Sarzay, de Champflé, le Raton et quelques autres nous abandonnèrent et se mirent dans un coin à faire les agréables. Nous restâmes Mlle de Boulay, Mme Danger, Mlles de Baraudin, Colin, des Rabois, la prévôte et moi, et

---

1   *Ibid.*, p. 207. Voir aussi : un remède qui « ne fera, je crois, ni *frisc* ni *frasc* » (p. 209).

2   La diariste en parle sur près de cent pages. Elle intègre d'abord des vers de M. Débit sur « l'amour de l'étranger » en lien avec le retour de guerre des hommes des Flandres (*Ibid.*, p. 73) ; puis ceux de M. de La Rivière en réponse à ceux de Débit (p. 147) ; puis les siens : « Tout le monde m'a dit comme ça, ma chère cousine, qu'il fallait que je dise aussi mon avis sur cette affaire » (p. 148). Voir aussi : « Il est venu de Tours une réponse à "l'amour de l'étranger". Cela n'est pas sans vanité, si joli que les nôtres, mais il faut pourtant que vous la voyiez » (p. 165) ; et enfin : « j'ai fait encore, ces jours passés, un "amour de l'étranger" qui me paraît assez joli : c'est pour Mme de Champflé » (p. 172).

3   *Ibid.*, p. 74 et 165. Elle évoque aussi les commandes qu'on lui passe : « Je vous ai marqué que cela est de commande, parce que je ne saurais travailler pour les autres comme pour moi. [...] il est bon de savoir accorder sa lyre sur plus d'un ton et de pouvoir badiner sur celui qu'on veut » (p. 255).

4   *Ibid.*, p. 263, 287.

> le cousin Babou qui eut la générosité de ne pas nous abandonner dans notre disgrâce. Je vous assure que notre conversation fut des plus vives et des plus jolies ; et l'on peut dire à la lettre, que nous tînmes bien notre coin. C'est là que se forma le dessein de notre académie [...][1].

C'est, semble-t-il, à partir de la scission occasionnelle de la compagnie qu'a germé l'idée de former un groupe à part, dont la supériorité se laisse deviner par l'emploi des superlatifs (« des plus vives et des plus jolies »). Les sens propre et figuré du terme « coin », (« on dit qu'un homme tient bien son coin dans une conversation, dans un pourparler d'affaires, quand il parle juste et à propos lorsque son tour vient de parler[2] »), se superposent pour donner naissance à l'équivalent d'un salon littéraire, auquel on pourrait participer en restant chez soi, comme le suggère le nom programme de cette académie. L'accès y serait pourtant soumis à un protocole que la comtesse détaille à Mlle de Menou :

> Si vous voulez illustrer notre académie, ma chère cousine, vous témoignerez à notre compagnie par un mot d'écrit que vous m'enverrez, que vous y souhaitez une place. Nous vous expédierons vos lettres en langage des dieux ; vous serez obligée à faire un petit remerciement en prose, où nous répondrons Dieu sait. Cela donnera lieu à mille jolies choses[3].

Solennité et élection apparaissent comme les maîtres mots de cette entreprise. Le terme de « place », si important dans l'œuvre de la comtesse, n'est pas choisi au hasard. Quant à la devise retenue : « *Des frelons voltigeant sur toutes sortes de fleurs, et des abeilles se reposant sur leur ruche avec ces mots : mieux sans chercher* », faut-il y voir une antithèse suggérant l'idée de facilité et d'aisance d'une écriture spontanée, qui serait peut-être l'apanage des femmes[4] ? Le lecteur n'en saura pas plus, les rigueurs climatiques ayant compromis le projet : « J'oubliais de vous parler de

---

1   *Ibid.*, p. 271-272.
2   A. Furetière, *Dictionnaire universel.*
3   *J*, p. 272.
4   On retrouve en effet une idée de comparaison qui n'est pas présente par exemple chez La Fontaine dans son « Discours à Mme de La Sablière », prononcé en 1684 et publié en 1685 : « Je m'avoue [...] / Papillon du Parnasse, et semblable aux abeilles [...]. Je suis chose légère, et vole à tout sujet ; / Je vais de fleur en fleur, et d'objet en objet » (La Fontaine, *Œuvres complètes*, Paris, Seuil, 1996, p. 491). Mme de Murat s'inspire-t-elle également de « l'ordre de la Mouche à miel », créé en 1703 par la duchesse du Maine dans son château de Sceaux, fidélisant une quarantaine de courtisans, gens de lettres et savants ?

notre académie ; les statuts en ont été submergés, mais si je puis les repêcher, je vous les enverrai sûrement[1]. » La maladie, et peut-être plus sûrement encore, la semi-liberté qu'obtient, quelques mois plus tard, Mme de Murat, ont dû contribuer à enterrer l'initiative.

La comtesse déploie ainsi une belle énergie, tout en restant la plupart du temps sur le mode ludique, pour favoriser les échanges littéraires entre les beaux esprits de Loches, et plus largement de Touraine, et même de Paris. À l'origine de l'instauration de l'écriture comme mode de relation, elle demeure la chef de file d'une société qu'elle entend orchestrer.

Il apparaît donc qu'à travers l'œuvre de Mme de Murat, la prise de parole qu'implique la défense des femmes confère un rôle de premier plan à celles qui apparaissent comme autant de portraits de la femme auteur. En effet, au-delà de l'affirmation du *je*, il s'agit d'organiser, de contrôler, voire de dominer les échanges : « la maîtrise du discours vient redoubler une maîtrise du destin qui fait fi d'un ordre social et narratif[2]. » Ce commentaire de Jean-Paul Sermain au sujet d'un conte de Mme de Murat pourrait bien s'appliquer à l'ensemble de son œuvre.

LA MISE EN VALEUR DE SON ÉCRITURE

Si Mme de Murat s'évertue à maîtriser les discours, c'est aussi qu'elle est très consciente du profit qu'elle peut tirer de cette pratique, comme le montre, à plusieurs reprises, l'expression de son souhait d'être distinguée pour ses qualités de plume.

QUAND LA COMTESSE ATTIRE L'ATTENTION DU LECTEUR SUR SON INGÉNIOSITÉ

Dans sa *Bibliothèque des romans*, Lenglet-Dufresnoy dit de Mme de Murat qu'elle écrit « avec beaucoup de génie, d'agrément et de goût[3] ».

---

1   *J*, p. 283.
2   J.-P. Sermain, *Le Conte de fées, op. cit.*, p. 113. Ce commentaire concerne « Le Père et ses quatre fils » (*BGF* vol. 3, p. 356).
3   Voir *infra* p. 437.

Mais il est étonnant de voir que la comtesse elle-même n'hésite pas à attirer l'attention du lecteur sur ces qualités.

C'est ce que révèle le conte « Le Turbot », qui se présente comme une énigme posée au lecteur[1], mais aussi et surtout comme un problème à résoudre pour celle qui tient la plume. Devant le mauvais sort jeté par le pêcheur Mirou à la princesse Risette – « qu'elle demeure grosse sans savoir de qui[2] » – la fée évoque d'abord son désarroi, « ne voyant point d'exemple que l'art de féerie ni même la magie la plus noire aient jamais eu le pouvoir de former une grossesse » :

> Ces terribles incertitudes m'agitèrent le reste du jour ; la nuit ne me donna pas plus de tranquillité, et je la passai presque toute dans ma bibliothèque à feuilleter mes livres et les mémoires que la reine ma mère m'avait laissés, et où elle avait fait des observations sur les événements les plus difficiles et les plus extraordinaires de son art ; je n'y trouvai rien d'assez positif pour me tirer absolument de la peine où j'étais, mais j'y entrevis des choses qui me donnèrent quelques espérances, et après avoir donné quelques arrangements à la confusion de mes pensées, je formai un dessein qui me parut propre à me tirer d'intrigue[3].

Le conte apparaît comme l'occasion d'un défi à relever, celui de l'invention, pour celle qui se met en scène dans ce qui ressemble à un autoportrait, sous le masque de la fée, comme le suggère l'emploi du vocabulaire de l'activité narratrice. Dès lors, la défense de Risette, accusée à tort par son père d'avoir porté atteinte à son autorité en ayant succombé aux avances d'un pêcheur, se trouve subordonnée à l'ingéniosité de la conteuse qui imaginera une mise en scène onirique de la relation, de sorte que l'amnésie de Risette soit plausible[4]. La défense des femmes ne serait-elle qu'habileté narrative ? C'est peut-être aussi le sens de cette réplique de Bienfaisante au prince qui lui apprend ses péripéties, dans « Le Roi Porc » : « Je vous aurais bien exempté la peine de ce récit, puisque tout ce qui s'est passé dans cette aventure n'a été que par mes ordres [...][5]. » La fée est celle qui élabore le scénario.

---

1   Selon la tradition des jeux mondains. Plusieurs contes fonctionnent sur ce principe : voir « L'Heureuse Peine » de Mme de Murat, et aussi « Vert et Bleu » de Mlle de La Force (*BGF* vol. 2).

2   « Le Turbot », *BGF* vol. 3, p. 303.

3   *Ibid.*, p. 334.

4   Voir *supra* p. 124.

5   « Le Roi Porc », *BGF* vol. 3, p. 217.

L'ingénieuse comtesse se manifeste également dans le récit-cadre du conte « Le Père et ses quatre fils », se terminant par une adresse de la narratrice aux auditeurs avec lesquels elle séjourne dans la propriété de Sélincourt :

> Mondor eut aussi lieu d'être content, et je souhaite, mesdames, que vous le soyez de moi après un si long récit, où j'ai mis assez *de mon invention* pour n'être pas bien sûre d'avoir réussi[1].

Enchaînant dans la même phrase, éléments du récit et référence à la situation extra-narrative, elle recourt à des marques d'oralité pour orienter l'éloge sur sa personne, par le biais d'une analogie avec le personnage de Mondor. Ce glissement est encore perceptible lorsque la conteuse s'adresse cette fois à celle à qui est rapporté le *Voyage de campagne* insérant le récit merveilleux :

> Lorsque j'eus fini mon conte, chacun s'empressa à me donner des louanges, que je n'avais sans doute pas méritées, et on voulut savoir *ce que j'y avais ajouté*[2].

Éloge de la conteuse et éloge du conte se superposent, et semblent prendre le pas sur l'argument. Ce rebondissement de l'intrigue est assez caractéristique de la façon dont Mme de Murat traite les sources folkloriques[3]. À la première partie du récit, peu éloignée des versions de Straparole et Basile[4], elle ajoute en effet l'épisode de la rencontre des deux amants, dont elle revendique l'invention dans le commentaire qu'elle fait à l'issue de sa narration :

> Premièrement, répondis-je, je l'ai narré à ma manière ; j'y ai ôté une simplicité qui le rendait très court. Toute l'aventure d'Isaline et de Delfirio, leur nom et ceux du reste des acteurs, tout cela est de moi […][5].

---

1 *V*, p. 367. Mondor est le nom du père.

2 *Ibid.*, p. 367.

3 Mme de Murat ne s'inspire du folklore que pour quatre contes : « Le Roi Porc », « Le Sauvage », « Le Turbot », et « Le Père et ses quatre fils », qui se rattachent respectivement aux contes-types n° 433, 502, 675 et 653. Voir P. Delarue et M.-L. Ténèze, *Le Conte populaire français : catalogue raisonné des versions de France* [1976-1985], Paris, Maisonneuve et Larose, 2002.

4 Selon R. Robert, la comtesse s'inspire, pour cette première partie, du conte type n° 653 (« Les quatre frères ingénieux »), également repris par les auteurs italiens. Voir *op. cit.*, p. 121-127.

5 « Le Père et ses quatre fils », *BGF* vol. 3, p. 367.

Dès lors, le début du conte, marqué par la sécheresse du style, ne sert que de faire-valoir aux longues plaintes de la princesse qui raconte, à son retour, son aventure amoureuse à sa confidente. Se substitue ainsi à l'univers héroïque des quatre seigneurs, un espace féminin dans lequel la parole se déploie librement, à travers un discours à la première personne. Il est à noter que l'habileté de Mme de Murat est également soulignée par les propos que la narratrice place dans la bouche du comte de Sélincourt, et dont elle feint de se défendre :

> Je vous assure, me dit-il, que vous placez votre érudition à merveille, et que vous ne lisez pas en vain. – Ne vous moquez point de moi, lui répartis-je ; je suis peut-être aussi redoutable par mes propres pensées, que par cette érudition que vous me reprochez, et je pourrais me venger de votre raillerie[1].

C'est un procédé identique de réécriture que l'on observe dans *Les Lutins*. L'histoire de Zariade racontée par Mlle de Saint-Urbain, qui lui permettait d'évoquer des noces célébrées au nez de l'autorité patriarcale, reçoit les éloges de deux auditeurs, déclarant que la narration

> était extrêmement embellie par les ornements qu'on y avait ajoutés fort à propos, qu'un ancien auteur qu'ils avaient lu la rapportait très succinctement, qu'il était plus agréable d'animer le récit d'une histoire aussi peu vraisemblable par quelques embellissements, que de la rapporter simplement avec exactitude, et la faire languir par un récit trop fidèle[2].

Seule la vicomtesse de Kernosy se prononcera sur l'effronterie des personnages de l'histoire. Plaisir du récit et mise en valeur de l'ingéniosité de la narratrice apparaissent alors comme les motivations d'une écriture qui cherche à se différencier. Mais la variation n'est pas seulement écart, du point de vue de Mme de Murat, elle se veut aussi une marque de distinction évaluative.

---

1   *Ibid.*, p. 367.
2   *L*, p. 159-160. C'est aussi le sens de la dédicace du conte « L'Adroite Princesse ou les aventures de Finette » adressée par Mlle Lhéritier à « Madame la comtesse de Murat » : « [...] je vous l'ai contée un peu au long ; mais quand on dit des contes, c'est une marque que l'on n'a pas beaucoup d'affaires ; on cherche à s'amuser, et il me paraît qu'il ne coûte pas plus de les allonger, pour faire durer davantage la conversation. D'ailleurs, il me semble que les circonstances font le plus souvent l'agrément de ces historiettes badines. Vous pouvez croire, charmante Comtesse, qu'il est facile de les réduire en abrégé. Je vous assure que, quand vous voudrez, je vous dirai les aventures de Finette en fort peu de mots. Cependant ce n'est pas ainsi que l'on me les racontait quand j'étais enfant ; le récit en durait au moins une bonne heure » (*BGF* vol. 2, p. 113).

SE DÉMARQUER DE SES CONTEMPORAINS

Plus généralement, Mme de Murat invite le lecteur, de façon explicite, à établir des distinctions entre ses œuvres et celles de ses contemporains. Comme on l'a vu, elle cherche notamment à se démarquer de Mme d'Aulnoy[1], afin d'éviter toute confusion au sujet de ses contes.

Une lecture comparée du « Roi Porc », de la comtesse, et du « Prince Marcassin », de sa contemporaine, tous deux inspirés de Straparole[2], permettra de mesurer l'écart entre les deux textes développant la même intrigue : le destin d'un prince né sous la forme d'un cochon, et dont l'état ne doit prendre fin qu'après trois mariages successifs. Mme d'Aulnoy insiste sur le caractère animal du héros, à qui il vient « des défenses terribles[3] » dont il éventre sa seconde épouse avant de s'enfuir désespéré dans la forêt. Malgré une éducation qui tente de lui ôter ses « manières marcassines[4] », et les réflexions allégorisantes de la conteuse pour relativiser sa monstruosité, ce prince reste effrayant, obligeant ses victimes à l'épouser : « tu n'en seras pas moins ma femme, et tu en souffriras davantage[5] », déclare-t-il à la première d'entre elles. La métamorphose animale exprime une violence sexuelle dénoncée par la mère du héros qui tente de retenir son fils :

> Si tu pouvais comprendre ce qu'on souffre dans ces unions forcées, tu ne voudrais point en courir le risque : ne vaut-il pas mieux demeurer seul en paix[6] ?

Le personnage de Mme de Murat est beaucoup moins sauvage que le marcassin de sa consœur. La métamorphose n'est que partielle : elle ne dure que le jour, avant d'être restreinte à quelques heures. Mais surtout, les trois femmes que le prince cochon épouse sont consentantes, ignorant tout de sa double nature. Ainsi, la belle ne rencontre jamais la bête, la nuit de noces étant toujours évitée grâce à une fée qui veille au destin du héros. Quel est alors le sens de la métamorphose ? Si elle ne figure plus, comme chez Mme d'Aulnoy, une sexualité masculine incontrôlée (« une fatalité qui m'est inconnue me force à t'épouser[7] »), elle pose

---

1   Voir *supra* p. 23.
2   *Les Nuits facétieuses*, Seconde nuit, Fable I, p. 73-80.
3   Mme d'Aulnoy, « Le Prince Marcassin », *BGF* vol. 1, p. 969.
4   *Ibid.*, p. 968.
5   *Ibid.*, p. 974.
6   *Ibid.*, p. 973.
7   *Ibid.*, p. 981.

également, en d'autres termes, la question de la mésalliance sociale. Dans le récit de Mme d'Aulnoy, la mère ambitieuse, qui n'imaginait pas une alliance royale pour ses filles, les sacrifie sans remords au prince animal, alors que dans le conte de Mme de Murat, la fée Bienfaisante révèle au prince que l'échec de son mariage avec les deux premières épouses, femmes de basse condition introduites dans le palais par Bourgillonne, « une fée du bas ordre[1] », est au contraire le signe qu'il est promis à une union bien plus digne :

> Il faut sans doute que quelque puissance supérieure qui veille à votre conduite n'ait pas jugé à propos qu'un mariage si inégal se soit accompli[2].

Finalement, les deux « grisettes » dont s'entiche le prince n'ont qu'un rôle narratif : permettre à la prédiction de s'accomplir à moindre frais (« elles [...] avaient servi au désenchantement du prince[3] »), la fin de la métamorphose du prince coïncidant avec les épousailles d'une troisième femme, cette fois princesse. Le récit de Mme de Murat consacre ainsi la victoire d'une fée moderne sur une « fée du bas ordre », et celle de l'amour galant sur un amour vulgaire. La métamorphose, loin de l'effroi qu'elle suscite dans « Le Prince Marcassin », devient alors un élément de la tonalité ludique du récit[4]. Si Mme de Murat se contente d'évoquer des

---

1   « Le Roi Porc », *BGF* vol. 3, p. 204.

2   *Ibid.*, p. 205.

3   *Ibid.*, p. 222.

4   Seul « Le Sauvage » comporte une description un peu effrayante de satyres : « une espèce d'hommes ou plutôt de monstres hideux et cruels, moitié hommes et moitié chèvres, qui faisaient des dégâts effroyables dans les lieux voisins, emportant les enfants, mangeant les bestiaux et gâtant les biens de la terre, après quoi ils se retiraient dans des lieux inaccessibles » (*BGF* vol. 3, p. 297). Mais là encore, différents éléments, comme le don de la parole, le tempérament pacifique, mais aussi la connaissance qu'il semble avoir du destin, parviennent à donner une image civilisée de la bête qui retrouve plus tard la forme humaine d'un prince charmant. De manière générale, l'écriture de Mme de Murat reste réservée par rapport à celle de Mme d'Aulnoy qui n'hésite pas à laisser libre cours à son imagination, préférant souvent le bestiaire à l'humain. Citons, par comparaison, le portrait, dans « La Chatte blanche », de cet époux destiné par les fées à la jeune princesse : « [...] jamais, depuis qu'il y a des nains, il ne s'en est vu un si petit. Il marchait sur ses pieds d'aigle et sur les genoux tout ensemble, car il n'avait point d'os aux jambes ; de sorte qu'il se soutenait sur deux béquilles de diamants. Son manteau royal n'avait qu'une demi-aune de long, et traînait de plus d'un tiers. Sa tête était grosse comme un boisseau, et son nez si grand qu'il portait dessus une douzaine d'oiseaux, dont le ramage réjouissait ; il avait une si furieuse barbe que les serins de Canarie y faisaient leurs nids, et ses oreilles passaient d'une coudée au-dessus de sa tête : mais on s'en apercevait peu, à cause d'une haute couronne pointue,

« routes différentes » en faisant référence aux contes de Mme d'Aulnoy et aux siens, le lecteur peut se demander si cette affirmation ne cache pas une revendication de supériorité. C'est pour le moins à une lecture comparative que la comtesse invite le lecteur.

On trouve dans le *Journal* un autre exemple de ce mode de lecture que propose Mme de Murat, à l'occasion de l'envoi à sa cousine du récit de la vie de la courtisane Rhodope :

> Mon premier dessein avait été d'écrire l'histoire des plus célèbres courtisanes de l'Antiquité ; je commençai par Rhodope, j'avais presque achevé Laïs sous le titre des « Douceurs de la vengeance », des affaires plus pressées et plus nécessaires me firent suspendre ce petit ouvrage. Mme D. qui avait beaucoup d'esprit et qui écrivait fort agréablement, l'entreprit sur mon projet même et le fit imprimer depuis. Les lecteurs jugeront qui des deux a le mieux réussi dans les aventures de Rhodope qui est la seule de ces jolies filles dont j'aie pris la peine d'achever la vie[1].

En effet, Catherine Durand a publié *Les Belles Grecques ou l'histoire des plus fameuses courtisanes de la Grèce et Dialogues nouveaux des galantes modernes*[2], qui contient notamment l'histoire de Rhodope. Mme de Murat suggère d'emblée au lecteur de comparer les deux textes, sous-entendant même un avantage pour elle, puisqu'elle ne craint pas le rapprochement. Peut-être même éprouve-t-elle un certain dépit d'avoir été devancée sur ce projet. Sylvie Cromer indique, dans son édition dactylographiée du *Journal*, les principales différences entre les deux textes, aux dépens de celui de Mme Durand :

> [...] Mme de Murat, intéressée par l'étude des sentiments et des caractères, invente une liaison entre Phaon et Rhodope, cause directe de la mort de Sappho. Contrairement à Mme Durand, elle lie les événements, accentuant la vérité psychologique. Ainsi Mme Durand nous inflige une longue digression

---

qu'il portait pour paraître plus grand » (*BGF* vol. 1, p. 787). Voir aussi « Le Nain jaune », au titre évocateur, et « L'Oranger et l'abeille » : l'héroïne, élevée par des ogres, est menacée de mariage avec un « ogrelet ». N. Jasmin parle, au sujet de ce dernier conte, d'une « expansion de la monstruosité » de façon « obsessionnelle » (*BGF* vol. 1, p. 335 et 1109).

1   *J*, p. 14.
2   Paris, Vve G. Saugrain et P. Prault, 1712. Sylvie Cromer fait justement remarquer que la date de publication, 1712 (première édition connue), pose problème, Mme de Murat écrivant ces lignes en 1708. Elle fait alors deux hypothèses : ce n'est pas l'édition *princeps* ; la première partie du livre, « Les Belles Grecques... » a pu être publiée avant la seconde, « Dialogues nouveaux... » (*J*, note 5 p. 14).

sur Sappho et déplace sa mort avant la liaison de Phaon et de Rhodope (qui n'a plus alors beaucoup d'intérêt) à laquelle Charaxos et Phaon restent insensibles d'ailleurs[1].

C'est ici encore une lecture critique que propose Mme de Murat, attentive aux écarts d'une œuvre à l'autre, ou d'un auteur à l'autre.

LE JUGEMENT DE SA COUSINE, MLLE DE MENOU

Dans le *Journal*, c'est de sa cousine que Mme de Murat attend un jugement critique. La relation que la comtesse entretient avec Mlle de Menou, lectrice privilégiée de ses écrits, constitue en effet une forte motivation pour elle. L'estime qu'elle dit avoir pour les qualités d'écriture de Mlle de Menou, « si fort dans le goût et dans le train des jolies choses[2] », renforce encore sa volonté de ne pas la décevoir. Elle sollicite ainsi souvent son jugement sur les pièces poétiques insérées dans ses articles, ou de façon plus générale, sur son écriture :

> Il faut, ma chère cousine, que vous soyez assez obligeante pour prendre la peine de me marquer : « tel endroit m'a plu dans le journal, cet autre ne me plaît pas etc. » Ces petites dissertations me donneront courage de bien faire[3].

Ailleurs, elle réclame pour son églogue « un peu d'attention à la lire, car si jamais j'ai fait quelque chose de passable, c'est cela. Vous m'en direz votre avis[4] », ou affirme, à propos du « songe à la comtesse d'Argenton » : « Il me semble que ma muse s'est assez bien débrouillée là[5]. » Elle suggère également des rapprochements avec d'autres écrivains, comme pour susciter une réaction de la part de sa cousine :

> J'ai donné ce soir au public un rondeau qui me semble fort joli. Il est régulier, celui-là ; mais il faut être bien hardie pour vous l'envoyer, tandis que vous êtes au milieu de ceux de Bensérade. C'est la coutume des poètes d'être téméraires[6].

---

1   *Ibid.*, note 1 p. 15.
2   *Ibid.*, p. 266.
3   *Ibid.*, p. 79. En effet, elle écrit par exemple : « C'est aujourd'hui votre fête, ma chère cousine, […] j'ai cherché à retrouver les routes du Parnasse et j'ai fait les couplets que voici, dans le goût et de la mesure de ces petites odes de La Motte que vous trouvez si fort à votre gré. » (p. 235).
4   *Ibid.*, p. 43. Il s'agit de l'églogue primée aux Jeux floraux de Toulouse.
5   *Ibid.*, p. 291-292.
6   *Ibid.*, p. 150. Voir aussi, à propos d'une imitation des *Dialogues des morts* de Fontenelle : « autant que je pus, s'entend, imiter un si bon auteur » (p. 257).

Mais quand la destinataire du *Journal* répond aux demandes de la comtesse, celle-ci espère que ses pensées étaient alors bien tournées vers elle. Ainsi, en recevant l'avis de Mlle de Menou sur les pièces poétiques qu'elle intègre à ses cahiers, elle formule le souhait qu'elle n'ait pas été objective dans ses jugements, par faiblesse pour leur auteur :

> À propos de poésies, vous m'avez furieusement flattée sur les miennes, ma chère cousine, en me disant que j'ai fait des choses aussi agréables que les petites odes de M. de la Motte. Quoique ma vanité de poète fût fort satisfaite de le croire ainsi, mon cœur sera encore plus content de penser que la prévention y a un peu de part[1].

Modestie feinte qui lui permet d'attirer l'attention de sa cousine sur sa personne, par-delà le texte lui-même. De même, la comtesse accorde un prix inestimable aux commentaires de Mlle de Menou, parce qu'ils viennent d'elle : « Mon églogue est plus glorieuse des louanges que vous lui donnez que du prix des jeux floraux[2] », ou encore : « Il n'est pas au pouvoir d'Apollon de me donner un prix plus aimable et plus glorieux de ma poésie[3]. » Se superposent alors les attentes de Mme de Murat vis-à-vis de sa cousine et la mise en valeur de la littérarité de son écriture[4].

LA DÉSIGNATION DE SOI COMME ÉCRIVAIN

Du jugement de sa cousine à la désignation de soi comme écrivain, il n'y a qu'un pas que la comtesse franchit allègrement. Par le biais de l'adresse à Mlle de Menou, la diariste construit progressivement l'image de la femme de lettres, qui lit, conseille, critique et écrit. Au fil du

---

1   *Ibid.*, p. 230. De la même façon, lorsque Mlle de Menou compare un dialogue écrit par Mme de Murat à ceux de Fontenelle, l'épistolière rétorque : « Je ne me flatte pas que mon dialogue égale ceux-là. Je vous prie de me permettre de penser qu'il y a un peu de prévention de votre part : j'aime mieux cela que la bonté de mon ouvrage » (p. 280).

2   *Ibid.*, p. 91. Mme de Murat fait pourtant une longue digression sur le fonctionnement des jeux floraux de Toulouse, dont elle remporta le prix pour cette églogue (p. 42-45).

3   *Ibid.*, p. 236. Voir aussi : « Dites-m'en votre avis, ma chère cousine, vous savez que j'en fais tout le cas qu'il mérite » (p. 294).

4   A. Jaubert montre comment « certaines dérives de la lettre favorisent sa littérarisation ». Ce procédé serait en quelque sorte un symptôme : « la manifestation d'un style fonctionne comme une demande de reconnaissance de place » (« De l'écriture de soi à la littérarisation, l'enjeu du style », dans *L'Épistolaire au féminin, correspondances de femmes XVIII*ᵉ*-XX*ᵉ *siècle*. Colloque de Cerisy-la-Salle, 1ᵉʳ-5 octobre 2003 ; actes publiés sous la dir. de B. Diaz et J. Siess, Caen, PUC, 2006, p. 137-148).

temps, l'écriture devient même une « pratique de vie[1] » pour Mme de Murat. Le dire semble en effet compter davantage que le dit, qui n'a d'intérêt que dans la mesure où il devient matière à narration sous le regard de l'autre : « il est vrai que de tout ce que je fais loin de vous, je n'aime que le plaisir de vous en rendre compte[2]. » C'est encore ce que signifie la comtesse en clôturant le récit d'une de ses journées par cette confidence : « Voilà notre journée, et je ne la croirais pas bien passée sans le plaisir de vous en rendre compte[3] ». La vie ne semble complète que doublée par l'écriture[4]. Bien plus, la comtesse oppose fortement le temps passé à écrire au reste de la journée, synonyme de monotonie et de fatigue :

> Les plaisirs fatiguent à la longue tout comme autre chose ; ceux qui partent du cœur sont les seuls dont on ne s'ennuie jamais [...] : lasse de tous les autres, je sens que le plaisir de vous écrire me dédommage de ma lassitude et me la fait oublier[5].

L'écriture entraîne alors un certain isolement de la comtesse : « j'ai tout planté là pour venir vous écrire. Ma foi, c'est un petit sacrifice, car on s'ennuie assez raisonnablement à tout cela[6]. » Ainsi, la lettre en vient à s'opposer au verbiage des conversations et de la sociabilité ordinaire[7]. Ce n'est donc pas une relation convenue que souhaite entretenir la comtesse avec sa cousine, interlocutrice privilégiée bien différente des habitants de Loches avec lesquels Mme de Murat ne peut s'épancher. Mais paradoxalement, ce désir de sincérité dans l'échange avec Mlle de Menou contribue à faire surgir l'image de « l'écriveuse[8] », aux dépens de

---

1   Ph. Lejeune et C. Bogaert, *Le Journal intime. Histoire et anthologie*, Paris, Textuel, 2006, p. 146.

2   *J*, p. 145.

3   *Ibid.*, p. 222.

4   M. Braud considère cet aspect comme une caractéristique du journal intime. Pour le diariste, « la vie n'existe peut-être même que dans sa transcription » (*La Forme des jours. Pour une poétique du journal personnel*, Paris, Seuil, 2006, p. 69).

5   *J*, p. 180. Voir aussi : « Voici sûrement la plus agréable heure de la journée, puisque c'est celle où je vous écris [...] » (p. 214).

6   *Ibid.*, p. 284.

7   B. Diaz définit comme « libertine », au sens étymologique du terme, cette parole libérée, loin du commerce du monde. Voir *L'Épistolaire ou la pensée nomade*, Paris, PUF, 2002, p. 123.

8   Terme emprunté à B. Diaz qui s'attaque au lieu commun envisageant la lettre comme transcription de la parole (*Ibid.*, p. 118).

celle de la causeuse, comme le révèle toute une mise en scène du geste d'écrire[1]. Se présentant avec tous les attributs de l'écrivain (« plume », « encre », « table », « cahier », « manuscrit », « minutes[2] »), elle évoque en effet, de temps à autre, sa façon d'écrire : « je n'aime à écrire que par caprice, sans règle ni mesure, comme un poète enfin[3] », ou encore : « Je sais mon métier[4] », et ne ressent aucun complexe vis-à-vis des autres écrivains, comme le suggère cette remarque à sa cousine : « Je vous rends mille grâces des *Lettres* de Fontenelle. Cela est assez joli, mais sans nous vanter, vous et moi en écrivons tous les jours sans songer même à bien écrire, qui valent beaucoup mieux que celles-là[5]. »

Mais si l'écriture retient Mme de Murat dans sa chambre, c'est un isolement volontaire dont il s'agit, contrairement à celui que lui impose la société qui la met à l'écart en raison des « désordres » de sa vie. On comprend alors que l'écriture lui permet d'acquérir une nouvelle identité sur laquelle la société n'a pas de prise. Ainsi, au château de Loches, elle ne paraît plus une femme mise au ban de la société, mais une femme auteur disposant d'une « chambre à soi[6] », comme le suggère l'expression sans valeur référentielle qu'elle emploie pour se désigner : « en retraite dans ma chambre bleue[7] ». Et ses cahiers portent la trace de son activité d'écriture, faite de projets plus ou moins achevés, mais qui semblent bien souvent motivés par une certaine forme de rivalité. En effet, expliquant à sa cousine les raisons pour lesquelles elle n'est jamais allée chercher son prix gagné pour une églogue aux Jeux floraux, elle déclare : « J'ai fait comme Alexandre, je n'ai voulu garder que l'espérance d'en regagner un autre quand je le disputerai[8]. »

---

1   Voir par exemple : « Bonsoir, ma chère cousine, je suis plus poète que jamais. Voici des vers que j'ai faits tantôt en rêvant sur ma terrasse où j'ai fait mettre ces jours passés une table de pierre et un siège, pour composer au grand air. Je suis là de rez-de-chaussée du mont Parnasse. Voici l'étrenne de ma table et la première chose que j'aie écrite dessus [...] » (*J*, p. 160). On note en même temps l'humour de Mme de Murat vis-à-vis d'elle-même.

2   *Ibid.*, p. 220, 228, 250.

3   *Ibid.*, p. 189.

4   *Ibid.*, p. 108.

5   *Ibid.*, p. 269. On retrouve ici le *topos* d'une écriture féminine spontanée dans le genre épistolaire.

6   Expression empruntée à V. Woolf, *Une chambre à soi* [1929], trad. de l'anglais par C. Malraux, Paris, Gonthier, 1965.

7   *J*, p. 135. Entre 1610 et 1650, la marquise de Rambouillet, d'une santé précaire, attira chez elle une société choisie dans sa chambre bleue de l'hôtel de Rambouillet à Paris.

8   *Ibid.*, p. 45.

Se présentant comme une femme plus avertie que les autres, la comtesse s'autorise donc à parler en leur nom, acquérant de ce fait un statut de chef de file qui lui permet d'une certaine manière d'échapper à l'emprise sociale : la femme avertie devient femme auteur.

Ses qualités littéraires, sur lesquelles elle n'hésite pas à attirer elle-même l'attention, renforcent encore cette distinction qu'elle recherche continuellement, et dont elle semble faire même un principe d'écriture. Si la défense des femmes fait indéniablement émerger la figure de la femme auteur, remarquée pour ses compétences de lecture et de décryptage ainsi que pour sa maîtrise des discours, cette mise en valeur de soi en tant que femme de plume apparaît aussi comme l'une des conditions de défense du sexe féminin, tout en en étant l'illustration la plus parfaite.

LE DÉSIR DE PUBLICATION

Si le lecteur assiste ainsi, à travers l'œuvre de Mme de Murat, à la « naissance d'une femme de lettres », il observe que la comtesse exprime par son écriture un désir très fort de publication, qu'il s'agisse de rendre publique son innocence dans les *Mémoires*, ou d'adresser ses écrits à de multiples destinataires comme le révèle le *Journal*. Ces formes de publication semblent directement liées à la défense des femmes, puisqu'elles traduisent une manifestation de soi dans une société où le sexe féminin n'a qu'une place marginale, et où prédomine l'injonction de la réputation, réduisant la femme à un discours sur elle. Mme de Murat, comtesse de haute noblesse exilée à la prison royale de Loches en raison de ses tendances lesbiennes, a fait l'épreuve dans sa chair de ces multiples enfermements. Vie et œuvre se rejoignent alors dans ce désir de publication.

LA PUBLICATION DE SES ÉCRITS

Mme de Murat n'écrit pas pour elle, mais afin d'être lue. La défense des femmes, on l'a vu, implique une prise de parole publique. Ainsi, l'écriture des *Mémoires* n'est pas envisagée sans la publication de l'œuvre, qui seule peut donner sens au projet de la comtesse qui entend conseiller les femmes et surtout réhabiliter leur réputation. C'est en effet de l'image des femmes en général et de soi en particulier dont il est question, au point que le *je* ne semble se définir que par ce qu'on en dit. Si, de son côté, l'épître « aux Fées modernes » s'intéresse au conte en tant que vecteur potentiel d'un *ethos* féminin, Mme de Murat réclamant une reconnaissance publique pour les conteuses, c'est le *Journal* qui révèle encore davantage l'intérêt que porte la comtesse, alors exilée à Loches, à la réception de ce qu'elle écrit.

RENDRE PUBLIQUE SON INNOCENCE : L'ÉCRITURE DES *MÉMOIRES*

Le souci de son image

Dénoncer le caractère fallacieux des jugements portés sur les femmes en attirant l'attention sur le récit de sa propre vie, tel est l'objectif de Mme de Murat dans les *Mémoires*, qui entend remédier à une situation fâcheuse pour elle, puisqu'elle dit ne pas bénéficier du « mérite » qu'elle devrait retirer de son innocence :

> trop heureuse de me sentir innocente de tout ce que la calomnie m'a imputé, mais malheureuse en même temps d'avoir perdu le mérite de mon innocence, par les scandales auxquels je n'ai que trop donné occasion[1].

Si elle prend la plume, c'est donc pour que le monde, convaincu de sa ruse (« on admira mon esprit, mais on ne jugea pas avantageusement de ma sagesse et de ma conduite[2] »), sache qu'elle est innocente :

> J'ai bien d'autres aventures à raconter, par lesquelles *on verra* que la médisance m'a moins encore épargnée, quoique je n'aie jamais été plus coupable[3].

Ce souci de reconnaissance est reformulé par M.-T. Hipp :

> […] pour la comtesse, le bonheur ne réside pas seulement dans la conscience de sa sincérité, de sa vérité et de son innocence, mais aussi dans l'estime des autres[4].

Publier ses *Mémoires*, c'est d'abord rendre publique son innocence. Et à défaut d'être justifiée par tous, la comtesse se contentera de l'être par quelques-uns : « ne me doit-il pas suffire pour me consoler de l'injustice qu'on m'a faite, de savoir que ce mariage a été approuvé de tous ceux qui ont les sentiments nobles et vertueux[5] ? » De multiples adresses ou allusions au lecteur qu'il s'agit de persuader émaillent d'ailleurs le

---

1   *MdeM*, I, p. 1-3.
2   *Ibid.*, I, p. 95. Voir aussi : « un tour de mon adresse », « louange d'avoir de l'esprit et de l'adresse » (I, p. 334-335).
3   *Ibid.*, I, p. 98. Nous soulignons. Voir aussi : « je donnai, *comme on le voit*, fort innocemment de nouvelles prises sur ma conduite, lorsque je n'étais occupée que du désir de m'attacher à mon devoir » (I, p. 161-162).
4   M.-T. Hipp, *op. cit.*, p. 314.
5   *MdeM*, II, p. 280.

récit, comme le montre ce passage : « et on n'aura pas de peine à croire que je n'avais pas envie de répondre à l'amour qu'il faisait semblant de sentir pour moi[1]. »

La comtesse envisage même le retentissement que pourrait avoir la publication de ses *Mémoires* dans l'opinion publique, du moins dans le cercle de ses lecteurs. À l'occasion de sa condamnation du comportement de Blossac, l'homme des premières amours qui a abandonné l'héroïne à son sort, elle écrit en effet :

> Tout ce que j'ai pu faire en considération des sentiments qu'il m'avait inspirés, ça a été de ne le nommer jamais ; et si ces *Mémoires* tombent entre ses mains, il verra par le soin que j'ai pris de lui donner un nom qu'il n'a porté que dans son enfance, que je ne suis pas assez vindicative pour le faire connaître. Je m'imagine qu'il mourrait de confusion s'il voyait sa lâcheté publiée, et que tout le monde aurait pour lui autant de mépris que moi, si l'on savait qu'il a été capable d'abandonner au besoin, sous un léger prétexte, une femme qui n'était malheureuse qu'à cause de lui[2].

Tout en donnant l'impression que le récit est une œuvre à clés, que seuls les intéressés pourraient décrypter[3], la comtesse explicite les conséquences désastreuses qu'impliquerait pour le marquis de Blossac la révélation de son véritable nom. Adoptant alors le point de vue du lecteur auquel elle dicte le jugement qu'il lui faut porter sur ce vil séducteur et ses méfaits, elle évoque l'impact, réel ou fantasmé, que pourrait avoir la publication de son récit. Mais elle feint d'atténuer la portée de l'attaque personnelle, dans la deuxième phrase, par le recours à l'emploi du conditionnel à valeur d'irréel au sein d'un système hypothétique. Qu'il s'agisse d'elle ou de ses adversaires, l'écriture n'est pas concevable sans sa publication.

Le je en position délocutive dans les Mémoires

Puisqu'il s'agit de faire paraître au grand jour la véritable image de soi déformée par diverses calomnies, Mme de Murat déplace l'intérêt de l'événement sur ce qui en a été dit, afin d'y substituer sa propre version.

---

1   *Ibid.*, II, p. 5-6. Il s'agit de l'abbé Fouquet.
2   *Ibid.*, I, p. 145-146.
3   Elle refuse également de nommer l'amie qu'elle rencontre lors d'un séjour en province, et dont elle rapporte le récit de quelques aventures. Les noms de Saint-Albe et du comte de Velley sont aussi des pseudonymes. Sur les œuvres à clés, voir M. Bombart, M. Escola (dir.), *Lectures à clés*, *Littératures classiques* n° 54, printemps 2005.

Toutes sortes de propos sont ainsi collationnés, et apparaissent comme autant d'autoportraits indirects du *je*, qui devient objet du discours.

En effet, l'héroïne des *Mémoires* est avant tout celle dont on parle, le plus souvent de façon médisante, et quelquefois de manière élogieuse. Les personnages du récit apparaissent comme des locuteurs, se répartissant entre adversaires et défenseurs de la comtesse. Les premiers sont aussi les plus nombreux, et semblent parfois ligués. Il s'agit du marquis de Blossac, à l'origine de la mauvaise réputation de l'héroïne, de la mère abbesse du couvent où a séjourné la jeune fille, de ses parents qui agissent par haine personnelle ou par intérêt, de son propre mari, du magistrat pourtant en charge de son procès, d'un ecclésiastique convoqué comme médiateur, mais aussi de la femme de Saint-Albe, l'homme qu'elle aime, et d'une femme de chambre bien maladroite. Cette liste s'allonge encore au fil des pages, qu'il s'agisse d'amants éconduits comme Montalzac ou de conspirateurs comme le comte de Velley. Mais au-delà de ces sources bien identifiées, c'est un ensemble encore plus large qui propage les rumeurs, et au centre duquel se trouve l'héroïne. Quant à ses défenseurs, ils se réduisent à Sauvebeuf qui a tenté de la protéger de la violence de son père, Mlle Laval rencontrée dans un carrosse sur la route de Paris, Mme de Châtillon qui a de nombreux appuis, le duc de Candale et surtout Saint-Albe qu'elle épouse en secondes noces. Enfin, la comtesse rapporte également les aveux de ses anciens ennemis qui la disculpent *in extremis* à l'approche de leur mort[1]. Ce sont donc les témoignages de près d'une vingtaine de personnes que rapporte la comtesse à son sujet.

Les verbes de paroles ou l'emploi d'expressions renvoyant à l'activité orale sont d'ailleurs très nombreux, soulignant la position du *je* comme objet du discours cité, que ce dernier soit rapporté ou simplement évoqué : « elles dirent charitablement que j'étais une coquette dont elles

---

1   Il s'agit, dans les *Mémoires*, du premier mari de l'héroïne : « il déclara avant que de mourir qu'il se repentait de la manière dont il en avait usé avec moi, qu'il avait conçu de ma conduite d'injustes soupçons » (*MdeM*, II, p. 98), et de Blossac, l'ennemi de toujours qui, s'il ne s'adresse pas directement à l'héroïne, fait également amende honorable, après avoir été sauvé par Saint-Albe sur un champ de bataille : « Blossac n'eut pas le cœur assez mauvais pour n'être pas touché de ce que Saint-Albe venait de faire pour lui. Il publia partout qu'il lui était redevable de la vie, et s'offrit à me faire toutes les réparations que je voudrais. » (II, 365-366). De même, dans *Les Lutins*, M. de Briance reconnaît en mourant qu'il a fait le malheur de sa femme, et lui propose même de se remarier avec celui qu'elle a toujours aimé, le comte de Tourmeil. Il s'agit cependant de paroles prononcées en privé (*L*, p. 192-193).

étaient ravies d'être défaites » ; « il alla publier partout que j'étais une endurcie » ; « la manière dont mon mari en usa avec moi donna lieu à tous les bruits qui coururent alors[1]. » Le discours citant est parfois rappelé de façon redondante, suggérant une mise à distance encore plus grande des propos : « il me *reprocha* ma mauvaise conduite, et le penchant qu'il *m'accusait d'avoir* à la galanterie[2]. »

De multiples verbes supposant une parole, tout en ayant la plupart du temps une valeur attributive, sont également employés, révélant que le *je* n'a accès à lui-même que par l'intermédiaire du jugement d'autrui : « on me regarda comme l'héritière de ma maison[3] » ; « tous trois me crurent la femme du monde la plus coquette[4] » ; « on jugea que j'étais de l'humeur de ces femmes galantes à qui rien ne coûte[5] », « j'eus encore la honte et la mortification de passer pour une amante abandonnée de son amant[6]. » Le sujet semble ainsi constitué d'une succession de clichés, qui lui sont renvoyés de l'extérieur et qui se juxtaposent comme dans un kaléidoscope.

D'autres occurrences insistent sur le fait que celle dont on parle est également réceptrice des propos la concernant. Plusieurs phrases comportent ainsi deux marques de la première personne : « J'entendis souvent parler de *moi* pendant le voyage : rien ne faisait plus de bruit » ; « j'appris même qu'on ne m'avait guère ménagée là-dessus[7]. » Le discours d'autrui est évoqué par la perception qu'en a l'héroïne, témoin de propos qu'elle rapporte ensuite. La comtesse explique d'ailleurs l'intérêt de cette situation :

> Cela fait voir que quelque décriée que soit une femme, elle ne se croit jamais aussi décriée qu'elle l'est. Il serait quelquefois à propos que celles qui ont donné occasion de parler de leur conduite, entendissent ce que le monde en dit[8].

---

1   *MdeM*, I, p. 62, 345, 122.
2   *Ibid.*, I, p. 142.
3   *Ibid.*, I, p. 8.
4   *Ibid.*, I, p. 116.
5   *Ibid.*, I, p. 313.
6   *Ibid.*, I, p. 250-251. Voir aussi : « elle me faisait passer dans le monde pour une femme d'une mauvaise conduite (I, p. 317) ; « Il me regarda comme une réprouvée » (I, p. 345) ; « on me regarda comme une femme qui comptait le reste pour rien, pourvu qu'elle contentât sa passion » (II, p. 229).
7   *Ibid.*, II, p. 226.
8   *Ibid.*, I, p. 190-191.

La parole de l'autre, « qui vient contourner l'impossibilité d'être à la fois à l'intérieur et à l'extérieur de soi[1] », participe ainsi de l'identité du sujet en quête de ce qui est dit sur lui, qu'il s'agisse de médisances ou de louanges, comme si l'identité se trouvait autant sinon plus en dehors de soi qu'en soi. En effet, c'est essentiellement par le biais de la parole d'autrui, rapportée au sein de sa propre narration, que le *moi* social se trouve déconstruit, mais qu'il tente aussi de retrouver son intégrité. C'est donc un double portrait qui se dégage du discours cité auquel s'oppose ou au contraire adhère le *je*, dont l'unité se trouve en réalité dispersée par la multiplication des discours qui le placent en position délocutive.

Production et reproduction du discours d'autrui

Si l'héroïne des *Mémoires* oscille entre révolte, (notamment quand sont relatés, dans le carrosse qui la mène à Paris, des épisodes de sa vie prétendue dissolue : « et j'eus plus d'une fois occasion d'être en colère par toutes les sottises qu'on y disait[2] »), et affliction (« les larmes que je n'avais pas cessé de répandre, se redoublèrent ; je n'eus pas la force de lui dire un mot[3] »), la reproduction régulière de ce qui se dit sur elle n'est pas sans alerter le lecteur sur l'intérêt qu'elle peut y trouver. La façon dont sont introduits beaucoup de discours rapportés dans les *Mémoires* révèle en effet que l'héroïne narratrice ne se contente pas de restituer les propos qu'elle dit avoir entendus ou lus à son sujet, mais qu'elle contribue aussi à les produire. La comtesse, à l'affût de tout ce qui se dit à son sujet, participerait ainsi à l'inflation du discours sur elle, comme si le *moi* ne pouvait exister en dehors de sa dimension publique.

Il lui arrive par exemple de présenter des propos comme émanant d'autrui, alors qu'il ne s'agit que d'une interprétation de sa part :

> et *à les entendre, on aurait jugé* qu'elles auraient plus aisément excusé en moi une galanterie, que ce mariage, tant le monde est injuste, et ne juge des choses que par bizarrerie et par caprice ; on ne me pardonnait pas plus de

---

1   F. Magnot, *op. cit.*, p. 190.

2   *MdeM*, I, p. 188-190. Voir aussi : « tout ce que l'on disait n'excitait en moi qu'une secrète envie de me venger » (I, p. 192). Il est à noter que la comtesse emploie des termes forts pour qualifier ses adversaires, accusant par exemple le magistrat d'être un « scélérat » et un « méchant homme » (I, p. 276 et 277).

3   *Ibid.*, I, p. 245-246. Il s'agit de la réaction de l'héroïne quand elle découvre les machinations de l'abbé Fouquet.

> m'être mariée à un homme que j'aimais, que d'avoir autrefois cherché à me faire séparer d'un mari que je n'aimais point[1].

La polysémie du verbe « entendre », mêlant écoute et compréhension, permet de superposer, au sein du discours rapporté, ce qui est perçu et ce qui est inféré. La subjectivité du discours citant est d'ailleurs renforcée, dans la première phrase, par le verbe « on aurait jugé » masquant la présence d'un *je*.

Parfois, la comtesse introduit quelques précautions dans l'expression de ses accusations, mais pour mieux les soutenir. C'est de cette manière qu'est formulée l'analyse des raisons ayant décidé Blossac à accepter un projet douteux de la femme de chambre :

> et voulant se venger des inconstances dont il m'avait accusée, il accepta la proposition, dans le dessein de m'insulter. *C'était sans doute son intention*, puisqu'il dit à la femme de chambre qu'il irait au rendez-vous avec de ses amis, à qui il voulait faire part de sa bonne fortune[2].

La restriction, apportée dans un second temps, et suggérant qu'il ne s'agit que d'une hypothèse, est malgré tout suivie d'une explication qui en renforce la valeur de vérité.

On retrouve le même procédé dans d'autres passages où la subjectivité du propos apparaît plus fortement, par le biais de pronoms personnels et de verbes de croyance :

> Sauvebeuf était en Languedoc ; et la marquise aussi jalouse de moi que je pouvais l'être d'elle, trouva moyen de retenir ou de rendre inutiles, en le prévenant contre moi, toutes les lettres que je lui écrivis. *C'est du moins ce que je me suis imaginé*, ne pouvant me persuader qu'un homme qui m'avait tant témoigné de passion, ne m'eût pas écrit au moins une lettre dans l'état déplorable où j'étais[3].

Une variante de ce procédé consiste à annoncer, dès le début de la phrase, qu'il s'agit d'une supposition personnelle, avant de détailler par la suite un discours sur soi dont la comtesse apparaît comme l'auteur :

> *Je ne sais* par quel motif Blossac avait montré ma lettre : ce fut, *je crois*, pour éprouver ce que Sauvebeuf serait capable d'entreprendre pour moi, et pour

---

1   *Ibid.*, II, p. 285.
2   *Ibid.*, I, p. 320.
3   *Ibid.*, I, p. 184-185.

se confirmer par là dans les soupçons qu'il avait conçus. Quoi qu'il en soit, Sauvebeuf n'était pas fâché que Blossac lui eût laissé le soin de me servir[1].

L'expression « Quoi qu'il en soit » ne clôture qu'en apparence l'énoncé hypothétique, qui laisse place en réalité à une nouvelle supposition.

Certaines calomnies ne sont d'ailleurs envisagées qu'en lien avec la réalisation d'hypothèses :

et quel déchaînement ne devais-je pas craindre de sa famille, *si l'on venait à soupçonner le dessein qu'il me proposait*[2] !

Parfois, en revanche, aucune précaution rhétorique ne vient atténuer les affirmations de celle qui se montre omnisciente, comme le révèle le détail qu'elle fait des pensées de son mari :

Il s'imagina qu'ayant marqué de si bonne heure du penchant à l'amour, je le conservais toujours ; et voyant d'ailleurs, par les reproches qu'il se faisait à lui-même de la manière dont il en usait avec moi, que je n'avais pas sujet de l'aimer, il se mit dans l'esprit qu'il fallait que j'eusse quelque attachement[3].

L'accumulation des verbes de pensée suggère une véritable introspection, voire une intrusion dans l'esprit d'autrui.

Si l'étude des calomnies montre, par le biais de l'expression d'hypothèses plus ou moins marquées comme telles, que la reproduction du discours de l'autre sur soi comporte une part de production personnelle, l'analyse du discours des défenseurs de l'héroïne laisse entrevoir également la participation du *je*. En effet, la parole de l'autre semble constituée des mots favoris de l'héroïne narratrice. C'est ce que révèle une partie des propos de son mari qui avoue sa responsabilité, dans une sorte de confession ultime déjà évoquée : « qu'il voulait que tout le monde sût que j'étais très innocente des choses que la médisance m'avait imputées, et dont il se reconnaissait la cause[4]. » Si l'adjectif « innocente » est un terme clé de l'œuvre, apparaissant dans l'« Avertissement » comme dans la suite du récit, la publicité de cette innocence est bien le souci majeur de la

---

1   *Ibid.*, I, p. 163.
2   *Ibid.*, II, p. 44-45.
3   *Ibid.*, I, p. 108-109.
4   *Ibid.*, II, p. 98.

comtesse. Autrement dit, « la bonne parole de l'autre n'est autre que celle que l'on désire entendre[1] ».

Mais surtout, alors que le discours médisant est retranscrit majoritairement de façon indirecte ou narrativisée, les paroles élogieuses sont le plus souvent rapportées directement et de façon exhaustive, même si elles constituent parfois un discours relativement long. À deux reprises, la comtesse donne ainsi à lire intégralement les propos de Saint-Albe. Il s'agit d'abord d'une lettre de sa main, qui la disculpe à un moment où elle s'était compromise pour lui[2], puis des dernières paroles qu'il lui adresse avant de s'éteindre[3]. Dans les deux cas, la présence, au cœur de la narration, de ces preuves extrinsèques de son innocence se trouve justifiée. Elle écrit en effet au sujet de la lettre : « [...] je pense devoir la mettre ici dans les propres termes dont elle était conçue[4] », et à propos du dernier discours de Saint-Albe :

> Il parla ainsi, et on ne doit pas s'étonner de ce que j'ai si bien retenu ce discours. Hélas ! je me le suis si souvent répété que je n'en ai pas oublié une parole. Aurais-je pu oublier des paroles qui ont été les dernières marques de son amour[5] ?

Ces arguments cachent mal le caractère peu vraisemblable d'un discours rapporté de façon complète. On sait en effet que le discours direct n'est pas le plus fidèle[6], malgré l'impression d'un mimétisme maximal entre discours citant et discours cité.

Le *je* ne semble donc exister que dans et par le discours des autres, la figure d'autrui ne cessant de s'immiscer dans sa propre image. Rapporter les propos d'adversaires ou de défenseurs permet de démultiplier les points de vue sur soi, de redire son histoire, de se définir. Les propos calomnieux, scrupuleusement enregistrés, semblent avoir un rôle aussi important que les éloges dans le processus de construction de l'identité : « Le cheminement sourd de la parole de l'autre informe et façonne le sujet[7]. » La vérité de la parole de l'autre sur soi ne consiste pas dans son

---

1 F. Magnot, *op. cit.*, p. 199.
2 *MdeM*, II, p. 74-76.
3 *Ibid.*, II, p. 383 à 388.
4 *Ibid.*, II, p. 74.
5 *Ibid.*, II, p. 388-389.
6 Voir L. Rosier, *Le Discours rapporté. Histoire, théories, pratiques*, Paris, Duculot, 1999.
7 F. Magnot, *op. cit.*, p. 218-219.

contenu ni dans sa valeur axiologique, mais dans la représentation de soi qu'elle constitue. C'est donc une identité sociale et discursive, par le biais des autres, qui caractérise le *je* des *Mémoires*, contrairement à ce que laisse croire ce commentaire de l'abbé de Villiers, reprochant à la comtesse d'être juge et partie :

> la Dame qu'on veut justifier raconte elle-même son histoire, et par là elle ôte à ce livre toute l'autorité qu'il pourrait avoir ; car il n'y a personne si coupable, qui en parlant de soi-même ne se dise innocent, *il en fallait faire faire le récit par d'autres*[1].

L'INTÉRÊT POUR LA RÉCEPTION DE SA PRODUCTION LITTÉRAIRE D'APRÈS LE *JOURNAL*

Œuvre inédite, le *Journal* témoigne aussi à sa manière, et paradoxalement, d'une volonté de publication. On y lit en effet le souci régulier de la comtesse exilée de mesurer l'écho, à Loches et au-delà, de sa production littéraire quotidienne, orale ou écrite, mais aussi de savoir si les cahiers qu'elle fait suivre à sa cousine, destinataire au statut en grande partie fantasmé, ne sont pas restés lettre morte.

Le public de Loches et des environs

L'activité littéraire que la comtesse développe dans cette petite ville de province lui permet sans aucun doute de bénéficier d'une certaine forme de publication[2]. La société lochoise constitue en effet avant tout un public pour Mme de Murat. Ainsi, un texte destiné à sa cousine a pu passer entre les mains d'autres lecteurs, ces destinataires occasionnels retardant parfois l'envoi à Mlle de Menou :

> Je vous envoie enfin *Rhodope*. C'est une merveille qu'elle soit revenue de chez Bouliche : et c'est les colonnes d'Hercule pour les livres, car ils ont accoutumé de ne pouvoir aller plus loin[3] !

---

1   Abbé de Villiers, *op. cit.*, p. 199-200.
2   Sur la mise en valeur des créations verbales et le contrôle de leur réception, voir Myriam Dufour-Maître, « Les Escortes mondaines de la publication », dans Ch. Jouhaud et A. Viala (dir.), *De la publication, op. cit.*, p. 249 à 265. La notion d' « en-commun », préférée à celle de réception, et empruntée à J.-L. Nancy par H. Merlin, paraît également ici très pertinente (*op. cit.*, p. 392).
3   *J*, p. 42.

Inversement, si la majorité des textes de sa plume envoyés à sa cousine ont été composés uniquement pour elle, plusieurs l'ont été à l'intention d'autres destinataires, comme des couplets à Mme de Champflé ou Mme Danger, ou encore le songe à Mme la comtesse d'Argenton. Recopiés dans les cahiers du *Journal* pour sa cousine, ils bénéficient alors d'une double émission.

L'intérêt que la comtesse porte à la réception de ses textes révèle également son désir de les voir divulgués. Elle rapporte en effet l'accueil souvent très favorable réservé à ses pièces poétiques : « Les couplets de *Ho gué lou la* que je vous ai envoyés sur le Raton et Mme de Champflé ont fort réussi et ont été célébrés cette après-dînée[1]. » Ce succès donne lieu à deux formes de publication, sans parler de celle que constitue l'écriture du *Journal* : la distribution de ses textes, parfois au-delà de la petite localité[2], mais aussi leur mise en musique. C'est de cette double, et même triple consécration dont bénéficient par exemple ses vers construits autour de l'expression « *frisc frasc* », et rapportés dans ses cahiers :

> C'est un chef-d'œuvre que mes couplets. L'air en a été fait *sonnicat*[3] et on les chante de l'heure qu'il est chez Mme Danger où sont les dames et la musique ; on en a déjà fait un nombre infini de copies, c'est la grande mode à Saint-Aignan[4].

Mme de Murat écrit d'ailleurs souvent directement sur des airs (par exemple « sur l'air de la Joconde[5] »), ou sollicite le savoir-faire des musiciens de son époque : « J'ai fait tantôt des vers qui brilleront avec un air de Dangeville[6]. » La musique est alors conçue comme un moyen de

---

1   *Ibid.*, p. 40.
2   « Voici une autre espèce de poésie dont la réussite a été si grande que j'ai presque envie de la croire bonne. À Paris et à Tours, une infinité de gens d'esprit en ont pris des copies, mais je m'en fie mieux encore à votre décision, ma chère cousine » (*Ibid.*, p. 253). Voir aussi cette ballade écrite pour un certain M. Amelot, notable de la région, rapportée ensuite à sa cousine, et envoyée également dans la capitale : « Cette ballade est allée à Paris, ainsi il serait de la vanité de poète de souhaiter qu'elle fût un peu jolie » (*Ibid.*, p. 271).
3   Voir *supra* note 2 p. 177.
4   *Ibid.*, p. 196. Voir aussi : « Mes *frisc frasc* ont une vogue étonnante » (p. 200).
5   Sur les rapports entre texte et musique, voir les travaux d'A.-M. Goulet, et notamment : *Poésie, musique et sociabilité au XVIIᵉ siècle : les « Livres d'airs de différents auteurs » publiés chez Ballard*, Paris, H. Champion, 2004.
6   *J*, p. 168. Voir aussi : « J'ai reçu ce matin une lettre de Dangeville qui m'envoie par la poste, comme je l'en avais prié, un air de sa façon sur mes paroles : *J'aime plus tendrement* ;

redoubler l'éclat de l'écriture, tout en en organisant la réception. C'est pourquoi elle demande aussi à sa cousine de chanter sur les paroles des poèmes qu'elle lui envoie : « Je me flatte que vous chanterez ces couplets, ma belle cousine[1]. »

Elle rapporte également les strophes de louange qu'un inconnu a composées à son intention, l'incitant à poursuivre sa reprise du *Diable boiteux* :

> Autre gentillesse, je viens de recevoir des vers et une lettre sans savoir de qui ; c'est au sujet du *Diable boiteux* ; je crois que cela vient de Tours car mon diable y a fort réussi. Je vous envoie la lettre en original et vais copier ici les vers[2].

Cette pièce intitulée « À Mme la Comtesse de Murat », et que la diariste envoie en double à sa cousine, constitue un éloge de la femme autant que de l'écrivaine[3].

À l'inverse, toute parole un tant soit peu négative est ressentie par la comtesse comme une pique qui la fait réagir immédiatement :

> Je ne fais pas si bien ma cour à l'enfant d'argent[4] que le cousin, et je ne fais ni vers, ni prose pour ses beaux yeux ; aussi m'a-t-elle reproché hier que je n'ai plus guère d'esprit : c'est prendre un poète par son endroit sensible, cela me fit faire un impromptu que voici[5].

D'autres passages révèlent encore que Mme de Murat se laisse prendre au jeu de la compétition :

> Il y a un bel air de Pont Neuf nouveau que le cousin sait, sur lequel j'ai fait des couplets pour rétablir un peu la réputation de mon esprit et de ma muse. Les voici[6].

---

cet air est gracieux et tendre, je l'ai fait chanter à Pardou qui a la voix jolie » (p. 144). Sur ce musicien, voir *supra* note 3 p. 27.

1   *Ibid.*, p. 236.
2   *Ibid.*, p. 74.
3   Plusieurs expressions, comme « aimable solitude », font référence à la situation de cette « charmante comtesse », « aimable comtesse », ou encore « docte comtesse », dont le « nom » est loué, ainsi que « la noblesse » et la « vertu » de sa maison (*Ibid.*, p. 75-77).
4   Surnom de Mlle de La Chevallerais.
5   *J*, p. 238. Voir aussi p. 294.
6   *Ibid.*, p. 239. Voir aussi « je ne passe sur mes longues douleurs que pour vous, ma chère cousine ; pour tout autre, la plume me tombe de la main ; mais j'ai fait un effort pour l'honneur de mon esprit » (p. 261).

La comtesse répand ainsi sans complexe sa propre production, faisant de la bonne société lochoise ses destinataires immédiats.

Le suivi des cahiers envoyés à sa cousine

On retrouve avec l'adresse du *Journal* à Mlle de Menou le même souci de la réception. Les relations sociales que la comtesse noue avec les habitants de Loches semblent même orientées dans ce but. Ainsi, elle n'hésite pas à les solliciter pour envoyer à Boussay, où demeure sa cousine, le *Journal* et tout ce qu'elle y joint comme livres et musique. Les cahiers évoquent en effet un nombre impressionnant de personnes auxquelles elle a recours. Souvent méprisante avec ceux qui faillent à leur commission, elle tente régulièrement de faire de nouvelles connaissances afin de recruter autant de facteurs :

> J'ai cultivé aujourd'hui les bonnes grâces de Mme du Bay, belle-sœur du Chartier de Preuilly pour avoir des occasions d'avoir l'honneur de vous écrire ; elle m'en a promis, ma chère cousine, et l'on ne peut me rien promettre en votre absence, qui me fasse plus de plaisir[1].

Par ailleurs, elle supporte difficilement le peu de cas que l'on fait de sa production :

> Je vous avais fait un journal admirable commencé du jour du départ du cousin Babou, c'était le roi des journaux ; il y avait les plus belles choses du monde. On l'a déchiré pour allumer des javelles [...]. Il y avait dans ce journal, vers, prose, raisonnements profonds, mais crac, il n'en reste ni *frisc* ni *frasc* chose du monde[2].

L'humour de la dernière phrase, dans laquelle est réemployée une expression à la mode, ne tempère que légèrement son désappointement. Seuls les aléas climatiques, tels que le dégel de l'année 1709, sont l'occasion pour elle d'afficher une attitude détachée à l'égard de ses écrits :

---

1   *Ibid.*, p. 62. Voir aussi : « Le petit Meunier à qui j'ai parlé, ce matin, m'a promis des occasions d'avoir l'honneur de vous écrire plus souvent [...] » (p. 64-65). Elle sollicite encore un collecteur (p. 70), un homme de Beaulieu (p. 97), le père de Mlle de Menou (p. 129), Mme de Saint-Aroman (p. 139), et Monsieur Simon « un joli homme, il va porter mon paquet » (p. 264).

2   *Ibid.*, p. 246.

> Cette aventure m'a bien perdu des papiers où il y avait d'assez jolies choses, mais heureusement je ne compte pas la perte de mes ouvrages comme un grand malheur [...][1].

En réalité, la diariste tient une comptabilité très précise des envois et des réceptions[2], se plaignant à sa cousine de lettres beaucoup moins fréquentes et souvent bien plus brèves que les siennes : « Vous ne remarquez pas, peut-être, que depuis quinze jours je n'ai eu de votre part qu'une petite lettre pas plus grande que rien[3]. » Mme de Murat semble toujours avoir l'initiative de l'écriture, comme le révèle encore le peu d'allusions, au sein de ses articles, à des missives antérieures de sa cousine qui pourraient en rendre le sens opaque aux yeux d'un lecteur extérieur. En effet, en dehors de quelques passages, la lecture du *Journal* ne nécessite pas d'accommodation particulière, preuve qu'ils tiennent davantage du soliloque que d'un échange interactif. Par ailleurs, les lettres de Mlle de Menou ne répondent guère aux attentes de la comtesse qui souhaiterait un engagement affectif plus intense de sa part : « Vous n'écrivez point tendrement[4] », lui dit-elle, ou encore : « Votre couplet est charmant, à l'intention près[5]. » Cette amertume de l'épistolière est évidemment renforcée par l'absence de visite de sa cousine qui la déçoit cruellement.

Face à cette situation, la réaction la plus spontanée de la comtesse est d'adresser reproches et injonctions à sa destinataire lorsque aucune nouvelle d'elle ne lui parvient. La diariste, qui se présente vis-à-vis de Mlle de Menou, comme « une personne qui voudrait apprendre [des nouvelles] à tout moment [...] en vers et en prose, le plus souvent et

---

1   *Ibid.*, p. 273-274. Voir aussi à propos de son églogue primée : « Le poète la fait toujours imprimer, mais pour moi je ne daignai y songer » (p. 44). Elle dit aussi qu'elle ne garde pas les « minutes » de son journal.

2   Mme de Murat reçoit trois lettres par mois, d'avril à juillet (15, 21, 22 avril, 1, 8, 14 mai, 13, 21, 26 juin, 1, 17, 24 juillet), puis les missives de Mlle de Menou se font beaucoup plus rares quand les envois de la comtesse commencent à s'espacer, à partir du mois d'août 1708 (5 août, 9 sept, 25 janvier, 6 février et 5 mars).

3   *J*, p. 82. Voir aussi : « Je ne néglige rien de tout ce que je crois vous pouvoir amuser : vers, journaux, musique, livres nouveaux ; et vous, mon ingrate et chère cousine, vous me refusez deux lignes d'écriture » (p. 206) ; ou encore : « mon cœur [...] ne peut me laisser perdre l'occasion de vous amuser un quart d'heure ; je voudrais bien que vous trouvassiez que j'ai raison, ma charmante cousine, et que vos sentiments là-dessus ressemblassent un peu aux miens » (p. 41-42).

4   *Ibid.*, p. 107.

5   *Ibid.*, p. 108.

le plus tôt[1] », exprime en effet ses exigences de façon très explicite et récurrente, recourant à divers procédés pour convaincre sa destinataire trop silencieuse de prendre la plume. Variant sans cesse les modalités de phrases, avec un vocabulaire toujours hyperbolique, elle déplore souvent dans un premier temps l'absence de nouvelles avant de formuler le souhait d'en recevoir. C'est une structure binaire qui prédomine alors, comme dans les exemples suivants : « Je suis dans une impatience infinie de recevoir de vos nouvelles, dites-m'en même de vos oiseaux[2] », ou bien : « Je meurs d'impatience d'apprendre ce que vous faites, ma charmante cousine ; quand me l'apprendrez-vous donc[3] ? » Progressivement, ce sont les impératifs qui dominent et s'enchaînent. La demande se fait tantôt très précise : « ayez la bonté de m'écrire tous les lundi, et le mardi chargez-en quelqu'un pour Preuilly, envoyez-les chez M. Chartier, adressez les lettres à Mlle du Bay[4] », tantôt plus générale : « Donnez-moi de vos nouvelles, ma belle cousine, mais amplement[5]. » La tonalité devient alors plus sombre : « je vais me coucher avec bien des *cheugnes* dans l'âme d'avoir eu vainement le doux espoir de recevoir aujourd'hui de vos nouvelles[6]. » La formulation est parfois plus directe : « j'enrage de votre silence[7]. » Enfin, dans les derniers cahiers, l'expression de la douleur devient extrême, l'épistolière recourant au vocabulaire de la tragédie : « Croyez-vous que je puisse suspendre mon impatience ? Mon cœur est frappé, blessé, affligé de votre oubli. Rien ne peut m'en consoler que vous-même ; voudrez-vous bien prendre ce soin[8] ? » Les injonctions font alors place à la supplication : « Chevallier va donc demain à Bou[ss]ay. Qu'il n'en revienne pas sans m'apporter de vos nouvelles, je vous en supplie[9]. » Mme de Murat ira jusqu'à demander à sa destinataire, sous forme de boutade ironique, un simple accusé de réception : « En vérité, vous devriez bien du moins m'envoyer un reçu au défaut d'une réponse [...][10]. »

1   *Ibid.*, p. 60-61.
2   *Ibid.*, p. 63.
3   *Ibid.*, p. 83.
4   *Ibid.*, p. 85.
5   *Ibid.*, p. 188.
6   *Ibid.*, p. 101. Le terme de « cheugnes » désigne « des ennuis ».
7   *Ibid.*, p. 117.
8   *Ibid.*, p. 199.
9   *Ibid.*, p. 218. Voir aussi p. 272.
10 *Ibid.*, p. 205.

L'intérêt d'un contenu minimal avait déjà été évoqué quelque temps auparavant par la comtesse, confirmant ainsi, s'il en était besoin, la dimension communicationnelle de l'écriture :

> il faut absolument pour le salut des absents, que vous fassiez un journal. Les jours que vous ne serez point en train d'écrire, vous mettrez seulement la date du mois, cela ne sera pas long. Ce moyen de vous faire penser tous les jours à moi sera d'un prix infini pour un cœur à qui rien n'est si cher et si précieux que votre souvenir[1].

La comtesse va ainsi jusqu'à pallier l'absence de réaction de la part de sa cousine en lui dictant les mots qu'elle aimerait entendre de sa bouche, de sorte que se juxtaposent la voix de la comtesse et son écho. De la sorte, plusieurs questions sont suivies des réponses attendues : « en doutez-vous, ma chère cousine ? Non, vous êtes trop juste pour refuser de le croire[2] », ou encore : « Qu'en dites-vous, ma belle cousine ? J'en suis charmée, moi, de mes couplets[3]. » Parfois, la comtesse feint de proposer à la destinataire deux réponses possibles : « Il me semble que [les occasions d'écrire à Boussay] étaient plus fréquentes les autres années ; qu'en dites-vous, ma trop aimable cousine ? L'étaient-elles effectivement, ou si c'est que je les désire davantage ? Décidez[4]. » Le choix apparent se révèle en réalité une invitation à la subjectivité.

Si reproches et injonctions s'adressent à la destinataire silencieuse, remerciements et compliments lui sont réservés quand le quotidien est illuminé par la réception inespérée d'une lettre de sa part. Mme de Murat réagit en effet avec une très grande sensibilité, comme s'il s'agissait d'un cadeau inestimable que sa cousine lui ferait « la grâce[5] » de lui envoyer. Le terme de « plaisir » revient très régulièrement sous la plume de la comtesse, pour suggérer l'intensité de son émotion (« un plaisir qu'il m'est impossible d'exprimer comme il se fait sentir à mon cœur[6] », « le plaisir infini qu'elles me font[7] »), ou pour montrer l'impact de ces

---

1   *Ibid.*, p. 91. Voir aussi : « Oh dame, pourquoi donc ne pas écrire, tant seulement, "je vous donne le bonjour", pour contenter les personnes à qui rien n'est si cher que de recevoir de vos nouvelles » (p. 68).

2   *Ibid.*, p. 53.

3   *Ibid.*, p. 199.

4   *Ibid.*, p. 56.

5   *Ibid.*, p. 141.

6   *Ibid.*, p. 7.

7   *Ibid.*, p. 31.

missives dans la dynamique épistolière, chaque lettre reçue étant une nouvelle occasion de répondre : « C'est une lettre de vous, ma trop aimable cousine, et le plaisir de pouvoir vous en remercier dès demain[1]. » Si la comtesse mène le dialogue, elle souligne malgré tout à quel point son écriture et son inspiration dépendent de sa destinataire : « Votre lettre que je viens de recevoir, ma belle cousine, était absolument nécessaire pour dégeler mon esprit et mon écritoire[2]. »

Mme de Murat ajoute cependant que les réponses de sa cousine sont méritées, comme si elle exprimait une nouvelle demande au sein même de ses remerciements : « Que je vous suis redevable de vous être servie de cette occasion ! De quel prix est votre souvenir ! Mais j'en suis digne par la vive reconnaissance que j'en ai[3]. » L'anticipation du plaisir de la réception peut aussi déguiser une attente, tout en la justifiant : « Je me flatte du plaisir de recevoir de vos nouvelles au retour de M. votre oncle. C'est un bien qui est dû, ma belle cousine, à l'impatience avec laquelle je le désire[4]. » Cette mise en valeur de soi-même débouche sur la revendication d'une relation exclusive : « Le plaisir infini qu'elles me font prouve que je suis digne d'en recevoir un peu plus souvent que les autres, et j'avoue que j'aurais été bien fâchée si cette occasion n'avait été favorable qu'à Mlle de La Solay [...][5]. » Des connotations opposées (« plaisir » et « fâchée ») se côtoient ainsi, suggérant le jeu de la comtesse, oscillant entre autorité et reconnaissance à l'égard de son « ingrate et chère cousine[6] ».

C'est donc un véritable journal du *Journal* que tient au fil des jours la comtesse, inventant une forme nouvelle, le journal intime adressé.

Mlle de Menou, une lectrice imaginaire ?

Mlle de Menou, si sollicitée dans le *Journal*, ne fait pourtant pas l'objet de longues descriptions dans la correspondance, la comtesse de Murat insistant seulement sur les qualités qui la distinguent des autres personnes avec qui elle échange :

---

1   *Ibid.*, p. 149.
2   *Ibid.*, p. 273.
3   *Ibid.*, p. 149.
4   *Ibid.*, p. 65.
5   *Ibid.*, p. 31.
6   *Ibid.*, p. 206.

> Eh, mon Dieu ! la jolie chose que de bader avec une personne qui a autant d'esprit que vous ! Franchement, je n'en ai pas avec les autres la millième partie de ce que j'en ai avec vous ; vous inspirez vivement et si l'esprit y profite, ma chère cousine, je crois que le cœur l'éprouve du moins aussi bien que lui[1].

Cette énigmatique cousine qui la séduit et attise les sentiments passionnés qu'elle éprouve pour elle apparaît comme une lectrice privilégiée, susceptible de comprendre et d'inspirer. Mais au fil des cahiers, l'absence de Mlle de Menou contribue à faire d'elle une figure abstraite, destinataire idéale, dont le rôle serait de constituer un public imaginaire pour Mme de Murat.

La comtesse imagine en effet la scénographie de l'échange : c'est comme une conversation qu'elle envisage l'écriture et l'envoi du *Journal*. Le caractère « adressé » des cahiers les assimile à une succession de fragments de lettres, qui sont autant de moments privilégiés d'une « conversation en absence ». Si Mme de Murat n'utilise pas cette expression bien connue employée par les Anciens, reprise par Érasme ou encore reformulée par Mlle de Scudéry, elle a recours à des termes équivalents pour décrire l'illusion que produit l'écriture : « Jugez par la grosseur de ce journal, combien de temps je passe à vous écrire, je crois presque causer avec vous[2] », ou encore : « je ne puis finir en vous écrivant, je crois presque vous entretenir. Mais mon mal veut que je me couche[3]. » L'adverbe « presque », présent dans les deux phrases, souligne, il est vrai, le caractère métaphorique de l'énoncé, comme c'était le cas dans l'adage en langue latine[4], mais l'inscription marquée des actants de l'interlocution *je-vous*, associée à des verbes de parole (« causer », « entretenir »), insiste sur la dimension communicationnelle de l'échange ainsi que sur son immédiateté. L'écriture est en effet quasi contemporaine des faits, du moins durant les quatre premiers mois qui constituent, rappelons-le, la partie la plus importante du *Journal*. Sa division en différents moments de la journée permet d'actualiser régulièrement la situation d'énonciation, inscrivant la subjectivité de celle qui écrit et de sa destinataire dans un présent toujours renouvelé, qui ignore le décalage temporel, d'une

---

1   *Ibid.*, p. 58. On pense au « rabutinage » entre Madame de Sévigné et Bussy.
2   *Ibid.*, p. 47.
3   *Ibid.*, p. 96.
4   « absentium amicorum quasi mutuus sermo » (Érasme, *Opus de conscribendis epistolis…*, 1522).

semaine environ, entre le moment de la rédaction et celui de la réception. De plus, les formules de salutation, du type « Bonsoir donc, ma chère cousine, et adieu jusqu'à demain[1] », impliquant normalement, comme le rappelle Catherine Kerbrat, « une co-présence et un contact physique entre les interlocuteurs[2] », illustrent bien cette dénégation de l'éloignement dû à la séparation, la destinataire immédiate semblant plutôt l'image de sa cousine que Mme de Murat convoque que Mlle de Menou elle-même.

La comtesse se fait encore plus précise en évoquant la scène d'énonciation qu'elle associe à un lieu synonyme de féminité et d'intimité, la « toilette[3] » :

> Ho çà ! vous êtes à présent à votre toilette, ma chère cousine ; raisonnons comme si nous étions de plain-pied. Je voudrais bien me figurer cela, je vous parlerais, je vous ferais répondre à ma fantaisie, car comme dit mon bon ami Montaigne, il n'est rien tel que les plaisirs de l'imagination parce qu'elle se les taille en plein drap[4].

Quitter l'ici pour le là-bas, la solitude pour le face-à-face, tel est le rêve que l'écriture peut donner le sentiment de vivre. Malgré les marques de l'irréel, qu'il s'agisse de l'emploi du conditionnel ou de la référence à la puissance de l'imagination, Mme de Murat dépeint en effet tout ce qui révèle cette présence physique de l'une à l'autre, mais qui disparaît en passant de la conversation à la lettre, à moins qu'on ne fasse la lecture de ses cahiers à sa cousine :

> Vous avez à présent le journal si votre courrière m'a tenu parole. Le cousin Babou le lit peut-être de l'heure qu'il est à votre toilette. Je suis bien fâchée de ce qu'il fait ainsi ma charge. Revenez, s'il vous plaît, me remettre en exercice[5].

---

1 *J*, p. 154.

2 C. Kerbrat-Orecchioni, « L'interaction épistolaire », dans *La Lettre, entre réel et fiction*, *op. cit.*, p. 28.

3 « Toilette » : « Se dit aussi des linges, des tapis de soie, ou d'autre étoffe, qu'on étend sur la table pour se déshabiller le soir, et s'habiller le matin : et l'on dit un coffre de *toilette*, un miroir de *toilette*, une *toilette* de brocard, de satin, de velours, de point de France. Le carré où sont les fards, pommades, essences, mouches, etc., la pelote où on met les épingles dessus, et les pierreries dedans, la boîte à poudre, les vergettes, etc. sont des parties de la *toilette* » (A. Furetière, *Dictionnaire universel*).

4 *J*, p. 53.

5 *Ibid.*, p. 158. Voir aussi p. 92 : « Les remarques du cousin Babou sur Montaigne me paraissent fort profitables et remplies d'érudition. Je trouve qu'il honore trop mes journaux

L'insertion discrète de la proposition hypothétique postposée et de l'adverbe « peut-être » au sein de phrases au présent de l'indicatif facilite le glissement de la supposition à l'affirmation, contribuant ainsi à l'effet de réel de la scène évoquée. Mme de Murat se figure cette fois l'oralisation de sa lettre lue à haute voix, justifiant à nouveau la conformité de ses articles et de la conversation[1].

Luttant contre cette déperdition, qu'analyse Bernard Beugnot, lors du passage de la vive voix à la voix épistolaire (« si la lettre est la *memoria* d'une conversation ou d'un timbre, il lui manque aussi ce qui la différencie du commerce du monde, le regard, la gestuelle, tout ce qui relève de *l'actio*[2] »), la comtesse entretient l'illusion d'un espace intime[3], dont l'évocation renouvelle, par sa précision et sa connotation féminine, le *topos* de la lettre comme présence dans l'absence.

À défaut de cette présence, la lecture du *Journal* doit être une occasion pour la destinataire de penser à celle qui le lui envoie. Mme de Murat n'hésite pas en effet à préciser à sa cousine le mode de lecture qu'elle doit adopter. Elle lui en donne quelques exemples en faisant elle-même le lien, pour sa destinataire, entre ce qu'elle écrit et sa situation. C'est ainsi qu'elle fait suivre quelques vers de sa façon (« Il faut voir toujours ce qu'on aime [...][4] »), d'un commentaire invitant sa lectrice à les décrypter : « Jugez, ma chère cousine, si une personne qui pense ainsi, ne doit pas supporter l'absence plus impatiemment qu'une autre. » La majorité des pièces poétiques que la comtesse insère dans le corps de

---

d'en faire deux fois la lecture ». Il n'était pas rare, à l'époque classique, que les lettres familiales, voire amoureuses, soient lues par plusieurs personnes.

1   Comme le rappelle I. Landry-Houillon, l'oral en tant que mode de communication n'est jamais désigné comme tel à l'époque classique. C'est donc le terme de « conversation » qui désigne métonymiquement tout ce qui relève de l'oral. « La lettre se trouve donc être le lieu d'une double tension, d'un côté tension vers le simple, le familier, rattaché à un oral imaginaire et de l'autre, tension vers le soutenu, le contrôlé, marque traditionnelle de l'écrit » (« Lettre et oralité », dans *Art de la lettre, art de la conversation à l'époque classique en France*, Actes du colloque de Wolfenbüttel (1991), publiés par B. Bray et Ch. Strosetzki, Paris, Klincksieck, 1995, p. 88).

2   B. Beugnot, « Les voix de l'autre : typologie et historiographie épistolaires », dans *Art de la lettre, art de la conversation, op. cit.*, p. 48.

3   B. Beugnot ajoute : « La lettre invente des liens et des lieux intimes pour nier la solitude première d'où elle sourd ; elle a, comme souvent les mémoires, partie liée avec l'enfermement et la prison » (« De l'invention épistolaire : à la manière de soi », dans *L'Épistolarité à travers les siècles, op. cit.*, p. 36).

4   *J*, p. 168.

ses articles, qui ne sont que des variations sur les thèmes de l'amour et de l'absence même si elles peuvent être parfois adressées à d'autres personnes[1], prennent ainsi tout leur sens quand les pronoms *on*, *je* ou *vous*, mais aussi les prénoms d'Iris, Vénus, Sylvie ou Climène, sont référés au contexte extralinguistique de la relation entre les deux femmes[2]. Mme de Murat exploite ainsi, dans ces morceaux insérés, les ressources de l'absence d'ancrage référentiel précis, tout en conférant une dimension ludique à la lecture.

De manière plus générale, la comtesse imagine volontiers ce moment privilégié de la lecture de ses cahiers par Mlle de Menou :

> Que faites-vous à l'heure qu'il est, ma belle cousine ? Vous lisez, je crois ; si c'était quelque chose qui vous fît souvenir de moi, j'en aurais une sensible joie[3].

On trouve également un peu plus loin :

> Peut-être puis-je me flatter que vous pensez aussi à moi à l'heure qu'il est ; le journal est arrivé à présent à Bou[ss]ay et vous êtes, faute de mieux, occupée à le lire[4].

Même si elle ne peut qu'évoquer la réception d'un cahier antérieur, et non de celui qu'elle est en train d'écrire, Mme de Murat fait coïncider lecture et écriture dans le présent du discours. C'est bientôt la totalité du temps de sa destinataire qu'elle souhaite accaparer par la lecture de ses envois, comme le révèle l'évocation du passé : « J'ai ce soir une sorte de joie dans le cœur de penser qu'à l'heure qu'il est, vous ne pouvez plus ignorer ma vive inquiétude : c'est une espèce de repos pour moi[5] », ou l'utilisation du futur : « Je suis ravie de pouvoir être sûre que demain vous penserez à moi et que vous lirez les assurances du plus parfait attachement qui soit au monde[6]. » Les marques de la première personne

---

1 Voir par exemple des couplets adressés par Mme de Murat à différentes amies (*Ibid.*, p. 293-295).

2 De nombreuses pièces versifiées du *Manuscrit* évoquent également de façon très générale les destinataires, à l'image des chansons intégrées dans la *Clélie* : « [...] Vivre avec *mon Iris* dans une paix profonde, / Et ne compter pour rien tout le reste du monde » (éd. cit., V, 3, p. 415). Mme de Murat semble donc tirer parti d'un stéréotype.

3 *J*, p. 51.

4 *Ibid.*, p. 71.

5 *Ibid.*, p. 206.

6 *Ibid.*, p. 190. Voir aussi : « que j'ai de satisfaction de penser que ce soir vous lirez le journal et ma lettre, et que vous pourrez juger si c'est manque de le désirer que je n'ai point eu

sont omniprésentes, qu'il s'agisse du *je* écrivant, ou de l'image qu'en convoquera sa lectrice.

Dès lors, l'écriture peut s'étirer, au-delà de ce que pourrait même durer une conversation. La comtesse rêve en effet d'une adresse ininterrompue à sa cousine, dans un lieu où l'exil mais aussi la maladie l'astreignent à un certain isolement. D'ailleurs, en envoyant les cahiers neuf et dix, la comtesse exprime quelques scrupules, mais qui semblent bien formels : « Il y en a tant que j'ai peur qu'il y en ait trop […] et de plus, lisez en trois jours ce que je vous envoie, si cela vous ennuie tout à la fois[1]. » À l'inverse, lorsqu'un courrier vient chercher son *Journal* pour l'amener à sa cousine, elle déplore d'être obligée de s'interrompre : « Je finis malgré moi, mais ce garçon veut partir[2]. » Et si un cahier ne peut être envoyé comme prévu, il est décacheté par l'épistolière qui en profite pour rajouter un article : « J'en enrage et le décachette pour vous donner le bonsoir et vous rendre compte de ma journée[3]. » Ces longueurs, dont s'excusait parfois Mme de Sévigné auprès de sa fille, et que ne condamne pas Du Plaisir[4], sont certes favorisées par les conditions de l'exil de la comtesse, libre de consacrer tout son temps à ce dialogue particulier, hors la vue et en différé, qu'est l'écriture épistolaire. Comme l'analyse Anna Jaubert,

> l'épistolier est libéré de la présence physique de l'autre, de ses réactions, de ses mimiques, de ses grognements, approbateurs ou non, de ses interruptions, ou de la simple nécessité de ne pas prolonger abusivement son tour de parole ; il peut à loisir se forger un destinataire idéal, lecteur disponible de sa complaisance introspective, et de ses effusions[5].

La variété des indications horaires précédant les entrées du *Journal* révèle d'ailleurs la grande autonomie de Mme de Murat dans la gestion de son écriture : « Quoiqu'il soit tard, je vais en profiter comptant

---

l'honneur de vous écrire ! » (p. 36).

1   *Ibid.*, p. 122.

2   *Ibid.*, p. 250.

3   *Ibid.*, p. 226.

4   « On a la même peine à finir une lettre qu'à finir une conversation ; on l'ouvre vingt fois pour y ajouter quelque chose comme on rentre vingt fois pour se parler, et je crois même qu'il est peu d'autres voies pour s'entretenir que celle des lettres » (Du Plaisir, *Sentiments sur les lettres et sur l'histoire avec des scrupules sur le style* ; éd. critique avec notes et commentaires par Ph. Hourcade, Genève, Droz, 1975, p. 32).

5   A. Jaubert, « De l'écriture de soi à la littérarisation, l'enjeu du style », art. cit., p. 138.

et j'ai déjà oublié qu'il fallait pour ma santé me coucher de bonne heure[1]. » Quelques pages plus loin, elle avoue : « je ne finis hier mon journal qu'à deux heures après minuit[2]. » Cependant, l'épistolière va jusqu'à imaginer que cet échange avec Mlle de Menou puisse se poursuivre par les rêves :

> Vous dormez à l'heure qu'il est ; en vérité, j'aimerais bien Morphée, s'il avait l'esprit de vous parler de moi dans quelques-uns de ces jolis songes vifs et légers que Virgile dit qui sortent du palais du sommeil par la porte d'ivoire[3].

Audace étonnante d'une intimité onirique qui révèle aussi que si l'écriture est discontinue, c'est bien une continuité idéale qui est envisagée[4]. Recherchant désespérément une proximité avec sa cousine, la comtesse se permet ainsi toutes les audaces dans l'interlocution. Roger Duchêne le rappelle : « la lettre est non seulement occasion, mais encore tentation de liberté[5]. » Le *Journal pour Mlle de Menou*, support matériel de la relation, en apparaît alors également comme la métaphore, permettant d'explorer les potentialités de l'acte d'écrire, à l'image de la relation affective qui unit Mme de Murat à sa cousine.

Il apparaît donc que le caractère adressé du *Journal* ne semble qu'une façon de donner de l'écho à la voix de l'épistolière qui, remplissant l'espace vide laissé par sa destinataire, passe de la conversation désirée à la conversation fictive et au dialogue de soi avec soi. Dans tous les cas, l'écriture ne peut se concevoir sans sa médiation, même imaginaire, par autrui.

---

1   *J*, p. 149.
2   *Ibid.*, p. 154.
3   *Ibid.*, p. 84. Voir aussi p. 97.
4   On retrouve d'ailleurs le même excès à l'occasion de la réception d'une lettre par Mme de Murat, car contrairement à une parole qui n'est énoncée qu'une fois, la lettre peut toujours être relue : « Je l'ai lue environ vingt fois, sans compter que je la lirai peut-être encore avant de dormir » (*Ibid.*, p. 88-89). Le moment de la lecture, « avant de dormir », suggère aussi un lieu intime, le lit.
5   R. Duchêne, *Réalité vécue et art épistolaire. 1 : Mme de Sévigné et la lettre d'amour*, Paris, Bordas, 1970, p. 173.

LE REFUS DE LA PLACE MARGINALE
ACCORDÉE AUX FEMMES : L'EXHIBITION DE SOI

Au-delà du désir de publication de ses écrits, c'est l'aspiration à de multiples formes d'expression de soi que traduit l'œuvre de la comtesse. En effet, l'écriture devient le plus souvent le moyen de l'exhibition d'un *je*, tenté par la liberté d'action et de mouvement, par la mise en scène de soi, ou encore par la confidence au lecteur de ses états d'âme aussi bien que des souffrances physiques qu'inflige la maladie. Autant de comportements et d'épanchements contribuant à la publicité de soi, et qui outrepassent la retenue convenant à une femme de la haute société, même si une certaine excentricité n'a jamais été étrangère à l'aristocratie.

POUR UN MOI PUBLIC DANS LES *MÉMOIRES*

Les *Mémoires* montrent une héroïne qui cherche à se montrer et à s'exhiber, et ce d'autant plus que son identité est menacée par toutes sortes d'enfermements, de travestissements, de contradictions ou de douleurs. C'est alors en réaction aux différentes formes d'oppression que se définit le *je*, en quête de reconnaissance et de vérité.

Les prisons du moi

Enlevée à deux reprises de façon extravagante, la jeune fille n'est pas maîtresse de son corps et encore moins de sa destinée. Elle est d'abord piégée par son père pour être remise à son mari, dont elle ignore jusqu'au nom, le jour même où elle s'apprête à prendre le voile selon la volonté de sa mère. Se présentant comme le libérateur de sa fille, qu'il a seulement informée de ses intentions de la faire échapper au couvent pour lequel elle ne se sent aucune vocation, le père de l'héroïne organise en réalité un mariage qui doit servir ses intérêts. Par la suite, Sauvebeuf, l'épée à la main, vient la « sauver de la violence de [s]on mari[1] ».

De multiples menaces d'enfermement la guettent également, qu'elles soient proférées par l'abbesse du couvent qui en souligne le caractère

---

1   *MdeM*, I, 160.

très concret (« entre quatre murailles[1] »), par le magistrat qui a déjà fait subir ce traitement à son fils[2], par le directeur ecclésiastique mais aussi par sa mère[3] et son mari qui se réfèrent tous aux autorités pour solliciter des « ordres royaux[4] ». C'est même l'idée de traque qui est suggérée par la comtesse : « Ma mère et mon mari gardaient si peu de mesures, qu'ils disaient hautement que je ne leur échapperais pas[5]. » Son mari la menace aussi de la séquestrer si elle ne se montre pas irréprochable, ce qui l'incite à fuir le domicile conjugal : « la crainte d'être opprimée me fit songer au moyen le plus prompt de me tirer de ses mains[6]. » Le statut de femme mariée est d'ailleurs associé à celui de prisonnière, comme le suggèrent encore les expressions « les moyens de s'en délivrer » et « me mettre en liberté[7] » employées par contraste.

Par ailleurs, certains calomniateurs usurpent l'identité de l'héroïne, en empruntant son écriture, son nom ou ses habits, afin de se faire passer pour elle. L'énoncé de la calomnie ne peut alors être remis en cause, émanant directement de la bouche de celle qui semble en être à l'origine malgré elle. Ainsi, plusieurs fausses lettres sont régulièrement utilisées. Une amante de Saint-Albe a recours à ce stratagème qu'elle justifie au sein même de la lettre qu'elle écrit : « pour ôter la preuve qu'on aurait pu avoir de la fausseté de cette lettre qui n'était pas écrite de ma main, elle faisait dire que j'avais des raisons pour déguiser mon écriture[8]. » C'est aussi par la qualité de son imitation que le comte de Velley brouille l'héroïne et Saint-Albe : « Effectivement l'écriture de ces lettres était si semblable à la mienne, que si je n'eusse pas été per-

---

1 *Ibid.*, I, p. 38.
2 *Ibid.*, I, p. 269.
3 La grossesse de l'héroïne, aussitôt attribuée à un autre que son mari, lui vaut d'être menacée par sa mère : « J'étais étonnée de ne recevoir aucune réponse de ma mère, quand j'appris que mon mari était à Paris, […] et qu'ils n'épargnaient rien tous deux pour obtenir un ordre du roi pour me faire enfermer » (*MdeM*, I, p. 203-204). La chose manque de se réaliser quand ces derniers apprennent que la comtesse s'est réfugiée dans une maison appartenant à l'abbé Fouquet : « ils présentèrent une requête contre moi ; et ils étaient sur le point d'obtenir une permission de me faire prendre, quand je sortis de cette maison » (I, p. 252). C'est l'entremise de Mme de Châtillon qui permet de mettre un terme à ces poursuites.
4 *Ibid.*, I, p. 204 et II, p. 92-93.
5 *Ibid.*, I, p. 330-331.
6 *Ibid.*, I, p. 123.
7 *Ibid.*, I, 131, 132.
8 *Ibid.*, I, p. 265.

suadée que je ne les avais pas écrites, j'y aurais été trompée[1]. » Enfin, la femme de chambre, croyant pouvoir confondre les ennemis de sa maîtresse, n'hésite pas à organiser à son insu de véritables scènes de théâtre, à l'occasion desquelles différents acteurs se font passer pour la jeune femme en empruntant son nom et ses habits[2].

L'histoire de sa vie consiste, elle aussi, en un tissu de mensonges, puisqu'on lui attribue des actes dont elle ne serait pas responsable, ou qu'on invente les circonstances mêmes des événements :

> Et j'ai été surprise qu'un auteur ait osé dire dans un livre, où il a eu la bonté de me nommer, que je m'étais déguisée en homme, ayant pris pour me sauver les habits d'un jardinier[3].

De manière plus générale, l'héroïne ne cesse d'être « décriée[4] ». La comtesse emploie parfois des termes plus violents, en rapportant notamment les médisances de la première femme de Saint-Albe : elle « était la première à me déchirer partout » ; « elle résolut de travailler à me perdre entièrement[5]. »

De plus, la médisance exploite une fissure dans un *moi* déjà tiraillé entre apparence et réalité. C'est ce que révèlent entre autres sa perception de l'attitude du magistrat, ce dernier n'arrivant pas à vaincre la résistance de celle qui se refuse à lui et dont la vertu ne serait qu'hypocrisie au service d'un double jeu[6] :

> [...] il voulait me vaincre à force de me décrier, car il se persuadait que je pourrais à la fin lever le masque, quand je me verrais perdue de réputation[7].

---

1   *Ibid.*, II, p. 349.
2   *Ibid.*, I, p. 302-307 et 318-326.
3   *Ibid.*, I, p. 96-97.
4   On trouve de nombreuses occurrences de ce verbe : « l'opiniâtreté qu'on eut à me décrier » (*Ibid.*, I, p. 132).
5   *Ibid.*, II, p. 84 et 88.
6   Il est intéressant de noter que le héros des *Mémoires de la vie du Comte D** fait l'expérience de la duplicité des femmes pour la première fois au théâtre, lors d'une représentation du *Cid*. Amoureux d'une jeune fille jouant le rôle de Chimène, il est frappé de voir qu'en privé elle n'est « rien moins que Chimène » (*op. cit.*, p. 10). *Les Mémoires de la vie du comte D** font alors partie de ce que J.-P. Sermain appelle les « versions sérieuses de Don Quichotte », puisque le héros « ne cherche comme don Quichotte à intégrer sa propre existence dans l'univers du roman ou de la scène, mais il attend qu'elle donne sa valeur au réel et fournisse à son désir un objet [...] » (*Le Singe de Don Quichotte*, *op. cit.*, p. 66).
7   *MdeM*, I, p. 291.

Mais si la comtesse tente de réfuter les accusations dont elle est l'objet, elle accroît l'écart entre les apparences qu'elle dit trompeuses et la réalité de son innocence qu'elle affirme, soit parce qu'elle privilégie, de façon délibérée, la conviction qu'elle a de sa vertu, soit parce qu'elle se laisse gagner par la lassitude face aux injonctions sociales :

> Mais aussi j'avoue qu'à force d'être persuadée qu'on avait mauvaise opinion de moi, je m'accoutumai à faire moins de scrupule des apparences qui pouvaient la confirmer ; je ne songeais qu'à me conserver innocente, c'était toute la vertu et tout le mérite que je me proposais ; et ma délicatesse n'allait point jusqu'à vouloir paraître telle que j'étais, soit que je désespérasse d'y réussir, ou que l'amour de mon repos me fît paraître cette délicatesse hors de saison ; mais enfin, ce ne fut que l'opiniâtreté qu'on eut à me décrier, qui me mit dans cette disposition[1].

C'est donc à une réclusion physique, morale et psychologique qu'est condamnée l'héroïne dont l'identité est entamée de toutes parts. Réduite au statut d'objet, elle subit le poids de la société, du moins de son entourage, qui semble disposer d'elle à son gré. Si plusieurs contes font écho à cette perspective carcérale[2], c'est surtout la biographie de la comtesse qui confirme l'importance de cette position. Emprisonnée au château de Loches telle une belle captive, puis simplement exilée dans la ville en raison des accusations d'homosexualité à son encontre, elle souffre d'être limitée dans ses déplacements, ce dont témoigne notamment le *Journal* qu'elle adresse à sa cousine, Mlle de Menou.

Entre renoncement à soi et manifestation de soi

L'héroïne participe malgré elle à cette mutilation de son identité en se cachant et en vivant dans le secret. Elle se déguise pour fuir le domicile conjugal, empruntant des habits de paysanne. La seconde fois, elle est obligée de voyager sous un autre nom que le sien. Pour échapper à la

---

1   *Ibid.*, I, p. 132-133. Voir aussi : « mais comme plus on me décriait, moins je croyais y avoir donné lieu, j'avais la consolation de me sentir innocente » (I, p. 292).

2   Le prince Ormond envisage d'enfermer sa promise afin qu'elle ne lui échappe pas : « et suivant les intentions de la reine, le lendemain de son mariage, il emmènera Irolite dans une de ses forteresses, d'où elle ne reviendra jamais à la cour » (« Le Palais de la Vengeance », *BGF* vol. 3, p. 65). La princesse Risette est enfermée à son tour dans sa chambre durant sa grossesse, afin d'en cacher le scandale. On peut mentionner également le récit des *Les Lutins*, les deux sœurs de Kernosy étant recluses dans le château de la vicomtesse.

requête déposée contre elle par sa mère et son mari, elle est contrainte de vivre à l'abri des regards (« je résolus de me cacher[1] »), se réfugie dans des couvents[2] et change souvent d'adresse. Réduite au désespoir par diverses calomnies, elle est même tentée par le suicide, n'était la présence de Mlle Laval : « [...] je crois que sans elle je me serais poignardée[3]. »

Les *Mémoires* se terminent également, comme il se doit, par la renonciation au monde, qui n'était pourtant envisagée que comme une hypothèse à la fin du premier tome de l'œuvre, lorsque la comtesse évoquait les circonstances fâcheuses dans lesquelles « une femme ne peut faire une bonne action sans perdre quelque chose de sa gloire. » Elle ajoutait alors : « Mais qu'y faire ! Il faut renoncer au monde ou se résoudre à se trouver quelquefois dans ces sortes d'embarras[4]. » Elle confirme sa retraite à la fin du second tome, même si en réalité cette posture ne la protège pas davantage : « Car j'ai éprouvé que la retraite la plus exacte et la conduite la plus irréprochable ne sont pas à l'abri de la médisance[5]. »

Pourtant, à la mesure du carcan qui l'étreint, la comtesse rêve d'une identité affirmée haut et fort, aux yeux de tous. La dimension publique, déjà présente dans l'« Avertissement » des *Mémoires*, qu'elle entend donner à sa défense, et partant, à son identité, demeure un souci constant au fil des pages. C'est notamment l'objectif du procès que l'héroïne mène contre son mari afin d'être séparée de lui sans être pour autant salie : « j'avais été trop maltraitée pour me contenter d'un accord fait en particulier, et que je voulais être justifiée publiquement[6]. » Ce dernier adverbe est également employé pour exprimer la forme que l'héroïne aurait souhaité donner à son remariage avec Saint-Albe :

---

1   *MdeM*, I, p. 204. Voir aussi I, p. 252.

2   *Ibid.*, II, p. 94.

3   *Ibid.*, I, p. 243. Voir sur ce sujet : Ph. Bousquet, « Le suicide féminin au XVIIe siècle : un acte héroïque ? », dans *La Femme au XVIIe siècle...*, p. 183-102. Le critique explique que le suicide féminin demeure « un acte perturbateur évident » dans la littérature et les mentalités du XVIIe siècle, contrairement au suicide masculin, plus facilement valorisé. Par ailleurs, comme le rappelle N. Hepp pour la seconde moitié du siècle, l'idée d'« honnête femme », exigeant une certaine retenue, va à l'encontre de celle d'héroïne (art. cit., p. 20).

4   *MdeM*, I, p. 368. R. Démoris parle au sujet de Mme de Murat d'une « éthique aristocratique » : « Pour la Comtesse de M***, il est clair que le sens de l'honneur exige une distance à l'opinion publique, qui permet de respecter d'autres engagements plus fondamentaux, qui se traduisent aussi dans la pratique de l'amitié et qui ne relèvent pas du contrat écrit » (« La figure féminine chez Challe... », art. cit., p. 92).

5   *MdeM*, II, p. 394-395.

6   *Ibid.*, II, p. 95-96.

> Je fus mortifiée de n'oser faire les choses *avec éclat* ; je goûtai peu le plaisir du
> secret en cette occasion ; j'aurais voulu en épousant Saint-Albe *publiquement,*
> *marquer à tout le monde* l'estime que j'avais pour lui[1].

Les jeux d'oppositions, notamment entre « éclat » et « secret », mais aussi
entre les valeurs modales de l'indicatif et du conditionnel, renforcent le
caractère crucial de cette problématique, comme le révèle encore l'extrait
suivant, évoquant la contrariété de l'héroïne, prise entre la tentation de
révéler son identité aux passagers du carrosse dans lequel elle voyage
incognito et la discrétion à laquelle elle se résigne :

> Je pensais plus d'une fois confondre ces calomnies en me découvrant ; mais
> je me contentais sans me faire connaître, de prendre le parti de la personne
> dont on disait tant de mal[2].

De multiples tensions se dégagent donc de l'expression de l'identité
du sujet, contraint de participer à sa propre défiguration tout en clamant
son aspiration à exister.

LA MISE EN SCÈNE DE SOI DANS LE *JOURNAL*

Vers l'excentricité

La revendication du droit d'exister s'observe également, chez la
comtesse, dans le désir de vivre comme elle l'entend, quitte à se faire
remarquer, ce dont elle témoigne dans ce qu'elle rapporte de sa vie à
Loches à travers le *Journal*, sur lequel souffle un vent de liberté, et même
d'extravagance, malgré la situation d'exilée qui est la sienne.

Profiter du temps présent est son désir, au point de ne pas tenir compte
de son état fiévreux : « je ne m'en promène pas moins : la vie ne m'est pas
si précieuse pour y faire tant de façons[3]. » Plaisir des spectacles, évoqué
à l'aide d'une comparaison : « Je ne manquerai pas ce spectacle bon ou
mauvais, je les aime trop ; et je suis assez du goût du peuple romain qui
ne demandait que du pain et des spectacles[4]. » Plaisir de converser et
de raconter des histoires sans souci des horaires : « nous avons fait des

---

1   *Ibid.*, II, p. 281.
2   *Ibid.*, I, p. 190.
3   *J*, p. 204.
4   *Ibid.*, p. 195. Il s'agit de la représentation de deux pièces de théâtre.

contes à dormir debout jusqu'à sept heures[1] », ni de la moindre retenue :
« l'on a mêlé l'esprit à la polissonnerie. Notre conversation vous aurait
amusée[2]. » Plaisir de festoyer jusqu'à créer le désordre :

> Je brillai un peu plus le lendemain à l'attaque de la maison de M. des Rabois
> que nous prîmes d'assaut sur le minuit. Je commandai avec beaucoup de
> présence d'esprit, quoique dès l'abord j'eusse reçu un coup de feu par un
> bout de chandelle, sauf votre respect, qui me tomba tout allumé sur la main.
> Nous sortîmes à notre honneur de cette entreprise. Nous entrâmes, perçâmes
> le vin nouveau, et maints verres et maintes bouteilles périrent noblement
> pour servir de trophée à notre victoire. Tout le quartier en fut éveillé, et plus
> de six chanoines en manquèrent matines ; ce fut un des plus beaux tapages
> que j'aie jamais vu[3].

Tonalité épique et mise en scène de soi dominent dans ce récit spectaculaire d'une orgie nocturne et collective. Plusieurs passages du *Journal*
évoquent d'ailleurs l'attrait de la comtesse pour la boisson[4].

Plaisir encore de se faire remarquer en portant des manteaux de
couleurs vives :

> Dans le grand froid, nous avions inventé la mode, Mme de Sarzay et moi, de
> mettre des manteaux rouges par-dessus nos habits, aussitôt toutes les dames
> en mirent et l'on les portait même à l'église[5].

Cet ajout, faisant référence à l'institution religieuse, révèle, si besoin en
était, la dimension provocatrice que constitue l'initiative encore prise
par la comtesse. Le plaisir de transgresser est exprimé de façon encore
plus explicite dans un commentaire de la diariste au sujet d'un jeu de
cartes interdit : « Il n'y a nulle nouvelle ici que le pharaon défendu par
la police : on l'en aime mieux et on l'en jouera davantage[6]. »

---

1 *Ibid.*, p. 215.
2 *Ibid.*, p. 231.
3 *Ibid.*, p. 268-269.
4 La référence au vin et à Bacchus n'est pas rare, ni dans le *Journal* (p. 46, 57, 58, 71, 79,
   88, 199), ni dans les fragments du *Manuscrit* (nous avons relevé une vingtaine de textes
   en lien avec ce thème).
5 *J*, p. 286. Les allusions à la religion sont très rares dans l'œuvre de Mme de Murat, et
   quand elle va à la messe à Loches, il s'agit bien d'un rite social. Seuls deux fragments du
   Manuscrit évoquent ce domaine, de façon parodique et subversive (p. 488 et p. 501).
6 *Ibid.*, p. 292. Les jeux (lansquenet, hombre, etc…) font partie des divertissements fréquemment évoqués dans l'œuvre, publiée ou inédite, de la comtesse.

Ces comportements ne sont pas sans rappeler l'excentricité dont font état les rapports de police au sujet de Mme de Murat, outre l'accusation d'homosexualité. Quoi qu'il en soit, cette exubérance ne correspond guère à l'image de la femme dictée par la société de l'Ancien Régime.

L'abondance du verbe

Le caractère volontiers excessif de l'attitude de la comtesse se traduit plus particulièrement par l'abondance du verbe. Le *Journal* évoque en effet de multiples activités, qu'il s'agisse de déclamer, raconter ou encore chanter, autant de réalisations verbales et publiques de soi, permettant d'échapper au réel en expérimentant la fiction. Les verbes de parole sont nombreux en effet, évoquant, dans une réjouissance contrastant avec l'ennui dû à l'exil, une variété des formes d'expression : « j'ai déclamé deux belles scènes d'*Andronic*, avec Mlle de Baraudin, mais déclamées d'un beau ton », ou encore : « Nous avons ri comme des enfants[1]. »

Plusieurs expressions comparatives caractérisent en outre une certaine saturation de l'espace sonore : « J'arrive de la place, ma chère cousine. Jamais on n'a badé de la force de ce soir[2] », ou encore : « Nous avons chanté, ri, badé et fait autant de bruit qu'en aucune autre compagnie de la ville[3]. »

On remarque également que le pluriel « nous » ou l'indéfini « on » ne sont souvent employés que pour mettre en valeur la contribution d'un *je* : « Mme de Baraudin a donné une collation ; il y a eu des jeux d'hombre ; on a chanté un petit air nouveau à la mode ; j'y ai fait deux couplets impromptu[4]. » Les lieux de parole sont d'ailleurs régulièrement identifiés à l'environnement de la comtesse :

> Presque toutes les dames et la jeunesse sont venues ici après vêpres, la jeunesse est montée dans ma chambre, et comme je me portais mieux, je suis descendue avec elle. Il y a eu un jeu d'hombre, le reste a chanté, causé, badiné jusqu'au salut du château où j'ai été[5].

---

1   *Ibid.*, p. 69, 114 et 164. Voir aussi p. 9, 13, 34, 39, 52, 174 et 276.
2   *Ibid.*, p. 146.
3   *Ibid.*, p. 190.
4   *Ibid.*, p. 126. Voir aussi : « Nous avons chanté, causé, déclamé des vers, Mme Champflé et moi, le tout d'un air champêtre sous les arbres au bord de l'eau dans la prairie » (p. 118).
5   *Ibid.*, p. 71.

Permettant d'expérimenter toutes sortes de situations, et d'emprunter les habits de multiples personnages, la parole est ainsi célébrée sous toutes ses formes. L'avidité dont fait preuve la comtesse serait sûrement à mettre en lien avec le monopole de la parole et le désir d'oralité qui s'expriment dans les contes de la fin du siècle : loin de toute visée encomiastique à l'égard de la monarchie, ils révéleraient ce « fantasme de l'écrivain » à l'image du rêve d'apothéose fondé sur l'art de bien dire, évoqué par Jean-Paul Sermain, à propos de la figure du conteur[1].

De la personne au personnage : l'invention de soi

En dehors de toutes ces manifestations de soi, l'écriture du *Journal* révèle une forte propension de la comtesse à recourir à toutes sortes de comparaisons pour évoquer son état ou sa situation. Mme de Murat intègre également à l'écriture de ses cahiers de multiples citations pour parler d'elle, de sorte que le *je* ne cesse de s'inventer, revêtant de multiples identités qui le mettent en scène et le rendent insaisissable à la fois.

Les comparants employés par la comtesse pour parler d'elle sont très divers, qu'il s'agisse de personnages historiques ou romanesques, de créatures mythologiques ou même d'animaux.

La diariste fait par exemple allusion à deux reprises à la comtesse de Fiesque, dont elle retient le caractère un peu fantasque, brossé notamment dans les *Mémoires* de Mademoiselle[2]. Ainsi, elle se compare à elle, tout en s'en distinguant, quand elle s'aperçoit qu'elle s'est trompée d'un jour sur la date de l'un de ses articles : « Je crois toujours le temps plus avancé qu'il n'est, et c'est un marché donné que je n'aie pas, comme la feue comtesse de Fiesque, daté du 34[3] ». La seconde anecdote, racontée par Mme de Murat à l'occasion d'une grosse bronchite dont elle se plaint, est plus détaillée :

> Je ne sais pas ce que je ferai, si je ne trouve à acheter une poitrine de hasard, comme la feue comtesse de Fiesque voulait que ses fermiers achetassent un bac de rencontre, parce qu'un tout neuf coûterait trop cher[4].

---

1   J.-P. Sermain, *Métafictions, op. cit.*, p. 371-377.
2   Sur la comtesse de Fiesque, voir M. Dufour-Maître, *Les Précieuses, op. cit.*, p. 679.
3   *J*, p. 153.
4   *Ibid.*, p. 181.

D'autre part, la diariste convoque plusieurs figures romanesques, pour représenter notamment les contraintes de l'exil. C'est ainsi qu'en déplorant les multiples empêchements de l'abbé qui tarde à porter ses cahiers à Boussay où réside Mlle de Menou, elle s'écrie : « Bou[ss]ay deviendra, si cela dure, l'île inaccessible d'Alcidiane à mon égard[1]. » Il s'agit bien pour la comtesse d'assimiler les aléas postaux qui perturbent l'envoi de ses journaux aux obstacles qu'ont dû vaincre Polexandre et ses compagnons, avant de pouvoir accéder à l'île bienheureuse sur laquelle règne la jeune Alcidiane. En n'évoquant pas les combattants masculins de Gomberville, Mme de Murat se substitue à eux, comme le suggère l'expression « à mon égard », et gomme ainsi la différence sexuelle qu'impliquait le recours à cette image, tout en conservant le thème de la conquête amoureuse et le portrait idéalisé de la destinataire. On observe le même procédé dans une référence aux *Amadis*, dont le succès n'est pourtant plus aussi vif dans la première décennie du XVIIIe qu'au milieu du Grand Siècle. C'est la relation épistolaire entre Amadis et Oriane qu'évoque cette fois-ci Mme de Murat :

> La damoiselle de Dannemare ne fit jamais plus de plaisir au fidèle Amadis de Gaule quand elle allait par vaux et par monts lui porter moult gracieuse missive de sa dame Oriane, parangon de toute beauté, que votre courrière de ce matin m'en a fait en emportant mon journal et ma lettre qu'elle m'a assurée que vous auriez samedi[2].

Par une singulière inversion, le plaisir du récepteur, Amadis, s'efface au profit de celui de l'émettrice, Mme de Murat, assurée que son cahier parviendra à celle dont la beauté suprême est soulignée.

On pourrait encore citer le personnage de Rhodope, dont la comtesse envoie le récit des aventures, plus légendaires qu'historiques[3], à sa cousine, et qui est à nouveau l'occasion de parler d'elle. Elle introduit en

---

1 *Ibid.*, p. 61. Allusion aux romans de Gomberville (*La Jeune Alcidiane* et *Polexandre*), dont s'est inspiré Bensérade pour le ballet d'*Alcidiane*, dansé par Louis XIV le 14 février 1658.

2 *Ibid.*, p. 153-154.

3 Comme elle l'explique elle-même, Mme de Murat s'était proposé d'écrire l'histoire des courtisanes les plus célèbres de l'Antiquité. Mais seul le récit de Rhodope fut achevé. Catherine Durand poursuivit le projet, jusqu'à sa publication (*Les Belles Grecques ou l'Histoire des plus fameuses courtisanes de la Grèce et Dialogues nouveaux des galantes modernes*, Paris, Vve G. Saugrain et P. Prault, 1712).

effet son texte par un commentaire explicitant la chance de la jeune
courtisane, et insinuant par contraste son propre malheur :

> Rhodope aura l'honneur d'accompagner chez vous ce journal, il faut qu'elle
> soit née sous une constellation bien heureuse, puisqu'elle n'a point cessé de
> lui être favorable depuis le règne de Psamméticus et que la même fortune
> qui la fit reine d'Égypte, va encore la conduire auprès de vous[1].

L'entreprise épistolaire de Mme de Murat prend ainsi un caractère
héroïque : il s'agit pour la comtesse de forcer les portes du donjon de
Mlle de Menou, à l'image de Rhodope qui parvint à épouser le roi. La
comtesse s'identifie ainsi à une figure dont elle fait son ambassadrice
auprès d'elle : « Allez Rhodope, allez voir ce que j'aime [...]. Mais rien
ne vaut le bien que vous allez avoir : partez Rhodope, allez voir ce que
j'aime[2]. » Réalité du voyage et fiction de la conquête, jalousie et identification, autant de façons pour Mme de Murat de nier l'exil.

La diariste fait également référence à la mythologie pour évoquer
l'attachement qu'elle éprouve pour sa cousine, seule personne dont la
présence pourrait atténuer ses maux :

> je ne sais que vous qui puissiez guérir le mal que vous avez bien voulu me
> faire, telle qu'autrefois la lance d'Achille dont il fallut remettre du fer dans
> la plaie de Télèphe pour remédier au mal qu'elle lui avait fait[3].

La comtesse fait allusion à la guérison du fils d'Héraclès par Achille, qui
mit un peu de rouille qui se trouvait sur sa lance sur la blessure qu'il lui
avait faite à la cuisse. Au moyen de cette analogie à tonalité épique, qu'elle
évoque à deux reprises[4], l'épistolière traduit l'ambivalence de l'influence de
Mlle de Menou, tout en ajoutant une connotation érotique à la référence
homérique, comme le suggère l'idée de contact physique et de blessure.

Enfin, on relève un véritable bestiaire au fil des pages, la diariste se
référant à plusieurs reprises à l'image du chien pour exprimer sa souffrance

---

1   *J*, p. 13-14.
2   *Ibid.*, p. 30. Voir aussi p. 90.
3   *Ibid.*, p. 206.
4   Voir aussi : « J'ai reçu votre lettre il y a un quart d'heure, ma chère cousine, et je m'en
     porte mieux de moitié. J'avais raison, il me fallait le remède de Télèphe ; les mêmes armes
     qui m'avaient blessée pouvaient seules me guérir » (*Ibid.*, p. 220-221). L'épistolière avait
     pourtant écrit quelque temps avant : « Avec mes comparaisons d'Homère, je quitte le
     style du journal » (p. 206).

physique ou morale : « je suis lasse comme un chien » ; « Je suis malade comme un chien » ; « je suis triste comme un chien[1]. » D'autres images assez courantes sont encore employées pour faire part à sa cousine de sa santé au quotidien : « J'ai eu la fièvre toute la nuit ; et n'ayant non plus dormi qu'un hibou » ; ou au contraire : « J'ai dormi comme un liron[2]. » Cependant, la diariste précise qu'elle ne choisit pas au hasard les figures animales auxquelles elle fait allusion, mais en fonction des connotations qui leur sont associées :

> Je ne fais plus que deux fonctions de la vie humaine, dormir et manger : j'aimerais autant être cane ; j'avais envie de dire cygne, la comparaison eût été plus noble ; mais les poètes assurent que les cygnes chantaient au bord du Scamandre et moi je ne chante non plus qu'un poisson[3].

On remarque que la santé et l'exil sont les thèmes suscitant le plus d'images, comme s'il y avait nécessité pour le sujet de remédier à un manque. Reste que les procédés de comparaison ont également un caractère ludique, comme le suggère cet extrait où se juxtaposent plusieurs images, donnant lieu à un ensemble plutôt hétérogène :

> Je vous dirai, au reste, que dès que je suis hors de mon bain, je mange, non pas en héroïne de roman car un léger repas ne me suffirait point, et puis je dors comme un liron jusqu'à cinq heures du soir et sans m'en pouvoir empêcher. Je suis comme le héros du *Lutrin* quand il avait dîné : « Le prélat resté seul calme un peu son dépit / Et jusques au souper se calme et s'assoupit[4]. »

Comme l'illustre la fin de l'extrait précédent, la comtesse emprunte également à différents auteurs des citations pour parler d'elle, ou recourt même à des formes ayant valeur de vérités générales, même si les situations ainsi rapprochées sont parfois éloignées, au point que l'on puisse parler de détournement.

La diariste s'approprie en effet les citations qu'elle propose en en commentant la pertinence selon leur adéquation avec sa situation d'exilée attristée par l'absence de sa cousine. Plusieurs références sont accompagnées

---

1   *Ibid.*, p. 51, 106, 144. Voir aussi : « je souffre comme un chien » (p. 143) ; « fatiguée comme un chien » (p. 227).
2   *Ibid.*, p. 93 et 155.
3   *Ibid.*, p. 220. Voir aussi : « Eh ! que chanterait-on à moins que d'imiter les cygnes du fleuve Scamandre qui chantaient la veille de leur trépas ! » (p. 38).
4   *Ibid.*, p. 217-218.

de verbes introducteurs soulignant la justesse des propos empruntés :
« Quinault a eu raison de dire : *Mais un bonheur qu'on n'attend pas / N'en
a que plus d'appas* » ; « Quinault avait bien raison de dire que *l'incertitude
est un rigoureux tourment*[1]. » De la part de la comtesse, il s'agit cependant
moins de l'utilisation d'un argument d'autorité que de l'occasion de se
comparer à des héroïnes tragiques, comme le montre encore l'extrait suivant :

> Que j'attends ce beau jour avec impatience ! On pourra bien me dire :
> « Sangaride, ce jour est un grand jour pour vous[2]. »

L'adverbe « bien », appui du discours, évoque également le caractère
idoine de la citation.

Une autre façon de procéder consiste pour la diariste à emprunter
des citations qu'elle substitue à son propre discours sans forcément les
commenter. Elle y adhère, ne se souciant guère de l'écart formé avec
le contexte d'origine, si bien qu'il semble que le discours d'autrui ne
l'intéresse qu'à partir du moment où elle peut y lire son histoire. C'est
le cas de cette référence à *La Thébaïde* :

> Je vous demande pardon de ne pouvoir être fâchée que vous vous ennuyiez
> un peu ; le chagrin que je ressens de votre absence, justifie ce sentiment, et
> je vous dirais volontiers comme dans *Les Frères Ennemis* de notre ami Racine
> en parlant de l'absence :
>
> > « Je souhaitais qu'elle vous fît souffrir,
> > Et qu'étant loin de moi, quelque ombre d'amertume
> > Vous fît trouver les jours plus longs que de coutume ;
> > Mais ne vous plaignez point, mon cœur chargé d'ennui
> > Ne vous souhaitait rien qu'il ne trouvât en lui[3]. »

Deux autres citations révèlent également un grand écart entre les
tourments de la comtesse et les scènes de meurtre qu'elle évoque. Dans
un cas, il s'agit de justifier la brièveté de sa rédaction :

> L'article du journal est très court aujourd'hui, ma belle cousine. Je puis
> dire comme dans Corneille quand Mutius tue un homme qu'il prend pour

---

1   *Ibid.*, p. 89 et 163.
2   *Ibid.*, p. 119. Personnage de l'opéra *Atys* composé par Jean-Baptiste Lully (1676).
3   *Ibid.*, p. 31. Les vers sont en réalité approximatifs, et le nom du personnage d'Hémon a
    été supprimé. Voir Racine, *La Thébaïde ou Les Frères ennemis* (1664), Acte II, scène 1.

Tarquin, dans les tentes de Porsenna : « La faute est de mon bras, et non pas de mon cœur[1]. »

Dans l'autre cas, afin de mieux faire comprendre à sa cousine son dépit à la nouvelle de l'annulation de sa visite, la diariste reprend un procédé elliptique qu'elle a repéré chez le peintre Le Brun[2] :

> Je n'aurais pourtant que trop de choses à vous dire, et je crois qu'il faut pour le mieux que je fasse par mon silence ce que fit ce peintre fameux par un voile dont il couvrit le visage d'Agamemnon dans un tableau qui représentait le sacrifice d'Iphigénie, se défiant de lui-même et ne croyant pas pouvoir exprimer assez bien une douleur si vive et si tendre[3].

Si la majorité des emprunts permettent à la comtesse d'amplifier l'expression de sa douleur, tout en donnant une autre dimension à sa petite vie provinciale, elle enchaîne parfois plusieurs emprunts de teneurs différentes, de sorte que l'intérêt du recours à des formules qui ne lui appartiennent pas semble davantage dans la répétition que dans le choix de l'image. C'est du moins l'impression que donne cet extrait au sujet de la fête qui doit suivre l'un des mariages célébrés à Loches, et à laquelle Mlle de Menou ne se rendra pas :

> Ma foi ! la bienvenue sera comme le festin de la satire de Boileau : « nous n'aurons ni Lambert ni Molière », je crois que ce sera comme on dit ici un « chut chut » : rien de tout ce qu'on attendait ne viendra[4].

Plusieurs variantes d'un même énoncé s'accumulent alors.

Enfin, il est à noter que le recours à des citations, qui peut paraître systématique[5], n'est employé par la diariste qu'en ce qui la concerne, à quelques exceptions près qui signalent surtout son érudition. C'est donc bien de la définition de son identité qu'il s'agit, associée ici à des figures fictives détachées de leur contexte, comme en témoignent des emprunts dont l'approximation permet une meilleure adéquation à sa situation.

---

1   *J*, p. 109. Il s'agit en réalité de la tragédie de Du Ryer, *Scévole* (1647), Acte IV, scène 3.

2   *J*, p. 142. Mme de Murat fait allusion à un tableau représentant le sacrifice d'Iphigénie. Le peintre a recouvert le visage d'Agamemnon d'un voile, par crainte de ne pouvoir exprimer l'intensité de la douleur.

3   *Ibid.*, p. 142.

4   *Ibid.*, p. 174.

5   La diariste écrit en effet : « Il me semble que j'enfile ce soir les proverbes deux à deux comme feu Sancho Pança » (*Ibid.*, p. 81).

C'est donc une identité protéiforme qui apparaît au fil des pages, l'écriture devenant le lieu de l'expansion d'un *je*, la comtesse n'hésitant pas à rapporter le monde à elle-même.

MONTRER L'INTIME

L'exhibition de soi consiste aussi à montrer ce qui est habituellement dissimulé. L'écriture devient alors intime, au sens que cet adjectif possède en latin : « ce qui est au plus profond d'un être, ce qui reste généralement caché et secret, un intérieur de l'intérieur en quelque sorte[1]. »

Confidences et confessions dans les Mémoires

L'écriture des *Mémoires* ne consiste pas seulement, pour la comtesse, en la réfutation des calomnies de ses adversaires, mais elle est aussi l'occasion de révéler au lecteur certains faits ou de faire part de ses sentiments et de ses hésitations[2]. Plusieurs indices de cette opération de dévoilement sont en effet repérables au fil des pages, conférant à l'œuvre un caractère audacieux.

La narratrice des *Mémoires* fait du lecteur un interlocuteur privilégié, qu'elle informe de ce qu'elle avait jusque-là gardé secret, en raison notamment de sa sensibilité personnelle (« Ma vanité me rendit dissimulée[3] »). Il peut s'agir de ses états d'âme lors de l'échec de son aventure avec Blossac (« je ne fis confidence à personne de mes chagrins[4] »), des causes de son changement d'attitude à la suite de cette affaire (« L'abbesse [...] crut que cette conduite était un effet de mon repentir ; elle ne savait pas que la fierté en fût la cause, et que je n'avais cette fierté que parce que je craignais d'être méprisée de Blossac[5] »), ou encore de ses déceptions sentimentales (« J'en eus, je l'avoue, un secret dépit, parce que je me sentais du penchant pour lui[6] »). L'emploi du verbe « avouer », dans ce dernier extrait, inscrit volontiers le discours dans le registre de la confession.

On relève d'autres occurrences de ce marqueur d'un décalage entre le discours autorisé et le discours énoncé, au sujet des relations de

---

1   F. Simonet-Tenant, *Le Journal intime*, Paris, Nathan université, 2001, p. 9.
2   Voir *supra* p. 191.
3   *MdeM*, I, p. 56.
4   *Ibid.*, I, p. 56.
5   *Ibid.*, I, p. 45-46.
6   *Ibid.*, I, p. 228. Il s'agit de ses sentiments pour le duc de Candale.

l'héroïne avec l'homme de justice (« Le magistrat insensiblement me laissa voir que ma personne ne lui déplaisait pas : je ne m'alarmai point de ses sentiments ; j'avouerai au contraire que j'en eus de la joie[1] »), ou encore avec Saint-Albe (« Enfin, il faut dire tout, je ne lui faisais pas un crime de m'aimer [...]. Il faut avouer aussi que jamais on ne déplaît aux femmes quand on les aime[2] »). L'expression de l'aveu est mise en valeur par la position du verbe ou d'un synonyme en début de phrase, parfois en incise, ainsi que par la gradation qu'il constitue par rapport aux énoncés antérieurs.

L'audace des propos peut encore être soulignée par l'inachèvement de leur énonciation, symbolisé dans le texte par des points de suspension. C'est le cas lorsque la jeune femme laisse entendre qu'elle attend la mort de son mari comme signal d'une liberté retrouvée, l'autorisant notamment à épouser enfin celui qu'elle aime. C'est du moins le message qu'elle charge Mlle Laval de transmettre pour elle à Saint-Albe :

> [...] dites-lui qu'il peut compter sur tout ce qui s'accordera avec mon devoir, et que si jamais je me vois en état... mais non, repris-je aussitôt, il ne faut point nous flatter de ces espérances chimériques[3].

La portée du propos est en réalité atténuée, puisqu'il n'est perçu que par un destinataire intermédiaire, Mlle Laval, et qu'il est interrompu, celle qui l'énonce y substituant malgré tout une réflexion pouvant qualifier aussi bien son inanité (« espérances chimériques ») que sa malséance (« il ne faut pas nous flatter »).

Enfin, l'attention du lecteur est retenue par quelques déclarations qui, quoiqu'elles ne soient pas signalées comme telles, n'en sont pas moins provocantes. On pourrait citer la mise en évidence du principe de plaisir par lequel l'héroïne se laisse gouverner : « Je prenais plus de plaisir à penser que j'étais aimée de Blossac, que je n'avais peur du ressentiment de mon mari » ; « Le plaisir que me fit ce sentiment m'empêcha de le combattre, cela fut cause que je n'évitai pas le déchaînement de sa famille[4]. »

Si Mme de Murat n'hésite pas à révéler, avec plus ou moins de retenue, ses tentations et ses penchants, on observe malgré tout quelques

---

1   *Ibid.*, I, p. 256.
2   *Ibid.*, I, p. 356-357.
3   *Ibid.*, II, p. 79-80.
4   *Ibid.*, I, p. 119 et II, 49-50.

réticences de l'écriture. Mais l'insistance de la narratrice sur celles-ci n'est pas sans éveiller l'attention du lecteur. Ainsi en est-il de l'évocation de la violence conjugale que l'héroïne semble subir au quotidien. La comtesse invoque la visée de son entreprise pour justifier sa réserve sur ce sujet tabou, surtout dans un milieu aristocratique :

> Je ne dirai point de quelle manière je vivais alors chez mon mari. On n'a pas besoin, je crois, d'être instruit des mauvais traitements que j'en recevais, pour avoir compassion de mes malheurs[1].

Prenant en compte le point de vue du lecteur, Mme de Murat entend doser les informations qu'elle lui délivre en fonction de la nécessité qu'elle a de le convaincre. On remarquera pourtant que cette volonté de mesure reste relative : si la pudeur et les bienséances imposent le recours à l'allusion, comme le suggèrent l'accumulation des négations, dans le même temps, prétéritions et sous-entendus semblent au service d'une audace très perceptible, de sorte que le dit et le non-dit se juxtaposent. D'autres passages sont d'ailleurs un peu plus explicites. La peur d'être bousculée, voire de faire une fausse couche, habite en effet l'héroïne qui suggère les conséquences d'une certaine violence physique :

> À la fin, dans le désespoir où j'étais réduite, craignant pour moi et pour l'enfant dont j'étais grosse, toutes les suites funestes que j'avais lieu de craindre, je songeai encore une fois à prendre la fuite[2].

La réticence de l'écriture traduit donc autant le refus, justifié par la visée de l'œuvre, de rentrer dans des détails jugés inutiles, qu'une volonté de faire entendre plus, à la manière d'une litote[3].

Révéler ses états d'âme : le projet contrarié du Journal

Montrer l'intime, tel est encore le vœu de la comtesse dans le *Journal*, dont l'écriture est déclenchée par le départ de Mlle de Menou, et qui doit se poursuivre jusqu'à son retour. S'il a pour objectif de divertir la

---

1   *Ibid.*, I, 180-181.
2   *Ibid.*, I, 181-182.
3   Voir aussi la précaution oratoire que prend Mme d'Orselis au seuil de son récit : « Il serait trop ennuyeux de vous dire ce que j'endurai dans ce triste mariage ; mais souffrez que je vous en dise un trait » (V, p. 31).

destinataire aussi bien que la diariste, il enregistre les états d'âme de cette dernière, et notamment sa tristesse en l'absence de sa cousine.

L'une des pièces les plus intéressantes permettant de saisir précisément le projet de Mme de Murat est constituée par le rondeau, présenté dans le *Manuscrit* comme texte liminaire du *Journal* :

> C'est le journal de ce que dans ces lieux
> On fait éloigné de vos yeux.
> Je voudrais bien y marquer la tristesse
> Qui loin de vous me tourmente sans cesse,
> Je l'y dépeins, et la sens encor mieux.
> Vous amuser fait mes soins et mes vœux :
> S'il n'est rempli de faits bien curieux,
> Des sentiments où mon cœur s'intéresse
> C'est le journal.
> Ah ! quand mon cœur plus content que les dieux,
> S'affranchissant du tourment douloureux
> Qui loin de vous, et m'accable, et me presse,
> En revoyant l'objet de ma tendresse,
> Me dira-t-il : « D'un temps charmant, heureux
> C'est le journal[1] » ?

La date exacte de rédaction de cet élément paratextuel reste, il est vrai, énigmatique. L'emploi du présent de l'indicatif, dans la triple occurrence de l'expression « C'est le journal », a-t-il valeur d'annonce ou révèle-t-il un regard rétrospectif et définitoire ? Le projet de Mme de Murat était-il suffisamment élaboré pour qu'elle délimite les contours de ce qui se présente en même temps comme un « livre ouvert[2] », et ce, le jour même du départ de Mlle de Menou ? Quoi qu'il en soit, le *Journal* est présenté, dans cette pièce poétique, comme le lieu où se côtoient le dérisoire d'un quotidien rendu insignifiant par l'absence de la cousine, « ce que dans ces lieux / On fait éloigné de vos yeux », et l'indicible de sa souffrance que la bienséance l'invite à contenir : « Je voudrais bien y marquer la tristesse, / Je l'y dépeins, et la sens encore mieux. » Et si l'objectif affiché de l'écriture est reformulé par la comtesse, « Vous amuser fait mes

---

1   *J*, p. 2.
2   C'est la distinction que propose G. Gusdorf entre autobiographie, « livre refermé », et journal intime, « livre ouvert ». Ce dernier « commence n'importe quand, il finit n'importe quand, et peut s'interrompre à volonté pour un temps plus ou moins long » (*Les Écritures du moi, Lignes de vie 1*, Paris, O. Jacob, 1990, p. 317-318).

soins et mes vœux », sa réalisation se trouve aussitôt concurrencée par l'expression des sentiments qu'éprouve Mme de Murat pour sa cousine : « S'il n'est rempli de faits bien curieux, / Des sentiments où mon cœur s'intéresse / C'est le journal. » Dès lors, une tension s'instaure entre une écriture enjouée et décentrée de soi, rappelant les codes mondains de la conversation galante, et un pacte intimiste augurant d'une tonalité plus sombre, que seule la présence de la destinataire pourra égayer. La dernière strophe du rondeau se termine en effet par une interrogation sur l'avenir, dans laquelle la comtesse ne se contente pas d'opposer la douleur de l'absence au bonheur de retrouvailles espérées, mais aussi leur traduction respective dans l'écriture : « Ah ! Quand mon cœur [...] / En revoyant l'objet de sa tendresse, / Me dira-t-il : d'un temps charmant, heureux, c'est le journal ? » C'est bien de sa destinataire, plus précisément de sa présence ou de son absence, que Mme de Murat fait dépendre la coloration d'une écriture qui sera celle du cœur.

Ainsi, le rondeau d'ouverture, tout en définissant le *Journal*, en présente en même temps deux autres versions possibles et contraires : l'une potentiellement plus négative dans le présent, n'était la retenue de Mme de Murat dont la plume surveille les mouvements du cœur, et l'autre, plus positive dans le futur, à condition que la destinataire lui rende visite. On retrouve d'ailleurs, tout au long du *Journal*, des allusions à ces deux pôles de l'écriture. C'est ce dont témoignent d'abord les procédés de prétérition suggérant l'effort de la comtesse pour limiter l'expression de ses doléances :

> Ah dame, je ne saurais m'accoutumer à votre départ ; ne vous plus voir est un mal qui se renouvelle sans cesse. Bonsoir, car mes réflexions ne finiraient point là-dessus, si ma plume suivait mon cœur[1].

Celle qui écrit semble en effet censurer celle qui souffre : « je n'avais que trop de choses à penser ; trop heureuse si elles avaient été agréables[2]. » Inversement, la diariste aspire au fil des jours à une écriture plus plaisante, que la présence de sa cousine pourrait inspirer :

> Si les journaux vous amusent, ma belle cousine, je les continuerai avec trop de plaisir ; mais je sens que plus le temps heureux où je vous ai vue s'éloigne

---

1   *J*, p. 51. Voir aussi p. 199.
2   *Ibid.*, p. 201.

de moi, moins j'ai d'esprit et de vivacité. Revenez donc, ma chère cousine, me rendre ces biens qui naissent de la joie. Le plaisir de vous revoir est la chose du monde qui m'en inspirerait le plus[1].

Seul le retour de Mlle de Menou pourrait sauver le *Journal* de la mélancolie de son auteur. L'absence de la destinataire suscite en effet l'épanchement de la comtesse. Si l'expression de ses sentiments se trouve régulièrement contrariée par la nécessité de donner des nouvelles à sa cousine et de l'amuser, l'écriture quotidienne garde la trace d'une intimité d'autant plus visible qu'elle donne lieu à une réflexion sur sa légitimité.

Dire la souffrance du corps

Peut-être à défaut de pouvoir donner libre cours à l'expression de la peine qui l'affecte, Mme de Murat parle plus facilement de son corps[2] affaibli par la maladie. Plus de cent dix occurrences de cette correspondance privée qu'est le *Journal* évoquent les souffrances physiques de la comtesse, qui fait ainsi allusion à sa santé dans presque tous les articles, le plus souvent en leur début ou en leur fin, au moment de saluer sa cousine. Un étonnant discours sur soi, alternant crudité du verbe et distanciation, se déroule ainsi au fil des pages, laissant apparaître une image de soi caractérisée par la désagrégation.

Le lecteur est d'emblée frappé par la précision des détails que donne la comtesse en évoquant ses symptômes, qu'il s'agisse de ses coliques néphrétiques (« à six heures des douleurs, dont je me sentais dès le matin, redoublèrent si fort que je m'en allai dans ma chambre où j'ai passé la nuit avec ma colique que j'ai épuisée à force de tisanes[3] »), de ses calculs rénaux (« Un parpaing qui est descendu cette nuit des reins dans l'uretère m'empêche d'écrire davantage[4] »), des effets secondaires de son traitement (« J'ai été bien malade cette nuit, ma chère cousine : mon petit lait s'est avisé de se glacer dans mon estomac, j'ai eu un

---

1   *Ibid.*, p. 152. Voir aussi : « vous n'avez, ma chère cousine, qu'à reparaître sur notre horizon, et je reprendrai avec la joie cette facilité de parler le langage des muses dont vous m'avez fait l'honneur de me louer quelquefois » (p. 243).

2   Voir notamment sur ce sujet *Le Corps au XVIIe siècle*, Paris, Seattle, Tübingen, *PFSCL*, 1995.

3   *J*, p. 164.

4   *Ibid.*, p. 299.

vomissement de deux heures[1] »), ou bien encore de douleurs touchant d'autres organes (« grand mal au cœur, une sueur froide » ; « La poitrine, toutes les nuits me fait que *ch...* et puis je tousse, et puis je bois, et puis j'enrage de ne point dormir » ; « J'ai, pour comble de fortune, la rate gonflée[2] »).

Bien plus, l'écriture diaristique est l'occasion d'un décompte des « pierres » que rend la comtesse, enregistrant régulièrement les états du *moi* dont l'écriture tente de préserver l'unité : « Enfin, au bout d'une heure, je rendis une pierre de la grosseur d'un pois, mais faite en rocher avec des pointes » ; « J'ai rendu quatre pierres ; je me meurs véritablement ; je vais me coucher » ; « Enfin, ce matin à quatre heures, j'ai rendu une pierre de la grosseur d'un noyau d'olive et de la même forme. Jugez de mon mal. Cette pierre a été suivie de huit ou dix autres petites » ; « Deux pierres d'aujourd'hui » ; « Le parpaing est venu hier, mais il n'était pas seul, car je souffre encore[3]. »

Par ailleurs, le vocabulaire est la plupart du temps hyperbolique, l'intensité de la douleur étant souvent exprimée par le choix des adjectifs (« Je souffre un mal enragé » ; « Je vais me coucher accablée de tous mes maux[4] »), et des adverbes (« Mon côté va éternellement mal » ; « J'ai fort souffert toute la nuit[5] »). L'idée d'aggravation est récurrente (« Je suis encore plus triste qu'hier, ma douleur empire, je suis fort embarrassée d'elle et de moi » ; « Je suis plus enrhumée que jamais » ; « J'ai été à l'extrémité de ma terrible colique dix jours durant. Jamais on n'a tant souffert[6] »), au point qu'il devient difficile de traduire la douleur par des mots (« Il est impossible d'imaginer ce que j'ai souffert trente heures durant » ; « des douleurs qui ne ressemblent à rien[7] »). L'évocation de la mort comme horizon ou à titre d'image achève de noircir le tableau : « Savez-vous bien, ma belle cousine, que je mourrai de mon rhume ? » ; « Je reviens de l'autre monde, ma chère cousine, pour vous donner le bonsoir » ; « je souffrais mort et passion de ma colique[8]. » L'expression

---

1   *Ibid.*, p. 227.
2   *Ibid.*, p. 57, 88 et 149.
3   *Ibid.*, p. 97, 123, 123, 143, et 299.
4   *Ibid.*, p. 38, 210. Voir aussi : « des douleurs affreuses » ; « de vives douleurs » (p. 123).
5   *Ibid.*, p. 51 et 81.
6   *Ibid.*, p. 6, 85 et 246.
7   *Ibid.*, p. 123 et 97.
8   *Ibid.*, p. 88, 123 et 201.

de ces angoisses est d'ailleurs accompagnée de réflexions personnelles sur la souffrance et la mort :

> je suis faible et de mauvaise humeur de me voir sujette à ce diable de mal qui ne tue point, car encore si on mourait, à la bonne heure ! Je ne saurais m'accoutumer à souffrir ; mais j'ai si peu lieu d'aimer la vie que je mourrais assez volontiers[1].

C'est bien l'idée de dépendance (« sujette ») qui semble la cause du pessimisme existentiel de la comtesse, qui se réfère également à des auteurs pour nourrir ses pensées, qu'elle exprime son désaccord avec eux ou qu'elle glose librement à partir de leurs propos :

> S'il ne fallait que mourir, je n'y ferais pas tant de cérémonie et je dirais volontiers comme notre ami Montaigne : « la fortune aide à la facilité du marché de ma vie » ; il a raison notre vieil ami, car il est certain que l'on n'aime la vie que comme tous les autres objets, on s'attache le cœur, selon qu'ils sont plus ou moins aimables[2].

Plusieurs procédés tempèrent cependant cette expression plutôt spontanée de souffrances physiques, révélant un corps qui se délite. Il s'agit en effet d'éviter le pathétique et même le tragique, autant de tonalités qui ne conviendraient pas à l'écriture du *Journal*, censé « amuser[3] » Mlle de Menou. Quelques précautions oratoires émaillent en effet les articles, introduisant parfois la phrase ou la proposition (« car, par parenthèse, je suis très tourmentée de ma colique »), ou au contraire la clôturant (« Je souffre mort et passion de ma néphrétique depuis ce matin ; je n'en ai pu dîner sous votre respect[4] »). On relève également à deux reprises l'expression « c'est le diable à confesser que (tout) cela[5] », comme si la diariste était soumise à quelque contrainte. Enfin, c'est parfois le silence qu'elle adopte ou feint d'adopter, comme le suggère cette prétérition dérivant vers une dénégation : « Bonsoir, ma belle cousine. Je ne vous parle point de ma santé, elle est toujours mauvaise,

---

1   *Ibid.*, p. 124.
2   *Ibid.*, p. 193-194. Comme le fait remarquer S. Cromer, la citation n'est pas textuelle, et surtout, Mme de Murat dérive de la notion de fortune à l'analyse des raisons d'aimer la vie.
3   *Ibid.*, p. 2.
4   *Ibid.*, p. 261 et 119.
5   *Ibid.*, p. 88 et 174.

et pour m'en dédommager, je fais tout comme si je me portais bien[1]. »
Les cahiers sont d'ailleurs interrompus durant dix jours en raison de
l'aggravation de son état de santé : « Je ne vous ai pas fait un journal,
attendu que j'ai eu dix jours de maladie et que du reste le cousin Babou
vous en fera le récit, et les répétitions ennuient[2]. »

Parfois, la comtesse tente de détourner son attention, ainsi que celle
de sa correspondante, de ses symptômes en faisant de leur évocation une
occasion de réfléchir par exemple sur le vocabulaire :

> Oh, quel temps il a fait ! Mon côté n'en est pas encore *décoffi*. Je crois que
> *décoffi* est un mot nouveau ; mais les grands auteurs en hasardent par-ci, par-là,
> témoin Pierre Corneille qui a dit le premier *l'inclémence des dieux*[3].

De même, elle parodie des tournures (« toute colique cessante[4] » pour
« toute affaire cessante »), ou intègre une expression à la mode au sein
de la compagnie des poètes de Loches pour dénoncer l'inefficacité des
remèdes qui lui sont administrés : « M. Henry m'a fait malgré moi
prendre aujourd'hui médecine qui, pour ma santé, ne fera, je crois, *ni
frisc ni frasc*[5]. » Elle fait également référence à la mythologie, conférant,
non sans humour, une dimension quelque peu poétique à la description
de son traitement médical. Elle convoque ainsi les divinités de la mer
pour dire sa détestation des bains qu'elle est obligée de prendre : « Je
serai saignée et purgée dans cinq ou six jours, et puis vingt jours durant
au rang des Néréides et du petit lait par-dessus le marché » ; « Je suis
plus lasse que jamais de mon bain. Amphitrite est celle de toutes les
divinités dont j'envie le moins la destinée. Si j'avais été à sa place, il
n'y a pas un seul petit dieu des bois que je n'eusse volontiers préféré à
Neptune[6]. » C'est encore dans le même objectif de distanciation qu'elle
grossit la dimension des calculs qui la gênent (« J'ai ce soir le côté fort
endommagé : serait-ce encore quelque pierre de taille ? ») ou leur nombre
(« mais je pourrais sabler les Tuileries[7] »), cette dernière métaphore lui

---

1   *Ibid.*, p. 117.
2   *Ibid.*, p. 236.
3   *Ibid.*, p. 273. Voir la note 3 de S. Cromer sur cette attribution à Corneille.
4   *Ibid.*, p. 235.
5   *Ibid.*, p. 209. Voir aussi p. 226.
6   *Ibid.*, p. 193 et 223.
7   *Ibid.*, p. 131 et 164. Voir aussi : « Que dites-vous de cette carrière que j'ai dans le corps ? »
     (p. 129).

permettant de nier l'exil en renouant avec plaisir et mondanité. Enfin, la diariste fait servir ses souffrances à la stratégie argumentative qu'elle déploie pour convaincre sa destinataire de venir la voir, seul remède possible, selon elle, à ses maux qu'elle compare régulièrement à une douleur plus grande, générée par l'absence de sa cousine.

C'est donc une image peu séduisante, mais ne cessant d'échapper à elle-même, que donne à voir la diariste, insistant de manière étonnamment moderne sur la déperdition de soi, que seule semble pouvoir compenser la publication de soi.

Être l'objet des discours ou du regard d'autrui, telle est décidément l'ambition d'un *je* qui ne peut exister sans la présence d'un public. Que ce dernier soit le destinataire d'une œuvre majoritairement adressée et où domine l'écriture de soi, ou le spectateur des agissements de la comtesse, il apparait comme indispensable à celle qui se montre désireuse de se manifester. Les formes de publication, voire de publicité, de soi et de son propre discours sont en effet nombreuses et variées, qu'il s'agisse de vouloir convaincre le lecteur de son innocence, de se confier à lui, de se mettre en scène, de s'exhiber, d'envoyer ses écrits dans différentes localités ou encore de correspondre avec sa cousine. Autrui paraît dès lors l'instrument de sa propre promotion, comme on le voit très clairement à travers le *Journal* : c'est un contrat social biaisé que Mme de Murat propose par l'écriture, mettant la société de Loches à son service afin d'en occuper la première place. Elle attribue en effet à ceux qui l'entourent, non sans une certaine autorité, le rôle d'éditeurs, de facteurs, de lecteurs, ou encore de critiques, à condition de n'émettre que des éloges sur sa production qu'elle répand sans complexe, créant ainsi un monde dont elle occupe le centre. Cette manière d'investir les lieux au quotidien, indépendamment de tout rôle politique ou social, est accompagnée d'une quête identitaire très forte, puisque la mise en scène de soi entraîne l'expansion du *je* qui endosse de multiples rôles, s'inventant régulièrement au point de livrer de soi une image brouillée. L'écriture devient ainsi le réceptacle d'une identité dont l'expression ne cesse de se démultiplier.

On peut dire alors que même si elle prend des accents fortement personnels, voire narcissiques, la défense des femmes s'avère être avant tout celle de leur place dans la société, et que, dans cet objectif, elle entend passer par la conquête du verbe.

Au terme de cette seconde partie, on mesure à quel point l'aventure par excellence dans laquelle se trouve engagée Mme de Murat est celle des discours, plus que celle des êtres. C'est en effet d'abord d'événements verbaux que traite la comtesse, insérant son œuvre dans un univers de discours auxquels elle entend réagir. Ces derniers auraient-ils tous le même fonctionnement, comme le suggèrent la fréquence de la mention du recours à l'argument d'autorité, mais aussi la mise en évidence des « mécanismes de la crédulité[1] » qui plongent le récepteur dans un univers de croyances ? En disciple de Malebranche, Bayle ou encore Fontenelle[2], Mme de Murat évoque les multiples subterfuges, en lien avec les rôles de la raison et de l'imagination, qui contribuent à l'illusion langagière et sont responsables de la duplicité de plus d'un discours. La comtesse renouvelle ainsi la problématique féminine en soulignant les liens entre fiction et *doxa* sur les femmes.

En effet, si Mme de Murat veut démontrer dans les *Mémoires* qu'il ne faut pas juger des femmes sur les apparences, elle semble faire, dans le reste de son œuvre, un détour à valeur argumentative par une réflexion plus générale sur la problématique de la perception, notamment par le biais des histoires de revenants, afin de montrer à quel point on peut se tromper. Les calomnies colportées au sujet des femmes relèvent en effet de l'illusion, au même titre que les superstitions et histoires prétendues surnaturelles. Ainsi, avec beaucoup de perspicacité, la comtesse fait de la fiction « plutôt qu'un détournement, une initiation au monde réel et à ses contraintes cognitives[3] », et propose au lecteur une démarche herméneutique[4]. C'est donc une interrogation sur l'ambiguïté du monde, à laquelle se rattache la question féminine, qui taraude Mme de Murat. Plus précisément, la femme est considérée avant tout pour son image, et en tant que telle, elle fait partie des objets du monde sur lequel un

---

1   Voir *supra* note 3 p. 256.
2   Sur l'influence de ces trois philosophes dans la dénonciation des superstitions et la mise en valeur du rôle de l'imagination, voir J.-P. Sermain, *Le Conte de fées, op. cit.*, p. 43-61.
3   Ch. Baron, « La Fiction », dans *Littérature, représentation, fiction, op. cit.*, p. 77.
4   J.-P. Sermain écrit, au sujet du roman d'Ancien Régime : « Sans doute par ses liens avec une culture du livre et de la parole, de l'éloquence et de l'herméneutique, plus que du travail ou du projet, il fonde le plaisir du lecteur et le sens même de l'œuvre sur une activité interprétative, sur l'analyse des énoncés, sur le soupçon et la critique » (« Figures du sens : Saint-Évremond et le paradigme de la fiction au XVIIIe siècle », *Revue des Sciences humaines*, n° 254, avril-juin 1999, p. 21).

regard déformant est susceptible d'être porté. Force est de constater que la conscience du sujet féminin n'est pas encore d'actualité...

En s'attachant à détruire le mirage langagier, autant dans les discours référentiels que dans la fiction surnaturelle, Mme de Murat fait apparaître que l'esprit critique et l'incrédulité sont les conditions de toute dénonciation, et, plus particulièrement, de toute prise de position sur la question féminine. L'incrédulité confère en effet une nouvelle supériorité à ceux, et surtout celles, qui partagent la conscience critique de ce qui n'est la plupart du temps, pour reprendre les termes de l'approche pragmatique, qu'une feinte avec volonté de tromper. Les élites sociales, religieuses et judiciaires, sont particulièrement visées, ne cessant de convoquer l'autorité, qu'elle soit montrée ou citée[1], jusqu'à ce que les « effets produits » correspondent aux « effets visés[2] ».

Parallèlement à cette dénonciation des discours d'une société autoritaire, la comtesse propose une pédagogie de la lecture, à l'opposé de celle reçue par l'héroïne des *Mémoires*, qui instaurait un aplatissement des discours par le biais de textes à mémoriser, coupés de leur contexte de production. Pour ce faire, elle sollicite sans cesse l'attention du lecteur qu'elle confronte à des récits au statut ambigu, devant lesquels l'hésitation est le seul mode de réception possible. Ce jeu sur les frontières entre fictionnel et non-fictionnel, interrogeant le pacte instauré entre lecteur et auteur, se retrouve également à l'échelle de ses œuvres, dont les genres et leur codification sont dès lors remis en cause, le fonctionnement de l'illusion étant régulièrement empêché par le rappel de l'artifice. L'œuvre met ainsi au jour une conscience qui s'interroge sur ses pratiques d'écriture. Loin de proposer au lecteur une immersion mimétique, la comtesse suggère volontiers les questions poétiques qui se posent à elle, en particulier celles liées à la fiction, dans son projet de défense des femmes.

L'œuvre explore aussi les multiples façons de réagir au discours d'autrui, d'y répliquer, de le tourner en dérision, de se faire elle-même

---

1   « Selon que la source du message est explicitée ou non, on distingue l'autorité montrée et l'autorité citée » (*Dictionnaire d'analyse du discours, op. cit.*, p. 85).

2   Cette opposition est utilisée par P. Charaudeau pour distinguer, « dans une problématique de l'influence, d'une part les effets que le sujet communiquant a l'intention, et tente, de produire auprès du sujet destinataire qu'il imagine et construit de façon idéale, appelés effets visés, d'autre part ceux que le sujet interprétant ressent effectivement et qu'il construit ou reconstruit à sa façon, appelés effets produits » (*Ibid.*, p. 208).

parole d'autorité. Autant de modalités de la contestation de l'autorité par le biais de l'univers discursif dans lequel l'œuvre est ancrée. Dans tous les cas, la comtesse manifeste un désir de maîtriser le discours d'autrui, au point d'être tentée d'accaparer la parole en supervisant les échanges avec ses destinataires. Mais les compétences de la femme avertie, capable de décrypter le théâtre du monde et plus particulièrement celui de la société patriarcale, sont aussi l'occasion de faire valoir ses qualités d'écriture, afin de se distinguer et surtout d'être distinguée.

Plus généralement, le souci de distinction apparaît, chez Mme de Murat, comme l'une des principales modalités de construction de soi, la comtesse cherchant à se manifester aux yeux du monde, quelles qu'en soient les façons. Le *je* ne cesse en effet de solliciter discours, pensées ou regard d'autrui sur soi, souhaitant être le point de convergence des préoccupations du monde. Dès lors, l'autre n'apparaît plus que comme instrument de la connaissance de soi, et moyen de son exposition. Et la situation d'exilée de Mme de Murat, signe qu'elle n'a pas de place dans la société, renforce paradoxalement cette volonté de publication de soi comme de son propre discours.

Cependant, seule la fiction semble permettre à la comtesse d'expérimenter ce pouvoir de la parole et de l'écriture, qu'elle envisage de façon volontiers excessive. Le lecteur observe en effet une tendance du *je* à emprunter à la fiction pour s'affirmer. La quête de soi double ainsi la question féminine, tout en véhiculant la même demande de reconnaissance. Ne resterait-il à la comtesse que la possibilité de se duper elle-même par des discours lui conférant une maîtrise imaginaire sur le monde ? L'écriture deviendrait alors synonyme de feinte pour soi-même, incitant la comtesse à évoluer plus que jamais dans le champ des discours, seul espace où elle puisse exercer quelque maîtrise. C'est peut-être ce que suggère cette réplique de Mme de Murat à sa cousine qui l'informe qu'elle ne se rendra pas à Loches pour la voir, et à laquelle la comtesse adresse malgré tout les textes qu'elle avait écrits en pensant à sa venue :

> j'avais fait deux couplets que je vais vous envoyer, ma belle cousine, quoiqu'ils soient devenus inutiles. À cela je répondrai comme un philosophe grec : *que je suis maîtresse de mes discours, et que la fortune l'est de l'événement*[1].

---

1   *J*, p. 266.

CONCLUSION

Nombreuses sont les caractéristiques permettant de conférer une unité à l'œuvre de Mme de Murat, doublement définie par le projet de défense des femmes et par la dénonciation plus générale des discours d'autorité. Mais ces mêmes traits contribuent à la diversité de l'œuvre et à l'expansion de l'écriture, dont la comtesse ne manque pas d'exploiter les multiples enjeux.

La question féminine est omniprésente dans l'œuvre de Mme de Murat. « La Défense des Dames » se révèle en effet un fil directeur essentiel : réaffirmée par la comtesse dans l'épilogue des *Mémoires*, elle demeure sa perspective principale dans les contes, espace des « fées modernes », comme dans les récits de fiction que sont le *Voyage* et *Les Lutins*, qu'il s'agisse de déplorer la condition malheureuse de celles qui sont considérées comme d'éternelles mineures, ou de mettre en évidence la perspicacité des femmes bien conscientes des dérives de la domination masculine. La visée apologétique qui structure l'ensemble ainsi que la présence d'énoncés sentencieux au fil des pages confèrent une cohérence à l'œuvre dont la perspective argumentative est indéniable. Cependant, il ne s'agit pas seulement pour Mme de Murat d'illustrer une thèse. La comtesse aborde en effet les genres littéraires par le biais de l'image de la femme qu'ils colportent, et n'hésite pas à les infléchir afin de les faire coïncider avec son projet de défense des femmes. C'est ainsi que les *Mémoires* sont associés à une démarche inductive ayant pour objectif de plaider la cause du sexe féminin, et que l'écriture des contes est redéfinie en lien avec le portrait de la femme mondaine et cultivée dont elle souhaite la promotion. Tirant profit du caractère indéfini de certains genres, la comtesse y introduit ainsi une hybridation encore plus grande, à la source de la variété générique de l'ensemble de l'œuvre.

Les modalités du rapport entre les sexes nourrissent également l'essentiel des intrigues, et alimentent la réflexion de la comtesse, dénonçant les sordides tractations auxquelles donne lieu le mariage, et, plus généralement, la dépendance dans laquelle sont maintenues les femmes, objets de toutes les manipulations et de toutes les violences, physiques et verbales. La réplique féminine se veut audacieuse, alternant volonté de domination, scénarios de revanche et stratégies d'esquive remettant volontiers en cause la conception binaire du masculin et du féminin dans les rapports sociaux. S'il s'agit à chaque fois de réfléchir sur le rapport de force entre les sexes, le lecteur reste frappé par la multiplicité des options évoquées par la comtesse, depuis la retraite jusqu'à l'assassinat en passant par la possibilité, certes romanesque, du mariage d'amour. On remarquera cependant que l'altérité est régulièrement source de conflits, l'affirmation de soi entraînant une opposition à l'autre qui n'est apprécié par la comtesse qu'en fonction de sa proximité avec elle. La puissance d'invention de Mme de Murat, qui donne libre cours à son imagination dans cette quête, personnelle et fantasmatique, d'une relation idéale avec autrui, fait ainsi échapper l'œuvre à la monotonie tout en alimentant l'écriture.

Les multiples modes de relations déclinées au fil de l'œuvre entre les instances du féminin, allant de l'exemplarité au développement d'affinités plus intimes, instaurent à leur tour des jeux d'identification entre celles qui partagent une même destinée. De nombreux liens intertextuels, au sein même de l'œuvre, font encore se répondre les récits entre eux et avec ceux qu'ils insèrent. Mais ces caractéristiques, qui pourraient être autant d'indices de l'émergence d'une conscience féminine prenant en charge une cause collective, sont aussi la marque d'une redondance des scénarios, dont les personnages apparaissent pour la plupart comme autant de doubles fictionnels de l'auteur. C'est que Mme de Murat confond volontiers le destin des femmes et le sien, par le biais d'une même demande de reconnaissance. L'importance qu'elle donne au développement de scénarios amoureux et à la réflexion sur ce type de relation est significative de cet infléchissement de la conception du rapport à l'autre, avec lequel elle aspire à former une identité fusionnelle et aristocratique. On comprend alors que cette obsession, jamais satisfaite, implique un certain ressassement de l'écriture.

Enfin, l'œuvre ne cesse de prendre de nouveaux départs, en raison du questionnement que la comtesse introduit elle-même dans l'œuvre, suggérant les difficultés à soutenir son projet. N'hésitant pas à remettre en cause le bienfondé d'une riposte devant le poids des injonctions sociales que constituent le mariage et la réputation pour une femme, elle ne cesse en réalité de relancer la dénonciation, faisant entendre même une voix dissonante pour affirmer la primauté d'exigences comme le désir d'être aimée, raison suffisante pour s'éloigner des uns et se rapprocher des autres. Revendiquant une certaine complexité de soi, alors que la société interdirait la moindre aspérité dans la vie d'une femme, au risque de provoquer la médisance, Mme de Murat cultive volontiers l'ambivalence et l'ambiguïté, proposant des conclusions qui peuvent être parfois contradictoires, et finir par menacer l'unité de l'œuvre. En effet, cette dernière prend plus d'une fois l'allure d'un discours fragmenté, composé de multiples éclats de vérité difficiles à rassembler, à moins d'y voir le jeu de la fiction, à la fois audacieuse par la liberté d'expression qu'elle procure et illusoire par son statut.

Mais en inscrivant son œuvre dans l'univers des discours, comme nous l'avons montré dans la seconde partie de notre étude, la comtesse propose en réalité une critique beaucoup plus large des fondements d'une société qui repose, à ses yeux, sur l'autorité des uns et la crédulité des autres. Les liens que suppose la comtesse entre question féminine et croyances enrichissent en effet l'approche, faisant échapper l'œuvre à une logique d'écriture qui pourrait paraître idiosyncrasique. Considérant comme une fiction la *doxa* à l'encontre des femmes, Mme de Murat évoque de nombreuses analogies entre calomnies et histoires censément surnaturelles qu'elle réunit dans un même espace discursif, puisqu'elles obéissent aux mêmes lois, qu'il s'agisse de leurs conditions d'élaboration ou de celles, bien naïves, de leur réception. La comtesse s'engage alors dans une réflexion sur les discours, lieu d'affrontement et d'affirmation de l'autorité qui s'y déploie afin d'être reconnue pour vraie. Être capable de déceler le fonctionnement des discours est dès lors indispensable pour qui veut échapper à leur emprise. C'est la raison pour laquelle Mme de Murat, qui se veut pédagogue, éveille l'esprit critique du lecteur, en lui révélant les multiples failles des discours fallacieux qui lui sont habituellement tenus. Elle s'attache à relever les procédés utilisés, depuis les machinations les plus sommaires jusqu'aux manipulations les plus subtiles et donc les plus dangereuses, sans oublier de condamner la confusion entre les différents types de discours qu'entretiennent les prétendus éducateurs dans l'esprit des jeunes élèves. Le lecteur comprend ainsi qu'en abordant la question féminine, Mme de Murat entend mettre au jour les ressorts secrets de toute une société. L'enjeu est de taille, puisque ce décryptage met le lecteur devant une alternative : dénoncer les apparences et les faux discours et s'engager dans la voie d'une modernité que la comtesse appelle de ses vœux, ou rester dans l'acceptation du discours imposé et assurer ainsi la permanence d'archaïsmes aliénants. La comtesse associe en effet d'une part défense des femmes et critique des discours (et donc incrédulité) annonçant de nouveaux usages de la fiction, et, d'autre part, oppression de la femme et crédulité renvoyant aux superstitions ancestrales. La question féminine est donc l'occasion de réflexions plus larges sur la liberté de croire et de penser.

À nouveau cependant, cette perspective contribue à renforcer la diversité de l'œuvre. En effet, Mme de Murat entend initier le lecteur à l'exercice de décryptage, au sein même de l'œuvre, par l'hésitation qu'elle lui fait éprouver en jouant sur l'indétermination générique et fictionnelle des récits qu'elle rapporte ou dont elle revendique l'invention. C'est alors devant un texte d'une étonnante labilité que se trouve le lecteur, qu'il s'agisse de l'évocation de phénomènes apparemment surnaturels, comme dans le *Voyage* ou *Les Lutins*, du merveilleux féerique régulièrement désigné comme artificiel dans les contes, ou encore d'un certain romanesque incitant au mimétisme. Loin d'être évacuée, la fiction est convoquée pour être exorcisée, manipulée, la comtesse s'adressant désormais à un lecteur déniaisé, face auquel elle apparaît comme une femme avertie.

À travers son œuvre, Mme de Murat se présente en effet comme une femme différente des autres, dont les malheurs autorisent la prise de parole, et dont la maturité qui la distingue de jeunes héroïnes ou la distance qui la sépare du spectacle du monde aiguisent encore la lucidité. Mais la perspicacité dont elle fait preuve afin de décrypter le pouvoir de nuisance qui caractérise selon elle la plupart des discours, devient l'occasion d'apparaître comme femme auteur, et même de mettre en avant ses qualités d'écriture. Qu'il s'agisse de répliquer au discours d'autrui, de l'utiliser à son profit, ou d'en maîtriser l'énonciation, l'écriture n'est conçue que dans une perspective polémique, par celle qui ne peut trouver sa place que dans un rapport conflictuel aux autres, qu'elle sollicite les louanges sur son écriture auprès de sa cousine et des notables de Loches, ou qu'elle tente de rétablir sa réputation entachée de calomnies dans les *Mémoires*. L'écriture est essentiellement riposte (et donc seconde) à un discours préexistant (et pas nécessairement celui des hommes). Elle est guerre des mots dans la confrontation directe au discours d'autrui (dans le cadre de la calomnie par exemple), mais également dans un idéal agonistique, où l'auteur rivalise avec d'autres, notamment à l'élaboration de ses fictions narratives. L'écriture ne vient pas clore le rapport de force entre les protagonistes, elle en est l'expression et le poursuit, comme si tout discours était l'occasion d'un combat à mener et invitait à la surenchère. Ainsi, pour celle qui rêve d'une conquête toujours plus grande de la parole, l'écriture se fait réécriture du discours d'autrui, et se déploie bien souvent dans l'intertextualité.

Enfin, le caractère foisonnant de l'œuvre est aussi à mettre au compte du refus de Mme de Murat de s'accommoder de la liberté limitée octroyée aux femmes par la société patriarcale de l'Ancien Régime. Il s'agit en effet pour elle de réclamer une place et de se manifester, ce qui se traduit par un désir très fort de publication de soi et de ses discours. Puisque son identité, confisquée et toujours fuyante, se résume essentiellement aux discours dont elle est l'objet en tant que femme, elle oppose aux médisances de ses adversaires d'autres discours, ceux de ses défenseurs. L'objectif de l'écriture est alors d'archiver les discours d'autrui à son sujet, tentative démesurée d'autant que la comtesse contribue à les solliciter, voire à les produire. Occuper l'esprit des autres, telle est également l'aspiration de la comtesse qui souhaite, dans le *Journal*, à défaut d'obtenir des lettres de sa cousine, capter son attention et mobiliser son énergie par les lectures de volumineux cahiers qu'elle lui envoie. Bien plus, la lecture de l'œuvre fait apparaître une quête du regard des autres en dehors duquel elle ne semble pas pouvoir exister. Cette recherche, très éloignée de la modestie exigée pour les femmes (« Se faire distinguer, et pourtant ne point paraître : telle est l'ambition difficile de la femme d'esprit[1] »), entraîne la volonté de se faire remarquer par des comportements peu conformes aux normes sociales, ou encore l'exhibition de soi au lecteur qu'il faut convaincre ou à la cousine qui reçoit ses plaintes. C'est alors la singularité qui domine, comme le souligne René Démoris qui rattache Mme de Murat à ce groupe de femmes de la fin du XVIIᵉ siècle qui s'appuient sur leur seule expérience pour légitimer leur écriture, signe d'un

---

1   A. Faudemay, *La Distinction à l'âge classique, op. cit.*, p. 242.

glissement capital vers une conception moderne de la littérature cautionnée, plus que par la maîtrise des moyens de la langue, par la singularité d'une personne et de son vécu, ce qui fait que, selon l'expression de Philippe Lejeune, toute littérature se lira aussi comme autobiographie[1].

C'est finalement ce lien entre littérature et promotion du moi qui retient l'attention du lecteur. Mme de Murat pourrait en effet prendre place dans une histoire littéraire qui ferait état des idées en lien avec les pratiques sociales, non loin des libertins. En effet, qu'il s'agisse de son attachement à dénoncer les idées reçues, notamment les préjugés sur les femmes, et, plus largement, les superstitions, la comtesse s'inscrit dans la mouvance de ceux qui rejettent l'argument d'autorité et analysent les mécanismes de la crédulité. Faisant preuve d'une érudition certaine et cultivant le goût du paradoxe, elle défend la raison critique et met la question interprétative au centre de sa poétique. Dans le même temps, elle adopte une posture transgressive au quotidien, par son désir d'être remarquée ; elle connaît le prix de la liberté, et souhaite pouvoir se nourrir de bons vins et de chansons, toujours prête à la provocation dans une société autoritaire qui l'inquiète pour les « désordres » de sa vie. Le terme de libertinage, à condition de le prendre dans son acception la plus large, faisant se rejoindre pensée et mœurs, permettrait d'éclairer d'un jour nouveau l'apport de Mme de Murat.

Pour le moins, l'on peut dire que si la comtesse mérite à bon droit une place dans une histoire du féminisme, elle doit avant tout être reconnue pour sa démarche d'écrivain liée à une pratique réflexive de l'écriture, à la charnière entre le Grand Siècle et le Siècle des Lumières. Se profile en effet, sous couvert du jeu mondain qui se plaît à surprendre et à faire montre d'ingéniosité, une figure auctoriale consciente des processus de légitimation d'une œuvre, questionnant la notion d'autorité, très sensible au public et à la publication, et pour laquelle l'écriture, si elle est susceptible de s'apparenter à un divertissement, constitue aussi l'élément principal d'une véritable stratégie sociale[2].

---

1   R. Démoris, « Écriture féminine en *Je* et subversion des savoirs chez Mme de Villedieu », dans *Femmes savantes, savoirs des femmes, op. cit.*, p. 197.

2   De ce point de vue, Mme de Murat pourrait être rattachée au groupe des écrivains « professionnels » pour lesquels l'écriture constitue une « raison sociale », pour reprendre les termes d'A. Viala dans *La Naissance de l'écrivain, op. cit.*, p. 178-185.

ANNEXES

LES *MÉMOIRES*

Née d'une famille illustre et d'une mère trop jeune, l'héroïne est élevée par sa grand-mère qui la flatte excessivement. À la naissance de son frère, alors qu'elle n'est âgée que d'une dizaine d'années, on l'envoie malgré elle au couvent. Ayant découvert dans les romans le pouvoir amoureux que les femmes peuvent exercer sur les hommes, elle s'inspire de ses lectures pour écrire des lettres à Blossac, un marquis rencontré chez sa grand-mère. La relation épistolaire, découverte par l'abbesse qui en informe ses parents, prend très vite la tournure d'une galanterie aux yeux du monde, et devient un argument pour la destiner à la vie religieuse. Comme Blossac ne répond plus à ses missives, elle feint de se soumettre à l'état qu'on lui impose pour susciter sa réaction. Mais à quelques heures de sa prise de voile, son père la fait enlever, lui ayant appris son dessein de la marier, à l'insu de sa mère, à un homme qu'elle croit être Blossac, mais qui est en réalité un autre gentilhomme. Son père compte profiter de ce mariage pour régler des dettes contractées envers la famille du futur mari. D'abord déconcertée, elle finit par épouser celui qu'on lui destine. Cependant, en raison de la version que son père donne des faits, on la croit l'instigatrice de son propre enlèvement. Son mari, enclin à la boisson, se révèle très vite jaloux et brutal. Afin de lui ôter tout soupçon sur sa relation avec Blossac, elle tente de plaire à un ami du marquis, nommé Sauvebeuf. Mais son mari la menace de la tenir enfermée. Elle prend alors la fuite et se réfugie dans un couvent. Blossac refusant de la secourir, elle se décide à retrouver son mari lorsqu'elle est enlevée par Sauvebeuf. Il avait été prévenu par Blossac de sa situation et n'avait pas hésité à intervenir. Père et mari, convaincus de sa complicité avec son ravisseur, déposent une plainte contre elle, mais en vain. Sauvebeuf est bientôt accusé par son mari d'être responsable de la grossesse de l'héroïne. Elle quitte à nouveau son mari et rejoint Paris. Contrainte de s'arrêter en cours de route pour accoucher, elle donne naissance à un garçon, et fait la connaissance de Mlle Laval. Enfin arrivée dans la capitale, elle apprend que son mari y est également, et qu'il tente, avec sa mère, de la faire enfermer. Elle trouve néanmoins quelques appuis, notamment celui de Mme de Châtillon, dont l'un des amis, l'abbé Fouquet, la compromet très vite. La duchesse de Châtillon, par son crédit, empêche que les attaques judiciaires de la famille de l'héroïne puissent aboutir, et la recommande à un magistrat afin d'obtenir sa séparation. Mais celui-ci la menace de ses calomnies si elle ne répond pas à ses avances, et fait enfermer son propre fils, le marquis de Saint-Albe, qu'il croit être son rival. L'homme de loi ne cessant de la poursuivre de ses ardeurs, il tombe dans un piège tendu par la femme de chambre de l'héroïne, qui parvient à lui extorquer de l'argent tout en prétendant lui faire obtenir ainsi les faveurs de sa maîtresse. Saint-Albe est impliqué malgré lui dans cette farce et se trouve à nouveau enfermé. La femme de chambre continue malgré tout à exposer la réputation de sa maîtresse en imaginant faire se prostituer une jeune fille en son nom. Le duc de Candale, ami de Mlle Laval, parvient à déjouer la supercherie. Peu après, la mère de l'héroïne persuade son mari de l'intérêt à se réconcilier avec elle, étant donné les appuis dont elle bénéficie désormais. Un gentilhomme nommé Montalzac et un ecclésiastique sont censés faciliter le rapprochement du couple, mais l'un par ses prétentions amoureuses, et l'autre par ses sermons désobligeants, ne font qu'éloigner davantage l'héroïne. Mme de Châtillon obtient la libération de Saint-Albe, mais l'héroïne refuse de le revoir, pour couper court aux rumeurs. Elle accompagne alors Mme de Châtillon sur ses terres. Saint-Albe les y rejoint, d'abord déguisé en valet de chambre, puis une seconde fois, victime d'une machination de l'abbé Fouquet. Les deux femmes regagnent alors Paris. Montalzac est tué en duel par Saint-Albe qui souhaite ainsi venger l'honneur de celle qu'il aime déjà. À la mort de son père, il souhaite offrir à l'héroïne tout son bien, afin de se ruiner et de paraître un mauvais parti à celle à qui on le destine malgré lui. Craignant la calomnie si elle accepte, l'héroïne repousse son offre et l'oblige à se marier, mais lui promet de ne pas l'oublier. Elle obtient même de lui qu'il se montre amoureux de sa femme, afin qu'elle ne soit pas accusée de l'en éloigner. Elle s'émeut de sa soumission et l'aime sans le lui dire, tout en se refusant à sortir de son devoir. Tandis que Saint-Albe part pour la guerre, sa femme se déchaîne contre l'héroïne, l'accusant de relations suspectes avec Mlle Laval. La rumeur parvient jusqu'aux oreilles de la reine, mais Mme de Châtillon réussit à détromper cette dernière. La mère de l'héroïne, craignant qu'elle ne finisse par gagner sa séparation devant la justice, lui propose un arrangement avec son mari. Elle refuse, préférant une victoire publique. Ce dernier meurt subitement en la disculpant *in extremis*. Peu après, la mort de son frère la laisse héritière d'une grande fortune, qui fait taire soudain toutes les médisances, et dont elle fait notamment profiter Saint-Albe. Un séjour en province est l'occasion de partager ses réflexions sur la condition des femmes avec une amie dont elle rapporte les aventures dans un long récit inséré. De retour à Paris, elle reçoit bientôt la visite du baron de Sarcelles, un parent, qui l'engage à se réconcilier avec la femme de Saint-Albe. Il s'agit en réalité d'un stratagème du baron qui souhaite entretenir celle dernière de son amour, la présence de l'héroïne servant à détourner l'attention de Saint-Albe tout en le séduisant. Elle accepte la rencontre sans comprendre le rôle que l'on veut lui faire tenir. Saint-Albe la croit d'abord complice de Sarcelles. Peu après, elle parvient à le convaincre de son innocence, et lui avoue enfin son amour, mais décide de ne plus le voir pour éviter les médisances. La femme de Saint-Albe meurt brusquement, laissant son mari dans l'obligation de donner ses biens aux héritiers de sa belle famille. L'héroïne refuse un beau parti que lui propose Mme de Châtillon. Elle pense à présent épouser Saint-Albe, tant par générosité que par amour, mais elle ne lui en dit encore mot. Se croyant délaissé, Saint-Albe s'apprête à repartir pour servir en Hollande. L'héroïne le fait alors rappeler à Paris, et laisse à Mme de Châtillon le soin de lui apprendre son intention de l'épouser, après avoir éprouvé la qualité de son amour. Malgré le secret de la cérémonie, ce mariage d'amour déchaîne les mauvaises langues. Finalement Blossac est arrêté pour avoir écrit des lettres diffamatoires sur les relations homosexuelles qu'entretiendraient Mlle Laval et l'héroïne. La mère de cette dernière décède à son tour, la déshéritant ainsi que son fils, au profit d'un lointain cousin, sous prétexte que ce fils ne serait pas de son mari. Elle trouve auprès de Saint-Albe la consolation de toutes ces calomnies. Les premières années de son mariage se passent dans une harmonie parfaite, jusqu'à la trahison du comte de Velley qui, étant logé dans leur maison de Paris, contrefait leurs écritures, espérant les éloigner l'un de l'autre afin de se faire aimer de l'héroïne. Découvrant son erreur après une lettre d'adieu de Saint-Albe qui lui reproche son infidélité, elle le rejoint et se réconcilie avec lui. Velley, arrêté pour avoir imité l'écriture d'un ministre, se suicide en prison. Peu après, Saint-Albe retrouve Blossac sur les champs de bataille, et décide de le provoquer en duel pour se venger de lui. Mais ils tombent dans une embuscade, et Saint-Albe sauve Blossac des mains de ses ennemis. Touché par ce geste, ce dernier se montre reconnaissant et demande pardon à Saint-Albe pour toutes ses calomnies à l'encontre de son épouse. Peu après, Saint-Albe est mortellement blessé lors d'une bataille. Bouleversée par ses dernières paroles d'amour, l'héroïne lui organise des obsèques magnifiques, qu'on ne manque pas de lui reprocher. Elle se retire définitivement du monde.

HISTOIRES DE REVENANTS RAPPORTÉES
DANS LE *VOYAGE DE CAMPAGNE*

Le tapage nocturne qu'un gentilhomme attribue à l'âme de sa mère, s'avère être l'œuvre du chien de la maison, nommé Grosblanc. Mme Deshoulières en fait l'expérience avec sang-froid.

L'aïeul d'un gentilhomme réapparaît régulièrement aux fenêtres du château dans lequel il demeurait, près de Blois. Sa présence inoffensive est finalement acceptée de tous.

Un jeune homme désargenté apprend, la veille de son départ pour la guerre, qu'un château hanté ayant appartenu à ses ancêtres renferme un trésor. Décidé à affronter diables et fantômes, il y passe une nuit, au milieu de ses aïeux qui réapparaissent pour l'occasion avant de s'éclipser à nouveau, à l'endroit où seront découvertes les richesses.

Un homme, prêt à quitter l'hôtellerie où il a séjourné, ne retrouve plus son cheval. Ce dernier a déserté l'écurie pour le grenier à foin, pourtant difficile d'accès. C'est qu'un follet de la maison, passionné par les chevaux, l'y a monté pour empêcher son départ. Afin de tromper l'esprit fantasque, le voyageur, sur les conseils de l'aubergiste, fait semblant d'être installé dans les lieux, si bien que le cheval regagne l'écurie. Il est sellé aussitôt, mais il meurt en cours de route.

Un follet farceur, appelé Monsieur, apparaît régulièrement dans un château de Touraine. Persuadé qu'il vient demander des prières pour son salut, le seigneur du château fait dormir avec lui son plus jeune fils, croyant qu'une âme pure aurait raison du mutisme du spectre. Mais le garçonnet décède quelques jours plus tard, sans avoir pu raconter ce qu'il s'était passé. Le follet disparaît aussitôt.

Retirée avec seulement quelques domestiques dans une de ses terres suite à la mort de son mari, Mme d'Orselis entend à plusieurs reprises des bruits étranges durant la nuit. Une fois, le vacarme se fait plus fort, au point qu'elle fait crier au feu. Laquais et cochers vont à l'assaut de ce qui leur semble le fait des voleurs. Mais l'une de ses femmes lui confie qu'il s'agit sans aucun doute de l'œuvre de Monsieur d'Orselis, venant réclamer des prières, puis la convainc de quitter les lieux. Un abbé que Mme d'Orselis a fait appeler se moque de ses frayeurs, et lui assure qu'il s'agit sûrement de la stratégie d'une domestique amoureuse, hypothèse qui s'avère bientôt exacte. Après être rentrée à Paris, Mme d'Orselis retourne avec quelques personnes incrédules, en l'absence de la domestique qui l'a effrayée. Le calme règne alors.

Avant de partir au combat, un homme annonce à son amante, Mlle de C…, que s'il décède, il lui apparaîtra en blanc ou dans un feu, selon qu'il sera sauvé ou damné. Un jour, une main vient déposer devant la jeune femme une boîte renfermant un cœur, tandis qu'un feu apparaît dans la cheminée, consumant un corps qu'elle reconnaît pour être celui de son ami, et dont elle apprend la mort peu après.

Un curé, qui se rend à pied dans un village de Normandie, rencontre en chemin « la demoiselle », figure de femme montée sur un cheval, qui l'égare un certain temps. Quand il finit par rentrer chez lui, épuisé et fiévreux, il décède.

Comminges et l'un de ses amis s'arrêtent dans une mauvaise hôtellerie du Berry pour y passer la nuit. Mais l'ami se sent soudain étranglé dans son sommeil. Il appelle au secours Comminges qui le voit aux prises avec un homme mort chargé de chaînes. Bientôt délivrée de son agresseur, la victime se rétablit, tandis que le maître de la maison découvre que la créature n'est autre que son valet d'écurie, venu s'effondrer sur le lit du voyageur, après avoir visiblement brisé les chaînes qu'on avait dû lui attacher en raison de sa folie.

Sur le point de mourir, M… demande à sa femme de ne point se remarier avec B…, l'un de ses amis devenu amoureux d'elle. La veuve se laisse pourtant consoler par B… au point d'envisager de s'unir à lui, dans la plus grande discrétion, au bout d'une année. Tandis que l'heure de la cérémonie nocturne approche, l'image de M… apparaît soudain aux yeux du nouveau couple, ainsi qu'à ceux d'une fille de l'épouse. B… poursuit le fantôme qui finit par disparaître. Se souvenant des dernières paroles de son mari, la veuve décide d'abord de retarder son mariage, avant de le conclure quelque temps plus tard, et de vivre heureuse.

LE *MANUSCRIT 3471*

CHRONOLOGIE DES ARTICLES DU *JOURNAL*

Premier cahier (p. 2-30)
14 avril 1708 ; 15 avril 1708 ; 17 avril 1708 ; 18 avril ; 19 avril ; 20 avril.

Suite d'avril 1708, second cahier (p. 31-47)
Samedi 21 à trois heures du matin ; À deux heures ; À dix heures du soir ; Dimanche 22 à neuf heures du matin ; À une heure ; À dix heures du soir ; Lundi 23 à midi ; À trois heures.

Suite d'avril 1708, 3ème cahier (p. 48-66)
Mardi 24 à midi ; À trois heures ; À dix heures du soir ; Mercredi 25 à trois heures ; À onze heures du soir ; Jeudi à deux heures après-midi ; À dix heures du soir ; Vendredi 27 à midi ; À dix heures du soir ; Samedi 28 à dix heures ; À dix heures du soir ; Ce dimanche 29 à 9 heures du matin ; À dix heures du soir ; Lundi 30 avril à trois heures ; À sept heures du soir.

Journal du mois de mai 1708, 4ème cahier contenant trois journées (p. 67-80)
Mardi 1er mai à onze heures ; À dix heures du soir ; Mercredi 2 mai à quatre heures du soir ; À dix heures du soir ; Jeudi 3 mai à midi ; À quatre heures.

Suite de mai 1708, 5ème cahier contenant trois journées (p. 81-86)
Vendredi 4 mai à dix heures du soir ; Samedi 5 mai à midi ; À dix heures du soir ; Ce dimanche 6 mai à midi ; À neuf heures du soir.

Suite du journal, sixième cahier (p. 87-96)
Lundi 7 mai ; Mardi 8 mai à midi ; À onze heures du soir ; Ce mercredi 9 mai à dix heures du soir.

Suite de mai 1708, septième cahier contenant 4 journées (p. 97-105)
10 mai à une heure après-midi ; À dix heures du soir ; Vendredi 11 mai à dix heures du soir ; Samedi 12 mai à dix heures du matin ; Dimanche 13 mai à une heure après-midi ;À dix heures du soir.

Suite de mai 1708, huitième cahier contenant 4 journées (p. 106-112)
Lundi 14 mai à midi ; À neuf heures du soir ; Mardi 15 à huit heures du soir ; Mercredi 16 mai ; Jeudi 17 mai, jour de l'Ascension à midi ; À huit heures du soir.

Suite de mai 1708, neuvième cahier contenant 11 journées (p. 113-126)
Vendredi 18 à 10 heures du soir ; Samedi 19 à neuf heures du soir ; Dimanche 20 mai à dix heures du soir ; Lundi 21 mai à une heure ; À dix heures du soir ; Mardi 22 mai à deux heures après-midi ; À dix heures du soir ; Mercredi 23 mai à dix heures du soir ; Jeudi 24 à une heure après-midi ; Vendredi 25, dans mon lit à huit heures du soir ; Samedi 26 mai à 7 heures du soir ; Dimanche 27 mai, jour de Pentecôte à midi ; À dix heures du soir ; Lundi 28 mai à midi ; À dix heures du soir.

Le dixième cahier manque, c'est-à-dire les journées du mardi 29 mai au dimanche 3 juin inclus.

Suite de juin 1708, 11ème cahier contenant 6 journées (p. 127-140)
Lundi 4 juin à dix heures du soir ; Ce mardi 5 juin à midi ; À dix heures du soir ; Mercredi 6 juin à onze heures du soir ; Jeudi 7 juin, jour de la fête Dieu à onze heures ; Vendredi 8 juin à cinq heures du soir ; À dix heures du soir ; Samedi 9 juin à onze heures du matin ; À sept heures du soir.

Suite juin 1708, 12ème cahier contenant 4 journées (p. 141-152)
Dimanche à dix heures ; Lundi 11 juin à quatre heures après-midi ; À minuit ; Ce mardi 12 juin à une heure après midi ; À onze heures du soir ; Ce mercredi 13 juin à deux heures après-midi ; À onze heures du soir.

Suite de juin 1708, 13ème cahier contenant 4 journées (p. 153-162)
Jeudi 14 juin à 10 heures ; Ce vendredi 15 à midi ; À onze heures du soir ; Samedi 16 à deux heures après midi ; À dix heures du soir ; Dimanche 17 à deux heures après midi ; À cinq heures du soir.

Suite de juin 1708, 14ème cahier contenant 6 journées (p. 163-174)
Lundi 18 à dix heures ; Mardi 19 juin à quatre heures après-midi ; À dix heures du soir ; Ce mercredi 20 juin à dix heures du soir ; Ce jeudi 21 juin à quatre heures après midi ; Ce vendredi 22 juin à six heures du soir ; Samedi 23 juin à six heures du soir.

Fin de juin 1708, 15ème cahier contenant 7 journées (p. 175-188)
Dimanche 24 juin à dix heures du soir ; Lundi 25 juin à dix heures du soir ; Mardi 26 à deux heures après minuit ; Mercredi 27 juin à midi ; À une heure après minuit ; Jeudi 28 à dix heures du soir ; Ce vendredi 29 juin à onze heures du soir ; Ce samedi 30 juin à une heure après midi ; À dix heures du soir ; Ce dimanche 1er juillet 1708 à trois heures.

Journal du mois de juillet 1708, 16ème cahier contenant 7 journées (p. 189-200)
Dimanche 1er juillet à dix heures ; Lundi 2 juillet à onze heures du soir ; Mardi 3 juillet à dix heures du soir ; Mercredi 4 juillet ; Jeudi 5 juillet à dix heures du soir ; Vendredi 6 juillet à six heures du soir ; À neuf heures du soir ; Samedi 7 juillet à dix heures du soir.

Journal suite de juillet 1708, 17ème cahier contenant 4 journées (p. 201-205)
Dimanche 8 à dix heures ; Lundi à dix heures du soir ; Ce mardi 10 juillet à onze heures du soir ; Ce mercredi 11 juillet à minuit.

Journal, suite de juillet 1708, 18ème cahier contenant 6 journées (p. 206-212)
Jeudi 12 juillet à dix heures ; Vendredi 13 juillet à dix heures du soir ; Samedi 14 juillet à dix heures du soir ; Dimanche 15 juillet à sept heures du soir ; Ce lundi 16 juillet à neuf heures du soir ; Ce mardi 17 à midi.

Journal, suite de juillet 1708, 19ème cahier contenant six journées (p. 213-219)
Mardi 17 à dix heures ; Mercredi 18 juillet à quatre heures après-midi ;
Jeudi 19 juillet à dix heures du soir ; Vendredi 20 juillet à six heures ;
Samedi 21 juillet à onze heures du soir ; Dimanche 22 juillet à quatre
heures après midi.

Journal, suite et fin de juillet 1708, 20ème cahier contenant 9 journées
(p. 220-226)
Lundi 23 juillet ; Ce mardi 24 juillet à dix heures du soir ; Mercredi
25 juillet à onze heures du soir ; Jeudi 26 juillet à dix heures du soir ;
Vendredi 27 juillet à six heures du soir ; Samedi 28 juillet à dix heures
du soir ; Dimanche 29 juillet à onze heures du soir ; Lundi 30 juillet à
six heures du soir ; Mardi 31 à midi.

Journal du mois d'août 1708, 21ème cahier contenant 5 journées (p. 227-234)
Mercredi 1er août à quatre heures après midi ; Jeudi 2 août à dix heures
du soir ; Vendredi 3 août à dix heures du soir ; Samedi 4 août à onze
heures du soir ; Dimanche 5 août à onze heures du matin.

Œuvres mêlées. Suite du journal d'août 1708 (p. 235-245)
15 août.

Œuvres mêlées. Suite d'août et commencement de septembre 1708 (p. 246-250)
Ce dimanche 9 septembre.

Pot pourri commencé le 12 octobre 1708 à Loches (p. 251-265)
Sans date ; Ce mardi au soir.

Petites œuvres mêlées (p. 266-272)

Très petites œuvres mêlées. À Loches, ce 25 janvier 1709 (p. 273-287)
Ce 25 janvier 1709 ; Ce 6 février.

Œuvres très mêlées à Mlle de Menou (p. 288-302)
À Loches, ce samedi 4 mars 1709 ; Ce dimanche 5 mars.

CONTENU DE LA SUITE DU *MANUSCRIT 3471*

p. 488   Fragment (5 vers). Fragment imprimé dans « Anguillette » (5 vers). On lui avait demandé en lui écrivant le jour de Pâques pourquoi on ne l'avait pas vue et quelle pénitence son confesseur lui avait donné. Réponse (6 vers).

p. 489   Fragment dans une lettre à Mme sa mère (9 vers). Autre sur le même sujet (12 vers).

p. 490   Dans une lettre, en parlant de gens qui avaient déplu à des poètes, après de la prose (5 vers). Fragment (5 vers). Fragment après de la prose (5 vers).

p. 491   Suite d'une plaisanterie sur de la musique (8 vers). On avait demandé en badinant une inscription pour mettre à une maison de campagne, ceci est imprimé dans « L'Heureuse Peine » (5 vers). Autre sur le même sujet (5 vers).

p. 492   Fragment (5 vers). Fragment (4 vers). Après de la prose dans une lettre (4 vers). Autre (5 vers).

p. 493   Fragment chanson (8 vers). Épitaphe de Monsieur de La Loubère faite par lui-même sur un voyage qu'il fit dans la diligence de Lyon (11 vers).

p. 494   Vers faits pour mettre derrière un éventail qui représentait des dames fort des amies de celle qui le donnait (5 cartouches).

p. 495   Fragment après de la prose (5 vers). Madrigal imprimé (6 vers). Madrigal pour deux belles personnes (8 vers).

p. 496   Madrigal (6 vers). Autre (8 vers).

p. 497   Madrigal (9 vers). Rondeau (15 vers).

p. 498   Rondeau (15 vers).

p. 499   Rondeau redoublé de Monsieur le marquis de la Vrillière (25 vers).

p. 500   Rondeau pour Mlle de Menou le jour de sa fête (15 vers).

p. 501   Rondeau (15 vers). Rondeau (15 vers).

p. 502   Fragment impromptu, après de la prose ; suite d'une plaisanterie qui regardait une jeune personne (12 vers).

p. 503   Rondeau sur celui du triomphe de l'amour (10 vers). Rondeau redoublé en réponse à Mme de Reuillet (21 vers).

p. 504   Rondeau redoublé (21 vers).

p. 527   Chanson sur l'air des foires de champagne (6 vers).

p. 528   Chanson (10 vers). Autre (6 vers). Autre (6 vers).

p. 529   Réponse à une lettre de compliment sur l'air « Ah qu'elle est belle » (5 vers). Chanson sur l'air « Filles qui allez à Bezons » (14 vers).

p. 530   Parodie sur l'air « Je sens un plaisir extrême » de l'opéra d'*Atis* (4 vers). Chanson sur l'air « Que le vin de champagne est bon » (5 vers). Autre sur un air de la comédie italienne, impromptu pour réponse à une proposition d'aller courir le bal (8 vers).

p. 531   Chanson imprimée dans « Le galant lutin » (9 vers). Chanson (5 vers). Autre sur Laïs, cruelle départie (8 vers).

p. 532   Parodie sur l'air de l'amour en courroux (9 vers). Chanson, printemps (7 vers). Chanson (12 vers).

p. 533   Chanson sur l'air « L'année est bonne » dans une lettre après de la prose, sur ce que l'on avait mandé que l'on croyait que l'amour avait quitté Paris parce que l'on n'y parlait point de lui (24 vers).

p. 534   Impromptu fait à la campagne sur l'air de « Ho, ho » (8 vers).

p. 535   Couplet sur l'air de « Ho, ho » par Mme de la Fourquette (8 vers). Chanson à boire (9 vers). Chanson sur l'air des folies d'Espagne (4 vers).

p. 536   Sur ce qu'on lui avait dit en badinant que ses vers étaient moins bons qu'à l'ordinaire. Sur l'air « Le beau berger Tircis » (6 vers). Sur l'air « La bouteille est charmante », menuet (6 vers). Parodie d'un air d'Amadis qui commence par « Vous m'avez enseigné la science terrible des noirs enchantements » (4 vers).

p. 537   Parodie d'un air d'Alceste « On ne voit plus ici paraître » (4 vers). Parodie d'un air de Thésée (4 vers). Parodie d'un air de Bellot qui commence par « Dieux tout puissants jugez si mon sort est heureux » (6 vers).

p. 538   Parodie d'un air de Persée « Que l'enfer, la terre, les cieux » (6 vers). Chanson (8 vers). Couplets faits impromptu à la suite d'une plaisanterie sur l'air de Mgr du Grimaudin (24 vers).

EXTRAITS DE DOCUMENTS SUR Mme DE MURAT

EXTRAITS DE LA *CORRESPONDANCE ADMINISTRATIVE SOUS LE RÈGNE DE LOUIS XIV*, RECUEILLIE ET MISE EN ORDRE PAR G.-B. DEPPING, PARIS, IMPRIMERIE NATIONALE, 1850-1855, T. II, P. 775, 776, 796, 804, 808, 837, 838, 852, 853.

Le comte de Pontchartrain, secrétaire d'État, au maréchal de Boufflers

Le 15 février 1702

Mme de Murat continue à se distinguer par ses emportements et par le désordre de ses mœurs. Elle sait que le roi en est informé ; mais elle compte qu'il ne se trouvera aucune communauté religieuse qui veuille s'en charger, et je crois qu'elle a grande raison, car il n'y en a aucune où elle ne fut capable de mettre le trouble et le désordre. Ainsi on ne trouve rien qui convienne mieux pour sa retraite que quelque château comme ceux de Guise, de Ham, de Loches, Saumur, Angoulême et autres de cette nature. Je vous prie de prendre la peine de me mander si ce parti vous serait agréable, et lequel château vous conviendrait le mieux, afin que je le puisse proposer au roi.

Le 19 avril

Mme de Murat a été enfin arrêtée avec beaucoup de circonspection et de ménagement, et sera conduite de même au château de Loches. J'ai cru que vous seriez bien aise d'en être informé, et d'être sûr que vous n'entendrez plus parler de ses désordres.

Le comte de Pontchartrain au lieutenant de roi à Loches

À Versailles, le 26 avril 1702

Le roi paiera la pension de Mme de Murat sur le pied de 547 livres tournois 10s par an, qui est 30 sols par jour, et, outre cela, 100 livres tournois aussi par an pour son entretien, de laquelle somme de 100 livres tournois elle pourra disposer à sa volonté. Sa Majesté veut qu'en prenant vos sûretés pour sa détention, vous lui donniez les libertés que vous croirez pouvoir lui donner, afin de prendre l'air et se désennuyer. Mais je dois vous avertir que non seulement elle ne doit voir aucun homme qui puisse être suspect, n'étant pas naturellement fort cruelle, mais que vous devez avoir aussi la même attention sur les femmes et les filles, dont elle sait depuis longtemps se servir à des usages que la pudeur ne me permet pas de vous expliquer.

Le 6 mai

Je vous ai mandé ce que vous avez à observer à l'égard de Mme de Murat pour sa nourriture et entretènement, et pour les personnes qu'elle peut voir. Je dois y ajouter encore que vous ne devez lui donner la permission d'écrire aucune lettre ni d'en recevoir qu'elles ne passent par vos mains, afin que, s'il y en avait quelqu'une qu'il fût nécessaire de supprimer, vous puissiez le faire. Mandez-moi ce qui se passera par rapport à elle.

Le comte de Pontchartrain au comte de Murat

À Versailles, le 1er mai 1703

J'ai reçu la lettre que vous m'avez écrite de Saint-Flour, par laquelle vous me mandez que vous ne voulez point consentir à ce que Mme de Murat sorte du château de Loches ; et comme elle m'en a adressé une du 28, datée de Jouy, qu'on suppose être signée de vous, quoique l'écriture et la signature soient entièrement différentes de la première, j'ai bien cru que c'était un tour de souplesse. Je vous envoie la copie de cette lettre et de celle de Mme de Murat, qui l'accompagnait, afin que vous puissiez mieux en connaître la vérité, et je vous prie de me faire savoir, par le premier ordinaire, ce qui en est.

Le comte de Pontchartrain à Baraudin

À Versailles, ce 6 juin 1703

Mme de Murat m'envoya, il y a quelque temps, une lettre supposée de son mari, par laquelle elle demandait qu'elle fût mise en liberté pour retourner avec lui, et j'en reçus presque en même temps une de lui bien différente, où il me mande qu'il n'est pas dans le dessein de se remettre avec elle, et qu'il ne serait pas en son pouvoir de répondre de sa conduite. Vous pouvez bien juger qu'un tel tour de souplesse n'a pas été agréable au roi. Faites-lui voir, s'il vous plaît, la lettre de son mari, et expliquez-lui qu'elle ne doit imputer qu'à elle-même si elle est encore plus étroitement retenue au château de Loches, Sa Majesté voulant que vous preniez toutes les précautions nécessaires pour la sûreté de se personne.

Le comte de Pontchartrain à Mme de Murat

À Versailles, le 20 février 1704

J'ai eu l'occasion de parler au roi non seulement de toutes les propositions que vous avez faites sur votre manière de vivre dans le château de Loches, mais encore sur les vues qu'avait eues M. le maréchal de Boufflers de vous procurer la liberté de vous retirer en province dans une de vos terres. Mais Sa Majesté n'a point voulu consentir, à moins que ce ne soit avec M. de Murat, et qu'il ne le veuille bien. C'est à quoi vous devez tâcher de l'engager, car lorsqu'il demandera cette grâce, elle vous sera accordée, et non autrement. Cependant Sa Majesté veut que vous restiez à Loches dans l'état auquel vous avez été jusqu'à présent, tant pour le logement que pour la pension et la manière d'en faire l'emploi, en vous avertissant que M. de Baraudin doit exécuter les ordres qu'il a reçus à votre égard, et que, bien loin de vous rendre difficile, comme vous faites avec lui, vous devez répondre aux honnêtetés qu'il a eu jusqu'à présent pour vous, afin de l'exciter à les continuer, et en avoir encore de plus grandes, s'il est possible, Sa Majesté voulant que, si vous vous mettez sur le pied de lui faire de la peine et de l'embarras, il ait moins d'égard pour vous qu'il en a eu jusqu'à présent.

Le comte de Pontchartrain
au commandant du château de Saumur

À Versailles, le 20 mars 1706

Le roi a été obligé, par considération pour la famille de Mme de Murat, de la faire enfermer au château de Loches, où elle est depuis quelques années ; mais ses ennuis et son esprit incompatible ont obligé M. Baraudin à demander qu'elle soit transférée ailleurs, ce qui a été trouvé d'autant plus nécessaire qu'elle avait fait quelques tentatives pour s'évader de ce lieu, ce qui ne serait pas difficile à cause du grand nombre de gens qui y sont logés. Sa Majesté la fait donc transférer au château de Saumur, et m'ordonne de vous écrire de l'y garder avec soin, en la traitant néanmoins avec toute l'honnêteté possible. On donnait ordinairement à Loches 40 sols par jour pour sa nourriture, et 20 sols par jour aussi pour son entretien, dont elle a la disposition. Sa Majesté veut bien continuer la même dépense. Je dois vous avertir que sa principale faute est une inclination naturelle au vice, qui se porte plus volontiers pour les femmes que pour les hommes ; ainsi vous aurez à y prendre garde.

EXTRAITS DES *RAPPORTS INÉDITS DU LIEUTENANT DE POLICE RENÉ D'ARGENSON (1697-1715)*…, INTRODUCTION PAR PAUL COTTIN, PARIS, PLON, 1891, P. 3, 10-13, 17, 18, 87-89, 93, 94, 97, 98.

Désordres de Mme de Murat

29 septembre 1698

J'ai fait avertir madame de Murat, comme il vous a plu de me l'ordonner, mais, en témoignant quelque disposition à réformer son jeu, par respect pour les ordres du roi, elle a paru résolue à maintenir les assemblées qui se font chez elle, presque toutes les nuits, avec beaucoup de dérèglement et de scandale. Je veux bien espérer encore qu'un peu de réflexion la rendra plus circonspecte et plus soumise ; j'ai pris des mesures pour en être informé, et j'aurai l'honneur de vous en rendre compte.

6 décembre 1699

J'ai l'honneur de vous envoyer le mémoire qu'il vous a plu de me demander, touchant Mme de Murat ; il n'est pas facile d'exprimer en détail tous les désordres de sa conduite, sans blesser les règles de l'honnêteté, et le public a peine à voir une dame de cette naissance dans un dérèglement aussi honteux et aussi déclaré.

24 février 1700

Quand mon zèle serait tout à fait amorti, la manière obligeante dont vous avez la bonté de le réveiller serait capable de lui donner une nouvelle vie. J'espère, néanmoins, que le détail me justifiera auprès de vous, et que, si j'ai différé à vous rendre compte de quelques affaires, vous approuverez les raisons qui m'en ont empêché.

Les crimes qu'on impute à madame de Murat ne sont pas d'une qualité à pouvoir être aisément prouvés par la voie des informations, puisqu'il s'agit d'impiétés domestiques et d'un attachement monstrueux pour des personnes de son sexe. Cependant, je voudrais bien savoir ce qu'elle répondrait aux faits suivants :

Un portrait percé de plusieurs coups de couteau, par la jalousie d'une femme qu'elle aimait et qu'elle a quittée, depuis quelques mois, pour s'attacher à madame de Nantiat, autre femme du dernier dérèglement, moins connue par les amendes prononcées contre elle à cause du jeu, que par le désordre de ses mœurs. Cette femme, logée chez elle, est l'objet de ses adorations continuelles, en présence même de valets et de quelques prêteurs sur gage.

Les juruments exécrables proférés au jeu et les discours infâmes tenus à table, dont M. le comte de Roussillon, maintenant brouillé avec madame de Murat, a été témoin.

Des chansons dissolues chantées pendant la nuit et à toutes heures.

L'insolence de pisser par la fenêtre après une longue débauche.

Sa conversation audacieuse avec M. le curé de Saint-Cosme, aussi éloignée de la pudeur que de la religion.

Une femme de chambre, chassée sans avoir pu rien tirer de ses gages, m'avait promis de déposer, mais la crainte que les amis de madame de Murat en ont eu lui a valu son paiement.

Un laquais, accablé de mille coups et mis dehors presque en chemise, s'est servi du même moyen pour se faire rendre justice.

Une prêteuse sur gages, à qui il était dû cinquante écus, a vu la plupart des choses que j'ai pris la liberté de vous exposer : mais quand je l'ai voulu presser de signer sa déclaration, elle s'en est excusée en disant qu'elle ne savait pas écrire et, en sortant de chez moi, elle est allée menacer madame de Murat de déposer, en effet, si on ne la payait sur-le-champ : ce qui lui a réussi.

M. le marquis de Roussillon, à qui tous ces mystères d'iniquité sont connus, n'ose les révéler, soit par une espèce de faux honneur, soit pour ne pas reconnaître sa propre honte. M. Boistel, conseiller au Parlement, le plus proche voisin de cette maison où se commettent tant de désordres, ne croit pas qu'il convienne à sa dignité de m'en donner la déclaration, et il n'a pas même voulu que ses laquais m'en rendissent témoignage.

Enfin, M. le curé de Saint-Côme, par qui j'ai su la plupart de ces principaux faits, estime que sa qualité de pasteur ne saurait compatir avec celle de dénonciateur ni de témoin.

J'ajouterai que Mme de Murat et ses complices sont tellement redoutés, dans tout le quartier, que personne n'ose s'exposer à leur vengeance.

Je puis même avoir l'honneur de vous dire qu'elle est exactement instruite de tous les ordres que vous me faites l'honneur de me donner, en sorte qu'elle est toujours précautionnée contre leur exécution, avant que je puisse faire aucun pas pour y parvenir.

20 avril 1700

J'ai fait savoir les intentions du roi à madame de Murat, et j'ai usé, dans cette notification, de tous les ménagements qui pouvaient en diminuer l'amertume : elle a promis d'y déférer et m'en a donné sa soumission par écrit ; j'ai même compris, à ses discours, que son dessein était de se retirer dans une province éloignée, chez quelqu'une de ses amies, et d'y oublier tout à fait Paris ; mais elle représente que, devant des loyers à son hôte et n'ayant subsisté que d'emprunts depuis très longtemps, il lui serait bien dur de partir sans payer personne, d'abandonner son fils, âgé de sept ans, et de ne pouvoir ni l'amener avec soi, ni le confier à un maître de pension, faute d'argent pour satisfaire à l'une ou à l'autre de ses dépenses ; elle ajoute que, n'ayant pas la moindre ressource de son côté, et les biens de son mari étant saisis réellement, il lui est absolument impossible de payer les frais de la voiture qui la conduira au lieu de son exil, et que cette impossibilité (raison supérieure à toute autre) est la seule qui lui ait fait différer son départ, et qu'elle ose alléguer pour excuse de son retardement.

Je ne puis vous répondre de ses résolutions intérieures, mais si ses discours étaient aussi sincères que son indigence est véritable, l'on pourrait compter sur son repentir et se fier à ses promesses, car elle manque assurément de toutes choses, et même des habits les plus nécessaires, la plupart des meubles qui sont chez elle appartenant à des tapissiers qui voudraient les avoir dans leurs boutiques et perdre leurs loyers. Les gages du peu de valets qui lui restent sont entièrement dus, et, depuis très longtemps, elle n'a vécu que d'emprunts et du peu d'argent que les cartes lui ont produit.

Dans ces circonstances, oserais-je vous proposer d'exciter la libéralité du roi en faveur d'une personne qui ne l'a pas méritée par sa conduite, mais dont le malheur présent ne laisse pas d'être un digne objet de compassion. Il semble aussi que sa naissance, quoiqu'un peu défigurée par la suite de sa vie, mérite quelques égards, et que le roi, dont la bonté est beaucoup au-dessus des règles ordinaires, peut lui accorder quelque secours en même temps qu'il lui fait sentir les justes effets de son indignation.

(Sans date)

J'ajouterai, à l'égard de madame de Murat dont ce mémoire fait mention, qu'elle est revenue à Paris après une absence de huit jours, qu'elle s'est réconciliée avec madame de Nantiat, et que les horreurs et les abominations de leur amitié réciproque font une juste horreur à tous leurs voisins.

Vous m'avez fait l'honneur de me dire que l'intention du roi était que la première fût conduite en prison, si elle s'opiniâtrait à désobéir, mais je vous supplie de vouloir bien déterminer sa prison, et de trouver bon que je vous représente que cette femme, indigne de son nom et de sa naissance, appartient à des personnes du premier rang, et qu'elle est grosse de cinq mois. Je croirais donc qu'il serait plus juste et plus convenable de concerter avec ses parents les plus proches le lieu de sa retraite, de l'y faire conduire avec quelques ménagements, et d'y apporter d'autant plus de circonspection que toutes ses démarches font assez connaître qu'elle ne serait pas fâchée qu'on précipitât son accouchement.

4 décembre 1701

Je prends la liberté de vous envoyer une lettre que j'ai reçue ce matin, touchant la conduite abominable de mesdames de Murat et de Nantiat, qui donnent, chaque jour, de nouvelles scènes au public : l'écriture de cette lettre paraît contrainte, et l'on peut aisément soupçonner que la réconciliation de ces deux femmes aura excité des sentiments de jalousie ou de vengeance dans le cœur d'une troisième, qui régnait auparavant sur celui de madame de Murat ; mais les blasphèmes, les obscénités et l'ivrognerie qu'on leur reproche n'en sont pas moins véritables. Ainsi, j'espère que le roi voudra bien employer son autorité pour les chasser de Paris ou même pour les renfermer, si l'on ne peut faire autrement.

(Sans date)

Madame de Nantiat est, enfin, partie pour sa province ; ainsi, je vous renvoie la lettre de cachet qui m'autorisait à la faire prendre dans la maison des écuries de S.A.R. madame la duchesse d'Orléans, où elle s'était retirée.

Madame de Murat continue à se distinguer par ses emportements et par le désordre de ses mœurs. Elle sait que le roi en est informé ; mais elle compte qu'il ne se trouvera aucune communauté religieuse assez hardie pour la recevoir. Je ne pense pas, en effet, qu'il y en ait aucune, et je ne pourrais avoir bonne opinion de celles qui en voudraient courir les risques : ainsi, quel autre parti pourrait-on prendre, à l'égard d'une femme de ce caractère, que de la renfermer dans un château éloigné, où cent écus suffiront pour sa subsistance et pour celle de la plus vieille servante qu'on pourra choisir ?

Comme elle craint que l'horreur de sa vie ne lui attire cet ordre, elle affecte de se dire grosse et d'ajouter que son mari ne se plaignant pas de sa conduite, le public a tort de ne la pas approuver ; cependant ce pauvre mari ne se tait que pour ne pas s'exposer aux fureurs d'une femme qui l'a pensé tuer deux ou trois fois, et les personnes les moins régulières ne supportent qu'avec peine les abominations dont celle-ci fait un espèce de triomphe.

JUGEMENTS SUR Mme DE MURAT

« Pour Madame la Comtesse de Murat auparavant Mademoiselle de Castelnau »

Madrigal
« Le beau partage que l'esprit,
Et que Murat en est pourvue !
On ne l'a pourtant jamais vue
Se vanter de ce qu'elle écrit. »
(Claude-Charles Guyonnet de Vertron, *La Nouvelle Pandore ou les femmes illustres du siècle de Louis le Grand*, Paris, Vve C. Mazuel, 1698, t. I, p. 452).

« Elle est des plus naturelles et des plus vives ; je compte l'insérer dans le Recueil que je projette de donner dans quelque temps : j'y joindrai volontiers les autres poésies de cette Dame, que les personnes qui les ont voudront bien me remettre. »
(Evrard Titon du Tillet, *Le Parnasse François*...[1732], Genève, Slatkine, 1971, p. 563.)

À propos des *Lutins du château de Kernosy* :
« Ce petit roman n'a pas été fort recherché par le peu que promet le titre, il est cependant écrit avec beaucoup de génie, d'agrément et de goût. Il plaît par la diversité amusante des événements et la singularité des caractères. Il est encore de Madame la Comtesse de Murat, autrefois connue dans le monde galant et remuant. »
(Nicolas Lenglet-Dufresnoy, *De l'usage des romans, où l'on fait voir leur utilité et leurs différents caractères... avec une Bibliothèque des romans accompagnée de remarques... par M. le C. Gordon de Percel*, Amsterdam, Vve Poilras, 1734, t. II, p. 101).

« [...] la comtesse de Murat, qui malgré son bel esprit et sa qualité (car elle est petite-fille de deux maréchaux de France) a été exilée, parce qu'on prétend qu'elle aime un peu trop son semblable. Qui croirait que cela fût un crime, et un crime punissable ? »
(Anne-Marguerite Du Noyer, *Lettres historiques et galantes...* [1713], nvlle éd., Londres, Nourse et Vaillant, 1757, t. II, p. 142).

« Le style de quelques-uns de ses ouvrages tient beaucoup de son caractère. Il est léger, spirituel, vif et enjoué. Madame de Murat badine plus qu'elle ne travaille. »

(Antoine-René de Voyer, marquis de Paulmy d'Argenson, *Bibliothèque universelle des romans*…juillet 1775, Genève, Slatkine, 1969, vol. 1, p. 211).

« une des muses françaises »
(Nicolas-Toussaint Le Moyne des Essarts, *Les Siècles littéraires de la France, ou Nouveau dictionnaire historique*…Paris, 1800-1801, vol. 2, p. 41).

« Madame de Murat est une des femmes qui se sont le plus distinguées dans l'art d'écrire les romans. »
(Fortunée Briquet, *Dictionnaire historique, littéraire et bibliographique des Françaises…*, Paris, Treuttel et Würtz, 1804, p. 250).

« Née avec beaucoup d'esprit et de vivacité, mais avec trop de penchant pour le plaisir, elle donna quelquefois dans des égarements que sa naissance ne servit qu'à rendre plus publics. »
(Daniel-Louis Miorcec de Kerdanet, *Notices chronologiques sur les théologiens, jurisconsultes, philosophes, artistes, littérateurs… de la Bretagne, depuis le commencement de l'ère chrétienne jusqu'à nos jours*, Brest, Michel, 1818, p. 205).

« Ses vers, en petit nombre, se distinguent par la facilité, et elle aurait pu se faire un nom parmi les poètes érotiques, si elle s'était livrée uniquement à la poésie. »
(Louis-Gabriel Michaud, *Biographie universelle ancienne et moderne…*, nvlle éd., Paris, C. Delagrave, 1856, t. XXIX, p. 587).

« La réputation brillante que ses ouvrages lui acquièrent d'abord ne s'est pas soutenue. C'est assez le sort des auteurs qui s'attachent à des productions frivoles, et qui n'ont que les ressources de l'esprit pour se garantir de l'oubli. »
(François Xavier de Feller, *Biographie universelle ou Dictionnaire des hommes qui se sont fait un nom par leur génie, leurs talents, leurs vertus…*, ss la dir. de l'abbé Simonin, nvlle éd., Lyon, J.-B. Pelagaud, 1851, t. II, p. 382).

« [L]es contes, insérés dans le *Cabinet des Fées*, ne doivent pas être confondus avec les productions ordinaires de ce genre : écrits avec beaucoup d'esprit, ils cachent, sous une fiction agréable, une morale d'autant plus piquante qu'elle s'appuie sur une connaissance profonde du monde, principalement de la cour. »

(Prosper Levot, *Biographie bretonne, recueil de notices sur tous les Bretons qui se sont fait un nom…*, Vannes, Cauderan, 1852-1857, t. II, p. 99).

« Cette moderne Sappho »
(Alfred Boulay de La Meurthe, *Les Prisonniers du roi à Loches sous Louis XIV*, Tours, J. Allard, 1911, p. 76).

« la petite révoltée aux dispositions anarchistes qu'est cette plus séduisante que recommandable comtesse de Murat »
(Lucie Félix-Faure Goyau, *La Vie et la mort des fées, essai d'histoire littéraire*, Paris, Perrin, 1910, p. 276).

« Quelques monstres : Mme de Murat »
(Félix Gaiffe, *L'Envers du Grand Siècle*, Paris, Michel, 1924, p. 221).

« cette "prostituée de bassette" comme l'appelait Mme de la Sablière »
(Roland Engerand, *Les Rendez-vous de Loches*, Tours, Arrault, 1946, p. 153).

« des contes et des romans aujourd'hui oubliés et qui cependant, valent bien ceux de Mme de La Fayette »
(Yves-Marie Rudel, « Henriette de Castelnau, comtesse de Murat, romancière et mémorialiste bretonne », *Nouvelle revue de Bretagne*, 1948, p. 288).

« Mlle de La Force et Mme de Murat […] deux grandes précieuses »
(Jacques Barchilon, *Le Conte merveilleux français de 1690 à 1790*, Paris, H. Champion, 1975, p. 68).

« Une étude détaillée du roman français devrait tenir compte des œuvres trop souvent fastidieuses de Lesconvel, de Charlotte-Rose de Caumont de La Force, de la comtesse de Murat, de Catherine Bédacier-Durand, d'Anne de La Roche-Guilhem […]. »
(Henri Coulet, « Vers le dix-huitième siècle », *Romanciers du XVIIe siècle*, *Littératures classiques* n° 15, 1991, p. 304.

BIBLIOGRAPHIE

ŒUVRES DE Mme DE MURAT

SOURCES MANUSCRITES

Manuscrit 3471, intitulé *Ouvrages de Mme la C. de Murat*, Paris, Bibliothèque de l'Arsenal. [Une partie de ce manuscrit a fait l'objet d'une édition en 1703 (Paris, P. Ribou), sous le titre *Zatide, histoire arabe*, attribué à E. Le Noble].

SOURCES IMPRIMÉES

Éditions originales

Mémoires de Mme la comtesse de M***, Paris, Cl. Barbin, 1697.
  Réimpressions avec variantes du titre :
  … avant sa retraite, ou la Defence des dames, Lyon, Th. Almaury et H. Baritel, 1697.
  … avant sa retraite, servant de réponse aux Mémoires de M. St-Évremont, Amsterdam, J.-L. de L'Orme, 1698.
Contes de fées. Dediez à Son Altesse Sérénissime Madame la Princesse Douairiere de Conty. Par Mad. la Comtesse de M****, Paris, Cl. Barbin, 1698.
Les Nouveaux Contes des Fées. Par Madame de M**, Paris, Cl. Barbin, 1698.
  Réimpression en 1710 (Paris, Vve Ricœur), puis en 1724 (Paris, Compagnie des Libraires associés).
Histoires sublimes et allégoriques. Par Madame la Comtesse D**, dédiées aux fées modernes, Paris, F. et P. Delaulne, 1699.
Voyage de campagne. Par Madame la Comtesse de M****, Paris, Vve de Cl. Barbin, 1699.
Les Lutins du château de Kernosy, nouvelle historique, par Mme la comtesse de M***, Paris, J. Le Febvre, 1710.
« L'Esprit folet ou Le Sylphe amoureux », dans *Avantures choisies, contenant,*

L'Amour innocent persécuté. L'Esprit folet, ou Le Sylphe amoureux. Le Cœur volant, ou L'Amant etourdy. Et La Belle Avanturière, Paris, P. Prault, 1714.

Éditions modernes

Édition du Journal pour Mlle de Menou, d'après le Manuscrit 3471 de la Bibliothèque de l'Arsenal : Ouvrages de Mme la Comtesse de Murat, avec une introduction et des notes par S. Cromer, Thèse de 3ᵉ cycle, Lettres, Paris, Paris IV, 1984, 342 p. (édition dactylographiée)

Les Nouveaux Contes des Fées, dans le *Nouveau Cabinet des Fées*, Genève, Slatkine Reprints, 1978, vol. 2, p. 201-432.

« Le Prince des Feuilles », dans *Le Cabinet des Fées*, contes choisis et présentés par E. Lemirre, Arles, Piquier, 2000, p. 555-569.

Contes, éd. G. Patard, Paris, H. Champion, 2006 (« Bibliothèque des Génies et des Fées », vol. 3). [Contient les *Contes de fées, Les Nouveaux Contes des Fées*, les *Histoires sublimes et allégoriques*, « Le Père et ses quatre fils » inséré dans le *Voyage de campagne*, ainsi que trois contes (« L'Aigle au beau bec », « La Fée Princesse », « Peine Perdue ») et deux fables (« Le Bonheur des moineaux » et « L'Origine du hérisson ») du *Manuscrit 3471*].

AUTRES TEXTES PRIMAIRES

APULÉE, *Les Métamorphoses*, trad. par P. Valette, 3 vol., Paris, Les Belles Lettres, 1940.

ARGENSON, Antoine-René de Voyer, marquis de Paulmy d', *Bibliothèque universelle des romans...* [1775-1789], Genève, Slatkine, 1969, vol. 1 (juillet 1775), p. 210-211, vol. 2 (juin 1776), p. 137-215.

ARGENSON, Marc-René de Voyer, marquis d', *Rapports inédits du lieutenant de police René d'Argenson (1697-1715)...*, introduction par Paul Cottin, Paris, Plon, 1891.

ATHÉNÉE, *Les Quinze livres des deipnosophistes d'Athénée...*[IIᵉ-IIIᵉ siècle ap. J.-C.], par l'abbé Michel de Marolles, Paris, Imp. de J. Langlois, 1680.

AULNOY, Marie-Catherine Le Jumel de Barneville, baronne d', *Histoire d'Hypolite, comte de Duglas*, Paris, L. Sevestre, 1690.

AULNOY, Marie-Catherine Le Jumel de Barneville, baronne d', *Mémoires des aventures singulières de la cour de France, par l'auteur du Voyage et Mémoires d'Espagne*, La Haye, J. Alberts, 1692.

AULNOY, Marie-Catherine Le Jumel de Barneville, baronne d', *Relation du voyage d'Espagne* [1691], Paris, Desjonquères, 2005.

BASILE, Giambattista, *Le Conte des contes ou le divertissement des petits enfants*, trad. du napolitain par F. Decroisette, Strasbourg, Circé, 1995.

BAYLE, Pierre, *Pensées diverses sur la comète* [1683], éd. critique par A. Prat, rev. par P. Rétat, Paris, STFM, 1994.

BERNARD, Catherine, *Les Malheurs de l'amour...* [1687], avec une préface de R. Godenne, Genève, Slatkine, 1979.

Bibliothèque des Génies et des Fées. Première édition critique intégrale et augmentée du *Cabinet des Fées*, 20 vol. sous la direction de N. Jasmin, Paris, H. Champion, 2004 et suiv. («Sources classiques»). Contes de Mme d'Aulnoy (vol. 1); Contes de Mlle Lhéritier, Mlle Bernard, Mlle de La Force, Mme Durand, Mme d'Auneuil (vol. 2); Contes de Perrault, Chevalier de Mailly, Préchac, Fénelon, abbé de Choisy (vol. 4); *Les Fées entrent en scène*, éd. critique établie par Nathalie Rizzoni. *Le Conte en débat*, éd. critique établie par Julie Boch (vol. 5).

BOUHOURS, Dominique, Père, *La Manière de bien penser dans les ouvrages d'esprit. Dialogues* [1687], texte reproduit, introduction et notes de S. Guellouz, Toulouse, Société de Littératures classiques, 1998.

BRIQUET, Marguerite, *Dictionnaire historique, littéraire et bibliographique des Françaises...*, Paris, Treuttel et Würtz, 1804.

BUSSY-RABUTIN, Roger de, *Les Mémoires de Messire Roger de Rabutin...* [1696], Paris, Charpentier, 1857, rééd. J.-C. Lattès, 1987.

CASTELNAU, Michel de, *Les Mémoires de Messire Michel de Castelnau, seigneur de Mauvissière, illustrés et augmentés de plusieurs commentaires ...*[1621], par J. Le Laboureur, nvlle édition, Bruxelles, J. Léonard, 1731, t. III, p. 61-137.

CERVANTÈS, Miguel de, *L'Ingénieux Hidalgo Don Quichotte de la Manche*, trad. de l'espagnol par C. Oudin et revu par J. Cassou, Paris, Gallimard, 1997.

CHALLE, Robert, *Les Illustres Françaises* [1731], éd. J. Cormier et F. Deloffre, Paris, Librairie générale française, 1996.

Correspondance administrative sous le règne de Louis XIV, recueillie et mise en ordre par G. B. Depping, Paris, Imprimerie nationale, 1850-1855, tome II.

CRÉBILLON, Claude-Prosper Jolyot de, *Le Sylphe, ou Songe de Mme de R***...*, Paris, L.-D. Delatour, 1730.

DESHOULIÈRES, Antoinette, *Poésies* [1688], éd. S. Tonolo, Paris, Classiques Garnier, 2010.

DU NOYER, Anne-Marguerite, *Lettres historiques et galantes...* [1713], nvlle éd., Londres, Nourse et Vaillant, 1757, t. II, p. 142.

DU PLAISIR, *Sentiments sur les lettres et sur l'histoire avec des scrupules sur le style* [1683], éd. critique avec notes et commentaires par Ph. Hourcade, Genève, Droz, 1975.

DURAND, Catherine, *Les Belles Grecques, ou l'Histoire des plus fameuses courtisanes de la Grèce et Dialogues nouveaux des galantes modernes...*, Paris, Vve G. Saugrain et P. Prault, 1712.

DURAND, Catherine, *Les Petits Soupers de l'été de l'Année 1699, ou Aventures galantes...*, 2 vol., Paris, J. Musier et J. Rolin, 1702.

FERRAND, Anne de Bellinzani, dite présidente, *Lettres de la présidente Ferrand au baron de Breteuil* [1691] *suivies de l'Histoire des amours de Cléante et Bélise* [1689], par E. Asse, Paris, G. Charpentier, 1880.

FONTENELLE, Bernard Le Bovier de, *Entretiens sur la pluralité des mondes* [1686], éd. critique par Ch. Martin, Paris, GF Flammarion, 1998.

FONTENELLE, Bernard Le Bovier de, *Poésies pastorales, de M.D.F., avec un Traité sur la nature de l'églogue et une digression sur les anciens et les modernes*, Paris, M. Guérout, 1688.

FURETIÈRE, Antoine, *Dictionnaire Universel, contenant généralement tous les mots français tant vieux que modernes, et les termes de toutes les sciences et les arts* [1690], 3 vol., Paris, S.N.L./ Le Robert 1984.

GOMBERVILLE, Marin Le Roy de, *La Jeune Alcidiane*, Paris, A. Courbé, 1651.

GOMBERVILLE, Marin Le Roy de, *Polexandre* [1641], Genève, Slatkine, 1978.

GOURNAY, Marie de, *Œuvres complètes*, éd. critique ss la dir. de J.-C. Arnould, Paris, H. Champion, 2002.

GUILLAUME, Jacquette, *Les Dames illustres où par bonnes et fortes raisons, il se prouve que le sexe féminin surpasse en toutes sortes de genres le sexe masculin*, Paris, T. Jolly, 1665.

LA BRUYÈRE, Jean de, *Les Caractères de Théophraste, traduits du grec, avec les Caractères ou les mœurs de ce siècle* [1688] ; éd. critique par M. Escola, Paris, H. Champion, 1999.

LA FAYETTE, Marie-Madeleine Pioche de La Vergne, *La Princesse de Clèves* [1678], éd. de Ph. Sellier, Paris, Le Livre de Poche, 1999.

LA FAYETTE, Marie-Madeleine Pioche de La Vergne, *Romans et nouvelles* [*La Princesse de Montpensier, Zaïde, La Princesse de Clèves, La Comtesse de Tende*], éd. de A. Niderst, Paris, Bordas, 1990.

LA FONTAINE, Jean de, *Les Amours de Psyché et de Cupidon* [1669], éd. de F. Charpentier, Paris, Flammarion, 1990.

LA FORCE, Charlotte-Rose de Caumont de, *Les Jeux d'Esprit, ou la promenade de la princesse de Conti à Eu*, par le Marquis de La Grange [1701], Paris, A. Aubry, 1862.

LA GUETTE, Catherine Meurdrac, Mme de, *Mémoires de Madame de la Guette écrits par elle-même* [1681], éd. établie par M. Cuénin, Paris, Mercure de France, 1982.

LA ROCHEFOUCAULD, François de, *Réflexions, ou Sentences et maximes morales* [1665] ; éd. établie et présentée par L. Plazenet, Paris, H. Champion, 2002.

LAMBERT, Anne-Thérèse de Marguenat de Courcelles, marquise de, *Œuvres*, texte établi et présenté par R. Granderoute, Paris, H. Champion, 1990.

LE BERMEN, Louis, *Le Bouclier des dames, contenant toutes leurs belles perfections*, Rouen, J. Besogne, 1621.

Le Mercure Galant, Extraordinaire, Affaires du temps : table analytique contenant l'inventaire de tous les articles publiés, 1672-1710, présenté par M. Vincent, préface de J. Mesnard, Paris, H. Champion, 1998.

LE MOYNE DES ESSARTS, Nicolas-Toussaint, *Les Siècles littéraires de la France, ou Nouveau dictionnaire historique…*Paris, 1800-1801.

Le Nouveau Cabinet des Fées, rééd. partielle du *Cabinet des Fées*, Genève, Slatkine, 1978, t. XVIII.

LENGLET-DUFRESNOY, Nicolas, *De l'usage des romans, où l'on fait voir leur utilité et leurs différents caractères… avec une Bibliothèque des romans accompagnée de remarques… par M. le C. Gordon de Percel*, Amsterdam, Vve Poilras, 1734, t. II.

LESAGE, Alain-René, *Le Diable boiteux* [1707], présentation de B. Didier, Paris, Flammarion, 2004.

LHÉRITIER, Marie-Jeanne de Villandon, *Œuvres mêlées, contenant l'Innocente tromperie, l'Avare puni, les Enchantements de l'Eloquence, les Aventures de Finette, nouvelle, et autres ouvrages en vers et en prose…*, Paris, J. Guignard, 1696.

MAINTENON, Françoise d'Aubigné, marquise de, *Lettres de Madame de Maintenon*, Paris, H. Champion, 2010.

MANCINI, Hortense, duchesse Mazarin, MANCINI Marie, connétable Colonna, *Mémoires d'Hortense et de Marie Mancini*, éd. G. Doscot, Paris, Mercure de France, 1987.

MOLIÈRE, Jean Baptiste Poquelin, dit, *Œuvres complètes*, éd. de G. Couton, 2 vol., Paris, Gallimard, 1991-1992 (« La Pléiade »).

MONTAIGNE, Michel Eyquem de, *Les Essais*, présentation de A. Tournon, Paris, Imprimerie nationale, 1997.

MONTFAUCON DE VILLARS, Nicolas-Pierre-Henri, dit l'abbé de Villars, *Le Comte de Gabalis ou Entretiens sur les sciences secrètes* [1670], Paris, Nizet, 1963.

MONTPENSIER, Anne-Marie-Louise d'Orléans, duchesse de, *dite* La Grande Mademoiselle, *Mémoires de Mademoiselle de Montpensier*, publ. par A. Chéruel, Paris, Charpentier, 1858-1859, 4 vol. ; éd. présentée et annotée par Bernard Quilliet, Paris, Mercure de France, 2005.

MOTTEVILLE, Françoise Bertaud, dame de, *Mémoires pour servir à l'histoire d'Anne d'Autriche* [1723], Paris, Fontaine, 1982.

Nouveau Mercure Galant, Paris, D. Jollet, P. Ribou, G. Lamesle, numéro d'octobre 1716, p. 228-236.

OLIVIER, Jacques, *Alphabet de l'imperfection et malice des femmes…*, Paris, Jean Petit-Bas, 1617.

PERRAULT, Charles, *L'Apologie des femmes*, Paris, Vve J.-B. Coignard et J.-B. Coignard fils, 1694.

PERRAULT, Charles, *Parallèle des Anciens et des Modernes, en ce qui regarde les arts et les sciences. Dialogues…*, 4 vol., Paris, J.-B. Coignard, 1688.

PIZAN, Christine de, *Le Livre de la Cité des dames* [1405], trad. et introd. par É. Hicks et Th. Moreau, Paris, Stock, 1992.

POISSON, Raymond, *Les Dames galantes ou La confidence réciproque* [1685], Amsterdam, 1737.

POULLAIN DE LA BARRE, François, *De l'égalité des deux sexes* [1673] ; *De l'éducation des dames* [1674] ; *De l'excellence des hommes* [1675] ; édition, présentation et notes par M.-F. Pellegrin, Paris, Vrin, 2011.

PURE, Michel, abbé de, *La Prétieuse ou Le mystère des ruelles* [1656-1658], pub. par Émile Magne, Paris, Droz, 1938-1939.

ROSSET, François de, *Les Histoires tragiques de nostre temps* [1623], avec une préface de R. Godenne, Genève, Slatkine, 1980.

SAINT-ÉVREMOND, Charles de Marguetel de Saint-Denis, *Œuvres en prose*, éd. de R. Ternois, Paris, M. Didier, 1962-1969.

SAINT-SIMON, Louis de Rouvroy, duc de, *Mémoires*, éd. d'Y. Coirault, Paris, Gallimard, 1983.

SALVAN DE SALIÈS, Antoinette de, *Œuvres complètes*, éd. annotée par G. Gouvernet, Paris, H. Champion, 2004.

SCUDÉRY, Madeleine de, « *De l'air galant* » *et autres Conversations (1653-1684). Pour une étude de l'archive galante*, éd. établie et commentée par D. Denis, Paris, H. Champion, 1998.

SCUDÉRY, Madeleine de, *Artamène ou le Grand Cyrus* [1649-1653], Genève, Slatkine, 1973.

SCUDÉRY, Madeleine de, *Clélie, histoire romaine* [1654-1660], éd critique par C. Morlet-Chantalat, 5 vol., Paris, H. Champion, 2001-2004. Anthologie de textes choisis, présentés, établis et annotés par D. Denis, Paris, Gallimard, 2006.

SCUDÉRY, Madeleine, *La Promenade de Versailles, Célanire* [1669], éd. critique présentée par M.-G. Lallemand, Paris, H. Champion, 2002.

SEGRAIS, Jean Regnault de, *Les Nouvelles françaises ou les divertissements de la Princesse Aurélie* [1656], texte établi, annoté et présenté par R. Guichemerre, 2 vol., Paris, STFM, 1990.

SÉVIGNÉ, Marie de Rabutin-Chantal, marquise de, *Correspondance*, éd. de R. Duchêne, Paris, Gallimard « La Pléiade », 1972-1978.

SOREL, Charles, *Histoire comique de Francion* [1653], éd. de F. Gavarini, Paris, Gallimard, 1996.

SOREL, Charles, *La Maison des Jeux…* [1642], éd. critique de Daniel A. Gadja, Genève, Slatkine, 1977.

SOREL, Charles, *Le Berger extravagant, pastorale burlesque* [1627-1628], précédé d'une introduction de Hervé D. Bechade, Genève, Slatkine, 1972.

STRAPAROLE, Giovan Francesco, *Les Nuits facétieuses* [1550-1553], trad. revue et postfacée par J. Gayraud, Paris, J. Corti, 1999.

SUCHON, Gabrielle, *Du Célibat volontaire. Ou la vie sans engagement*, Paris, J. et M. Guignard, 1700.

SUCHON, Gabrielle, *Traité de la morale et de la politique…*, Lyon, J. Certe, 1693.

TALLEMANT DES RÉAUX, Gédéon, *Historiettes* [1657-1659], éd. de A. Adam, 2 vol., Paris, Gallimard, 1980-1990 (« La Pléiade »).

TITON DU TILLET, Evrard, *Le Parnasse François…*[1732], Genève, Slatkine, 1971, p. 562.

URFÉ, Honoré d', *L'Astrée* [1607-1619], textes choisis et présentés par J. Lafond, Gallimard, 1984, rééd. 1990.

VERTRON, Claude-Charles Guyonnet de, *La Nouvelle Pandore ou les femmes illustres du siècle de Louis le Grand*, Paris, Vve C. Mazuel, 1698.

VIGOUREUX, Le Capitaine, *La Défense des femmes contre l'Alphabet de leur prétendue malice…*, Paris, P. Chevalier, 1617.

VILLEDIEU, Marie-Catherine Desjardins de, *Les Désordres de l'amour* [1675], éd. critique de M. Cuénin, 2nde éd. augmentée, Genève, Droz, 1995.

VILLEDIEU, Marie-Catherine Desjardins de, *Mémoires de la vie de Henriette-Sylvie de Molière* [1672-1678], éd. présentée, établie et annotée par R. Démoris, Paris, Desjonquères, 2003.

VILLIERS, Pierre de, *Entretiens sur les contes de fées et sur quelques autres ouvrages du temps, pour servir de préservatif contre le mauvais goût*, Paris, J. Collombat, 1699.

VILLIERS, Pierre de, *Les Mémoires de la vie du Comte D* avant sa retraite. Contenant diverses aventures qui peuvent servir d'instruction à ceux qui ont à vivre dans le grand monde. Rédigés par M. de Saint-Évremont*, Paris, M. Brunet, 1696.

Voyages imaginaires, songes, visions et romans cabalistiques…, Amsterdam, Paris, 1788.

TEXTES SECONDAIRES

ABENSOUR, Léon, *Histoire générale du féminisme des origines à nos jours*, Paris, Genève, Slatkine, [1921] 1979.

ABENSOUR, Léon, *La Femme et le féminisme avant la Révolution*, Paris, E. Leroux, 1923.

ADAM, Antoine, *Histoire de la littérature française au XVIIe siècle*, Paris, A. Michel, [1957] 1996.

ADAM, Jean-Michel, *Le Texte narratif*, Paris, Nathan, 1994.

ADAM, Jean-Michel, *Les Textes : types et prototypes*, Paris, Nathan, 1997.

ALBISTUR, Maïté, ARMOGATHE, Daniel, *Histoire du féminisme français : du Moyen Âge à nos jours*, Paris, Des femmes, 1977.

ALBISTUR, Maïté, ARMOGATHE, Daniel, *Le Grief des femmes : anthologie des textes féministes du Moyen Âge à nos jours*, Paris, Hier et demain, 1978.

AMOSSY, Ruth, HERSCHBERG-PIERROT, Anne, *Stéréotypes et clichés*, Paris, A. Colin, 2005.

AMOSSY, Ruth, *L'Argumentation dans le discours*, Paris, A. Colin, 2006.

AMOSSY, Ruth, *La Présentation de soi : ethos et identité verbale*, Paris, PUF, 2010.

Amour et sexualité en Occident, introduction de G. Duby, Paris, Seuil, 1991.

ANGENOT, Marc, *Les Champions des femmes. Examen du discours sur la supériorité des femmes (1400-1800)*, Montréal, Presses de l'université du Québec, 1977.

APOSTOLIDÈS, Jean-Marie, *Le Roi-Machine. Spectacle et politique au temps de Louis XIV*, Paris, Minuit, 1981.

ARAGON, Sandrine, *Des liseuses en péril : les images de lectrices dans les textes de fiction de « La Prétieuse » de l'abbé de Pure à « Madame Bovary » de Flaubert, 1656-1856*, Paris, H. Champion, 2003.

ARON, Paul, SAINT-JACQUES, Denis, VIALA, Alain (dir.), *Le Dictionnaire du littéraire*, Paris, PUF, 2002.

AUSTIN, John Langshaw, *Quand dire c'est faire*, Paris, Seuil, 1970.

BAHIER-PORTE, Christelle, JOMAND-BAUDRY, Régine, *Écrire en mineur au XVIIIe siècle*, Paris, Desjonquères, 2009.

BARCHILON, Jacques, *Le Conte merveilleux français de 1690 à 1790*, Paris, H. Champion, 1975, p. 63-76.

BEAUVALET-BOUTOUYRIE, Scarlett, *Les Femmes à l'époque moderne (XVIe-XVIIIe siècles)*, Paris, Belin, 2003.

BÉNICHOU, Paul, *Morales du Grand Siècle*, Paris, Gallimard, 1948.

BERGER, Günter, « Histoire et fiction dans les pseudo-mémoires de l'âge classique : dilemme du roman ou dilemme de l'historiographie ? », dans *Perspectives de la recherche sur le genre narratif français du dix-septième siècle*, Pisa, Ets, Genève, Slatkine, 2000, p. 213-226.

BERRIOT-SALVADORE, Évelyne, « Figures emblématiques du pouvoir féminin à travers les romans de Charlotte-Rose Caumont de La Force », *PFSCL* n° 43, 1995, p. 403-413.

BERTAUD, Madeleine, « En marge de leurs *Mémoires*, une correspondance entre Mlle de Montpensier et Mme de Motteville », *Travaux de littérature. Offerts en hommage à Noémi Hepp*, A.D.I.R.E.L., Paris, 1990, vol. III, p. 277-295.

BERTAUD, Madeleine, CUCHE, François-Xavier (dir.), *Le Genre des Mémoires, essai de définition*, Paris, Klincksieck, 1995.

BERTRAND, Dominique, *Dire le rire à l'âge classique : représenter pour mieux contrôler*, Aix-en-Provence, PUP, 1995.

BEUGNOT, Bernard, « De l'invention épistolaire : à la manière de soi », dans *L'Épistolarité à travers les siècles. Gestes de communication et / ou d'écriture*, ss la dir. de Mireille Bossis et Charles A. Porter, Stuttgart, F. Steiner, 1990, p. 27-38.

BEUGNOT, Bernard, « Les voix de l'autre : typologie et historiographie épistolaires », dans *Art de la lettre, art de la conversation à l'époque classique en France*, Actes du colloque de Wolfenbüttel (1991), publiés par Bernard Bray et Christoph Strosetzki, Paris, Klincksieck, 1995, p. 47-59.

BEUGNOT, Bernard, *Le Discours de la retraite au XVII* siècle. Loin du monde et du bruit*, Paris, PUF, 1996.

BIET, Christian, « De la veuve joyeuse à l'individu autonome », *XVII* siècle* n° 187, avril-juin 1995, p. 307-330.

BIET, Christian, « Quand la veuve contre-attaque : droit et fiction littéraire sous l'Ancien Régime », dans *Femmes savantes, savoirs des femmes : du crépuscule de la Renaissance à l'aube des Lumières*, études réunies par C. Nativel, Genève, Droz, 1999, p. 17-26.

BOCH, Julie, *Les Dieux désenchantés : la fable dans la pensée française de Huet à Voltaire, 1680-1760*, Paris, H. Champion, 2002.

BÖHM, Roswitha, « La participation des fées modernes à la création d'une mémoire féminine », dans *Les Femmes au Grand Siècle. Le Baroque : musique et littérature. Musique et liturgie*, Tübingen, G. Narr, Biblio 17, n° 144, 2002, p. 119 à 131.

BOLOGNE, Jean-Claude, *Histoire du mariage en Occident*, Paris, Hachette Littératures, 1997.

BOMBART, Mathilde, ESCOLA, Marc (dir.), *Lectures à clés, Littératures classiques* n° 54, printemps 2005.

BONNET, Marie-Josèphe, *Les Relations amoureuses entre les femmes du XVI* au XX* siècle : essai historique*, Paris, Odile Jacob, 1995.

BOSQUET, Marie-Françoise, *Images du féminin dans les utopies françaises classiques*, Oxford, Voltaire Foundation, 2007.

BOTTIGHEIMER, Ruth, *Fairy Tales. A new History*, New York, State University of New York Press, 2009.

BOUJU, Emmanuel (dir.), *Littérature et exemplarité*, Rennes, PUR, 2007.

BOULAY DE LA MEURTHE, Alfred, *Les Prisonniers du roi à Loches sous Louis XIV*, Tours, J. Allard, 1911.

BOURDIEU, Pierre, *La Distinction. Critique sociale du jugement*, Paris, Minuit, 1979.

BRAUD, Michel, *La Forme des jours. Pour une poétique du journal personnel*, Paris, Seuil, 2006.

BRAY, Bernard, « Treize propos sur la lettre d'amour », dans *Épistoliers de l'âge classique. L'art de la correspondance chez Mme de Sévigné et quelques prédécesseurs, contemporains et héritiers*, études revues, réunies et présentées avec la collaboration d'O. Richard-Pauchet, Tübingen, G. Narr, 2007, p. 36-43.

BRIOT, Frédéric, *Usage du monde, usage de soi. Enquête sur les mémorialistes d'Ancien Régime*, Paris, Seuil, 1994.

BURGUIÈRE, André, LEBRUN, François, *La Famille en Occident du XVIe au XVIIIe siècle : le prêtre, le prince et la famille*, Bruxelles, Paris, Éd. Complexe, 2005.

CAMPARDON, Émile, *L'Académie royale de musique au XVIIIe siècle : documents inédits*, Paris, Berger-Levrault, 1884.

CARLIN, Claire (dir.), *Le Mariage sous l'Ancien Régime, Dalhousie French Studies* 56, 2001.

CARRELL, Susan Lee, *Le Soliloque de la passion féminine ou le dialogue illusoire : étude d'une formule monophonique de la littérature épistolaire*, Tübingen, G. Narr, Paris, J.-M. Place, 1982.

CAVAILLÉ, Jean-Pierre, *Descartes, la fable du monde*, Paris, J. Vrin, 1991.

CAZANAVE, Claire, *Le Dialogue à l'âge classique. Étude de la littérature dialogique en France au XVIIe siècle*, Paris, H. Champion, 2007.

CAZENOBE, Colette, *Au malheur des dames. Le roman féminin au XVIIIe siècle*, Paris, H. Champion, 2006.

CHARAUDEAU, Patrick, MAINGUENEAU, Dominique (dir.), *Dictionnaire d'analyse du discours*, Paris, Seuil, 2002.

CHARTIER, Roger, « Loisir et sociabilité : lire à haute voix dans l'Europe moderne », *Littératures classiques* n° 12, 1990, p. 127-147.

CHELEBOURG, Christian, *Le Surnaturel. Poétique et écriture*, Paris, A. Colin, 2006.

CLÉMENT, Fabrice, *Les Mécanismes de la crédulité*, Genève, Droz, 2006.

CLOSSON, Marianne, *L'Imaginaire démoniaque en France, 1550-1650 : genèse de la littérature fantastique*, Genève, Droz, 2000.

COLONNA, Vincent, *Autofiction et autres mythomanies littéraires*, Auch, Tristam, 2004.

Construire l'exemplarité. Pratiques littéraires et discours historiens (XVIe-XVIIIe siècles), textes réunis et présentés par Laurence Giavarini, Dijon, EUD, 2008.

COULET, Henri, « Un siècle, un genre ? », *RHLF*, n° 3-4, 1977, p. 359-372.

COURTÈS, Noémie, *L'Écriture de l'enchantement : magie et magiciens dans la littérature française du XVIIe siècle*, Paris, H. Champion, 2004.

CROMER, Sylvie, « *Le Sauvage* – Histoire sublime et allégorique de Mme de Murat », *Merveilles et Contes*, vol. I, n° 1, mai 1987, p. 2-18.

CROMER, Sylvie, *L'Ambiguïté dans les contes de Madame de Murat*, Mémoire de maîtrise de Lettres Modernes, dirigé par Yves Coirault, Paris IV – Sorbonne, 1977.

CUÉNIN, Micheline, *Le Duel sous l'Ancien Régime*, Paris, Presses de la Renaissance, 1982.

CUÉNIN, Micheline, MORLET-CHANTALAT, Chantal, « Châteaux et romans au XVIIᵉ siècle », *XVIIᵉ siècle* n° 118-119, 1978, p. 102-123.

CUÉNIN, Micheline, *Roman et société sous Louis XIV. Madame de Villedieu, Marie-Catherine Desjardins (1640-1683)*, Lille, Paris, H. Champion, 1979.

DARMON, Pierre, *Le Mythe de la procréation à l'âge baroque*, Paris, Seuil, 1981.

DAUMAS, Maurice, *La Tendresse amoureuse XVIᵉ-XVIIIᵉ siècles*, Paris, Perrin, 1996.

DAUMAS, Maurice, *Le Mariage amoureux : histoire du lien conjugal sous l'Ancien Régime*, Paris, A. Colin, 2004.

DECLERCQ, Gilles, MURAT, Michel (dir.), *Le romanesque*, Paris, Presses Sorbonne Nouvelle, 2004.

DEFRANCE, Anne, « Écriture féminine et dénégation de l'autorité : les contes de fées de Mme d'Aulnoy et leurs récits-cadres », *Revue des Sciences humaines*, n° 238, avril-juin 1995, p. 111-126.

DEFRANCE, Anne, « La politique du conte aux XVIIᵉ et XVIIIᵉ siècles : pour une lecture oblique », *Féeries* 3, 2006, p. 13-41.

DEFRANCE, Anne, *Les Contes de fées et les nouvelles de Madame d'Aulnoy (1690-1698). L'imaginaire féminin à rebours de la tradition*, Genève, Droz, 1998.

DEJEAN, Joan E., « L'écriture féminine : sexe, genre et nom d'auteur au XVIIᵉ siècle », *Littératures classiques* n° 28, 1996, p. 137-146.

DEJEAN, Joan E., *Tender Geographies. Women and the Origins of the Novel in France*, New York Oxford, Columbia U. P., 1991.

DELAPORTE, Victor, *Du merveilleux dans la littérature française sous le règne de Louis XIV*, Genève, Slatkine, [1891] 1968.

DELOFFRE, Frédéric, « Le problème de l'illusion romanesque et le renouvellement des techniques narratives entre 1700 et 1715 », *La Littérature narrative d'imagination, des genres littéraires aux techniques d'expression*, colloque de Strasbourg (1959), Paris, PUF, 1961, p. 115-133.

DELOFFRE, Frédéric, *La Nouvelle en France à l'âge classique*, Paris, Didier, 1968.

DELUMEAU, Jean, *La Peur en Occident, XIVᵉ-XVIIIᵉ*, Paris, Fayard, 1978.

DÉMORIS, René, « Écriture féminine en *Je* et subversion des savoirs chez Mme de Villedieu », dans *Femmes savantes, savoirs des femmes, du crépuscule de la Renaissance à l'aube des Lumières*, études réunies par C. Nativel, Genève, Droz, 1999, p. 197-208.

DÉMORIS, René, « La figure féminine chez Challe : du côté de Mme de Murat et de Courtilz de Sandras », dans *Robert Challe : sources et héritages*, études réunies et présentées par J. Cormier, J. Herman et P. Pelchmans, Louvain, Paris, Dudley, Peeters, 2003, p. 87-99.

DÉMORIS, René, « Les fêtes galantes chez Watteau et dans le roman contemporain », *Dix-huitième siècle* (Paris), Société française d'étude du XVIIIᵉ siècle, 1971, n° 3, p. 337-357.

DÉMORIS, René, *Le Roman à la première personne. Du classicisme aux Lumières*, Paris, H. Champion, [1975] 2002.

DENIS, Delphine, « "Sçavoir la Carte" : voyage au Royaume de Galanterie », *Études littéraires*, 34, 1-2, 2002, p. 179-189.

DENIS, Delphine, « Conversation et enjouement au XVIIᵉ siècle : l'exemple de Madeleine de Scudéry », dans *Du goût, de la conversation et des femmes*, études rassemblées par A. Montandon, Clermont-Ferrand, Publications de la Faculté des Lettres et des Sciences de Clermont-Ferrand, 1994, p. 111-120.

DENIS, Delphine, « Le roman, genre polygraphique ? », *Littératures classiques* n° 49, 2003, p. 339-366.

DENIS, Delphine, « Préciosité et galanterie : vers une nouvelle cartographie », dans *Les Femmes au Grand Siècle. Le Baroque : musique et littérature. Musique et liturgie*, éd. par D. Wetsel, Tübingen, G. Narr, Biblio 17 n° 144, 2003, p. 17-39.

DENIS, Delphine, « Récit et devis chez Madeleine de Scudéry : la nouvelle entre romans et conversations (1661-1692) », dans V. Engel (dir.), *La Nouvelle de langue française aux frontières des autres genres, du Moyen Âge à nos jours*, Louvain-la-Neuve, Bruylant-Academia, 2001.

DENIS, Delphine, *La Muse galante. Poétique de la conversation dans l'œuvre de Scudéry*, Paris, H. Champion, 1997.

DENIS, Delphine, *Le Parnasse galant. Institution d'une catégorie littéraire au XVIIᵉ siècle*, Paris, H. Champion, 2001.

DENIS, Delphine, SANCIER-CHATEAU, Anne, *Grammaire du français*, Paris, Livre de Poche, 1994.

DI SCANNO, Teresa, *Les Contes de fées à l'époque classique (1680-1715)*, Napoli, Liguori, 1975, p. 153-161.

DIAZ, Brigitte, *L'Épistolaire ou la pensée nomade*, Paris, PUF, 2002.

DIDIER, Béatrice, « Perrault féministe », *Europe*, 1990, vol 68, n° 739-740, p. 101-113.

DIDIER, Béatrice, *L'Écriture-femme*, Paris, PUF, 1981.

DIDIER, Béatrice, *Le Journal intime*, Paris, PUF, 1976.

DONNÉ, Boris, *La Fontaine et la poétique du songe : récit, rêverie et allégorie dans « Les Amours de Psyché et de Cupidon »*, Paris, H. Champion, 1995.

DORLIN, Elsa, *Sexe, genre et sexualités : introduction à la théorie féministe*, Paris, PUF, 2008.

DUCHÊNE, Roger, *Comme une lettre à la poste : les progrès de l'écriture personnelle sous Louis XIV*, Paris, Fayard, 2006.

DUCHÊNE, Roger, *Être femme au temps de Louis XIV*, Paris, Perrin, 2004.

DUCHÊNE, Roger, *Les Précieuses ou comment l'esprit vint aux femmes*, Paris, Fayard, 2001.

DUCHÊNE, Roger, *Réalité vécue et art épistolaire. 1 : Mme de Sévigné et la lettre d'amour*, Paris, Bordas, 1970.

DUFOUR-MAÎTRE, Myriam, « Les Belles et les Belles Lettres : femmes, instances du féminin et nouvelles configurations du savoir », dans *Le Savoir au XVIIe siècle*, éd. par J. D. Lyons et C. Welch, Tübingen, G. Narr, Biblio 17 nº 147, 2003, p. 35-64.

DUFOUR-MAÎTRE, Myriam, « Les Précieuses, de la guerre des sexes aux querelles du Parnasse : jalons d'une polémique empêchée », *La polémique au XVIIe siècle*, études réunies par G. Ferreyrolles, *Littératures classiques* nº 59, 2006, p. 251-263.

DUFOUR-MAÎTRE, Myriam, *Les Précieuses : naissance des femmes de lettres en France au XVIIe siècle*, éd. revue, corrigée et augmentée, Paris, H. Champion, [1999] 2008.

DULONG, Claude, « De la conversation à la création », dans *Histoire des femmes*, ss la dir. de G. Duby et M. Perrot, Paris, Plon, 1991, tome III, p. 403-425.

DULONG, Claude, « Femmes auteurs au Grand Siècle », *PFSCL*, vol. XXII, nº 43, 1995, p. 395-402.

DUMONCEAUX, Pierre, *Langue et sensibilité au XVIIe : l'évolution du vocabulaire affectif*, Genève, Droz, 1975.

ELIAS, Norbert, *La Société de cour*, Paris, Flammarion, [1975] 2008.

ENGERAND, Roland, *Les Rendez-vous de Loches*, Tours, Arrault, 1946, p. 153.

ESMEIN-SARRAZIN, Camille, *L'Essor du roman : discours théorique et constitution d'un genre littéraire au XVIIe siècle*, Paris, H. Champion, 2008.

FAUDEMAY, Alain, *La Distinction à l'âge classique. Émules et enjeux*, Genève, Slatkine, 1991, Paris, H. Champion, 1992.

FÉLIX-FAURE GOYAU, Lucie, *La Vie et la mort des fées, essai d'histoire littéraire*, Paris, Perrin, 1910, p. 276.

FELLER, François Xavier de, *Biographie universelle ou Dictionnaire des hommes qui se sont fait un nom par leur génie, leurs talents, leurs vertus…*, ss la dir. de l'abbé Simonin, nvlle éd., Lyon, J.-B. Pelagaud, 1851, t. II, p. 382.

Féminités et masculinités dans le texte narratif avant 1800 : la question du « gender », actes du XIVe colloque de la SATOR, éd. par S. Van Dijk et M. Van Strien-Chardonneau Louvain, Paris, Stirling, Peeters, 2002.

FERRIER-CAVERIVIÈRE, Nicole, *L'Image de Louis XIV dans la littérature française de 1660 à 1715*, Paris, PUF, 1981.

FLAHAULT, François, *La Parole intermédiaire*, Paris, Seuil, 1978.

FOUCAULT, Michel, *Histoire de la folie à l'âge classique*, Paris, Gallimard, [1972] 1981.

FRAISSE, Geneviève, *La Différence des sexes*, Paris, PUF, 1996.

FREIDEL, Nathalie, *La Conquête de l'intime : public et privé dans la « Correspondance »
de Mme de Sévigné*, Paris, H. Champion, 2009.

FROMILHAGUE, Catherine, *Les Figures de style*, Paris, A. Colin, 1995.

FUMAROLI, Marc, « L'allégorie du Parnasse dans la querelle des Anciens et des
Modernes », dans *Correspondances. Mélanges offerts à Roger Duchêne*, études
réunies par W. Leiner et P. Ronzeaud, Tübingen, G. Narr, 1992, p. 523-534.

FUMAROLI, Marc, « Les mémoires du XVIIᵉ siècle au carrefour des genres en
prose », *XVIIᵉ siècle*, nᵒ 94-95, 1972, p. 7-37.

FUMAROLI, Marc, *La Querelle des Anciens et des Modernes*, Paris, Gallimard, 2001.

FUMAROLI, Marc, *Trois institutions littéraires*, Paris, Gallimard, 1994.

GAIFFE, Félix, *L'Envers du Grand Siècle*, Paris, Michel, 1924, p. 221-224.

GAILLARD, Aurélia (dir.), *L'Imaginaire du souterrain*, Paris, Montréal, L'Harmattan,
1998.

GAILLARD, Aurélia, *Fables, mythes, contes. L'esthétique de la fable et du fabuleux
(1660-1724)*, Paris, H. Champion, 1996.

GARAPON, Jean, « Amateurisme littéraire et vérité sur soi », *RHLF*, nᵒ 2,
2003, p. 275-285.

GARAPON, Jean, DE WEERDT-PILORGE, Marie-Paule (dir.), *L'Idée de vérité dans
les mémoires d'Ancien Régime*, Tours, université de Tours, 2004.

GARAPON, Jean, *La Culture d'une princesse : écriture et autoportrait dans l'œuvre
de La Grande Mademoiselle, 1627-1693*, Paris, H. Champion, 2003.

GARAPON, Jean, ZONZA, Christian (dir.), *L'Idée de justice et le discours judiciaire
dans les mémoires d'Ancien Régime (XVIᵉ-XIXᵉ siècles)*, Nantes, C. Defaut, 2009.

GASPARINI, Philippe, *Est-il je ? Roman autobiographique et autofiction*, Paris,
Seuil, 2004.

GEFFRIAUD-ROSSO, Jeannette, *Études sur la féminité aux XVIIᵉ et XVIIIᵉ siècles*,
Pise, Libreria Gobiardica, 1984.

GÉNÉTIOT, Alain, *Poétique du loisir mondain de Voiture à La Fontaine*, Paris,
H. Champion, 1997.

GENETTE, Gérard, *Fiction et diction*, Paris, Seuil, 2004.

GENETTE, Gérard, *Figures III*, Paris, Seuil, 1972.

GENIEYS-KIRK, Séverine, « Narrating the self in Mme de Murat's *Mémoires
de Madame la Comtesse de M*** avant sa retraite. Servant de réponse aux
Mémoires de Mr. Evremond* (1697) », dans Bruno Tribout et Ruth Wheland
(dir.), *Narrating the Self in Early Modern Europe. L'Écriture de soi dans l'Europe
moderne*, Oxford, Bern, Berlin, Bruxelles, Frankfurt am Main, New York,
Wien, Peter Lang (European Connections), 2007, p. 161-176.

GEVREY, Françoise, « Discours sur la réécriture dans les romans de la seconde moitié du XVIIe siècle », *XVIIe siècle*, n° 186, 1995, p. 103-111.

GEVREY, Françoise, *L'Illusion et ses procédés : de « La Princesse de Clèves » aux « Illustres Françaises »*, Paris, J. Corti, 1988.

GIAVARINI, Laurence (dir.), *Construire l'exemplarité. Pratiques et discours historiens (XVIe-XVIIIe siècles)*, Dijon, EUD, 2008.

GIRARD, Alain, *Le Journal intime*, Paris, PUF, 1963.

GODENNE, René, *Histoire de la nouvelle française aux XVIIe et XVIIIe siècles*, Genève, Droz, 1970.

GODINEAU, Dominique, *Les Femmes dans la société française : 16e-18e siècle*, Paris, A. Colin, 2003.

GOULET, Anne-Madeleine, *Poésie, musique et sociabilité au XVIIe siècle : les « Livres d'airs de différents auteurs » publiés chez Ballard*, Paris, H. Champion, 2004.

GRANDE, Nathalie, « L'instruction primaire des romancières », dans *Femmes savantes, savoirs des femmes : du crépuscule de la Renaissance à l'aube des Lumières*, études réunies par C. Nativel, Genève, Droz, 1999, p. 51-57.

GRANDE, Nathalie, *Stratégies de romancières. De « Clélie » à « La Princesse de Clèves »*, Paris, H. Champion, 1999.

GRANDE, Nathalie, *Le Rire galant : usages du comique dans les fictions narratives de la seconde moitié du XVIIe siècle*, Paris, H. Champion, 2011.

GREINER, Frank, *L'Alchimie*, Paris, D. de Brouwer, 1991.

GREINER, Frank, *Les Amours romanesques de la fin des guerres de religion au temps de L'Astrée (1585-1628), Fictions narratives et représentations culturelles*, Paris, H. Champion, 2008.

GREINER, Frank, *Les Métamorphoses d'Hermès : tradition alchimique et esthétique littéraire dans la France de l'âge baroque, 1583-1586*, Paris, H. Champion, 2000.

GUILLAUMIN, Colette, *Sexe, race et pratique du pouvoir : l'idée de nature*, Paris, Côté-Femmes, 1992.

GUITTON, Édouard, « La Bretagne du XVIIe siècle à partir de *L'Ingénu* de Voltaire », dans *La Bretagne au XVIIe siècle*, actes du colloque de Rennes (1986), textes réunis par D. Aris, Vannes, Conseil général du Morbihan, 1991, p. 419-443.

GUITTON, Édouard, « Mme de Murat ou la fausse ingénue », *Études creusoises*, VIII, 1987, p. 203-206.

GUSDORF, Georges, *Les Écritures du moi, Lignes de vie 1*, Paris, O. Jacob, 1990.

HAASE-DUBOSC, Danielle, « Intellectuelles, femmes d'esprit et femmes savantes au XVIIe siècle », dans *Intellectuelles. Du genre en histoire des intellectuels*, ss la dir. de N. Racine et M. Trebitsch, Bruxelles, Paris, Éd. Complexe, 2004, p. 57-71.

HAASE-DUBOSC, Danielle, *Ravie et enlevée. De l'enlèvement des femmes comme stratégie matrimoniale au XVIIe siècle*, Paris, A. Michel, 1999.

HAASE-DUBOSC, Danielle, VIENNOT, Éliane, *Femmes et pouvoirs sous l'Ancien Régime*, Paris, Rivages, 1991.

HAMBURGER, Käte, *Logique des genres littéraires*, Paris, Seuil, 1986.

HANNON, Patricia, *Fabulous Identities : Women's Fairy Tales in Seventeenth Century France*, Amsterdam, Rodopi, 1998.

HARF-LANCNER, Laurence, *Le Monde des fées dans l'Occident médiéval*, Paris, Hachette littératures, 2003.

HAROCHE-BOUZINAC, Geneviève, *L'Épistolaire*, Paris, Hachette Supérieur, 1995.

HAZARD, Paul, *La Crise de la conscience européenne, 1690-1715*, Paris, Fayard, [1935] 1978.

HEIDMANN, Ute, ADAM, Jean-Michel, *Textualité et intertextualité des contes*, Paris, Classiques Garnier, 2010.

HÉRITIER, Françoise, *Masculin/Féminin. La pensée de la différence*, Paris, Odile Jacob, 1996.

HIPP, Marie-Thérèse, *Mythes et réalité. Enquête sur le roman et les mémoires (1660-1700)*, Paris, Klincksieck, 1976.

Histoire des femmes en Occident, ss la dir. de G. Duby et M. Perrot, 5 vol., Paris, Plon, 1991-1992.

HOEFER, Ferdinand, *Nouvelle biographie générale…*, Paris, Firmin Didot frères, 1861, t. XXXVI.

HOFFMANN, Paul, *La Femme dans la pensée des Lumières*, Genève, Slatkine, [1977] 1995.

HOURCADE, Philippe (dir.), *Les « minores »*, *Littératures classiques* n° 31, 1997.

HOURCADE, Philippe, « Jeux d'esprit et production du roman vers les années 1640 à 1700 », *Studi francesi*, Turin, Rosenberg e Sellier, tome 26, 1982, p. 79 à 87.

HOURCADE, Philippe, « La thématique amoureuse des ballets et mascarades de cour », dans *Les Visages de l'amour au XVIIe siècle*, 13e colloque du C.M.R., publ. par le Centre de recherches Idées, thèmes et formes 1580-1660, Toulouse, université Toulouse – Le Mirail, 1984, p. 135-142.

JASMIN, Nadine, *Naissance du conte féminin : mots et merveilles. Les contes de fées de Madame d'Aulnoy, 1690-1698*, Paris, H. Champion, 2002.

JEANNELLE, Jean-Louis, VIOLLET, Catherine (dir.), *Genèse et autofiction*, Louvain-la-Neuve, Academia-Bruylant, 2007.

JOUHAUD, Christian, *Les Pouvoirs de la littérature : histoire d'un paradoxe*, Paris, Gallimard, 2000.

JOUHAUD, Christian, VIALA, Alain (dir.), *De la publication. Entre Renaissance et Lumières*, Paris, Fayard, 2002.

KERBRAT-ORRECHIONI, Catherine, *L'Énonciation : de la subjectivité dans le langage*, 3e éd., Paris, A. Colin, 1997.

KERBRAT-ORRECHIONI, Catherine, *Les Actes de langage dans le discours : théorie et fonctionnement*, Paris, Nathan, 2001.

KIBEDI VARGA, Aron, « Pour une définition de la nouvelle à l'époque classique », *CAIEF*, 1966, n° 18, p. 53-65.

L'Épistolaire au féminin : correspondances de femmes, XVIIIᵉ-XXᵉ siècle. Colloque de Cerisy-la-Salle, 1ᵉʳ-5 octobre 2003 ; actes publiés ss la dir. de Brigitte Diaz et Jürgen Siess, Caen, PUC, 2006.

L'Épistolaire, un genre féminin ?, études réunies et présentées par Christine Planté, Paris, H. Champion, 1998.

L'Image du monde renversé et ses représentations littéraires et paralittéraires de la fin du XVIᵉ siècle au milieu du XVIIᵉ siècle, études réunies par Jean Lafond et Augustin Redondo, Paris, J. Vrin, 1979.

La Femme à l'époque moderne (XVIᵉ-XVIIIᵉ siècles), Actes du colloque de 1984, Bulletin n° 9, Paris, PU Paris-Sorbonne, 1985.

La Femme au XVIIᵉ siècle, éd. par Richard G. Hodgson, Tübingen, G. Narr, Biblio 17, n° 138, 2002.

La Figure du revenant aux XVIIᵉ et XVIIIᵉ siècles. Croyances, savoirs, culture. Disponible sur http://www.er.uqam.ca/nobel/r22305/index.htlm.

La Littérature et le jeu du XVIIᵉ siècle à nos jours, études réunies par E. Francalanza, Talence, Lapril Bordeaux III, 2004.

LAFOND, Jean (dir.), *Moralistes du XVIIᵉ siècle, de Pibrac à Dufresny*, Paris, R. Laffont, 1992.

LANDRY-HOUILLON, Isabelle, « Lettre et oralité », dans *Art de la lettre, art de la conversation à l'époque classique en France*, Actes du colloque de Wolfenbüttel (1991), publiés par B. Bray, Paris, Klincksieck, 1995, p. 81-91.

LAQUEUR, Thomas, *La Fabrique du sexe. Essai sur le corps et le genre en Occident*, Paris, Gallimard, 1992.

LAVOCAT, Françoise (dir), *Usages et théories de la fiction. Le débat contemporain à l'épreuve des textes anciens (XVIᵉ-XVIIIᵉ siècles)*, Rennes, Presses Universitaires de Rennes, 2004.

Le Conte merveilleux au XVIIIᵉ siècle, une poétique expérimentale, textes réunis et présentés par R. Jomand-Baudry et Jean-François Perrin, Paris, Kimé, 2002.

Le Corps au XVIIᵉ siècle, éd. par R. W. Tobin, Paris, Seattle, Tübingen, *PFSCL*, Biblio 17 n° 89, 1995.

Le Genre des mémoires, essai de définition, Colloque international des 4-7 mai 1994…Actes publiés par Madeleine Bertaud et François-Xavier Cuche, Paris, Klincksieck, 1995.

Le Journal intime et ses formes littéraires, Actes du colloque de septembre 1975, textes réunis par V. Del Litto, Genève, Paris, Droz, 1978.

Le Paradoxe en linguistique et en littérature, textes recueillis par R. Landheer et P.-J. Smith, Genève, Droz, 1996.

LEBRUN, François, *La Vie conjugale sous l'Ancien Régime*, Paris, A. Colin, 1998.

LECOQ, Jean-François, *L'Individu empêché. Recherches sur les fondements et les limites de la représentation de l'individuel dans le premier dix-huitième siècle*, Paris, H. Champion, 2004.

LEGAULT, Marianne, *Narrations déviantes. L'Intimité entre femmes dans l'imaginaire français du dix-septième siècle*, Québec, Presses de l'université Laval, 2008.

LEIRIS, Michel, *Biffures*, Paris, Gallimard, 1948.

LEJEUNE, Philippe, BOGAERT, Catherine, *Le Journal intime. Histoire et anthologie*, Paris, Textuel, 2006.

LEMEUNIER, Frédéric, *La Buzardière et ses seigneurs*, Le Mans, éd. de « la Province du Maine », 1967, p. 17.

Les Écritures de l'intime. La correspondance et le journal, Actes du colloque de Brest (1997), textes rassemblés et présentés par P.-J. Dufief, Paris, H. Champion, 2000.

LESNE, Emmanuèle, *La Poétique des mémoires (1650-1685)*, Paris, H. Champion, 1996.

LEVER, Maurice, *La Fiction narrative en prose au XVIIe siècle. Répertoire bibliographique du genre romanesque en France (1600-1700)*, Paris, CNRS, 1976.

LEVER, Maurice, *Romanciers du Grand Siècle*, Paris, Fayard, 1996.

LEVOT, Prosper, *Biographie bretonne, recueil de notices sur tous les Bretons qui se sont fait un nom…*, Vannes, Cauderan, 1852-1857, t. II, p. 99.

LILTI, Antoine, *Le Monde des salons. Sociabilité et mondanité à Paris au XVIIIe siècle*, Paris, Fayard, 2005.

Littérature, représentation, fiction, essais réunis par J. Bessière, Paris, H. Champion, 2007.

Locus in fabula. La topique de l'espace dans les fictions françaises d'Ancien Régime, études réunies et présentées par Nathalie Ferrand, Louvain, Paris, Peeters, 2004.

LOMBARD, Jean, *Courtilz de Sandras et la crise du roman à la fin du Grand Siècle*, Paris, PUF, 1980.

LOSKOUTOFF, Yvan, *La Sainte et la Fée : dévotion à l'enfant Jésus et mode des contes merveilleux à la fin du règne de Louis XIV*, Genève, Droz, 1987.

LOUGEE, Carolyn C., *Le Paradis des femmes. Women, Salons and Social Stratification in the XVIIth Century in France*, Princeton, University Press, 1976.

LUNDLIE, Marshall, « Deux précurseurs de Carmontelle : la comtesse de Murat et Madame Durand », *RHLF*, 1969, n° 6, p. 1017-1020.

MACLEAN, Ian, *Woman Triumphant. Feminism in French Literature 1610-1652*, Oxford, Clarendon Press, 1977.

MAGNÉ, Bernard, « Éducation des femmes et féminisme chez Poullain de La Barre », *Le XVIIᵉ siècle et l'éducation*, actes du colloque de Marseille, n° 88, 1972, p. 117-127.

MAGNOT, Florence, *La Parole de l'autre dans le roman-mémoires, 1720-1770*, Louvain, Paris, Dudley, Peeters, 2004.

MAINGUENEAU, Dominique, *Éléments de linguistique pour le texte littéraire*, Paris, Nathan, 2000.

MAINGUENEAU, Dominique, *Genèses du discours*, Bruxelles, P. Mardaga, 1984.

MAINGUENEAU, Dominique, *Le Contexte de l'œuvre littéraire : énonciation, écrivain, société*, Paris, Bordas, 1993.

MAINGUENEAU, Dominique, *Le Discours littéraire : paratopie et scène d'énonciation*, Paris, A. Colin, 2004.

MAINGUENEAU, Dominique, *Pragmatique pour le discours littéraire*, Paris, A. Colin, 2005.

MAINIL, Jean, « Mes amies les fées », *Féeries*, n° 1, 2003, p. 49-71.

MAINIL, Jean, *Don Quichotte en jupons, ou des effets surprenants de la lecture. Essai d'interprétation de la lecture romanesque au dix-huitième siècle*, Paris, Kimé, 2008.

MAINIL, Jean, *Madame d'Aulnoy et le rire des fées : essai sur la subversion féerique et le merveilleux comique sous l'Ancien Régime*, Paris, Kimé, 2001.

MAISTRE WELCH, Marcelle, « La femme, le mariage et l'amour dans les contes de fées mondains du XVIIᵉ siècle français », *PFSCL*, vol. X, n° 18, 1983, p. 47-58.

MAISTRE WELCH, Marcelle, « Rébellion et résignation dans les contes de fées de Mme d'Aulnoy et de Mme de Murat », *Cahiers du dix-septième siècle*, vol. 3, n° 2, 1989, p. 131-142.

MANDROU, Robert, *Possession et sorcellerie au XVIIᵉ siècle : textes inédits*, Paris, Fayard, 1979.

MARCHAL, Roger, *Mme de Lambert et son milieu*, Oxford, Voltaire Foundation, [1987] 1991.

MARCHAL, Roger, *Vie des salons et activités littéraires, de Marguerite de Valois à Mme de Staël*, Nancy, PU de Nancy, 2001.

MARIN, Catherine, « Une lecture des contes de fées de la fin du XVIIᵉ siècle : À la lumière de la libre pensée », *PFSCL*, vol. XXIII, n° 45, 1996, p. 477-490.

MATHIEU-CASTELLANI, Gisèle, *La Scène judiciaire de l'autobiographie*, Paris, PUF, 1996.

MATHIEU-CASTELLANI, Gisèle, *Le Tribunal imaginaire : essai*, Monaco, Paris, Éd. du Rocher, 2006.

MELLIER, Denis, *L'Écriture de l'excès. Fiction fantastique et poétique de la terreur*, Paris, H. Champion, 1999.

Mémoires et création littéraire, XVIIᵉ siècle, 1972, n° 94-95.

MERLIN, Hélène, *Public et littérature en France au XVII*e *siècle*, Les Belles Lettres, Paris, 1994.

MESNARD, Jean, « "Honnête homme" et "honnête femme" dans la culture du XVII*e* siècle », dans *Actes de London* (Canada), 1985. *Présences féminines : littérature et société au XVII*e *siècle français*, éd. par Ian Richmond and Constant Venesoen, Paris, Seattle, Tübingen, *PFSCL*, 1987, p. 15-46.

MESNARD, Jean, « Être moderne au XVII*e* siècle », dans *La Spiritualité/ L'Epistolaire/ Le Merveilleux au Grand Siècle*, Tübingen, G. Narr, Biblio 17, n° 145, 2003, p. 7-20.

MESNARD, Jean, *La Culture du XVII*e *siècle : enquêtes et synthèses*, Paris, PUF, 1992.

MICHAUD, Louis-Gabriel, *Biographie universelle ancienne et moderne…*, nvlle éd., Paris, C. Delagrave, 1856, t. XXIX, p. 587.

MIORCEC DE KERDANET, Daniel-Louis, *Notices chronologiques sur les théologiens, jurisconsultes, philosophes, artistes, littérateurs… de la Bretagne, depuis le commencement de l'ère chrétienne jusqu'à nos jours*, Brest, Michel, 1818, p. 205-206.

MOLINIÉ, Georges, *Dictionnaire de rhétorique*, Paris, Le Livre de Poche, 2006.

MOLINIÉ, Georges, *Du roman grec au roman baroque*, Toulouse, Presses universitaires du Mirail, 1982.

MOLINO, Jean, LAFHAIL-MOLINO, Raphaël, *Homo Fabulator : théorie et analyse du récit*, Montréal, Léméac, Arles, Actes Sud, 2003.

MONTANDON, Alain, (dir.), *Les Espaces de la civilité*, Mont-de-Marsan, Éditions Inter-Universitaires, 1995.

MOREAU, Isabelle, *« Guérir du sot »*. *Les stratégies d'écriture des libertins à l'âge classique*, Paris, H. Champion, 2007.

MOUSNIER, Roland, *Les Institutions de la France sous la monarchie absolue*, 2e éd., Paris, PUF, [1974] 1990, t. I. MOZZANI, Éloïse, *Le Livre des superstitions. Mythes, croyances et légendes*, Paris, Robert Laffont, 1995.

MUCHEMBLED, Robert, *Culture populaire et culture des élites dans la France moderne (XV*e*-XVIII*e *siècles)*, 2ème éd., Paris, Flammarion, 1991.

Onze études sur l'image de la femme dans la littérature française du dix-septième siècle, réunies par W. Leiner, Tübingen, G. Narr, Paris, J.-M. Place, 1984.

ORWAT, Florence, *L'Invention de la rêverie*, Paris, H. Champion, 2006.

PACHET, Pierre, *Les Baromètres de l'âme. Naissance du journal intime*, éd. revue et augmentée, Paris, Hachette Littératures, 2001.

PARMENTIER, Bérangère, *Le Siècle des moralistes. De Montaigne à La Bruyère*, Paris, Seuil, 2000.

*Parole de l'Autre et genres littéraires, XVI*e*-XVII*e *siècles. Illustrations, interactions, subversions*, textes réunis par P. Servet et M.-H. Servet-Prat, *Cahiers du GADGES* n° 5, 2005.

PATARD, Geneviève, « Configuration des lieux imaginaires et problématiques féminines : l'exemple des *Contes* de Mme de Murat », dans *Geographiae imaginariae. Dresser le cadastre des mondes inconnus dans la fiction narrative de l'Ancien Régime*, textes rassemblés, édités et présentés par Marie-Christine Pioffet, avec la collaboration d'Isabelle Lachance, Canada, PUL, 2011.

PATARD, Geneviève, « Entre merveilleux et réalité : les contes de Mme de Murat », *Women in French Studies*, Special issue 2009, p. 37-44.

PATARD, Geneviève, « Mme de Murat et les "fées modernes" », *The Romanic Review* Volume 99 Number 3-4, mai-nov 2008, p. 271-280.

PATARD, Geneviève, *Notice biographique de Mme de Murat*. Disponible sur : http://www.siefar.org/DicoA-Z.html.

PELOUS, Jean-Michel, *Amour précieux, amour galant (1654-1675). Essai sur la représentation de l'amour dans la littérature et la société mondaines*, Paris, Klincksieck, 1980.

PERKINS, Wendy, « *Voyage de campagne* de Madame de Murat », dans *Femmes et littérature*, ss la dir. de Philippe Baron, Denis Wood et Wendy Perkins, Paris, Les Belles Lettres, 2003, p. 185-197.

PERRIN, Jean-François, DEFRANCE, Anne (dir.), *Le Conte en ses paroles. La figuration de l'oralité dans le conte merveilleux du Classicisme aux Lumières*, Paris, Desjonquères, 2007.

PERROT, Michelle, *Les Femmes ou les silences de l'Histoire*, Paris, Flammarion, 1998.

PIOFFET, Marie-Christine (dir.), *Dictionnaire analytique des toponymes imaginaires dans la littérature narrative de langue française (1605-1711)*, Canada, PUL, 2011.

PIOFFET, Marie-Christine, « Destin de la femme naufragée dans la fiction narrative du Grand Siècle », dans *Les Femmes au Grand Siècle, le baroque, musique et littérature, musique et liturgie*, Tübingen, G. Narr, 2003, p. 141-149.

PIOFFET, Marie-Christine, *Espaces lointains, espaces rêvés dans la fiction romanesque du Grand Siècle*, Paris, Presses de l'université Paris-Sorbonne, 2007.

PLANTÉ, Christine, « La place des femmes dans l'histoire littéraire : annexe ou point de départ d'une relecture critique ? », *RHLF*, n° 3, juillet-septembre 2003, p. 655-668.

PLANTÉ, Christine, *La Petite Sœur de Balzac : essai sur la femme auteur*, Paris, Seuil, 1989.

POIRSON, Martial, PERRIN, Jean-François, *Les Scènes de l'enchantement. Arts du spectacle, théâtralité et conte merveilleux (XVIIe-XIXe siècles)*, Paris, Desjonquères, 2011.

PRINCE, Nathalie, *Le Fantastique*, Paris, A. Colin, 2008.

PROPP, Vladimir, *Morphologie du conte* et *Les transformations du conte merveilleux*, suivi de *L'Étude structurale et typologique du conte* d'E. Mélétinsky, trad. du russe par M. Derrida, T. Todorov et C. Kahn, Paris, Seuil, [1928] 1989.

RACAULT, Jean-Michel, *Nulle part et ses environs. Voyage aux confins de l'utopie littéraire classique (1657-1802)*, Paris, Presses de l'université Paris-Sorbonne, 2003.

RAYNARD, Sophie, *La Seconde Préciosité. Floraison des conteuses de 1690 à 1756*, Tübingen, G. Narr, 2002.

REID, Martine, « Écriture intime et destinataire », dans *L'Épistolarité à travers les siècles. Gestes de communication et / ou d'écriture*, ss la dir. de Mireille Bossis et Charles A. Porter, Stuttgart, F. Steiner, 1990, p. 20 à 26.

REID, Martine, *Des femmes en littérature*, Paris, Belin, 2010.

REID, Martine (dir.), *Les Femmes dans la critique et l'histoire littéraire*, Paris, H. Champion, 2011.

Revue de l'AIRE (dir. publ. Geneviève Haroche-Bouzinac) n° 32, 2006.

RICHARDOT, Anne (dir.), *Femmes et libertinage. Les caprices de Cythère*, Presses Universitaires de Rennes, 2003.

RIOT-SARCEY, Michèle, *Histoire du féminisme*, Paris, La Découverte, 2002.

RIVARA, Annie, « *Le Voyage de campagne* comme machine à produire et à détruire des contes d'esprits », dans *Le Conte merveilleux au* XVIIe *siècle. Une poétique expérimentale*, textes réunis et présentés par R. Jomand-Baudry et Jean-François Perrin, Paris, Kimé, 2002, p. 353-369.

RIVARA, Annie, « Deux conceptions de la temporalité et de l'histoire. Le *Voyage de campagne* de Mme de Murat (1699) et *Les Mémoires de d'Artagnan* par Courtilz de Sandras (1700) », dans *L'Année 1700.* Actes du colloque du Centre de recherches sur le XVIIe siècle européen (1600-1700), éd. par A. Gaillard, Tübingen, G. Narr, Biblio 17, 154, 2004, p. 81.

ROBERT, Raymonde, *Le Conte de fées littéraire en France de la fin du* XVIIe *à la fin du* XVIIIe *siècle*, nvlle éd. avec supplément bibliographique (1980-2000) établi par N. Jasmin et C. Debru, Paris, Champion, [1982] 2002.

ROBINSON, David Michael, « The Abominable Madame de Murat », dans *Homosexuality in French History and Culture*, éd. par Jeffrey Merrick et Michael Sibalis, Harrington Park Press, 2001, p. 53-67. (publié également dans *Journal of Homosexuality*, vol. 41, Numbers 3/4, 2001).

ROBRIEUX, Jean-Jacques, *Rhétorique et argumentation*, Paris, A. Colin, 2005.

ROGER, Jacques, *Les Sciences de la vie dans la pensée française du* XVIIIe *siècle*, Paris, A. Michel, [1963] 1993.

Romanciers et conteurs du XVIIe, textes réunis et présentés par J.-P. Collinet et J. Serroy, Gap, Ophrys, 1975.

RONZEAUX, Pierre (dir.), *L'Irrationnel au* XVIIe *siècle, Littératures classiques* n° 25, 1995.

ROSIER, Laurence, *Le Discours rapporté. Histoire, théories, pratiques*, Paris, Duculot, 1999.

ROUBEN, César, « Un jeu de société au Grand Siècle : les Questions et les maximes d'amour », XVIIe *siècle*, n° 97, 1972, p. 85-104.

ROUKHOMOVSKY, Bernard, *Lire les formes brèves*, Paris, A. Colin, 2005.

ROUSSET, Jean, *Le Lecteur intime : de Balzac au journal*, Paris, J. Corti, 1996.

ROUSSET, Jean, *Leurs yeux se rencontrèrent : la scène de première vue dans le roman*, Paris, J. Corti, 1981.

ROYÉ, Jocelyn, « La figure de la pédante dans la littérature comique du XVIIᵉ siècle », dans *Le Savoir au XVIIᵉ siècle*, éd. par J. D. Lyons et C. Welch, Tübingen, G. Narr, Biblio 17 nº 147, 2003, p. 215-225.

RUDEL, Yves-Marie, « Henriette de Castelnau, comtesse de Murat, romancière et mémorialiste bretonne », *Nouvelle revue de Bretagne*, 1948, p. 287-288.

SAINT-GERMAIN, Jacques, *La Vie quotidienne en France à la fin du Grand Siècle, d'après les archives, en partie inédites, du lieutenant général de police Marc-René d'Argenson*, Paris, Hachette, 1965.

SALAZAR, Phillipe-Joseph, *Le Culte de la voix au XVIIᵉ siècle. Formes esthétiques de la parole à l'âge de l'imprimé*, Paris, H. Champion, 1995.

SAMOYAULT, Tiphaine, *L'Intertextualité : mémoire de la littérature*, Paris, Nathan, 2001.

SCHAEFFER, Jean-Marie, *Pourquoi la fiction ?*, Paris, Seuil, 1999.

SCHAEFFER, Jean-Marie, *Qu'est-ce qu'un genre littéraire ?*, Paris, Seuil, 1989.

SCHAPIRA, Charlotte, *La Maxime et le discours d'autorité*, Paris, Sedes, 1997.

SEGALEN, Auguste-Pierre, « Mme de Murat et le Limousin », *Le Limousin au XVIIᵉ siècle*, Limoges, « Trames », 1976, p. 77-94.

SEIFERT, Lewis C., « Les Fées modernes : Women, Fairy Tales, and the Literary Field in Late Seventeenth-Century France », dans *Going Public : Women and Publishing in Early Modern France*, ed. by E. Goldsmith and D. Goodman, Ithaca, Cornell University Press, 1995, p. 129-145.

SEIFERT, Lewis C., *Fairy Tales, Sexuality and Gender in France 1690-1715 : Nostalgic Utopias*, Cambridge, Cambridge University Press, 1996.

SELLIER, Philippe, « L'invention d'un merveilleux : *Le Comte de Gabalis* (1670) », dans *Mélanges Mauzi*, Paris, Champion, 1998, p. 53-62.

SELLIER, Philippe, *Essais sur l'imaginaire classique : Pascal, Racine, Précieuses et moralistes*, Paris, H. Champion, 2003.

SELLIER, Philippe, *Le Mythe du héros ou le désir d'être dieu*, Paris, Bordas, 1970.

SEMPÈRE, Emmanuelle, *De la merveille à l'inquiétude : le registre du fantastique dans la fiction narrative au XVIIIᵉ siècle*, Bordeaux, Presses universitaires de Bordeaux, 2009.

SERMAIN, Jean-Paul, « Figures du sens : Saint-Évremond et le paradigme de la fiction au XVIIIᵉ siècle », *Revue des Sciences humaines*, nº 254, avril-juin 1999, p. 13-22.

SERMAIN, Jean-Paul, « La parodie dans les contes de fées (1693-1713) : une loi du genre ? », dans *Burlesque et formes parodiques dans la littérature et les arts…*, Seattle, Tübingen, *PFSCL*, Biblio 17, nº 33, 1987, p. 541-552.

SERMAIN, Jean-Paul, *Le Conte de fées du classicisme aux Lumières*, Paris, Desjonquères, 2005.

SERMAIN, Jean-Paul, *Le Singe de Don Quichotte : Marivaux, Cervantès et le roman postcritique*, Oxford, Voltaire Foundation, 1999.

SERMAIN, Jean-Paul, *Métafictions. La réflexivité dans la littérature d'imagination (1670-1730)*, Paris, H. Champion, 2002.

SIESS, Jürgen (dir.), *La Lettre, entre réel et fiction*, Paris, Sedes, 1998.

SIMONET-TENANT, Françoise, *Le Journal intime*, Paris, Nathan université, 2001.

SOLER, Patrice, *Genres, formes, tons*, Paris, PUF, 2001.

SOLNON, Jean-François, *La Cour de France*, Paris, Fayard, 1987.

SONNET, Martine, « Que faut-il apprendre aux filles ? Idéaux pédagogiques et culture féminine à la fin du XVIIᵉ siècle », *PFSCL*, vol. XXII, 43, 1995, p. 369-378.

SPENCER, Colin, *Histoire de l'homosexualité de l'Antiquité à nos jours*, traduit de l'anglais par Olivier Sulmon, Paris, Pockett, 1999.

STAROBINSKI, Jean, *Le Remède dans le mal : critique et légitimation de l'artifice à l'âge des Lumières*, Paris, Gallimard, 1989.

STEINBERG, Sylvie, *La Confusion des sexes. Le travestissement de la Renaissance à la Révolution*, Paris, Fayard, 2001.

STORER, Marie-Élisabeth, *Un épisode littéraire de la fin du XVIIᵉ siècle : la mode des contes de fées (1685-1700)*, Genève, Droz, [1928] 1972.

SULEIMAN, Susan Rubin, *Le Roman à thèse ou l'autorité fictive*, Paris, PUF, 1983.

The Feminist Encyclopedia of French Literature, éd. par E. M. Sartori, Westport, London, Greenwood, 1999, p. 153.

THIRARD, Marie-Agnès, « De Madeleine de Scudéry à Madame d'Aulnoy : une réception subversive ? », dans *Madeleine de Scudéry : une femme de lettres au XVIIᵉ siècle*, études réunies par Delphine Denis et Anne-Elisabeth Spica, Arras, Artois presses université, 2002, p. 241-254.

THIRARD, Marie-Agnès, « Le féminisme dans les contes de Mme d'Aulnoy », *XVIIᵉ siècle* n° 208, 2000, p. 501-514.

THIRARD, Marie-Agnès, « Les contes de Mlle de la Force : un nouvel art du récit féerique à travers un exemple privilégié », *PFSCL*, vol. 27, n° 53, 2000, p. 417-444.

THIRARD, Marie-Agnès, *Les Contes de fées de Mme d'Aulnoy, une écriture de subversion*, Villeneuve d'Ascq, PU du Septentrion, 1998.

TIMMERMANS, Linda, *L'Accès des femmes à la culture. Un débat d'idées de Saint-François de Sales à la marquise de Lambert (1598-1715)*, Paris, H. Champion, [1993] 2005.

TODOROV, Tzvetan, *Introduction à la littérature fantastique*, Paris, Seuil, 1970.

TOMICHE, Anne, ZOBERMANN, Pierre (dir.), *Littérature et identités sexuelles*, Paris, S.F.L.G.C., 2007.

Tricentenaire Charles Perrault : les grands contes du XVIIe *siècle et leur fortune littéraire*, ss la dir. de J. Perrot, Paris, In Press, 1998.

TRICOCHE-RAULINE, Laurence, *Identité(s) libertine(s) : l'écriture personnelle ou la création de soi*, Paris, H. Champion, 2009.

TRUCHET, Jacques, « Jeux de l'oral et de l'écrit », XVIIe *siècle*, n° 181, 1993, p. 747-756.

VAN DELFT, Louis, « Le thème du *theatrum mundi* dans la réflexion morale du Grand Siècle », *Spicilegio Moderno* n° 12, 1979, p. 28-34.

VAN DELFT, Louis, *Le Moraliste classique : essai de définition et de typologie*, Genève, Droz, 1982.

VELAY-VALLANTIN, Catherine, *La Fille en garçon*, Carcassonne, Garae-Hesiode, 1992.

VERDIER, Gabrielle, « Figures de la conteuse dans les contes de fées féminins », XVIIe *siècle* n° 180, juillet-septembre 1993, p. 481-499.

VIALA, Alain, *La Naissance de l'écrivain : sociologie de l'écriture à l'âge classique*, Paris, Minuit, 1985.

WAQUET, Françoise, « La mode au XVIIe siècle : de la folie à l'usage », *CAIEF* n° 38, mai 1986, p. 91-104.

WARNER, Marina, *Fantastic metamorphoses, other worlds : ways of telling the self*, Oxford, New York, Oxford university press, 2002.

WEERDT-PILORGE, Marie-Paule de (dir.), *Mémoires des* XVIIe *et* XVIIIe *siècles*, Tours, université de Tours, 2003.

WELCH, Ellen, « "Une fée moderne" : an unpublished Fairy Tale by la Comtesse de Murat », *Eighteenth Century Fiction*, vol. 18, n° 4, 2006, p. 499-510.

WINN, Colette H., « Les femmes et la rhétorique de combat : argumentation et (auto)-référentialité », dans *Femmes savantes, savoirs des femmes, du crépuscule de la Renaissance à l'aube des Lumières*, études réunies par C. Nativel, Genève, Droz, 1999, p. 39-51.

WINN, Colette H., *Protestations et revendications féminines. Textes oubliés et inédits sur l'éducation féminine (*XVIe*-*XVIIe *siècles)*, Paris, H. Champion, 2002.

WIRTH, Jean, « La naissance du concept de croyance. XIIe et XVIIe siècles », *Bibliothèque d'Humanisme et Renaissance*, tome 45, 1982, p. 7-58.

WOLFZETTEL, Friedrich, « La lutte contre les mères », dans *Réception et identification du conte depuis le Moyen Âge*, textes réunis par M. Zink et X. Ravier, Toulouse, université Toulouse – Le Mirail, 1987, p. 123-131.

WOOLF, Virginia, *Une chambre à soi*, trad. de l'anglais par C. Malraux, Paris, Gonthier, [1929] 1965.

ZONZA, Christian, *La Nouvelle historique en France à l'âge classique (1657-1703)*, Paris, H. Champion, 2007.

INDEX DES NOMS DE PERSONNES

INDEX DES NOTIONS

TABLE DES MATIÈRES

PREMIÈRE PARTIE

UN DISCOURS AU FÉMININ ?
UNITÉ ET VARIÉTÉ DE L'ŒUVRE

DEUXIÈME PARTIE

LES ENJEUX DE LA DÉFENSE DES FEMMES

L'INSCRIPTION DE L'ŒUVRE
DANS L'UNIVERS DES DISCOURS

IMPRIM'VERT®

Achevé d'imprimer par Corlet,
Condé-en-Normandie (Calvados),
en Août 2023
N° d'impression : 181865 - dépôt légal : Août 2023
Imprimé en France